Innovationsgesellschaft heute

Werner Rammert · Arnold Windeler
Hubert Knoblauch · Michael Hutter
(Hrsg.)

Innovations-
gesellschaft heute

Perspektiven, Felder und Fälle

 Springer VS

Herausgeber
Werner Rammert
Berlin, Deutschland

Arnold Windeler
Berlin, Deutschland

Hubert Knoblauch
Berlin, Deutschland

Michael Hutter
Berlin, Deutschland

ISBN 978-3-658-10873-1   ISBN 978-3-658-10874-8 (eBook)
DOI 10.1007/978-3-658-10874-8

Die Deutsche Nationalbibliothek verzeichnet diese Publikation in der Deutschen National-
bibliografie; detaillierte bibliografische Daten sind im Internet über http://dnb.d-nb.de abrufbar.

Springer VS
© Springer Fachmedien Wiesbaden 2016

Lektorat: Cori Antonia Mackrodt, Kerstin Hoffmann

Gedruckt auf säurefreiem und chlorfrei gebleichtem Papier

Springer VS ist Teil von Springer Nature
Die eingetragene Gesellschaft ist Springer Fachmedien Wiesbaden GmbH

Inhaltsverzeichnis

Teil II   Zwischen Wirtschaft und Kultur

Teil III   Zwischen Politik, Planung und sozialer Bewegung

Teil IV Zwischen Wissenschaft und Innovationspolitik

Einleitung

Die Ausweitung der Innovationszone

Werner Rammert, Arnold Windeler, Hubert Knoblauch
und Michael Hutter

Neuerung als mehr oder weniger gewollter Wandel geschah immer schon. Innovation als dauerhafte kreative Anstrengung und systematische Durchsetzung des Neuen gilt hingegen als eine der Kerninstitutionen moderner Wirtschaft. Gegenwärtig beobachten wir einen weiteren Wandel im Verhältnis von Innovation und Gesellschaft: Innovation überschreitet ihre Schranken und wächst zur dominanten treibenden Kraft zukünftiger Gesellschaft heran.

Im Gegensatz zur vorherigen wurde sie aus den Nischen sporadischer Neuerung in Klöstern, Zünften und Künsten in die sichtbare Zone organisierter Innovation gerückt. Als ökonomisch definierte Innovation sind Wirtschaft, Märkte und Unternehmen ihre bevorzugten Orte. Als technisch orientierte Innovation belegt die ingenieurmäßige Entwicklung neuer Produkte und Verfahren in Forschungs- und Industrielaboren den meisten Platz in der öffentlichen Aufmerksamkeit. Als zeitlich sequentiell strukturierte Innovation besetzt sie den Raum zwischen Konzeption und Invention auf der einen und Diffusion auf der anderen Seite.

Mit Blick auf die zukünftige Gesellschaft beobachten wir seit Jahrzehnten eine kontinuierliche Ausweitung dieser Innovationszone, hin zu Innovationen überall in der Gesellschaft, hin zu Innovationen aller Art und hin zu Innovationen jederzeit:

Die erste Ausweitung zur *Innovation überall* führt über die wirtschaftliche Sonderzone und ihre rein ökonomische Definition hinaus auf alle Bereiche und Felder der Gesellschaft. Begriffe wie politische, soziale, kulturelle oder ökologische Innovation beziehen sich auf diesen Wandel. Auf vielen Feldern wie der Klimapolitik, der Kulturreform oder der Erneuerung von Wissenschaft und Hochschulen wird allerdings noch darüber gestritten, ob es sich dabei jeweils um eine imperiale Expansion der ökonomischen Innovationskriterien oder um eine liberale Erweiterung zu gesellschaftlichen Innovationen mit differenzierten Bewertungskodes handelt. Gleichzeitig ist eine Ausweitung der Innovationszone nach innen zu verzeichnen; in Wirtschaft und Unternehmen werden die rein ökonomischen Kriterien zunehmend um andere gesellschaftliche Referenzen, wie ökologische Nachhaltigkeit, politische Fairness oder soziale Verantwortlichkeit, erweitert.

Die zweite Ausweitung zur ‚*Innovation aller Art*' reichert das Arsenal der Objekte und Operationen, aus denen üblicherweise Innovationen gemacht werden, an. Über materielle Produkte und technische Verfahren hinaus können auch neue symbolische Artefakte und institutionelle Formen die Basis für Innovationen bilden. Das Spektrum symbolischer und konzeptueller Innovation reicht von Geschäftsmodellen bis zu Meta-Modellen für die Computersimulation, von ästhetischem Design herkömmlicher Dinge bis zu Formen und Formaten der Visualisierung; für die Spannbreite institutioneller und organisatorischer Innovation seien stellvertretend die Einführung des Kindergartens, der Sozialversicherung und des Energieeinspeisungsgesetzes, aber auch die aktuellen und im Buch behandelten Praktiken des Crowdsourcing und des Flash Mobs genannt, die zwar durch das Internet und entsprechende Programme ermöglicht werden, aber letztlich auf neuartige, noch mehr oder weniger gefestigte Formen des Versammelns für Party oder Protest und auf das technisch vermittelte Einsammeln von vielen kleinen Investitionssummen für riskante oder moralische Projekte hinauslaufen.

Die dritte Ausweitung zur ‚*Innovation jederzeit*' dehnt die Aufmerksamkeitszone weit über das Intervall zwischen neuem Prototyp und Massenverbreitung hinaus. Die lineare zeitliche Abfolge von Konzeption – Invention – Innovation – Diffusion verändert sich unter dem Druck des beschleunigten globalen Wettbewerbs zu einem rekursiven und synchronisierten Innovationsprozess, bei dem jederzeit alle Schritte gleichzeitig aufeinander bezogen werden müssen. Bei der Grundlagen-Forschung wird z. B. schon auf potentiell ‚disruptive' Innovationen und frühe Patentierung gesetzt; bei der technischen Entwicklung wird vorausschauend auf zukünftige Nutzertrends geachtet und die spätere Diffusion durch offene Nutzerbeteiligung antizipiert und durch öffentliche Tests gepusht. In Erwartung einer zukünftigen Verbreitung werden im Labor oder im Datennetz frisch entdeckte Effekte und in Zukunftsszenarien und auf Messen flott präsentierte Neuheiten schon als Innovationen etikettiert, obwohl es sich genau genommen nur um Innovationskandidaten handelt.

Solche Ausweitungen der Innovationszone verändern die Praxis der Innovation, die institutionellen Prozesse ihrer Koordination und das Innovationsregime der Gesellschaft insgesamt. Sie verlangen neben detaillierten empirischen und vergleichenden Studien auch theoretische Anstrengungen für eine neue Konzeptualisierung des Innovationsbegriffs, der Innovationsbereiche und der Strukturen zukünftiger Gesellschaft.

Beiden Anliegen kommen die Beiträge in diesem Buch mit unterschiedlicher Gewichtung nach: Im ersten Teil herrscht die theoretische Arbeit an den Begriffen der Innovation vor, allerdings in ständiger Abstimmung mit empirischen Studien und in wechselndem Bezug auf Theorien der Praxis, des kommunikativen Handelns, der gesellschaftlichen Differenzierung und der reflexiven Modernisierung. In den anderen drei Teilen werden konzeptuelle Überlegungen und empirische Fallstudien stärker auf die Innovationsfelder innerhalb und zwischen den gesellschaftlichen Bereichen bezogen und bunter gemischt.

Der Vielfalt der Innovationsfelder folgend wurden auch Vertreter verschiedener Disziplinen und Forschungsansätze eingeladen: Neben den Soziologinnen und Soziologen, die sich mit Wissen, Organisationen und Diskursen, mit Politik, Räumen und Stadtplanung, mit Wirtschaft, Wissenschaft, Technik und Kultur befassen, haben sich viele Ökonomen, welche die Herstellung von Kulturgütern, kreatives Marketing, Internet-basierte Innovation, das Management von Innovation und die Erfassung und Förderung von Innovation zu ihrem Thema gemacht haben, daran beteiligt. Experten der Umwelt- und der Stadtplanung ergänzen das Spektrum der Perspektiven.

Sozial- und gesellschaftstheoretische Perspektiven

Wir stellen also eine neue Spielart der sozialen Auseinandersetzung fest, bei der Innovationen im Zentrum stehen und die nicht auf wirtschaftliche Beziehungen beschränkt bleiben. Diese Innovationszone wird heute auf fast alle gesellschaftlichen Bereiche ausgeweitet. Mit diesem Befund setzen sich die Beiträge des ersten Abschnitts auseinander. Zwar sind die sozialtheoretischen Perspektiven jeweils etwas unterschiedlich, doch ist der gemeinsame Anspruch klar erkennbar: Innovation ist nicht länger ein Vorgang, der auf langfristig geplante, meist technische Verbesserungen beschränkt ist, sondern ein sich entwickelnder sozialer Prozess, der breite soziologische Relevanz gewonnen hat.

Ein erster Schritt der Erweiterung besteht darin, den Fokus der Beobachtung von Innovation vom wirtschaftlichen Mehrwert auf das allgemeinere Merkmal der kommunikativen Schaffung von Neuem zu verlagern: „Innovation ist ... eine wechselseitig reflektierte kommunikative Konstruktion des Neuen als Neues" schreibt *Hubert Knoblauch*. Diese Konstruktion geschieht in einem Prozess des kommunikativen Handelns: Geht das Neue auf die körperliche Performanz des Handelns zurück, so erzwingt dessen Wechselseitigkeit die Anerkennung des Neuen durch

Andere; ihre Objektivierung ermöglicht die reflexive Anzeige des Neuen als Neu-en, die sich in eigenständigen Diskursen entfalten kann. Auf dieser sozialtheo-retischen Grundlage unterscheidet der Aufsatz zwei konkurrierende Modelle des gegenwärtigen Umgangs mit dem Neuen: Kreativität und Innovation.

Der „Ruf nach Innovation", so konstatieren auch *Jan-Hendrik Passoth und Wer-ner Rammert*, „wandelt sich ... zur intensiven und strategisch reflexiven Suche nach Innovationschancen allerorten". Dabei verschieben sich auch die Zurechnungen zu traditionellen Funktionsbereichen, wie Wirtschaft, Technik, Wissenschaft, Politik oder Kultur. Passoth und Rammert argumentieren, dass gerade „das Unterlaufen und Überbrücken ... bereichsspezifischer Unterschiede ein zentrales Merkmal von Innovationsprozessen darstellt." So entstehen hybride, in Zwischenräumen ange-siedelte Handlungs- und Diskursfelder, die wegen ihrer spezifischen Dynamik als Innovationsfelder gekennzeichnet werden. Die Koordination solcher Felder beruht nicht auf stabilen Leitorientierungen, sondern „auf der situativen Hervorbringung, praktischen Vermischung und reflexiven Vermittlung von Innovationsfeldern".

Arnold Windeler wählt einen gesellschaftstheoretischen Fokus und diskutiert aus einer praxistheoretischen Perspektive reflexive Innovationen als Medium und Resultat radikal-moderner Vergesellschaftung. Innovationsgesellschaften sieht er durch das moderne Prinzip der Reflexivität, durch Ensembles von Antriebskräften und institutionalisierte Positionen in Innovationsprozessen charakterisiert. Ergän-zend hebt er die Bedeutung von Organisationen, Netzwerken und Innovationsfel-dern sowie des Könnens der Beteiligten in Innovationsprozessen hervor.

Andreas Reckwitz spannt den Bogen noch weiter. Während die Autoren der drei anderen Beiträge in ihrem theoretischen Zugriff die „Reflexivwerdung der Innovationsorientierung" ins Zentrum stellen, schafft aus seiner Sicht „die kultu-rell-ästhetische Umstellung des Regimes des Neuen den grundsätzlicheren Struk-turwandel". In den vergangenen Jahren sei ein „dynamisches Kreativitätsdisposi-tiv" entstanden: „Als Dispositiv überschreitet es die Grenzen zwischen funktional differenzierten Systemen, es umfasst die Kunst ebenso wie weite Segmente der Ökonomie, die Massenmedien, die staatliche Stadtplanung oder Teile der psycho-logischen Beratung: Überall und miteinander vernetzt, stellt sich das Soziale in Richtung einer Erwartungsstruktur des Kreativen um." Nun betont zwar auch Knoblauch den Stellenwert von Kreativität neben der reflexiven Innovation, aber Reckwitz schreibt der ästhetischen, am affektiven Reiz orientierten Form des Neu-en eine Bedeutung zu, mit der ein anderer Blick auf die „Innovationszone" gelingt.

Zwischen Wirtschaft und Kultur

Michael Hutter diagnostiziert in seinem Aufsatz das „selbstbezogene Treiben der Sehnsucht nach Erlebnissen" als treibende Kraft für Innovationen in der Erlebniswirtschaft. Neues entsteht in diesem Teil der Wirtschaft nicht durch zielgerichtete Verbesserungen. Die körperlichen Erfahrungen und mentalen Erinnerungen lassen die Teilnehmer auf ihrer Suche nach „vertrauten Überraschungen" sich selbst als neu und veränderbar erfahren. Erlebnisneuheiten tragen so, wie Hutter formuliert, ihren überraschenden, sinnlich erfahrbaren Wert in sich. Teilnehmer realisieren die Wertschöpfung im ästhetischen Erlebnis und als über den Markt erreichte Erlebniskonstrukte. Die Erlebniswirtschaft bereitet so Erlebnisse vor und bietet sie in einer Form an, für die entweder die Mitspieler oder die Zuschauer und -hörer bereit sind zu zahlen, oder gar als Ko-Produzenten in vorgegebenen Settings mitzuwirken.

Franz Liebl formuliert in seinem Beitrag weitreichende Auswirkungen der Innovationsgesellschaft auf das strategische Marketing. Die besondere unternehmerische Herausforderung in der Wirtschaft sieht er darin, ein innovationsorientiertes strategisches Marketing ausbilden zu müssen, eines, das die Innovationstätigkeit und das Innovationspotential von Kunden sowie der Gesellschaft in geeigneter Weise durch die Innovation des eigenen Geschäftsmodells adressiert. Unternehmungen stehen, so Liebl, heute also vor der Aufgabe, Innovationsaktivitäten außerhalb der eigenen Organisation zu identifizieren und zu verstehen. Dazu reiche es nicht aus, Kunden zu befragen. Vielmehr gehe es darum, sich eigenständig Quellen der Neuheit zu erschließen, zu denen er vor allem strategische Formen der Nutzung von kulturellen Qualitätsprodukten wie Literatur zählt, die Unternehmungen erlauben, Spuren strategischer Innovation in künstlerischen Arbeiten festzumachen.

Stefan Hopf und *Arnold Picot* thematisieren in ihrem Aufsatz *Innovation mit Hilfe der Vielen* das Crowdsourcing als eine neue Form der Organisation arbeitsteiliger Innovation. Die Autoren richten ihr Augenmerk auf Formen kollektiver Problemlösung in Innovationsvorhaben, in die – das ist wesentlich – unternehmensexterne Akteure eingebunden sind. In der Folge der Verbreitung von Informations- und Kommunikationstechnologien und einer zunehmenden Dematerialisierung von Produkten und Dienstleistungen sehen sie Hersteller mit dem Umstand konfrontiert, dass diese aus Kostengründen nur noch ein geringes Spektrum von Innovationen überlegen selbst herstellen können. Crowd Innovation bietet aus der Sicht der Autoren hier eine Lösung. Sie trägt mit zum Paradigmenwechsel von der herstellerzentrierten zur kundenbezogenen und kollaborativen Innovation bei.

Knut Blind stellt in seinem Beitrag konzeptionelle Überlegungen und erste Resultate eines weltweit neuen Instruments zur Erfassung von Innovationsaktivitäten einer Stadt vor, das „Berliner Innovationspanel". Dieses Panel schafft, so Blind, einen umfassenden Analyserahmen, um die Fortschritte und Rückschritte von Innovationsstrategien in einer Monopolregion durch ein kontinuierliches Monitoring sichtbar zu machen. Regionen und Branchensegmente lassen sich so in der Zeit vergleichend erfassen. Aus den Ergebnissen lassen sich sowohl kurz- als auch langfristige Politikempfehlungen generieren. So ergab die repräsentative Umfrage bei 5.000 Unternehmungen in Berlin strukturelle Unterschiede zu Gesamtdeutschland und anderen westdeutschen Metropolregionen: Größere Unternehmungen weisen demnach in Berlin eher eine relative Innovationsschwäche auf, während für Kleinst- und kleinere Unternehmungen in Berlin eher das Gegenteil der Fall ist, sie sind relativ innovationsstark.

Günther Ortmann offeriert dem Leser mit seinem Essay *„Innovation: In Ketten tanzen"* Konzepte, die nicht nur ein Nachdenken über Innovation stimulieren, sondern auch für eine Ernüchterung angesichts einer Kultur des Neuen (Adorno) sorgen können, u. a. das Platonische Suchparadox, Jon Elsters „Zustände, die wesentlich Nebenprodukt sind", Friedrich Nietzsches „In Ketten tanzen", Bernhard Waldenfels' „Tradition als Widerlager des Neuen", Paul Davids Pfadabhängigkeit, Robert Mertons „serendipity", Gregory Batesons Nachträglichkeit und Jaques Derridas „différance". Jedwedes Innovationsmanagement konfrontiert der Essay mit einer ‚schlechten' Nachricht, der, dass man bei der Suche nach dem Neuen nicht weiß und nicht wissen kann, wo und wie man zu suchen hat. In der Konsequenz bedeutet das: Inventionen wie Innovationen sind in erheblichem Maße von glücklichem Zufall abhängig.

Zwischen Politik, Planung und sozialer Bewegung

Dass es sich um Innovationsfelder handelt, die *zwischen* den herkömmlichen institutionellen Bereichen liegen, wird schon bei *Jan-Peter Voss* deutlich, der sich mit „Hybrid-Innovationen" zwischen Politik und Wissenschaft beschäftigt. Diese werden auch bezeichnenderweise „Governance-Innovationen" genannt. Es handelt sich dabei genauer um die neue Institution der Bürger-Panele, deren Entstehung in den letzten Jahrzehnten rekonstruiert wird. Bürger-Panele zeichnen sich insbesondere durch das Wechselspiel mit Technik und Wissenschaft aus. Dieses Wechselspiel erzeuge eine Reflexivität, die im Verlauf der Entwicklung verschiedene Stufen annimmt. Voss spricht von einer regelrechten Spirale der Reflexivität, die bis zu sechs unterschiedliche Reflexitätsebenen ausbildet. Diese Reflexivität stelle eine postmoderne Art der Ordnungsarbeit dar.

Bei *Paul Gebelein, Martina Löw und Thomas Paul* geht es um Flash Mobs als Innovation. Sie stellen eine neue Sozialform technisch vermittelter Versammlung dar. Flash Mobs sind um 2003 entstanden, als die technische Verbindung von mobilen Textnachrichten und ihrer Verbindung von Mailinglisten ermöglicht wurde. Dadurch kam es zu einer neuen Form der Versammlung. Anhand von ethnographischen Daten, aber auch unter Rückgriff auf die informationalen Daten der Teilnehmenden fokussieren Gebelein, Löw und Paul auf Flashmobs, die zwischen 2012 bis 2014 in Leipzig stattgefunden haben. Diese Flash Mobs erweisen sich als eine doppelte Form des „Doing Innovation": Wie es auch die erstaunliche Diskontinuität der Beteiligten zeigt, handelt es sich dabei nicht nur um eine innovative Form der Veranstaltung, sondern auch um ein Event, das das Neue als Überraschung selbst zum Gegenstand hat.

Ganz anders stellt sich das Problem der Innovation in den Planungswissenschaften. Wenn *Gabriela Christmann, Oliver Ibert, Johann Jessen und Uwe-Jens Walther* fragen, wie Neuartiges in die räumliche Planung kommt, dann geht es ihnen darum, ob und wie raumplanerische Neuorientierungen nicht nur bewährte Routinen optimieren, sondern mit Routinen brechen. Mit ihrem Konzept der „sozialen Innovationen" weisen sie darauf hin, dass die Planung Wandel nicht nur in ihrem Umfeld beachtet, sondern als Teil der Planung selbst. Gesellschaftliche Innovationen sind soziale Konstruktionen, die sich durch die Herstellung von etwas Andersartigem im Handeln von Subjekten und die Wahrnehmung des Andersartigen als etwas „Neuartiges" bzw. „Innovatives" durch Dritte auszeichnen. In ihrem Beitrag skizzieren sie, wie dieses Konzept empirisch auf die Entstehung, Umsetzung und Ausbreitung von Innovationen in Städtebau, Stadtumbau, Quartierentwicklung und Regionalentwicklung angewandt werden soll.

Planung in größerem Ausmaß ist das Thema von *Johann Köppel*, der sich der Energiewende mit der Frage zuwendet, ob es sich um einen „Pfadbruch oder eine Manifestierung des Ausgangspfades" einer Innovation handelt. Der von Energiekrisen bedrohte Energiesektor wird stark von Innovationen geprägt, die die Frage aufwerfen, ob wir dabei einen Bruch mit dem herkömmlichen Pfad der Erneuerung beobachten können. Mithilfe einer Konstellationsanalyse wird dies auf die Frage heruntergebrochen, ob es sich etwa beim neuartigen Wettbewerb mit dem fossilen Ausgangs-Energiesystem um ein Übergangsphänomen handelt oder ob etwa eine Propagierung der Kohlenstoffspeicherung oder der unkonventionellen (Schiefer-)Gasförderung dem fossilen System zur Renaissance verhilft – eine Frage, die allerdings am Ende offen bleiben muss.

Zwischen Wissenschaft und Innovationspolitik

Wissenschaft gilt generell als derjenige gesellschaftliche Bereich, in dem – vom praktischen Handeln entlastet – das Neue als These, Theorie oder getestete Empirie entsteht und ständig in Form von methodisch geprüftem Wissen hergestellt wird. Wissenschaft selbst wurde eher als Quelle der Inspiration und Invention und weniger als Ort der technischen und ökonomischen Innovation angesehen. Das ändert sich mit der Ausweitung der Innovationszone: Die Formen und Felder der Forschung werden zunehmend mit Referenz auf zukünftige Verwertung und gesellschaftliche Zukunftsgestaltung geformt und gefördert. Außerdem werden die Praxis des Forschens und die Organisation wissenschaftlichen Handelns selbst zum Gegenstand reflexiver Innovation.

Martina Merz konzentriert in ihrem Beitrag den Blick auf die „epistemische Innovation". Sie fragt danach, wie das Neue aus Sicht der neueren Science Studies in der Wissenschaft entsteht. Mit dem Klassiker Thomas S. Kuhn erinnert sie daran, dass Neuheiten als kleine Abweichung und kumulierte Anomalie sich erst vor dem Hintergrund eines als Paradigma gesicherten Referenzsystems „normaler Wissenschaft" hervorheben können. Erst der mikroperspektivische Blick und die objektzentrierte Perspektive auf die Praktiken und Objekte epistemischer Prozesse, wie sie Hans-Jörg Rheinberger und Karin Knorr Cetina entwickelt haben, machen die Dynamik der Neuerung auf den wissenschaftlichen Feldern und darüber hinaus nachvollziehbar. Am aktuellen Fall der Computersimulation stellt sie eine neuartige epistemische Praxis mit eigener Innovationsdynamik vor.

Nina Baur, Cristina Besio und Maria Norkus bewegen sich in ihrem Beitrag auf der Ebene der „organisationalen Innovation" in der Wissenschaft. „Projekte" wie sie schon zu Beginn der neuzeitlichen Wissenschaft von Jonathan Swift als „Projektemacherei" ironisch kommentiert wurden, seien gegenwärtig zu einer vorherrschenden Organisationsform der Wissenschaft geworden. Nachgezeichnet wird ihre lange Genese vom sporadischen Transfer industrieller und später militärischer Organisationsformen gezielter Forschung und Entwicklung bis hin zur gegenwärtig „normalen Form" der „Projektifizierung": Mit Bezug auf eine system- und figurationstheoretische Perspektive werden zunehmende Interdependenzen zwischen Wissenschaft, Wirtschaft und Politik und eine wachsende Verflechtung der Akteure und Instanzen für diese institutionelle Innovation verantwortlich gemacht. Inwieweit die dadurch gewonnene höhere Flexibilität der Wissenschaft für gesellschaftlich definierte Themen und interdisziplinäre Kooperation mit Verlusten an Autonomie und auf Kosten von berechenbaren Karrieren geschehen, wird mit Fallbeispielen aus der empirischen Hochschulforschung illustriert.

Cornelius Schubert befasst sich in seinem Beitrag kritisch mit Begriff und Politik der „sozialen Innovation". Er argumentiert mit Bezug auf die für alle gesellschaftlichen Innovationen geltende „sozio-technische Dynamik" gegen eine Verkürzung auf „rein" technische oder soziale Innovationen. Das bedeute einen Rückfall auf Positionen, die das Soziale de-materialisieren und von Formen seiner Technisierung abstrahieren. Mit Bezug auf das wachsende Feld einer europäischen Forschungspolitik, mit der soziale Innovationen als eigene Förderkategorie durchgesetzt werden sollen, diagnostiziert er ein „normatives Model" vom ‚guten' Sozialen, getragen von Initiativen von unten und lokalen Akteuren und in Reaktion auf soziale und ökologische Probleme, bei denen Politik von oben und Märkte versagen, eben eine Art „fürsorgliche Innovation". Diese vom Think Tank der Young-Foundation und anderen Akteuren bisher recht erfolgreich betriebene Innovationspolitik stellt Schubert als ein augenfälliges Beispiel für reflexive Innovation dar: Die gezielte Erzeugung von Wissen über soziale Innovationen wird gleichzeitig als Hebel gezielten sozialen Wandels eingesetzt, wobei auch noch die positiven Konnotationen von „technisch-ökonomischer Innovation" und von „Innovation" für die Aufwertung und Durchsetzung sozial- und ökologiepolitischer Veränderung genutzt werden.

Elena Esposito weitet in ihrem Essay noch einmal den Blick für den epochalen Wandel, den das Neue erfahren hat, und den grundlegenden Widerspruch, der in der Aufforderung steckt, „das Unvorhersehbare (zu) gestalten". Sie erinnert an die Zweideutigkeit des Neuen. Das Neue muss – wie oben schon bei Thomas Kuhn angesprochen –, wenn es wahr- und angenommen werden soll, immer noch einige vertraute alte Seiten haben. Erst seit dem 16. Jahrhundert werde Neuheit zum Wertkriterium, etwa auf dem Feld der Mode, beginne die Produktion von Neuerungen, auch woanders die Förderung von Kreativität und der Einsatz von Reformen, um unter komplexeren Bedingungen Stabilität aufrechtzuerhalten. Gegenüber der „dunklen Seite" der Neuerung, wie höhere Unsicherheit, Dissonanz, Störung und Destabilisierung, werden Vielfalt der Formen und Ambiguitätstoleranz entwickelt. In der gegenwärtigen Gesellschaft werde der Bezug zur Zukunft zentral. Man könne sie zwar nicht voraussagen und planen; aber mit Plänen und in Szenarios von gewünschten Zukünften schaffe man Möglichkeiten zur Intervention in die unkontrollierbare Zukunft.

Reflexive Innovation – so könnte man fortsetzen und vorläufig resümieren – bringt dieses neue Prinzip auf den Begriff. Innovationsprozesse werden zunehmend rekursiv, immer wieder erneut im Lichte von Informationen über Innovationen, beobachtet und gestaltet. Sie werden kollaborativ, auf immer mehr heterogene Akteure und Instanzen verteilt, in Kooperation und Konkurrenz vorangetrieben. Und sie werden situativ, mit wechselnden und gemischten Referenzen in den sich ausdifferenzierenden Innovationsfeldern, bewertet und gerechtfertigt. Mit der Ausweitung der Innovationszone über die klassischen Felder und Phasen technisch-ökonomischer Innovation hinaus – so könnte man angesichts der hier im Buch versammelten Beiträge und Beispiele die Diagnose wagen – entwickelt sich reflexive Innovation zum Dispositiv im gesellschaftlichen Zukunftsdiskurs, zum allgegenwärtigen Imperativ innovativen Handelns und zum durchdringenden Regulativ institutioneller Erneuerung. Wenn ‚Innovation überall', ‚Innovation aller Art' und ‚Innovation jederzeit' in diesem Sinne sich als treibende Dynamik der gegenwärtigen Gesellschaft durch weitere Forschung auf verschiedenen Feldern nachweisen lässt, dann sind unsere These von der Transformation zur zukünftigen Innovationsgesellschaft und auch die unter diesem Titel hier versammelten theoretischen Perspektiven und Fallbeispiele als Beitrag zur aktuellen gesellschaftstheoretischen Diskussion zu lesen: Sie bereichern das wachsende Archiv der Gesellschaftsdiagnosen. Sie fördern mit ihren vielfältigen Perspektiven den Diskurs zwischen den Disziplinen und den Vergleich zwischen Forschungsfeldern, und sie reflektieren die Zukunft der Moderne im Spiegel des gesellschaftlich-historischen Wandels der Gegenwart.

Danksagung

Dieses Buch ist ein Zwischenresümee des DFG-Graduiertenkollegs „Innovationsgesellschaft heute: Die reflexive Herstellung des Neuen" (GK1672), das am 13. Mai 2011 von der DFG bewilligt worden ist und am 1. April 2012 mit der ersten Kohorte startete. Der DFG und dem Gutachterkreis, auch den beteiligten Personen in Präsidium, dem Dekanat und der Forschungsabteilung der TU Berlin, namentlich Frau Stark, sei dafür gedankt.

Der damalige Antrag wird nach dieser Einleitung in einer leicht überarbeiteten Fassung abgedruckt, weil er von vielen Kollegen/innen und auch einigen der Autoren/innen dieses Buches als Referenztext für die Anregung und kritische Auseinandersetzung mit unseren Kernideen und Konzepten herangezogen worden ist (vgl. Hutter et al. 2011 oder in englischer Sprache Hutter et al. 2015). Als Mitglieder des Initiativkreises hätten wir ohne die engagierte Beteiligung der 12 weiteren Antragsteller/innen Nina Baur, Knut Blind, Gabriela Christmann, Christiane Funken, Hans-Georg Gemünden, Wolfgang König, Johann Köppel, Jan-Peter Voss, Harald Bodenschatz, Gesche Joost, Franz Liebl und Uwe-Jens Walther Antrag und Alltag des Graduiertenkollegs nicht so erfolgreich in Gang setzen können. Während der letzten Jahre hat sich der Kreis um die neuberufenen Kolleginnen Sybille Frank und Martina Löw, sowie die Kollegen Marcus Popplow und Jochen Gläser vergrößert. Allen sei für das Mitmachen, Ideengeben und Tutoring gedankt.

Was wäre ein Kolleg ohne seine Doktoranden, Post-Docs und zeitweiligen Gäste? Die Kollegiaten setzen sich mit den Ideen und Konzepten konstruktiv und kritisch auseinander. Sie erproben und korrigieren die Rahmenvorstellungen. Sie organisierten die Summer Schools und Workshops aktiv mit. Und schließlich lieferten sie mit ihren Zwischenberichten und den acht schon vorliegenden Dissertationen den Stoff, aus dem einige Beiträge in diesem Buch schon lernen konnten. Den Kollegiatinnen und Kollegiaten der ersten Kohorte Dzifa Ametowobla, Anina Engelhardt, Jan-Peter Ferdinand, Miira Hill, Marco Jöstingmeier, Robert Jungmann, Henning Mohr, Anika Noack, Sören Simon Petersen, Fabian Schroth, Nona Schulte-Römer, Jessica Stock, Julian Stubbe und Alexander Wentland, den zeitweiligen Post-Doc Gästen aus dem Ausland Alexis Laurence Waller (London), Helena Webb (London), Cesare Riillo (Luxemburg), Emily York (San Diego) und Cynthia Browne (Cambridge, MA), sowie den beiden Post-Docs des Kollegs Jan-Hendrik Passoth und Uli Meyer sei dafür gedankt.

Nicht zu vergessen sind auch die theoretischen Anregungen, empirischen Beispiele und kritischen Hinweise, die wir von unseren internationalen und nationalen Gästen, Kooperationspartnern und Experten erhalten haben. Das geschah auf unseren „Summer Schools", etwa zu Fragen der „Reflexive Innovation" oder des „Doing Innovation", und auf den spezifisch zugeschnittenen „Workshops", etwa zu „Diskursanalyse", „Ethnography", „Grounded Theory" und anderen „Methoden der Innovationsforschung" oder zu „Novelty", „Expectations" und „Knowledge" in Bezug auf Innovationsprozesse. Dafür seien u.a. Stephen R. Barley (Stanford University), Julia Black (London School of Economics), Susanne Boras (Copenhagen Business School), Paul Edwards (University Michigan), Elena Esposito (Università degli Studi Modena e Reggio nell'Emilia), Neil Fligstein (UC Berkeley), Raghu Garud (Penn State University), Giampietro Gobo (Università degli Studi di Milano), Benoît Godin (INRS Montreal), Hans Joas (HU Berlin), Candace Jones (Boston College), Reiner Keller (Universität Augsburg), Karin Knorr Cetina (University of Chicago), Christine Leuenberger (Cornell University), Trevor Pinch (Cornell University), Ingo Schulz-Schaeffer (Universität Duisburg-Essen), Susan S. Silbey (MIT – Massachusetts Institute of Technology), Jörg Strübing (Universität Tübingen), Lucy Suchman (Lancaster University), Harro van Lente (Universiteit Maastricht) und Steven Wainwright (Brunel University) gedankt.

Ohne eine zuverlässige organisatorische und technische Unterstützung wäre dieses Buch so nicht zustande gekommen. Dafür danken wir den Koordinatorinnen Susanne Schmeißer und Melanie Wenzel, den studentischen Korrektoren Philipp Graf und Hannah Kropla, sowie dem professionellen Sekretariat von Silke Kirchhof ganz besonders.

Innovationsgesellschaft heute

Die reflexive Herstellung des Neuen[1]

Michael Hutter, Hubert Knoblauch, Werner Rammert
und Arnold Windeler

1 Der Forschungsraum für reflexive Innovation

Die Erneuerungsfähigkeit der Gesellschaft steht gegenwärtig zur Debatte. Es geht nicht mehr nur um technische Neuerungen und ökonomische Innovationen allein, sondern um die Frage, wie das Neue gegenwärtig in allen Bereichen der Gesellschaft frühzeitig erkannt, verschiedenartig festgestellt und nachhaltig gegen Widerstände durchgesetzt wird. „Kreative Stadtquartiere" (Florida 2002) und „Creative Capitalism" (Kinsley 2008), „social", „open" und „public innovation" (Howaltdt und Jacobsen 2011; Chesborough 2006) sind Stichworte der öffentlichen Diskussion in Europa und den USA. Der hier vorgestellte theoretische

---

1 Bei diesem Beitrag handelt es sich um den nur leicht veränderten Abdruck des Working Papers TUTS-WP-4-2011 der Autoren mit gleichnamigem Titel, der in manchen Beiträgen mit Hutter et al. 2011 zitiert wird. Englisch ist er unter dem Titel „Innovation Society Today: The Reflexive Creation of Novelty" im Special Issue „Methods of Innovation Research" (Eds.: D. Ametowobla, N. Baur & R. Jungmann) der Zeitschrift Historical Research, Vol. 40 (3) 2015, S. 30-47, erschienen. Er beinhaltet das Forschungsprogramm eines Antrags zur Einrichtung eines Graduiertenkollegs bei der DFG, der von den vier Autoren als Initiativkreis am Institut für Soziologie angestoßen, von der TU Berlin (Sprecher: W. Rammert) eingereicht und am 13. Mai 2011 von der DFG bewilligt worden ist. Am Verfahren waren noch weitere 12 Antragsteller und Antragstellerinnen von verschiedenen Instituten und Institutionen innerhalb und außerhalb der TU Berlin beteiligt: Nina Baur, Knut Blind, Gabriela Christmann, Christiane Funken, Hans-Georg Gemünden, Wolfgang König, Johann Köppel, Jan-Peter Voss, Harald Bodenschatz, Gesche Joost, Franz Liebl und Uwe-Jens Walther.

Rahmen macht daher die behauptete neuartige reflexive Qualität der mit der Herstellung des Neuen befassten Handlungen, Orientierungen und Institutionen der Gesellschaft insgesamt und vergleichend zu ihrem Gegenstand. Studien innerhalb dieses Rahmens sollen dazu beitragen, die Dynamiken der kreativen Prozesse auf verschiedenen Innovationsfeldern besser zu verstehen und die Durchsetzung der jeweiligen Neuerungen durch die sozialen Mechanismen der Rechtfertigung und Bewertung, der Nachahmung und strategischen Netzwerkbildung zu erklären.

Unser Ansatz, unterschiedliche Bereiche der Gesellschaft daraufhin zu untersuchen, wie sie jeweils mit einem allseits beobachtbaren Innovationsimperativ umgehen, unterscheidet sich in mehreren Hinsichten von anderen Programmen der Innovationsforschung und der Analyse gesellschaftlichen Wandels. Zunächst beschränkt sie sich nicht wie die vorherrschende ökonomische Perspektive auf die bekannten Innovationsfelder im Bereich Produktion und Dienstleistungen. Darüber hinaus wird ein umfassenderes sozialwissenschaftliches Konzept gesellschaftlicher Innovationen (Rammert 2010) entwickelt, das diese nach den jeweils in den verschiedenen Bereichen geltenden Referenzen als künstlerische, wissenschaftliche oder politisch-planerische Innovation bestimmt. Der ökonomische Innovationsbegriff wird dabei nicht aufgegeben, sondern auf seine spezifische Referenz (Produktivitätssteigerung und Marktverbreitung) eingeschränkt. So kann von seinem operativen Erfolg gelernt und gleichzeitig auch eine kritische Distanz gegenüber einer rein ökonomischen Bewertung von Innovationen in anderen gesellschaftlichen Feldern gewonnen werden.

Eine weitere Besonderheit des Programms liegt in der gemeinsam eingenommenen Perspektive, die reflexive Herstellung des Neuen auf mehreren Ebenen der Gesellschaft (Mikro, Meso, Makro) zu beobachten. Konzentrieren sich politik- und wirtschaftswissenschaftliche Ansätze gerne auf die Ebene der Gesellschaft, ihrer Bereiche oder der jeweiligen Organisationen, zum Beispiel bei Fragen der Governance oder des Managements von Innovationen, so werden diese Ebenen zwar mit eingeschlossen, jedoch um die relevante Mikroebene des kreativen und innovativen Handelns erweitert. Dadurch kann an Forschungen über Praktiken und Prozesse des forschenden Experimentierens, des phantasievollen Konstruierens, des kreativen und improvisierenden Planens sowie an Theorien der Subjektivität und des reflexiven Handelns angeschlossen werden.

Eine dritte Besonderheit besteht in einer umfassenden empirischen Untersuchung des Innovationsphänomens, die mindestens zwei von drei Beobachtungsformen voraussetzt. Es sollen nicht allein die Diskurse, Praktiken oder Institutionen der Innovation erfasst werden, sondern es wird bei der fokussierten Analyse eines Falls, eines Felds oder eines Verlaufs einer Innovation verlangt, die semantischen, pragmatischen und grammatischen Aspekte aufeinander zu beziehen, um über die verbreitete Forschungspraxis reiner Diskurs- oder Institutionsanalysen hinauszugelangen. Dadurch könnten etwa bloß propagierte (Scheininnovationen), unerkannt praktizierte (Schatteninnovationen) oder strategisch intendierte von nicht-intendierten Innovationen unterschieden werden.

Die systematisierende Perspektive erlaubt es auch, die über die einzelnen Fachgebiete verstreuten Studien, etwa zu Neuerungen im Internet, zu sozialem Wandel auf verschiedenen Feldern, wie Stadtplanung, Kunstvermarktung, Simulation in den Wissenschaften, Innovationen von Politikinstrumenten oder der Kreation neuer Finanzprodukte, in einen systematischen gesellschaftstheoretischen Zusammenhang zu stellen, in dem letztlich die Frage nach den gegenwärtigen Signaturen und Regimen einer Innovationsgesellschaft gestellt und bearbeitet werden kann. Gefragt wird etwa, a) ob sich das Auftauchen und die Ausbreitung eines neuen reflexiven Handlungstypus quer durch die gesellschaftlichen Bereiche beobachten lässt (nach dem Muster von Webers Rationalisierungs-These), b) ob sich der Modus institutioneller Differenzierung in Richtung auf fragmentale und heterogen vernetzte Muster gesellschaftlicher Koordination hin verschiebt und c) ob sich ein Wandel der institutionalisierten Innovationsverläufe hin zu festen Pfaden oder individualisierten Innovationsbiografien feststellen lässt.

Empirische Studien, die diesem Ansatz folgen, werden damit sowohl die etablierte ökonomische Innovationsforschung um neue Zugänge und Erkenntnisse bereichern als auch bislang unbearbeitete Felder für eine stärker interdisziplinär angelegte Innovationsforschung und ihre spezifischen Fragestellungen öffnen. Mit seiner umfassenderen Perspektive kann der Ansatz auch an die relevanten Forschungsfelder der Wirtschaftssoziologie, der Wissens- und der Kultursoziologie, der institutionalistischen Organisationssoziologie und der ‚Science, Technology and Innovation Studies' anschließen und diese in eine stärkere Beziehung zueinander bringen können.

2   Das Forschungsprogramm

2.1   Reflexive Innovation als zentrales gesellschaftliches Phänomen

Innovation war lange auf die Labore der Natur- und Technikwissenschaften, auf die Forschungs- und Entwicklungsabteilungen der Wirtschaftsunternehmen und – weniger beachtet – auf die Ateliers der Künstler begrenzt. Heute sind die kreativen Praktiken und innovativen Prozesse zu einem ubiquitären Phänomen geworden, das alle Bereiche der Gesellschaft erfasst. Das Besondere an der Innovation besteht aktuell darin, dass die Herstellung des Neuen nicht mehr dem Zufall, den genialen Einfällen Einzelner und den kreativen Praktiken gesonderter Bereiche überlassen wird. Innovationen werden zunehmend mit Absicht, mit Bezug auf viele Andere und im Kontext allgemeiner Forderungen nach strategischer Herstellung von Neuem vorangetrieben. Sie werden als auf verschiedene Instanzen verteilte Prozesse koordiniert und mit Bezug auf das Handeln und Wissen der Akteure anderer Bereiche reflektiert. Reflexive Innovation meint das Zusammenspiel dieser Praktiken, Orientierungen und Prozesse, wobei der Verlauf der einen Innovation im Hinblick auf seine verschiedenen institutionellen Einbettungen, diskursiven Rechtfertigungen und im Hinblick auf Formen und Verläufe anderer Innovationen beobachtet, gestaltet und gesteuert wird. Sie macht weder vor den Laboren und F&E-Abteilungen halt – wie sowohl transdisziplinäre als auch regionale Innovationscluster aufzeigen – noch vor den Ausgestaltungen von Innovationsregimen. Innovationsgesellschaft heute zeichnet sich durch eine Vielfalt innovativer Prozesse auf allen Feldern und durch die Einheit des Imperativs zum reflexiven Innovationshandeln aus. Innovation ist in der Innovationsgesellschaft heute selbst Thema der Diskurse, und gesellschaftliche Neuerung durchdringt über eine „Culture of Innovation" (UNESCO 2005, S. 57ff.; Prahalad und Krishnan 2008) hinaus reflexiv alle gesellschaftlichen Felder.

Die zentralen Fragestellungen für die Untersuchung der behaupteten Reflexivität der Innovationsgesellschaft heute lauten daher: Welcher Grad an Reflexivität kann gegenwärtig bei der Herstellung des Neuen festgestellt werden? In welchen Bereichen der Gesellschaft finden solche Innovationsprozesse statt? Und verteilt auf welche Akteure werden sie hergestellt?

Zentrales Thema ist also die Relevanz der reflexiven Innovation für alle Bereiche der Gesellschaft. Gegenstand sind die Praktiken, Orientierungen und Prozesse der Innovation auf ausgewählten Innovationsfeldern, wie sie innerhalb und zwischen verschiedenen Bereichen der Gesellschaft sich entwickeln und strategisch vorangetrieben werden. Sie sollen nicht nur in den klassischen Gesellschaftsbereichen der Wirtschaft (Industrie und Dienstleistung) und der Wissenschaft (Forschung und Technikentwicklung) untersucht werden, sondern auch in den Bereichen der Kultur (Künste und kreative Kulturproduktion) und der Politik (Politik- und Planungsprozesse). Analysiert werden soll, wie sich in den letzten Jahrzehnten die Praktiken, die Diskurse und die institutionalisierten Ordnungen der Innovation jeweils in Richtung erhöhter Reflexivität verändert haben oder inwiefern einzelne Fälle oder Verläufe von Innovation durch Neuerungen auf anderen Feldern ermöglicht oder behindert wurden. Durch die empirischen Studien auf den jeweiligen Feldern und durch den Vergleich zwischen ihnen kann schließlich geprüft werden, inwieweit das Prinzip der reflexiven Herstellung des Neuen nicht nur zu einem

rhetorischen, sondern auch zu einem praktischen und institutionellen Imperativ
der gegenwärtigen Innovationsgesellschaft geworden ist.

Aus diesem Grund verwenden wir einen im Vergleich zur Ökonomie breiteren
Begriff der gesellschaftlichen Innovation (Rammert 2010), der es uns ermöglicht,
auch künstlerische, planerische oder gestalterische Neuerungen aus Bereichen
jenseits der wirtschaftlichen Rechnung und Rechtfertigung der Innovation zu
betrachten. Er geht auch über den Begriff der „sozialen Innovation" (Zapf 1989)
und der „politischen Innovation" (Polsby 1984) hinaus, insofern er die Wechselwirkungen und Konstellationen zwischen technischer, ökonomischer und sozialer Innovation zum Thema macht. Im schon von Ogburn (1922) und Schumpeter
(1939) benannten Unterschied zum normalen sozialen Wandel bezeichnet dieser
Begriff das Neue, das nicht nur geschieht und erst dann gefördert wird. Vielmehr
geht es uns um die absichtsvolle und systematische Herstellung neuer materieller und nicht-materieller Elemente, technischer und organisatorischer Verfahren
und sozio-technischer Kombinationen davon, die als neu definiert und als besser
gegenüber dem Alten legitimiert werden. Im Unterschied zum frühen Schumpeter
bringt heute jedoch oft eben nicht der einzelne Unternehmer als ‚Entrepreneur'
das Neue hervor; Neues wird vielmehr durch Kollektive von Akteuren verschie-
denster Art (Teams, Communities, Unternehmen, Netzwerke) erzeugt, die – wie
machtvoll und reflexiv auch immer – gleichzeitig nur begrenzt in der Lage sind,
den gesamten und auf heterogene Instanzen verteilten innovativen Erzeugungs-
prozess zu steuern.

Damit wird das Machen von Innovation („doing innovation") selbst zu einem
ausdrücklichen Gegenstand der gesellschaftlichen Akteure, und zwar in Wissen,
Diskursen, Handlungen, Sozialsystemen und Institutionen. Das ständige Reflektieren auf und über Innovation wird von umfassenden Diskursen der Rechtfertigung begleitet, die von den Interessen der jeweiligen Akteure und Akteursgruppen
geprägt sind. Dabei kann es sich sowohl um situative Erklärungen, organisationale und institutionelle Rhetoriken als auch um verselbständigte Ideologien handeln. Sie knüpfen etwa an moderne Fortschritts- oder Subjektivitätsvorstellungen
(Reckwitz 2008, S. 235ff.) oder pragmatische Regimes der Rechtfertigung und
Wertung (Thévenot 2001) an, konstruieren Auffassungen, die Innovation als notwendig erachten lassen, und befördern, dass in Innovationen investiert wird, sodass sie tendenziell allen Akteuren als Imperativ entgegentreten.

Die Forschungsfrage lässt sich jetzt noch ausführlicher fassen: Wie reflexiv behandeln, definieren und organisieren die Akteure heute die Innovation auf unterschiedlichen Innovationsfeldern und welche Diskurse der Rechtfertigung orientieren ihre Praktiken und Deutungen? Mit dieser Fragestellung wird ein spezifisch
soziologischer Zugang zur Innovation gesucht, in dem wissens-, technik-, wirt-

schafts- und organisationssoziologische Fragestellungen prominent aufgegriffen und kombiniert zur Geltung gebracht werden. Er wird allerdings auch ergänzt und gestärkt durch ökonomische, historische, politische und planerische Zugänge anderer Disziplinen. Anders als in den Ingenieurwissenschaften geht es dabei nicht allein um die Herstellung neuer Techniken, Verfahren oder Materialien. Technische Innovationen in diesem engeren Sinn bilden zwar einen relevanten Bezugspunkt, werden hier jedoch in ihren Relationen zu nichttechnischen sozialen Neuerungen und in ihren reflexiven Bezügen zu ökonomischen, politischen, kulturellen oder künstlerischen Neuerungen erforscht. Anders als in den Wirtschaftswissenschaften geht es auch nicht vorrangig um die Herstellung effizienterer Faktorkombinationen und Prozessabläufe. Dieser engere ökonomische Innovationsbegriff ist in seiner praktischen Relevanz ein zentrales Referenzkonzept, wird hier jedoch im Hinblick auf die anderen Bereiche erweitert und auf die Gesamtheit der wechselseitigen Bezüge hin überschritten. So können sich Innovationen auch im Bereich der Wirtschaft zunehmend auf verschiedene Referenzen, zum Beispiel der künstlerischen (Hutter und Throsby 2008) oder der politischen Innovation, beziehen und sogar aus ihren „Dissonanzen" (Stark 2009) über Konflikte oder Kompromisse neuartige gemischte Innovationsregime entstehen.

Aus unserer breiteren sozialwissenschaftlichen Sicht geht es vielmehr *erstens* um ein Verständnis der auf verschiedene gesellschaftliche Bereiche verteilten und miteinander verbundenen Innovationsprozesse: Wie gelingt es den unterschiedlichen Akteuren, das Neue unter Bezug auf die bestehenden Handlungs- und Rechtfertigungsmuster reflexiv und koordiniert herzustellen? *Zweitens* geht es um ein Verständnis von Praktiken und Prozessen: Wie wird das Veränderte von den anerkannten Institutionen in den jeweiligen Feldern als „neu" ausgezeichnet und als „Innovation" gewertet? Dazu zählt auch die Machtfrage: Warum, wann und in welchen Konstellationen sind welche Akteure und Institutionen dazu in der Lage, etwas als Innovation zu definieren und durchzusetzen?

Zu den einzelnen Feldern und Formen der Innovation liegt bereits eine reichhaltige Forschungsliteratur vor (vgl. u. a. Rogers 2003; Braun-Thürmann 2005; Fagerberg et al. 2005; Aderhold und John 2005; Blättel-Mink 2006; Hof und Wengenroth 2007; Rammert 2008; Howaldt und Jakobsen 2010). Die vorherrschend ökonomisch ausgerichtete Innovationsforschung hat die Dynamik technischer Innovationen vielfältig untersucht. Ihre Erklärungsmodelle bedingen Gewinnmaximierung, rationale Wahlentscheidungen und transparente Preissignale, aber auch Einsichten in die Grenzen rationaler Technikwahl und in den historischen oder evolutionären Charakter langfristiger Technikentwicklung (vgl. u. a. Rosenberg 1976; Nelson und Winter 1977; Elster 1983; Utterbeck 1994). Die am Management orientierte Innovationsforschung hat die personalen und organisatorischen Faktoren auf der Unternehmensebene (vgl. Gerybadze 2004; Gemünden et al. 2006) wie auf der von Unternehmensnetzwerken (vgl. Sydow 2001) gründlich erforscht. Sie rückt Kreativität und Kooperation, Vertrauen und heterogene Organisation in den Vordergrund. Von den wissenschaftlichen und wirtschaftlichen Quellen der Innovation hat sich neuerdings das Interesse zu anderen Gruppen, wie Nutzer, Pioniergruppen und soziale Bewegungen hin ausgeweitet (Hippel 1988, 2005; Chesbrough 2006).

Ergänzt werden die Forschungen dieser Fachtraditionen in letzter Zeit auch angesichts des technisch-wissenschaftlichen Wettbewerbs und der Notwendigkeit der Ausgestaltung nationaler Innovationspolitiken um die Erkenntnis, dass Innovationen neue Formen der Verausgabung von Arbeit (Barley 1990; Barley und Kunda 2004) und der Ausbildung von Aktivitätsräumen (Massey 1992, 1995; Moores 2005) von Individuen und kollektiven Akteuren einschließen und umfassender als gesellschaftliche Phänomene mit nicht selten transnationaler Reichweite zu untersuchen sind. Dazu bedarf es einer breiteren Rahmung des Gegenstands und einer stärkeren Beteiligung anderer sozialwissenschaftlicher Disziplinen. Entsprechend werden Innovationen im Rahmen organisationaler Felder (DiMaggio und Powell 1983; Hoffman 1999) sowie nationaler Innovationssysteme und globaler Innovationsregimes betrachtet (vgl. Nelson 1993; Edquist 1997; Braczyk et al. 1998; Blättel-Mink und Ebner 2009). Innovationsverläufe werden als Ergebnisse kultureller Konstruktionen und institutioneller Selektion angesehen, in denen neben Unternehmungen vor allem auch Nichtregierungsorganisationen (NGOs) und Professionen eine prominente Rolle spielen (Meyer et al. 1997; Meyer 2005; Fourcade 2009) und über Kontinuität und Brüchen von Konstellationen unterschiedliche Innovationsbiographien kreiert werden (Bruns et al. 2010).

Auch die ständige Versorgung mit Neuheiten in den kulturellen Bereichen und den neuen kreativen Industrien wird studiert, um Transfers und Wechselwirkungen einer sich permanent erneuernden modernen Gesellschaft angesichts des Medienwandels einzubeziehen (Castells 1996; Florida 2002). Politikwissenschaftliche und soziologische Governance-Forschung weiten den ökonomischen Fragehorizont aus (Powell 1990; Kern 2000; Windeler 2001; Sörensen und Williams 2002; Lütz 2006; Schuppert und Zürn 2008). Technik-, Wissenschafts- und Wirtschaftsgeschichte verleihen der Innovationsökonomie die notwendige historische Dimension (Wengenroth 2001; Bauer 2006; David 1975; Mowery und Rosenberg 1998).

Eine speziell soziologische Perspektive auf die Innovation hat sich bisher nur in Umrissen abgezeichnet: etwa eine Übertragung von Konstruktions- und Evolutionsmodellen aus der Technikgeneseforschung (Rammert 1988, 1997; Braun-Thürmann 2005; Weyer 2008), eine Fokussierung der Organisations- und Netzwerkforschung auf Innovationsprozesse (Van de Ven et al. 1989; 1999; Powell et al. 1996; Garud und Karnoe 2001; Windeler 2003; Hirsch-Kreinsen 2005; Heidenreich 2009), oder die Übersetzung von Modellen kreativer Produktion und kultureller Innovation aus der Wissens- und Kultursoziologie (Popitz 2000; Knoblauch 2010).

Studien, die ein umfassendes soziologisches Verständnis der Innovationsgesellschaft heute entwickeln möchten, sollten daher die Praktiken und Prozesse der reflexiven Herstellung des Neuen in den gemeinsamen Fokus der Forschung rücken. Die vorhandenen Ansätze soziologischer und sozialwissenschaftlicher Innovationsforschung sollen so gebündelt werden, um über die breitere Zahl empirischer Studien auf verschiedenen Innovationsfeldern in den verschiedenen gesellschaftlichen Bereichen und durch ihren systematischen Vergleich auf Regeln und Regime reflexiver Innovation hin eine umfassendere sozialwissenschaftliche Perspektive zu entwickeln. Über sie sollen die kreativen Praktiken und innovativen Prozesse detaillierter als bisher untersucht werden, wobei den unterschiedlichen Regimes gesellschaftlicher Einbettung wie auch den verschiedenen Wechselwirkungen zwischen ihnen stärker Rechnung getragen werden soll.

2.2   Analyse: Die Dimensionen des Forschungsraums

2.2.1   Dimension I – Beobachtungsformen: Semantik, Pragmatik und Grammatik

Innovationen sind keineswegs eine „schlichte" Tatsache. Sie müssen dazu erst über Praktiken des Erkennens und Anerkennens gemacht werden. Innovationen sind mit Diskursen praktischer („accounts") und theoretischer Rechtfertigung („Ideologien") verbunden, in denen sie sowohl für die beteiligten Akteure wie auch für andere sinnhaft verständlich gemacht werden. Diese Prozesse durchlaufen mehrere Entwicklungsschritte: Sie werden markiert; sie werden verständlich gemacht, mit bestehendem Wissen verknüpft, mit Wertschätzung aufgeladen und durch Institutionalisierung auf Dauer gestellt. So bilden sie gegebenenfalls sogar eigene Pfade aus.

Entlang der Unterscheidung von Semantik, Pragmatik und Grammatik, die schon einmal – allerdings nicht im engeren Sinne der Linguistik auf die Sprache angewandt – auf die Techniksoziologie übertragen wurde (Rammert 2002, 2006), gewinnen wir mit Blick auf die Gesellschaft drei analytische Perspektiven: die Perspektiven der sozialen Semantik, der sozialen Pragmatik und der sozialen Grammatik. Semantik verweist auf den Bedeutungsgehalt dessen, was gesellschaftlich als Innovation bezeichnet wird, also auf Sinn, Wissen und Diskurse. Innovation muss jedoch nicht sprachlich explizit sein, sie kann sich auch hauptsächlich in Handlungen sowie neuen Handlungs- und auch Technologiekonstellationen ausdrücken; diese Perspektive möchten wir als Pragmatik bezeichnen. Grammatik schließlich verweist auf Ordnungen, Regime und Regelsysteme, die Innovationen erst ermöglichen, gerade weil sie diese gleichzeitig immer auch begrenzen.

Mit den drei Perspektiven von Semantik, Pragmatik und Grammatik können Unterschiede von Gewicht und Vorrang bei der Entstehung des Neuen empirisch festgemacht und vergleichend gegenübergestellt werden. Die Perspektiven können dabei auch auseinander fallen, zum Beispiel wenn das, was neu gemacht wird (Pragmatik) sich von dem verselbständigt, was als neu deklariert wird (Semantik), und sie können in jeweils unterschiedlicher Weise die Führung im Innovationsprozess übernehmen. Eine der zentralen Fragestellungen des hier vorgestellten Forschungsraumes lautet daher, ob sich in Innovationsfeldern bestimmte Dominanzen zwischen den drei Perspektiven ausbilden und welche Bedeutung diesen dann zukommt. Konkreter ist zu fragen:

- Gibt es Innovationsfelder, in denen Diskurse die Innovation antreiben (Semantik), wie es wohl in der an Nachhaltigkeit orientierten Politik und Planung, aber auch bei künstlerischen Innovationen der Fall zu sein scheint?
- Gibt es solche, in denen vorrangig die Regelsysteme von Gesellschaftsbereichen Innovationen befördern (Grammatik), wie es wohl Patentregime tun, oder auch Neuerungen behindern, wie beispielsweise die Übernahme von in anderen Ländern praktizierten kollaborativen Formen von Forschung und Entwicklung in der Halbleiterindustrie in den USA bis Mitte der 1980er Jahre?
- Gibt es auch Felder, in denen sich Innovationen trotz hinderlicher Regelsysteme und ohne ausdrückliche Rede gleichsam still implizit in Praktiken und versteckt in materialen Produkten durchsetzen (Pragmatik), wofür soziale und kulturelle Innovationen im Schatten der öffentlichen Aufmerksamkeit Beispiele sein können?

Von besonderem Interesse ist zudem, ob sich bei mehreren Innovationen die semantischen, grammatischen und pragmatischen Aspekte wechselseitig verstärken und inwiefern dieses Zusammenspiel den Innovationsverlauf beeinflusst. Dabei können auch gesellschaftlich komplexere Phänomene erfasst werden, wie sie durch nicht-intendierte Folgen sozialen Handelns und durch Interferenzen verschiedener Bereiche entstehen können

2.2.2   Dimension II – Aggregationsebenen der Innovation: Handeln, Organisation und Gesellschaft

Aus soziologischer Sicht können wir Innovationen jeweils auf unterschiedlichen Ebenen betrachten, und zwar unabhängig davon, ob wir es mit einer „Erkenntnis", einer „Fiktion" oder einer „Institutionalisierung" zu tun haben. Wir unterscheiden drei Ebenen der Innovation: Handeln, Organisation und Gesellschaft (vgl. auch Luhmann 1975; Röpke 1977). Diese Unterscheidung dient als heuristische Orientierung zur Verortung der Untersuchungsgegenstände und damit auch zur Abstimmung der Projekte.

Auf der Ebene von Entwürfen, Plänen und Projektionen kann Innovation als ein Handlungsphänomen angesehen werden. So groß die Rolle der sozialen Beobachtung, Aushandlung, Anerkennung und Einbettung der Innovation auch sein mag, so liegt ihr in der Regel eine Handlung zugrunde. Auch wenn die innovative Handlung nur in Relation zu anderen Handlungen als innovativ (oder als nicht innovativ) zu verstehen ist, soll das handelnde Subjekt als Quell von Innovationen und als Träger des Wissens systematisch berücksichtigt und die Schaffung von Neuem in den verschiedenen Untersuchungsbereichen auch als mikrostrukturelles Phänomen betrachtet werden. Einen Ausgangspunkt dafür bietet zweifellos die soziologische Handlungstheorie, die ja auch den Entwurf, die Imagination und die Kreativität thematisiert (Joas 2002; Popitz 2000). Der Zusammenhang zwischen gegenwärtigen Formen der flexiblen Produktion, der Entstehung kreativer Industrien und der Subjektivierung von Arbeit (Bolte und Treutner 1983; Voß und Pongratz 1998; Moldaschl und Voß 2002) macht auf die anhaltende Bedeutung des Subjektiven aufmerksam.

Sind schon auf der Ebene des Handelns Interaktionen von Bedeutung, so spielen diese auf der mittleren Ebene der Organisation eine noch wichtigere Rolle. Die interne Organisation von Innovationen, die sozialen Formen der Produktion des Neuen und Netzwerke der stehen im analytischen Mittelpunkt der Untersuchungen auf dieser Ebene. Neue Studien können etwa die interaktive Organisation von wissenschaftlichen Arbeitsprozessen, von betrieblicher Produktion und die Managementpraktiken der Innovation im Unternehmen zum Gegenstand ihrer Untersuchung machen. Darüber hinaus werden die Praktiken und Prozesse im gesamten Unternehmen, in den übergreifenden Netzwerken und auf den organisationalen Feldern untersucht. Es wird angenommen, dass nicht nur die vielfältigen Beziehungen zwischen den verschiedenen Organisationen – vom Labor bis zum Patentamt, vom Atelier bis zum Museum und vom Architekturbüro bis zur Stadtplanung – relevant für die Schaffung von Neuem sind, sondern auch die Arten und Weisen, wie diese Organisationen ihre Interaktionen und Beziehungen miteinander abstimmen. Denn die Ordnungen und Regelsysteme, wie sie durch die jeweiligen Bereiche konstituiert werden, bilden die wesentlichen Elemente des jeweiligen Innovationsregimes. Gleichzeitig sind sie die Kontexte, in denen Innovationen praktisch hervorgebracht und semantisch gerechtfertigt werden.

Eine dritte relevante Ebene stellt die Gesellschaft dar, die zunehmend über die nationalstaatlichen Grenzen hinaus als Weltgesellschaft zu analysieren ist. Der Fokus liegt dabei zunächst auf den makrostrukturellen Besonderheiten derjenigen gesellschaftlichen Bereiche, die vermutlich vom Imperativ der Innovation am stärksten erfasst werden. Dazu zählen wir Wissenschaft und Wirtschaft. Um unserem Anspruch auf einen erweiterten Ansatz gerecht zu werden, werden jedoch ebenso Innovationsfelder untersucht, die sich schwerpunktmäßig in anderen Bereichen der Gesellschaft (Kultur, Politik) befinden. Innerhalb dieser Bereiche konzentrieren wir uns auf jene Ausschnitte, für die wir besondere Forschungskompetenzen und -interessen aufweisen können, wie etwa das Design, die Produktion und die Vermarktung in den Künsten, die Implementation neuer politischer Instrumente zum Beispiel bei Fragen der Nachhaltigkeit und der Geschlechterordnung, oder die Planung von Häusern, Stadtteilen und Infrastruktur (Architektur, Stadtplanung, Landschaftsplanung). Von besonderem Interesse sind hierbei zum einen gesamtgesellschaftliche Sets von Semantiken, Praktiken und Grammatiken, zum anderen aber gerade auch die Ausbildung transnationaler Sets und die Aufnahme derjenigen Mechanismen und Akteurskonstellationen, die diese Entwicklungen vorantreiben – oder diesen entgegenstehen.

2.2.3 Dimension III – Gesellschaftsbereiche und Felder der Innovation: Technik/Wissenschaft, Industrie/Dienstleistung und Vergleichsfelder

Ein Großteil der zum Thema der Innovation vorliegenden Forschung konzentriert sich auf technische Innovationen. Diese sind hauptsächlich in den stark gesellschaftlich ausdifferenzierten Bereichen der Wissenschaft und der Wirtschaft sowie in den dichter werdenden Netzwerken zwischen ihnen (vgl. Bommes und Tacke 2011) organisiert. Zentrale Felder der Innovation in diesen Schlüsselbereichen sind zum einen die Technikwissenschaften, in denen sich verwissenschaftlichte Technologie und technologisierte Naturwissenschaft aufeinander zu bewegen (vgl. „technoscience" bei Latour 1987), und zum anderen die industrielle Produktion und der Dienstleistungssektor, die getrieben von ökonomischer Konkurrenz „innovative" Techniken und Verfahren nachfragen, nutzbar machen und vermarkten.

Abseits dieser beiden prominenten Bereiche soll der hier vorgestellte Forschungsraum auch diejenigen Felder der Gesellschaft in den Fokus der Untersuchungen rücken, die innerhalb der bisherigen Innovationsforschung nur wenig Aufmerksamkeit gefunden haben. Dazu zählen beispielsweise die Kunstproduktion als auch Politik- und Planungsprozesse. Die Künste werden seit der italienischen Renaissance durch das Ideal der Originalität vorangetrieben, unterstützt durch die ständigen Innovationen von Techniken und Institutionen. Verweise auf die „Kreativität" von Kunst prägen zunehmend die Semantik der Innovation in allen Bereichen, künstlerische Techniken der Performanz werden zur Anreicherung der wirtschaftlichen Praxis verwendet (Boltanski und Chiapello 2003) und ihre impliziten Ordnungsstrukturen werden auf wissenschaftliche Erfindungsverfahren übertragen. Dabei wollen wir uns keineswegs auf die organisierten Künste und ihre institutionellen Ausprägungen im engeren Sinne beschränken, sondern im weiteren Sinne künstlerische Schaffensprozesse (Dewey 1988) betrachten, die von den Akteuren selbst als „kreativ" bezeichnet werden (Bröckling 2007), etwa das Design von Mensch-Technik-Schnittstellen, das auf Software und Sampling gestützte Machen von Musik usw.

Das Feld der Politik- und Planungsprozesse erfährt nach dem Scheitern der Planungseuphorie und mit der Herausforderung nationalstaatlicher Politik durch die Globalisierung spätestens seit Ende der 1970er Jahre einen durchgreifenden Wandel. Verhandlungsarenen werden verlagert und umstrukturiert, neue, z.T. hochtechnisierte Entscheidungshilfen und Steuerungsinstrumente werden ersonnen und etabliert, und treibende Akteure vergewissern sich selbst und die Adressaten ihres Handelns, dass der Wandel nicht nur neu, sondern auch besser geeignet – kurzum innovativ – ist, den antizipierten Problemen zu begegnen (Djelic und Sahlin-Andersson 2006). Verschränkt ist diese Entwicklung auf vielfältige Weise mit dem „doing innovation" auf den anderen Feldern vor allem der raumorientierten Planung. Die Innovation der ‚Governance' ist somit auch schon ein Bestandteil bestehender Forschung (Voß und Bauknecht 2007). Hierbei ist zu beachten, dass viele gesellschaftliche Planungen und Steuerungen auf Daten basieren, die auf Erhebungen beruhen, die entlang territorialer staatlicher oder substaatlicher Einheiten gewonnen werden, während die Innovationsprozesse – etwa in Innovationsclustern – sich nicht entlang dieser Einheiten entwickeln. Eine den Anforderungen reflexiver Innovation angepasste politische und planerische Steuerung bedarf somit neuer Grundlagen und gegebenenfalls neuer Instrumente, die etwa den heterogenen, mehrere Organisationen übergreifenden Innovationsprozessen durch eine Aufnahme relationaler Daten Rechnung trägt.

Generell ist zu beachten, dass Innovationen technischer Artefakte nicht mit Innovationen politischer Steuerungsinstrumente oder Innovationen in anderen

Feldern gleichzusetzen sind (Zapf 1989; Gillwald 2000; Rammert 2010). Um zu einer umfassenden Perspektive auf den Gegenstand zu gelangen, soll untersucht werden, welche Gemeinsamkeiten, welche Beziehungen und welche Unterschiede der Innovation zwischen den jeweiligen Innovationsfeldern und auch zwischen den Typen von Innovation bestehen, wenn es vorrangig eher um die Rekombination sachlicher Artefakte, problemlösender Praktiken oder verbesserter institutioneller Prozesse geht.

Die Innovationsfelder selbst wandeln sich als Medium und Resultat reflexiver Innovation im gesellschaftlichen Maßstab. Anzunehmen ist, dass eine wesentliche Veränderung die Grenzziehungen der Innovationsfelder betrifft. Wir gehen davon aus, dass deren Grenzen durchlässiger werden, Innovationen sich quer zu ihnen entwickeln und sich feldübergreifend beeinflussen. Daher sollten Forschungsprojekte, die sich auf den hier vorgestellten Forschungsraum beziehen, sowohl in den klassischen Innovationsfeldern innerhalb der jeweiligen gesellschaftlichen Bereiche als auch in neuen Innovationsfeldern zwischen ihnen angesiedelt werden: In den ersteren kann untersucht werden, inwieweit reflexive Innovation auch dort zu einer Vermehrung oder gar Vermischung der Referenzen für Rechtfertigung und Bewertung führt, zum Beispiel bei Innovationen in Unternehmen, die sich zunehmend auf politische und ethische Referenzen zuzüglich zur ökonomischen beziehen (Kock et al. 2010), oder bei wissenschaftlichen Innovationen, die unter den doppelten Druck der Remoralisierung und Ökonomisierung geraten (Weingart et al. 2007; Schimank 2006). In den letzteren gemischten Innovationsfeldern stehen Fragen der Ko-Produktion, der Ko-Existenz und der Festigung und Pfadbildung für solche gemischten Innovationsregime im Vordergrund. Eine systematische Frage, die beide Untersuchungsfelder verbindet, betrifft dann die vergleichende Einschätzung, inwieweit sich heute gegen- über den Innovationsdiskursen und Innovationsverläufen in den 60er bis 80er Jahren ein qualitativer Wandel der Innovationsdynamik nachweisen lässt.

Beispiele für Entgrenzungen, Transfers und Mischungen in den Innovationsfeldern, die wir mit unseren vorhandenen fachlichen Kompetenzen zu erforschen beabsichtigen, sind:

- Innovationsfelder zwischen Wissenschaft und Industrie (Transfer, Ausgründung, internationale Netzwerke/Allianzen)
- Innovationsfelder zwischen Wissenschaft und Politik (Beratung, Governance, Planung)
- Innovationsfelder zwischen Industrie und Politik (Regionale Cluster, Kompetenznetzwerke, Zukunftstechnologien)

- Innovationsfelder zwischen Kunst und Wirtschaft (Design, Architektur, Werbung, Mode)

Querschnittsfragestellungen für alle Felder wären zum Beispiel:

- Praktiken und Semantiken der Kreativität in Wissenschaft, Technik, Wirtschaft und Kunst
- Organisationsformen innovativer Prozesse und Transfers im Vergleich
- Innovationsverläufe, Brüche, Wertungsprozesse, wechselnde Bindungen und heterogene Konstellationen von Akteuren.

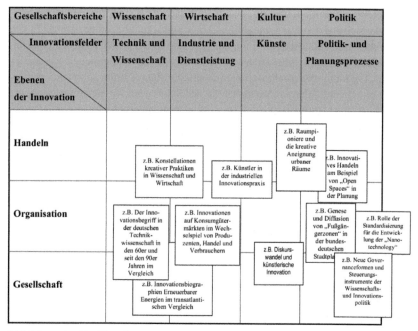

Gesellschaftsbereiche	Wissenschaft	Wirtschaft	Kultur	Politik
Innovationsfelder	Technik und Wissenschaft	Industrie und Dienstleistung	Künste	Politik- und Planungsprozesse

Ebenen der Innovation

Handeln
- z.B. Konstellationen kreativer Praktiken in Wissenschaft und Wirtschaft
- z.B. Künstler in der industriellen Innovationspraxis
- z.B. Raumpioniere und die kreative Aneignung urbaner Räume
- z.B. Innovatives Handeln am Beispiel von „Open Spaces" in der Planung

Organisation
- z.B. Der Innovationsbegriff in der deutschen Technikwissenschaft in den 60er und seit den 90er Jahren im Vergleich
- z.B. Innovationen auf Konsumgütermärkten im Wechselspiel von Produzenten, Handel und Verbrauchern
- z.B. Diskurswandel und künstlerische Innovation
- z.B. Genese und Diffusion von „Fußgängerzonen" in der bundesdeutschen Stadtpla
- z.B. Rolle der Standardisierung für die Entwicklung der „Nanotechnology"
- z.B. Neue Governanceformen und Steuerungsinstrumente der Wissenschafts- und Innovationspolitik

Gesellschaft
- z.B. Innovationsbiographien Erneuerbarer Energien im transatlantischen Vergleich

Abbildung 1 Der Forschungsraum für Fallstudien in und zwischen Innovationsfeldern
Quelle: Eigene Abbildung.

Um einen späteren Vergleich der Praktiken und Prozesse zwischen den verschiedenen Innovationsfeldern zu ermöglichen, sollten – so weit wie möglich – von diesen folgende leitende Fragestellungen in den jeweiligen Untersuchungsansatz aufgenommen werden:

- *Welche Praktiken des „doing innovation" (Pragmatik) lassen sich im jeweiligen Feld identifizieren?*
Hier geht es darum, die kreativen Tätigkeiten und innovativen Handlungen im Feld zu identifizieren und detailliert in ihrem Ablauf sowie der in ihnen vornehmlich genutzten Regeln und Ressourcen zu beschreiben. Wie können die Aspekte des Erkundens, des Umgestaltens und des Ausprobierens bei Entwürfen, Experimenten, Simulationen, Kompositionen oder bei Design- und Planungsvariationen als relevante Abweichung rekonstruiert werden?
- *Welche Reden und Rechtfertigungen der Innovation (Semantik) bestimmen das Feld?*
Hier stehen die Prozesse der Signifikation, der sozialen Definition und der gesellschaftlichen Evaluation von etwas als neu, besser und wertvoll im Vordergrund. An welchen Regeln und Werten orientieren sich die Debatten und welche „innere Logik" konstruieren die Diskurse auf den jeweiligen Feldern? Welche Rolle spielen die unterschiedlichen Medien für die Durchsetzung bestimmter Diskurse? Gibt es einen Wandel der Rechtfertigungsregime?
- *Welche reflexiven Bezüge auf Akteure, Techniken und Verfahren der Innovation in anderen Feldern lassen sich auffinden?*
Bei dieser Frage interessieren die zunehmende Beteiligung verschiedener Akteure und Institutionen (heterogen verteilt) und die reflexive Herstellung des Neuen durch den Transfer von Ideen und Mitteln aus anderen Feldern. Wie stark sind Aspekte der Entdeckung, der technischen Konstruktion, der Patentierung, der Finanzierung, der Vermarktung, der politischen Förderung, der breiten Nutzung und der öffentlichen Meinung heute schon bewusst in den Innovationsprozess eingebaut? Und wie wird der reflexive Bezug dominant hergestellt und gegebenenfalls organisiert?
- *Welche Konstellationen verschiedener Akteure aus den jeweiligen Bereichen der Gesellschaft gibt es auf dem jeweiligen Innovationsfeld und wie werden die verteilten Innovationsprozesse zwischen ihnen koordiniert (Grammatik) und als neu definiert und durchgesetzt?*
Hier geht es zum einen um Formen des reflexiven Bezugs sowie der Koordination von Innovationsaktivitäten zwischen verschiedenen Akteuren und zum anderen um die Rekonstruktion der Regeln und Mechanismen eines Innovationsregimes auf diesem Feld. Wer ist an der Bestimmung des Neuen mit welcher Autorität beteiligt? Welche Netzwerke nutzen Akteure in den Innovationsprozessen und wie stimmen sich ihre Aktivitäten miteinander ab? Wie verteilen sich Kompetenzen und Machtressourcen? Wer bestimmt auf welcher Grundlage, den Wert einer Innovation? Wie werden die Autonomie und Anerkennung der jeweiligen Innovationsinstanzen sichergestellt, und wann verlieren sie ihre Eigenständigkeit gegenüber externen Instanzen?

- *Lassen sich im Vergleich zu historisch früheren Phasen Veränderungen der Diskurse, der Praktiken oder des institutionellen Regimes erkennen?* Diese Frage trifft den Kern des gesamten Forschungsansatzes, da sie den Wandel der klassischen modernen und innovativen Gesellschaft zu einer ubiquitären Innovationsgesellschaft heute zum Gegenstand hat. Es geht darum, historisch vergleichend nachzuprüfen, ob sich zwischen den Innovationen der 50er und 60er Jahre und denen der 90er und 2000er Jahre signifikante Unterschiede feststellen lassen. Dazu können öffentliche und wissenschaftliche Redeweisen, technologische, unternehmerische und politische Praktiken und die institutionellen Regeln auf den jeweiligen Feldern – die Innovation betreffend – zu den beiden Zeitperioden untersucht und miteinander verglichen werden.

3 Ausblick: Theorie- und Methodenpluralismus

In dem vorliegenden Aufsatz formulieren wir einen Forschungsrahmen, der geeignet ist, Praktiken, Orientierungen und Prozesse, die an der Herstellung von Innovationen beteiligt sind, innerhalb und zwischen verschiedenen gesellschaftlichen Feldern zu untersuchen. Unser Ziel ist es dabei, ein tieferes und empirisch fundiertes Verständnis dessen zu entwickeln, was in der heutigen Gesellschaft unter dem Begriff der Innovation verstanden wird und welche sozialen Prozesse dabei involviert sind. Der breite Forschungsansatz korrespondiert dabei mit einem Methoden- und Theoriepluralismus, aus dem heraus jedoch keine Beliebigkeit des Vorgehens folgt. Der systematische Bezugspunkt „reflexive Innovation" erfordert von jedem einzelnen Forschungsprojekt, dass seine Ausgangshypothesen und die zu deren Überprüfung eingesetzten Methoden klar formuliert werden. Die jeweils gewählte analytische Perspektive legt zudem die Auswahl bestimmter Methoden nahe. So erfordert die Analyse der ‚Pragmatik', einen erkennbaren Bezug auf die Handlungen und Objekte im Feld herzustellen, etwa durch teilnehmende Beobachtungen, Videoanalysen, Technografien oder auch rekonstruktive Interviews. Dagegen ist die Analyse der ‚Semantik' sehr viel stärker an inhaltlichen Verfahren zu orientieren, wie etwa der Ethnosemantik, der Gattungs- oder der Diskursanalyse. Die Perspektive auf die ‚Grammatik' wird zum Beispiel eher durch Innovationsbiografien, Pfad- oder Netzwerkanalysen erschlossen.

Der erweiterte theoretische Rahmen, den wir hiermit für die Untersuchung der reflexiven Herstellung von Neuem vorschlagen, soll zukünftigen Studien explizit ein breites Spektrum an spezifischen theoretischen und disziplinären Zugängen ermöglichen. Es handelt sich um einen Rahmen, der sowohl sich ergänzende als auch widerstreitende Perspektiven für eine Untersuchung von Innovation in der gegenwärtigen Gesellschaft zulässt. Der Fokus liegt dabei auf der reflexiven Innovation und dem Zusammenspiel von Aspekten der Semantik, Pragmatik und Grammatik innovativen Handelns. Dadurch soll eine allgemeine theoretische Orientierung für unterschiedliche Fallstudien vorgegeben werden. Der primäre Bezugspunkt liegt dabei auf der gesellschaftlichen Ebene. Unter diesen Vorgaben kann reflexive Innovation mit einer großen Bandbreite theoretischer Ansätze und disziplinärer Methoden als zentraler Aspekt der gesellschaftlichen Entwicklung analysiert und identifiziert werden.

Literatur

Aderhold, J., & John. R. (Hrsg.). (2005). *Innovation. Sozialwissenschaftliche Perspektiven.* Konstanz: UVK.

Barley, S. R. (1990). The alignment of technology and structure through roles and networks. *Administrative Science Quarterly 35* (1), 61-103.

Barley, S. R., & Kunda, G. (2004). *Gurus, hired guns, and warm bodies. Itinerant experts in a knowledge economy.* Princeton: Princeton University Press.

Bauer, R. (2006). *Gescheiterte Innovationen. Fehlschläge und technologischer Wandel.* Frankfurt a. M.: Campus.

Blättel-Mink, B. (2006). *Kompendium der Innovationsforschung.* Wiesbaden: VS Verlag.

Blättel-Mink, B., & Ebner, A. (Hrsg.). (2009). *Innovationssysteme. Technologie, Institutionen und die Dynamik der Wettbewerbsfähigkeit.* Wiesbaden: VS Verlag.

Boltanski, L., & Chiapello, E. (2003). *Der neue Geist des Kapitalismus.* Konstanz: UVK.

Bolte, K.-M., & Treutner, E. (Hrsg.). (1983). *Subjektorientierte Arbeits- und Berufssoziologie.* Frankfurt a. M. und New York: Campus.

Bommes, M., & Tacke, V. (Hrsg.). (2011). *Netzwerke in der funktional differenzierten Gesellschaft.* Wiesbaden: VS Verlag.

Braczyk, H.-J., Cooke, P., & Heidenreich, M. (Hrsg.). (1998). *Regional innovation systems.* London: UCL Press.

Braun-Thürmann, H. (2005). *Innovation.* Bielefeld: transcript.

Bröckling, U. (2007). *Das unternehmerische Selbst.* Frankfurt a. M.: Suhrkamp.

Bruns, E., Ohlhorst, D., Wenzel, B., & Köppel, J. (2011). *Renewable energies in Germany's electricity market. A biography of the innovation process.* Dordrecht: Springer.

Castells, M. (1996). *The rise of network society. Volume 1, The information age: Economy, Society and Culture.* Oxford: Blackwell.

Chesborough, H. (2006). *Open innovation. The new imperative for creating and profiting from technology.* Boston: Harvard Business School Press.

David, P. A. (1975). *Technical choice, innovation, and economic growth.* New York: Cambridge University Press.

Dewey, J. (1988 [1958]). *Kunst als Erfahrung.* Frankfurt a. M.: Suhrkamp.

DiMaggio, P. J., & Powell, W. W. (1983). The iron cage revisited. Institutional isomorphism and collective rationality in organizational fields. *American Sociological Review 48* (2), 147-160.

Djelic, M.-L., & Sahlin-Andersson, K. (Hrsg.). (2006). *Transnational governance. Institutional dynamics of regulation.* Cambridge: University Press.

Edquist, C. (Hrsg.). (1997). *Systems of innovation. Technologies, institutions, and organizations.* London: Routledge.

Elster, J. (1983). *Explaining technical change. A case study in the philosophy of science.* Cambridge: University Press.

Fagerberg, J., Mowery, D. C., & Nelson, R. R. (Hrsg.). (2005). *Oxford handbook of innovation.* Oxford: University Press.

Fourcade, M. (2009). *Economists and societies. Discipline and profession in the United States, Britain, and France, 1890s to 1990s.* Princeton: University Press.

Florida, R. (2002). *The rise of the creative class.* New York: Basic Books.

Garud, R., & Karnoe, P. (Hrsg.). (2001). *Path dependance and creation*. Mahwah, NJ: Erlbaum.

Gemünden, H.-G., Hölzle, K., & Lettl, C. (2006). Formale und informale Determinanten des Innovationserfolges. Eine kritische Analyse des Zusammenspiels der Kräfte am Beispiel der Innovatorenrollen. *Schmalenbachs Zeitschrift für betriebswirtschaftliche Forschung 58* (Sonderheft 54/06), 110-132.

Gerybadze, A. (2004). *Technologie und Innovationsmanagement*. München: Vahlen.

Gillwald, K. (2000). Konzepte sozialer Innovation. (Working-Papers, P00-519) Berlin: Wissenschaftszentrum Berlin für Sozialforschung.

Heidenreich, M. (2009). Innovation in Europe in low- and medium-technology industries. *Research Policy 38* (3), 483-494.

Hippel, E. V. (1998). *The sources of innovation*. New York: Oxford University Press.

Hippel, E. V. (2005). *Democratizing innovation*. New York: Oxford University Press.

Hirsch-Kreinsen, H. (2005). *Wirtschafts- und Industriesoziologie: Grundlagen, Fragestellungen, Themenbereiche*. München: Juventa.

Hof, H., & Wengenroth, U. (Hrsg.). (2007). *Innovationsforschung. Ansätze, Methoden, Grenzen und Perspektiven*. Münster: LIT Verlag.

Hoffman, A. J. (1999). Institutional evolution and change. Environmentalism and the U.S. chemical industry. *Academy of Management Journal 42* (4), 351-371.

Howaldt, J., & Jakobsen, H. (Hrsg.). (2010). *Soziale Innovation. Auf dem Weg zu einem postindustriellem Innovationsparadigma*. Wiesbaden: VS Verlag.

Hutter, M., Knoblauch, H., Rammert, W., & Windeler, A. (2011). Innovationsgesellschaft heute. Die reflexive Herstellung des Neuen (Working Papers, TUTS-WP-4-2011). Berlin: Technische Universität Berlin.

Hutter, M., & Throsby, D. (Hrsg.). (2008). *Beyond price. Value in culture, economics and the arts*. New York: Cambridge University Press.

Joas, H. (2002). *Die Kreativität des Handelns*. Frankfurt a. M.: Suhrkamp.

Kern, K. (2000). *Die Diffusion von Politikinnovationen. Umweltpolitische Innovationen im Mehrebenensystem der USA*. Opladen: Leske + Budrich.

Kinsley, M. (Hrsg.). (2008). *Creative Capitalism: A Conversation with Bill Gates, Warren Buffet, and Other Economic Leaders*. New York: Simon & Schuster.

Knoblauch, H. (2010). Alfred Schütz, die Phantasie und das Neue. Überlegungen zu einer Theorie des kreativen Handelns. In N. Schroer et al. (Hrsg.), *Die Entdeckung des Neuen*. Wiesbaden: VS Verlag.

Kock, A., Gemünden, H. G., Salomo, S., & Schultz, C. (2011). The Mixed Blessings of Technological Innovativeness for the Commercial Success of New Products. *Journal of Product Innovation Management 28* (1), 28-43.

Latour, B. (1987). *Science in action. How to follow scientists and engineers through society*. Cambridge, Massachusetts: Harvard University Press.

Lütz, S. (Hrsg.). (2006). *Governance in der politischen Ökonomie. Struktur und Wandel des modernen Kapitalismus*. Wiesbaden: VS Verlag.

Luhmann, N. (1975). Interaktion, Organisation, Gesellschaft. In N. Luhmann (Hrsg.), *Soziologische Aufklärung* (S. 9-20). Opladen: Westdeutscher Verlag.

Massey, D. (1992). Politics and space/time. *New Left Review 1* (196), 65-84.

Massey, D. (1995). The conceptualization of place. In D. Massey & P. Jess (Hrsg.), *A place in the world? Places, cultures and globalization* (S. 45-77). Oxford: University Press.

Meyer, J. W. (2005). *Weltkultur. Wie die westlichen Prinzipien die Welt durchdringen.* Frankfurt a. M.: Suhrkamp.

Meyer, J. W., Boli, J., Thomas, G. M., & Ramirez, F. O. (1997). World society and the nation state. *American Journal of Sociology 103* (1), 144-181.

Moldaschl, M., & Voß, G. G. (Hrsg.). (2002). *Subjektivierung von Arbeit.* München: Hampp.

Moores, S. (2005). *Media/theory. Thinking about media and communications.* New York: Routledge.

Mowery, D. C., & Rosenberg, N. (1998). *Paths of innovation. Technological change in 20th century America.* Cambridge: University Press.

Nelson, R. (Hrsg.). (1993). *National innovation systems. A comparative analysis.* Oxford: University Press.

Nelson, R., & Winter, S. (1977). In search of a useful theory of innovation. *Research Policy 6*, 36-76.

Ogburn, W. F. (1922). *Social change.* New York: H. W. Huebsch.

Polsby, N. W. (1984). *Political innovation in America. The politics of policy initiation.* New Haven: Yale University Press.

Popitz, H. (2000). *Wege der Kreativität* (2. erw. Aufl.). Tübingen: Mohr.

Powell, W. W. (1990). Neither market nor hierarchy. Network forms of organization. *Research on Organizational Behavior 12*, 295-336.

Powell, W. W., Koput, K. W., & Smith-Doerr, L. (1996). Interorganizational collaboration and the locus of innovation. Networks of learning in biotechnology. *Administrative Science Quarterly 41* (1), 116-145.

Prahalad, K., & Krishnan, M. S. (2008). *The new age of innovation.* New York: McGraw Hill.

Rammert, W. (1988). *Das Innovationsdilemma.* Opladen: Westdeutscher Verlag.

Rammert, W. (1997). Auf dem Weg zu einer post-schumpeterianischen Innovationsweise. In D. Bieber (Hrsg.), *Technikentwicklung und Industriearbeit* (S. 45-71). Frankfurt a. M.: Campus.

Rammert, W. (2002). The cultural shaping of technologies and the politics of technodiversity. In K. Sörensen & R. Williams (Hrsg.), *Shaping technology, guiding policy* (S. 173-194). Cheltenham: Edward Elger.

Rammert, W. (2006). Die technische Konstruktion als Teil der gesellschaftlichen Konstruktion der Wirklichkeit. In D. Tänzler, H. Knoblauch, & H.-G. Soeffner (Hrsg.), *Zur Kritik der Wissensgesellschaft* (S. 83-100). Konstanz: UVK Verlag.

Rammert, W. (2008). Technik und Innovation. In A. Maurer (Hrsg.), *Handbuch der Wirtschaftssoziologie* (S. 291-319). Wiesbaden: VS Verlag.

Rammert, W. (2010). Die Innovationen der Gesellschaft. In J. Howaldt & H. Jakobsen (Hrsg.), *Soziale Innovation. Auf dem Weg zu einem postindustriellen Innovationsparadigma* (S. 21-51). Wiesbaden: VS-Verlag.

Reckwitz, A. (2008). Die Erfindung des Kreativsubjekts. Zur kulturellen Konstruktion von Kreativität. In A. Reckwitz (Hrsg.), *Unscharfe Grenzen. Perspektiven der Kultursoziologie* (S. 235-257). Bielefeld: Transcript.

Rogers, E. M. (2003). *Diffusion of innovations* (5. Aufl.). New York: Free Press.

Röpke, J. (1977). *Die Strategie der Innovation. Eine systemtheoretische Untersuchung von Individuum, Organisation und Markt im Neuerungsprozess.* Tübingen: Mohr.

Rosenberg, N. (1976). *Perspectives on technology.* New York: Cambridge University Press.

Schimank, U. (2006). Ökonomisierung der Hochschulen – eine Makro-Meso-Mikro-Perspektive. In K.-S. Rehberg (Hrsg.), *Die Natur der Gesellschaft. Verhandlungen des 33. Kongresses der Deutschen Gesellschaft für Soziologie in Kassel* (S. 622-635). Frankfurt a. M.: Campus.

Schuppert, G. F., & Zürn, M. (Hrsg.). (2008). *Governance in einer sich wandelnden Welt.* Wiesbaden: VS Verlag.

Schumpeter, J. A. (1939). *Business cycles. A theoretical, historical, and statistical analysis of the capitalist process.* New York: McGraw-Hill.

Sörensen, K., & R. Williams (Hrsg.). (2002). *Shaping technology, guiding policy. Concepts, spaces and tools.* Cheltenham: Edward Elgar.

Stark, D. (2009). *The sense of dissonance.* Princeton: Princeton University Press.

Sydow, J. (2001). *Management von Netzwerkorganisationen.* Wiesbaden: Gabler.

Thévenot, L. (2001). Pragmatic regimes governing the engagement with the world. In T. R. Schatzki, K. Knorr Cetina & E. V. Savigny (Hrsg.), *The Practice Turn in Contemporary Theory* (S. 56-73). London: Routledge.

Utterbeck, J. M. (1994). *Mastering the dynamics of innovation.* Boston: Harvard Business School Press.

UNESCO World Report (2005). *Towards knowledge societies.* Paris: UNESCO Publishing.

Uzzi, B. (1996). The sources and consequences of embeddedness for the economic performance of organizations. The network effect. *American Sociological Review 61* (4), 674-698.

Van de Ven, A. H., Angle, H. L., & Poole, M. S. (1989). *Research on the management of innovation. The Minnesota Studies.* New York: Ballinger, Harper & Row.

Van de Ven, A. H., Polleye, D. E., Garud, R., & Venktaraman, S. (1999). *The innovation journey.* New York: Oxford University Press.

Voß, G. G., & Pongratz, H. J. (1998). Der Arbeitskraftunternehmer. Eine neue Grundform der Ware Arbeitskraft? *Kölner Zeitschrift für Soziologie und Sozialpsychologie 50,* (1), 131-158.

Voß, J.-P., & Bauknecht, D. (2007). Netzregulierung in Infrastrukturen. Der Einfluss von Technik auf den Verlauf von Governance-Innovationen. In U. Dolata & R. Werle (Hrsg.), *Gesellschaft und die Macht der Technik* (S. 109-132). Frankfurt a. M.: Campus.

Weingart, P., Carrier, M., & Krohn, W. (2007). *Nachrichten aus der Wissensgesellschaft. Analysen zur Veränderung der Wissenschaft.* Weilerswist: Velbrück.

Wengenroth, U. (2001). Vom Innovationssystem zur Innovationskultur. Perspektivwechsel in der Innovationsforschung. In J. Abele, G. Barkleit, & T. Hänseroth (Hrsg.), *Innovationskulturen und Fortschrittserwartungen im geteilten Deutschland* (S. 21-32). Köln: Böhlau.

Weyer, J. (2008). *Techniksoziologie. Genese, Gestaltung und Steuerung sozio-technischer Systeme.* München: Juventa.

Windeler, A. (2001). *Unternehmungsnetzwerke. Konstitution und Strukturation.* Wiesbaden: Westdeutscher Verlag.

Windeler, A. (2003). Kreation technologischer Pfade: Ein strukturationstheoretischer Ansatz. *Managementforschung 13,* 295-328.

Zapf, W. (1989). Über soziale Innovationen. *Soziale Welt 40* (1-2), 170-183.

Teil I
Sozial- und gesellschaftstheoretische Perspektiven

Fragmentale Differenzierung und die Praxis der Innovation

Wie immer mehr Innovationsfelder entstehen

Jan-Hendrik Passoth und Werner Rammert

1 Innovationsprozesse in der Gegenwartsgesellschaft

Wenn es einen Imperativ gibt, der in der Gegenwartsgesellschaft als hegemoniale Handlungsorientierung taugt, dann ist es der Ruf nach Innovation[1]. Folgt man der aktuellen gesellschaftlichen Debatte, dann sind die Präferenz für das Neue und die Forderung nach Innovation längst nicht mehr auf wirtschaftliche, wissenschaftliche und technische Entwicklungen beschränkt. Die Orientierung moderner Gesellschaften an Wachstum, Fortschritt und technischer Neuerung weitet sich heute auf ganz andere Bereiche aus. Sie wandelt sich unter den Bedingungen der Globalisierung, des Klimawandels und der Digitalisierung zur intensiven und strategischen Suche nach Innovationschancen allerorten: Der „neue Geist"[2] der

---

[1]   Der Imperativ „Du musst dein Leben ändern" (Sloterdijk 2009) steht damit in Einklang, ist jedoch weniger bestimmt. Die „Dopplung von Kreativitätswunsch und Kreativimperativ: ...Man *will* kreativ sein und *soll* es sein." (Reckwitz 2012, S. 10) trifft es schon genauer, betont die Genealogie und ästhetischen Wurzeln des bürgerlichen Kreativmodells und unterbelichtet jedoch dabei die sozialen Dynamiken der Innovation, wie sie im Spannungsfeld zwischen institutionalisierten Differenzen und Referenzen gegenüber vielfältigen Praktiken reflexiver Innovation entstehen und sich als besondere Felder der Innovation durchsetzen.

[2]   Anders als in Boltanski und Chiapello (2003), deren Analyse als Beleg für die *Erweiterung* des kapitalistischen Geistes gelesen werden kann, geht es uns hier um die *Verbreitung* des „neuen Geistes der Innovation" auf nicht-wirtschaftliche Felder – analog zu Webers Rationalisierungs-These.

Innovation steckt auch das Politische, das Religiöse, die Künste und die alltägliche Lebensführung an.

So steht beim Beispiel der „Energiewende" selbstverständlich nicht mehr nur die Sicherung des Wohlstands oder die Suche nach einer optimalen Nutzung vorhandener Ressourcen im Vordergrund. Ebenso wird erwartet, dass sich die Umstellung einer führenden Industrienation wie Deutschland auf erneuerbare Energien als politische Innovation von Governanceformen[3] und als kulturelle Innovation von urbanen Mobilitätsstilen[4] erweisen wird, die in ihrer Mischung auf internationalem Parkett Anerkennung bringt und auf den Ebenen von Regionen, Städten und kollektiven Akteuren Nachahmer findet. Am Fall der unter dem Schlagwort „Industrie 4.0" diskutierten Umstellung industrieller Fertigung auf digital vernetzte und durch Software gestützte Formen der Produktion und Distribution lässt sich beobachten, dass der Wert dieser Neuerungen nicht allein am wirtschaftlichen Erfolg gemessen wird, sondern ebenso am Potential, die wirtschaftspolitische Rolle Deutschlands innerhalb Europas zu erneuern und eine neue Konstellation von Ko-Produktions- und Konsumpraktiken zu befördern. Schließlich geht es bei der Debatte über die „Digitalisierung" von Musik-, Film- und Druckerzeugnissen nicht nur um eine technische Innovation und ihre erwünschten oder unerwünschten wirtschaftlichen Folgen; wie die dort auftauchenden Stichworte einer „Kulturflatrate", einer „Sharing Economy" und der „Piraterie" aufzeigen, geht es im gleichen Maße darum, ob sich auf diesem Weg nicht zugleich eine soziale Innovation des Teilens von Besitz und eine rechtliche Innovation in Bezug auf die Frage nach Urheberschaft, geistigem Eigentum und gemeinsamen Zugang („Access") durchsetzt. Neben einer Verschiebung von hersteller- zu kundenorientierten oder gar zu offen kollaborativen Innovationsformen werden auch die kulturellen Neuorientierungen hin zu Kreativ- und Erlebniswirtschaft zunehmend als Innovation verstanden.[5]

Zumindest in den aktuellen gesellschaftlichen Debatten ist der Fokus auf Innovation allgegenwärtig und leitend, obwohl und auch weil er semantisch so viel-

---

3   Vgl. zur Energiewende Köppel (in diesem Band) und zur Governance-Innovation Voss (in diesem Band).

4   Beispiele für neue Mobilitätsstile, etwa „Flashmobs", „Urban Gardening" oder „Wohnraumpioniere" behandeln Gebelein et al. (in diesem Band) und Christmann et al. (in diesem Band).

5   Vgl. zur Öffnung der Innovation von Hippel (1988, 2005), Kleemann et al. (2009), Hutter et al. (2015) sowie Hutter (in diesem Band), Liebl (in diesem Band) und Picot und Hopf (in diesem Band), zur Industrie 4.0 Hirsch-Kreinsen (2014) und zum Wandel der Musikindustrie Dolata (2008).

deutig interpretiert und verwendet werden kann.[6] Was sich in zeitlicher Hinsicht als neu (gegenüber etwas, das dann als bestehend oder überholt, zumindest aber als alt gekennzeichnet wird), in sachlicher Hinsicht als andersartig (gegenüber etwas, das dann umgekehrt als gleichförmig erscheint) und in sozialer Hinsicht als abweichend (gegenüber einem immer mitbestimmten, sich aber in Abhängigkeit zum Abweichenden befindlichen Normalzustand) ausmachen lässt[7], wird geschätzt, gefördert und hervorgehoben. Dabei fällt auf, dass es gar nicht so sehr etwas Bestimmtes ist, das als neu, andersartig und abweichend bevorzugt wird, sondern es ist die Neuheit, Andersartigkeit und Abweichung selbst. Neben dieser rein diskursiven Orientierung am Neuen tendieren aber auch die Praktiken und Prozesse der Innovation dazu, sich mehr am Prinzip der Innovation selbst als nur an wirtschaftlichem Erfolg oder wissenschaftlicher wie technischer Optimierung auszurichten. Das Prinzip der Innovation steckt in der paradoxen Erwartung, durch „endlose Neuerung"[8] gegenüber der (schon guten) Gegenwart eine zukünftig günstigere Positionierung im eigenen Feld und über die Grenzen des eigenen Feldes hinaus zu schaffen. Diese Akzentverschiebung von zum Beispiel einer rein ökonomisch gerechneten Innovation zu einer reflexiven gesellschaftlichen Innovation mit zwar auch ökonomischen, aber eben auch ganz anderen Referenzen gilt zunächst für das Handeln der verschiedenen Akteure, die an den verteilten Prozessen und interaktiven Netzwerken der Innovation beteiligt sind. Sie gilt zudem vermehrt auch für die institutionellen Formen, mit denen bei diesen umfasssenderen und gesellschaftlichen Innovationen versucht wird, die Koordination und konflikthafte Abstimmung zwischen den diversen Wertorientierungen und Interessenlagen reflexiv zu gestalten, etwa durch offene Foren oder korporative Plattformen, durch regionale Innovationsnetzwerke oder europäische Forschungscluster. In Bezug auf die „rules of the game"[9] von Innovationsprozessen befördert dies eine Präferenz für Organisationsformen, institutionelle Strukturen und Regulierungen, von denen angenommen wird, dass sie Neues als Rohstoff für zukünftige Innovationen praktisch schneller und vermehrt hervorbringen, frühzeitig erkennen lassen und auch

---

6   Vgl. zur Semantik Knoblauch (in diesem Band) und zur Normativität Schubert (in diesem Band).

7   Siehe ausführlicher Rammert (2010, S. 29 ff.)

8   So der Titel einer an Wittgenstein und Adorno orientierten kulturphilosophischen Studie zum Verständnis des Neuen und zum „novologistischen Paradigma" in der modernen Musikästhetik (vgl. Dierks 2015, S. 193).

9   Wittgenstein 1984, §108.

wirkungsvoll durchzusetzen vermögen. Befördert wird eine Präferenz zur reflexiven Institutionalisierung von Innovationsprozessen.[10]
    In der Gegenwartsgesellschaft ist so an die Stelle der fein differenzierten Aus-
richtung an den eindeutigen ökonomischen, wissenschaftlichen oder technischen
Kriterien und Leitunterscheidungen eine allgemeinere, offenere und zugleich dif-
fusere Orientierung an Innovation selbst getreten: Auf der einen Seite hat sich
der Fokus auf das jeweilige Neue, Andersartige und Abweichende an die Stelle
klassischer und klarer Orientierungen wie wirtschaftlicher Produktivität, technologischer Effektivität und wissenschaftlichem Erkenntnisgewinn gesetzt. Auf der
anderen Seite sind auch die Voraussetzungen und Bedingungen der Hervorbringung von Innovation selbst auf eine ständige Neuerung, eine Innovation der Innovation, ausgerichtet worden.
    Dementsprechend wird die empirische Untersuchung der Innovationsprozesse
in und zwischen unterschiedlichen Feldern unter ihren strukturellen, semantischen
und praktischen Bedingungen zu einer zentralen Aufgabe für eine sozialwissenschaftliche Forschung, welche den Wandel und das Wesen der Gegenwartsgesellschaft verstehen will (vgl. Hutter et al. 2015). Dafür ist sie begrifflich noch denkbar
schlecht gerüstet, und das in doppelter Hinsicht: Innovationsforschung ist auf der
einen Seite trotz aller Anstrengungen zur Erweiterung des Innovationsbegriffes in
den letzten Jahrzehnten noch immer die Domäne der Ökonomie geblieben. Versuche, andere Konzepte zur Analyse von Innovationsprozessen in so unterschiedlichen Bereichen wie Politik und Planung oder Kunst und Kultur einzuführen, beruhen letztlich meistens auf der Strategie, den wirtschaftlichen und technologischen
Kriterien zur Identifikation und Beurteilung von Innovation mindestens ebenso
partikulare Kriterien wie etwa ‚sozial integrativ', ‚nachhaltig', ‚partizipativ' oder
‚ästhetisch kreativ' zur Seite zu stellen. Der Ubiquität und Reflexivität von Innovationsprozessen in der Gegenwartsgesellschaft wird das nur ansatzweise gerecht.
Für die Interpretation und Diagnose der heutigen Innovationsgesellschaft bedarf
es also nicht nur eines Innovationsbegriffs, der in der Lage ist, die Engführung
auf ökonomische Innovation zu überwinden. Benötigt wird dazu ein erweiterter
Innovationsbegriff, der geeignet ist, die Vielfalt gesellschaftlicher Innovation
empirisch zu fokussieren und auf der Grundlage des Vergleichs von Innovationsprozessen die Eigentümlichkeiten der Gegenwartsgesellschaft angemessener zu
diagnostizieren. Gefragt wird danach, wie immer mehr und verschiedenartige Innovationsfelder entstehen. Geantwortet wird mit einem doppelten theoretischen
Zugriff, der – im Dialog der beiden Autoren und in Auseinandersetzung mit
Theorien der Differenzierung, der reflexiven Modernisierung und Varianten einer

---

10   Vgl. u. a. Powell et al. (1996), Rammert (2000) und Windeler (in diesem Band).

Theorie der Praxis – den Wandel zum reflexiven Innovationsregime als rekursiven Zusammenhang von fragmentaler Differenzierung und situativer Praxis der Innovation zu verstehen sucht.

Der folgende Beitrag behandelt die Konsequenzen eines solchen Innovationsbegriffs[11] für ein vergleichendes sozialwissenschaftliches Forschungsprogramm. Er beginnt in einem ersten Teil (2.) mit der Frage, worauf ein Vergleich von Innovationsprozessen beruhen kann. Unterscheiden sich Politikinnovationen hinreichend von solchen in der Kunst und rechtliche Innovationen von denen, mit denen wir im Bereich von Wissenschaft und Technik gewohnt sind umzugehen? Brauchen wir eine differenzierungstheoretische Grundlage, die die Unterscheidung von Innovationsfeldern nach gesellschaftlichen Bereichen[12] anleitet? Oder muss die empirische Untersuchung reflexiver Innovation der begrifflichen Unterscheidung vorangehen? Ein zweiter Teil (3.) argumentiert dann unter Rückgriff auf die vorläufigen Ergebnisse einiger Studien, die im Rahmen des Graduiertenkollegs „Innovationsgesellschaft heute: Die reflexive Herstellung des Neuen" entstanden sind, dass gerade das Unterlaufen und Überbrücken solcher bereichsspezifischer Unterschiede ein zentrales Merkmal von Innovationsprozessen heute darstellt. In einem dritten Teil (4.) beschäftigen wir uns mit eben dieser Eigenschaft von Innovationsprozessen und nähern uns der Frage an, wie sich die Reflexivität der Innovation begrifflich und empirisch erfassen lässt. Verstehen wir die Tendenz zum Unterlaufen und Überbrücken bereichsspezifischer Unterscheidungen in einem ersten Sinn als Kennzeichen und Ausdruck einer reflexiven Moderne, dann müssen wir sie als unbeabsichtigte Nebenfolgen einer gesteigerten Ausdifferenzierung begreifen. Verstehen wir sie – darauf aufbauend – in einem zweiten Sinn als Konsequenz und Treiber eines Zuwachs an Reflexion und Wissen der Akteure, dann lässt sich die Vermehrung von Referenzen zwar als empirisches Phänomen ernst nehmen, sie muss aber als Variante des Umgangs einzelner Akteure mit veränder-

---

11 Ein zweistufiger Innovationsbegriff erlaubt es, zwischen Neuheit und Innovation – auch Dimensionen und graduell (vgl. dazu die Beiträge Baur et al. und Christmann et al. in diesem Band) – zu unterscheiden und dazu sowohl die *Relationen* zwischen heterogenen Elementen – Objekten, Praktiken, Konzepten – als auch die unterschiedlichen *Referenzen,* die die Vielfalt gesellschaftlich wirksamer Bewertungspraktiken und Wertregime ausmachen, zu berücksichtigen (Rammert 2010, S. 45f.).

12 Wir werden im Folgenden begrifflich gesellschaftliche Bereiche und Felder unterscheiden: Von gesellschaftlichen Bereichen werden wir immer dann sprechen, wenn wir uns auf angenommene, unterstellte und in aufgespannten Feldern aufgerufene saubere und eindeutige Referenzen – der Wirtschaft, der Politik, der Künste – beziehen. Mit Feldern bezeichnen wir die in der Praxis aufgespannten Anschluss- und Möglichkeitsräume, in denen situativ und immer wieder aufs Neue Referenzen aufgerufen und miteinander verknüpft werden.

ten Bedingungen der Durchsetzung und Verbreitung von Innovation verstanden werden. Reflexivität der Innovation ist in diesem dritten Sinn eine Folge praktischer Reflexivität: Die Analyse der konkreten Praxis in Innovationsprozessen, so die These im vierten Teil (5.) des Beitrags, ist deshalb für ein Verständnis der Gegenwartsgesellschaft so zentral, weil sich an ihnen eine neue Form gesellschaftlicher Koordination untersuchen lässt, die sich gerade nicht nur an eindeutigen und substantiellen gesellschaftlichen Bereichen orientiert, sondern die auf der situativen Hervorbringung, praktischen Vermischung und reflexiven Vermittlung von Innovationsfeldern beruht. Im Ausblick (6.) werden deshalb Grundzüge eines Forschungsprogramms skizziert, das die sich abzeichnende Verschiebung des Primats gesellschaftlicher Differenzierung hin zu Fragmentierung, Vermischung und Reflexivität zum Gegenstand macht. Neue Innovationsfelder – um die Frage im Titel dieses Beitrags zu beantworten – entstehen und verfestigen sich durch die Reflexivität des situativen Vollzugs von Innovationspraxis.

2   Differenzierung von Innovationsfeldern und Ausbreitung des reflexiven Innovationsparadigmas

Dass wir die Frage nach dem Neuen und Verbesserten in der Kunst, der Politik oder im Recht überhaupt als eine Frage der Innovation stellen können und müssen, ist eine recht aktuelle Entwicklung. Denn solange im Bereich der Innovationsdiskurse, der Innovationspraxis und der institutionellen Ordnung von Innovationsprozessen vor allem die Wirtschaft – und begleitend: die Wirtschaftswissenschaften – den Raum und Referenzrahmen für Innovationen abgab, stellte sich das Problem der Unterschiede und Gemeinsamkeiten von Innovationen nicht. Erst mit dem Wachsen und Wuchern der Innovationen auf allen Gebieten der Gegenwartsgesellschaft in den letzten Jahrzehnten kann überhaupt die Frage aufkommen, ob es sich auf verschiedenen Feldern um vergleichbare Prozesse der Innovation handelt und in welcher Hinsicht die Referenzen ihrer Bewertung und Rechtfertigung einen Unterschied machen. Für diese Veränderung lassen sich verschiedene Erklärungen ausmachen:

- *Erstens* weiteten beide, die ökonomische Innovationsforschung, die sich bis vor drei Jahrzehnten auf wirtschaftliche Unternehmen und Kernbereiche der industriellen Produktion konzentriert hatte, und ebenso die daran orientierten Praktiken des Managements und der politischen Förderung von Innovation, ihr Wissen und ihre Wirkzonen derart aus, dass sie die engeren Grenzen des Wirtschaftsbereichs übersprangen. Schritt für Schritt wurden die institutionellen Einbettungen selbst, die Vernetzung mit nicht-ökonomischen Akteuren wie Forschern und Förderern, Mediatoren und Nutzergruppen und noch weitere Faktoren aus dem Umfeld zum Gegenstand ökonomischer Innovation gemacht. Wissenschaftliche, rechtliche und politische Neuerungen, wie etwa die Einrichtung von Transferstellen und Technologieparks, Praktiken der Patentierung und Standardisierung[13] oder eine regionale Vernetzungs- und Clusterpolitik, wurden dann unter dem Aspekt vorangetrieben und ausgewählt, inwiefern sie als Innovationen der Infrastruktur letztlich zum wirtschaftlichen Innovationserfolg beitragen. Logik und Modell ökonomischer Innovation werden dabei auf diejenigen Bereiche übertragen, die im Hinblick auf ihre Selbsterneuerung und ihren Beitrag zur gesellschaftlichen Innovation hinterherzuhinken scheinen. *(Ökonomisierungs- und hegemoniale Ausweitungs-These).*[14]

• *Zweitens* hat sich angesichts dieses expansiven Drangs der ökonomischen Innovation ein diskursiv allgegenwärtiger, aber auch praktisch wirksamer Druck zur Innovation allerorten aufgebaut. Er wächst sich zu einem allgemeinen Innovations-Imperativ für alle Bereiche der Gesellschaft aus, die sich nicht nur wechselseitig beobachten, sondern auch ihre jeweiligen Leistungen tauschen. Das führt zu einem inflationären und überwiegend normativ rechtfertigenden Gebrauch des Innovationsvokabulars, zeigt sich aber auch in einer analytisch bemerkenswerten begrifflichen Verschiebung, die auf reflexive Prozesse der Selbsterneuerung hinweist: Geplante Veränderungs- und Neuerungsprozesse in anderen Feldern der Gesellschaft, wie etwa grundlegende Reform-, Wende- und Agenda-Projekte oder Wechsel von Techniken und Medien des Regierens im Bereich der Politik und etwa intermediale Gattungsmischungen, performative Grenzüberschreitungen oder kreative Interventionen in Stadtpolitik, Unternehmenskultur und wissenschaftliche Wissenspräsentation im Bereich der Künste, Kultur und Wissenschaft werden jetzt nicht nur öffentlichkeitswirksam als ‚Innovationen' etikettiert, sondern auch im neuem Licht ihres Gewichts für gesellschaftlichen Wandel als eigener Typ von nicht-ökonomischer Innovation angesehen, praktisch entwickelt und gefördert. Verstehen kann man das im Sinne der Theorie der reflexiven Modernisierung als Folgeprobleme funktionaler Differenzierung (Beck 1996), die nicht mehr nach der Logik des jeweiligen gesellschaftlichen Bereichs oder einer dominanten ökonomischen Ordnung ge-

---

13   Vgl. Blind und Gauch 2009.

14   Als gesellschaftstheoretische These der Ökonomisierung weiterer Bereiche vgl. im Überblick Schimank und Volkmann (2008), für die ständige Erweiterung vgl. u. a. von Hippel (2005) und die Beiträge von Ökonomen und Soziologen in Fagerberg et al. (2004) und Hage und Meeus (2006).

löst werden können, sondern die eine Vielfalt von Referenzmöglichkeiten bei der Konstitution von Innovationsfeldern zulassen: Gegenüber den Extremen einer Re-Orientierung am institutionalisierten Leitwert oder einer Um-Orientierung auf einen anderen dominanten Leitwert gewinnen die verschiedenen Mischungen der Referenzwerte an Zahl und Gewicht. Was häufig negativ als Phänomene der Ent-Differenzierung und De-Institutionalisierung bis hin zur neuen Unübersichtlichkeit beschrieben wird, kann positiv als eine „fragmentale" Ordnungsbildung (Rammert, 2006, S. 258ff.) analysiert werden, bei der die Referenzen neu gemischt und feldspezifisch konfiguriert werden. (*Differenzierungs- und multiple Selbsterneuerungs-These*).[15]

- *Drittens* kann die Quelle für eine neue Innovationskultur auch in einem Wandel der Lebens- und Subjektivitätsformen gesehen werden: Mit zunehmender Individualisierung werden die aktivierenden und emotionalen Potentiale für vielfältige Formen der Selbstverwirklichung freigesetzt. Die Transformation zeigt sich dann in der diskursiven Verschiebung vom asketischen, ökonomisch kalkulierenden zum genießerischen, sich kreativ engagierenden Subjekt. Was in den kleinen Bezirken und Kreisen der Künste als ästhetische Abweichung von der ‚Klassik' etwa als ‚Romantik', ‚Expressionismus' oder ‚Surrealismus' begann und was in den Nischen alternativer Protest- und Lebenskultur bunt und bastlerisch an neuen Wohn-, Arbeits- und Genussweisen ausprobiert wurde, scheint sich gegenwärtig durch Medien, Imitation und strategische Verbreitung zu einem neuen Modell expressiver und kreativer Subjektivität zu verdichten und durchzusetzen, das im Rahmen eines sozialen Regimes des „Neuen als Reiz" (Reckwitz in diesem Band) in der Spätmoderne anschlussfähig ist. (*Diskurs- und Dispositivwandel-These*).[16]

Die drei Erklärungsversuche für die offensichtliche Aufwertung des Innovationsphänomens und die wirkungsvolle Ausweitung der Innovationszonen müssen sich nicht vollständig ausschließen. Sie können vielmehr so ergänzt werden, dass trotz der Vielfalt der Innovationsfelder ein die Identität stiftendes Prinzip reflexiver Innovation identifiziert werden kann (vgl. Rammert 2014). Vieles spricht zunächst dafür, dass wir es mit Folgeproblemen gesteigerter Differenzierung und mit dem

---

15 Vgl. die kritische wie auch weiterführende Diskussion zur Differenzierungstheorie etwa von Schimank (1985, 2011), Knorr-Cetina (1992), Nassehi (2004), Schützeichel (2011) und Lindemann (2011).

16 Vgl. zum kulturellen und zeithistorischen Wandel in den 70er Jahren hin zur expressiven und ästhetischen Orientierung alltäglicher Lebensgestaltung Schulze (1992) und Reichhardt (2014), zum Diskurs- und Dispositivwandel (Bröckling 2004; Reckwitz 2012).

Herausbilden eines reflexiven Ordnungsmodus zu tun haben, der an den Grenzen von und zwischen ehemals stabilen gesellschaftlichen Bereichen situativ und
immer wieder aufs Neue Innovationsfelder aufspannt. Reflexive Innovation wäre
dann nicht allein Ausdruck einer Rhetorik der Innovation oder einer gesteigerten
Dominanz ökonomischer Orientierungen für die Gegenwartsgesellschaft, sondern
eine Umstellung auf eine Form gesellschaftlicher Koordination, die sich nicht auf
stabile und substantielle Leitorientierungen gesellschaftlicher Bereiche stützt,
sondern gerade auf der situativen Hervorbringung, praktischen Vermischung und
reflexiven Vermittlung von Innovationfeldern beruht. Die gesteigerte Aufmerksamkeit für Innovation wäre dann zu verstehen als Ausdruck und Treiber dieser
reflexiven Form gesellschaftlicher Koordination.

3   Innovationspraxis und das Unterlaufen feldspezifischer Unterschiede

Von „reflexiver Innovation" kann man ausgehen, weil einerseits auch für die an Innovationsprozessen Beteiligten die unterschiedlichen Bedingungen des Innovationshandelns prospektiv wie retrospektiv mit ins Kalkül genommen werden müssen,
andererseits weil sie in Veränderungsprozessen mehr oder weniger strategisch auf
bekannte oder angenommene Mechanismen der Herstellung und Verbreitung von
Neuem in ganz unterschiedlichen Bereichen Bezug nehmen. Das macht Innovation
in der Gegenwartsgesellschaft für alle Beteiligten und für die im weitesten Sinne sozialwissenschaftliche Innovationsforschung zu einem paradoxen Gegenstand: Denn
reflexive Innovation setzt auf der praktischen, diskursiven und institutionellen Ebene
die Unterscheidbarkeit gesellschaftlicher Bereiche, zumindest aber spezifischer Innovationsfelder voraus; zugleich aber werden eben durch die reflexive Bezugnahme gerade die Unterscheidbarkeiten zwischen Innovationsfeldern beständig in Beziehung
gesetzt, überbrückt und aufgelöst. Für die an Innovation Beteiligten heißt das: Sie
beziehen sich in ihrem Innovationshandeln auf unterstellte und eingeübte ‚Logiken'
spezifischer gesellschaftlicher Bereiche wie Wirtschaft, Kunst, Politik, etc., aber sie
lösen gerade dadurch, dass sie sich reflexiv und strategisch auf sie beziehen, ihre
Selbstverständlichkeit und Verlässlichkeit sukzessive auf. Für die sozialwissenschaftliche Innovationsforschung heißt das: Sie muss im Sinne der Frage nach den Gründen
und Konsequenzen reflexiver Innovation vergleichend ansetzen und nach den unterschiedlichen Relationen und Referenzen fragen, die in verschiedenen Innovationsfeldern eine reflexive Bezugnahme überhaupt erst möglich machen. Zugleich aber
nimmt sie geradezu systematisch Fälle in den Blick, die an der Selbstverständlichkeit
und Verlässlichkeit der Logik bereichsspezifischer Innovationsfelder zweifeln lassen.

Nimmt man sich eine empirisch vergleichende Analyse der Innovationsprozesse vor[17], dann stellt sich notwendigerweise das Problem der Festlegung von Ver-
gleichshorizonten. Die zunächst naheliegende Fokussierung auf gesellschaftliche
Teilbereiche – wie unterscheiden sich Innovationsprozesse in der Wissenschaft
von denen in der Wirtschaft oder denen in Politik und Kunst – wiegt sich in trü-
gerischer Sicherheit. Sie geht nämlich davon aus, dass die gesellschaftstheoretisch
relevanten Differenzen sich auch in institutionellen, diskursiven und praktischen
Konsequenzen äußern, so dass sich die Ausweitung des Innovationsimperativs jeweils nur im Rahmen von gesellschaftlichen Bereichen vollzieht, die für die relevanten Unterschiede zwischen Innovationsprozessen sorgen. Genau das aber ist
in der Gegenwartsgesellschaft wegen des reflexiven Charakters von Innovation
äußerst unwahrscheinlich. Die an Innovation Beteiligten müssen praktisch, diskursiv und institutionell die Bedingungen und Folgen ihres Innovationshandelns
berücksichtigen und dazu jeweils situativ und strategisch auf heterogene Bezugsgrößen zurückgreifen. Es scheint in der Logik reflexiver Innovation zu liegen, dass
feldspezifische Unterschiede zwar immer wieder ins Spiel gebracht, aber geradezu
beständig unterlaufen werden.

Um zu illustrieren, was damit gemeint ist, ist ein Blick in zwei der Fallstudien
hilfreich, die im DFG-Graduiertenkolleg „Innovationsgesellschaft heute: Die reflexive Herstellung des Neuen" in den letzten Jahren entstanden sind. Das in diesem Zusammenhang Spannende an den Fällen ist, dass sie sich bei konsequenter
empirischer Analyse genau der im Rahmenantrag (Hutter et al., in diesem Band)
gestellten Frage immer wieder entzogen haben. Das gilt zunächst für die Studien,
in denen ein spezifischer gesellschaftlicher Bereich ins Zentrum gerückt und zum
Beispiel mit dem Blick auf den „Clean Development Mechanism" (CDM) auf spezifische Innovationsprozesse im Bereich von Politik und Regulierung fokussiert
wurde. Sobald der Innovationsprozess rund um die Entstehung und Ausgestaltung
des größten globalen Klimaschutzinstruments empirisch genauer untersucht wird,
stellt sich heraus, dass es als politisches Steuerungsinstrument das Ergebnis eines
Aushandlungsprozesses zwischen Praktikern mit verschiedenen Perspektiven war,
als Sequenz von „experimentation and problematization" (Schroth 2014a, S. 10).
Der „Clean Development Mechanism" wird „in verschiedenen Experimenten, an
verschiedenen Orten und in verschiedenen Formen ausprobiert und entwickelt"
(Schroth 2014b, S. 19). Dabei verändert er sich beständig und im je spezifischen
Verhältnis zu den Referenzen, die die Beteiligten im Prozess machen: „Zu Anfang
war es ein Energieeffizienzprojekt, das bilateral entwickelt wurde und für dessen

---

17   Zur Erweiterung des methodologischen Werkzeugkastens, um Innovationen empirisch
      und vergleichend zu erfassen vgl. Jungmann et al. 2015.

Regulierung die Weltbank, der norwegische Klimafond und eine mexikanische Behörde zuständig waren. (...) Mit den US Forstprojekten wurden Ausgleichsprojekte Objekt der Klimapolitik. (...) Mit USIJI wurden de-kontextualisierte, vergleichbare Treibhausgasausgleichsprojekte Objekt der Politik und private Akteure und NGOs politisch autorisiert, Klimaschutzaktivitäten zu betreiben. (...) Beginnend mit AIJ und dann zunehmend im CDM wurden kontra-faktische Emissionsreduktionen Objekt der Klimapolitik." (Schroth 2014b, S. 21).

Besonders augenfällig ist dieses empirische Unterlaufen der aufgespannten Unterscheidungskategorien gerade in den Projekten, in denen der systematische Vergleich von Innovationspraktiken in oder zwischen gesellschaftlichen Teilbereichen forschungsleitend war. Nimmt man etwa den Vergleich von Innovationsprozessen in der Wissenschaft und in der Kunst in den Blick und fokussiert die empirische Untersuchung darauf, wie zwei unterschiedliche Objekte im Rahmen einer Kunst-Installation einerseits, in einem Robotik-Labor andererseits entworfen, konstruiert und auf jeweils spezifische Art und Weise als etwas „Neues" identifiziert und ausgeflaggt werden, dann fällt auf, dass in beiden Fällen eine ganz ähnliche Sequenz von „configurative moments" (Stubbe 2015, S. 120) zu beobachten ist: In einem Moment der Präsentation – unter dem Aspekt des „rendering imagined objects" – werden sowohl die Kunst-Installation als auch die Roboterhand in bestimmten materiellen Gemengen, Körperbewegungen und begleitenden Geschichten situativ hervorgebracht und konkretisiert; in anderen Momenten – unter dem Aspekt des „material referencing" – werden wiederum situativ versteckte oder auch nur potentielle Eigenschaften der Objekte über ihre spezifische Materialität aufgerufen: „The robotic hand, just as the media installation, not only materialises the present state of *what is*, but must be regarded as an agent within its own construction as novelty, as its material evokes thoughts of *what could be.*" (Stubbe 2015, S. 124). Zudem taucht in beiden Fällen der Verweis darauf, dass es sich bei den konfigurierten Objekten um etwas „Neues" handelt, weder dezidiert noch als ein verallgemeinerbares Muster der Bewertung auf. Vielmehr unterscheiden sich die Bezugsgrößen, vor deren Hintergrund die Installation und die Hand als neue Objekte gelten, jeweils situations- und kontextspezifisch: In der Werkstatt und im Labor anders als in einer Ausstellung und auf einer Konferenz, in der Erläuterung gegenüber dem sozialwissenschaftlichen Innovationsforscher wiederum anders als im Gespräch mit Kollegen, Konkurrenten und zufällig vorbeilaufenden Besuchern.

Daraus kann man zwei Konsequenzen ziehen: Entweder handelt es sich bei den untersuchten Fällen um Besonderheiten, bei denen das empirische Unterlaufen gerade jener angenommenen Unterschiede, die den Anlass für ihre Auswahl gegeben haben, auf partikulare Merkmale zurückzuführen ist. Das ist allerdings wenig wahrscheinlich, denn auch in einer ganzen Reihe der anderen Fallstudien im Rahmen des Graduiertenkollegs neigen die untersuchten Innovationsprozesse dazu, angenommene bereichsspezifische Unterschiede zu unterlaufen: Man sucht zum Beispiel nach den Besonderheiten im Bereich technischer Innovationsprozesse der Elektromobilität und findet experimentelle Mobilitätskulturen und eine elektromobile Ideologie (Stock 2015); man untersucht Innovationsprozesse im Bereich künstlerischer Interventionen im öffentlichen Raum und findet sie durchwoben von heterogenen Referenzen auf Stadtplanung, Bürgerengagement und Kulturfinanzierung (Landau und Mohr 2015). Oder abstrakt: Man baut eine Frage auf der Grundlage der Unterscheidung gesellschaftlicher Bereiche und findet Innovationspraxis, Innovationsdiskurse und Innovationsregime, die genau diese Unterscheidung gesellschaftlicher Bereiche beständig überschreiben und überschreiten. Die zweite Konsequenz, die man deshalb ziehen kann, ist: Wir müssen annehmen, dass Innovation nicht lediglich rhetorisch zu einer allgemeinen Formel geworden ist. In der Gegenwartsgesellschaft ist Innovation reflexiv geworden: nicht immer explizit und in dem, was die Beteiligten in ihren Sprechakten sagen, sondern im praktischen Vollzug ihres Tuns.

4   Reflexivierung der Innovation und die Zunahme von Referenzen

Wenn Innovationen von solch vielfältiger Art und auf so verschiedenen Feldern zum praktischen und theoretischen Gegenstand gemacht werden, dann reichen herkömmliche Bestimmungen von Innovation nicht mehr aus: Auf der einen Seite erweist sich die präzis operationalisierte und stark substantialistisch orientierte Definition der Innovationsökonomie als zu eng und einseitig, geht es doch um mehr als die technische Effektivität neuer Faktorkombinationen und ihre Bewertung nach rein ökonomischer Effizienz. Auf der anderen Seite öffnete die relativistische Strategie einer innovationssoziologischen Definition, wenn sie sich ganz und gar auf die Wahrnehmung der Beteiligten verließe, Tür und Tor für die Etikettierungen jedweden neuen Phänomens als Innovation, sei es nur ein leicht verbessertes Produkt, eine flüchtige Mode oder ein geschicktes Marketing.[18]

---

18 Selbstverständlich können Moden auch der Beginn einer gesellschaftlichen Innovation sein. Erst wenn ihre Kreationen in einer neuartigen Konstellation – auch mit anderen Referenzen – sich länger als eine Saison und auch über das engere Feld modischer Kleidung hinaus nachhaltig durchgesetzt haben, bleiben sie nicht nur saisonal verbreitete Neuerungen, sondern gewinnen den Status von Innovationen alltäglicher Lebensführung. Das gilt für wechselnde Kleiderlängen wohl kaum, aber für die Praxis

Gefragt ist zunächst ein Konzept, das nicht schon vorab die Identität einer Innovation am physikalischen Produkt, einer sozialen Praktik oder einer kulturellen
Idee allein festmacht, sondern empirisch offen nach allen Elementen und ihren
Relationen forscht. Was bislang als ‚technische‘, ‚soziale‘ oder ‚kulturelle‘ Innovation häufig verkürzt wahrgenommen wurde, kann dann als eine jeweils anders
bestimmte innovative Konstellation identifiziert werden, bei der sowohl sachtech-
nische Artefakte als auch anders organisierte Praktiken oder auch neue „kulturelle
Modelle der Nutzung" dazugehören. Dabei können jeweils die Artefakte, Praktiken oder die Diskurse mal die führende, mal die kritische und mal die nachhin-
kende Rolle übernehmen. Nach der Erfindung der Fernsprechtechnik samt ihrer
Sprech- und Empfangsgeräte sowie Übertragungsnetze bedurfte es zum Beispiel
sowohl von Telegrafie und Massenempfang abweichender Nutzungskonzepte als
auch neuer Geschäftsmodelle, wie des Leasing und des Abonnentensystems, damit
sie sich als gesellschaftliche Innovation durchsetzen konnte (vgl. Rammert 1990).
Alternativ benötigen auch „soziale Erfindungen" (Ogburn 1969, S. 56), wissenschaftliche Ideen oder künstlerische Visionen einige, die neue Konstellation kon-
kretisierende und komplementierende Objekte, wie etwa die Praxis des „Kinder-
gärtnerns" Spielzeuge, Möbel und Plätze und die Praxis des „Urban Gardening"
andersartige Garten- und Anbautechniken an Wänden, auf Dächern, in Kisten und
in Kombinationen von Aquarien und Treibhäusern. Auch theoretische Konzepte,
wie das des „sanften Greifens" im Rahmen der Robotik oder die in einer Kreation
sichtbar gemachten Bewegungen in der Medienkunst sind auf eine experimentelle
Serie von Mechanismen und Materialien angewiesen (vgl. Stubbe 2015).

Dieses relationale Konzept reicht jedoch nicht aus, Erfindungen und bloße
Neuerungen von längerfristig und gesellschaftlich wirksamen Innovationen zu
unterscheiden. Innovationen sind Neuerungen, zu denen in einem zweiten Schritt
Referenzen hinzutreten, woraufhin von wem in welchem Feld etwas als Innovation
kommuniziert, als legitim anerkannt und als neue Form gespeichert und praktisch
institutionalisiert wird. Konzeptionell muss die Erneuerung *von etwas*, das wir relational als Konstellation von Objekten, Praktiken und Modellen bestimmt haben,
ergänzt werden durch die Innovation *zu etwas*, das wir als Referenzwert für die
Bewertung, Rechtfertigung und Verbreitung beobachten können. So ist die Orientierung an wirtschaftlichem Gewinn seit Schumpeters Begründung der ökonomischen Innovationstheorie (vgl. Schumpeter 1912) der vorherrschende Referenzwert

---

des Hosentragens für Frauen seit den 60er Jahren bis zum heutigen Business-Hosen-
anzug, mit Referenzen auf die Emanzipation und die Gleichstellung der Frauen. Das
entspricht dem Sprung von der ‚Mode‘ zum ‚Modell‘ (vgl. Esposito 2003). Vgl. auch
die Verschiebungen für ein innovationsorientiertes Marketing (Liebl, in diesem Band).

geblieben. Schumpeter hat mit seiner wirtschaftstheoretischen Innovation sachlich und zeitlich die Perspektive verschoben, von der kurzfristig zu optimierenden Allokation der Ressourcen zu den langfristig relevanten Neuerungen und Re-Kombinationen der Produktionsfaktoren. Marktverbreitung, Patent- und Lizenzeinnahmen, „Return of Investment" und andere Indikatoren bestätigten bis vor kurzem noch die dominante Orientierung am kommerziellen Erfolg.[19]

Folgt man diesem für den Bereich der Wirtschaft bewährten Prinzip, dann müssten sich für die übrigen ausdifferenzierten gesellschaftlichen Bereiche ähnlich eigensinnige Referenzen finden lassen. Nach Max Weber kämen die Bereiche der Politik mit dem Streben nach Macht, der Wissenschaft mit dem Streben nach Erkenntnis, der Jurisprudenz mit dem Streben nach Recht, der Kunst mit dem Streben nach Schönheit und der Erotik mit dem Streben nach Lusterfüllung in den Blick, nach Luhmann noch weitere bis zu zwölf selbstreferentiell geschlossene Teilsysteme, wie etwa Militär, Massenkommunikation, Erziehung, Gesundheit, Sport und Familie hinzu (Schimank 2005, S. 154). Was sich theoretisch plausibel herleiten und empirisch grob auch anhand der dominanten Orientierungs- und Selektionskriterien in den jeweiligen Institutionen und Organisationen beobachten lässt, das scheint zunächst auch als Ordnungsbildung der Referenzen für gesellschaftliche Innovationen zu funktionieren: Innovationen in der Politik folgen der Referenz des Machtgewinns, sei es durch neue Partizipations- und Legitimierungsverfahren von unten oder neue Policy- und Governanceformen von oben; Innovationen in der Kunst unterscheiden sich von modischen Neuerungen nach der Referenz, dass sie bisher unerhörte und ungesehene ästhetische Erfahrungen erlebbar machen.

Der durch die empirischen Fallstudien geschärfte Blick lässt allerdings Zweifel an der fein differenzierten Orientierung an den Leitreferenzen gesellschaftlicher Bereiche aufkommen. Wie schon angedeutet, ist es mit der Einheit und Reinheit der Referenzen nicht so weit her: Ist die regulatorische Innovation zur Verhinderung der nächsten Bankenkrise nach Basel III eher als eine Innovation des Bankensystems nach ökonomischer Maßgabe oder als eine Innovation politischer Intervention in die Ökonomie nach Maßgabe der Rückgewinnung von Gestaltungsmacht zu sehen (vgl. Jöstingmeier 2015)? Wenn ein neues Format oder gar eine neue Gattung wie der „Jazz Jam" oder der „Poetry Slam" aus dem Bereich der Künste sich in Wissenschaft und Massenkommunikation ausbreitet, an welchen Referenzen lässt sich der Innovationsgehalt festmachen (vgl. Hill 2014)? Wenn sich bei der Herstellung neuer wissenschaftlicher Apparate und künstleri-

---

19   Vgl. zu den Indikatoren selbstkritisch Smith (2005) und fremdkritisch Braun-Thürmann (2012) und Bormann et al. (2012).

scher Installationen keine signifikanten Unterschiede der Orientierung feststellen lassen, sondern eher ähnliche Mischungen aus wissenschaftlich-technischen und ästhetischen Referenzen, wo bleibt der deutliche Distinktionswert der dominanten Referenz (vgl. Stubbe 2015)? Und wenn die Elektromobilität zum Gegenstand der Innovationsforschung gemacht werden soll, handelt es sich dabei um eine wissenschaftlich-technische Innovation etwa der Batterietechnologie und der Architektur komplexer soziotechnischer Systeme, um eine wirtschaftliche Innovation etwa rentabler Geschäftsmodelle für Hersteller und Betreiber, um eine politische Innovation einer massiven Umsteuerung von Mobilität und Energie oder um eine ökologische Innovation einer nachhaltigen Lebens- und Mobilitätsweise? Oder eine Mischung von allem, ein Innovationsregime mit multireferentiellen Orientierungen (vgl. Stock 2015; Wentland 2014)?

Es ist evident: Die Referenzen haben zugenommen, und das nicht nur wegen der Zunahme an ausdifferenzierten Bereichen der Gesellschaft. Vielmehr scheint die Reflexivierung der Innovation die treibende Kraft dafür zu sein. Das ist einmal in dem Sinne zu verstehen, wie es von der Theorie der reflexiven Modernisierung als unbeabsichtigte Nebenfolge der Steigerung und Verselbstständigung der Teilsysteme diagnostiziert worden ist (vgl. Beck und Lau 2005). Diese Reflexivität ist auf der sozialstrukturellen Ebene zu verorten (Beck und Holzer 2004, S. 165f.) Sie zeigt sich in veränderten Selbstbeschreibungen der Teilsysteme, zum Beispiel der Wirtschaft oder der Wissenschaft, in die weitere Referenzen nicht als Stoppregeln, jedoch als Brems- oder Balanciersysteme eingebaut werden. Als Anzeichen für diese erste Art von Reflexivität können die erweiterten Selbstbeschreibungen wirtschaftlicher Innovation als „Sustainable Innovation" oder als „Social Innovation" und der wissenschaftlichen Innovation als „Responsible Science and Innovation" (RSI) gelesen werden.[20]

Die zweite Art der Reflexivierung betrifft den Zuwachs an Reflexion und Wissen der Akteure, die sich kreativ auf die reflexive Modernisierung und ihre Folgen beziehen. Hier vermuten wir eine viel mächtigere Quelle für die Vermehrung von

---

20 Die Europäische Kommission, die sich seit kurzem auch als „Innovations-Union" etikettiert, hat in ihrem Aktionsprogramm für Horizon 2020 das Konzept der „responsiven Innovation" folgendermaßen definiert: RSI bzw. „Responsible Research and Innovation" (RRI) „means that societal actors work together during the whole research and innovation process in order to better align the process and its outcomes, with the values, needs and expectations of European Society" (European Commission, 2012, S. 3). Oder noch genauer: RSI is „a transparent interactive process by which societal actors and innovators become mutually responsive to each other with a view on the (ethical) acceptability, sustainability and societal desirability of the innovation process and its marketable products" (von Schomberg 2012, S. 50).

Referenzen und Feldern für die „reflexive Herstellung des Neuen" (Hutter et al. 2015) und einen Ausgangspunkt für die Suche nach den Bedingungen der jeweils erfolgreichen Durchsetzung und Verbreitung als gesellschaftlicher Innovation. Denn weil sich Akteure reflexiv sowohl auf die etablierten Referenzen in einem bestehenden Feld beziehen als auch durch neue Mischungen von Referenzen selbst neue Referenzen schaffen und festigen können, wächst unterhalb der gesellschaftlichen Makroebene eine Vielfalt von Feldern heran. Diese folgen weder einer ‚Logik' fortgesetzter funktionaler Differenzierung auf der Subsystemebene noch einer ‚Logik' der Bourdieuschen Praxisfelder: Vielmehr entstehen diese Innovationsfelder innerhalb, an den Rändern und zwischen den Bereichen dadurch, dass Individuen, Gruppen und Organisationen sich im Hinblick auf eine Chance oder ein Problem kommunikativ, kooperativ und auch konfliktär aufeinander beziehen, also ein Kollaborationsfeld, eine Konfliktarena oder eine gemeinsame Handlungsplattform aufbauen. Sie entstehen zudem auch auf verschiedenen Ebenen des Handelns, sowohl als intermediäre Institutionen, transversale interinstitutionelle Arenen (Shinn 2006), heterogene Innovationsnetzwerke (Powell et al. 1996) oder andere gemischte Kommunikationskreise[21] quer zu den Ebenen. Indem die zweite Art der Reflexivierung sowohl reproduktiv als auch kreativ auf die Probleme der ersten Art reagiert – so können wir festhalten – werden nicht nur die Möglichkeiten und Mischungen von orientierenden und rechtfertigenden Referenzen vermehrt, sondern damit auch gleichzeitig der Blick auf die Vielfalt der Felder und Ebenen für die Praxis der Innovation geöffnet.

5 Praktische Reflexivität und situative Produktion von Feldern

Eine Innovationsforschung, die auf diese Weise sowohl den engen Rahmen der Innovationsökonomie verlassen kann als auch nicht lediglich versucht, zwischen wirtschaftlichen, politischen oder künstlerischen Innovationsprozessen zu vergleichen, kann die Reflexivität von Innovation schließlich noch auf eine dritte Art und

---

21 Frühe Beispiele dafür sind die „mediatisierenden Gremien", wie „Wertanalyse-Gruppe", „Wissenschaftlicher Rat", „Round Table-Gespräch" und „Projektgruppe", die in vier unterschiedlich „figurierten" Feldern betrieblicher Produktinnovation zur „reflexiv-selbstbindenden Folgenkontrolle" zwischen vier orientierenden „Rationalitäten" vermitteln (Rammert 1988, S. 188f.), und die „Konversationskreise", die im Fall des Arzneimittelpatentrechts eine „strukturelle Kopplung" zwischen Wirtschafts- und Rechtssystem operativ herstellen (Hutter 1989, S. 94). Systematisch und aktuell siehe Mölders 2012, S. 488ff.

Weise verstehen. Stellt man die soziologische Analyse auf den „Flug ... über den Wolken" (Luhmann 1984, S. 13) ein, dann stellt sich Reflexivität der Innovation ganz im Sinne Becks reflexiver Modernisierung als Nebenfolge der gesteigerten Ausdifferenzierung dar. Stellt man den Blick auf die spezifische Leistung handelnder Akteure ein, dann muss man Reflexivierung der Innovation als taktisches und strategisches, zuweilen auch kreatives und spielerisches In-Beziehung-Setzen angenommener und unterstellter Leitorientierungen verstehen. Fokussiert man aber auf den „Vollzug"[22] von konkreter Innovationspraxis, dann stellen sich beide anderen Formen von Reflexivität als Konsequenz von praktischer Reflexivität dar: „...an unavoidable feature of the way actions (...) are performed, made sense of and incorporated into social settings" (Lynch 2000, S. 26f.). Weil Innovationspraxis – wie jede andere Praxis auch – immer lokalisiert und von heterogenen, aber eben bestimmten Beteiligten vollzogen wird, ist sie unauflösbar indexikalisch: Die sie konstituierenden Aktivitäten sind weder für die Beteiligten noch für soziologische Beobachter zu verstehen und auszulegen, ohne die konkreten Umstände zu berücksichtigen, unter denen sie sich vollziehen. Dass zum Beispiel Entdeckungstouren durch den Kreis Wesel in NRW[23], eine der künstlerischen Interventionen im öffentlichen Raum im Rahmen der „Urbanen Künste Ruhr" (vgl. Mohr 2013), bei denen zu Fuß, per Fahrrad oder mit dem Bus Orte im Umkreis einer westdeutschen Stadt besucht werden, keine touristische Attraktion sind, sondern eine künstlerische Initiative zur Aufwertung lokaler Expertise, kann man in Hochglanzprospekten erwähnen. Ihre Wirkung entfaltet die Tour aber erst, wenn ein Anwohner neben einer Autobahn steht und von Heimat spricht. Die mehrdeutigen, intertextuellen und hybriden Verweise, die „Nachkriegsmoderne" erfahrbar machen, stecken nicht in der Rede von der Heimat, ebenso wenig in der Autobahn, sie werden erst in der konkreten Tour aufgerufen und miteinander verwoben. Sie sind indexikalisch, unhintergehbar.

Garfinkel hat für einen praxeologischen Begriff der Reflexivität das Verständnis von Indexikalität, das in der Linguistik vor allem in Bezug auf die Logik deiktischer Ausdrücke (hier, dort, dann, jetzt, du, ich) gemacht wurde, in Anlehnung an Schütz' These von der „Unterdrückung der Indizes" (Schütz 1971, S. 24) ausgebaut und erweitert. Die Einordnung von etwas, das sich ereignet, in eine „von vornherein" typisierte Welt ist nicht auf eine individuelle Neigung zurückzuführen, son-

---

22 „Vollzug" ist Bergmanns gelungene Übersetzung des Begriffs „ongoing accomplishment" (Garfinkel 1967, S. VII), die die Pragmatik, die Indexikalität und die Sequenzialität der „concerted activities" auf den Punkt bringt (Bergmann 1974, S. 113ff.).

23 Vgl.: http://www.urbanekuensteruhr.de/de/projekt/reisen-im-kreis. Zugegriffen: 12.08.2015.

dern stellt selbst eine praktische Leistung ganz heterogener Beteiligter dar, inde-
xikale Ausdrücke zu „heilen"²⁴ – was aber nie wirklich gelingt und deshalb immer
wieder aufs Neue passiert. Das passiert durch die und in den Aktivitäten selbst,
die Praxis ausmachen: „the activities whereby members produce and manage settings of organized everyday affairs are identical with members' procedures for
making those settings ‚account-able'." (Garfinkel 1967, S. 1). Welche Praxis sich
auch immer durch wen auch immer kollektiv vollzieht, die heterogenen Beteiligten
stellen den Vollzug der Praxis mit den gleichen Mitteln *dar*, mit denen sie ihn auch
*her*stellen. Dass es sich beim Basteln an den unterschiedlichen Installationen im
Robotiklabor und im Rahmen einer Kunstinstallation um figurative Momente der
Konfiguration von etwas handelt, das später gezeigt, ausprobiert und beschrieben
werden kann, müssen die Beteiligten nicht ausdrücklich dazu sagen: Sie stellen
es mit denselben Aktivitäten dar, mit denen sie es herstellen. Wenn sie aber dabei
ihre Aktivitäten kommentieren, wenn sie zusätzlich zu dem, was sie tun, noch erklären, aufzeigen und explizieren, was sie tun, dann ist nicht das die Reflexivität
der Praxis, sondern es handelt sich dabei um – hinzukommende – Praktiken der
Reflexivität (siehe auch Passoth und Rowland 2014, S. 479; Reckwitz 2009, S. 177;
zur Reflexivität als Merkmal kommunikativen Handelns vgl. auch Knoblauch, in
diesem Band). Praktische Reflexivität ist im Grunde ziemlich „uninteressant" (Eickelpasch 1982, S. 16ff.), sie ist alltäglich und unhintergehbarer Bestandteil von
Praxis.

     Bei Innovation und der Herstellung des Neuen wird aber genau diese unin-
teressante Reflexivität der Praxis ziemlich interessant. Denn die „Heilung" relevanter Aktivitäten von ihrer Situationsgebundenheit arbeitet damit, dass sich die
Beteiligten auf etwas Bekanntes, aber eben nicht Expliziertes beziehen: auf einen
immer notwendig im Vagen und Ungefähren bleibenden Hintergrund antizipierter
Orientierungen und Bedeutungen, auf „kollektive Sinnstrukturen, die implizit und
unbewusst bleiben" (Reckwitz 2009, S. 172). Auf diese Weise wird von Moment
zu Moment ein kollektiv geltender Hintergrund gesellschaftlicher Ordnung positioniert und zurechtgerüttelt, der Praxis über den spezifisch lokalen Vollzug hinaus
einordnet.²⁵ Leitorientierungen wie das Wirtschaftliche, das Politische, die Kunst,

---

24   „Wherever and by whomever practical sociological reasoning is done, it seeks to rem-
     edy the indexical properties of practical discourse; it does so in the interest of demon-
     strating the rational accountability of everyday activities" (Garfinkel und Sacks 1970,
     S. 339).

25   Die „Selbstbeschränkung auf den engen Kontext des Beobachtbaren" (Nassehi 2006,
     S. 459) bedeutet ja keineswegs, dass der Blick auf die konkrete Praxis mit translokaler
     Ordnung empirischer Settings ein grundsätzliches Problem hätte; vielmehr kommen
     kollektive Sinnmuster, kulturelle Codes und gesellschaftliche Ordnung jeweils wieder

aber auch Konventionen, Wertorientierungen oder nur temporär gültige Abmachungen ordnen das praktische Geschehen nicht ‚hinter dem Rücken' der Beteiligten. Vielmehr werden sie von den Beteiligten mal mehr, mal weniger explizit, mal deutlich, mal vage, immer aber praktisch wirksam ins Spiel gebracht. Beteiligte spannen dazu situativ und immer wieder aufs Neue Felder möglicher Referenzen auf. Das funktioniert, wenn auch nicht immer verlässlich, wenn man sich auf Bestehendes, Gleichförmiges, Altbekanntes – auf einen wenn auch nur unterstellten Normalzustand – beziehen kann. Praktische Reflexivität arbeitet dann ganz selbstverständlich mit mehr oder weniger eindeutigen Leitorientierungen, vor deren Hintergrund dann etwas eingeordnet werden kann. Genau das funktioniert bei der Herstellung des Neuen nicht: Die Präferenz für das Neue, das Unbekannte, das Andersartige, das Abweichende zwingt geradezu dazu, Bekanntes aufzurufen und es zugleich als nicht mehr Relevantes zu positionieren. Praktische Reflexivität bedeutet im Fall der Herstellung des Neuen, dass die Mechanismen und Methoden der Herstellung und Darstellung des Neuen gar nicht anders können, als eine anzunehmende Ordnung zugleich aufzurufen und zu transzendieren – und zwar sowohl in Bezug auf die zu etablierenden Relationen als auch in Bezug auf die aufzurufenden Referenzen.

Die Konsequenzen des oben skizzierten zweistufigen Innovationsbegriffs, der es erlaubt, zwischen Neuerung und Innovation zu unterscheiden, werden beim Blick auf die Innovationspraxis besonders evident. Denn was schon bei der praktischen Herstellung des Neuen, beim Hervorbringen neuer Relationen heterogener Elemente gilt, wird bei der praktischen Etablierung von Referenzen, die aus dem Neuen eine Innovation machen, noch folgenreicher. Innovation ist schließlich erst, was sich gesellschaftlich durchsetzt. Aber in der sich vollziehenden Praxis ist gesellschaftliche Durchsetzung immer nur als vages und offenes Potential verfügbar. Die künstlerischen Interventionen im öffentlichen Raum im Rahmen der „Urbanen Künste Ruhr" lenken „das Bewusstsein auf die verborgenen Potentiale des Ruhrgebiets – die vielen Leerstände in den Innenstädten, riesige alte Industriebrachen oder ungenützte Hinterhöfe" (Mohr 2013); und sie sind, während sie geplant und umgesetzt werden, immer potentiell ein erfolgreiches, kopierbares, weiterverwendbares Bürgerengagement-Instrument, obgleich sie es aktuell noch gar nicht sind. Die experimentellen Mobilitätspraktiken, die sich um bereits vorhandene Elektromobilität herum ausbilden, sind ebenso wie die diversen Zukunftsprojektionen, die um sie herum mit kulturspezifischen Mobilitätsnarrativen verwoben

---

nur als konkrete andere Praxis in den Blick, auf die sich in spezifischen Situationen bezogen wird (vgl. auch Passoth 2011).

werden, immer potentiell Ausdruck einer neuen Mobilitätskultur und einer neuen Energiezukunft, während sie es eben gerade aktuell noch gar nicht sind.[26] Innovation steht im praktischen Vollzug als Innovationsofferte im Raum, als potentiell gesellschaftlich durchgesetzte Neuerung. Welche Relationen und welche Referenzen aber jeweils in konkreten Innovationsprozessen relevant gemacht werden, ist weder klar noch unumstritten: Beides ist vielmehr gerade Gegenstand dessen, was in der Innovationspraxis koordiniert wird. Beteiligte an Innovationsprozessen spannen dazu Innovationsfelder auf, in denen die Möglichkeiten, Grenzen und Unmöglichkeiten dessen zu bestimmen sind, was als Relation und was als Referenz in Frage kommt. Innovationsfelder werden dazu so positioniert, dass sie sich an altbekannten Leitunterscheidungen wie denen des Wirtschaftlichen, des Politischen oder der Kunst orientieren. Sie bringen aber auch neue Verbindungen und Mischungen zwischen solchen Leitorientierungen ins Spiel, die, wenn sie sich praktisch bewähren, als Brückenschläge zwischen Altbekanntem fungieren können. Innovationsfelder können auch so aufgespannt werden, dass Neues, Andersartiges und Abweichendes derart in Opposition zu einer ganzen Reihe von bestehenden Leitorientierungen gebracht wird, dass ganz neue Relationen und Referenzen entstehen und gefestigt werden. In der Innovationpraxis werden – bei aller Orientierung am Neuen und am Austesten neuer Relationen – heterogene, aber nicht beliebige Felder aufgespannt, in denen sich die Referenzen finden lassen. Insgesamt gesehen wuchern Innovationsfelder möglicher alternativer Referenzen, überlagern sich, werden miteinander verknüpft, gegeneinander ausgespielt und müssen koordiniert und bespielt werden. Das lässt sich gegenwärtig besonders gut zwischen den Bereichen Klimaforschung und Energiepolitik sowie Autowirtschaft und Politik der Elektromobilität beobachten.

Auf diese Weise erlaubt es die Analyse von Innovationsprozessen, eine Form gesellschaftlicher Koordination in den Blick zu nehmen, die sich gerade nicht nur an eindeutigen und substantiellen gesellschaftlichen Bereichen orientiert, sondern an der situativen Hervorbringung, der praktischen Vermischung und der reflexiven Vermittlung sowohl bestehender, als bestehend angenommener, aber auch ganz neu komponierter Leitorientierungen. Innovationspraxis ist geradezu prototypisch eine Praxis, die Brücken schlägt, Verbindungen herstellt, Verschiedenes verbindet, die aber auch Arenen der Verhandlung, des Konflikts und der Abgrenzung einrichtet. Mit dem geschärften Blick für reflexive Innovation fällt auf, dass die beschriebenen Fallstudien des Graduiertenkollegs keineswegs lediglich klare Grenzen gesellschaftlicher Bereiche unterlaufen; sie sind weder nur als empiri-

---

26 Das gilt für die Praktiken der Entscheider in Unternehmen und in der Politik ebenso wie für die Praktiken von Nutzern, Verweigerern und begeisterten Pionieren.

sche Ausnahmen einer eigentlich sauber nach Leitdifferenzen des Wirtschaftlichen, des Politischen oder der Kunst sortierten Innovationspraxis noch nur als Anzeichen für eine Entdifferenzierung und das Irrelevant-Werden solcher Referenzen zu verstehen. Vielmehr erlaubt eine Innovationsforschung, die empirisch die unterschiedlichen Relationen und heterogenen Referenzen untersucht, die in der konkreten Innovationspraxis produziert, aufgerufen, miteinander in Verbindung gebracht und gegeneinander positioniert werden, einen Einblick in eine Form der gesellschaftlichen Koordination, die sowohl etablierte Referenzen – des Ökonomischen, des Politischen, der Kunst – als auch überraschende neue Mischungen und sogar zuweilen ganz neue Referenzen jeweils situativ und immer wieder aufs Neue variabel ins Spiel bringt, um etwas in jeglicher Hinsicht als neuartig und innovativ zu positionieren.

Gerade diese Orientierung am jeweils unterschiedlich Neuen, dass sich gegenüber etwas schon Bestehendem oder gar Überholtem, etwas Gleichförmigem und Altbekanntem oder einem Normalzustand als zu Präferierendes hervorheben lässt, macht Innovation für die Gegenwartsgesellschaft zu einer so folgenreichen Koordinationsform. Aus der Bindung an das Neue folgt nicht Unverbindlichkeit und Beliebigkeit. Im Gegenteil: Aus ihr folgt gerade eine *Festlegung auf die Variabilität* dessen, was einmal aufgerufen, in Bestand gesetzt und stabilisiert wurde. Die gesteigerte Orientierung am Neuen zwingt zu reflexiver Innovationspraxis.

6 Fragmentale Differenzierung und die Praxis der Innovation

Was sich am Ende unserer Überlegungen immer deutlicher herausstellt: Für die Ausrichtung eines Forschungsprogramms, das die Praxis und Prozesse der Innovation als Fokus und Felder für die Diagnose der Gegenwartsgesellschaft bestimmt hat, sind die Beobachtungen, wie sich die Form gesellschaftlicher Differenzierung verändert, ebenso relevant wie die Beobachtungen der Praktiken und Orientierungen in und zwischen den verschiedenen Feldern.

Die funktionale Form der Ausdifferenzierung von Leitwerten, Medien und sich selbstreferentiell organisierenden Teilsystemen, wie sie vor allem von Systemtheoretikern als markantes Merkmal moderner Gesellschaft entwickelt worden ist, hat sich seit den 70er Jahren – auch unter immer wiederkehrendem Kontakt mit Veränderungen auf dem Boden ‚unter den Wolken' und im kritischen Kontakt mit anderen Beobachtern auf ähnlicher Flughöhe sukzessive verändert. Gegenüber einer Fixierung auf vier Funktionen und Teilsysteme bei Parsons wurde sie von Luhmann so radikalisiert und geöffnet, dass sich unter irritierendem Problemdruck neue Leitdifferenzen und vermehrt Teilsysteme herausbilden können. Der Blick von den vielen ‚Bodenstationen‘, wie die verschiedenen Forscherinnen und Forscher im Verbund mit Ulrich Beck ihn verfolgten (vgl. Beck und Lau 2004), nahm die fein differenzierten Karten und Planquadrate der Flugroutenplanung wohl ernst, musste aber immer mehr die Praktiken der Abweichung, der Grenzüberschreitungen und der Improvisation zur Kenntnis nehmen. Seine „Theorie und Empirie der reflexiven Modernisierung" vermag für viele gesellschaftliche Bereiche von der Wirtschaft, Wissenschaft, Politik bis hin zu Liebes- und Familienbeziehungen die Grenzen der Anwendbarkeit der funktional spezifizierten Rationalitätskriterien für die Bearbeitung ihrer Nebenfolgen aufzuzeigen. Für diese „Nebenfolgen-Reflexivität" beobachten Beck und Lau zum Beispiel eine ‚Logik‘ des „Sowohl-Als-Auch" gegenüber einem Code des „Entweder/Oder" und fordern „komplexe reflexive Lösungen zu entwickeln, (…) die den neuen, Makro- und Mikrobereiche gleichermaßen durchdringenden Ungewissheiten und Ambivalenzen gerechter werden" (Beck und Lau 2005, S. 114). Was dort als Mischung von Basisprinzipien der ersten mit neuen Basisinstitutionen der zweiten Moderne beschrieben worden ist, würden wir hier stärker mit Blick nach vorn für das Neuartige und offener für den Anteil vielfältiger Praktiken der Innovation beschreiben. Das hat empirische wie forschungspolitische Gründe: Ein „Sowohl-Als-Auch" einer Forschung zur Logik der ersten und der zweiten Moderne wird gerade dem Neuen nicht gerecht. Eine Soziologie, auch eine soziologische Innovationsforschung, die so verfährt, „muss zu einem ‚Antiquariat der Industriegesellschaft' werden, wenn sie versucht, die alten Begrifflichkeiten der Ersten Moderne auf die Zweite Moderne zu übertragen." (Reckwitz 2009, S. 170) Es muss darum gehen, Begrifflichkeiten für „die nächste Gesellschaft" zu entwickeln, die, wie Baecker am Beispiel der Orientierung an „Projekten" zeigt, mit Koordinationsformen zurechtkommen muss, die sich die Ordnungen der ersten Moderne zu Nutze machen, sie jedoch dabei systematisch überschreiten. „Alle Funktionssysteme der modernen Gesellschaft", so Baecker (2007, S. 172), „taugen hierfür als Vorbilder, werden jedoch jetzt zu den unwahrscheinlichsten Projekten kombiniert, so dass man Politik und Wirtschaft, Kunst und Erziehung, Wissenschaft und Religion zwar noch unterscheiden kann, aber doch auch zur Kenntnis nehmen muss, dass in der sozialen Bewegung, im bürgerlichen Engagement, in der Verschwörung gegen den Kunstmarkt, im Glauben an die Wissenschaft das eine vom anderen nur um den Preis des Projekts zu trennen ist." Wir haben versucht zu zeigen, dass der Fokus auf Innovation in der Gegenwartsgesellschaft von vergleichbarer Qualität ist.

Vieles spricht unserer Einschätzung nach dafür, dass sich das Primat gesellschaftlicher Differenzierung verschoben hat hin zu einer Form „fragmentaler Differenzierung" (Rammert 2006, S. 258 ff.), deren Spezifik schon am Beispiel des

Wandels von Wissenschaft, Industrie und Politik als „post-schumpeterianische Innovationsweise" genauer dargelegt worden ist (Rammert 2000, S. 157 ff.). So wenig unter dem Primat funktionaler Differenzierung in der modernen Gesellschaft die segmentären und hierarchischen Formen verschwinden, so wenig werden die Prinzipien funktionaler von den neuartigen Formen fragmentaler Differenzierung ganz verdrängt werden. Fragmental bedeutet das pragmatische Aufbrechen und Vermischen funktional fein säuberlich getrennter Leitreferenzen und selbst-referentieller gesellschaftlicher Bereiche. Es setzt dem ‚Nebeneinander' ausdifferenzierter Bereiche ein ‚Ineinander' und ‚Übereinander' von Feldern und Ebenen gegenüber, das in seinem scheinbaren ‚Durcheinander' doch eine praktisch reproduzierte Ordnung der Felder bildet. Das Fragmentale folgt nicht nur einem einzigen gereinigtem Referenzwert oder Code, sondern es nimmt auch andere auf. Diese multi-referentielle Orientierung kann sich durch Imitation und praktische Eingewöhnung zu örtlich und zeitlich mittelfristig geltenden feldspezifischen Codizes verfestigen, die aus einer reflexiven Mischung mehrerer Codes zusammengesetzt sind. Fragmental folgt nicht primär der Logik einer abstrakten Kategorisierung und Kartographie nach funktionalen Gesichtspunkten – wie eine politische, wirtschaftliche oder klimatische Landkarte –, sondern folgt den Bewegungen etwa von Menschen, Medien und Waffen, um etwa politische Felder, oder von Geld, Patenten und „Brain Drain", um etwa wirtschaftlich-wissenschaftliche Felder aufzuspannen und abzugrenzen. Das Grundprinzip ist nicht wie bei der funktionalen Differenzierung die endlose Unterteilung in distinkte und immer weiter spezialisierte Einheiten; es folgt eher dem Mechanismus der „fractal distinction" und „fractal differentiation" (Abbott 2001, S. 21f.), nach dem Differenzierungen als Verzweigungsprozesse aufgefasst werden, die nach Teilung und Konflikt Elemente des unterlegenen Teils in sich wieder aufnehmen. Auf diese Weise kann die nach dem Muster fraktaler Geometrie konstruierte Theorie fragmentaler Differenzierung die auf den fragmentierten Feldern mehr oder weniger und unterschiedlich gereinigt oder vermischt auftauchenden Referenzen als je wiederkehrende und wiederverwendete Leitdifferenz funktionaler Differenzierung rekonstruieren.

Die in der Gegenwartsgesellschaft so gesteigerte Aufmerksamkeit für Innovation lässt sich nach der von uns vorgeschlagenen Lesart deshalb nicht lediglich als rhetorische Steigerung des Neuheits-Imperativs der Moderne verstehen. Ebenso wenig lässt sie sich als bloßer Ausdruck einer sich seit dem Ende der Spätmoderne durchsetzenden kulturellen Präferenz für Kreativität deuten. Beides scheint der Fall zu sein. Die gesteigerte Orientierung aber nicht nur am *Neuen*, die den Pool an imaginierten Varianten ins Unübersichtliche aufschäumen lässt, sondern erst die gesteigerte Orientierung an *Innovation*, die immer schon sowohl auf situative Selektion von sachlichen Relationen als auch an Anschlussfähigkeit an soziale Referenzen ausgerichtet ist, lässt sich als Ausdruck und als Treiber fragmentaler Differenzierung verstehen. Sie ist Ausdruck der Umstellung des Primats gesellschaftlicher Differenzierung; denn sie ist zusammen mit einer ganzen Reihe anderer erstarkender Koordinationsformen – auch der von Baecker beschriebenen Koordinationsform des Projekts – Ausdruck der Unzulänglichkeit fein säuberlich getrennter Orientierungen. Die mehr oder weniger sauberen Leitorientierungen des Wirtschaftlichen, des Politischen, des Rechts, der Wissenschaft oder der Kunst, die die erste Moderne in Unternehmen, Parteien, Kanzleien, Forschungsinstituten und Galerien und Museen institutionalisiert hat, sind nicht verschwunden: nicht „all that is solid melts into air"[27]. Aber die gesteigerte Orientierung an Innovation selbst – und eben nicht an Wirtschaftlichkeit, Wahrheit oder Ästhetik – kommt dadurch zum Ausdruck, dass die Gegenwartsgesellschaft einen Bedarf an Koordination hat, die zwischen, über und unter solchen Leitorientierungen greift. Sie ist gleichzeitig auch Treiber genau dieser Umstellung auf fragmentale Differenzierung, weil die praktische Reflexivität im Fall von Innovation geradezu dazu nötigt, die Leitdifferenzen funktionaler Differenzierung immer und immer wieder neu zu positionieren: als verbindbar, als überholt, als erneuerbar, als transzendierbar oder als ignorierbar. Die gesteigerte Orientierung am Neuen bringt Gewohnheiten und Grenzziehungen in Bewegung und breitet sich über alle Bereiche der Gesellschaft aus. Sie zwingt zu reflexiver Innovationspraxis und fragmentaler Verzweigung, wodurch immer mehr Innovationsfelder entstehen; reflexive Innovationspraxis als neue Koordinationsform bringt uns der nächsten Gesellschaft näher.

---

27   Marx und Engels (1998, S. 38f.)

Literatur

Abbott, A. (2001). *Chaos of Disciplines*. Chicago: University of Chicago Press.

Baecker, D. (2007). *Studien zur nächsten Gesellschaft*. Frankfurt a. M.: Suhrkamp.

Baur, N., Besio, C., & Norkus, M. (in diesem Band). Innovationen aus figurationssoziologischer Perspektive. Zur Entstehung, Verbreitung und Auswirkung einer organisationalen Innovation am Beispiel der Projektifizierung der Wissenschaft.

Beck, U., & Lau, C. (Hrsg.). (2004). *Entgrenzung und Entscheidung: Was ist neu an der Theorie reflexiver Modernisierung?* Frankfurt a. M.: Suhrkamp.

Beck, U., & Lau, C. (2005). Theorie und Empirie reflexiver Modernisierung: Von der Notwendigkeit und den Schwierigkeiten, einen historischen Gesellschaftswandel innerhalb der Moderne zu beobachten und zu begreifen. *Soziale Welt 56* (2/3), 107-135.

Bergmann, J. (1974). *Der Beitrag Harold Garfinkels zur Begründung des ethnomethodologischen Forschungsansatzes* (Diplomarbeit). München: LMU.

Blind, K., & Gauch, S. (2009). Research and Standardization in Nanotechnology: Evidence from Germany. *Journal of Technology Transfer 34*, 320-342.

Boltanski, L., & Chiapello, E. (2003). *Der neue Geist des Kapitalismus*. Konstanz: UVK.

Borman, I., John, J., & Aderhold, J. (Hrsg.). (2012), *Indikatoren des Neuen. Innovation als Sozialmethodologie oder Sozialtechnologie?* Wiesbaden: Springer VS.

Braun-Thürmann, H. (2012). Innovationsindikatoren und das Hexeneinmaleins der Innovationspolitik. In I. Borman, J. John, & J. Aderhold (Hrsg.), *Indikatoren des Neuen* (S. 17-37). Wiesbaden: Springer VS.

Bröckling, U. (2004). Kreativität. *Leviathan 32* (1), 130-134.

Christmann, G., Ibert, O., Jessen, J., & Walther, U.-J. (in diesem Band). Wie kommt Neuartiges in die räumliche Planung? Konzeptionierung von Innovationen in der Planung und Forschungsstrategien.

Dierks, N. (2015). *Endlose Erneuerung. Moderne Kultur und Ästhetik mit Wittgenstein und Adorno* (1. Aufl.). Paderborn: Wilhelm Fink Verlag.

Dolata, U. (2008). Das Internet und die Transformation der Musikindustrie. Rekonstruktion und Erklärung eines unkontrollierten sektoralen Wandels. *Berliner Journal für Soziologie 18* (3), 344-369.

Eickelpasch, W. (1982). Das ethnomethodologische Programm einer „radikalen" Soziologie. *Zeitschrift für Soziologie 11* (1), 7-27.

Esposito, E. (2003). Vom Modell zur Mode. Medien und Formen der Nachahmung. *Soziale Systeme 9* (1), 88-104.

European Commission (2012). Responsible Research and Innovation. Europe's ability to respond to societal challenges. Verfügbar unter: https://ec.europa.eu/research/swafs/pdf/pub_public_engagement/responsible-research-and-innovation-leaflet_en.pdf. Zugegriffen: 12.08.2015.

Fagerberg, J., Mowery, D. C., & Nelson, R. R. (Hrsg.). (2004). *The Oxford Handbook of Innovation*. Oxford: University Press.

Garfinkel, H. (1967). *Studies in Ethnomethodology*. Englewood Cliffs, N.J: Longman Higher Education.

Garfinkel, H., & Sacks, H. (1970). On Formal Structures of Practical Actions. In J. C. McKinney & E. A. Tiryakian (Hrsg.), *Theoretical Sociology* (S. 338-366). New York: Appleton-Century-Crofts.

Gebelein, P., Löw, M., & Paul, T. (in diesem Band). Flash Mobs als Innovation. Über eine neue Sozialform technisch vermittelter Versammlung.

Hage, J., & Meeus, M. (2006). *Innovation, Science, and Institutional Change: A Research Handbook*. Oxford: University Press.

Hill, M. (2014). *Embodiment of Science in Science Slams. A Case of Informal Public Science Communication*. Vortrag gehalten auf der Studying Science Communication. A Panel of the EASST14 Conference. Torun, PL.

Hirsch-Kreinsen, H. (2014). Wandel von Produktionsarbeit – Industriearbeit 4.0. *WSI-Mitteilungen 6*, 421-429.

Hutter, M. (1989). *Die Produktion von Recht. Eine selbstreferentielle Theorie der Wirtschaft, angewandt auf den Fall des Arzneimittelpatentrechts*. Tübingen: Mohr Siebeck.

Hutter, M. (in diesem Band). Zur Rolle des Neuen in der Erlebniswirtschaft.

Hutter, M., Knoblauch, H., Rammert, W., & Windeler, A. (2015). Innovation Society today. The Reflexive Creation of Novelty. *Historical Social Research 40* (3), 30-47.

Jöstingmeier, M. (2015). *Die Steuerung systemischer Risiken. Innovative Regulierung eines innovativen Problems?* (Unveröffentlichte Dissertation). Berlin: TU Berlin.

Jungmann, R., Baur, N., & Ametowobla, D. (2015). Grasping Processes of Innovation Empirically. A Call for Expanding the Methodological Toolkit. An Introduction. *Historical Social Research 40* (3), 7-29.

Kleemann, F., Rieder, K., & Voß, G. G. (2009). Kunden als Innovatoren. Die betriebliche Nutzung privater Innovativität im Web 2.0 durch Crowdsourcing. *Wirtschaftspsychologie 11* (1), 28-35.

Knoblauch, H. (in diesem Band). Kommunikatives Handeln, das Neue und die Innovationsgesellschaft.

Knorr-Cetina, K. (1992). Zur Unterkomplexität der Differenzierungstheorie. Empirische Anfragen an die Systemtheorie. *Zeitschrift für Soziologie 21* (6), 406-419.

Köppel, J. (in diesem Band). Energiewende: Pfadbruch oder Manifestierung des Ausgangspfades?

Landau, F., & Mohr, H. (2015). Interventionen als Kunst des urbanen Handelns? Rezension zu J. Laister, A. Lederer, & M. Makovec (Hrsg.), Die Kunst des urbanen Handelns / The Art of Urban Intervention. *sub\urban. zeitschrift für kritische stadtforschung 3* (1), 173-178.

Liebl, F. (in diesem Band). Strategisches Marketing in der Innovationsgesellschaft: Ein Bezugsrahmen.

Lindemann, G. (2011). Differenzierung der modernen Gesellschaft. Eine grenzregimetheoretische Perspektive. In T. Schwinn, C. Kroneberg, & J. Greve (Hrsg.), *Soziale Differenzierung. Handlungstheoretische Zugänge in der Diskussion* (S. 135-156). Wiesbaden: Springer VS.

Luhmann, N. (1984). *Soziale Systeme. Grundlagen einer allgemeinen Theorie*. Frankfurt a. M.: Suhrkamp.

Lynch, M. (2000). Against Reflexivity as an Academic Virtue and Source of Privileged Knowledge. *Theory, Culture & Society 17* (3), 26-54.

Marx, K., & Engels, F. (1998 [1848]). *The Communist Manifesto*. London: Penguin Press.

Mohr, H. (2013, November 29). »Stadt selbst machen« zwischen individueller Aneignung und politischer Verpflichtung. Zur zentralen Kontroverse des Symposiums MYCITY der Urbanen Künste Ruhr. Verfügbar unter: http://commonthejournal.

com/journal/kunst-zum-leben-aneignung-als-strategie-zur-veraenderung-no-3/stadt-selbst-machen-zwischen-individueller-aneignung-und-politischer-verpflichtung-zur-zentralen-kontroverse-des-symposiums-mycity-der-urbanen-kuenste-ruhr/. Zugegriffen: 12.08.2015

Mölders, M. (2012). Differenzierung und Integration. Zur Aktualisierung einer kommu-nikationsbasierten Differenzierungstheorie. *Zeitschrift für Soziologie 41* (6), 478-494.

Nassehi, A. (2004). Die Theorie funktionaler Differenzierung im Horizont ihrer Kritik. *Zeitschrift für Soziologie 33* (2), 98-118.

Nassehi, A. (2006). *Der soziologische Diskurs der Moderne.* Frankfurt a. M.: Suhrkamp.

Ogburn, W. F. (1969). Die Theorie der kulturellen Phasenverschiebung. In W. F. Ogburn & O. D. Duncan (Hrsg.), *Kultur und sozialer Wandel. Ausgewählte Schriften („On culture and social change")* (S. 134-159). Neuwied am Rhein: Luchterhand Verlag.

Passoth, J.-H. (2011). Fragmentierung, Multiplizität und Symmetrie. Praxistheorien in post-pluraler Attitüde. In T. Conradi, H. Derwanz, & F. Muhle (Hrsg.), *Strukturentstehung durch Verflechtung. Akteur-Netzwerk-Theorie(n) und Automatismen* (S. 259-278). Pader-born: Fink.

Passoth, J.-H., & Rowland, N. J. (2014). Beware of allies! Notes on analytical hygiene in actor-network account-making. *Qualitative Sociology 36* (4), 465-483.

Picot, A., & Hopf, S. (in diesem Band). Innovation mit Hilfe der Vielen – Crowdsourcing im Innovationsprozess.

Powell, W., Koput, K., & Smith-Doerr, L. (1996). Interorganizational Collaboration and the Locus of Innovation: Networks of Learning in Biotechnology. *Administrative Science Quarterly 41* (1), 116-145.

Rammert, W. (1988). *Das Innovationsdilemma. Technikentwicklung im Unternehmen.* Op-laden: Westdeutscher Verlag.

Rammert, W. (1990). Telefon und Kommunikationskultur. Akzeptanz und Diffusion einer Technik im Vier-Länder-Vergleich. *Kölner Zeitschrift für Soziologie und Sozialpsycho-logie 42* (1), 20-40.

Rammert, W. (2000). Auf dem Weg zu einer post-schumpeterianischen Innovationsweise. Institutionelle Differenzierung, reflexive Modernisierung und interaktive Vernetzung im Bereich der Technikentwicklung. In W. Rammert (Hrsg.), *Technik aus soziologischer Perspektive (Band 2). Kultur, Innovation, Virtualität* (S. 157-173). Wiesbaden: Springer VS.

Rammert, W. (2006). Two Styles of Knowing and Knowledge Regimes: Between ‚Expli-citation' and 'Exploration' under Conditions of Functional Specialization or Fragmen-tal Distribution. In J. Hage & M. Meeus (Hrsg.), *Innovation, Science, and Institutional Change* (S. 256-284). Oxford: University Press.

Rammert, W. (2010). Die Innovationen der Gesellschaft. In J. Howaldt & H. Jakobsen (Hrsg.), *Soziale Innovationen. Auf dem Weg zu einem post-industriellen Innovations-paradigma* (S. 21-51). Wiesbaden: Springer VS.

Rammert, W. (2014). Vielfalt der Innovation und gesellschaftlicher Zusammenhalt. In M. Löw (Hrsg.), *Vielfalt und Zusammenhalt. Verhandlungen des 36. Kongresses der Deut-schen Gesellschaft für Soziologie in Bochum und Dortmund 2012* (S. 619-639). Frank-furt a. M.: Campus.

Reckwitz, A. (2009). Praktiken der Reflexivität: Eine kulturtheoretische Perspektive auf hochmodernes Handeln. In F. Böhle & M. Weihrich (Hrsg.), *Handeln unter Unsicherheit* (S. 169-182). Wiesbaden: Springer VS.

Reckwitz, A. (2012). *Die Erfindung der Kreativität: Zum Prozess gesellschaftlicher Ästhetisierung.* Frankfurt a. M.: Suhrkamp.

Reckwitz, A. (in diesem Band). Das Kreativitätsdispositiv und die sozialen Regime des Neuen.

Reichhardt, S. (2014). *Authentizität und Gemeinschaft. Linksalternatives Leben in den siebziger und frühen achtziger Jahren.* Frankfurt a. M.: Suhrkamp.

Schimank, U. (1985). Funktionale Differenzierung und reflexiver Subjektivismus – Zum Entsprechungsverhältnis von Gesellschafts- und Identitätsform. *Soziale Welt 36* (4), 447-465.

Schimank, U. (2005). *Differenzierung und Integration der modernen Gesellschaft.* Wiesbaden: VS Verlag.

Schimank, U. (2011). Gesellschaftliche Differenzierungsdynamiken – ein Fünf-Fronten-Konzept. In T. Schwinn, C. Kroneberg, & J. Greve (Hrsg.), *Soziale Differenzierung. Handlungstheoretische Zugänge in der Diskussion* (S. 261-284). Wiesbaden: Springer VS.

Schimank, U., & Volkmann, U. (2008). Ökonomisierung der Gesellschaft. In A. Maurer (Hrsg.), *Handbuch der Wirtschaftssoziologie* (S. 382-393). Wiesbaden: Springer VS.

Schroth, F. (2014a). *Experiments and construction processes of climate governance arrangements.* (Dissertationskapitel zur Diskussion in der Forschungswerkstatt am Institut für Soziologie). Berlin: Technische Universität.

Schroth, F. (2014b, 27.09). *Mit CO2-Märkten experimentieren: Die Entstehung des Clean Development Mechanism aus pragmatistischer Perspektive.* Vortrag gehalten auf der 4. offenen Sektionstagung „Internationale Politik", Magdeburg.

Schubert, C. (in diesem Band). Soziale Innovationen. Kontrollverluste und Steuerungsversprechen sozialen Wandels.

Schulze, G. (1992). *Die Erlebnisgesellschaft: Kultursoziologie der Gegenwart.* Frankfurt a. M.: Campus

Schumpeter, J. A. (1912). *Theorie der wirtschaftlichen Entwicklung.* Berlin: Duncker & Humblot.

Schütz, A. (1971). *Gesammelte Aufsätze (Band 1). Das Problem der sozialen Wirklichkeit.* Den Haag: Nijhoff.

Schützeichel, R. (2011). „Doing Systems" – Eine handlungstheoretische Rekonstruktion funktionaler Differenzierung. In T. Schwinn, C. Kroneberg, & J. Greve (Hrsg.), *Soziale Differenzierung. Erkenntnisgewinne handlungstheoretischer Zugänge* (S. 73-91). Wiesbaden: Springer VS.

Shinn, T. (2006). New Sources of Radical Innovation: Research, Technologies, Transversality, and Distributed Learning in a Post-Industrial Order. In J. Hage & M. Meeus (Hrsg.), *Innovation, Science, and Institutional Change* (S. 313-333). Oxford: University Press.

Sloterdijk, P. (2009). *Du mußt dein Leben ändern: Über Anthropotechnik.* Frankfurt a. M.: Suhrkamp.

Smith, K. (2005). Measuring Innovation. In J. Fagerberg, D. C. Mowery, & R. R. Nelson (Hrsg.), *The Oxford Handbook of Innovation* (S. 148-177). Oxford: University Press.

Stock, J. (2015). Alltagsmobilität und die Ideologisierung des Klimawandels. In C. Besio & G. Romano (Hrsg.), *Zum gesellschaftlichen Umgang mit dem Klimawandel. Kooperationen und Kollisionen* (im Erscheinen). Berlin: Nomos.

Stubbe, J. (2015). Comparative heuristics from an STS perspective: inquiring „novelty" in material practice. *Historical Social Research 40* (3), 109-129.

von Hippel, E. (1988). *Sources of Innovation*. Oxford: University Press.

von Hippel, E. (2005). *Democratizing Innovation*. Cambridge: MIT Press.

von Schomberg, R. (2012). Prospects for technology assessment in a framework of responsible research and innovation. In M. Dusseldorp & R. Beecroft (Hrsg.), *Technikfolgen abschätzen lehren* (S. 39-61). Wiesbaden: Springer VS.

Voss, J.-P. (in diesem Band). Governance-Innovationen. Epistemische und politische Reflexivitäten in der Herstellung von Citizen Panels.

Wentland, A. (2014). *The electric future re-imagined? Reshaping cars, infrastructures, and society through the electrification of transportation.* Vortrag gehalten auf der Science Shaping the World of Tomorrow: Scientific Imagination and Development of Society, Antwerpen, NL.

Windeler, A. (in diesem Band). Reflexive Innovation. Zur Innovation in der radikalisierten Moderne.

Wittgenstein, L. (1984). *Wittgenstein. Tractatus logico-philosophicus. Tagebücher 1914-1916. Philosophische Untersuchungen*. Frankfurt a. M.: Suhrkamp.

Internetquellen

http://commonthejournal.com/journal/kunst-zum-leben-aneignung-als-strategie-zur-veraenderung-no-3/stadt-selbst-machen-zwischen-individueller-aneignung-und-politischer-verpflichtung-zur-zentralen-kontroverse-des-symposiums-mycity-der-urbanen-kuenste-ruhr/. Zugegriffen: 12.08.2015.

http://www.urbanekuensteruhr.de/de/projekt/reisen-im-kreis. Zugegriffen: 12.08.2015.

https://ec.europa.eu/research/swafs/pdf/pub_public_engagement/responsible-research-and-innovation-leaflet_en.pdf. Zugegriffen: 12.08.2015.

Reflexive Innovation

Zur Innovation in der radikalisierten Moderne[1]

Arnold Windeler

1 Reflexive Innovation und Vergesellschaftung heute – einleitende Bestimmungen

Innovation als ‚kreative Zerstörung, die Positives hervorbringt' (Schumpeter 2003) wird heute zu einem gesellschaftlichen Imperativ, der weit über die Wirtschaft hinaus Innovationsgesellschaften zunehmend charakterisiert (Hutter et al. in diesem Band). Forciert wird diese Entwicklung durch *reflexive Innovationen*, die Akteure unter Rückgriff auf moderne Institutionen, Regulationen und das Können von Akteuren in Interaktionen konstituieren. Sowohl welche Innovationen hergestellt, fortgeschrieben und transformiert werden, als auch wie das geschieht, ist so durch spezielle, symbolische wie materielle Bedingungen mit geformt, die ihrerseits durch Innovationen immer wieder erneut mit produziert und reproduziert werden. Ich stelle in diesem Aufsatz Grundzüge einer praxistheoretischen Perspektive auf reflexive Innovation als Charakteristikum radikal-moderner Gesellschaften vor (vgl. Giddens 1990a), die durch die Strukturationstheorie (Giddens 1984) informiert ist und dessen Konzepte ich an anderer Stelle systematisch ausgearbeitet habe (Windeler 2001, 2014). Ich umreiße in diesem Aufsatz eine gegenüber der etablierten Innovationsforschung alternative Sicht auf Innovation, die an Joseph Schumpeter ansetzt, dann aber Innovationen in ihrem über soziale Praktiken vermittelten Verhältnis zur Gesellschaft thematisiert.

1   Ich danke Dzifa Ametowobla, Robert Jungmann, Uli Meyer und Cornelius Schubert für Anregungen.

Moderne Gesellschaften erscheinen seit den 1960er Jahren zunehmend durch Innovationen geprägt, sind sie seither doch verstärkt Thema öffentlicher wie wissenschaftlicher Diskurse, nicht zuletzt weil prestigeträchtige Universitäten und neu gegründete Forschungseinrichtungen sich diesem Thema widmen (Fagerberg 2005; Godin 2012; Hubert Knoblauch in diesem Band). Moderne Gesellschaften erfahren darüber ihre spezielle Erneuerungsdynamik: Jede einzelne Innovation erscheint ,nur noch' als Übergang für weitere, immer wieder neu im Kommen befindliche. Alles gilt es zu erneuern; alles erscheint durch Innovationen verbesserbar. Innovation wird so zu einem Handlungsimperativ – auch jenseits der klassischen Bereiche von Wirtschaft und Wissenschaft. Das Bewahren wird dagegen in den Hintergrund gedrängt, das Zerstörte ausgeblendet (Erumban und Timmer 2012). Gesellschaften wandeln sich darüber zu Innovationsgesellschaften und Innovation avanciert zu einem Allheilmittel für jedes sozioökonomische Problem (Godin 2015, S. 7). Das verschafft Innovationen heute eine erhöhte Aufmerksamkeit in der Politik, der Wirtschaft wie der Gesellschaft allgemein. Der Innovationsimperativ erweist sich als recht robust, stehen Innovationen doch selbst dann nicht in Frage, wenn sie etwa Finanz-, Energie- und Umweltkrisen mit verursachen. Aber Innovationen entwickeln sich eben nicht einfach so. Will man verstehen, welche gegenwärtig wie und warum generiert werden, benötigt man ein Verständnis von Innovation, das wiederum eines von Innovationsgesellschaften voraussetzt, da Innovationen unter Rekurs auf gesellschaftlich vorgegebene Bedingungen konstituiert werden.

Das ist jedoch einfacher gesagt als getan, ist die Vergesellschaftung doch heute eher schwer fassbar und steht der Begriff der Innovation seit einiger Zeit in Gefahr, jegliche Unterscheidungskraft zu verlieren (Godin 2015, S. 7). Will man angesichts dieser Diagnose nicht kapitulieren, hilft der Blick auf in der Literatur weit verbreitete Sichtweisen nur bedingt weiter. Angeregt durch Joseph Schumpeters (2000, S. 51f.) berühmte Identifizierung von Innovationen über Kombinationen von Mitteln frage ich: Wie lassen sich Innovationen in gesellschaftlichen Kontexten erklären?

Starten wir mit Joseph Schumpeters sozialphilosophischer Skizze seines Forschungsprogramms, in der dieser den Kern von Innovation so bestimmt:

> „Beachten wir noch, dass die [eine Innovation kennzeichnende] Veränderung, welche *eine geprägte Form in eine andere überführt*, einen Riss, einen Ruck, einen Sprung bedeuten muss, dass die neue Form von der alten her nicht durch Anpassung in kleinen Schritten erreichbar sein darf (Schumpeter 2002, S. 7, Hervorh. A.W.)."

Mit Joseph Schumpeter lautet das Theorieproblem der Innovationsforschung: Wie lässt sich die Überführung einer geprägten Form in eine andere erklären? Ihm selbst ist, so stellen James March und seine Mitautoren fest, eine Antwort auf diese Frage Zeit seines Lebens nicht gelungen: Joseph Schumpeter

> „was never able to link his typology of new combinations to an understanding of the processes generating novelty. Thus, although Schumpeter saw combinations as involved in novelty, he found it difficult to provide any description of an inheritance mechanism that is any more precise than the word 'combination'" (Becker, Knudsen und March 2006, S. 357).

Nicht, dass Joseph Schumpeter (2002) es nicht versuchte. Er startete insgesamt drei Versuche, die er jedoch selbst als unzureichend verwarf: er probierte, Innovation über Charaktereigenschaften des Unternehmers, über eine Produktionsfunktion und evolutionstheoretisch zu erklären. Sein Urteil lautet: „rational und wissenschaftlich bleibt die Trias Indeterminiertheit, Neues, Sprung nichtsdestoweniger unüberwindlich" (Schumpeter 2002, S. 12). Am Ende seines Manuskripts fordert er jedoch dazu auf, die angesprochene Trias weiter zu durchdenken: „Es scheint mir richtiger zu sein, von einer neuen Aufgabe zu sprechen" (Schumpeter 2002, S. 14).

Ich greife diese Aufgabe praxistheoretisch auf. Dabei folge ich Joseph Schumpeter mehr als nur ein Stück weit, gehe dann aber andere Wege. Ich teile seine Einschätzung, dass Innovation die Überführung ‚geprägter Formen in andere' anspricht und dass das Problem der Erklärung von Innovationen nicht nur eine Folge unvollkommener Tatsachenbeherrschung ist, sondern auf die theoretische Aufnahme der von ihm angesprochenen Trias verweist:

> „Vielen wird es nahe liegen zu sagen, dass die oben umrissene ‚Unerklärbarkeit' der Entwicklung [der Innovation] vielleicht bloß eine Folge unvollkommener Tatsachenbeherrschung sei und mit deren Vervollkommnung schwinden werde. Diese Auffassung erfährt eine scheinbare Bestätigung dadurch, dass wir uns wirklich umso eher Vorstellungen über kommende Dinge machen können je genauer wir einen Zustand und erkennbare Veränderungsfaktoren beherrschen. Allein das Wesen der Sache wird damit nicht getroffen" (Schumpeter 2002, S. 12).

Was Joseph Schumpeter mit dem ‚Wesen der Sache' meint, ist: die Innovation, der von ihm diagnostizierte Sprung von einer geprägten Form in eine andere, lässt sich nicht herleiten, bleibt *unvorhersehbar* (s. a. den Beitrag von Günther Ortmann in diesem Band). Das ist durchaus plausibel. Denn für eine erstaunliche Anzahl von Dingen des modernen Lebens gilt: sie verdanken sich dem Umstand, dass jemand über etwas stolpert oder ‚Unfälle' sich ereignen (Kennedy 2016). Aber selbst dann, wenn Innovationen auf Innovationspfaden entwickelt werden, ist die prinzipielle Unvorhersehbarkeit gegebenenfalls abgemildert, aber eben nicht vollkommen beseitigt (zum Pfaddiskurs z. B. Garud und Karnoe 2001; U. Meyer 2016; Sydow et al. 2012; Windeler 2003). Gleichzeitig gilt: Selbst glückliche Zufälle, unerwartete Entdeckungen müssen entdeckt werden. Praxistheoretisch reduziert Serendipität sich eben nicht nur auf die Entdeckung. Damit etwas entdeckt wird (und werden kann), bedarf es ebenso der Scharfsinnigkeit, Klugheit, Aufmerksamkeit und der Aktivitäten von Personen wie – was oft vergessen wird – sozialer Kontexte, die ein Entdecken ermöglichen (Merton und Barber 2004). Und: Innovationen wollen als solche in sozialen Praktiken erst konstituiert werden.

Damit richtet sich der Blick auf Arten und Weisen, wie man Innovationen versteht und analysiert. Und hier gibt es Alternativen zu denen, die Joseph Schumpeter berücksichtigte und zu denen, die dominant in der Innovationsforschung praktiziert werden – etwa die hier vorgestellte praxistheoretische. Drei Paradigmen charakterisieren heute die Innovationsforschung: das Paradigma der ‚Kreation‘, das der ‚Evolution‘ und das der ‚Struktur oder Institution‘. Setzen die einen bei der Schaffung des Neuen auf künstlerische oder technische Genies oder – wie Joseph Schumpeter anfänglich – auf Unternehmer mit bestimmten Charaktereigenschaften, so die anderen – wie Joseph Schumpeter gegen Ende seiner Schaffensperiode – auf Mutationen, Emergenz, Zufälligkeiten, Fehlkopien und dergleichen mehr (Rammert 2014, S. 628f.; Windeler 2003). Die Literatur über nationale Innovationssysteme hebt dagegen vor allem Strukturen und Institutionen hervor und blendet das Handlungsvermögen der Akteure aus, während die über Entrepreneurship – dem Paradigma der Kreation verpflichtet – Strukturen und Institutionen vernachlässigt und sich auf das Handlungsvermögen von Individuen, Teams und Start-ups konzentriert (Autio et al. 2014; Zahra et al. 2014). Was solche Analyseansätze eint, sind tief in sie eingeschriebene, paradigmatische Grundannahmen bezüglich der Struktur und des Akteurs. Insofern kann ich den Einwand generell formulieren:

„Explicitly or otherwise, such authors have tended to see in structural constraint a source of causation more or less equivalent to the operation of impersonal causal forces in nature. The range of 'free action' which agents have is restricted, as it were, by external forces that set strict limits to what they can achieve. The more that structural constraint is associated with a natural science model, paradoxically, the freer the agent appears […]. The structural properties of social systems, in other words, are like the walls of a room from which an individual cannot escape but inside which he or she is able to move around at whim. Structuration theory replaces this view with one which holds that structure is implicated in that very 'freedom of action' which is treated as residual and unexplicated category in the various forms of 'structural sociology' " (Giddens 1984, S. 174).

Praxistheoretisch sind – im Gegensatz zu Vertretern struktur-, evolutions- und institutionentheoretischer Ansätze – soziale Vorgaben in Form von Strukturen, Strukturmerkmalen und Mechanismen weder fix und extern gegeben, noch Kräfte, die Akteure zum Handeln nötigen. Sie sind vielmehr im Handeln *enthalten* und *beschränken und ermöglichen* es zugleich, indem Akteure sie – unter Rückgriff auf üblicherweise verwendete Prozeduren und Techniken des Gebrauchs von Vorgaben – im Handeln endogenisieren. Die Spielräume, die ‚Freiheiten zur Innovation' werden so also rekursiv von Akteuren immer wieder erneut in Interaktionen konstituiert und sind nicht einfach extern gegeben. Akteure besitzen in dieser Perspektive im Handeln jedoch *nicht* die Freiheiten, die gerade evolutions-, struktur- und institutionentheoretische Sichtweisen ihnen zugestehen. Akteure können eben gerade *nicht* (im Rahmen von Vorgaben) mehr oder weniger nach Belieben handeln, etwa *beliebig etwas als Innovation deklarieren*; ihr Handeln ist vielmehr durch in Interaktionen situativ aktualisierte Regeln und Ressourcen orientiert, die ihnen anzeigen, wie man das in diesem Kontext macht. Das heißt insgesamt: Weder das Handeln der Akteure, noch die Institutionen, Strukturen und Strukturmerkmale sind als residual und als nicht weiter zu explizieren anzusehen.[2]

Aber gibt es Möglichkeiten, die Defizite der etablierten Innovationsforschung zu überwinden? Ich denke schon. Ich schlage zumindest einen *Perspektivwechsel* auf Innovation vor. Dieser rückt *soziale Praktiken* – das heißt geregelte Typen des Handelns oder fortlaufende Serien ‚praktischer Aktivitäten' (Giddens 1993, S. 81) – in den Mittelpunkt, ohne die Institutionen, Strukturen und beteiligten Akteure aus den Augen zu verlieren, aber auch ohne ihnen per se die zentrale Rolle zuzuschreiben, wie das üblicherweise geschieht. Die praxistheoretische Perspektive versteht Innovationen, wie ich im Folgenden aufzeige, als etwas, was aktiv in die Welt gebracht wird, selbst wenn die Resultate nicht beabsichtigt sein sollten, sich zumindest partiell der Planung wie der Steuerung entziehen. Denn Innovation ist ein sozialer und damit sozial eingebetteter Prozess, der von Handelnden rekursiv unter vorgegebenen, nicht selbst gewählten, aber durch Aktivitäten mit beeinflussten Bedingungen produziert und reproduziert wird. Praxistheoretisch gelangt man so zunächst zu einem speziellen Innovationsbegriff, der sich zumindest in den folgenden sieben aufgeführten Aspekten grundlegend von etablierten Verständnissen

---

2   Selbst wenn vorgegebene Bedingungen eine gewisse ‚Objektivität' für einzelne Handelnde haben, determinieren sie nicht deren Handeln, obwohl sie die Optionen begrenzen (Giddens 1984, S. 177) und Regeln und Ressourcen ihnen anzeigen, wie diese passend zu nutzen sind. Und wenn Akteure sozialen Bedingungen und Kräften nicht widerstehen können, so liegt das immer auch mit an ihren Motiven und von ihnen verfolgten Zielen (Giddens 1984, S. 178).

unterscheidet, und sodann zur einer mit dem Begriff korrelierenden Analyseperspektive, die ich im Anschluss skizziere.

Die praxistheoretische Perspektive offeriert *erstens* cin gegenüber der etablierten Innovationsforschung alternatives Verständnis von Innovation, indem sie das *Subjekt dezentriert*, ohne sich vollständig von diesem zu verabschieden. Akteure (wie Individuen oder Organisationen) rücken als Handelnde in den Blick, die Innovationen situativ in Interaktionen unter Rückgriff auf soziale Praktiken (mit den in sie eingeschriebenen Regeln und Ressourcen) *als* Innovationen produzieren und reproduzieren. Mit diesem Verständnis von Innovation ist nicht nur das Subjekt dezentriert. Innovation wird insbesondere nicht – wie im Kreativitätsparadigma angedacht – als Resultat individuellen Handelns thematisiert, aber auch nicht – wie im Evolutions- sowie Struktur- und Institutionenparadigma – als etwas, für das Akteure zu vernachlässigen sind. Mindestens ebenso bedeutsam ist: Formuliert ist auch ein gegenüber Joseph Schumpeter und einem Großteil der Innovationsforschung alternatives Verständnis von Innovation. Innovation wird als Überführung einer geprägten Form in andere verstanden, die in sozialen Praktiken als Innovation konstituiert wird.

Praxistheoretisch unterscheidet man, *zweitens*, zwischen Handlungsmitteln und Innovationen. Handlungsmitteln weist sie für Innovationen eine hohe Bedeutung zu, gerade auch weil ihnen ein gewisses Potential zur Auslösung, Verstärkung oder Verhinderung von Innovationen sowie eine gewisse Performativität (Muniesa 2014) innewohnt.[3] Gleichzeitig *dezentriert* sie deren *soziale Bedeutung*. Vielleicht überraschend erfolgt das ganz im Sinne von Joseph Schumpeter (1912, S. 284). Denn für ihn erneuert ein Unternehmer zwar mittels neuer oder neu kombinierter Produktionsmittel, aber die Artefakte oder besser: die Handlungsmittel[4] überführen *nicht selbst* eine geprägte Form in eine andere. Sie können Resultate oder Momente von Innovationsprozessen sein, nicht mehr aber auch nicht weniger. Dieses Verständnis von Handlungsmitteln erlaubt, deren Bedeutung in Abhängigkeit von ihren Nutzungen und den Charakteristika von Arten und Weisen der Innovation genauer in den Blick zu nehmen.

---

3   Handlungsmittel können selbst Innovationen auslösen, obwohl sie nicht eingesetzt werden, wie das Beispiel der Atombombe illustriert, die, obgleich heute nicht mehr eingesetzt, weiter ‚Innovationen der Kriegsführung' initiiert (Eden 2004).

4   Ich verwende den Begriff der Handlungsmittel und nicht den in der Innovationsliteratur gebräuchlichen, aber kaum bestimmten des Artefakts (etwa Braun-Thürmann 2005, S. 6). Ich versuche damit Assoziationen zu vermeiden, die sich mit der Definition des *Artefakts* bei Aristoteles verbinden, der Artefakte als für einen bestimmten Zweck gemachte Mittel versteht, die explizit einen Autor – oder eine Gruppe von Autoren – voraussetzen (Hilpinen 2011).

Damit kommen wir auch schon, *drittens*, zur neuen Sicht auf die *Produktion und Reproduktion von Innovationen*. Praxistheoretisch konstituieren Akteure Innovationen in Interaktionen als Innovationen. Innovationen *existieren* daher als im Raum und in der Zeit gegenwärtig eben auch *nur in der im Handeln verwendeten Form* und den im Handeln mit ihnen verbundenen in Gedächtnisspuren aktualisierten Handlungsrepertoires. Akteure können Innovationen in den Blick nehmen und vorantreiben. Aber ab wann eine Veränderung als Innovation gilt oder ob etwas (weiter) eine *Innovation* – sowie weiterhin noch *eine* Innovation – ist, ist (immer wieder erneut) in Interaktionen erst zu produzieren und zu reproduzieren. Innovationen beruhen damit *weder* nur auf der *Wahrnehmung einzelner Individuen, noch* sind sie *unabhängig von ihren Verwendungen und Bewertungen zu bestimmen*, wie Joseph Schumpeter anzunehmen scheint, wenn er formuliert, „die neue Form [darf] von der alten her nicht durch Anpassung in kleinen Schritten erreichbar sein" (Schumpeter 2002, S. 7) oder früher bestimmt, man könne dann von einer Innovation im Bereich moderner Wirtschaften sprechen, wenn ein Unternehmer „vorhandene Produktionsmittel anders, zweckmäßiger, vorteilhafter verwendet [...], neue Kombinationen [vorhandener Produktionsmittel] durch[...]setzt" (Schumpeter 1912, S. 284). Praxistheoretisch produzieren oder reproduzieren Akteure fortlaufend Neuerungen als Innovationen (oder sehen davon ab), indem sie etwa ein neues Produkt, eine neue Methode oder Verhaltensweise als eine Innovation in sozialen Praktiken produzieren und reproduzieren. Das bedeutet auch: Innovationen bringen nicht, wie Joseph Schumpeter annimmt, immer Positives hervor; sie sind daher auch nicht per se immer erstrebenswert; sie führen keinesfalls immer zu zweckmäßigeren, vorteilhafteren Kombinationen von Produktionsmitteln, obgleich das auch nicht ausgeschlossen ist. Beurteilungen von Innovationen variieren ferner oftmals zwischen Akteuren und abhängig von den jeweiligen Situationen. Wobei für die Bewertungen selbst zu beachten ist: Die Formen und Kriterien der Valuierung und Evaluierung (Lamont 2012) werden ebenfalls sozial konstituiert. Sie können so gegebenenfalls je nach Kontext unterschiedlich ausfallen, etwa mit Praktiken und Kriterien relevanter Berufsgruppen in Handlungsfeldern variieren.[5] Kaum überraschend schätzen Befürworter und Bremser, Gewinner und Verlierer Innovationen – sowie mit ihnen verbundene relative Vorteile, seien es ökonomische oder solche, die sich auf soziales Prestige, Befriedigungen von Bedürfnissen

---

5   Der Neuheitsgrad der Innovation wie der Mittel kann ebenso variieren wie der Grad, in dem diesen die Eigenschaft zugeschrieben wird, man könne mit ihnen etwas auf neue Art und Weise machen. Einige – wie Organisationen – prägen ganze Gesellschaftsepochen, während andere vergleichsweise recht zügig wieder von der Bildfläche verschwinden – wie zum Beispiel der Discman für innovative Praktiken der Musikrezeption (s.a. Oudheusden et al. 2015; Tavassoli und Karlsson, 2015).

oder anderes beziehen (dazu auch Rogers 2003, S. 15) – keinesfalls gleich ein, wobei deren Möglichkeiten variieren, ihren Positionen Geltung zu verschaffen. Akteure deklarieren Formveränderungen also rekursiv in den jeweiligen Kontexten
zu Innovationen mit ihren jeweiligen Bewertungen.[6] Wobei die Deklaration, soll
sie soziale Bedeutung erlangen, sich ihrerseits jedoch selbst in sozialen Praktiken
als solche bewähren muss.

Das bedingt, *viertens*, auch ein anderes Verständnis der *Diffusion von Innovationen*: Innovationen sind nicht, wie traditionell im Gefolge von Joseph Schumpeter angenommen wird (Fagerberg 2005), etwas, was sich mit dem ersten Akt der
‚Überführung einer geprägten Form in eine andere' vollendet. An die Stelle der
durch Everett Rogers (2003, S. 17) geprägten Vorstellung der Diffusion einer *gegebenen* Innovation, von der gegebenenfalls abgewichen wird, tritt die einer *perma-
nenten sozialen Produktion und Reproduktion von Innovationen*, bei der sowohl
das, was gleich bleibt, als auch das, was sich verändert, immer wieder erneut rekursiv hergestellt, fortgeschrieben oder gegebenenfalls verändert wird. Innovationen,
in sie eingebundene Handlungsmittel und Bedeutungen, haben so immer ihre Geschichte und können nicht unabhängig von dieser verstanden werden.

Ein weiterer Baustein der praxistheoretischen Perspektive auf Innovation betrifft, *fünftens*, die *Einbettung und Eingebettetheit* von *Innovationen* in *Ensembles sozialer Praktiken*. Innovationen sind, da Akteure sie unter Rekurs auf soziale
Praktiken konstituieren, immer mit mehreren sozialen Praktiken verwoben – und
zwar der Möglichkeit nach auf vielfältige Arten und Weisen. Ensembles sozialer
Praktiken – zu denen etwa neben Praktiken organisierten Experimentierens viele

---

6   Die Möglichkeiten, Innovationen zu deklarieren, sind für diese mit konstitutiv. Wobei
     das Deklarierte auch eher einem „innovation dust" gleichen (U. Meyer 2016), Bekann-
     tes lediglich variieren oder sogar Altbekanntes als brandneu ausgeben kann, solange
     die mitlaufende Behauptung, etwas sei eine Innovation, in sozialen Praktiken als sol-
     che anerkannt wird. Mit der Deklaration von etwas als Innovation gehen immer auch
     gesellschaftlich bestimmte Wertzuschreibungen und Praktiken der Evaluation einher
     (Antal et al. 2015; Lamont 2012; Rammert 2014). Aber nicht um alle Innovationen
     wird diskursiv gerungen – wie etwa um den Einsatz von Atombomben; Anderes wird
     kaum oder gar nicht diskutiert – wie etwa über mit Rollkoffern verbundene, geän-
     derte Formen des Reisens. (Diese Entgegensetzung verdanke ich Raimund Hasse.)
     Wie dem auch sei, Innovationen beruhen immer mit auf mehr oder weniger expli-
     ten Bedeutungszuschreibungen und Evaluationen, die ihrerseits mit auf vorgegebenen
     Praktiken der Deklaration fußen. Dabei kann das, was für einige Akteure neu ist, für
     andere bekannt sein. Denn wie James March und Herbert Simon schon vor längerer
     Zeit für Organisationen feststellten: „most innovations in an organization are a result
     of borrowing rather than invention" (March und Simon 1993, S. 209). Fähigkeiten,
     Entwicklungen und Mittel wahrzunehmen und zu verwenden, gewinnen darüber ihre
     Bedeutung für Innovationen (Cohen und Levinthal 1990).

andere sowie etwa auch Routinen treten können – gewinnen darüber, abhängig von dem, was als Innovation generiert wird, welche Mittel benötigt und welche Aktivitäten ergriffen werden (Dodgson 2011), Bedeutung für Innovationen und deren Ausdehnung in der Zeit und Verbreitung im Raum. Dabei können die in der ‚relationalen Soziologie' (Emirbayer 1997) weitgehend positiv belegten Netzwerkverbindungen zwischen Akteuren, die über soziale Praktiken miteinander verbunden sind, gerade für Innovationen höchst ambivalent sein.[7] Neben die oftmals proklamierten Vorteile treten (möglicherweise) Probleme – so die, dass etwa geschäftsrelevante Informationen an Konkurrenten durchsickern können (Pahnke et al. 2015). Die Einbettung von Innovationen in Ensembles sozialer Praktiken bedeutet ferner, dass Innovationen Bündel sowie Serien von Innovationen beeinflussen, bahnen oder auslösen können. Ob und inwiefern einmal getätigte Innovationen die Chancen auf weitere vergrößern (Clausen et al. 2011), ist ebenso eine relevante Frage wie die, wie Innovationen wechselseitig zusammenspielen, das heißt sich in andere Innovationen ein- oder diese fortschreiben, andere überschreiben oder Folgeinnovationen generieren – oder eben auch von anderen überschrieben werden, ohne dass immer gleich klar oder gar eindeutig zu bestimmen ist, wer was hervorbringt oder wo die Grenzen verlaufen. Innovationen konstituieren also immer sowohl *Kontinuitäten* als auch *Veränderungen des bisher Üblichen*.

Innovationen weisen, *sechstens*, nicht nur eine gewisse zeitliche Dauer und räumliche Verbreitung auf; sie haben auch *ihre Zeit und ihren Ort, ebenso wie sie diese mit schaffen*. Über Smartphones oder mobile Anwendungssoftware (*Apps*)

---

7   Vertreter der strukturellen Netzwerkanalyse weisen Geflechten sozialer Beziehungen große Bedeutung für Innovationen und deren Verbreitung zu. Mark Granovetter betont etwa die ‚schwachen Beziehungen' (Granovetter 1973, 1974), Ronald Burt die ‚strukturellen Löcher' (Burt 1992, 2005). Michel Ferrary und Mark Granovetter (2009) binden die Robustheit des Innovationsclusters Silicon Valley vor allem an Risikokapitalgeber und deren Verknüpfungen mit anderen Akteuren. Aber: Akteure in einer ‚Clique' (mit ihren starken Beziehungen untereinander) können etwa keinesfalls alle Informationen in gleicher Weise fließen lassen. Das hängt mit davon ab, um was es geht und welche Aktivitäten wie mit welchen Praktiken verknüpft (oder wie von ihnen entkoppelt) sind. Ferner sind nicht alle Akteure gleich in der Lage, Informationen in Geflechten von Beziehungen faktisch zu artikulieren oder zu nutzen, gerade weil die Strukturmerkmale des Beziehungsgeflechts diese Ausprägung aufweisen (Windeler 2001, S. 118ff.). Organisationen können etwa unfähig sein, Externes aufzunehmen, obgleich sie externe Beziehungen unterhalten. Das Syndrom des ‚not invented here' ist hierfür ein Beispiel (Cohen und Levinthal 1990, S. 133). Beziehungsgeflechte zwischen Komponenten (etwa von Technologien), die sich mit Kompetenzen der Akteure und mit dem Raum verbinden, treten hinzu (Carlsson at al. 2002) wie Überlegungen zur Performativität von Netzwerken (Healy 2015) und Probleme adäquate Indikatoren zu entwickeln (Nelson et al. 2014).

konstituierte Innovationen setzen etwa ebenso die Existenz von Kapital voraus, das fortlaufend auf der Jagd nach neuen, verwertbaren Ideen ist, wie die Existenz eines Web als virtuellem ‚Ort' für nahezu jede Form von Transaktion. Innovationen werden *siebtens machtvoll* produziert und reproduziert. Das illustrieren gerade Fälle komplexer Innovation. Folgt man etwa David Yoffie und Michel Cusumano (2015), dann beruht der Erfolg der weltweit führenden Technologieunternehmen Microsoft, Apple und Intel nicht zuletzt darauf, dass sie in der Lage sind, industrieübergreifende Plattformen und Ökosysteme zu kreieren, die anderen Unternehmungen ‚erlauben', auf der Basis einer etablierten Technologie Produkte und Dienstleistungen zu produzieren, die Akteure als Innovationen verwenden. Ähnliches vermelden Michel Ferrary und Mark Granovetter (2009), wenn sie aufzeigen, wie Risikokapitalgeber zusammen mit anderen Unternehmungen immer wieder erneut Innovationen im Silicon Valley kontrolliert bahnen. Zuweilen werden selbst nationale Gesetzesrahmen erneuert oder Orte wie Konsortien, Konferenzserien usw. kreiert, um Innovationen zu ermöglichen (Belt und Rip 1987; Schubert et al. 2013; Sydow et al. 2012). Gleichwohl können Innovationen auch Resultate erbringen, die selbst den Interessen derjenigen widersprechen, die sie betreiben. Ferner ist keinesfalls immer ausgemacht, wer sich die Resultate aneignen kann (Dedrick et al. 2009). *Innovationen sind daher in der Regel umkämpft* und werden von Auseinandersetzungen begleitet. Aber das gilt auch genereller: „New ways threaten the old and those who are wedded to the old may prove highly intolerant (Gardner 1981, S. 32) – und das oft mit durchaus überzeugenden Gründen (Adner und Snow, 2010; Ortmann et al. 1990). Gleichwohl können sich Innovationen – wie uns das Beispiel des Rollkoffers zeigt – auch weitgehend unbemerkt verbreiten. Beabsichtigte Innovationen können ferner aus vielerlei Gründen scheitern. Neben Konflikten um (potentielle) Folgen und Ideologien können Innovationen, was ihre Leistungsfähigkeit und Akzeptanz angeht, weit hinter den Erwartungen zurückbleiben oder ein Können voraussetzen, welches nicht in hinreichendem Maße vorhanden ist. Zudem gilt: „If there is too much hype at the discovery stage and the product doesn't live up to the hype, that's one way of its becoming disappointing and abandoned, eventually" (Colapinto 2014, S. 18). Ferner kann die Entwicklung von Mitteln, die für Innovationen konstitutiv sind, misslingen oder auch verwehrt, deren Nutzung sogar geächtet werden – wie uns das Beispiel der Atombombe lehrt. Scheitern können Innovationen aber noch aus ganz anderen Gründen, wie das ‚not invented here'-Syndrom aufzeigt.

Ein Innovationsbegriff, der diese Überlegungen aufgreift, lautet: Eine *Innovation* ist eine Veränderung, die eine geprägte Form in (eine) andere überführt, die soziale Akteure wiederkehrend in sozialen Interaktionen unter Rekurs auf soziale Praktiken als solche produzieren und reproduzieren. Innoviert werden kann dabei im Prinzip alles, dem eine geprägte Form zugeschrieben wird – wie weitgehend intendiert auch immer.[8] Das gilt etwa für Gegenstände, Methoden, Verfahrensweisen, Regulationen, Formen der Koordination (wie die des Marktes, der Organisation und des Netzwerks) und der Ressourcenbeschaffung, aber eben auch für Sicht-, Legitimations- und Handlungsweisen, Formen des Könnens, Formen von Handlungsfeldern bis hin zu Formen der Vergesellschaftung. Gleichwohl wird immer nur ausgewähltes als Innovation realisiert.[9]

Um die soziale Konstitution von Innovationen – und insbesondere die von Innovationen mit einem gewissen Grad an Komplexität – zu verstehen, benötigt man eine Analyseperspektive, die in der Lage ist, institutionelle wie strukturelle Vorgaben, Regulationen sozialer Systeme und das Können der beteiligten Akteure in die Analyse aufzunehmen, um genauer als Schumpeter und viele andere Innovationsstudien zu erklären, wie Innovationen eingebettet in soziale Kontexte produziert

---

8   Der weit verbreiteten Annahme, hinter einer Innovation stehe immer die Absicht eines Akteurs oder einer Gruppe von Akteuren, eine Innovation zu kreieren (Godin 2015, S. 235), begegne ich mit Skepsis. Nicht nur wechseln die beteiligten Akteure, sie verfolgen auch unterschiedliche Absichten. Ferner nutzen diese Innovationen hin und wieder recht anders oder für anderes, als wofür sie ursprünglich gedacht waren und erzeugen Effekte, die keiner bedacht hat (Gould und Vrba 1982; Villani et al. 2007). Und oft geht es Akteuren vorrangig um anderes als Innovationen – etwa ökonomische, politische oder andere Interessen. Innovationen können daher auch unintendiertes, unantizipiertes oder mitlaufendes Resultat anders motivierten Handelns sein.

9   Ein Beispiel mag andeuten, was ich mit der höchst selektiven Realisierung von Innovationen meine. Unsere Halbleiterstudie thematisiert die Innovation der Technologie zur Herstellung von Computerchips (Sydow et al. 2012). Im Jahre 2000 wurden im Innovationsfeld sechs alternative technologische Möglichkeiten diskutiert. Gleichzeitig war man sich im Feld einig, dass es aus ökonomischen Gründen für die Massenfertigung von Computerchips weltweit nur eine Lösung geben kann. Interessant ist nun, wie es zur Reduktion auf diese eine Lösung kam. Um eine komplexe Geschichte einfach zu machen: Neben technischen Kriterien, was die Machbarkeit und Reife der technologischen Alternativen betraf, ging es in den Beurteilungen der weltweit führenden Forscher, der Mitarbeiter der beteiligten Großkonzerne (wie Intel), Systemzulieferer (wie ASML oder Canon) sowie von Politikern um berufsbezogene, ökonomische aber auch politische Kriterien. Eingebracht wurden die Kriterien in einen hochgradig organisierten Prozess der Technologieinnovation in einem globalen Maßstab. Feldspezifische sowie feldübergreifend genutzte Hilfsmittel wurden als Mittel zur Bewertung sowie zur Koordination kollaborativen Vorgehens im Bereich der Forschung und Entwicklung, Finanzierung und Produktion verwendet. Dazu zählten Roadmaps für die rollierende Planung, Konferenzen für den Austausch von Ideen, die Schaffung gemeinsamer Sicht- und Legitimationsweisen, die Verabredung kollaborativer Forschungs- und Politikvorhaben, Befragungs- und Abstimmungstools und Konsortien wie *Sematech* (Lange et al. 2013; Schubert et al. 2013).

und reproduziert werden.[10] Ich stelle im Folgenden einen praxistheoretischen Analyserahmen vor, der sozial- und gesellschaftstheoretisch durch die Strukturationstheorie von Anthony Giddens informiert ist. Sozialtheoretisch wird die Konstitution von Innovationen als ein Prozess vorgestellt, den kompetente Akteure unter Rekurs auf soziale Praktiken konstituieren, die gesellschaftliche Institutionen, Regulationen sozialer Systeme wie Organisationen in Interaktionen reflektieren (s. dazu unten die Abbildung 1). Gesellschaftstheoretisch entwerfe ich in den Abschnitten 2 bis 4 Innovationsgesellschaften als radikal-moderne Gesellschaften, die auf der Ebene gesellschaftlicher Institutionen durch das moderne Prinzip der Reflexivität, durch Ensembles von Antriebskräften moderner Gesellschaften und durch institutionalisierte Positionen charakterisiert sind. Als weitere Spezifika der sozialen Konstitution von Innovation in Innovationsgesellschaften stelle ich – über die Spezifika des Gegenstands der Innovation hinaus, die ich in diesem Aufsatz nicht weiter diskutiere – die vor allem durch Organisationen, Netzwerke und Innovationsfelder geprägten allgemeinen Festlegungen von Handlungsbedingungen und das Können der beteiligten Akteure heraus. Ich starte im Abschnitt 2 mit *modernen Institutionen*. Sodann greife ich im Abschnitt 3 *Strukturen* sozialer Praktiken und das *Können der Beteiligten* auf. Im Abschnitt 4 widme ich mich der *Regulation sozialer Systeme*. Ich schließe im Abschnitt 5 mit einem Ausblick auf *Implikationen für die Innovationsforschung* und die *Entwicklung der Innovationsgesellschaft heute*.

---

10 Innovationen im kulturellen Bereich adressieren beispielsweise in sozialen Praktiken als Innovation verwendete Formen der Bezeichnung oder Bedeutungszuweisung, im Bereich der Politik wie der Wirtschaft solche der Herrschaftsausübung. Im Bereich der Politik geht es dabei vorrangig um als Innovationen genutzte Formen der Ausgestaltung sozialer Zeit-Räume, der Produktion und Reproduktion von Körpern, von Assoziationen von Menschen und von Lebenschancen. Im Bereich der Wirtschaft dreht es sich vor allem um als Innovation verwendete Formen der Verfügungsgewalt, der Nutzung von Produktionsmitteln (wie Rohstoffe, Produktionsinstrumente und Technologien) sowie der Produktion und Verwertung von Gütern und Dienstleistungen. Im Bereich des Rechts – etwa im Kontext von Strafverfolgung oder Rechtsprechung – betreffen Innovationen die in sozialen Praktiken als Innovation gebrauchte Überführung geprägter Arten und Weisen der Beurteilung und Legitimation in andere (Giddens 1984, S. 33, 258). Innovationen können aber auch Referenzen auf Gesellschaftsbereiche kombinieren und diesbezüglich unterschiedliche Bezugspunkte aufweisen (zu letzterem auch Rammert 2014 sowie unten den Abschnitt 2.2).

2   Reflexive Innovation und Institutionen

Weist schon Joseph Schumpeter (2003) dem gesellschaftlichen Kontext Bedeutung für die Konstitution von Innovationen zu, wenn er die kreative Zerstörung als Spezifikum kapitalistischer Vergesellschaftung ausweist, so vermisst man diese Einsicht in Innovationsstudien heute in der Regel. Um Innovationsgesellschaften als Kontexte reflexiver Innovation zu verstehen, schlage ich vor, zunächst allgemeiner als Joseph Schumpeter anzusetzen. Denn Innovationsgesellschaften lassen sich heute als radikal-moderne Gesellschaften verstehen, als Gesellschaften, die durch das *moderne Prinzip der Reflexivität* gekennzeichnet sind (Abschnitt 2.1). Als radikal-moderne Gesellschaften sind Innovationsgesellschaften, anders als Joseph Schumpeter annimmt, wie ich im Abschnitt 2.2 formuliere, Gesellschaften, in denen die *kapitalistische Ökonomisierung* in allen Handlungsfeldern – also auch, aber eben nicht nur in der Wirtschaft – zusammen mit *Industrialisierung und Rationalisierung* in Ensembles von Triebkräften moderner Vergesellschaftung eingebunden ist. Ferner spielen in den Prozessen der Innovation selbst in der Wirtschaft nicht nur Unternehmer bedeutsame Rollen, wie Joseph Schumpeter unterstellt. Vielmehr nehmen, wie ich im Abschnitt 2.3 betone, eine Vielzahl unterschiedlicher, in Ensembles eingebetteter Akteure heute in Innovationsprozessen institutionelle Positionen ein, zu denen in einigen Handlungsfeldern auch Unternehmer zählen. Meine These lautet insgesamt: Wer verstehen will, wie Innovationen heute Innovationsgesellschaften prägen und von diesen, umgekehrt, geprägt werden, muss ein Verständnis von den in den nächsten Abschnitten vorgestellten Prinzipien, Triebkräften und Positionsgeflechten entwickeln.

2.1   Reflexivität als Prinzip moderner Vergesellschaftung und Innovation

Reflexivität ist heute ein institutionelles Merkmal moderner Gesellschaften und in ihnen konstituierter Innovationen. Mit dieser Bestimmung greife ich eine Überlegung von Anthony Giddens (1990a) auf, der die Moderne über ihre Form von *Reflexivität* traditionalen Formen der Vergesellschaftung entgegensetzt. Reflexivität ist also *keine* Erfindung der Moderne, entwickelt in ihr jedoch eine besondere Gestalt:

„The reflexivity of modern social life consists in the fact that social practices are constantly examined and reformed in the light of incoming information about those very practices, thus constitutively altering their character" (Giddens 1990a, S. 38).

Das Besondere des *modernen Prinzips der Reflexivität* zeigt sich, wenn man es dem traditionalen gegenüberstellt. So Akteure traditional handeln, beobachten, rationalisieren und motivieren sie ihr Handeln, das anderer sowie Geschehen dahingehend, ob dies legitimiert Traditionen fortschreibt oder sich im Einklang mit ihnen verändert. Exemplarisch verweist der Aphorismus des Augustinus ‚Glaube, um zu erkennen; erkenne, um zu glauben' auf traditionales Handeln. Denn er bindet menschliches Erkennen nicht nur an den Glauben, sondern verortet auch den Zweck des Lebens darin, im Einklang mit dem Glauben zu handeln. Ganz anders ist es in der Moderne. Dort lautet der Imperativ: *Handle im Lichte immer wieder erneut konstituierter Informationen über soziale Praktiken und deren mögliche andere Ausgestaltung.* Handelnde – ebenso wie Beobachter – sind hier also aufgefordert, ohne Absicherungen durch höhere Ordnungen (wie etwa Religionen) auf der Grundlage von durch Menschen geschaffene (und auch wieder revidierbare) Ordnungen zu handeln. Die empirische Geltung einer reflexiven Ordnung setzt reflexiv handelnde Akteure voraus, die zumindest implizit diese Ordnungen faktisch anerkennen und davon ausgehen, dass sie sich passende Informationen besorgen können, wenn sie das wollen, und dass Geschehen, Aktivitäten und Beziehungen sich tendenziell auf dieser Grundlage passend durchführen lassen – dazu gleich mehr.

Dass Akteure reflexiv handeln, bedeutet *nicht* gleich, dass sie Soziales umfassender verstehen oder alle Veränderungen – und damit auch Innovationen – gleich wahrscheinlich sind. Handelnde berücksichtigen im Handeln immer nur dasjenige, dem sie Aufmerksamkeit widmen – und das ist nicht unabhängig von dem Können der Akteure und den Bedingungen, unter denen sie handeln. Ferner verleihen sie dem selektiv Fokussierten durchaus unterschiedlich Sinn, wenn sie Situationen, Umstände, Prozesse usw. rekursiv im Handeln hervorbringen, fortschreiben und gegebenenfalls verändern. Die im Handeln verwendeten Informationen sind allein schon deswegen alles andere als neutral, da sie immer – und zuweilen, wie etwa in Organisationen, sogar hochgradig – *selektiv* produziert und reproduziert werden. Entscheidend ist ferner: Ein Großteil des Handlungsvermögens besteht in einem *praktischen Können*. Handelnde wissen, wie man unter den gegebenen Bedingungen handelt, können aber nicht notwendig genauer erklären, warum so zu handeln ist. Akteure erfassen nämlich immer vieles – und das gilt vor allem unter Bedingungen der radikalen Moderne – nicht mal im Ansatz und schon gar nicht tiefergreifend. Die von ihnen nicht zuletzt auch in Innovationsprozessen verwendeten Informationen und das genutzte Wissen setzen heute etwa notgedrungen Wissen von Experten voraus, das sie selbständig weitgehend nicht kontrollieren können. Gleichwohl wird von Handelnden heute erwartet, dass sie kompetent handeln. So wird davon ausgegangen, dass Akteure wissen, wie man Güter und Dienstleistungen unpersönlich austauscht, in Teams arbeitet, Flugzeuge nutzt oder in Hochhäusern lebt usw. usf. und eben auch, wie man Innovationen kollaborativ zusammen mit anderen produziert und reproduziert. Dass sie nicht wissen, wie dieses alles (genauer) funktioniert, heißt eben nicht, dass sie nicht auf der Grundlage ihres Verständnisses und Wissens handeln und Gründe angeben können, warum sie so und nicht anders handeln und gehandelt haben. Ihr Können setzt dabei Vertrauen als Zutrauen etwa in Ensembles technologischer Errungenschaften, Expertenwissen und Personen voraus (Giddens 1990), baut aber auch auf praktischem Wissen und einer gewissen Kontrolle auf (Sydow und Windeler 2003). Folglich ist von Interesse, wem oder was Handelnde in Innovationsprozessen Aufmerksamkeit schenken, was sie wie warum fokussieren und ob das Alternativen, Neues und Innovationen hervorbringt, fortschreibt und bahnt (oder verhindert) (s. zur Reflexivität auch den Beitrag von Hubert Knoblauch in diesem Band).

Obwohl Handlungskontexte heute weiterhin eine Vielzahl unterschiedlicher Kombinationen moderner sowie traditionaler Bedingungen aufweisen und Menschen keinesfalls immer nur modern handeln, wird das moderne Prinzip der Reflexivität in der *reflexiven Moderne* noch einmal radikalisiert. Soziales wird nun durchgängiger im Lichte immer wieder erneuerter Informationen fokussiert untersucht und ausgestaltet; auch Praktiken der Valuierung und Evaluierung werden selbst verstärkt reflexiv ausgelegt. Das Erkunden, Erproben und Erneuern unter Einbezug anderer denn bekannter Kontexte, Handlungsmittel und von üblicherweise verwendetem Können wird auf Dauer gestellt. Akteure sind nun verstärkt gefordert, modern zu handeln und dabei Praktiken der reflexiven Valuierung und Evaluierung mit zu berücksichtigen, Gegebenes sowie davon Abweichendes zu beurteilen und auf seine Verwendbarkeit zu überprüfen. Innovationen werden so heute zu einen gewissen Grad reflexiv produziert und reproduziert und darüber zu reflexiven Innovationen. Akteure konstituieren diese Form von Innovation rekursiv auf der Basis immer wieder systematisch erneuerter, in gewissem Umfang oft sogar strategisch generierter Informationen über *Bedingungen, Konsequenzen und Arten und Weisen, wie Akteure Innovationen rekursiv in der Zeit und im Raum produzieren und reproduzieren.* Sie generieren so nicht nur fortlaufend systematisch Informationen und Wissen über Innovationen, sondern beobachten und gestalten Innovationen auch immer wieder erneut im Lichte neuer Informationen und von neuem Wissen. *Reflexive Innovation* meint somit Innovationen, die durch kontinuierlich erneuerte Informationen und fortlaufend erneuertes Wissen getragen werden. Im Prinzip werden dadurch die Möglichkeiten zur Innovation *pluralisiert*, gerade weil sie der Idee nach weniger durch Gewohntes, Eingelebtes, Anerzogenes, Sich-immer-Wiederholendes bestimmt sind.

Die prinzipielle Pluralisierung von Möglichkeiten zur Innovation beruht mit
darauf, dass Akteure moderne Arten und Weisen der Produktion und Reproduktion des Sozialen, etwa moderne Formen des Umgangs mit Zeiten und Räumen,
symbolischen Zeichen, technologischen Errungenschaften und Expertenwissen,
rekursiv mit berücksichtigen bzw. erwartet wird, dass sie das im gewissen Umfang
so tun. Moderne Umgangsweisen mit *Zeiten und Räumen* zeichnen sich dadurch
aus, dass Akteure Aktivitäten und Ereignisse vorrangig auf der Basis vermessener
Zeiten und Räume (Giddens 1990a, S. 14ff.; Gilbert-Walsh 2010; Koselleck 2000,
S. 78ff.) in der Zeit und im Raum reguliert koordinieren und die Orte, Regionen
und Räume, in denen sie produziert und reproduziert werden, auf dieser Grundlage
reflexiv miteinander verknüpfen und entkoppeln. Akteure können Innovationsaktivitäten und -ereignisse daher heute im Prinzip fortlaufend auf geänderte Arten
und Weisen, mit veränderten Handlungsmitteln und gegebenenfalls divergieren-
den Zielsetzungen und Horizonten aus ihren jeweiligen Kontexten herauslösen und
sodann präzise in unterschiedlich reflexiv verknüpfte (oder voneinander entkop-
pelte) Zeit-Raum-Zonen sowie Aktivitäts- und Ereignisströme kombiniert wieder
einbetten. Wobei die Wiedereinbettungen sowohl einzelne Gesellschaftsbereiche
als auch nationale Territorien bzw. politisch-administrative Einheiten überschreiten können.[11] Gestützt, gestärkt und ergänzt werden die Möglichkeiten zu reflexiven Innovationen ferner durch moderne Formen des Umgangs mit *symbolischen
Zeichen* (wie Geld), *technologischen Errungenschaften* (wie einzelnen Maschinen, Technologieplattformen oder in Gebäuden oder Infrastrukturen kombinierten
Technologien) und durch reflexive Formen des Gebrauchs von *Expertenwissen*
(wie dem von Berufsgruppen) (Giddens 1990a, S. 27; Orlikowski und Scott 2008;
Windeler 2014, S. 239ff.). Hinzu treten im gewissen Umfang weiter – etwa über
Beratung, Internetrecherchen und die Rekrutierung von Mitarbeitern verschie-

---

11   Tayloristisch-fordistische Formen der Produktionsorganisation bilden prominen-
      te Beispiele (Boyer und Freyssenet 2003). Überlegungen zur Industrie 4.0, die eine
      digitale Transformation von Industrie avisieren, und Logistikketten, über die heute
      Warenströme und Aktivitäten im globalen Maßstab miteinander abgestimmt werden
      (Gereffi und Fernandez-Stark 2011), sind ihre aktuellen Fortsetzungen. Global koor-
      dinierte Forschungs- und Entwicklungsaktivitäten belegen, dass Nationalstaaten und
      Politiken von Regierungen nicht immer im Zentrum stehen, ohne jedoch vollkommen
      ohne Belang zu sein (Sydow at al. 2012). Orte als geografisch situierte, physikalische
      Settings werden dabei im Raum über ihre Nutzungszeiten und in ihnen zeitlich fixier-
      te Ereignisketten ebenso reflexiv in Beziehung gesetzt, miteinander verbunden und
      aneinander gebunden wie Zeiten, Aktivitäten und Ereignisse mit Räumen. Orte wie
      Interaktionspartner scheinen dabei ersetzbarer, verlieren ob ihrer Spezifika oder spe-
      zifischen Vermögen aber doch nicht vollständig an Bedeutung, solange die Differen-
      zen weiterhin als relevant gehandhabt werden; einige gewinnen sogar an Bedeutung.

dener Professionen vermittelt – Formen der Beobachtung, Rationalisierung und Aufnahme bisher unberücksichtigter Kontexte, Handlungsmittel und von Können. Diese werden heute systematisch nicht nur ‚experimentell' mit einbezogen. Zuweilen werden sie sogar so desigt, dass sie Innovationen auslösen oder verstärken und alternative Möglichkeiten generieren. Ergänzend wird von Akteuren dabei zu einem gewissen Grad erwartet, auch Informationen und Wissen zu gebrauchen über Stimmungen (Silver 2011), Dispositionen (Bourdieu 1979, S. 169), Emotionen (Nussbaum 2013) und das „Andere der Vernunft" (Böhme und Böhme, 1985); sind doch auch diese Informationen und ist doch auch dieses Wissen mit dafür bedeutsam, dass etwas geschieht oder unterbleibt (Windeler 2014, S. 234ff.). Stimmungen und Emotionen können – wie die Auftritte von Steve Jobs, dem früheren CEO der Firma Apple, belegen – zumindest auch genutzt werden, um die soziale Bedeutung von Innovationen bzw. Chancen ihrer Verwertung zu erhöhen. Das heißt: Erneuerungen müssen keinesfalls immer auf passende Gelegenheiten warten, um zur Innovation zu werden. Gelegenheiten können im gewissen Umfang auch (kollektiv) geschaffen werden – was jedoch keinesfalls immer gelingen muss. Ferner beruhen Innovationen keinesfalls immer nur auf dem Vorliegen von Knappheitsbedingungen. Zuweilen ist Überfluss und Exzess das Problem und fragt nach Innovationen spezieller Art – etwa bezüglich des individuellen wie gesellschaftlichen Umgangs mit einem Überfluss an Daten oder Informationen (Abbott 2014).

Etabliertes jeglicher Art, selbst die gerade realisierte Innovation gerät in der radikalisierten Moderne dadurch tendenziell unter Druck, bedarf, um fortgesetzt zu werden, heute zunehmend jeweils besonderer Begründungen.[12] Die Komplexität der Innovationsprozesse wird über die Pluralisierung möglicher wie auch faktisch bedeutsamer Bedingungen, Konsequenzen und Arten und Weisen, wie Akteure Innovationen rekursiv in der Zeit und im Raum produzieren und reproduzieren, im Prinzip systematisch erhöht. Durch Rückgriff auf Expertise, Vertrauen und soziale Praktiken des Umgangs mit diesen Situationen wird diese jedoch wiederum selektiv reduziert. Soziale Praktiken des Umgangs mit dem sich verallgemeinernden radikalisierten Prinzip der Reflexivität treiben und halten die Moderne so fokussiert auf dem Pfad der Reflexivität und institutionalisieren die Form der reflexiven Innovation, die wiederum moderne Institutionen speziell fortentwickelt und gegebenenfalls verändert.

---

12 Selbst Traditionen können gleichwohl fortgesetzt werden, aber eben nur auf der Basis von Wissen, welches nicht selbst in Traditionen begründet ist (Giddens 1990a, S. 36ff.; Windeler 2014, S. 283).

2.2   Reflexive Innovation und die Trias von Kapitalismus, Industrialisierung und Rationalisierung

Reflexive Innovationen werden gegenwärtig in Innovationsgesellschaften unter Rekurs auf *Ensembles moderner Institutionen* – als tief in der Zeit und im Raum sedimentierte Praktiken (Giddens 1979, S. 80) – hervorgebracht, fortgeschrieben und unter Umständen verändert, statt unter Rekurs etwa auf nur ökonomische – wie Joseph Schumpeter zumindest im Bereich der modernen Wirtschaft unterstellt – oder wie auch immer definierte ‚post-moderne' Institutionen (Giddens 1990a, S. 11f.). Die Ensembles moderner Institutionen sind ihrerseits durch die von Karl Marx, Émile Durkheim und Max Weber bestimmten, heute jedoch reflexiv wiederkehrend modifizierten Triebkräfte der Moderne geprägt. Gegenwärtige Innovationsgesellschaften werden, so die These, durch reflexive Formen kapitalistischer Ökonomisierung, Industrialisierung und Rationalisierung vorangetrieben.

Der These von der radikalen Moderne, die ich hier von Anthony Giddens aufgreife und gleichzeitig verändere, unterliegt die Diagnose, dass die Moderne vermittelt über Formen radikalisierter Reflexivität eine neue Gestalt annimmt. Das trifft aber eben auch, so will ich behaupten, auf die Triebkräfte zu, die die Moderne und die Innovationsprozesse in ihnen kennzeichnen. Die These lautet daher: An Karl Marx anschließend leben wir heute in einer modernisierten *kapitalistischen* Gesellschaft, die vermittelt über das reflexiv fortentwickelte Prinzip der *Kapitalverwertung* die Produktion von Waren und die Akkumulation des Kapitals eine rastlose Dynamik erzeugen und eine *kapitalistische Ökonomisierung* die Vergesellschaftung sowie die in sie eingebetteten Prozesse der Innovation auch jenseits der Wirtschaft mit formt. Die Vergesellschaftung und deren Dynamik ist darüber hinaus – und damit greife ich Überlegungen von Émile Durkheim auf – mit durch Prozesse reflexiver *Industrialisierung* charakterisiert, das heißt durch Prozesse reflexiv kontinuierlich fortentwickelter *komplexer Arbeitsteilung und industrieller Ausbeutung der Natur*. Nicht zuletzt prägt ferner – wie ich mit Bezug auf Max Weber formulieren will – *Rationalisierung* heute in reflexiver Form nicht nur die Prozesse der Innovation, sondern auch die Vergesellschaftung, deren Dynamik und die weitere Entzauberung mit. Das bedeutet: Handelnde produzieren und reproduzieren heute reflexiv auf der Basis von Wissenschaft, moderner Technologie und Bürokratie *Bereiche des Lebens* – nicht nur die Wirtschaft, sondern auch die Politik, die Technikentwicklung, das Recht, die Kunst, das Militär bis hin zur Lebensführung – sowie die die jeweiligen Bereiche kennzeichnenden Innovationen. Sie handeln dabei unter Abschätzung zukünftiger Entwicklungen und notwendig zu treffender ‚Vorsorge' *nach intersubjektiv gesetzten,* statt durch Sitten, Gebräuche, Konventionen und Traditionen vorgegebenen *Kriterien.* Dabei *systematisie-*

ren sie zumindest zu einem gewissen Grad *rigoros kalkulierend* auf der für die
Rationalisierung als relevant eingeschätzten Informationen und *berechnen* soziales Geschehen weitgehend auf der Grundlage von *Zahlen* und *zahlenmäßigen* Betrachtungen. Sie *kontrollieren und gestalten* so zumindest immer auch methodisch
planmäßig Geschehen, Aktivitäten und Beziehungen in diesen Bereichen und in
Innovationsprozessen auf der Basis recht spezifischer Informationen und im Fokus
der Rationalisierung gewonnenen Wissens.

Auch die von den Klassikern definierten Triebkräfte der Moderne werden also
von dem Reflexivitätsprinzip der Moderne erfasst und formen in veränderter Form
heute grundlegende Bedingungen der Innovation. Auch die Triebkräfte werden
(einzeln oder in Ensembles) immer wieder erneut reflexiv hergestellt, fortgeschrieben und gegebenenfalls transformiert. Praktiken der Valuierung und Evaluierung
sind Moment dieses Prozesses, als sie die in Handlungsfeldern heute reflexiv verknüpften (und entkoppelten) Triebkräfte mit orientieren, deren reflexiven Ausprägungen und Verbindungen gleichzeitig mit hervorbringen und durch die Ensembles
von Triebkräften ihrerseits geprägt sind. Dabei wird den Triebkräften (und deren
Ensembles) ihre sozial konstituierte Kraft wie Wandlungsfähigkeit über ihren fortlaufenden Einbezug in soziale Interaktionen immer wieder erneut erst verliehen.

Aktuelle Debatten illustrieren das schlaglichtartig. So werden eine Vielzahl
von Innovationen seit einiger Zeit etwa durch Prozesse reflexiv vorangetriebener
,Vermarktlichung' weiterer Bereiche der Gesellschaft (wie etwa der Wissenschaft
oder der Gesundheit) sowie Ausgestaltungen im Spannungsfeld von neoliberalem
Kapitalismus und sozialer Marktwirtschaft ausgelöst oder durch diese Prozesse
beeinflusst. Öffentliche Dispute über Fragen der industriellen Ausbeutung von
Kohle, Öl und Gas oder erneuerbarer Energien verleihen heute gespeist durch Informationen, Expertise und Wissen nicht nur den Formen industrieller Ausbeutung von Natur viel Aufmerksamkeit; sie initiieren auch vielfach Innovationen und
prägen Formen, wie diese bewertet werden. Nicht enden wollende Diskurse um
Fragen einer vertieften Bürokratisierung, deren Abbau oder notwendige Transformation künden von der reflexiven Aufnahme der Rationalisierung von Welt und
unterliegen gleichzeitig vielfältigen Innovationen. Was die Debatten, Dispute und
Diskurse noch verdeutlichen, ist: Thema sind Ensembles von Triebkräften, etwa
wenn es um Fragen erneuerbarer Energien und deren Kritik geht. Einzelne Triebkräfte können in einzelnen Feldern – wie beispielsweise Ökonomisierung in der
Wirtschaft – dominant die in dieser Sphäre vorfindlichen Institutionen und Strukturen sowie darüber etwa auch Innovationen formen. Mit der Dominanz der einen
Kraft werden die anderen aber nicht gleich unbedeutend. Vielmehr gilt: Spielen
die Kräfte passend zusammen, verbessern sie deren Wirkkraft – ohne jedoch zu
determinieren, was geschieht oder geschehen kann.

2.3   Reflexiv institutionalisierte Positionen, Positions-praktiken und Formen der Positionierung

Reflexive Innovationen sind in heutigen Innovationsgesellschaften ferner durch institutionalisierte Akteure, Interaktionen und Beziehungen charakterisiert. Moderne Institutionen konstituieren nämlich in relevantem Umfang neben den von Joseph Schumpeter angesprochenen Unternehmern weitere relevante Akteure der Innovation, wie in Innovationsprozesse eingebundene Risikokapitalgeber, Regulationsakteure, Konsumenten oder Nutzer. Diese Akteure, seien sie Individuen, Organisationen, Nationalstaaten oder andere Akteure, handeln nicht nur unter institutionell vorgegebenen Bedingungen; sie werden selbst auch als Innovationsakteure institutionalisiert. Innovationsprozesse weisen so heute reflexiv institutionalisierte Positionen oder Rollen auf – letzteres, wenn die mit Positionen verbundenen normativen Rechte und Verpflichtungen relativ klar formuliert sind. Mit den Innovationsakteuren verbinden sich institutionalisierte Vorgaben und Vorstellungen, die anzeigen, was es heißt, generell ein Innovationsakteur und sodann speziell beispielsweise ein Risikokapitalgeber zu sein und – worauf ich gleich sofort eingehe – als solcher zu handeln und Beziehungen zu anderen zu unterhalten. Wobei die institutionalisierten Vorgaben und Vorstellungen gegebenenfalls je nach Handlungsfeld unterschiedlich ausfallen können. Innovationsakteure sind sodann nicht, wie Joseph Schumpeter unterstellt, einzelne Akteure (wie einzelne Unternehmer), sondern (institutionalisiert) in Geflechte von Positionen mit anderen Akteuren eingebettet, ihre Aktivitäten relational miteinander verknüpft. In einigen Kontexten sind selbst die Geflechte von Positionen institutionalisiert – wie beispielsweise im Silicon Valley.

Zu den institutionalisierten Formen des Handelns, die von einzelnen Innovationsakteuren oder Gruppen von ihnen in Innovationsprozessen erwartet werden, zählen die der Finanzierung oder finanziellen Unterstützung (Ferrary und Granovetter 2009; Lange et al. 2013), des Signalisierens, des Einbettens, des kollektiven Lernens und der Selektion (Ferrary und Granovetter 2009), der Partizipation und Konfliktregulierung (Windeler und Wirth 2005), der Herstellung von Öffentlichkeit (Schubert et al. 2013), der Einflussnahme auf Verfahren der Gesetzgebung (Barley 2010), der Standardisierung und Patentierung, sowie der Valuierung und Evaluierung (Lamont 2012) und der Regulierung von Innovationen in Sozialsystemen wie Organisationen, Netzwerken und Innovationsfeldern. Hinzutreten Aktivitäten der Generierung und Kontrolle von institutionell festgeschriebenen Bezeichnungen und Bedeutungen, Legitimationen oder Formen machtvoller Durchsetzung (oder Verhinderung) von Innovationen.

Positionsträger beobachten, kontrollieren und gestalten Innovationen dabei – unter Rekurs auf in Handlungsfeldern institutionalisierte, heute oftmals durch Berufsgruppen oder Professionen weitgehend geformte Praktiken der Valuierung und Evaluierung. Sodann kontrollieren einige als Beauftragte oder selbsternannte ‚Wächter' die Einhaltung institutionell definierter Vorgaben und Rollen. Das mündet heute zumeist in Kämpfe um relevante Praktiken, Wissensbestände und relevantes Können zwischen Akteuren – etwa zwischen Berufsgruppen in den jeweiligen Domänen (Abbott 1988). Zuweilen übernehmen Organisationen wie Verbände, Vereine oder interorganisationale Governance-Einheiten, von denen Neil Fligstein und Doug McAdam (2012) sprechen, wie im Fall der Umwelt etwa Greenpeace – aktiv Positionen zur Festlegung und Kontrolle sowie Verallgemeinerung allgemeiner Handlungsbedingungen und positionieren sich als dafür zuständige Akteure. Handlungsfelder bilden so in der Zeit und im Raum etablierte Muster abgestimmter Zuständigkeiten sowie Formen der Konfliktaustragung und Konsensbildung aus. Die Bezeichnungen, Beurteilungen und die Wirkmächtigkeit von Positionen variieren gegebenenfalls in den Geflechten von Positionen. Neue Positionen entwickeln sich zum Teil zufällig, verdanken sich glücklichen Umständen, wie die Geschichte der Etablierung von Risikokapitalgebern in den USA illustriert (Kenney 2011). Welche Positionen Akteure heute einnehmen, beruht so zum einen mit auf den in den Handlungsfeldern vorherrschenden modernen Institutionen, Regeln und Ressourcen sowie üblichen Lösungsmustern und zum anderen mit auf den reflexiven Aktivitäten der Positionierung der Beteiligten, die wiederum auf der Basis von durch Sozialsysteme regulierten Bedingungen handeln.

Individuen, Organisationen und Nationalstaaten aktualisieren in ihrem Handeln insgesamt also – gegebenenfalls je nach Handlungsfeld unterschiedlich ausgestaltete – moderne Vorstellungen von Akteuren sowie von Innovationsakteuren, die diese als universell ‚zuständig' und ‚ermächtigt' ausweisen, die Welt mittels institutionalisierter Aktivitäten mit zu gestalten (J. W. Meyer 2008); sie fordern von ihnen heute aber auch, einzeln sowie koordiniert mit anderen reflexiv zu handeln und die in Positionen, Positionshandlungen und Handlungszusammenhänge eingeschriebenen institutionalisierten Muster sowie Ensembles reflexiv geformter Triebkräfte mit zu berücksichtigen. Handelnde werden also als Innovationsakteure ermächtigt, legitimiert und aufgefordert, Innovationen unter Rekurs auf in Innovationspraktiken eingeschriebene institutionalisierte Sicht-, Legitimations- und Handlungsweisen sowie in ihnen praktizierte Formen der Koordination und Regulation von Innovationen zusammen mit anderen hervorzubringen, fortzuschreiben und gegebenenfalls zu verändern. Welche der Positionen und Positionshandlungen – in den relational verbundenen Ensembles von Positionen und Positionshandlungen – in einzelnen Innovationsprozessen zentrale Bedeutung zukommt und welche eher peripher sind, ist ebenso eine empirisch zu klärende Frage wie die, wer welche Positionen einnimmt und einnehmen kann. Akteure sind so heute – eventuell je nach Kontext unterschiedlich – nicht nur aufgefordert, sondern auch ermächtigt, gesellschaftlich anerkannt und legitimiert eigene Interessen in Innovationsprozessen zu vertreten sowie darüber hinaus, (verantwortungsvoll) als Vertreter für ‚andere‘ zu agieren. Das gilt selbst für ‚Einheiten ohne Agentschaft‘ – wie Ökosysteme, Tiere und Pflanzen, gedachte Akteure, etwa Föten, oder für untergehende Sprachen oder Kulturen – sowie für ‚Prinzipien‘, wie die des Rechts, der Wissenschaft, von Professionen oder auch der Hochkultur oder Etikette (J. W. Meyer 2008; J. W. Meyer et al. 2005, S. 34; J. W. Meyer und Jepperson 2000, S. 62ff.). Ob Innovationsprozesse sich unterscheiden, wenn sie Innovationen interessierter Agenten oder Innovationen von ‚Einheiten ohne Agentschaft‘ verfolgen, ist eine empirische Frage. Was diese umfassende institutionelle Ermächtigung mit produziert, ist: sie erweitert und begrenzt institutionell zugleich die Möglichkeiten zur Innovation. Das trägt so substantiell mit zur sozial bedingten, begrenzten und ermöglichten institutionalisierten Pluralisierung von Innovationen und zur weiteren Institutionalisierung von Innovationsgesellschaften bei.

Das radikalisierte Reflexivitätsprinzip verleiht im Zusammenspiel mit den Triebkräften der Moderne und den institutionalisierten (Geflechten von) Positionen Innovationsprozessen also nicht nur einen speziellen Impuls zur Erneuerung, sondern formt auch mit, welche Innovationen generiert werden (und welche nicht) und wie das erfolgt. Da Institutionen das Handeln von Akteuren aber nicht determinieren und ihre soziale Bedeutung im Handeln entfalten, indem Handelnde diese im Handeln berücksichtigen, hängt der Grad, zu dem moderne Institutionen Innovationen bedingen, mit davon ab, wie Akteure diese reflexiv im Handeln beobachten, rationalisieren und im Handeln berücksichtigen. Für ein Verständnis von Innovation ist es daher konstitutiv, wie Akteure Innovationen koordiniert mit anderen unter Rekurs auf moderne Institutionen reflexiv hervorbringen, fortschreiben und gegebenenfalls verändern und welche möglichen Angleichungen von Bedingungen und Praktiken der Innovation sich darüber bahnen.[13] Die konzeptionellen Grundlagen, wie man praxistheoretisch analysiert, wie Akteure Institutionen in ihrem Handeln berücksichtigen und Bedeutung verleihen, diskutiere ich jetzt.

---

13 Diese Angleichungen erfolgen auch jenseits von Effizienz, Effektivität oder vermeintlich funktionalen Notwendigkeiten (Boli und Thomas 1997; DiMaggio und Powell 1983). Sie münden, laut John W. Meyer (2005), in einer „World Polity", die allerdings weder dem Reflexivitätsprinzip radikal moderner Gesellschaften noch den Spezifika der Ensembles moderner Institutionen unterschiedlicher Handlungsfelder passend Rechnung trägt.

3 Reflexive Innovation, Strukturen und moderne Akteure

Experimentierte Joseph Schumpeter Zeit seines Lebens mit unterschiedlichen Ansätzen zur Aufnahme des Verhältnisses von Handlung und Struktur in Innovationsprozessen und ist der Innovationsdiskurs heute, wie Eingangs vorgestellt, durch die Paradigmen der Kreation, Evolution und Struktur bzw. Institution den Innovationsdiskurs gekennzeichnet, so formuliere ich hier mit Bezug auf Anthony Giddens einen Alternativvorschlag: Dieser setzt an die Stelle des in der Innovationsforschung vorherrschenden Dualismus von Handlung und Struktur die Dualität von Struktur. Innovationen werden in der alternativen Sicht rekursiv von Akteuren in Interaktionen und Beziehungen in Zeit und Raum produziert und reproduziert. Denn Akteure – wie Individuen, Organisationen oder Nationalstaaten – konstituieren alles Soziale (und damit auch Gesellschaften, Innovationen und sich selbst) unter Rekurs auf soziale Praktiken, indem sie in Gedächtnisspuren gespeichertes Vermögen und in sozialen Praktiken verwendete – auf der Ebene von Ensembles von Gesellschaften und Organisationen ausgebildete – Formen des Handelns in Interaktionen *aktualisieren* (↓ in Abb. 1). Und indem sie das tun, *(re-)produzieren* sie (sich selbst als) Akteure sowie etwa Organisationen und Gesellschaften mit ihren institutionalisierten Formen und Bedingungen (↑ in Abb. 1). Handelnde haben so immer Freiheiten zum Handeln, ihr Handeln ist weder durch Institutionen, noch durch Vorgaben sozialer Systeme oder situative Begebenheiten determiniert. Vielmehr ermöglichen in sozialen Praktiken eingeschriebene, in Interaktionen aktualisierte Regeln und Ressourcen sowie mit ihnen verbundenes, generalisiertes Handlungsvermögen (welches Handelnden anzeigt, welches Handlungsvermögen sich üblicherweise mit bestimmten Formen der Berücksichtigung von Regeln und Ressourcen verbinden) Handelnden immer auch, gekonnt zu handeln, gerade weil sie Handlungsmöglichkeiten beschränken. Akteure bringen so auch Innovationen rekursiv in aktiver Auseinandersetzung mit einer gegebenen Welt hervor, die sie selbst nicht nur interpretieren, sondern auch mit schaffen, indem sie Ensembles sozialer Praktiken, die zwischen Akteuren und Welt vermitteln, im Handeln nutzen, ohne damit jedoch das Geschehen – und schon gar nicht umfassend – zu kontrollieren.

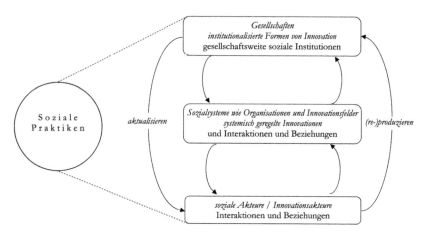

Abbildung 1 Soziale Konstitution von Innovation – die praxistheoretische Perspektive
(eigene Darstellung)

Akteure sind in Innovationsprozessen mit *Texturen von Bedingungen* konfrontiert.
Diese konstituieren sich heute erstens – wie im vorhergehenden Abschnitt 2 ausgeführt – über die rekursive Berücksichtigung radikal-moderner institutioneller
Bedingungen und Formen der Innovation, zweitens über die – im folgenden Abschnitt 4 vorgestellten – systemisch vor allem in Organisationen, Netzwerken und
Feldern geprägten Regelungen des Innovationsgeschehens und drittens über die
reflexive Aufnahme der in Interaktionssituationen von Akteuren vorgefundenen
situativen Bedingungen. Diese Texturen von Bedingungen werden als Medium
und Resultat der in der Abbildung 1 skizzierten sozialen Konstitution von Innovationen immer wieder erneut produziert und reproduziert. Von Akteuren wird
heute gerade auch in Innovationsprozessen vermittelt über die Texturen von Bedingungen ein gewisses *Repertoire an reflexivem Können* im Umgang mit diesen
erwartet. Es wird unterstellt, dass die sich an Innovationen beteiligten Akteure inhaltliche wie prozessuale Bedingungen und Vorgaben reflexiv-rekursiv passend im
Handeln berücksichtigen (Windeler 2014). Und indem Akteure passendes Können
im Handeln aktualisieren, zeigen sie nicht nur ihr Verständnis vom Geschehen; sie
weisen sich ebenso als kompetent aus, auch wenn ihr Können weitgehend – wie
die Abbildung 1 anzeigt – durch Sozialsysteme auf den verschiedenen Ebenen
des Sozialen geprägt ist (Giddens 1990a, S. 79). Entscheidend ist: Obgleich das
Wissen der Akteure vornehmlich ein praktisches, ihr Verständnis und Wissen gesellschaftlich geprägt und immer begrenzt ist, ihre Informationen immer selektiv
und oft unzureichend sind, nutzen sie ihr Verständnis, ihre Informationen und ihr

Wissen im Handeln zum Handeln. Jede Erklärung von Innovation (sowie generell des Sozialen), die davon absieht, was Akteure vom Geschehen verstehen und wie im Handeln verwenden, ist daher schon von der Anlage her defizitär, da das, was untersucht wird, eben etwas ist, was mit einschließt, was (andere) Akteure bereits in Handlungen als bedeutungsvoll konstituiert haben (Giddens 1984, S. 179, 213).[14]

> „This is a mutual interpretative interplay between social science and those whose activities compose its subject matter – a 'double hermeneutic'. The theories and findings of the social sciences cannot be kept wholly separate from the universe of meaning and action which they are about" (Giddens 1984, S. xxxii f.).

Doch wie generieren Akteure ihr Können, Innovationen unter Rekurs auf vorgegebenen Texturen von Bedingungen zu konstituieren? Akteure produzieren und reproduzieren ihr Handlungsvermögen in Innovationsprozessen immer wieder erneut in Zeit und Raum, indem sie Aktivitäten und Geschehen in diesen Prozessen und darüber hinaus rekursiv-reflexiv beobachten, rationalisieren und motivieren. Einbezogen sind aktualisierte Gedächtnisspuren, die im Handeln vergegenwärtigte Repertoires möglicher Lösungen, Handlungsmittel und Formen des Handelns (in Innovationsprozessen) anzeigen, die sich mit selbst erlebten, erfahrenen oder beobachteten früheren Handlungssituationen verbinden. Dabei bringen Akteure rekursiv Informationen, Wissen und ihr Verständnis über Innovationen und deren soziale Einbettung in Zeit und Raum in Interaktionen auf den – in der Strukturationstheorie bestimmten – drei Dimensionen des Sozialen hervor, den Dimensionen der *Signifikation* und *Legitimation* sowie der *Domination* (Giddens 1984, S. 29). Sie haben so – vor allem für ihnen vertraute Zusammenhänge – ein Verständnis und Wissen darüber, wie man eine Innovation im Kontext bezeichnet und Bedeutung zuweist, beurteilt, und wie man anerkannt Materielles (wie Natur, Rohstoffe und andere materielle Objekte) und Immaterielles (wie Wissen, soziale Beziehungsgeflechte und Einflussnahmen auf Lebenschancen von Akteuren) als Ressource nutzt sowie welches Handlungsvermögen man damit üblicherweise erzielt. Sie können Vorgaben so rekursiv im Handeln aktiv endogenisieren. Ihr Handeln ist – im Gegensatz zu den in der Innovationsforschung vorherrschenden

---

14 Akteure können etwa Vorgaben aus unterschiedlichen Gründen und auf unterschiedliche Art und Weise verwenden. Sie können sie, *erstens*, absichtlich verwenden, *zweitens*, weil sie deren Gebrauch als selbstverständlich ansehen, ohne explizit Interessen damit zu verbinden, oder, *drittens*, weil sie (noch) keine Chancen sehen, gegebenenfalls zusammen mit anderen die Situation zu ändern, die den Gebrauch der Vorgaben erzwingen oder nahelegen. Je nachdem, welcher der genannten Fälle vorliegt, gelangt man jedoch zu recht unterschiedlichen Erklärungen.

Annahmen struktur-, institutionen- und evolutionstheoretischer Ansätze – also weder festgelegt, noch können sie im Rahmen der Vorgaben beliebig handeln. In Interaktionen aktualisierte Regeln und Ressourcen sowie vergegenwärtigtes generalisiertes Handlungsvermögen liefern Akteuren vielmehr Orientierungen, wie sie unter vorgegebenen Bedingungen kompetent rekursiv handeln, passend in den vorgegebenen Spielräumen agieren und die Spielräume im Handeln nutzen können.

In Innovationspraktiken eingeschriebene Regeln und Ressourcen und generalisiertes Handlungsvermögen offerieren Akteuren üblicherweise in diesen Praktiken verwendete *Techniken und verallgemeinerbare Prozeduren* des Handelns sowie Vorstellungen, *welches Können man üblicherweise über sie erzielt.* Sie zeigen ihnen an, wie man heute unter vorgegebenen Bedingungen gekonnt mit anderen (in Innovationsprozessen) interagiert – etwa unter Einbezug von Expertenwissen, das man selbstständig weitgehend nicht kontrolliert, Innovationen hervorbringt, fortschreibt und gegebenenfalls verändert und Veränderungen als Innovation deklariert, indem man sie mit der Hilfe von Interpretationsschemata bezeichnet und Bedeutung zuweist, mittels Normen beurteilt und mittels Machtmitteln – zu denen ebenso symbolische Zeichen wie technologische Errungenschaften und Expertise zählen – beeinflusst. Die Regeln und Ressourcen der Innovation sind im Konzert mit dem in sozialen Praktiken generalisierten Handlungsvermögen darüber hinaus *konstitutiv* und *generativ.* Denn sie ermöglichen Akteuren, Innovationen zusammen mit anderen rekursiv in Interaktionen immer wieder erneut zu produzieren und zu reproduzieren, auch wenn die Vermögen zwischen Akteuren und mit den Umständen des Handelns variieren. Sie gestatten Akteuren aber immer auch, sowohl neue Bezeichnungen und Bedeutungen, Beurteilungen und Arten und Weisen der Nutzung von Mitteln sowie Veränderungen von Können (etwa kreatives Beobachten, Rationalisieren und Handeln) hervorzubringen als auch vorhandene Formen und geprägtes Können neu zu kombinieren – und zwar sowohl systematisch als auch spielerisch. Die Regeln und Ressourcen zusammen mit den mit ihnen verbundenen generalisierten Handlungsvermögen erlauben Akteuren also nicht nur, Bestehendes zu repetieren, sondern auch etwas *zu imaginieren, Zukünftiges erkundend, gestaltend und sinnstiftend zu entwerfen* und *Vorstellungen zu entwickeln, ob und wie man Imaginiertes realisieren kann* – etwa Möglichkeiten abzuschätzen, Innovationen zu generieren (zu der Bedeutung von Zukunftsentwürfen für kapitalistisches Wirtschaften Beckert 2013; zu der Bedeutung von Kreativität Popitz 2000). Dabei strukturiert das Vorgestellte den Möglichkeitsraum einer zukünftigen Gegenwart mit.

Das, was innoviert wird und auch die Art, in der dies geschieht, ist so durch das reflexiv Aufgenommene orientiert, ermöglicht und begrenzt. Da erstens Gesellschaften, zweitens Organisationen, Netzwerke und Felder und drittens Interaktionen – und damit alle in der Abbildung 1 angesprochenen Ebenen des Sozialen

– durch in soziale Praktiken eingeschriebene Ensembles von Regeln und Ressourcen, in ihnen generalisiertes Handlungsvermögen und Gedächtnisspuren orientiert sind, die Akteure in Interaktionen rekursiv wechselseitig miteinander vermitteln (Windeler und Sydow 2001), prägen die Arten und Weisen, wie Akteure die Vorgaben im Handeln berücksichtigen, grundlegend mit, was innoviert wird und wie das erfolgt. Wobei Innovationen unter Umständen schon allein deswegen nicht realisiert werden, da sie durch das Raster der institutionell, systemisch und situativ konstituierten Aufmerksamkeit fallen, Bedingungen das hinreichend behindern oder Akteure schlicht überfordert sind oder keine ausreichend großen Interessen an dieser Veränderung entwickeln.

Die Sozialdimensionen der Signifikation, Domination und Legitimation bilden vermittelt über die in sozialen Praktiken der Innovation genutzten Regeln und Ressourcen so auch *Dimensionen der Innovation* wie ihrer *Valuierung und Evaluierung* – so sind Michèle Lamonts (2012) Überlegungen zu erweitern. Denn den Innovationen, Innovationsregimen wie den Wertzuschreibungen sind neben Bedeutungen und Beurteilungen immer auch Herrschaftsformen eingeschrieben. Zu bestimmen ist daher, welche Bezeichnungen, Bedeutungszuschreibungen, welche Beurteilungen und welche Nutzungen welcher Ressourcen sowie welches generalisierte Handlungsvermögen einzelne Innovationen kennzeichnen und wie diese mit den in den jeweiligen Kontexten vorgegebenen strukturellen wie institutionellen Vorgaben zusammenspielen. Von Interesse ist ferner, welche Akteure die Möglichkeitsräume der Innovation, ihrer Beurteilung und der Deklaration von Innovationen wie hervorbringen, nutzen können und nutzen. Denn obwohl die Möglichkeitsräume keinesfalls immer eine Vielzahl von Alternativen bieten, determinieren sie, wie gesagt, doch nicht das Handeln. Sie befördern aber oftmals bestimmtes Handeln, indem sie Handlungsmöglichkeiten begrenzen.

4   Regulation von Innovation – Organisationen, Netzwerke und Innovationsfelder

Diskutiert Joseph Schumpeter die Produktion und Reproduktion von Innovationen in Organisationen nicht eingehender, so ist die Innovationsforschung insgesamt durch folgendes Phänomen charakterisiert: auf der einen Seite findet sich eine Vielzahl von Studien und Betrachtungen von Innovation, die Organisationen sowie insgesamt die so genannte Mesoebene des Sozialen vernachlässigt oder sogar vollständig ausblendet. Auf der anderen Seite existiert eine Vielzahl von Studien, die Organisationen und Netzwerke explizit im Kontext von Innovationen thematisiert, dabei aber die gesellschaftliche Einbettung von Organisationen, Netzwerken und Feldern vergisst. Beide Formen der Berücksichtigung von Organisationen, Netzwerken und Feldern gilt es bei der Analyse von Innovationen in Innovationsgesellschaften zu überwinden. Denn Innovationsprozesse lassen sich weder ohne die Aufnahme von Organisationen in Innovationsgesellschaften verstehen, noch ohne den Einbezug gesellschaftlicher Institutionen, da Akteure diese im Handeln berücksichtigen.

Organisationen und ausgewählte Netzwerke sind dabei nicht nur als Akteure in Innovationsprozessen bedeutsam – wie ich in den Abschnitten 2 und 3 verdeutlichte. Zusammen mit Feldern bilden Organisationen und Netzwerke heute ferner *institutionalisierte ,Orte der Innovation'*. Als miteinander verschachtelte Mesoordnungen spezifizieren sie nicht nur institutionelle Vorgaben der gesellschaftlichen Ebene; sie orchestrieren über das, was sie regeln und über das, was sie nicht regeln auch maßgeblich die Bedingungen, unter denen Akteure Innovationen produzieren und reproduzieren. Über ihre Regulationen prägen Organisationen, Netzwerke und Felder also in relevantem Ausmaße mit, was jeweils getan wird, welche Resultate erzielt werden können – und welche nicht.[15] Sie ermöglichen und begrenzen so je spezifisch die Handlungsvermögen der an Innovationen beteiligten Akteure und damit die Innovationen selbst. Wobei die Regulationen nicht nur moderne Institutionen, soziale Praktiken und das Können von Akteuren auf den – in der Abbildung 1 vorgestellten – Ebenen des Sozialen reflektieren, sondern Akteure diese unter Rekurs auf regulierte soziale Praktiken auf den Ebenen die Regulationen selbst, umgekehrt, (maßgeblich) auch mit formen (s. nochmals die Abb. 1).

Was in Innovationskontexten wie warum reflexiv reguliert wird (oder nicht), ist eine empirische Frage. Empirisch ist daher – wie ich an anderer Stelle operationalisiert habe – zu bestimmen, welche allgemeinen Bedingungen kennzeichnen in dem jeweiligen Handlungskontext die:

(1)   *„Selektion von Akteuren, Themen, Handlungsdomänen, Handlungsmitteln sowie von Modi der Zeit-Raum-Koordination* – im *Sozialsystem* oder in dessen Umwelten,

(2)   *Allokation von Mitteln und Zeit-Räumen* zu Akteuren, Aktivitäten, Ereignissen und Handlungssettings,

---

15   Einige Sozialsysteme (wie alle Organisationen, aber auch ausgewählte interorganisationale Netzwerke) entwickeln gezielt kollektives Können zur Regulation, übertragen einzelnen Akteuren (wie Managern) spezielle Aufgaben bei der Regulation des Systemgeschehens und nutzen gewonnenes Wissen fortwährend systematisch zu dessen Ausformung. Aber selbst in Organisationen gestalten *nicht alleine* „Manager" die Systemordnung, sondern *alle* für das Sozialsystem relevanten Akteure, auch wenn nicht alle im gleichen Umfang. Ferner sind Sozialsysteme immer mit Regulierungen anderer Sozialsysteme und übergreifender Kontexte konfrontiert.

(3)   *Evaluation relevanten Systemgeschehens,*
(4)   *Integration* (oder Desintegration) *von Aktivitäten anwesender wie abwesender Akteure sowie von Artefakten, Handlungsorten oder Technologien*
(5)   Konfiguration von *Positionsordnungen und Positionierungen* von Aktivitäten, Aufgabenstellungen, Themen, Handlungsorten, Systemeinheiten, Prozeduren und Programmen, Artefakten und Zuständigkeiten und angesprochen sind Bedingungen für die
(6)   *Konstitution der Systemgrenzen* zwischen Einheiten (wie Abteilungen) im System sowie zu anderen Systemen. Geregelt werden etwa Tätigkeiten von ‚boundary spanners' oder Ladenlokalen, Abwicklungen von Ressourcenströmen, Zugriffe auf Systemmittel, die Nutzung sowie Weitergabe sensibler Informationen, die Aufnahme nicht zum System gehörenden Themen, die Durchlässigkeit und Überwachung der Systemgrenzen, des Umgangs mit Konflikten mit Grenzziehungen oder -verschiebungen und die Einbettung in system- bzw. subsystemübergreifende Zusammenhänge" (Windeler 2014, S. 249f.).

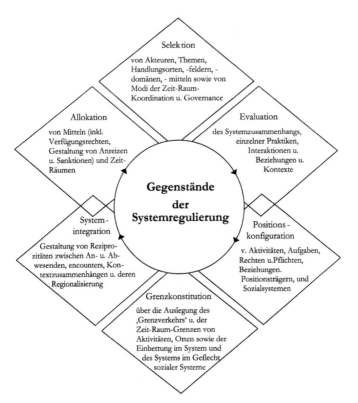

Abbildung 2   Gegenstände der Systemregulierung (Windeler 2014, S. 250, modifiziert)

Die für Innovationsprozesse heute zunehmend Bedeutung erlangenden, miteinander verschachtelten Mesoordnungen von Organisationen, Netzwerken und Feldern sind nicht zuletzt Medium und Resultat sozialer Praktiken, in denen Akteure im regulierten Zusammenhandeln Innovationen bahnen, lange bevor sie auf Märkten oder im öffentlichen Diskurs bewertet werden. Gerade weil Regulationen von Organisationen, Netzwerken und Feldern sich in Innovationsprozessen heute in der Regel wechselseitig bedingen, ist es hilfreich, sich die Strukturmerkmale der jeweiligen Ordnungen getrennt zu vergegenwärtigen.

Organisationen – in Form von Non-Profit-Organisationen, Regierungsorganisationen und Wirtschaftsorganisationen – gelten vielen nicht nur als die bedeutsamste Innovation der Menschheit, da sie für die Hervorbringung, Durchsetzung und Verbreitung des Kapitalismus, Sozialismus und der Demokratie wesentlich sind, sondern auch deswegen, weil sie eine Vielzahl von Innovationen prägen (Böhme 2004, S. 28ff.; North et al. 2009; Weber 1976). Organisationen kommt diese Bedeutung insbesondere auch deswegen in Innovationsprozessen zu, da sie Akteuren eine spezielle, organisationale Form der Verfolgung von Innovationen offerieren, welche die Inhalte der Innovation selbst *nicht* direkt festschreibt, aber eine besondere Art und Weise der Herstellung, Fortschreibung und gegebenenfalls Veränderung von Innovationen vorgibt. Organisationen ermöglichen Akteuren so, Innovationen organisiert mit anderen zu verfolgen und fokussiert höchst selektiv Innovationen auch für andere (etwa Aktionäre, Vereinsmitglieder oder Bürger eines Staates) sowie für anderes (etwa den Schutz der Lebensgrundlagen) zu produzieren und zu reproduzieren. Das Besondere der organisationalen Form der Innovation resultiert daraus, dass Organisationen die *Bedingungen ihrer Reproduktion hochgradig reflexiv* in Zeit und Raum *abstimmen* (Giddens 1990b, S. 302). Das heißt, Organisationen administrieren Aktivitäten, Ereignisse und Prozesse in wie außerhalb von Organisationen hochgradig reflexiv. Darüber konstituieren sie nicht nur recht spezielle Bedingungen für Innovationen. Sie prägen darüber hinaus wesentlich auch das moderne Prinzip der Reflexivität und sind, umgekehrt, wesentlich durch dieses Prinzip geprägt. Das heißt, Organisationen generieren in Innovationsprozessen fortlaufend hochgradig reflexiv im Organisationsfokus selektiv Informationen und Wissen über organisational als relevant angesehene interne wie externe Handlungskontexte, Praktiken und generalisiertes Können und nutzen ihre Kenntnisse zur Administration, zur hochgradig reflexiven Ausgestaltung von Handlungsbedingungen sowie zum organisationalen Handeln generell. Organisationen sind so besonders geeignet, den Anforderungen an reflexive Innovationen zu genügen und Innovationen dieser Art hervorzubringen – was jedoch keinesfalls ausschließt, dass die Resultate weiterhin hochgradig ambivalent sein können, gerade weil sie reflexiv fokussiert vieles systematisch ausblenden, was sie als weniger wichtig einstufen. Organisationen transformieren sich als Medium und Resultat ihrer Einbettung und Eingebettetheit in die radikale Moderne heute sogar selbst zu reflexiven Organisationen (Windeler 2015). Dementsprechend erweitern Organisationen heute im Prinzip nochmals ihr Vermögen, Innovationsprozesse sowohl zu regulieren als auch in Innovationsprozessen spezielle Organisationsrollen zu ergreifen, durch Organisationen geprägte Rollenhandlungen zu etablieren und die Spezifizierung von Rollen und Positionen in Handlungsfeldern selbst aktiv mit zu gestalten. Gleichzeitig sollte das Handlungsvermögen von Organisationen in Innovationsprozessen – trotz der von ihnen generierten Handlungsmacht – auch nicht überschätzt werden. Vieles erfassen sie in ihrem Organisationsfokus erst gar nicht. Vieles läuft in Organisationen keinesfalls gleichartig ab, variiert etwa zwischen Abteilungen – so kann etwa die eine Abteilung eine Innovation befördern, eine andere das aber gerade unterminieren. Insgesamt gilt: auch noch so machtvolle Organisationen können Innovationsprozesse nicht – und schon gar nicht vollständig – kontrollieren. Aber gleichwohl stimmt auch: Sie können spezielles Vermögen entwickeln, Innovationen zu nutzen und Bedingungen in und außerhalb der Organisation für Innovationen zu setzen. Insofern ist es gerade für Innovationsstudien von Interesse, wie Organisationen Ausgangsbedingungen für Innovationen und die Prozesse ihrer Konstitution regulieren und koordinieren. Umso erstaunlicher ist, dass eine Vielzahl von Innovationsstudien Organisationen kaum Aufmerksamkeit widmet.[16]

---

16 Drei Beispiele mögen die Relevanz von Organisation und Organisationen hier kurz andeuten. Das eine Beispiel ist die Unternehmung *Facebook*. Diese betreibt über allerlei Vorgaben – vom sogenannten ‚like-button‘ bis hin zur Schaltung von Werbung (Dolata 2015) – sehr gezielt die gleichnamige Kommunikationsplattform und beeinflusst darüber in den letzten Jahren maßgeblich Innovationen von Kommunikationspraktiken. Bedeutsam für Innovationen sind auch die organisationalen Seiten von *Forschungseinrichtungen* oder *Laboren*. Denn das Labor ist, anders als Karin Knorr Cetina (1988, S. 89) annimmt, weit mehr als nur „ein Raum, der Utensilien und Geräte zur Durchführung [...] beherbergt, die die Wissenschaftler zu ‚Experimenten‘ kombinieren.“ Labore und Forschungseinrichtungen organisieren Forschung. Dazu wählen sie etwa in der Regel sehr gezielt beteiligte Personen aus, bestimmen Themen und Domänen, zu denen geforscht wird oder werden soll, statten Forschungsteams mit Gebäuden, Apparaturen und anderen Ressourcen wie Budgets an Zeit und Geld aus und legen allgemeine Bedingungen für die Zusammenarbeit mit anderen Laboren und Akteuren fest. Ähnliches trifft auf *Organisationen der Forschungsförderung* wie der Deutschen Forschungsgemeinschaft (DFG) oder ministerielle Förderer zu: „In particular, what has gone overlooked in this discussion are organizational practices at the level of the funding source. Managers in research funding organizations like the National Science Foundation must translate broad agency goals into a multitude of operational decisions. How to choose the scientific fields to support? How to evaluate and select

Jenseits einzelner Organisationen sind heute interorganisationale Netzwerke, in denen Organisationen Aktivitäten mit anderen Organisationen abstimmen, gesellschaftsweit für das Innovationsgeschehen elementar. *Interorganisationale Netzwerke* sind dabei dadurch ausgezeichnet, dass sie Interaktionen und Beziehungen von *mehr als zwei* Organisationen, die autonom bleiben, überwiegend mit Blick auf den zwischen ihnen konstituierten *dauerhaften Beziehungszusammenhang* regulieren und koordinieren (Windeler 2001, S. 231f.). Interorganisationale Netzwerke sind so auf spezifische Art und Weise mit den sie tragenden Organisationen verknüpft, Praktiken und Regulationen auf der Ebene des Netzwerks und der Organisation rekursiv miteinander verschachtelt (Windeler und Sydow 2001). Die rekursive Verknüpfung organisationaler Praktiken und Regulationen zwischen Teilnehmern des Netzwerks stellt die beteiligten Organisationen vor große Herausforderungen und erfordert von ihnen spezielles Können, eröffnet ihnen aber auch Möglichkeiten, erweitertes Handlungsvermögen zu entwickeln (Battilana und Lee 2014; Bromley und Meyer 2014; Jandhyala und Phene 2015; J. W. Meyer und Rowan 1977; Parsons 1956, 1957; Pfeffer und Salancik 1978; Thompson 2004; Windeler 2001, 2014). So generieren sie in einem besonderen Verhältnis von Kooperation und Konkurrenz Chancen, Ressourcen im Netzwerk gemeinsam zu nutzen oder zu generieren, Märkte gemeinsam zu bearbeiten, Innovationen kollaborativ zu entwickeln sowie gemeinsam auf relevante Handlungskontexte einzuwirken (etwa die Gesetzgebung (Barley 2010) zu beeinflussen) und kollaborative Strategien der Exploitation oder Exploration (March 1991) von Innovationen zu verfolgen (Windeler 2012).

Schaut man auf Settings wie das Silicon Valley, dann wird deutlich: auf der Mesoebene gewinnen heute neben Organisationen und Netzwerken weitere Kontexte systematisch an Bedeutung. Ich schlage vor, Kontexte wie das Silicon Valley im Anschluss an Andrew Hoffman (1999) als besondere *issue-based fields* aufzunehmen, da in ihnen Innovation das Thema ist. *Innovationsfelder* bilden sich, so will ich bestimmen, um einzelne, in den Feldern jeweils rekursiv konstituierte *Innovationsthemen* – wie die Innovation von Rahmenbedingungen für Industrien, die von Produktionstechnologien oder von Formen der Partizipation – in Zeit und Raum heraus (s. a. DiMaggio und Powell 1983; Fligstein und McAdam 2012). Besiedelt sind Innovationsfelder – wie uns das Silicon Valley exemplarisch aufzeigt – von verschiedenen Populationen von Akteuren (seien es Individuen,

---

among proposals? How to manage ongoing research programs? These organizational practices undoubtedly affect the behavior of scientists in some way and may very well impact the rate and direction of scientific and inventive activity. This raises the questions: what practices matter and in what way?" (Colatat 2015, S. 874).

Organisationen oder soziale Bewegungen) mit Verankerungen in gegebenenfalls unterschiedlichen Gesellschaftsbereichen, Nationen und Kulturen. Gekennzeichnet sind sie darüber hinaus durch spezielle Geflechte von Regulationen, Strukturen und durch Akteure mit speziellen Handlungsvermögen. Die Strukturen, die Regeln und Ressourcen, sowie das mit ihnen verknüpfte, generalisierte spezielle Handlungsvermögen beziehen sich daher in Innovationsfeldern nicht nur auf in einzelnen Gesellschaftsbereichen übliche Sicht-, Legitimations- und Handlungsweisen; sie kombinieren diese zuweilen miteinander oder verweben sie gegebenenfalls zu neuen Ensembles innovationsfeldspezifischer Strukturen und Strukturmerkmale. Die speziellen Ausprägungen der Feldstrukturen beruhen auch darauf, dass Innovationsfelder in der Regel *parallel verschiedenste Formen der Regulation und Koordination* kombinieren, wie die des Marktes, der Organisation und die des Netzwerks. Die Strukturen und Strukturmerkmale von Innovationsfeldern gestatten Innovationsakteuren daher, Innovationsprozesse trotz der mit ihr einhergehenden Komplexität gezielt zu verfolgen, und zwar in anderen Formen als die, die etwa in Organisationen, Netzwerken und auf Märkten möglich wären. Innovationsfelder ermöglichen Akteuren Innovationen also in recht spezifischer Art und Weise im regulierten Zusammenhandeln mehrerer Akteure unterschiedlicher Herkunft (wie Gesellschaftsbereiche, Berufsgruppen und Kulturen) unter den besonderen Bedingungen des Feldes zu verfolgen, fortzuentwickeln und zu generieren. Akteure können hier also parallel verschiedene Regulationen und Koordinationsformen nutzen und auch neu kombinieren, um Innovationen herzustellen, fortzuentwickeln oder gegebenenfalls zu verändern. Einzelne Typen von Akteuren können in Innovationsfeldern zentrale Positionen besetzen – wie etwa Risikokapitalgeber im Silicon Valley oder Konsortien wie *Sematech* im Fall der globalen Halbleiterindustrie. Die soziale Bedeutung der Felder manifestiert sich an den über Bedingungen des Feldes koordinierten Interaktionen zwischen Beteiligten, das heißt an den aufeinander bezogenen, geteilten oder auch miteinander in Konflikt stehenden, oftmals nur partiell miteinander verknüpften Vorstellungen, Erzählungen und Praktiken. Sie drückt sich ferner in Ensembles von feldspezifischen, relational verknüpften (oder voneinander entkoppelten) Regeln und Ressourcen, Positionen und Positionshandlungen und dem Grad an institutionellem Leben aus, welches sie ausbilden. Wie neuere Studien zeigen, spielen die Logiken von Feldern gerade für junge Firmen eine elementare Rolle (Pahnke et al. 2015). Aber auch disruptive Neuerungen bedürfen, um erfolgreiche Innovationen zu generieren, Felder, in denen sie sich entwickeln können (Ansari et al. 2015). Firmenspezifika spielen in Innovationen mit Spezifika von Industrien oder Feldern zusammen (Barbosa et al. 2013; Windeler und Sydow 2001). Politisch-administrative Einheiten (wie Nationalstaaten) können eine große Bedeutung für Innovationsfelder haben, müssen es aber nicht – wie bei-

spielsweise unsere Studie in der Halbleiterindustrie aufzeigt (Sydow et al. 2012).
Das verleiht ihnen ihre besondere Bedeutung in einer Welt, in der politisch-administrative Einheiten an Gewicht einbüßen – nicht zuletzt aufgrund der zunehmenden (reflexiven) Ausbildung von Innovationsfeldern selbst.[17]

5   Innovieren als reflexives Erkunden und Experimentieren

Die hier entwickelte, praxistheoretische Perspektive liefert offensichtlich nicht den
Mechanismus der Innovation, nach dem Joseph Schumpeter suchte, und formuliert
auch keinen normativen Bezugsrahmen, der vorgibt, was wie innoviert werden
sollte. Stattdessen bietet sie etwas Anderes: eine *theoretisch informierte Sicht auf
Innovation*, die es erlaubt, Innovationsprozesse zu dekonstruieren und für die Bedingungen, Folgen und Praktiken der Konstitution von Innovation in Innovationsgesellschaften zu sensibilisieren.

Innovieren gleicht, wie ich zu zeigen versucht habe, in der radikalen Moderne
einem fortwährenden reflexiven Erkunden und Experimentieren unter vorgegebenen, aber aktiv auch mitgestalteten Unsicherheiten und Bedingungen. Ensembles
moderner Institutionen, Regulationen und Vermögen beteiligter Akteure prägen
die Möglichkeitsräume der Innovation in je spezieller Art und Weise und bewirken, dass sich die prinzipiell vervielfältigten Möglichkeiten zur reflexiven Innovation nur höchst selektiv in zumindest immer auch herrschaftlich konstituierten
Kontexten konkretisieren. Innovationen wird so ihre scheinbare Unschuld und
Beliebigkeit genommen. In den Blick geraten Konfliktlinien wie die, dass der Innovationsimperativ zwar fortlaufend zur Innovation und zur Infragestellung von
allem Gegebenen auffordert, die modernen Institutionen und Regulationen – vor
allem auf den Ebenen von Ensembles von Gesellschaften, Organisationen, Netzwerken und Innovationsfeldern – aber eine gewisse Vereinheitlichung gerade angesichts der fundamentalen Unsicherheiten der radikalen Moderne produzieren.
Und so drängt sich beispielsweise die Frage auf, welche Bedeutung eigentlich der
Homogenisierung von Praktiken, Standardisierungen und Regulationen sowie

---

17   In der Literatur über moderne Vergesellschaftung vorherrschende Vorstellungen einer
      mechanistischen progressiven inneren Differenzierung und funktionalen Spezialisie-
      rung von Gesellschaft können die angesprochenen Prozesse der Generierung von Ord-
      nungen über Handlungsfelder quer zu Gesellschaftsbereichen kaum erfassen (Giddens
      1990a, S. 21f.). Man muss sie damit jedoch nicht gleich vollständig verwerfen, aber
      vermutlich relativieren, indem man sie zu *möglichen* Bezugspunkten und Resultaten
      sozialer Praktiken deklariert (anders Passoth/Rammert in diesem Band).

von Sicht-, Legitimations- und Handlungsweisen für Innovationsprozesse und die Weiterentwicklung des Sozialen zukommt. Denn sie bewirken tendenziell auf der einen Seite eine Abnahme des Alternativspektrums und eine Zunahme der Verletzbarkeit bei sich wandelnden Umständen, wie die Finanz-, Energie- und Umweltkrisen und die oftmals vergeblich erscheinenden Versuche ihrer Regulation verdeutlichen; gleichzeitig begünstigen sie auf der anderen Seite tendenziell diejenigen, die in der Lage sind, die Bedingungen zu setzen.

Unter den Bedingungen einer radikalen Moderne gleicht das Steuern von Innovationsprozessen jedoch oftmals einem ‚Steuern im Blindflug‘, dem Fahren auf dem Dschagganath-Wagen (Giddens 1990a, S. 139). Dieser viele Tonnen schwere Prozessionswagen, der zu Ehren Krischnas in hinduistischen Prozessionen verwendet wird, besitzt eben die Eigenschaft, dass er, einmal in Fahrt gekommen, eine enorme Kraft entwickelt und Menschen, die sich ihm entgegenstellen oder unter seine Räder geraten, schlicht zermalmt. Er kann als Bild für die reflexive Moderne sowie für reflexive Innovationen in Innovationsgesellschaften dienen, deren Entwicklungsverläufe Eigenschaften von Prozessionswagen wie dem des Dschagganath aufweisen, ohne dass ‚gegebene Täler‘ und dergleichen den Prozesswagen einem vorhersehbaren Ende zustreben lassen. Die naheliegende Idee, damit sei jeder Steuerungsversuch vollständig vergeblich, entpuppt sich gleichwohl als kurzsichtig: Denn als Menschen sind wir – gerade auf der Basis moderner Institutionen und Regulationen – gemeinsam eine gewisse Zeit lang und im gewissen Ausmaß in der Lage, Innovationen fokussiert zu steuern. Aber immer droht das Gesteuerte aus dem Ruder zu laufen und alles unter sich zu begraben. Reflexives Handeln gewinnt dabei an Bedeutung: Denn gerade weil die Kontrolle immer nur partiell ist, gewinnen Möglichkeiten strategisch an Gewicht, diese zu steuern, verschafft dieses Vermögen denjenigen, die dazu in der Lage sind doch Möglichkeiten, komparative Vorteile zu erzielen, auch wenn sie ‚auf Sicht fahren‘, den Kurs immer wieder erneut korrigieren müssen, was aber eben auch denen leichter fällt, denen es gelingt, das Kommende auch über die Situation hinaus im Blick zu haben. Während diejenigen, die aus welchen Gründen auch immer das nicht können, den Entwicklungen weitgehend ausgeliefert sind. Reflexive Innovationen verweisen so auch auf radikale Formen der Entwertung, Verwerfung und Zerstörung. Sollen die Herausforderungen des Sozialen angegangen werden, wird zumindest reflexives Vermögen benötigt, um passende, gesellschaftlich relevante reflexive Innovationen in der Zeit und im Raum zu konstituieren – was als Nebeneffekt das moderne Prinzip der Reflexivität wie die Form der reflexiven Innovation voranschreibt.

Das Bild des Dschagganath-Wagens der Innovation verdeutlicht zugespitzt noch etwas anderes: die *Souveränitätsfalle* aktueller Vergesellschaftung. Insbesondere Organisationen sind kulturell aufgefordert und ermächtigt, souverän zu handeln, eigenständig Innovationen zu produzieren und zu reproduzieren. Reklamieren Akteure – aus der Politik, der Wirtschaft oder anderen Bereichen – das individuell oder zusammen mit anderen für sich, beschwören sie ihre Akteursherrlichkeit für Prozesse, deren Herr sie schon lange nicht mehr sind oder vielleicht auch noch nie waren. Gleichwohl legt die auch in den Medien fortwährend bemühte Souveränitätsbehauptung nahe, dass ihnen Folgen der Innovationen, insbesondere die unerwünschten, zugerechnet werden. Das veranlasst Opponenten nun ihrerseits dazu, zu behaupten, sie könnten es aber besser als diejenigen, die gerade für sich die Aufgabenlösung beanspruchen. Dadurch dreht sich der Teufelskreis zwischen beanspruchter Souveränität der Steuerung von Innovationsprozessen und dem Fehlen derselben spiralförmig mit gegebenenfalls erhöhter Geschwindigkeit fort.

Viel wäre schon gewonnen, wenn Alternativen wieder deutlich würden und nicht Alternativlosigkeit das dominante Bild wäre. Viel wäre weiter schon gewonnen, wenn statt schöner heiler Welten erfolgreicher Innovationen das rekursive Verhältnis von Innovation und Gesellschaft unter den Bedingungen radikaler Modernisierung wieder stärker berücksichtigt würde und Prozesse der sozialen Konstitution der ‚Freiheiten zur Innovation‘ wieder Aufmerksamkeit erführen. Denn gerade in der radikalen Moderne geht es darum, Innovationen und die Praktiken ihrer Valuierung und Evaluierung selbst reflexiv zu befragen. Es mag kein Entrinnen aus der Innovationsgesellschaft geben, aber es lohnt, sich über substantielle Alternativen und über Pfade der Innovation gesellschaftlich zu verständigen. Es lohnt sich auf Basis gesellschaftlicher Verständigung, das Innovationsgeschehen zu regulieren und die Kunst zur reflexiven Innovation gerade unter Bedingungen der radikalen Moderne zu kultivieren. Jedes Regulieren gleicht jedoch einem ‚Steuern im Blindflug‘, schreiben Regulationen sich doch in Texturen von Regulationen ein, die sich nicht nur wechselseitig bedingen, sondern auch beständig fortentwickeln und zuweilen transformieren, im Moment ihrer Etablierung sogleich wieder mit neuen Herausforderungen konfrontiert sind. Vornehme Aufgabe einer Innovationsforschung, die diesen Namen verdient, ist es daher, immer wieder erneut durch theoretisch informierte Analyseansätze inspiriert, Informationen darüber zu generieren, welche Ensembles von Kräften heute Innovationen in welchen Settings vorantreiben und wie durch Innovationen vorangetrieben werden, welche Folgen sich damit verbinden und welche Alternativen wie realisierbar wären. Als eine damit verbundene, kollektive Aufgabenstellung erachte ich, Theorieperspektiven wie die hier vorgestellte zu verfeinern, die uns erlauben, Innovationsgesellschaften in ihrer sozialen Konstitution zu verstehen und zu erklären.

Literatur

Abbott, A. (1988). *The systems of professions.* Chicago, London: University of Chicago Press.

Abbott, A. (2014). The Problem of Excess. *Sociological Theory 32* (1), 1-26. doi:10.1177/0735275114523419.

Adner, R., & Snow, D. (2010). Old technology responses to new technology threats: demand heterogeneity and technology retreats. *Industrial and Corporate Change 19* (5), 1655-1675. doi:10.1093/icc/dtq046.

Ansari, S. (Shaz), Garud, R., & Kumaraswamy, A. (2015). The disruptor's dilemma: TIVO and the U.S. television ecosystem. *Strategic Management o. A.* doi:10.1002/smj.2442.

Antal, A. B., Hutter, M., & Stark, D. (Hrsg.). (2015). *Moments of Valuation. Exploring Sites of Dissonance.* Oxford: University Press.

Autio, E., Kenney, M., Mustard, P., Siegele, D., & Wright, M. (2014). Entrepreneurial innovation: The importance of context. *Research Policy 43*, 1097-1108.

Barbosa, N., Faria, A. P., & Eirizy, V. (2013). Industry- and firm-specific factors of innovation novelty. *Industrial and Corporate Change 23* (3), 865-902. doi:10.1093/icc/dtt029.

Barley, S. R. (2010). Building an institutional field to corral a government: A case to set an agenda for organization studies. *Organization Studies 31* (6), 777-805.

Battilana, J., & Lee, M. (2014). Advancing research on hybrid organizing – Insights from the study of social enterprises. *The Academy of Management Annals 8* (1), 397-441.

Becker, M. C., Knudsen, T., & March, J. G. (2006). Schumpeter, Winter, and the sources of novelty. *Industrial and Corporate Change 15* (2), 353-371. doi:10.1093/icc/dtl003.

Beckert, J. (2013). Imagined futures: fictional expectations in the economy. *Sociological Theory 42*, 219-240. doi: 10.1007/s11186-013-9191-2.

Belt, H. van den, & Rip, A. (1987). The Nelson-Winter-Dosi model and synthetic dye chemistry. In W. E. Bijker, T. P. Hughes, & T. J. Pinch (Hrsg.), *The social construction of technological systems: new directions in the sociology and history of technology* (S. 135-158). Cambridge, MA: MIT Press.

Böhme, H. (2004). Einführung. Netzwerke. Zur Theorie und Geschichte einer Konstruktion. In J. Barkhoff, H. Böhme, & J. Riou (Hrsg.), *Netzwerke. Eine Kulturtechnik der Moderne* (S. 17-36). Köln, Weimar, Wien: Böhlau.

Böhme, H., & Böhme, G. (1985). *Das Andere der Vernunft. Zur Entwicklung von Rationalitätsstrukturen am Beispiel Kants.* Frankfurt a. M.: Suhrkamp.

Boli, J., & Thomas, G. M. (1997). World culture in the world polity: A century of international non-governmental organizations. *American Sociological Review 62* (2), 171-190.

Bourdieu, P. (1979 [1972]). *Entwurf einer Theorie der Praxis.* Frankfurt a. M.: Suhrkamp.

Boyer, R., & Freyssenet, M. (2003 [2000]). *Produktionsmodelle. Eine Typologie am Beispiel der Automobilindustrie.* Berlin: Edition Sigma.

Braun-Thürmann, H. (2005). *Innovation.* Bielefeld: transcript.

Bromley, P., & Meyer, J. W. (2014). 'They are all organizations': The cultural roots of blurring between the nonprofit, business, and government sectors. *Administration & Society (online first)*, 1-28. doi:10.1177/0095399714548268.

Burt, R. S. (1992). *Structural holes. The social structure of competition.* Cambridge: Harvard University Press.

Burt, R. S. (2005). *Brokerage and closure: An introduction to social capital.* Oxford: Oxford University Press.

Carlsson, B., Jacobsson, S., Holmén, M., & Rickne, A. (2002). Innovation systems: analytical and methodological issues. *Research Policy 31,* 233-245.

Clausen, T., Pohjola, M., Sapprasert, K., & Verspagen, B. (2011). Innovation strategies as a source of persistent innovation. *Industrial and Corporate Change 21* (3), 553-585. doi:10.1093/icc/dtr051.

Cohen, W. M., & Levinthal, D. A. (1990). Absorptive capacity: A new perspective on learning and innovation. *Administrative Science Quarterly 35,* 128-152.

Colapinto, J. (2014). Material Question. Graphene may be the most remarkable substance ever discovered. But what's it for? *The New Yorker* (December 22), 1-21. http://www.newyorker.com/magazine/2014/12/22/material-question. Zugegriffen: 4. Januar 2016.

Colatat, P. (2015). An organizational perspective to funding science: Collaborator novelty at DARPA. *Research Policy 44,* 874-887.

Dedrick, J., Kraemer, K. L., & Linden, G. (2009). Who profits from innovation in global value chains? A study of the iPod and notebook PCs. *Industrial and Corporate Change 19* (1), 81-116. doi:10.1093/icc/dtp032.

DiMaggio, P., & Powell, W. W. (1983). The iron cage revisited: Institutional isomorphism and collective rationality in organizational fields. *American Sociological Review 48* (2), 147-160.

Dodgson, M. (2011). Exploring new combinations in innovation and entrepreneurship: social networks, Schumpeter, and the case of Josiah Wedgwood (1730-1795). *Industrial and Corporate Change 20* (4), 1119-1151. doi:10.1093/icc/dtr021.

Dolata, U. (2015). Volatile Monopole, Konzentration und Innovationsstrategien. *Berliner Journal für Soziologie 24,* 505-529.

Eden, L. (2004). *Whole world on fire: organizations, knowledge, and nuclear weapons devastation.* Ithaca, N.Y., London: Cornell University Press.

Emirbayer, M. (1997). Manifesto for a relational sociology. *American Journal of Sociology 103* (2), 281-317.

Erumban, A. A., & Timmer, M. P. (2012). The dark side of creative destruction: innovation and retirement of capital. *Industrial and Corporate Change 21* (5), 1149-1174. doi:10.1093/icc/dts005.

Fagerberg, J. (2005). Innovation. A guide to the literature. In J. Fagerberg, D. G. Mowery, & R. R. Nelson (Hrsg.), *The Oxford Handbook of Innovation* (S. 1-26). Oxford: Oxford University Press.

Ferrary, M., & Granovetter, M. (2009). The role of venture capital firms in Silicon Valley's complex innovation network. *Economy and Society 38* (2), 326-359.

Fligstein, N., & McAdam, D. (2012). *A theory of fields.* Oxford: Oxford University Press.

Gardner, J. W. (1981 [1963]). *Self-Renewal: The individual and the innovative society.* New York, London: W. W. Norton & Company.

Garud, R., & Karnoe, P. (Hrsg.). (2001). *Path dependence and creation.* Mahwah, London: Lawrence Erlevbaum Associates.

Gereffi, G., & Fernandez-Stark, K. (2011). *Global value chain analysis. A primer.* Durham, NC: Center on Globalization, Governance & Competitiveness (CGGC), Duke University.

Giddens, A. (1979). *Central problems in social theory. Action, structure and contradiction in social analysis.* Houndmills, Basingstoke, Hampshire, London: Macmillan.

Giddens, A. (1984). *The constitution of society. Outline of the theory of structuration.* Cambridge: Polity Press.

Giddens, A. (1990a). *The consequences of modernity.* Cambridge: Polity Press.

Giddens, A. (1990b). Structuration theory and sociological analysis. In J. Clark, C. Modgil, & S. Modgil (Hrsg.), *Anthony Giddens. Consensus and controversy* (S. 297-315). London, New York, Philadelphia: Falmer.

Giddens, A. (1993 [1976]). *New rules of sociological method* (2. Aufl.). Cambridge: Polity Press.

Gilbert-Walsh, J. (2010). Revisiting the concept of time: Archaic perplexity in Bergson and Heidegger. *Human Studies 2-3* (33), 173-190.

Godin, B. (2012). "Innovation Studies": The Invention of a Specialty. *Minerva 50* (4), 397-421. doi:10.1007/s11024-012-9212-8.

Godin, B. (2015). *Innovation contested. The idea of innovation over the centuries.* London: Routledge.

Gould, S. J., & Vrba, E. S. (1982). Exaptation – A missing term in the science of form. *Paleobiology 8* (1), 4-15.

Granovetter, M. (1973). The strength of weak ties. *American Journal of Sociology 78* (6), 1360-1380.

Granovetter, M. (1974). *Getting a job. A study of contacts and careers.* Cambridge, MA: Harvard University Press.

Healy, K. (2015). The Performativity of Networks. *European Journal of Sociology 56* (2), 175-205. doi: 10.1017/S0003975615000107.

Hilpinen, R. (2011). Artifact. In E. N. Zalta (Hrsg.), *The Stanford Encyclopedia of Philosophy*. Stanford: Stanford University. http://plato.stanford.edu/archives/win2011/entries/artifact/>, Zugegriffen: 4. Januar 2016.

Hoffman, A. J. (1999). Institutional evolution and change: Environmentalism and the U.S. chemical industry. *Academy of Management Journal 42* (4), 351-371.

Hutter, M., Knoblauch, H., Rammert, W., & Windeler, A. (in diesem Band). Innovationsgesellschaft heute. Die reflexive Herstellung des Neuen.

Jandhyala, S., & Phene, A. (2015). The Role of Intergovernmental Organizations in Cross-border Knowledge Transfer and Innovation. *Administrative Science Quarterly 60* (4), 712-743.

Kennedy, P. (2016). How to cultivate the art of serendipity *New York Times, 2. Januar 2016.* http://nyti.ms/1RgW60z, Zugegriffen: 3. Januar 2016.

Kenney, M. (2011). How venture capital became a component of the US National System of Innovation. *Industrial and Corporate Change 20* (6), 1677-1723. doi:10.1093/icc/dtr061.

Knoblauch, H. (in diesem Band). Kommunikatives Handeln, das Neue und die Innovationsgesellschaft.

Knorr Cetina, K. (1988). Das naturwissenschftliche Labor als "Verdichtung" von Gesellschaft. *Zeitschrift für Soziologie 17* (2), 85-101.

Koselleck, R. (2000). *Zeitschichten. Studien zur Historik.* Frankfurt a. M.: Suhrkamp.

Lamont, M. (2012). Toward a Comparative Sociology of Valuation and Evaluation. *Annual Review of Sociology 38* (21), 201-221. doi:10.1146/annurev-soc-070308-120022.

Lange, K., Müller-Seitz, G., Sydow, J., & Windeler, A. (2013). Financing innovations in uncertain networks – Filling in roadmap gaps in the semiconductor industry. *Research Policy 42* (39), 647-661.

Manning, S., Sydow, J., & Windeler, A. (2012). Securing access to lower-cost talent globally: The dynamics of active embedding and field structuration. *Regional Studies 46* (9), 1201-1218. doi:10.1080/00343404.2011.571243.

March, J. G. (1991). Exploration and exploitation in organizational learning. *Organization Science 2* (1), 71-87.

March, J. G., & Simon, H. A. (1993 [1958]). *Organizations.* New York: Wiley-Blackwell.

Merton, R. K., & Barber, E. (2004). *The travels and adventures of serendipity. A study in sociological semantics and the sociology of science.* Princeton, Oxford: Princeton University Press.

Meyer, J. W. (2005). *Weltkultur. Wie die westlichen Prinzipien die Welt durchdringen.* Frankfurt a. M.: Suhrkamp.

Meyer, J. W. (2008). Reflections on institutional theories of organization. In R. Greenwood, C. Oliver, K. Sahlin, & R. Suddaby (Hrsg.), *Organizational Institutionalism* (S. 790-811). Los Angeles, London, New Dehli, Singapore: Sage.

Meyer, J. W., Boli, J., & Thomas, G. M. (2005). Ontologie und Rationalisierung im Zurechnungssystem der westlichen Kultur. In J. W. Meyer (Hrsg.), *Weltkultur. Wie die westlichen Prinzipien die Welt durchdringen* (S. 17-46). Frankfurt a. M.: Suhrkamp.

Meyer, J. W., & Jepperson, R. L. (2000). The 'actors' of modern society: The cultural construction of social agency. *Sociological Theory 18* (1), 100-120.

Meyer, J. W., & Rowan, B. (1977). Institutionalized organizations: Formal structure as myth and ceremony. *American Journal of Sociology 83* (2), 340-363.

Meyer, U. (2016). *Innovationspfade. Evolution und Institutionalisierung komplexer Technologie in organisationalen Feldern.* Wiesbaden: Springer VS.

Muniesa, F. (2014). *The Provoked Economy. Economic Reality and the Performative Turn.* London: Routledge.

Nelson, A. J., Earle, A., Howard-Grenville, J., Haack, J., & Young, D. (2014). Do innovation measures actually measure innovation? Obliteration, symbolic adoption, and other finicky challenges in tracking innovation diffusion. *Research Policy 43*, 927-940.

North, D. C., Wallis, J. J., & Weingast, B. R. (2009). *Violence and social order. A conceptual framework for interpreting recorded human history.* New York: Cambridge University Press.

Nussbaum, M. C. (2013). *Political emotions: why love matters for justice.* Cambridge, MA; London: The Belknap Press of Harvard University Press.

Orlikowski, W. J., & Scott, S. V. (2008). Sociomateriality: Challenging the separation of technology, work and organization. *The Academy of Management Annals 2* (1), 433-474.

Ortmann, G. (in diesem Band). Innovation: In Ketten tanzen.

Ortmann, G., Windeler, A., Becker, A., & Schulz, H.-J. (1990). *Computer und Macht in Organisationen. Mikropolitische Analysen.* Opladen: Westdeutscher Verlag.

Oudheusden, M. van, Charlier, N., Rosskamp, B., & Delvennea, P. (2015). Broadening, deepening, and governing innovation: Flemishtechnology assessment in historical and socio-political perspective. *Research Policy 44*, 1877-1886.

Pahnke, E. C., Katila, R., & Eisenhardt, K. M. (2015). Who Takes You to the Dance? How Partners' Institutional Logics Influence Innovation in Young Firms. *Administrative Science Quarterly 60* (4), 596-633.

Pahnke, E. C., Mcdonald, R., Wang, D., & Hallen, B. (2015). Exposed: Venture capital, competitor ties, and entrepreneurial innovation. *Academy of Management Journal 58* (5), 1334-1360. doi:org/10.5465/amj.2012.0777.

Parsons, T. (1956). Suggestions for a sociological approach to the theory of Organizations I. *Administrative Science Quarterly 1* (1), 63-85.

Parsons, T. (1957). Suggestions for a sociological approach to the theory of Organizations II. *Administrative Science Quarterly 1* (2), 225-239.

Pfeffer, J., & Salancik, G. R. (1978). *The external control of organizations. A resource dependence perspective.* New York: Harper & Row.

Popitz, H. (2000 [1997]). *Wege der Kreativität.* Tübingen: Mohr.

Rammert, W. (2014). Vielfalt der Innovation und gesellschaftlicher Zusammenhalt. Von der ökonomischen zur gesellschaftstheoretischen Perspektive. In M. Löw (Hrsg.), *Vielfalt und Zusammenhalt. Verhandlungen des 36. Kongresses der Deutschen Gesellschaft für Soziologie in Bochum und Dortmund 2012, Teil 2* (S. 619-639). Frankfurt a. M.: Campus Verlag.

Rogers, E. (2003 [1962]). *Diffusion of innovations* (5. Aufl.). New York, London, Toronto, Sydney, Singapore: Free Press.

Schubert, C., Sydow, J., & Windeler, A. (2013). The means of managing momentum: Bridging technological paths and organisational fields. *Research Policy 42*, 1389-1405.

Schumpeter, J. A. (1912). *Theorie der wirtschaftlichen Entwicklung.* Berlin: Duncker & Humboldt.

Schumpeter, J. A. (2000 [1911]). Entrepreneurship as Innovation. In R. Swedberg (Hrsg.), *Entrepreneurship. The Social Science View* (S. 51-75). Oxford: Oxford University Press.

Schumpeter, J. A. (2002 [1932]). Entwicklung. In U. Hedtke (Hrsg.), *Joseph Alois Schumpeter. Werke, Briefe, Bibliografien. Ein Schumpeter-Archiv.* http://www.schumpeter.info/ Edition-Entwicklung.htm, Zugegriffen: 4. Januar 2016.

Schumpeter, J. A. (2003 [1942]). *Capitalism, socialism, and democracy.* London, New York: Routledge.

Silver, D. (2011). The moodiness of action. *Sociological Theory 29* (3), 199-222. doi:10.1111/ j.1467-9558.2011.01394.x.

Sydow, J., & Windeler, A. (2003). Knowledge, trust and control. Managing tensions and contradictions in a regional network of service firms. *International Studies of Management & Organization 33* (2), 69-99.

Sydow, J., Windeler, A., Schubert, C., & Möllering, G. (2012). Organizing R&D Consortia for Path Creation and Extension: The Case of Semiconductor Manufacturing Technologies. *Organization Studies 33* (7), 907-936.

Sydow, J., Windeler, A., Wirth, C., & Staber, U. (2010). Foreign market entry as network entry: A relational-structuration perspective on internationalization in television content production. *Scandinavian Journal of Management 26* (1), 13-24.

Tavassoli, S., & Karlsson, C. (2015). Persistence of various types of innovation analyzed and explained. *Research Policy 44*, 1887-1901.

Thompson, J. D. (2004 [1967]). *Organizations in action. Social science bases of administrative theory.* New Brunswick, London: Transaction Publisher.

Villani, M., Bonacini, S., Ferrari, D., Serra, R., & Lane, D. (2007). An agent-based model of exaptive processes. *European Management Review 4*, 141-151.

Weber, M. (1976 [1921]). *Wirtschaft und Gesellschaft. Grundriß der verstehenden Soziologie*. Tübingen: Mohr.

Windeler, A. (2001). *Unternehmungsnetzwerke. Konstitution und Strukturation*. Wiesbaden: Westdeutscher Verlag.

Windeler, A. (2003). Kreation technologischer Pfade: ein strukturationstheoretischer Analyseansatz. In G. Schreyögg & J. Sydow (Hrsg.), *Managementforschung 13* (S. 295-328). Wiesbaden: Gabler.

Windeler, A. (2012). Kooperation und Konkurrenz in Netzwerken. Theoretische Überlegungen zum Strukturwandel der Arbeitsorganisation. In C. Schilcher, M. Will-Zocholl, & M. Ziegler (Hrsg.), *Vertrauen und Kooperation in der Arbeitswelt* (S. 23-50). Wiesbaden: VS Verlag.

Windeler, A. (2014). Können und Kompetenzen von Individuen, Organisationen und Netzwerken. Eine praxistheoretische Perspektive. In A. Windeler & J. Sydow (Hrsg.), *Kompetenz. Sozialtheoretische Perspektiven* (S. 225-301). Wiesbaden: Springer VS.

Windeler, A. (2015). Organisationen in der radikalisierten Moderne – Herausforderungen. In M. Apelt & U. Wilkesmann (Hrsg.), *Zur Zukunft der Organisationssoziologie* (S. 173-188). Wiesbaden: Springer VS.

Windeler, A., & Sydow, J. (2001). Project networks and changing industry practices – Collaborative content production in the German television industry. *Organization Studies* 22 (6), 1035-1061.

Windeler, A., & Wirth, C. (2005). Strukturation von Arbeitsregulation: eine relationale Mehrebenenperspektive. In M. Faust, M. Funder, & M. Moldaschl (Hrsg.), *Organisation von Arbeit* (S. 163-191). München, Mehring: Hampp.

Yoffie, D. B., & Cusumano, M. A. (2015). *Strategy rules: Five timeless lessons from Bill Gates, Andy Grove, and Steve Jobs*. New York: Harper Collins.

Zahra, S. A., Wright, M., & Abdelgawad, S. G. (2014). Contextualization and the advancement of entrepreneurship research. *International Small Business Journal 32* (5), 479-500.

Internetquellen

http://www.newyorker.com/magazine/2014/12/22/material-question. Zugegriffen: 4. Januar 2016.

http://plato.stanford.edu/archives/win2011/entries/artifact/>, Zugegriffen: 4. Januar 2016.

http://nyti.ms/1RgW60z, Zugegriffen: 3. Januar 2016.

http://www.schumpeter.info/Edition-Entwicklung.htm, Zugegriffen: 4. Januar 2016.

Kommunikatives Handeln, das Neue und die Innovationsgesellschaft[1]

Hubert Knoblauch

„Di doman' non c'é certezza" (Lorenzo di Medici)

1   Einführung

Als ich diesen Beitrag schrieb, las ich zufällig in einer Berliner Zeitung über das Treffen eines „Berliner Innovation ConSensus", gebildet aus Institutionen wie Shell, Google, Deutsche Bank und dem Bundesministerium für Wissenschaft und Forschung. Das Ziel dieses Konsortiums besteht ausschließlich in der Anregung zu Innovationen, gleich welcher Art. In einem gewissen Sinne behandelt mein Beitrag genau dieses Thema.

Wenn ich den Begriff der Innovationsgesellschaft verwende, dann übernehme ich den Titel des Graduiertenkollegs „Innovationsgesellschaft heute. Die reflexive Herstellung des Neuen", das am Institut für Soziologie der Technischen Universität Berlin angesiedelt ist. Da sich dieses Graduiertenkolleg vor allem der empirischen Erforschung von Innovationsprozessen in unterschiedlichen gesellschaftlichen Feldern widmet – Wissenschaft und Technik, Wirtschaft und Industrie, Kunst und Kultur sowie Politik und Planung –, bezwecke ich mit diesem Text eine Klärung zentraler Begriffe, die in der ersten programmatischen Schrift formuliert wurden (Hutter et al. 2015, in diesem Band). Um eine Vorstellung von Innovationsprozessen zu erlangen, die über die verschiedenen sozialen Felder hinweg Gültigkeit erlangen können, müssen die folgenden Überlegungen notgedrungen eine hohe Abstraktionsebene einnehmen. Da die verschiedenen empirischen Untersuchun-

1   Ich danke Lilli Braunisch, Anina Engelhardt, Miira Hill, Werner Rammert und dem Kolloquium des Graduiertenkollegs für Anmerkungen.

gen im Rahmen dieses Kollegs auch noch unabgeschlossen sind, müssen diese Überlegungen zudem als sehr vorläufig betrachtet werden. Zugleich möchte ich aber auch versuchen, den aus unterschiedlichen Zusammenhängen stammenden Begriffen einen einheitlichen theoretischen Rahmen zu verleihen und damit zur Bildung einer soziologischen Theorie der Innovation beizutragen.

Weil es hier um Begrifflichkeiten geht, sollte ich eine Bemerkung zur Methodologie anfügen. Das Wort „Innovation" ist offensichtlich nicht nur Gegenstand wissenschaftlicher Debatten. Schon das einführende Beispiel hat deutlich gemacht, dass es sich um eine Kategorie in der sozialen Welt selbst handelt, denn „Innovation" ist ein Schlüssel zu ökonomischem Erfolg, Geld und sozialem Status, oder, im Falle von sozialer Innovation, zur Anerkennung, Wertschätzung oder Unterstützung durch andere Gesellschaftsmitglieder. Da der Begriff der „Innovation" von den Gesellschaftsmitgliedern selbst verwendet wird, wäre es eigentlich nötig, deren Begriffsverwendung in einer Weise systematisch zu untersuchen, wie sie von der Wissenssoziologie nahe gelegt wird: die Handelnden und ihr Wissen als Gegenstand in eigenem Recht zu betrachten und ihre „Konstrukte erster Ordnung" zu erforschen (Schütz 1971). Obwohl es einige Ansätze gibt, Innovationen auf der Soziologie des Wissens der Akteure über Innovationen zu begründen (MacCallum et al. 2009), gibt es nach wie vor keine Studie, die die diskursive Verwendung von „Innovation" auf eine systematische und empirisch gründliche Weise untersucht.[2] Auf der Grundlage der bisherigen Forschung lässt sich die Begriffsverwendung im intellektuellen Diskurs deswegen lediglich knapp skizzieren.[3] Das Ziel dieser Arbeit ist jedoch auch nicht die Rekonstruktion der Bedeutung des Begriffes für die Handelnden, sondern die Konstruktion des Begriffes in einem kohärenten begrifflichen Zusammenhang, der es erlaubt, die Vorstellungen der Akteure, und zwar auch der praktisch an den Innovationen beteiligten Wissenschaftlern, empirisch zu untersuchen. Ein solcher umfassender Begriff muss deswegen breiter angelegt sein und zielt deswegen auf das Neue, das, um die an der Innovation beteiligten Akteure und ihre Handlungen einschließen zu können, als kommunikative Konstruktion gefasst wird.

---

2   Wie Moulaert (im Druck) in seiner Adaption der Wissenssoziologie formuliert, muss man selbst die Konzepte der Planer und wissenschaftlichen Berater einbeziehen (die sich ihrerseits auf wissenschaftliche Konzepte beziehen), um induktiv einen allgemeinen Begriff der Innovation zu erzeugen. In den meisten Kontexten, die er beschreibt, besteht das Ziel eher in der Erreichung eines Konsenses darüber, was jeweils neu ist, als in der Erzeugung eines allgemeinen Begriffes der (sozialen) Innovation.

3   Ich stütze mich hier auf die Arbeiten von Godin, die unausgesprochen einem ähnlichen methodologischen Muster folgen, wie es von Koselleck (2006) vorgeschlagen wurde.

Im ersten Teil möchte ich zunächst den Zusammenhang zwischen den Transformationen der modernen Gesellschaft und die semantischen Entwicklungen des Innovationsbegriffes grob skizzieren. Als Ausgleich für das Fehlen eines empirisch begründeten Begriffes möchte ich mit dem kommunikativen Konstruktivismus einen theoretischen Rahmen für einen soziologischen Begriff der Innovation vorschlagen. Dieser Begriff schließt die Kategorie der Reflexivität und der reflexiven Innovation ein. Innovation wird als eine Form der handelnden Konstruktion des Neuen bestimmt, deren kommunikativer Charakter die Bedeutung des Neuen für und durch die Anderen wechselseitig reflektiert wird und dadurch seine Verbreitung (auch im Sinne der Diffusion) entfaltet. Das Konzept kommunikativen Handelns ermöglicht den analytischen Anschluss an die drei Dimensionen der Innovation: Semantik, Pragmatik und Grammatik, und es erlaubt eine Unterscheidung von zwei Konzepten der „Innovationsgesellschaft", die am Ende skizziert werden.

2   Diskurse und der Sinn der Innovation

Innovation ist mit der metaphysischen Frage verbunden, ob es überhaupt etwas Neues unter der Sonne gibt, wie schon Salomon im Ekklesiastes fragte, oder ob „the new happens into being", wie es etwa in der Ontologie des französischen Philosophen Badiou (2007, XXVII) heißt. So schwer man zwischen diesen beiden metaphysischen Fragen entscheiden kann, so ist aus soziologischer Sicht Wandel und die Schaffung des Neuen ein Prozess, der in allen Gesellschaften von Statten geht. Während etwa Sozialtheorien, die mit dem Evolutionsbegriff arbeiten, die Notwendigkeit des Neuen auf die Prozesse der Selektion, Differenzierung und den Zwang zur Anpassung an die Umwelt erklären, betrachten historistische Konzepte die Gesellschaft als eine Konstruktion im Angesicht des Chaos. Noch spezifischer tritt das Neue als Teil der Gesellschaftstheorie auf. Denn schon die traditionellen Gesellschaften, die den größten Teil der Geschichte dominierten, zeichnen sich ja durch den Versuch der Abschottung gegen das Chaos des Neuen aus: Traditionell wird das Handeln, um Stabilität zu schaffen und den Unwägbarkeiten des Wandels zu trotzen. Moderne Gesellschaften zeichnen sich nun dadurch aus, dass der Wandel Teil ihrer Selbst-Beschreibung wird. So sieht Auguste Comte neben der „sozialen Statik", also den stabilisierten Institutionen der Gesellschaft, die „soziale Dynamik" als zweite Säule der von ihm begründeten Soziologie.

Comte (1830) hatte den Begriff der Innovation sogar selber benutzt, als er zum Beispiel die katholische Kirche für die Einführung der Volkserziehung lobte und eine "immense et heureuse innovation sociale" nannte. Wie Godin (2008) zeigt, war der Begriff der Innovation in Frankreich und England seit der Neuzeit in Gebrauch, und zwar mit einer negativen Konnotation, ja geradezu als Anklage. Eine positive Bedeutung erwarb das Wort erst nach 1789. Man kann deswegen sagen, dass der Sinn des Wortes „Innovation" mit dem Beginn der Moderne eine Umkehrung erfahren hat. Diese Umkehrung gilt auch für das, was man als soziale Innovation bezeichnet. Im Laufe des neunzehnten Jahrhunderts wurden Sozialreformer als Innovatoren bezeichnet, und dies schloss auch Geschäftsleute ein (Godin 2012) – lange noch bevor Schumpeter (1939) ihre Rolle für die Innovation pries. Es scheint ein Merkmal der Moderne zu sein, dass die Innovation zu einem ausdrücklichen Thema wird.[4] In dem Maße, in dem die Zukunft innerweltlich wurde und sich von ihrer religiösen Deutung ablöste (Minois 1996), in dem Maße, in dem die Moderne Geschichte als einen Fortschritt in der Zeit betrachtete (Knoblauch 2005, S. 39), wurde die Innovation zu einem intrinsischen Merkmal der modernen Gesellschaft. Und wegen der bekannten und manchmal beklagten Tendenz der Moderne zur Instrumentalität und Rationalität (Weber 1980) nimmt es nicht wirklich Wunder, dass Innovation zusehends auf die Sphären von Wissenschaft, Technologie und Wirtschaft begrenzt wurde. Es war in der Ökonomie, wo die Innovation als bedeutendes Konzept gefasst wurde, und es sind Wissenschaft und Technik, die als zentrale Motoren der Innovation angesehen werden.

Die Diskurse der Innovation, auf die ich mich hier beziehe (und die von Godin rekonstruiert wurden) sind bestimmt durch einen expliziten Bezug auf das Wort Innovation.[5] Ähnlich wie bei Kosellecks (2006) Methode der historischen Semantik betrachtet man lexikalische Assoziationen mit dem Wort "Innovation" und beobachtet grundlegende Wandlungen in den assoziativen Mustern als Ausdruck historischer semantischer Veränderungen.

Wie Godin in seiner Rekonstruktion des Diskurses über Innovation und soziale Innovation überzeugend darlegt, liegt der Grund für die Durchsetzung des Innovationsbegriffes darin begründet, dass er eine besondere Spannung überwindet. Während in der Vormoderne Invention bzw. Erfindung und Imitation einander noch weitgehend ausschlossen, liegt die Leistung des Begriffes der Innovation darin, diese Spannung zu überwinden. Wie man etwa in den Theorien von Tarde (2011) sieht, beanspruchen der Begriff der Invention bzw. Erfindung und die mit ihm verbundenen Vorgänge eine Neuigkeit, und zwar auf eine Weise, die der blo-

---

4   Einer der wichtigsten Hinweise darauf ist die „querelle des anciens et des modernes", in der es um die Rolle der Tradition und der fortwährenden Erneuerung ging.

5   Ich danke Anina Engelhardt für den Hinweis, dass Godins Rekonstruktion möglicherweise künstlerische Bewegungen unterschätzt. Man sollte betonen, dass empirisch begründete Rekonstruktionen des Diskurses zum Begriff der Innovation noch immer ausstehen.

ßen Imitation krass widerspricht. Der Begriff der Innovation dagegen erlaubt es, die Spannung zwischen beiden Begriffen zu überbrücken und sie in einer linearen Weise zu verbinden: Innovation erfordert eine Erfindung, doch er beinhaltet auch, dass der Erfindung eine Imitation, eine Nachahmung folgen müsse, also eine Reproduktion und Reproduzierbarkeit der Erfindung. Diese Verschmelzung von Invention und Imitation im Begriff der Innovation wird in verschiedenen Theorien der Innovation sehr deutlich, wie etwa in Rogers berühmter Theorie der „Diffusion von Innovationen", die in den frühen 1960er Jahren entwickelt wurde (Rogers 1995). Es ist auch um diese Zeit, dass die politische und wirtschaftliche Unterstützung von Innovationen erkennbare Formen annahm. Die handlungspraktische Verwendung des Begriffes der Innovation stieg mit dem Beginn der 1960er Jahre dramatisch an.[6]

Trotz seiner Relevanz für die Wirtschaft wie auch für das Wissenschafts- und Technologie-Management wurde Innovation nicht zu einer zentralen Kategorie der Soziologie oder anderer Grundlagenwissenschaften. Das hat einige Folgen für die soziologische Forschung, denn der Begriff ist nicht im Rahmen soziologischer Begrifflichkeiten definiert worden, die theoretisch oder empirisch anschlussfähig wären. Vielmehr handelt es sich um einen Begriff, der von den soziologisch untersuchten Akteuren verwendet und geprägt wird, die selbst ein dezidiertes Interesse an der Innovation haben (oder, seltener, sie verhindern wollen). Ein Begriff der Innovation, der auf der soziologischen Grundbegrifflichkeit aufbaut, steht noch aus.

3   Die Konstruktion des Neuen

Sucht man nach einem soziologischen Verständnis der Innovation, das an die Grundbegrifflichkeit der Soziologie anschlussfähig ist, dann ist ein Blick auf die breit rezipierten Arbeiten von Rogers hilfreich. Für Rogers (1995, S. 11) bedeutet Innovation "an idea, procedure or object perceived as new by an individual or other unit of adoption". Obwohl Rogers diesen Aspekt nicht weiter verfolgt, hat seine Definition doch sehr starke soziologische Implikationen: Zum einen betont er, dass Innovation eine Wahrnehmung von Neuheit erfordert, und zweitens ist damit vorausgesetzt, dass die Perspektive von Anderen eine entscheidende Rol-

---

6   Peter Drucker war einer der ersten, der eine detaillierte Erörterung der Innovation geboten hat – ein Autor, der auch an der Initiierung der internationalen Debatte über die „Wissensgesellschaft" beteiligt war (Drucker 1969). Der „Sputnik-Schock" mag einer der vielen Gründe dafür gewesen sein, die das Interesse an der technischen Zukunft der Gesellschaft und an der internationalen Koordination dafür geweckt haben.

le spielt. Mit dieser Betonung von Anerkennung und Anderen ist die Innovation
kategorisch in ein soziales Verhältnis eingebettet zwischen dem Subjekt, das mit
dem Neuen in Verbindung gebracht wird, und dem Subjekt, das es wahrnimmt
bzw. adaptiert. Wie bei Mead können diese beiden Perspektiven nur im Grenzfall
identisch sein. Man beachte, dass dabei auch die Bedeutung des Neuen nicht substanziell bestimmt wird, sondern wesentlich durch die Wahrnehmung des Anderen
geprägt wird. Dabei ist der Begriff der Wahrnehmung vermutlich keineswegs nur
psychologisch gefasst, denn das Neue muss *wechselseitig* wahrgenommen werden
– es handelt sich also um ein wesentlich *soziales Phänomen*. Zugleich hat diese
Definition aber auch sehr starke *konstruktivistische* Implikationen: Sie unterstellt,
dass das, was neu ist, von der Wahrnehmung anderer als neu (mit-)bestimmt wird.
Dabei scheint durch, dass Wahrnehmung hier keineswegs nur als bloß passive
sinnliche Rezeption gelten kann, sondern all das umfassen muss, was, wie oben
angedeutet, in der sozialen Wechselseitigkeit sinnlich relevant gemacht wird. Sie
umfasst also alles, was *kommuniziert* wird. Und schließlich muss man hinzufügen, dass es sich dabei natürlich keineswegs nur um Zeichen handelt. Wie schon
Schumpeter vor ihm legt Rogers ebenso ausdrücklich Wert auf neue Verfahren,
Produkte und damit auch Objekte.

Auch wenn Rogers andere Zwecke verfolgte, so eignen sich doch mindestens
drei der erwähnten Aspekte zur Entwicklung einer soziologischen Definition der
Innovation. Nimmt man seine eigenen Vorgaben ernst, dann muss diese einerseits die Unterschiede zwischen Denken, Handeln und Dingen erfassen, sie muss
einen Begriff des Sozialen bzw. der intersubjektiven Wahrnehmung enthalten, und
sie muss die Beziehung zwischen den Produzenten einer Neuheit und ihren Rezipienten erfassen können. Diese drei Aspekte stehen auch im Mittelpunkt des
Kommunikativen Konstruktivismus, den ich als Rahmen für den Ausbau einer
soziologischen Theorie der Innovation vorschlagen möchte. Da ich diesen Ansatz
hier nicht in aller Breite vorstellen kann, möchte ich lediglich jene seiner Züge
skizzieren, die für die Theorie der Innovation von besonderer Bedeutung sind.
Ich möchte nur darauf hinweisen, dass dieser Ansatz die Theorie der gesellschaftlichen Konstruktion der Wirklichkeit weiter entwickelt, wie sie von Peter Berger
und Thomas Luckmann begründet wurde (Berger und Luckmann, 1966). Während Berger und Luckmann aber den (von Weber entlehnten) Grundbegriff des
sozialen Handelns verwenden, erscheint mir der des kommunikativen Handelns
angemessener. Dieser schließt zwar an die Theorie des kommunikativen Handelns
von Habermas (1984) an, weicht aber auch in einigen problematischen Punkten
von ihm ab: Er trennt nicht die instrumentelle Rationalität der Welt der Objekte,
des Arbeitens oder, wie hier, der technischen Innovation, von der kommunikativen
Rationalität des Sprachgebrauchs, des Kommunizierens und, hier etwa, der sozia-

len Innovation. Kommunikatives Handeln ist vielmehr ein wechselseitiges soziales Handeln, das immer mit bestimmten Objektivationen verbunden ist und deswegen andere Menschen ebenso affiziert wie Objekte.

Da der kommunikative Konstruktivismus schon an anderer Stelle skizziert wurde (Knoblauch 1995, 2013; Keller et al. 2012), möchte ich hier nur jene Aspekte hervorheben, die für den Begriff der Innovation von zentraler Bedeutung sind. Vor dem Hintergrund von Habermas' Arbeiten muss man unbedingt erwähnen, dass kommunikatives Handeln die verkörperte Verrichtung (oder „Performanz") sozialer Handlungen bezeichnet, denn nur durch ihre Verkörperungen können sie zum Teil der Erfahrung anderer Handelnder (bzw. ihrer Wahrnehmung) werden. Da sich kommunikative Handlungen an den Antworten anderer orientieren, auf sie zugeschnitten sind und von ihnen abhängen, kann man sie als grundlegend relational bezeichnen. Und ebenso wie der skizzierte Begriff der Innovation schließt die Performanz kommunikativer Handlungen notwendigerweise eine Art der Objektivation mit ein.[7] Objektivationen sind schon die körperlichen Verrichtungen alleine, die etwa Geräusche oder Gesten hervorbringen. Objektivationen sind natürlich auch die Objekte, auf die sie sich beziehen, die in ihnen erzeugt werden, die Zeichen, Technologien oder Dinge.

Kommunikatives Handeln deckt sich also mit allen semantischen Aspekten des soziologischen Begriffes der Innovation, wie sie oben genannt wurden. Es fehlt jedoch noch das Spezifikum: das Neue bzw. die Innovation. Was also ist das Neue? Eine der möglichen Antworten auf diese Frage, die jüngst als vielversprechend diskutiert wurde, stammt vom russischen Philosophen Boris Groys (2002). In seinem Essay über die „kulturelle Ökonomie des Neuen" stellt er die Behauptung auf, das Neue resultiere aus neuen Kontextualisierungen und Rekontextualisierungen (2002, S. 50). So stimmig dies erscheint, könnte man jede kommunikative Handlung als eine Art Rekontextualisierung von Sinn ansehen (Knoblauch 2001). Das wird besonders betont von Joas in seiner Theorie des kreativen Handelns (Joas 1996). Joas zufolge erfordert jedes Handeln eine Anpassung an die Situation, was die Anderen und was die Objekte angeht; diese Anpassung drückt sich in einer Art situierten Kreativität aus. In eine ähnliche Richtung geht auch Suchmans (1987) Begriff des situierten Handelns, also der Anpassung des Handelns an die kontingenten Umstände der jeweiligen Situation. Da die unterstellte Ordnung sich nicht einstellt, müssen Handelnde also immer auf eine „neue" Weise handeln, und zwar auch dann, wenn sie eine vermeintlich gleichbleibende Ordnung aufrechterhalten. Suchman bezieht dabei auch Objekte und Technologien in das situierte Handeln mit ein. Denn Objekte helfen, wie Latour (2005) zu Recht betont, Ordnung zu

---

7   Objektivation wird hier gebraucht im Sinne von Berger und Luckmann (1966).

stabilisieren. Gerade beim Neuen aber sind auch Objekte instabile Elemente. Was also, so müssen wir wiederholen, macht es zum Neuen?

Wie schon oben erwähnt, spielt die zeitliche Semantik eine Rolle. Das Neue ist im Wesentlichen von der Unterscheidung zwischen „alt" und „neu" geleitet. Allerdings setzt diese Unterscheidung voraus, dass man eine klare Vorstellung davon hat, was das Alte ist. Die Bestimmung des Neuen muss also ein umfassendes Wissen unterstellen, vor dessen Hintergrund das Neue erst als Neues bezeichnet werden könnte. Wenn man allerdings keine allwissenden Systeme voraussetzt, sondern Handelnde mit ihrem begrenzten Wissen, dann scheint es angemessener zu sein, das Neue zunächst einfach als das Andere zu verstehen.[8] Neu ist, was sich vom Wissen und den darin enthaltenen Typisierungen unterscheidet.[9] Diese Unterscheidung muss, wie schon betont, sozial anerkannt sein; ja mehr noch, der Kreis des als allgemein unterstellten Wissens bildet auch den Rahmen, in dem das vom Wissen Unterschiedene als neu angesehen werden kann. Dabei ist es wesentlich für das Neue, dass die Beobachtung der Differenz des Wissens in der zeitlichen Semantik gemacht wird: Neu ist das Andere, das bisher als noch nicht bekannt galt.

Man kann dies an einem Beispiel illustrieren. In einer früheren Arbeit hatten wir uns mit Zukunftsvisionen beschäftigt (Knoblauch und Schnettler 2000). In den Interviews mit Visionärinnen, die kleinere oder größere Visionen der Zukunft hatten, fiel uns auf, dass die Zukünftigkeit der Visionen gar nicht selbst ein Merkmal der beschriebenen Erfahrungen war. Die Betroffenen hatten Visionen, aber dass sie die Zukunft betrafen, war nicht selbst Teil der Vision (außer von apokalyptischen Prophezeiungen). Der Zukunftsaspekt der Vision entstand erst durch nachträgliche narrative Konstruktionen: Nachdem das visionierte Ereignis eingetroffen war, konnten die Betroffenen erst erkennen (und rekonstruieren), dass die vor diesem Ereignis gemachte visionäre Erfahrung eine Zukunftsvision war (Schnettler 2004). Weil das Wissen um die Zukunft auch hier in die narrative Konstruktion eingebettet ist, erkennt man leicht, dass selbst nachträglich das Wissen um das Neue nicht explizit sein muss. (Darauf werde ich unten noch eingehen.)

Die These also ist, dass die zeitliche Semantik der Differenz hinzugefügt werden muss, damit wir vom Neuen reden können (gerade auch weil alles Handeln und jede Kommunikation in der Zeit verfährt). Weil das Handeln mit einer Semantik verbunden sein muss, haben wir es notwendig mit kommunikativem Handeln

---

8   Auch das Patentrecht macht diese Annahme, indem es die Anerkennung des Neuen auf eine zwar riesige, aber begrenzte Grundgesamtheit, nämlich die anerkannten Patente, bezieht.

9   Ich stütze mich hier auf Schütz' Beitrag zur Theorie des kreativen Handelns (Knoblauch 2013).

zu tun. Das Neue muss kommuniziert werden, und es muss in der Kommunikation wechselseitig verstanden werden auf eine Weise, dass es auch angenommen und weitergegeben (diffundiert) werden kann. Innovation ist also im Grunde eine wechselseitig reflektierte kommunikative Konstruktion des Neuen als Neues.

Die besondere Semantik, die es auszeichnet, kann aus den expliziten Diskursen zehren, wie sie im ersten Teil angesprochen wurden. Der Sinn des Neuen als Handlungsziel ist geprägt vom Fortschrittsgedanken, wie er von der Aufklärung geprägt wurde und beispielsweise in der Popperschen Vorstellung der Akkumulation des Wissens für die Wissenschaft formuliert wurde. Das Neue kann aber auch im Rahmen anderer Zeitmodelle verstanden werden, wie sie von Mannheim (1985) beschrieben wurden. So zeichnet sich bekanntlich das Neue der dialektischen Zeitvorstellung durch die oppositionelle Differenz zum Bisherigen aus. Ich werde am Schluss auf die Frage zurückkommen, ob und welche Zeitvorstellungen in der Innovationsgesellschaft enthalten sind. Zuvor muss jedoch deutlich gemacht werden, dass die Semantik des Neuen keineswegs an eine sprachliche lexikalische Fassung, ja nicht einmal an die Spezifik der Sprache gebunden sein muss, sondern andere Formen der Objektivierungen nutzen kann.

4 Kommunikatives Handeln und Reflexivität

Soziologisch beruht Innovation auf der sozial wechselseitigen kommunikativen Handlungsorientierung am Neuen als Neues. Diese soziale Wechselseitigkeit möchte ich als Reflexivität bezeichnen. Reflexivität ist ein wesentlicher Aspekt des kommunikativen Handelns (Knoblauch 2001). In unserem Grundmodell des kommunikativen Konstruktion des Neuen kommt diese Reflexivität schon im „als" zum Ausdruck: das Neue als Neues. Es weist darauf hin, dass das Neue nicht einfach ist oder, wie „ins Sein einbricht"; es muss als solches auch kommuniziert werden. Diese Kommunikation muss allerdings keineswegs "explizit" sein: Das "Neue" entsteht nicht nur dadurch, dass darüber gesprochen wird, etwa indem das Label „innovativ" durch einen institutionellen Akt vergeben wird.[10] So können sich etwa neue Formen im Verlauf von Handlungen ausbilden und in die Handlungsroutinen eingebaut werden, ohne dass wir ihnen einen sprachlichen Account widmen. Gute Teile der Kindererziehung junger Eltern bestehen aus solchen „sozialen Innovationen". Dies kann auch mit Ideen, Objekten und Gegenständen geschehen.

---

10 Ich muss einmal mehr betonen, dass ich die Begriffe „implizit" oder „explizit" für irreführend halte, weil sie „logozentrisch" nur Sprachlichkeit als Zeichenform der Explikation anerkennen. Vgl. dazu auch Knoblauch (2005).

Um zu verstehen, wie etwas „als neu" gelten kann, ohne benannt werden zu müssen, sollten wir den Begriff der Reflexivität klären, der in jenem „als" steckt. Der Begriff der Reflexivität bedeutet in der klassischen handlungstheoretischen Fassung, dass sich Handelnde ihren Handlungen bewusst zuwenden können. Wie Schubert (in diesem Band) deutlich macht, kann davon ein zweiter Aspekt der Reflexivität unterschieden werden. Dieser Aspekt wird von Beck und Lau (2005) hervorgehoben. Sie fassen die reflexive Moderne als eine Epoche, die sich den Folgen der Moderne zuwendet. Reflexivität bezieht sich also auf die Beobachtung der Folgen des Handelns. Ein etwas anderer Aspekt wird von Giddens betont. Giddens sieht die Reflexivität im „monitoring", im Beobachten dessen, was während des Handelns geschieht. Während sich diese Vorstellungen auf die Beobachtung der Handlungen durch die einzelne handelnde Person (oder ein Kollektiv) beziehen, möchte ich einen weiteren Aspekt hervorheben, der wesentlich zum kommunikativen Handeln gehört: Reflexivität in diesem Sinn bezeichnet den Umstand, dass Handlungen nicht nur für den Handelnden, sondern für die Anderen Bedeutung haben. Wir wenden uns unseren Handlungen auf eine Weise zu, dass wir anzeigen, was wir tun, meinen oder ausdrücken wollen; reflexiv aber sind diese Handlungen deswegen, weil sie sich in diesem Anzeigen an den Anderen orientieren (bzw. dem, was wir von den Anderen wissen). Reflexiv sind also Handlungen insofern, als sie für Andere verstehbar gemacht werden. Aus diesem Grund ist die Reflexivität auch eher ein Merkmal des kommunikativen Handelns selbst als der Handelnden als Personen.[11]

Für das Neue bedeutet das, dass es nicht von den Handelnden und ihrem Wissen erzeugt wird; das Neue ist vielmehr Teil eines handelnden Prozesses, der mit dem englischen "doing" gut umschrieben ist. Innovation beinhaltet ein handelndes Konstruieren, das insofern kommunikativ sein muss, als das darin enthaltene Neue zugleich auch für die anderen beobachtbar, verstehbar und nachvollziehbar sein muss. Dabei geschieht dieses Erzeugen des Neuen notwendig *in actu*. Der Umstand aber, dass die reflexive Konstruktion Teil eines kommunikativen Handelns ist, erklärt auch, dass es institutionalisiert und zu einer Innovation im vollen Sinne werden kann. Dies geschieht durch die bei der Institutionalisierung entstehenden Muster der Reproduktion der Handlung.[12] Mit der Institutionalisierung einher geht auch die Notwendigkeit, aus der nun eingespielten Handlung Sinn zu machen: also die Legitimation. In der Tat besteht ein Aspekt der Innovation darin, das Neue als Neues zu legitimieren. Dies kann etwa durch kommunikative Prozesse der Bewer-

---

11 Zur Vorstellung dieser Reflexivität als Teil der Handelnden („agents") vgl. Archer (2012).

12 Zum Institutionalisierungsprozess und zur Legitimation vgl. Berger und Luckmann (1966).

tung und Evaluation geschehen, bei denen Evaluationskriterien mit bestimmten Handlungen, Ideen oder Produkten verbunden werden, die „Neuigkeit" bestimmen sollen (Lamont 2012); es kann sich auch um Valorisierungen handeln, die es erlauben, ihnen einen ökonomischen Wert zuzuschreiben (Hutter 2014).[13]

Da Innovationen auch dann erkannt werden müssen, wenn sie in sehr unsichtbaren Formen auftreten (des Kaisers neue Kleider etwa), erfordern sie Kommunikation, Wissen, institutionelle Pfade und Strukturen. Wenn man Objekte, Technologien und Materialien auch als Teil der sozialen Wirklichkeit betrachten darf, wie dies vom Sozialkonstruktivismus als auch von der Akteur-Netzwerk-Theorie nahegelegt wird, dann kann man jede Innovation als eine soziale Innovation betrachten. Aus diesem Grund sind soziale Innovationen *sensu strictu* jene intentionalen Veränderungen, die sich ausdrücklich auf besondere institutionelle Merkmale der sozialen Struktur richten.[14] Die Sozialität von Innovationen schließt dabei nicht nur das Wissen über das Neue ein, einschließlich seiner Bewertung, der entsprechenden Experten und der dazugehörigen (Fach-)Kommunikation; es erfordert auch das sozial verteilte allgemeine Wissen darüber, was nicht neu ist.

Der Vorteil des Begriffs der kommunikativen Handlung besteht darin, dass er sich auf die Innovation als Teil der Intentionalität der Handelnden bezieht wie auch, kraft der Reflexivität, auf die „kommunikative Intentionalität". Kommunikative Intentionen beziehen sich auf das gemeinsame Wissen über den Akt der Kommunikation (Vgl. Levinson 1983, S. 15ff.).[15] Mit Blick auf die Innovation bedeutet das, dass wir damit auch jene Formen der Innovationen erfassen können, die nicht ausdrücklich als solche bezeichnet werden, sondern kraft ihrer Performanz *in actu* als solche wirken.

5 Reflexive Innovation und diskursive Reflexivität

Nachdem wir uns mit dem Diskurs über den Begriff der Innovation beschäftigt (also dem, was im Rahmen des Graduiertenkollegs als „Semantik" bezeichnet wird) und seine Beziehung zum kommunikativen Handeln geklärt haben (also

---

13 Flichy (1995) hat betont, dass das Wissen über Innovation auf Weisen kommuniziert werden kann, die sich sehr deutlich von den expliziten Kategorien der Sprache unterscheiden, also etwa Bilder, Filme und Musik.

14 Soziale Innovation als „von bestimmten Akteuren ausgehende intentional, zielgerichtete Neukonfiguration sozialer Praktiken" (Howaldt und Schwarz 2010, S. 89).

15 Der Begriff deckt sich weitgehend mit dem, was bei Searle bzw. Tomasello als „shared intentionality" bezeichnet wird.

dem, was dort „Pragmatik" genannt wird), können wir uns nun dem Aspekt zuwenden, der dort „Grammatik der Innovation" heißt. Das ist auch diejenige Dimension, auf die sich die meisten Akteure im gesellschaftlichen Diskurs der Innovation beziehen. Innovation im Sinne der Akteure bezieht sich auf die soziale Organisation der kommunikativen Handlungen, in denen das Neue erzeugt wird. Diese Dimension wird durch die institutionalisierten und sozial organisierten Formen der sozialen Koproduktion des Neuen definiert. Analytisch kann man organisierte Formen allgemein als Ergebnisse kommunikativen Handelns ansehen. Genauer gesagt kann man Handeln und Wissen als allgemeine Voraussetzung in der Konstruktion des Neuen ansehen; formale Organisationen aber sind die notwendigen (aber nicht hinreichenden) spezifischen Voraussetzungen um ein besonderes Regime der Konstruktion des Neuen zu erklären, das als Innovation bezeichnet wird (Windeler 2003). Für die Innovation kommt dabei die Art der Organisation hinzu, die zur Verbindung von Invention und Imitation führte. Dazu gehörte zum Beispiel, dass die technologischen Innovationen in Form von Patenten erfasst wurden, was sich ab 1910 durchsetzte. Eine besondere Rolle spielt auch die entstehende Forschungspolitik, die eine gezielte Erzeugung von wissenschaftlichen und technischen Ergebnissen zu organisieren suchte. Einen besonderen Schub erhielt sie durch die nationalen Innovationssystemprogramme, die in den 1980ern von einigen Institutionen, ab den 1990ern von der OECD verfolgt wurde und dessen Messung mittlerweile halbwegs standardisiert ist. Es sind solche formalen Strukturen der sozialen Organisation der Innovation, die wir als „Grammatik" der Innovation bezeichnen. Diese sind so komplex geworden, dass sie ein Gegenstand der Untersuchung der Innovationsgesellschaft in eigenem Recht geworden sind. Exemplarisch zeigen dies etwa Garud und Gehman (2012), die am Beispiel der Nachhaltigkeit die zeitlichen, relationalen und narrativen Dimensionen dieser „Grammatik" unterscheiden und dabei auch Techniken und Objekte berücksichtigen.

Vor diesem Hintergrund ist *Innovation im engeren emischen Sinne* immer als organisierte Schaffung und Vermittlung des Neuen zu verstehen. Wie jede Institutionalisierung erfordert die organisierte Innovation besondere Legitimationen (bzw. wie Ragu und Gehman es nennen: Narrative), die den Anderen erklären, worin eigentlich die Innovation (auch als Neuheit) besteht. Als kommunikatives Handeln nehmen solche Legitimationen die Form von Diskursen an, in denen der Sinn der Innovation sozial ausgehandelt, verpflichtend gemacht oder bestritten werden kann. Da wir bisher nur über allgemeine Diskurse gesprochen haben, in denen das Wort Innovation auftritt, beziehen wir uns hier auf besondere Diskurse, in denen der Sinn von einzelnen Innovationen bewertet wird, so dass ihnen damit ein (durchaus auch ökonomischer) Wert verliehen werden kann.

Methodisch muss man hier die historische Semantik, wie sie von Koselleck entwickelt wurde, auf zwei Weisen erweitern, die sich jeweils auf das semantische Feld beziehen.[16] Dieses semantische Feld umfasst für gewöhnlich eine Reihe von lexikalischen Einheiten, die synonym mit Innovation sind, sich mit ihm überschneiden oder einzelne Aspekte und Attribute bezeichnen, und die eine gewisse, von anderen Semantiken abgrenzbare Ordnung von Nähe, Ferne, Spezifik oder Allgemeinheit aufweisen. Auf der einen Seite muss man nach Kategorien suchen, die sich auf Innovation beziehen, das heißt nach Worten im semantischen Feld von Innovation, so wie etwa „Schöpfung", „Erneuerung" oder „Neuheit". Dieses semantische Feld ist, wie ich meine, von dem oben skizzierten Begriff der kommunikativen Konstruktion des Neuen abgesteckt. Zu soziologischen Zwecken muss man, auf der anderen Seite, auf die Veränderungen in diachroner und synchroner Perspektive achten (das heißt die Verbindung von Innovation mit ähnlichen Worten in verschiedenen institutionellen Sphären, sozialen Gruppen, Professionen, Regionen etc. betrachten). In einer etwas detaillierteren Betrachtung geht es dabei vor allem um Begriffe, Wendungen und Tropen, die sich auf das ganze semantische Feld der Innovation beziehen.

Diskurse sind explizite Formen der semantisch kodifizierten Kommunikation über ein Thema (zum Beispiel „das Neue"). Diskurse sind deswegen in einem sehr grundlegenden Sinn legitimatorisch, denn sie vermitteln nicht nur Sinn, sie machen Sinn, indem sie über Innovation kommunizieren, sie zum Thema machen.[17] Die Diskurse, in denen es um Innovation geht, schließen zumeist die Folgen der Innovationen ein. Da sich die legitimatorischen Diskurse von den pragmatischen Prozessen unterscheiden, in denen das Neue gemacht wird[18], stellen sie eine besondere Form der Reflexivität dar, die wir *diskursive Reflexivität* nennen können.

Die diskursive Reflexivität unterscheidet die organisierte Innovation von der Art der Reflexivität, die in pragmatischen Handlungen impliziert auftritt. Ein Beispiel dafür bietet Ibert (2003, S. 23) mit der Beobachtung, dass Innovation zwar allerorten auftrete; als ein explizites Ziel des Planens sei es indessen ein bahnbrechend neues Phänomen. Innovation wird als Diskurs reflexiv etwa im akademischen Feld des Innovationsmanagements, das die Innovation in institutionalisierter Form zum ausdrücklichen Thema ihrer Kommunikation macht. Dies gilt auch für

---

16   Man muss dabei allerdings auch visuelle Diskurse miteinbeziehen, deren Analyse vermutlich eine eigene Methodik erfordert, vgl. Traue (2013).

17   Eine ausführlichere Erörterung des Zusammenhangs zwischen Diskurs und Legitimation findet sich in Knoblauch (2011).

18   Wie uns die ästhetische Theorie immer wieder zeigt, gilt dies natürlich auch für rein "kommunikative Innovationen", also gesprochene Worte, Schriften und Bildprodukte.

Diskurse, in denen es um die Relevanz der Innovation geht, um Debatten über die Messung der Innovation oder um die Abgrenzung der Innovation zu anderen Bereichen, wie etwa der sozialen Innovation.

Die Reflexivität der organisierten Innovation beschränkt sich indes nicht auf die ausdrückliche Diskursivierung. Weil sie institutionalisiert ist, findet die organisierte Innovation ihren Ausdruck in objektivierten Formen: Sie kann in hierarchischen oder heterogenen Organisationen verankert und *per decretum* so ausgeführt werden, die das Neue zu einer für diese Institutionen konstitutiven „idée directrice" machen. Betrachten wir nur das naheliegende Beispiel der Wissenschaft. Hier denken wir nur sehr selten ausdrücklich über die Frage nach dem Neuen nach (und wie es zustande kommt) – außer wir gehören einer Einrichtung an, die sich ausdrücklich mit der Innovation beschäftigt. Dennoch sind wir gedrängt, etwas Neues zu schaffen, weil die institutionelle Struktur wie eine Art Rahmen wirkt, der den Handlungen in der Institution eine Orientierung gibt und zugleich als ein semantischer Bezugsrahmen für die „richtigen" Handlungen dient.

Rahmen dieser Art werden als Bezugsgrößen explizit, wenn sie kritisiert werden; so können Wissenschaftler sozusagen als Ultima Ratio einfordern, dass die Neuheit eines Forschungsergebnisses belegt wird, falls die Routinen nicht akzeptiert werden (etwa der „Stand der Forschung"). Dasselbe gilt auch für technische Angelegenheiten in industriellen Forschungs- und Entwicklungsabteilungen. Hier wie in einer Reihe anderer Institutionen kann die Innovation als eine „idée directrice" sehr explizit werden. Das gilt etwa für sogenannte „Innovationszentren", „Start-ups" und eine Reihe von Einrichtungen, die sich explizit der Innovation widmen. Allein in Berlin beobachten wir die Entstehung einer wachsenden Zahl organisierter Zentren für technische (Siemens, Telekom, Google etc.) wie auch ökologische, kulturelle oder soziale Innovation. Diese Zentren adressieren auf der einen Seite besondere Handlungsprobleme; ihr besonderes Merkmal aber ist, dass sie sich bei der Verfolgung ihrer Handlungsprobleme auf die Innovation allgemein konzentrieren und dabei besondere Diskurse und Kommunikationsformen schaffen, wie etwa „Future Talks", „Productive Confrontation", „Experimentdays" etc.[19]

---

19 Wie Noack (2013) am Beispiel der sozialen Innovation in der Stadt andeutet und später ausführt, lassen sich genauer verschiedene Ebenen unterscheiden: das Innovieren selber (wie etwa eine neue Form des städtischen Journalismus), der Prozess, in dem dieses Innovieren entsteht, also etwa die erwähnten Gattungen der Innovationskommunikation, die Organisationen, in denen das stattfindet (etwa zivilgesellschaftliche Vereine) sowie schließlich die Organisations- und Finanzstrukturen, in denen diese eingebunden sind (zum Beispiel städtische Einrichtungen), die Innovation als solche honorieren, also Wert verleihen, valuieren und evaluieren.

6   Die Innovationsgesellschaft

Whitehead bemerkte einmal, dass die größte Erfindung des 19. Jahrhunderts die Erfindung der Methode der Erfindung gewesen sei (Godin 2008, S. 22). Wenn man die Erfindung als das Prinzip der frühen und klassischen Moderne ansieht, dann erscheint die Innovation als ein Merkmal der späten Moderne. Dies zeigt sich besonders an den Nennungen des Wortes „Innovation" in deutscher Sprache zwischen dem Jahr 1800 und 2008 (Siehe Abbildung 1).

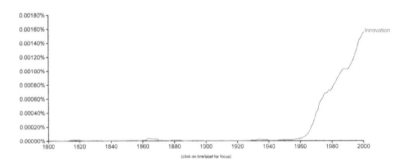

Abbildung 1   Nennung des Begriffes „Innovation" in den 5,2 Millionen von Google ge-
scannten deutschsprachigen Büchern.

Die gesellschaftsweite Institutionalisierung, Diskursivierung und entsprechende Reflexivierung scheint eine sogar noch jüngere Entwicklung zu sein, denn, wie Steve Fuller (2007, S. 103) kritisch bemerkt: "Innovation is the first global policy craze of the twenty-first century". Die wachsende Bedeutung der Innovation lässt in der Tat die Vermutung aufkommen, dass sie zu einem Handlungsprinzip wird, das die gegenwärtige Gesellschaft prägt, also zu einer Innovationsgesellschaft macht. In ihr rückt die Frage immer mehr in den Mittelpunkt, „wie die Menschen damit umgehen, wenn sie sich auf eine Gesellschaft einstellen sollen, die ständig Innovationen hervorbringen muss, um ökonomisch überlebensfähig zu bleiben" (Kehrbaum 2009, S. 136). Innovationsgesellschaft bedeutet, in den Worten von Rammert, dass sich „alle Bereiche [des gesellschaftlichen Lebens] dauernd innovieren und sich dazu wechselseitig reflexiv aufeinander abstimmen müssen," so „wird die Innovation selbst zum Prinzip der Integration in die zukünftige Entwicklung der sich innovierenden anderen Bereiche hinein." (Rammert 2013, S. 13f.)

Bei der Beschreibung einer solchen (empirisch noch zu überprüfenden) Hypothese der Entwicklung zur Innovationsgesellschaft zeichnen sich, soweit ich sehe, zwei verschiedene Modelle ab. Wenn man die institutionellen Aspekte der Innovation betont, wie dies die meisten Akteure im Feld tun, dann erscheint die Innovationsgesellschaft als Ausweitung eines Handlungsprinzips aus dem technischen und wissenschaftlichen Subsystem der Gesellschaft in andere Subsysteme. Diese Auffassung vertritt etwa Rammert (2008, 2010): Während die verschiedenen gesellschaftlichen Subsysteme zunehmend fragmentieren, wird Innovation zu einem übergreifenden Bezugsrahmen, der ihre Grenzen überschreitet und somit über die einzelnen Systeme hinweg gesamtgesellschaftlich wirksam wird. In diesem Prozess ändert dann auch die Innovation ihre Legitimation. Sie wird sozusagen in die „Logik" der verschiedenen Subsysteme übersetzt und trägt damit zur weiteren Fragmentierung bei.

Aus dieser Perspektive erscheint auch der Begriff der Kreativität als eine Übersetzung der Innovation in den Code besonderer Subsysteme oder gesellschaftlicher Felder, wie etwa Kunst, Bildung oder Massenmedien. Der Begriff der Innovation scheint dabei trotz der Übersetzung noch immer von der Rationalität der Wissenschaft, der Technik und der Ökonomie zu zehren, so dass die Übersetzungsbegriffe, wie etwa „Kreativität", sozusagen nur lexikalische Ersetzungen einer gleichbleibenden Semantik sind.

Gegen diese Vorstellung könnte man ein anderes theoretisches Modell der Innovationsgesellschaft formulieren. Diesem Modell zufolge stellt die Kreativität eine eigenständige Kategorie dar, die die Grenzen verschiedener institutioneller Bereiche und Systeme überschreitet (Reckwitz 2012). Vor allem seit der raschen Verbreitung des Begriffes durch Florida (2004) scheint sich Kreativität als Alternative zur Innovation anzubieten. Ein Grund könnte zum Beispiel darin bestehen, dass im Anschluss an rousseauistische und romantische Vorstellungen der Subjektivität Kreativität immer häufiger in die Bildungsprogramme auch der globalen Bildungssysteme integriert wird. Kreativität könnte sogar ein Code werden, der den der Innovation verdrängt.

Freilich müssen sich Innovation und Kreativität keineswegs als zwei verschiedene Modelle gegenüberstehen; in der Tat könnte man auch vermuten, dass Kreativität sozusagen die subjektive Aneignungsform bzw. Subjektivierungsform einer Innovation ist, die sich nicht nur über die Institutionen ausweitete, sondern auch der Subjekte ermächtigt.[20] Doch auch wenn diese Kopplung von Innovation und Kreativität möglich ist, ja sich möglicherweise sogar derzeit durchsetzt, so sollte

---

20 Nowotny (1995, S. 210f.) "Innovation, as the social side of creativity, means that it is a process through which individual creativity is communicated and thereby negotiated, transmitted and ultimately accepted or rejected."

man doch auch beachten, dass Kreativität und Innovation aus handlungstheoretischer Perspektive zwei unterschiedliche Orientierungen aufweisen.

7   Schluss: Die Handlungsstruktur der Innovation und die Kreativität

Wenn Innovation als eine Form des kommunikativen Handelns etwas Neues in die
soziale Wirklichkeit bringt, dann verdankt sich das Merkmal des Neuen, wie gezeigt, dem kommunikativen Aspekt des Handelns. Die Zeitlichkeit, die beim Neu-
en vorausgesetzt wird, ist jedoch ein allgemeiner Handlungsaspekt. Denn Handlungen zeichnen sich ja dadurch aus, dass sie an einem Entwurf in die Zukunft
orientiert sind, also, wie Schütz (1962) es nennt, „futuri exacti". Auch wenn wir,
wie erwähnt, noch nicht ausreichende empirische Untersuchungen zu dieser Zukunftsorientierung haben, so kann man mit Mannheim (1985: 169ff.) verschiedene Modelle der Zukunftsorientierung bzw. des „utopischen Bewusstseins" unterscheiden. Als einen zentralen Idealtypus des utopischen Bewusstseins identifiziert
Mannheim den Chiliasmus, der sich an einer ganz anderen Welt orientiert; auch
die Vorstellung der revolutionären Umwälzung des gesamten Bestehenden bildet
eine Art des utopischen Bewusstseins. Im Vergleich zum innovationsskeptischen
Konservativismus, die dritte Form des utopischen Bewusstseins, identifiziert
Mannheim eine vierte Form: Das liberale utopische Bewusstsein, das Veränderungen in einzelnen kleinen Schritten anstrebt. Es ist dieses Modell, das der Konzeption der Zukunft bei der Innovation am nächsten kommt. Dessen Nähe zum
liberalen Modell ist wissenssoziologisch sehr plausibel, fällt der jüngere Innova-
tionstrend doch mit dem „Ende der Ideologien" nach dem Fall der Berliner Mauer
zusammen. Anstatt Neues utopisch entwerfen zu wollen, wird es nun schrittweise,
ja sozusagen versuchsweise geschaffen. Die von Schumpeter betonte ‚Zerstörung‘
des Alten' richtet sich nun immer nur auf einen kleinen Ausschnitt, besondere
Objekte, Technologien oder Gedanken. Man kann sogar bezweifeln, ob die Vorstellung einer „Zerstörung" überhaupt zum Diskurs der Innovation passt und nicht
vielmehr evolutionäre Vorstellungen der Anpassung, Verbesserung und Korrektur
leitend sind, die ja durchaus konservative Züge tragen. Innovation ist, so kann man
also vermuten, eine Variante der liberalen Zeitvorstellung: Es geht nicht mehr um
die geplante Änderung und die kleinen Schritte (die den Gedanken des Fortschritts
implizieren); es geht um eine reflexive Änderung, die im Vollzug der Schritte deren Änderung beobachtet, also sozusagen die eigene Veränderung beobachtet.

Im Unterschied zur Innovation, die sich durch eine zeitliche Differenz zwischen
Altem und Neuem auszeichnet, betont die Kreativität eine andere Unterscheidung.

Sie zielt ja nicht zuerst in zeitlicher Hinsicht auf das Neue, das in der Wirklichkeit entsteht, sondern auf das Besondere, das durch die Handelnden entsteht. In diesem Sinne betont sie den Unterschied, den das Subjekt macht. Worauf es ankommt, ist nicht zuerst das, was in der Wirklichkeit neu ist. Vielmehr bezieht sie sich darauf, dass etwas von einem Subjekt auf eigene, damit unverwechselbare und erst in einem dritten Sinnhorizont neue Weise gemacht wird. Was immer neu daran ist, erklärt sich zuerst aus der Unterschiedlichkeit der subjektiven Perspektive. Auch wenn das Schaffen, das in der Kreativität enthalten ist, immer eine zeitliche Perspektive hat, ist das, was hier als „Neues" entsteht, nicht wesentlich zeitlich bestimmt.

Wenn auch die Innovationsgesellschaft mit der Kreativität liebäugelt, so muss man doch wiederholen, dass es bei Kreativität und Innovation durchaus um zwei unterschiedliche Handlungsorientierungen geht. Deren Unterschied kann durchaus Folgen haben. Wie Esposito (2011) erläutert, geschieht die Innovation in der modernen Gesellschaft als Diffusion von Neuheiten durch Imitation. Imitation ist auch ein Modell, das an die Massenproduktion und die Massenmedien gebunden ist. Die Massenmedien erlauben es das, was neu geschaffen wurde, auch zu verbreiten. Die Ausbreitung der digitalen Medien indessen erleichtert die Ablösung von der Massenproduktion und den Massenmedien und berührt die Innovation; denn nun können Produkte von den Subjekten selbst geschaffen werden. Auch wenn die dazu erforderlichen Produktionsmittel relativ standardisiert sind, erlaubt sie es den Subjekten, ihre eigenen Produkte kreativ zu gestalten, ohne dass Neuigkeit (auch wenn sie behauptet wird) eine Rolle spielte. Das Andere, das aus der Differenz kommt, gilt dann als das Neue (eine Erfahrung, die wir in der Wissenschaft nicht selten machen).

Natürlich steht genau dies in Frage, wenn es um Innovation geht, die nachgewiesen werden muss. Deswegen muss geklärt werden, ob das, was subjektiv als different erfahren wird, auch als neu angesehen werden kann. Unabhängig davon, wie diese Frage beantwortet wird, muss man zwei Orientierungen scharf unterscheiden, die allerdings in der Innovationsgesellschaft durchaus miteinander koexistieren oder vermischt in Konflikt stehen können. Ob sie dies tun ist indes eine empirische Frage, deren Verfolgung das Konzept der Innovationsgesellschaft schon voraussetzt.

Literatur

Archer, M. (2012). *The Reflexive Imperative in Late Modernity*. Cambridge: University Press.

Badiou, A. (2007). *Being and Event*. London: Continuum.

Beck, U., & Lau, C. (2005). Theorie und Empirie reflexiver Modernisierung. *Soziale Welt 56* (2-3), 107-135.

Berger, P. L., & Luckmann, T. (1966). *The Social Construction of Reality*. New York: Free Press.

Comte, A. (1830). *Cours de philosophie positive*. Paris: Rouen. http://www.egs.edu/library/auguste-comte/articles/cours-de-philosophie-positive-16/

De´Medici, L. (o.J.). Canti Carnascialeschi, Canzona di Bacco. (o.O.).

Drucker, P. (1969). *The Age of Discontinuity. Guidelines for a Changing Society*. London: Heinemann.

Esposito, E. (2011). Originality through imitation: the rationality of fashion. Organization Studies *32* (5), 603-613.

Flichy, P. (1995). *L'innovation technique*. Paris: La Découverte.

Fuller, S. (2007). Creativity in an Orwellian key. In A. Sales, M. Fournier, & Y. Sénéchal (Hrsg.), *Knowledge, Communication, and Creativity* (S. 97-114). London: Sage.

Garud, R., & Gehman, J. (2012). Metatheoretical perspective in sustainability journeys: evolutionary, relational and durational. *Research Policy 41*, 980-995.

Giddens, A. (1990). *Consequences of Modernity*. London: Polity.

Godin, B. (2008). Innovation. The History of a Category (Working Paper 1). Montréal: Project on the Intellectual History of Innovation. http://www.csiic.ca/PDF/IntellectualNo1. pdf Zugegriffen: 1.09.2015.

Godin, B. (2012). Social Innovation. Utopias of Innovation from 1830 to the Present (Working Paper 11). Montréal: Project on the Intellectual History of Innovation. http://scienceofsciencepolicy.net/publication/social-innovation-utopias-innovation-1830-present Zugegriffen: 1.09.2015.

Groys, B. (2002). *Über das Neue. Versuch einer Kulturökonomie*. Frankfurt: Fischer.

Habermas, J. (1984). *Theory of Communicative Action Volume One: Reason and the Rationalization of Society*. Boston: Beacon Press.

Howaldt, J., & Schwarz, M. (2010). *„Soziale Innovation" im Fokus. Skizze eines gesellschaftsinspirierten Forschungskonzepts*. Bielefeld: transcript.

Hutter, M. (2014). Cultural Conditions of Creation: A Communication-Centered Approach to Reckwitz' „Creativity Dispositif". In H. Knoblauch, M. Jacobs, & R. Tuma (Hrsg.), *Culture, Communication, and Creativity. Reframing the Relations of Media, Knowledge, and Innovation in Society*. (S. 32-47). Berlin: Lang.

Hutter, M., Knoblauch, H., Rammert, W., & Windeler, A. (2011). *Innovationsgesellschaft heute. Die reflexive Herstellung des Neuen*. In diesem Band.

Ibert, O. (2003). *Innovationsorientierte Planung. Verfahren und Strategien zur Organisation von Innovation*. Opladen: Leske & Budrich.

Joas, H. (1996). *The Creativity of Action*. Chicago: University of Chicago Press.

Kehrbaum, T. (2009). *Innovation als sozialer Prozess. Die Grounded Theory als Methodologie und Praxis der Innovationsforschung*. Wiesbaden: Springer VS.

130 Hubert Knoblauch

Keller, R., Knoblauch, H., & Reichertz, J. (Hrsg.). *Kommunikativer Konstruktivismus. Theoretische und empirische Arbeiten zu einem neuen wissenssoziologischen Ansatz.* Wiesbaden: Springer VS.

Knoblauch, H. (1995). *Kommunikationskultur. Die kommunikative Konstruktion kultureller Kontexte.* Berlin/ New York: De Gruyter.

Knoblauch, H. (2001). Communication, contexts and culture. A communicative constructivist approach to intercultural communication. In A. Di Luzio, S. Günthner, & F. Orletti (Hrsg.), *Culture in Communication. Analyses of Intercultural Situations* (S. 3-33). Amsterdam: John Benjamins.

Knoblauch, H. (2005). *Wissenssoziologie.* Konstanz: UVK.

Knoblauch, H. (2011). Diskurs, Kommunikation und Wissenssoziologie. In A. Hirseland, R. Keller, W. Schneider, & W. Viehöver (Hrsg.), *Handbuch sozialwissenschaftliche Diskursanalyse Band 1: Theorien und Methoden.* (S. 225-244). Opladen: Leske & Budrich.

Knoblauch, H. (2012). Grundbegriffe und Aufgaben des kommunikativen Konstruktivismus. In R. Keller, H. Knoblauch, & J. Reichertz (Hrsg.), *Kommunikativer Konstruktivismus. Theoretische und empirische Arbeiten zu einem neuen wissenssoziologischen Ansatz.* (S. 25-48). Wiesbaden: Springer VS.

Knoblauch, H. (2013). Projection, Imagination and Novelty. Towards a Theory of Creative Action based on Schütz. In J. Dreher & M. Berber (Hrsg.), *The Interrelation of Phenomenology, Social Sciences and the Arts.* (S. 31-50). Dordrecht: Springer.

Knoblauch, H., Jacobs, M., & Tuma, R. (Hrsg.). Introduction. In H. Knoblauch, M. Jacobs, & R. Tuma (Hrsg.), *Culture, Communication, and Creativity. Reframing the Relations of Media, Knowledge, and Innovation in Society.* (S. 7-22). Frankfurt: Lang.

Knoblauch, H., & Schnettler, B. (2000). Die Apokalypse findet nicht statt. Prophetische Zukunftsvisionen zum Ende des Jahrtausends in Deutschland. In B.-M. Baumunk & E. M. Thimme (Hrsg.), *Sieben Hügel. Bilder und Zeichen des 21. Jahrhunderts. Band V: Glauben.* (S. 26-30). Berlin: Henschel-Verlag.

Kosellek, R. (2006). *Begriffsgeschichten. Studien zur Semantik und Pragmatik der politischen und sozialen Sprache.* Frankfurt a. M.: Suhrkamp.

Krotz, F., & Hepp, A. (2012). *Mediatisierte Welten.* Wiesbaden: Springer VS.

Lamont, M. (2012). Toward a Comparative Sociology of Valuation and Evaluation. In: *Annual Review of Sociology 38* (1), 201-221.

Latour, B. (2005). Reassembling the Social: *An Introduction to Actor-Network-Theory.* Oxford: University Press.

MacCallum, D., Moulaert, F., Hillier, J., & Vicari, S. (2009). *Social Innovation and Territorial Development.* Aldershot: Ashgate.

Mannheim, K. (1985). *Ideologie und Utopie.* Frankfurt a. M.: Klostermann.

Minois, G. (1996). *Histoire de l'avenir, des Prophètes à la prospective.* Paris: Fayard.

Moulaert, F., & Van Dyck, B. (im Druck). Framing Social Innovation Research: A Sociology of Knowledge Perspective. In F. Moulaert, D. MacCallum, A. Mehmood, & A. Hamdouch (Hrsg.), *The International Handbook on Social Innovation: Collective Action, Social Learning and Transdisciplinary Research* (Kapitel 3.5). Cheltenham, Edward Elgar.

Münch, R. (1984). *Die Struktur der Moderne. Grundmuster und differentielle Gestaltung des institutionellen Aufbaus der modernen Gesellschaften.* Frankfurt a. M.: Suhrkamp.

Noack, A. (im Druck). „Anybody got an idea?" Communicative Forms, Roles and Legitimations in the Communicative Genesis and Negotiation of Social Innovation. In H.

Knoblauch, M. Jacobs, & R. Tuma (Hrsg.), *Culture, Communication, and Creativity. Reframing the Relations of Media, Knowledge, and Innovation in Society.* (S. 101-123). Berlin: Lang.

Rammert, W. (2008). Technik und Innovation. In A. Maurer (Hrsg.), *Handbuch der Wirtschaftssoziologie.* (S. 291-319). Wiesbaden: Springer VS.

Rammert, W. (2010). Die Innovationen der Gesellschaft. In J. Howaldt & H. Jacobsen (Hrsg.), *Soziale Innovation. Auf dem Weg zu einem postindustriellen Innovationsparadigma* (S. 21-52). Wiesbaden: Springer VS.

Rammert, W. (2013). Vielfalt der Innovation und gesellschaftlicher Zusammenhalt (Working Papers, TUTS-WP-1-2013). Berlin: Technische Universität Berlin.

Reckwitz, A. (2012). *Die Erfindung der Kreativität.* Frankfurt a. M.: Suhrkamp.

Rogers, E. M. (1995). *Diffusion of innovations* (4. Auflage.). New York: Free Press.

Schnettler, B. (2004). *Zukunftsvisionen. Transzendenzerfahrungen und Alltagswelt.* Konstanz: UVK.

Schubert, C. (2014). *Reflexivities and references of social innovations.* Siegen: MS.

Schumpeter, J. A. (1939). *Business cycles. A theoretical, historical, and statistical analysis of the capitalist process* (2. Auflage.). New York: McGraw-Hill.

Schütz, A. (1971). Wissenschaftliche Interpretation und Alltagsverständnis menschlichen Handelns. In A. Schütz (Hrsg.), *Gesammelte Aufsätze I: Das Problem der sozialen Wirklichkeit* (S. 3-54). Den Haag: Nijhoff.

Suchman, L. (1987). *Plans and Situated Actions.* Cambridge: CUP.

Tarde, G. (1890 [2001]). *Les lois de l'imitation.* Paris: Seuil.

Traue, B. (2013). Visuelle Diskursanalyse. Ein programmatischer Vorschlag zur Untersuchung von Sicht- und Sagbarkeiten im Medienwandel. *Zeitschrift für Diskursforschung, 2* (1), 117-136.

Weber, M. (1980). *Wirtschaft und Gesellschaft.* Tübingen: Mohr-Siebeck.

Windeler, A. (2003). Kreation technologischer Pfade: ein strukturationstheoretischer Analyseansatz. *Managementforschung 13,* 295-328.

Internetquellen

http://www.csiic.ca/PDF/IntellectualNo1.pdf. Zugegriffen: 01.09.2015.

http://scienceofsciencepolicy.net/publication/social-innovation-utopias-innovation-1830-present. Zugegriffen: 01.09.2015.

Das Kreativitätsdispositiv und die sozialen Regime des Neuen

Andreas Reckwitz

1   Kreativität aus gesellschaftstheoretischer Perspektive

Ein soziologisches Verständnis von Kreativität kann zweierlei bedeuten: Entweder begreift man Kreativität als eine Eigenschaft und *Voraussetzung* menschlichen Handelns oder des Sozialen, die ihnen von vornherein zukommt; oder aber man versteht Kreativität als das *Produkt* einer sehr spezifischen sozial-kulturellen Konstellation, vor allem der Moderne oder Postmoderne, eine soziale Konstellation, die ‚Kreativität' auf ihre Weise definiert, fördert und verstärkt. In beiden Fällen wird Kreativität aus einem soziologischen Blickwinkel betrachtet, der sich von dem des ubiquitären psychologischen Diskurses deutlich unterscheidet. Die meisten psychologischen Studien zum Thema Kreativität, die seit J.P. Guilfords einflussreichem Vortrag vor der *American Psychological Association* im Jahre 1950 entstanden sind, setzten Kreativität nämlich als eine universale – wenn auch möglicherweise ungleich verteilte – Eigenschaft des menschlichen Geistes (oder Gehirns) und seiner kognitiven Strukturen voraus (vgl. Runco 2007). Sobald Kreativität jedoch in den Fokus der Soziologie gerät, muss diese Reduktion auf das Kognitive zu kurz greifen: Kreativität ist vielmehr eine soziale Eigenschaft.

Aber dieses Soziale kann sich eben auf zwei ganz unterschiedliche Konstellationen beziehen. Auf der Ebene einer allgemeinen Sozialtheorie lässt sich Kreativität als ein strukturelles Merkmal des Sozialen begreifen: als die inhärente Eigenschaft von Praktiken, Interaktionen, Kommunikation oder sozialen Prozessen, die aus sich selbst heraus immer wieder unberechenbar neuartige Ereignisse hervorbringen. Kreativität erscheint hier gewissermaßen als eine Voraussetzung des Sozialen. Die handlungstheoretisch ausgerichteten Arbeiten von Heinrich Popitz (1997) und Hans Joas (1992) weisen diesen Weg. In einer ganz anderen Weise kann man auch die poststrukturalistische, post-vitalistische Theorie rhizomatischer Strukturen von Gilles Deleuze und Félix Guattari (1980) als einen solchen Ansatz verstehen, der die kreativen Leistungen des Sozialen hervorhebt (freilich ohne dass der Begriff des Schöpferischen dabei explizit verwendet würde). Auch Autoren aus dem Feld der Cultural Studies wie Paul Willis (1990) setzen das experimentelle, ja subversive Potenzial sozialer Praktiken und damit letztlich ihre inhärente ,Kreativität' voraus. Trotz aller Unterschiede teilen alle diese Autoren charakteristischerweise eine mehr oder weniger emphatische normative Identifikation mit dem Kreativen als etwas vorgeblich natürlicherweise Menschliches, eine Eigenschaft des Lebendigen oder eine Quelle des Politischen.

Diese sozialtheoretische Perspektive auf das Phänomen der Kreativität hat zweifellos ihre Verdienste und bildet ein notwendiges Gegengewicht gegen explizit oder latent strukturalistische Ansätze, die von der Normalität sozialer Stabilität und Reproduktion ausgehen. Ich will hier aber einen anderen Weg einschlagen. In meinem Verständnis stellt Kreativität keine allgemeingültige Eigenschaft des Humanen oder Sozialen dar, sondern ein hochspezifisches soziales, kulturelles und historisches Produkt. Das Phänomen der Kreativität wandert als Problemstellung damit von der allgemeinen Sozialtheorie in die Gesellschaftstheorie, Historische Soziologie und Kultursoziologie. Aus diesem Blickwinkel ist es entscheidend, das Kreative einer ebenso grundsätzlichen wie akribischen Historisierung auszusetzen, es in jene historisch hochspezifischen sozialen Praktiken und Diskurse einzubetten, die es hervorbringen.

Natürlich: es ist völlig richtig, dass wir auf der Ebene der Sozialtheorie ein Vokabular benötigen, das soziale Reproduktion ebenso wie sozialen Wandel, das die Wiederholung des Gleichen und die Entstehung des Neuen gleichermaßen als Strukturierungsformen der sozialen Welt anerkennt – wobei eine solche Perspektive sehr gut ohne den kulturell aufgeladenen Begriff des Kreativen auskommt und keinesfalls mit einer modernistischen Glorifizierung der Entstehung des Neuen und einer komplementären normativen Abwertung sozialer Wiederholungen verbunden sein muss.[1] Man muss tatsächlich davon ausgehen, dass soziale Komplexe von Praktiken immer zwischen Wiederholung und der Entstehung von Novitäten changieren: Eine komplette Reproduktion des Immergleichen ist dann ebenso ein

---

1   Aus meiner Sicht ist einer der entscheidenden Vorzüge einer Theorie sozialer Praktiken (vgl. Giddens 1979; Reckwitz 2003), dass sie diesen Doppelcharakter von Wiederholung und Normalität der Abweichung im Kern des Sozialen ausmacht.

Grenzfall wie ein kompletter Bruch mit der Vergangenheit in einem vollständig neuartigen Ereignis.

Aus der Perspektive der Gesellschaftstheorie wie einer empirisch arbeitenden Soziologie ist jedoch eine andere Frage interessanter: Wie konnte es dazu kommen, dass sich in der Moderne und insbesondere in der Spätmoderne (das heißt der Phase seit den 1970er/80er Jahren) immer mehr eine soziale Konstellation verbreitet, die Kreativität prämiert und systematisch fördert? Wie und warum haben die spätmodernen Subjekte gelernt, sich als ‚kreativ' zu verstehen und sich entsprechend als ein ‚kreatives Selbst' zu modellieren? Wie haben sich verschiedenste soziale Felder in der Weise restrukturiert, dass sie einem sozialen Regime des Neuen, insbesondere des ästhetisch Neuen folgen? Die Frage nach der Kreativität ist damit aus meiner Sicht nicht eigentlich eine Frage nach dem ‚Menschen', sondern eine Frage nach der Moderne. Meine Grundannahme lautet: Im Laufe des 20. Jahrhunderts (mit Vorläufern bereits in den Jahrhunderten zuvor) und intensiviert seit den 1970er Jahren ist in den westlichen Gesellschaften ein dynamisches Kreativitätsdispositiv entstanden. Als Dispositiv überschreitet es die Grenzen zwischen funktional differenzierten Systemen, es umfasst die Kunst ebenso wie weite Segmente der Ökonomie, die Massenmedien, die staatliche Stadtplanung oder Teile der psychologischen Beratung: Überall und miteinander vernetzt, stellt sich das Soziale in Richtung einer Erwartungsstruktur des Kreativen um. Meine Perspektive ist damit von jener Michel Foucaults beeinflusst (der sich selbst für das Phänomen der Kreativität allerdings nie interessierte). So wie Foucaults genealogisch-archäologische Analyse des Sexualitätsdispositivs eine entmystifizierende Wirkung hat und etwas scheinbar Natürliches als eine sozial-kulturell-historische Konstellation dechiffriert (vgl. Foucault 1976), kann eine davon inspirierte Perspektive auf Kreativität und das Kreativitätsdispositiv einen ähnlichen Effekt zeitigen: Wie und auf welchem Wege haben wir in unseren sozialen Praktiken, Diskursen und Subjektivierungsweisen die Form der kreativen Produktion und Rezeption des Neuen derart verinnerlicht, dass sie mittlerweile wie eine quasi-natürliche alternativlose Ordnung der Dinge erscheint?

Eine soziologische Analyse der Genese und gegenwärtigen Strukturen des Kreativitätsdispositivs ist eine komplexe Aufgabe. An dieser Stelle muss ich mich darauf beschränken einen analytischen Bezugsrahmen zu liefern, der aus vier Grundannahmen besteht: 1. Der kreative Komplex der Gegenwartsgesellschaft liefert eine hochspezifische Version dessen, was ich ‚soziale Regime des Neuen' in der Moderne nennen will: ein Regime des ästhetisch Neuen. 2. Dies erfordert eine Klärung der Begriffe der ästhetischen Praktiken und der Ästhetisierung, die sich für eine Soziologie der Gegenwart als unabdingbar herausstellen. 3. Das Kreativitätsdispositiv lässt sich als eine spezifische Konstellation der Sozialität begreifen, die sich aus Produzenten, Publikum, Dinge und Aufmerksamkeitsregulierungen zusammensetzt. 4. Das soziale Feld der modernen Kunst erweist sich als struktureller Prototyp des Kreativitätsdispositivs.

Vor diesem Hintergrund kann ich abschließend die These umreißen, dass die Kulturalisierung der Gesellschaft, die sich im Kreativitätsdispositiv verdichtet, mittlerweile das Nachfolgemodell zur klassisch industriell-szientistischen ,Innovationsgesellschaft' darstellt, und einen entsprechenden heuristischen Bezugsrahmen zur Analyse von sozialen Regimen des Neuen in der (Spät-)Moderne entwickeln.

2   Regime des Neuen

Im Rahmen des Kreativitätsdispositivs erlangt ein vertrautes Kernelement der Struktur und Semantik moderner Gesellschaften einen grundsätzlich veränderten Stellenwert: das Neue.[2] Dass die moderne Gesellschaft in ihren Institutionen und Semantiken im Kern nicht auf traditionale Wiederholung, sondern auf dynamische Selbstveränderung ausgerichtet ist, dass sie von Anfang an eine Präferenz für das Neue gegenüber dem Alten eingebaut hat, ist eine klassische Diagnose. Auf politischer, ökonomischer, wissenschaftlich-technischer und künstlerischer Ebene hat die moderne Gesellschaft seit ihrer Entstehung im späten 18. Jahrhundert umfassend versucht, das Neue zu fördern – sei es in politischen Revolutionen und Reformen, in der Warenzirkulation, technischen Erfindungen oder künstlerischer Originalität.[3] Das Neue ist dabei nicht von vornherein mit Fortschrittsorientierung oder dem Denken in ,absoluten Brüchen' zu identifizieren. Abstrakt bedeutet eine Orientierung am Neuen zunächst, dass ein Temporalschema entwickelt wird, das Vergangenheit, Gegenwart und Zukunft als distinkt unterscheidet, und das Neue

---

2   Ich lehne mich in den Teilen 1 bis 4 des Aufsatzes an Passagen aus „Die Erfindung der Kreativität" (2012) an, insbesondere aus dem ersten und zweiten Kapitel.

3   Auf der Ebene der Semantik dazu klassisch Koselleck (1979). Obwohl die Diagnose der modernen Orientierung am Neuen vertraut ist, hat es bisher kein umfassendes soziologisches Forschungsprogramm zur Analyse von sozialen Regimen des Neuen gegeben, das über den klassischen Forschungsschwerpunkt technologischer Innovationsprozesse in der Technik- und Organisationssoziologie hinausgeht. Die Notwendigkeit eines solchen umfassenden Analyseansatzes – an den auch das Graduiertenkolleg „Innovationsgesellschaft heute" anschließt – hat Werner Rammert (2010) deutlich herausgestellt. Ich würde dem grundsätzlich zustimmen, aber auf dieser allgemeinen Ebene anstelle des technizistischen Begriffs der ,Innovation' den des ,Regimes des Neuen' vorziehen und die Differenz zwischen beiden Konzepten heuristisch ausnutzen (vgl. mein Abschnitt 5).

gegenüber dem Alten präferiert. Ein Regime des Neuen hat jedoch nicht nur eine zeitliche Konnotation, sondern auch eine phänomenale und eine soziale: Auf der Ebene der Phänomene markiert das Neue das Andere im Unterschied zum Gleichen. Sozial verweist das Neue auf das Abweichende im Unterschied zum Normalen und normativ Erwarteten. Ob auf der zeitlichen, der phänomenalen oder der sozialen Ebene – nie ist das Neue kurzerhand objektiv vorhanden, immer hängt es von häufig umstrittenen Beobachtungs- und Wahrnehmungsschemata ab. Soziale Regime des Neuen, wie sie für die moderne Gesellschaft als charakteristisch erweisen, sind nun Ensembles von Praktiken, Diskursen, Subjektivierungsweisen und Artefaktsystemen, die nicht allein das Neue *beobachten* und es positiv präferieren, sondern auch darauf aus sind, es zu fördern und aktiv *hervorzubringen*, zu steigern und zu intensivieren. Idealtypisch lassen sich drei moderne Strukturierungsformen der Orientierung am Neuen unterscheiden, die grob aufeinander folgen, ohne dass die älteren völlig verschwunden wären: das Regime des Neuen als Stufe (Neues I); das des Neuen als Steigerung und Überbietung (Neues II); und das des Neuen als Reiz (III). Diesen Dynamisierungsregimen entsprechen, plakativ gesprochen, drei Modelle der Moderne: die Moderne der Perfektion; die Moderne des Fortschritts; die ästhetisierte Moderne.

Das erste Regime des Neuen strebt nach einer Stufe, in der eine alte durch eine neue, fortschrittlichere und rationalere Konstellation ein für alle Mal abgelöst wird. Das Neue erscheint als das absolut und eindeutig Neuartige, Revolutionäre. Nach Absolvierung dieser Stufe, nachdem das Neue einmal erreicht ist, bedarf es keines grundsätzlich Neuen mehr, höchstens inkrementaler Verbesserungen. Dieses Modell liegt der Form der politischen Revolution zugrunde. In der Konstellation des Neuen I ist das Neue damit dem Ziel des politisch-moralischen Fortschritts untergeordnet und letzterer erscheint endlich.

Anders das Regime des Neuen als Steigerung und Überbietung, das Neue II. In dieser Konstellation wird eine permanente Produktion des Neuen in eine unendliche Zukunft hinein angestrebt. Charakteristisch hierfür ist das Muster naturwissenschaftlich-technischer Entwicklung, aber auch die ökonomische Innovation auf dem Markt. Der Begriff der Steigerung enthält hier sowohl ein quantitatives Mehr als auch qualitative Sprünge. In jedem Fall ist für die Konstellation des Neuen II kennzeichnend, dass der einzelne Akt des Neuen den normativen Anspruch der Verbesserung enthält und diese Verbesserungssequenz zugleich endlos ist.

Das Regime des Neuen als ästhetischer Reiz (Neues III), wie es sich als zentral für das Kreativitätsdispositiv herausstellt, ist wiederum anders organisiert. Auch hier geht es um die dynamische Produktion einer Sequenz von neuen Akten, die unendlich ist, aber der Wert des Neuen ist weitgehend seiner progressiven Konnotationen entkleidet. Der Wert des Neuen besteht nun nicht in seiner Eingliederung in eine Fortschrittssequenz, sondern in seinem momenthaften ästhetischen Reiz, der immer wieder von einer anderen, nächsten sinnlich-affektiven Qualität abgelöst wird. Es ist nicht der Fortschritt oder die Überbietung, sondern die Bewegung selbst, die Aufeinanderfolge von Reizakten, der das Interesse gilt und die normativ prämiert wird. Das Neue bestimmt sich hier im Wesentlichen über seine schiere Differenz zu vorhergehenden, alten Ereignissen in der Zeitsequenz, über seine Differenz als Anderes zum Identischen und über seine Differenz als willkommene Abweichung vom Üblichen. Das Neue ist dann das *relativ* Neue als Ereignis, es markiert keinen strukturellen Bruch. Im Rahmen des Regimes des ästhetisch Neuen befindet sich das Neue in einem gemeinsamen semantischen Feld mit dem Interessanten, dem Überraschenden und dem Originellen. Alle drei sind keine Fortschritts- oder Überbietungsbegriffe des Neuen, sondern reine, entnormativierte Differenzbegriffe mit Affektcharakter. Die Produktion des Neuen folgt hier nicht mehr dem Modell der politischen Revolution oder dem der technischen Erfindung, sondern der Kreation von Objekten oder Atmosphären, die die Sinne und Bedeutungen reizen und affektiv wirksam sind, wie es sich erstmals in der modernen Kunst findet.

3   Ästhetisierungsprozesse

Wenn sich das Kreativitätsdispositiv im Kern als ein soziales Regime des ästhetisch Neuen im Sinne des Neuen III begreifen lässt, ist zu klären, was aus soziologischer Perspektive unter dem Ästhetischen, unter ästhetischen Praktiken verstanden werden kann. Tatsächlich forciert das Kreativitätsdispositiv einen ebenso radikalen wie spezifischen Prozess der Ästhetisierung. Was ist nun aber das Ästhetische, und was sind Ästhetisierungen? ‚Aisthesis‘ bezieht sich in seiner ursprünglichen Wortbedeutung bekanntlich auf die sinnliche Wahrnehmung in ihrer ganzen Breite. Ein trennscharfes Verständnis des Ästhetischen setzt dieses jedoch nicht mit sinnlicher Wahrnehmung insgesamt gleich, sondern kann auf eine Grundintuition der klassischen Ästhetik zurückgreifen: Das Ästhetische bezieht sich in meinem Verständnis auf sinnliche als *eigendynamische* Prozesse, die sich aus ihrer Einbettung in zweckrationales Handeln gelöst haben. Aisthesis als das Insgesamt aller sinnlichen Wahrnehmung lässt sich dann von ‚ästhetischen Wahrnehmungen‘ im Besonderen unterscheiden (vgl. Seel 1996). Das Spezifikum ästhetischer Wahrnehmungen ist ihre Selbstzweckhaftigkeit und Selbstbezüglichkeit, ihre Orientierung am eigenen Vollzug in diesem Moment. Ihr Spezifikum ist ihre Sinnlichkeit um der Sinnlichkeit, ihre Wahrnehmung um der Wahrnehmung willen.

Dieses Ästhetische in einem zeitgemäßen Verständnis ist von den klassischen Kopplungen an den guten Geschmack, die Schönheit, die Kontemplation oder die autonome Sphäre der Kunst zu lösen.[4] Entscheidend für ästhetische Wahrnehmungen ist nicht, ob sie schön oder hässlich sind, ob harmonisch oder dissonant, ob introvertiert oder lustvoll-mitgerissen, sondern dass sie sich nicht im Sinne einer bloßen Informationsverarbeitung dem zweckrationalen Handeln unterordnen, vielmehr diesem gegenüber eine relative Eigendynamik und Vollzugsorientierung besitzen. Ästhetische Praktiken findet man damit nicht nur in der Kunst oder im Naturerleben – die klassischen Fälle der bürgerlichen Philosophischen Ästhetik –, sondern auch im Sportstadion oder bei der touristischen Reise, in der Mode und der Inneneinrichtung wie in der Gastronomie, in der Sexualität und Erotik wie in der ‚kreativen Arbeit'. Ästhetische Wahrnehmungen beziehen dabei noch eine weitere Dimension in spezifischer Weise mit ein: Sie sind nicht reine Sinnesaktivität, sondern enthalten auch ein erhebliches Maß an Affektivität, eine emotionale Involviertheit des Subjekts, die wiederum eigendynamisch und selbstreferenziell ist. Ästhetische Phänomene umfassen immer ein Doppel von „Perzepten und Affekten" (Deleuze). Ästhetische sinnliche Wahrnehmungen schließen eine spezifische Affiziertheit des Subjekts durch einen Gegenstand oder eine Situation ein, eine Befindlichkeit oder Erregung, ein enthusiastisches, betroffenes oder gelassenes Fühlen.

Für ein soziologisches Verständnis des Ästhetischen ist ein praxeologischer Blick auf Sinnlichkeit und Affektivität zentral. In diesem Zusammenhang lassen sich zwei Aggregatzustände des Ästhetischen voneinander unterscheiden: ästhetische Episoden und ästhetische Praktiken. In *ästhetischen Episoden* scheint momenthaft und unberechenbar eine ästhetische Wahrnehmung auf, ein Subjekt lässt sich durch ein Objekt im Rahmen einer Konstellation affizieren und durchbricht damit den Kreislauf der Zweckrationalität – danach verschwindet der Moment. In *ästhetischen Praktiken* hingegen werden immer wieder ästhetische Wahrnehmungen oder Objekte für eine solche Wahrnehmung routinisiert oder gewohnheitsmäßig hervorgebracht. Ästhetische Praktiken enthalten damit immer auch ein – häufig implizites – ästhetisches Wissen, kulturelle Schemata, die die Produktion und Rezeption ästhetischer Ereignisse anleiten. Ein solches Verständnis des Ästhetischen hebt einen Aspekt sozialer Praxis hervor, der von einer rationalistischen Philoso-

---

4   Die Engführung des Ästhetischen auf das Schöne wird auch in soziologischen Diagnosen teilweise immer noch vertreten, vgl. etwa Lipovetsky 2013. Zugleich will ich mich aber von jenem vollständig abstrahierten Begriff des Ästhetischen distanzieren, wie er etwa von Welsch (1996) vertreten wird. Er bezieht das Ästhetische auf Kontingenzsituationen allgemein und löst es damit von der Bindung an sinnliche Wahrnehmungen und Affekte.

phie und Soziologie lange marginalisiert worden ist. Der Gegenbegriff zum Ästhetischen in dieser auf eigendynamische sinnliche Wahrnehmung und Affektivität bezogenen Bedeutung ist das zweck- und regelgeleitete Handeln, in dem sinnliche Wahrnehmung nur sekundär als kognitive Informationsverarbeitung auftaucht. Auch Affekte erscheinen hier zugunsten der Sachlichkeit oder Normativität des Handlungszusammenhangs untergeordnet, der idealerweise affektneutral ist.

Vor dem Hintergrund eines solchen Verständnisses des Ästhetischen kann das Phänomen der gesellschaftlichen Ästhetisierung Kontur gewinnen.[5] Es handelt sich hier um einen präzise bestimmbaren Strukturwandel. In Prozessen der Ästhetisierung dehnt sich innerhalb der Gesellschaft der Anteil ästhetischer Praktiken als Ganzer auf Kosten primär nicht-ästhetischer, zweckrationaler und normativer Praktiken aus. Die exakte Form und Richtung der Ästhetisierung kann dabei kulturell und historisch äußerst variabel sein. In der Realität bedeutet Ästhetisierung dabei nicht nur eine wachsende Bedeutung ‚reiner‘ ästhetischer Praktiken, sondern auch eine Zunahme von hybriden Mischpraktiken: In zweckrationale oder normative Praktiken sind hier mehr und mehr Elemente ästhetischer Praktiken eingebunden (zum Beispiel in den Arbeitsprozess oder die Partnerschaft). Die Besonderheit des Kreativitätsdispositivs besteht nun darin, dass es eine Ästhetisierung forciert, die auf die Produktion und Rezeption von *neuen* ästhetischen Ereignissen ausgerichtet ist. Wie gesagt: Die moderne Gesellschaft hat seit ihren Anfängen das Neue strukturell vorangetrieben, auch auf politischer und technischer Ebene. Umgekehrt hat es in verschiedensten Gesellschaftstypen immer auch ästhetische Praktiken gegeben, die nicht auf Originalität, sondern auf Wiederholung und Ritualisierung ausgerichtet waren.[6] Das Kreativitätsdispositiv richtet nun das *Ästhetische* am *Neuen* und das Regime des *Neuen* am *Ästhetischen* aus. Es markiert eine Schnittmenge zwischen Ästhetisierungen und den sozialen Regimen des Neuen.

---

5   Ein verwandter Ästhetisierungsbegriff findet sich in Schulze (1992), der sich allerdings auf den rezeptiv-konsumtorischen Aspekt ästhetischer Praktiken konzentriert.

6   Ein klassischer Ort hierfür ist sicherlich die Ästhetik des alten Japans und Chinas, vgl. dazu Jullien (1999), auch Han (2011).

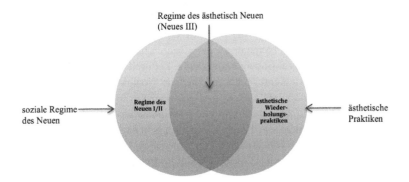

Abbildung 1 Regime des Neuen und Ästhetisierung

4 Ästhetische Sozialitäten: Kreateure, Publika, Aufmerksamkeiten

Es wird damit deutlich, dass für das Kreativitätsdispositiv eine spezifische Struktur der Sozialität kennzeichnend ist. Ich gehe generell davon aus, dass ‚das Soziale' keine fixe, überhistorische Struktur hat, sondern sich in historisch spezifischen und unterschiedlichen Formen ‚versammelt'. Die Sozialität des Kreativitätsdispositivs hat nun jedoch im Kern keine Struktur einfacher Interaktionen oder Kommunikationen, sie wird auch nicht von einem normativen Regelsystem oder einer Struktur des Tausches zwischen zweckrationalen Akteuren – allesamt ‚klassische' Formen des Sozialen, die die Soziologie in extenso thematisiert hat – getragen. Im Kern handelt es sich vielmehr um eine Form des Sozialen, die durch eine Relation zwischen ästhetischen Produzenten/ Kreateuren, einem Publikum und Objekten gekennzeichnet ist. Es muss einerseits Praktiken geben, die auf die Produktion von ästhetisch Neuem ausgerichtet sind und die von entsprechenden individuellen oder kollektiven „Kreateuren" getragen werden. Es muss auf der anderen Seite ein Publikum geben, das primär an der ästhetischen Aneignung von Objekten und Ereignissen interessiert ist. Beide sind verknüpft durch materiell-kulturelle Objekte.

Die Ästhetisierungsform des Kreativitätsdispositivs ist einerseits an ein Produktionsethos gekoppelt: das des Kreativen. Es setzt voraus, dass das ästhetisch Neue von einem Subjekt oder einer anderen Instanz, etwa einem Kollektiv oder der Praxis selbst, hervorgebracht wird. Ästhetisierungsprozesse im Rahmen des Kreativitätsdispositivs sprengen damit den Rahmen dessen, was Guy Debord unter einer ‚Gesellschaft des Spektakels' (1967) mit passiven Konsumenten verstand. Innerhalb des Dispositivs sind Institutionen und Subjekte vielmehr dem Imperativ ausgesetzt (der auf der Ebene der Subjekte einer internalisierten Wunschstruktur entspricht), kreative Potenziale zu mobilisieren und neue ästhetische Objekte und Ereignisse hervorzubringen: Kunstwerke, kulturell-ästhetische Güter, Ereignisse und Dienste, Medienformate und mediale Neuigkeiten, Transformationen des urbanen Raums, schließlich Selbstpräsentationen in sozialen Netzwerken. Die Kreateure sind hier nicht mehr Produzenten im industriegesellschaftlichen Sinne: diese waren Produzenten von Typen, nun jedoch geht es um die produktive Kreation von Singularitäten, von ‚einzigartigen', neuartigen Dingen.

Die kreativen Produzenten sind jedoch auf das Publikum als eine zweite, komplementäre Instanz angewiesen. Der ästhetische Reiz des Neuen verlangt nach einem Publikum, das die Neuartigkeit des Neuen feststellt und sich davon beeindrucken lässt. „Das Neue" als objektives Faktum gibt es schließlich gar nicht. Es hängt vielmehr ab von einer entsprechenden Aufmerksamkeitsform und Bewertung, die sich einseitig auf das Neue richtet und es vom Alten scheidet. Niklas Luhmann (1992) weist zu Recht darauf hin, dass die sozialen Felder der modernen Gesellschaft durchgängig nicht nur Leistungs-, sondern auch Publikumsfunktionen ausbilden. Im Falle des Kreativitätsdispositivs erhält das Publikum jedoch eine besondere Form: Es richtet sich auf das, was es beobachtet, empfängt und nutzt, nicht in einer Haltung der Verarbeitung von Informationen, sondern in einer solchen der symbolischen, sinnlichen und emotionalen Anregbarkeit. Das spätmoderne Publikum ist im Kern ein ästhetisch interessiertes.

Produzenten vor einem Publikum sind immer Produzenten performativer Akte: Sie ‚performen' vor einem Publikum. Publikum und Produzenten sind dabei jedoch durch eine dritte Einheit miteinander verknüpft: durch Objekte. Das Interesse des Publikums richtet sich auf die ästhetischen Objekte. Diese haben unweigerlich eine sinnlich wahrnehmbare Materialität, zugleich sind sie kulturelle und ästhetische Bedeutungs- und Affektträger. Ästhetische Objekte können visuell oder taktil erfahrbare Dinge sein (Bilder, Kleidungs- oder Möbelstücke), sie können auditiv (Töne/ Musik) oder schmeckend-riechend (Nahrungsmittel) erfahrbar sein, es kann sich um räumlich komplexe ästhetische Umgebungen handeln (zum Beispiel Stadträume), schließlich kann der Körper des Subjekts selbst zu einem ästhetischen Objekt vor dem Publikum werden (Theater, Film etc.).

Die Trias von Produzenten, Publikum und Objekten wird schließlich durch einen spezifischen Koordinationsmechanismus zusammengehalten: die Verteilung von Aufmerksamkeit. Das Publikum ist ein Stifter kollektiver Aufmerksamkeit, die sich kurz- oder langfristig auf bestimmte Objekte richtet und anderen entzogen wird. Die Aufmerksamkeit von Akteuren richtet sich in der sozialen Praxis zwangsläufig immer nur auf einen begrenzten Kreis von Phänomenen. Im Rahmen des Kreativitätsdispositivs lenkt nun das Leitkriterium des Neuen die Aufmerksamkeit: Ereignisse, die vom Betrachter als neuartig wahrgenommen werden, erscheinen am ehesten des Interesses wert und haben eine Chance, eine Zeitlang in dessen Lichtstrahl zu verbleiben, um einen ästhetischen Effekt zu produzieren. Das Aufmerksamkeitsmanagement des Publikums stellt sich damit als zentrales Koordinationsproblem des Sozialen dar.

Abbildung 2   Sozialität des Kreativitätsdispositivs

5   Das Kunstfeld als exemplarisches Format

Ästhetische Praktiken und Ästhetisierung, ein soziales Regime des ästhetisch Neuen und affektiv Faszinierenden, eine Konstellation von Kreateuren, Publikum, Objekten und Aufmerksamkeiten – es ist bemerkenswert, dass für alle diese strukturellen Merkmale des Kreativitätsdispositivs ein soziales Feld eine Blaupause liefert, das von der soziologischen Analyse in der Vergangenheit gerne marginalisiert wurde: das soziale Feld der Kunst (vgl. dazu auch Menger 2002). Alle diese Merkmale wurden im modernen Kunstfeld zur Zeit seiner Entstehung um 1800 – zunächst in einer recht spezifischen Form – entwickelt:

5.1 Die moderne Kunst bildet ein soziales Ensemble, das darauf ausgerichtet ist, ästhetisch orientierte Praktiken, das heißt solche der Produktion und Rezeption ästhetischer Ereignisse, in möglichst *verabsolutierter* Form hervorzubringen: Praktiken der eigendynamischen, von jeder Zweckrationalität entbundenen Sinnlichkeit und Affektivität. Die Praktiken des modernen Kunstfeldes versuchen, die Autonomie der Kunst dadurch herzustellen, dass in diversen Strategien und Methoden das rein Ästhetische vom Moralisch-Normativen und Zweckrationalen, zugleich auch vom „unrein Ästhetischen" (dem Populären, Kitschigen etc.) und vom Handwerklichen abgegrenzt wird. Obwohl diese Versuche einer Autonomisierung der Kunst als eine Sphäre reiner Ästhetik der späteren Verbreitung ästhetischer

Praktiken jenseits der Kunst vordergründig entgegenstehen, ist entscheidender, dass hier erstmals der Versuch unternommen wird, ästhetische Erlebnisse radikal von zweckrationalen Handlungen zu scheiden – und damit steigerbar und intensivierbar zu machen. Erst vermittels dieses radikalen Projekts einer ‚absoluten Ästhetik‘ im Rahmen einer Ausdifferenzierung des Kunstfeldes können in der Moderne ästhetische Ereignisse ihre verblüffende Anziehungskraft erhalten.

5.2 Die ästhetischen Praktiken der modernen Kunst sind eingebunden in ein soziales *Regime des ästhetisch Neuen*, das fortlaufend neuartige ästhetische Ereignisse, das heißt neuartige Kunstwerke als Sinnlichkeits- und Affizierungsofferten mit Überraschungswert hervorbringen will. Dieses Regime des Neuen ist für die moderne (im Unterschied zur vormodernen, etwa auch der klassizistischen) Kunst seit 1780 kennzeichnend und wurde diskursiv durch die Positionierung der Genieästhetik gegen die Regelästhetik vorbereitet. Während die Nachahmungsästhetik die Aufgabe des Künstlers in der Anwendung und perfektionierten Umsetzung der Regeln idealer Kunst, damit in der virtuosen Reproduktion des Alten und Universalen festmachte, erfindet die neue Ästhetik den Künstler als Schöpfer origineller Werke, die sich nicht mehr aus allgemeingültigen Regeln ableiten lassen.

5.3 Das Kunstfeld ist durch eine Form des Sozialen gekennzeichnet, in der ästhetische Produzenten und ein ästhetisches Publikum aufeinander angewiesen sind. Das Kunstfeld modelliert die Figur des Künstlers als einen »kreativen Produzenten«, dem die besondere Kompetenz zukommt, (ästhetisch) Neues in die Welt zu setzen. Zugleich bildet es die gegenüber dem Originalitätsproduzenten komplementäre Rolle eines ästhetisch sensibilisierten Publikums aus. Die Sozialität der Kunst ist damit im Kern weder eine der zweckrationalen Produktion noch der intersubjektiven Interaktion oder des Tausches. In ihrem Zentrum geht es vielmehr um den sozialen Prozess der Verfertigung von sinnlichen, semiotischen und emotionalen Reizen für ein Publikum. Das Kunstfeld erfindet damit jene beiden Subjektpositionen, die für das Kreativitätsdispositiv zentral werden: das Kreativsubjekt und den ästhetischen Rezipienten. Zugleich bringt das Kunstfeld von Anfang an seine eigenen Regulierungsmechanismen für die Verteilung von Aufmerksamkeiten hervor: Konsekrationsinstanzen (Bourdieu) wie die Kunst- und Literaturkritik oder akademische Kanonisierungen, aber auch Auseinandersetzungen zwischen unterschiedlichen Aufmerksamkeitsregulierungsinstanzen (zum Beispiel über Sezessionen).

6 Kulturalisierung der Gesellschaft und Regime des Innovationsneuen

Meine Grundthese lautet: Die spätmoderne Gesellschaft ist in großen Teilen ihrer sozialen Praktiken durch die Struktureigenschaften des Kreativitätsdispositivs geprägt: durch ein soziales Regime des ästhetisch Neuen und durch eine Sozialität von kreativen Produzenten, Publika, Artefakten und Aufmerksamkeiten. Diese Strukturmerkmale lassen sich sowohl auf der Ebene vieler (wenn auch nicht aller) sozialer Felder der Gegenwartsgesellschaft ausmachen, besonders wirkungsmächtig sicherlich in der Ökonomie und in den Massenmedien. Man kann sie aber auch auf der Ebene von kollektiven Lebensformen und Lebensstilen verorten: Die hegemoniale spätmoderne Lebensform ist nicht nur ‚individualisiert', sie folgt – mit ihrer Hauptträgergruppe der akademischen Mittelschichten – modellhaft dem Alltagsethos einer erfolgreichen kreativen Lebensführung. Die Grundthese ist zugleich als Ausgangspunkt eines Forschungsprogramms zu verstehen, das den verschiedenen Ausprägungen, Konsequenzen und immanenten Widersprüchen des Kreativitätsdispositivs in verschiedenen Feldern, Milieus und räumlichen Kontexten (lokal, national, global) nachspürt.

In welchem Verhältnis stehen nun eine solche These und ein solches Forschungsprogramm zur Annahme, dass die moderne Gesellschaft eine ‚Innovationsgesellschaft' (Hutter et al. 2011) sei? Natürlich hängt die Antwort auf diese Frage davon ab, wie man das Verhältnis zwischen ‚Innovation' und ‚Kreativität' begrifflich fasst. Prinzipiell gäbe es zwei Möglichkeiten: Entweder man versteht Innovation als den allgemeineren Begriff, der jegliche Orientierung am Neuen umgreift. Dann wäre die Orientierung am ästhetisch Neuen eine spezifische Untermenge dieser allgemeinen Orientierung. Oder aber man behandelt die Regime der Innovation und der Kreativität als konkurrierende soziale Strukturierungsformen des Neuen. Aus meiner Sicht ist die letztere Annahme informativer und heuristisch vielversprechender, zumal man neben Innovation und Kreativität in meinem Verständnis mit dem ‚sozialen Regime des Neuen' einen dritten, bereits allgemein angelegten Begriff zur Verfügung hat. Bezieht man alle drei Konzepte aufeinander, kommt man zu folgender gesellschaftstheoretischen These: Grundsätzlich gilt: Die moderne Gesellschaft stellt sich in verschiedenen sozialen Feldern seit dem Ende des 18. Jahrhunderts schrittweise auf soziale Regime des Neuen um, die Neuartiges auf Kosten von Traditionalem prämieren und fördern. In der Genealogie menschlicher Gesellschaften ist diese Umstellung auf ein antitraditionalistisches Novitätsregime ein historisch unwahrscheinlicher und in hohem Maße ungewöhnlicher Prozess. Diese Umstellung auf die Regime des Neuen unterscheidet sich in der bürgerlichen Moderne, der organisierten Moderne und der Postmoderne voneinander.[7] In der bürgerlichen Moderne stellt die Ausbreitung der sozialen Regime des Neuen einen sehr unebenen und zunächst eher langsamen Prozess dar, der von einzelnen urbanen Modernisierungsinseln ausgeht und im Laufe des 19. Jahrhunderts an Fahrt gewinnt. Es widerspricht dieser grundsätzlichen progressiv-dynamischen Tendenz der Moderne nicht, dass in der bürgerlichen Moderne großflächige Praktikenkomplexe existieren, die sich einem solchen sozialen Regime des Neuen nicht ohne weiteres fügen, sondern vielmehr weiterhin auf eine Logik der Wiederholung setzen, zum Beispiel im agrarischen Raum oder in den christlichen Religionsgemeinschaften, aber etwa auch in der klassischen bürgerlichen Lebensführung. In solchen *Wiederholungsregimen* steht das Neue gewissermaßen unter Verdacht; neuartige, abweichende Elemente werden zugunsten der tradierten, ‚identischen' Strukturen systematisch eliminiert, so dass eine – faktisch natürlich niemals vollständige – *gewohnheitsmäßige* oder *ritualisierte* Wiederholung der sozialen Praxis das Ziel ist.

Die sich gegen die Wiederholungspraktiken positionierenden sozialen Regime des Neuen sind – neben Exemplaren des Modells des ‚Neuen als Stufe', vor allem in Form der *revolutionären Praktiken*, die die bürgerlich-politischen Revolutionen vorbereiten –[8] bereits in der bürgerlichen Moderne vor allem solche, die dem Modell des Neuen als Steigerung und Überbietung folgen (Neues II). Der technologische Fortschritt und seine Auswirkungen auf die ökonomischen Märkte und Konsumgewohnheiten bilden ihr Rückgrat. Es ist jedoch die organisierte Moderne seit dem Beginn des 20. Jahrhunderts – soziologisch idealtypisch ‚Industriegesellschaft' genannt und post-marxistisch als ‚Fordismus' formierend –, die den eigentlichen historisch-gesellschaftlichen Kontext einer solchen Herrschaft der technologischen Selbstüberbietung liefert. Die organisierte Moderne lässt sich als ‚Innovationsgesellschaft' *par excellence* verstehen, indem sie weite Teile der

---

7   Vgl. zu dieser Periodisierung Reckwitz (2006).

8   Das Neue I eignet sich offenbar nicht wirklich dazu, ein entsprechendes ‚Regime' auf Dauer einzurichten, da mit dem Erreichen der gewünschten Stufe das Ziel erreicht ist. Die *Praktiken* des Neuen I haben eher einen vorbereitenden Charakter: es geht darum, langfristig oder kurzfristig die Bedingungen zu erreichen, in denen ein Sprung auf die gewünschte Stufe – in der Regel durch einen revolutionären Umsturz – möglich ist (vgl. die Phasen vor den Revolutionen von 1789, 1848, 1917). Es handelt sich also im Kern um revolutionäre Praktiken. Interessant ist in diesem Zusammenhang der Status der sozialistischen Bewegungen Ende des 19. Jahrhunderts: Zunächst scheinen sie lediglich an der Vorbereitung einer revolutionären Situation zu arbeiten (Neues I), dann stellen sie sich (mit Ausnahme Russlands) auf die Arbeit an inkrementalen Reformen im Rahmen der bürgerlichen Demokratien um (Neues II), deren Fluchtpunkt in der organisierten Moderne jedoch häufig weiterhin als Erreichen einer endgültigen Stufe (hier: der Wohlfahrtsstaat mit sozialen Bürgerrechten) imaginiert wird.

Gesellschaft den *Regimen des Innovationsneuen* unterwirft. Mit einem solchen Regime des Innovationsneuen will ich ein Novitätsregime umschreiben, das auf sachliche Neuerungen als zweckrationale Verbesserungen setzt, die dem Modell des technologischen Fortschritts nach Art des Neuen II entsprechen. Im Zentrum eines solchen Gesellschaftstypus steht die industrielle Massenproduktion von Gütern (Investitions- und Konsumgüter), die regelmäßig durch technologische Innovationen sowohl auf der Ebene der Produktionsprozesse als auch jener der Qualität der Güter perfektioniert wird.[9] Dem widerspricht nicht, dass in der Industriegesellschaft der überwiegende Teil der Arbeitspraktiken – gemäß Effizienzprinzipien – weiterhin repetitiv ist und sich aus Wiederholungspraktiken zusammensetzt, allerdings weniger aus ritualisierten oder gewohnheitsmäßigen denn aus *routinisierten Wiederholungspraktiken*, die sich aus der Einübung von formalen Regeln ergeben.[10] Eine Industriegesellschaft dieser Form, wie sie sich in den westlichen Gesellschaften erst Ende des 19. Jahrhunderts flächendeckend durchsetzt, ist seit dem Beginn des 20. Jahrhunderts untrennbar mit dem fordistischen Modell der Massenkonsumtion verknüpft: Der technologische Fortschritt ist kein primär binnenindustrieller, sondern erreicht – über den Weg von Produktivitätssteigerungen wie auch von neuen, funktionalen Konsumgütern – die Masse der Konsumenten. Das kulturelle Imaginäre der fordistischen Konsumgesellschaft ist entsprechend von einem kombinierten Ideal von technischem Fortschritt und ‚affluent society‘, das heißt Massenwohlstand, beherrscht.

Die Innovationsgesellschaft oder besser: soziale Komplexe, die nach innovationsgesellschaftlichen Kriterien strukturiert sind, entsprechen damit im Kern dem

---

9   Die breite Bewegung klassischer soziologischer Innovationsforschung im Rahmen der Technik- und Organisationssoziologie setzt hier an. Vgl. dazu nur David (1975), Edquist (1997), Braun-Thürmann (2005).

10   Den Unterschied zwischen gewohnheitsmäßigen, routinisierten und ritualisierten Wiederholungspraktiken will ich folgendermaßen markieren: Die gewohnheitsmäßige Wiederholung ist eine, die von vornherein auf der Vermittlung von implizitem Wissen, vor allem über Verhaltenssimitation beruht. Die routinisierte Wiederholung basiert hingegen auf der Vermittlung formaler Regeln, zum Beispiel Effizienzprinzipien in einer arbeitsteiligen Organisation, die nach einer gewissen Zeit in eine routinisierte Praktik einmünden; vgl. zur Differenzierung zwischen Gewohnheit und Routine in Bezug auf Praktiken Bongaerts (2007). Die ritualisierte Wiederholung wiederum ist eine kulturell spezifisch markierte und als wertvoll gerahmte Wiederholung (zum Beispiel eine religiöse Zeremonie, ein jahreszeitliches Fest etc.). In einem modernisierungstheoretischen Narrativ würde man – neben der Ausbreitung der Regime des Neuen – von einem Relevanzgewinn der routinisierten auf Kosten der gewohnheitsmäßigen und ritualisierten Wiederholungspraktiken ausgehen. Gleichwohl existieren natürlich auch letztere weiterhin bis in die Gegenwart hinein.

Muster des sozialen Regimes des Neuen II. Seit den 1970er Jahren stellen sich die sozialen Felder und Milieus der westlichen Gesellschaften jedoch zunehmend in Richtung des sozialen Regimes des Neuen III um: In der Post- oder Spätmoderne organisieren sie sich mehr und mehr als Regime des ästhetisch Neuen. Man könnte plakativ von einer ‚Kreativ(itäts)gesellschaft' sprechen, aber um die missverständlichen normativen Konnotationen eines solchen Etiketts zu vermeiden, will ich vom Prozess einer *Kulturalisierung der Gesellschaft* sprechen, in deren Zentrum sich das Kreativitätsdispositiv befindet.[11] Unter Kulturalisierung verstehe ich in diesem Zusammenhang einen Strukturwandel, in dem die spezifischen Muster und Regeln des kulturellen Feldes, im Kern der Künste, in die Gesellschaft insgesamt hinein expandieren. Idealtypisch unterscheidet sich die Form der Orientierung am Neuen in der kulturalisierten Gesellschaft, die zugleich eine postindustrielle und postfordistische Gesellschaft ist, grundsätzlich von jener in der klassischen, fordistischen Industriegesellschaft mit ihrer Dominanz des Innovationsneuen: Dem Muster der sachlich-funktionalen Überbietung und Steigerung von technologischen Lösungen steht das Spiel der Differenzen durch kulturell-ästhetische Reize als neuer zentraler Motor gesellschaftlicher Dynamik gegenüber. Ein Paradigma der ‚Erfindungen' wird von einem Paradigma der ‚Originalitäten' abgelöst. Die kulturalisierte Gesellschaft ist keine klassische Industriegesellschaft mehr; aber auch die Etiketten der Wissens- oder Dienstleistungsgesellschaft treffen sie nicht wirklich, denn beide Begriffe sind noch der Logik der Industriegesellschaft verhaftet. Im ökonomischen Zentrum der spätmodernen Gesellschaft steht vielmehr

---

11   Mein modernetheoretischer Ansatz ist damit anders, als er sich in Hutter et al. 2011 findet und das Graduiertenkolleg „Innovationsgesellschaft" anleitet, und mündet entsprechend in ein anders akzentuiertes Forschungsprogramm (das sich gleichwohl mit dem des Kollegs überschneidet): Während letzteres davon ausgeht, dass das Besondere der Spätmoderne in der Reflexivwerdung der Innovationsorientierung zu suchen ist, bezeichnet aus meiner Sicht die kulturell-ästhetische Umstellung des Regimes des Neuen den grundsätzlicheren Strukturwandel. Damit will ich natürlich nicht bestreiten, dass die existierenden Regime des Innovationsneuen sich ‚reflexivisieren' (wobei es im Übrigen interessant ist, wie auch die Regime des ästhetisch Neuen gleichfalls, etwa im Sinne eines ästhetischen Management (vgl. Guillet de Monthoux 2004), reflexiv angelegt sind). Es geht hier vielmehr um eine grundsätzlich veränderte Perspektive auf Moderne und Postmoderne, die andere Phänomene in den Fokus treten lässt, für die die Theorie der reflexiven Modernisierung im Sinne von Ulrich Beck blind bleiben muss (so bereits die berechtigte Kritik von Lash an Beck und Giddens in Beck et al. 1996). Zu meinen, dass die Industriegesellschaft durch die reflexive Wissensgesellschaft abgelöst wird, bleibt dem alten modernisierungstheoretischen Narrativ verhaftet. Was sich aus meiner Sicht tatsächlich mehr und mehr in die alte Industrie- und Wissensgesellschaft hineinschiebt, ist eine Kulturalisierung der Gesellschaft.

die *kulturelle Produktion*, das heißt die Herstellung, Verteilung und Konsumtion von semiotisch-ästhetischen Gegenständen *und* Diensten.[12]

Das Regime des Innovationsneuen und das Regime des kulturell-ästhetischen Neuen sind prinzipiell verschiedenartig strukturiert: Der Affektreduziertheit des Innovationsneuen steht die enorme affektive Aufgeladenheit der kulturell-ästhetischen Produktion und Rezeption gegenüber; dem normativen Ideal von technischem Fortschritt und Wohlstand jenes von Lebensqualität und Selbstverwirklichung, das um ästhetische (Selbst-)Kreation zentriert ist; der standardisierten Produktion/ Konsumtion die pluralisierte Produktion/ Konsumtion von Singularitäten; dem Primat des technischen Wissen als Ressource das Primat des kulturellen (semiotisch-narrativen und ästhetischen) Wissens; dem Subjektmodell des Technikers (mit dem idealen Fluchtpunkt des ‚Erfinders') jenes des Kreativen und ‚Künstlers'.

Es gibt einige weitere strukturelle Differenzen: Während die Dominanz des Regimes des Innovationsneuen in gewisser Weise solche bürokratischen Strukturen fördert, die Max Webers Modell des formalen Rationalismus entsprechen, vor allem im weiten Feld der nach Effizienzmaßstäben organisierten Massenproduktion, ist das Regime des ästhetischen Neuen untrennbar mit einer Ausbreitung von Marktstrukturen verbunden: Die Überproduktion von immer wieder neuen kulturellen Ereignissen und Dingen mündet in einen radikalen Wettbewerb um die ungewisse Aufmerksamkeit der Konsumenten und Rezipienten.[13] Obwohl das Regime des Innovationsneuen zwar durchaus Publikumsfunktionen kennt, etwa in der Wissenschaft, hat es in vieler Hinsicht eher eine Struktur von Versorgern (standardisierter und allgemein als notwendig anerkannter Güter) und Abnehmern/ Nutzern, die mit der Struktur von Kreateuren und Rezipienten der kulturalisierten Gesellschaft kontrastiert. Schließlich korrespondiert in der klassischen Industriegesellschaft die Innovationsorientierung der sozialen Felder mit einer Fortschrittslogik auf der Ebene der Lebensführung – im Sinne eines sozialen Aufstiegs und einer biografischen Logik sich steigernder Lebensphasen –, während der kulturalisierten Gesellschaft eine sehr viel stärkere Orientierung am ästhetisch Neuen in der Lebensführung entspricht (das dabei eng mit dem Ideal der Flexibilität verbun-

---

12 Vgl. zu Beiträgen zu einer solchen – vornehmlich auf die Ökonomie bezogenen – Kulturalisierungsdiagnose Lash und Urry (1994) und Menger (2002), auch Hutter (2011 a). Natürlich bilden in vieler Hinsicht die Theorien der Postmoderne (vgl. etwa Jameson 1991) einen wichtigen Hintergrund einer solchen Perspektive, jedoch stellt sich die Kulturalisierung der Gesellschaft im Zuge der Ausbreitung der *creative economy* und der digitalen Medien nach der Jahrtausendwende noch einmal strukturell anders dar, als dies die postmodernen Autoren der 1980er Jahre wahrnehmen konnten.

13 Vgl. zu diesem wichtigen Punkt Menger (2009).

den ist, vgl. Reckwitz 2006, Kap. 4.2): Permanente und erfolgreiche Selbstkreation ist ein Ziel und eine Anforderung des Subjekts in der Arbeit wie in der Freizeit und in der Privatsphäre.

Regime des Innovationsneuen	Regime des ästhetisch Neuen
funktional-technische Neuerungen als Steigerung/Überbietung	kulturell-ästhetische Novitäten als Abwechslung von Reizen
Industriegesellschaft	Kulturalisierung der Gesellschaft
technisches Wissen/ industrielle Produktion	kulturelles Wissen/ kulturelle Produktion
Affektneutralität	affektive Intensität
Techniker/‚Erfinder'	Kreativer/‚Künstler'
Standardisierung	Pluralisierung/Singularitäten
technischer Fortschritt/ Wohlstand	erfolgreiche Selbstverwirklichung/ Lebensqualität
Bürokratie	(Aufmerksamkeits-) Markt
Versorger/Abnehmer	Kreateur/Publikum

Abbildung 3 Idealtypen: Innovationsneues – Ästhetisch Neues

Natürlich: Sowohl die industriegesellschaftliche Logik eines Regimes des Innovationsneuen als auch die kulturalisierte Logik eines Regimes des ästhetisch Neuen sind Idealtypen. In der historisch-sozialen Realität ist nicht die eine durch die andere Logik vollständig abgelöst worden, es hat vielmehr eine Gewichtsverlagerung stattgefunden. Dies bedeutet zweierlei: Zum einen war auch die industriegesellschaftliche Logik zu ihrer Zeit, das heißt von 1880 bis 1970, niemals total. Abgesehen davon, dass in der organisierten Moderne (wie auch in der Post- und Spätmoderne) in verstreuten Feldern und Milieus Restbestände oder Neumobilisierungen von Wiederholungsregimen existieren – Logiken der Bewährung, der zyklischen Bearbeitung, des generationellen Erbes etc. –, lassen sich auch im Fordismus bereits Elemente einer gesellschaftlichen Kulturalisierung und Ästhetisierung und damit Vorläuferformate des Kreativitätsdispositivs beobachten. Dies gilt etwa für die frühen *creative industries* oder die Ansätze einer Konsumgesellschaft, die die Grenzen eines bloßen nützlichkeitsorientierten Massenkonsums sprengten (vgl. dazu Reckwitz 2006, Kap. 3). Zum anderen existieren auch in der spätmodernen Gegenwartsgesellschaft weiterhin machtvolle Komplexe eines Regimes des Innovationsneuen, zum Beispiel in der Investitionsgüterindustrie oder im Gesundheitswesen, die nun durch eine deutliche Ausweitung und Aufdauerstellung des Innovationsimperativs gekennzeichnet sind. Dies gilt auch für die ‚permanente

Innovation' in den Organisationen, die dort zunehmend jene Wiederholungspraktiken unterminiert, die die fordistische Organisation ausmachten. In mancher Hinsicht konkurriert in der spätmodernen Gesellschaft die ‚neue' Logik des ästhetisch Neuen mit der ‚alten' Logik des Innovationsneuen. Teilweise verbinden sich aber auch beide Logiken in Bereichen wie Ökonomie, Medien, Stadtentwicklung und Lebensführung in unberechenbarer Weise. Das Ziel einer empirischen Forschungsagenda zur Analyse der Regime des Neuen in der Gegenwartsgesellschaft sollte gerade darin bestehen, diese Gleichzeitigkeit der Ungleichzeitigkeiten zwischen den avancierten Regimen des ästhetisch Neuen, den Regimen des Innovationsneuen und den weiterhin existierenden oder neu mobilisierten Wiederholungsregimen herauszuarbeiten und die strukturellen wie kulturellen Konflikte, aber auch die Hybridisierungen, die sich daraus ergeben, unter die Lupe zu nehmen.[14]

	dominante Tendenz	Nebentendenzen
bürgerliche Moderne	allmähliche Ausbreitung von Innovationsregimen	starke Wiederholungsregime; revolutionäre Praktiken
organisierte Moderne	Innovationsregime	Regime des ästhetisch Neuen; Wiederholungsregime
Spätmoderne	Regime des ästhetisch Neuen	Innovationsregime; Wiederholungsregime

Abbildung 4   Regime des Neuen und Alten historisches Schema

---

14   Ein besonderes Interesse muss dabei auch jenen Hybridartefakten gelten, in denen sich Technik und Ästhetik aneinander koppeln, wie es für nicht wenige der zeitgenössischen Konsumgüter – etwa für Automobile, Häuser/ Wohnungen und Medienapparate – der Fall ist.

Literatur

Beck, U., Giddens, A., & Lash, S. (Hrsg.). (1996). *Reflexive Modernisierung. Eine Kontroverse*. Frankfurt a. M.: Suhrkamp.

Bongaerts, G. (2007). Soziale Praxis und Verhalten – Überlegungen zum Practice Turn in Social Theory. *Zeitschrift für Soziologie 36* (4), 246-260.

Braun-Thürmann, H. (2005). *Innovation*. Bielefeld: transcript.

David, P. A. (1975). *Technical Choice, Innovation, and Economic Growth. Essays on American and British Experience in the Nineteenth Century*. London: Cambridge University Press.

Debord, G. (1996 [1967]). *Die Gesellschaft des Spektakels*. Berlin: Edition Tiamat.

Deleuze, G., & Guattari, F. (1992 [1980]). *Tausend Plateaus. Kapitalismus und Schizophrenie II*. Berlin: Merve Verlag.

Edquist, C. (Hrsg.). (1997). *Systems of Innovation. Technologies, Institutions, and Organizations*. London: Pinter.

Foucault, M. (1983 [1976]). *Der Wille zum Wissen. Sexualität und Wahrheit I*. Frankfurt a. M.: Suhrkamp.

Giddens, A. (1979). *Central Problems in Social Theory. Action, Structure, and Contradiction*. Berkeley: University of California Press.

Guilford, J. P. (1950). Creativity. *American Psychologist 5* (9), 444-454.

Guillet de Monthoux, P. (2004). *The Art Firm. Aesthetic Management and Metaphysical Marketing*. Stanford: Stanford University Press.

Han, B.-C. (2011). *Shanzhai. Dekonstruktion auf Chinesisch*. Berlin: Merve Verlag.

Hutter, M. (2011). *Experience Goods*. In R. Towse (Hrsg.), *A Handbook of Cultural Economics* (2. Auflage) (S. 211-215). Cheltenham: Edward Elgar.

Hutter, M., Knoblauch, H., Rammert, W., & Windeler, A. (2011). Innovationsgesellschaft heute: Die reflexive Herstellung des Neuen (Working Papers, TUTS-WP-4-2011). Berlin: Technische Universität Berlin.

Jameson, F. (1991). *Postmodernism, or, the Cultural Logic of Late Capitalism*. Durham: Duke University Press.

Joas, H. (1992). *Die Kreativität des Handelns*. Frankfurt a. M.: Suhrkamp.

Jullien, F. (2010). *Über das Fade. Eine Eloge zu Denken und Ästhetik in China*. Berlin: Merve Verlag.

Koselleck, R. (1988). *Vergangene Zukunft. Zur Semantik geschichtlicher Zeiten*. Frankfurt a. M.: Suhrkamp.

Lash, S., & John, U. (1994). *Economies of Signs and Space*. London: Sage.

Lipovetsky, G., & Jean, S. (2013). *L'Esthétisation du monde. Vivre à l'âge du capitalisme artiste*. Paris: Gallimard.

Luhmann, N. (1981). *Politische Theorie im Wohlfahrtsstaat*. München: Olzog.

Menger, P.-M. (2006 [2002]). *Kunst und Brot. Die Metamorphosen des Arbeitnehmers*. Konstanz: UVK.

Menger, P.-M. (2014 [2009]). *The Economics of Creativity. Art and Achievement under Uncertainty*. Cambridge: Harvard University Press.

Popitz, H. (1997). *Wege der Kreativität*. Tübingen: Mohr Siebeck.

Rammert, W. (2010). Die Innovationen der Gesellschaft. In J. Howaldt & H. Jakobson (Hrsg.), *Soziale Innovation. Auf dem Weg zu einem postindustriellen Innovationsparadigma* (S. 21-51). Wiesbaden: VS Verlag.

Reckwitz, A. (2003). Grundelemente einer Theorie sozialer Praktiken. Eine sozialtheoretische Perspektive. *Zeitschrift für Soziologie 32* (4), 282-301.

Reckwitz, A. (2006). *Das hybride Subjekt. Eine Theorie der Subjektkulturen von der bürgerlichen Moderne zur Postmoderne*. Weilerswist: Velbrück Wissenschaft.

Reckwitz, A. (2012). *Die Erfindung der Kreativität. Zum Prozess gesellschaftlicher Ästhetisierung*. Berlin: Suhrkamp.

Runco, M. (2007). *Creativity. Theories and Themes: Research, Development, and Practice*. Amsterdam: Academic Press.

Schulze, G. (1992). *Die Erlebnisgesellschaft. Kultursoziologie der Gegenwart*. Frankfurt a. M.: Campus.

Seel, M. (1996). Ästhetik und Aisthetik. Über einige Besonderheiten ästhetischer Wahrnehmung – mit einem Anhang über den Zeitraum der Landschaft. In M. Seel (Hrsg.), *Ethisch-ästhetische Studien* (S. 36-69). Frankfurt a. M.: Suhrkamp.

Welsch, W. (1996). *Ästhetisierungsprozesse – Phänomene, Unterscheidungen, Perspektiven*. In W. Welsch (Hrsg.), *Grenzgänge der Ästhetik* (S. 9-61). Stuttgart: Reclam.

Willis, P. E. (1990). *Common Culture. Symbolic Work at Play in the Everyday Cultures of the Young*. Boulder: Westview Press.

Teil II
Zwischen Wirtschaft und Kultur

Zur Rolle des Neuen
in der Erlebniswirtschaft

Michael Hutter

1 Einleitung

Schon in den 1990er Jahren erregten Veröffentlichungen Aufmerksamkeit, die darauf hinwiesen, dass mehr Freizeit und höhere Einkommen zu einer steigenden Bedeutung von Erlebnissen im gesamten gesellschaftlichen Gefüge, insbesondere in der Wirtschaft, führen würden. Gerhard Schulze baute 1992 auf solchen Befunden seine *Erlebnisgesellschaft* als Kernkonzept einer „Kulturtheorie der Gegenwart" auf, John Pine und James Gilmore skizzierten 1999 eine *Experience Economy*. Trotz anfänglichen Interesses stockte die weitere Verwendung dieser Begriffe. Ein möglicher Grund war deren moralische Aufladung. Erlebnisorientierung wurde gleichgesetzt mit Hedonismus, mit Eigenliebe und Verantwortungslosigkeit.

Über die gleiche Zeitperiode hinweg entwickelte sich der Begriff der *Kreativwirtschaft*. 1985 gab es den Begriff noch nicht, dreißig Jahre später werden Universitätsdepartments danach benannt, und weltweit werden die Statistikindikatoren geändert, um den Sektor Kreativwirtschaft abbilden zu können. Wie gleich ausführlich geschildert werden wird, findet gleichzeitig eine erbitterte akademische Debatte darüber statt, ob das Konzept einer „Ökonomisierung der Kultur" Vorschub leistet.

Beide Begriffsbildungen richten sich auf dieselben Phänomene: Menschen, manchmal auch Organisationen, bezahlen dafür, dass ihnen die Möglichkeit von Erlebnissen verschafft wird – durch Produkte wie Konzerte, Romane, Parks oder Kleider. Der Blick aus Beobachterperspektive fällt erst auf die Fähigkeit der Hersteller, relativ stetig überraschende Varianten ihres Genres zu liefern. Lohnender erscheint mir dagegen der Blick auf die sozial unterschiedlich verteilte Fähigkeiten, um aus den Angeboten körperliche und symbolisch vermittelte Erlebnisse zu machen, die sich ins Gedächtnis einschreiben und zu Erinnerungen werden. Die meisten dieser Erlebnisse finden im Zusammenspiel mit anderen Menschen statt, oder beim Zuschauen und Zuhören des gelungenen Zusammenspiels von Teams und Ensembles.

Ich werde erst die Begriffsgeschichte der *Kreativwirtschaft* und die der *Erlebnisgesellschaft* nachverfolgen, weil die dabei auftretenden Ambiguitäten und Missverständnisse den komplexen Charakter des sozialen Prozesses verdeutlichen. Die ständige Versorgung mit Kulturerlebnissen wird dann in ihrer ästhetischen und in ihrer kommerziellen Dimension beobachtet. Die Beobachtungen zeigen die Bedeutung von Neuheit als Selbstzweck. Das führt zu einem – ebenfalls neuen – Verständnis von gesellschaftlicher Neuerung und Veränderung.

2   Die Begriffsgeschichte der Kreativwirtschaft

Im Jahr 1998 veröffentlichte das britische *Department of Culture, Media and Sports* ein *Creative Industries Mapping Document*. In diesem Dokument wurden dreizehn Industriesparten identifiziert, die zusammen die *creative industries* ausmachten. Das Marktvolumen und die Zahl der Beschäftigten in diesen Sparten waren ermittelt worden und zeigten, welches Ausmaß und welche Wachstumsdynamik der so definierte Sektor hatte. Als Konsequenz wurden Strategien zur Förderung des Sektors vorgeschlagen, die in den Folgejahren von einer *Creative Industries Task Force* umgesetzt wurden. 2001 erschien die zweite Ausgabe dieses Berichts, danach änderten sich die politischen Prioritäten. Aber die neugeschaffene Kategorie der Kreativindustrien wurde längst weltweit kopiert und variiert.

Die Vorgeschichte beginnt mit der Reaktion französischer Medienwissenschaftler gegen die Position Adornos. Theodor Adorno hatte den Begriff der ‚Kulturindustrie' geprägt, um damit den Zugriff kommerzieller Akteure auf ästhetische Prozesse zu brandmarken. Bernard Miège fügte dem hinzu, dass sich aus der industrialisierten Produktion von kulturellen Gütern wie Filmen oder Büchern durchaus wertvolle ästhetische Innovationen entwickeln können (vgl. Miège 1989). Dieses Argument wurde in der kulturpolitischen Szene der Labour Party aufgegriffen. Insbesondere auf lokaler, städtischer Ebene konnte damit eine Verbindung gesponnen werden zwischen den traditionellen mechanischen Industrien, deren verlassene Arbeitsräume nicht mehr genutzt wurden, und den neuen Arbeitern in künstlerischen und kunstnahen Feldern, die Raum für Proben, Aufführungen und andere Formen der Zusammenarbeit brauchten (vgl. Garnham 1987).[1] So wurden aus der

---

1   Einen Überblick geben Cunningham (2001), Hesmondhalgh (2005) und Pratt (2005).

culture industry die *cultural industries*, die nun als Treiber künftigen Wohlstands identifiziert waren. Dieses Konstrukt wurde Bestandteil der Strategien auf Stadtebene, wo Labour dominierte. Nachdem Margaret Thatcher 1985 das *Greater London Council* abschaffte, kam es in Sheffield und Manchester zu den ersten konkreten Projekten, jeweils betrieben von einer eigens gegründeten *development agency*. Mit diesem kulturpolitischen Programm ging Tony Blair 1997 in den Wahlkampf. Allerdings kam es noch zu einer entscheidenden semantischen Verschiebung. *Cultural industries* war Teil des Programms von Old Labour. Davon wollte sich New Labour abgrenzen und gleichzeitig öffnen zu einer neuen, jüngeren, kulturell interessierten Wählergruppe. Deshalb der Wechsel von *cultural* zu *creative*. Der Wechsel ersetzte den Vergangenheitsbezug von ‚Kultur' durch den Zukunftsbezug von ‚etwas schaffen, was es noch nie gegeben hat'. Symptomatisch war die Umbenennung des Ministeriums, nachdem Labour die Wahl gewonnen hatte: aus dem *Department of National Heritage* wurde das *Department of Culture, Media and Sports*. Damit waren schon ziemlich genau all diejenigen Sparten erfasst, die ich weiter unten zur Erlebniswirtschaft rechnen werde.

Das Adjektiv *creative* – wir beobachten immer noch eine Phase der Entwicklung, in der keine vergleichbare deutschsprachige Diskussion stattfand – machte im ersten Jahrzehnt des Jahrtausends mehrfach Karriere. Charles Landry (2000) propagierte die *creative city*, John Howkins (2001) identifizierte die *creative economy*, und Richard Florida (2002) sprach von einer *creative class*, für deren Vertreter man in den Städten attraktive Arbeits- und Freizeitangebote schaffen sollte. Die nun einsetzende weltweite Begeisterung für derartige Entwicklungsstrategien gipfelte 2008 im *Creative Cities Summit 2.0*, bei dem – ausgerechnet in Detroit – die drei eben genannten Autoren zum ‚Super-Panel' antraten.[2]

Im selben Jahrzehnt begannen *creative industries reports* für Städte, Regionen und Staaten weltweit zu erscheinen. Die dabei gewählten Definitionen unterschieden sich in Einzelheiten, waren aber in den Kernbereichen deckungsgleich. Diese Übereinstimmungen zeigt etwa der *Creative Economy Report 2013*, veröffentlicht von UNESCO (Abbildung 1).

---

2   „The highlight of the conference was an überpanel of the creativity movement's most energetic proselytizers..." (Peck 2011, S. 57).

1. DCMS Model	2. Symbolic Texts Model	3. Concentric Circles Model	
Advertising	Core cultural industries	Core creative	Wider cultural
Architecture	Advertising	arts	industries
Art and antiques market	Film	Literature	Heritage services
Crafts	Internet	Music	Publishing
Design	Music	Performing	Sound recording
Fashion	Publishing	arts	Television and
Film and video	Television and radio	Visual arts	radio
Music	Video and computer games		Video and
Performing arts		Other core	computer games
Publishing	**Peripheral cultural industries**	cultural	
Software	Creative arts	industries	**Related**
Television and radio		Film	**industries**
Video and computer games	**Borderline cultural industries**	Museums and	Advertising
	Consumer electronics	libraries	Architecture
	Fashion		Design
	Software		Fashion
	Sport		

4. WIPO Copyright Model		5. UNESCO Institute for Statistics Model	6. Americans for the Arts Model
Core copyright industries	**Interdependent copyright industries**	Industries in core cultural domains	Advertising
Advertising	Blank recording	Museums, galleries, libraries	Architecture
Collecting societies	material	Performing arts	Arts schools and services
Film and video	Consumer electronics	Festivals	Design
Music	Musical instruments	Visual arts, crafts	Film
Performing arts	Paper	Design	Museums, zoos
Publishing	Photocopiers,	Publishing	Music
Software	photographic	Television, radio	Performing arts
Television and radio	equipment	Film and video	Publishing
Visual and graphic art		Photography	Television and radio
		Interactive media	Visual arts
Partial copyright industries		Industries in expanded cultural domains	
Architecture		Musical instruments	
Clothing, footwear		Sound equipment	
Design		Architecture	
Fashion		Advertising	
Household goods		Printing equipment	
Toys		Software	
		Audiovisual hardware	

Abbildung 1   Sechs verschiedene Klassifizierungsmodelle für die Kreativwirtschaft. Quelle: UNESCO Creative Economy Report 2013.

Die anfänglichen Versuche, Teile der Software-Produktion zum Sektor dazuzurechnen, sind inzwischen zurückgenommen worden. Dafür tauchen vor allem im asiatischen Raum Zuordnungen auf, die das gastronomische Feld und andere Bereiche der Lebensführung mit einbeziehen. Hier geraten offenbar die beiden Bedeutungsfelder von ‚Kultur' – als ausdifferenziertes Feld sinnlich-symbolischer Aktivitäten einerseits, und als Ausdruck einer gesamtgesellschaftlichen Lebensweise – aneinander.

Gleichzeitig mit dem fulminanten praktischen und akademischen Erfolg von Begriff und Konzept der Kreativindustrien setzte aber auch die Kritik daran ein. ‚Kultur' war nun verschwunden, und damit der Bezug auf gemeinsame ästhetische Werte. Gleichzeitig gingen mit der sehr weitgehenden Verwendung des Begriffs ‚Industrien' Vorstellungen von Unternehmertum und Besitzansprüchen einher, denen zu widersprechen war (vgl. O'Connor 2000, 2015; Pratt 2005). So sind heute Begriffsbildungen gängig, die eine Zweiteilung unterstellen, etwa „Kultur- und Kreativindustrien" (Södermann et al. 2009) oder *creative industries, and culture*.[3] In ostasiatischen Definitionen war sowieso gleich von *cultural industries* die Rede. Obwohl hier am deutlichsten eine kommerzielle, auf Marktvolumen gerichtete Grundstrategie zu erkennen ist, findet sie doch Platz unter dem weiten Dach der wie selbstverständlich vorausgesetzten Nationalkultur.

Eine weitere begriffliche Bewegung ist die von den *creative industries* zur *creative economy*. Die Verschiebung von ‚Industrie' zu ‚Wirtschaft' reichte hier aus, um die Arbeitsbeziehungen, die häufig zur Ausbeutung kreativer Ressourcen führen, auszublenden. Die Kreativwirtschaft, oder Kultur- und Kreativwirtschaft, wird so zu einem objektivierten Feld, in dem sinnlich-symbolische Aktivitäten stattfinden, und das wegen seiner Eigenart und seines Potenzials verstärkte Aufmerksamkeit erhält. So ist zumindest die Intention der Begriffsverwendung durch UN-Organisationen, insbesondere UNCTAD und UNESCO.[4] Daneben gibt es aber auch eine Begriffsverwendung, bei der die Kreativwirtschaft allein aus dem privatwirtschaftlichen Angebot von Kunst- und Medienprodukten besteht.[5]

Die eigenartige, mit starken Emotionen und Werthaltungen besetzte Differenz zwischen dem Bedeutungshof des Begriffs ‚kreativ' und dem des Begriffs ‚kulturell' ist im Verlauf dieser drei Jahrzehnte immer deutlicher und detailreicher geworden. Dabei wurde die Argumentation für die eigenständige Bedeutung von kulturellen Ereignissen aus zwei unterschiedlichen epistemischen Quellen gespeist. Die eine davon lag in der speziellen Spielart von neomarxistischer Sozialtheorie, wie sie bis heute an britischen Universitäten und Universitäten im Commonwealth gepflegt wird. Demnach ist der Zugang zum symbolischen Kapital

---

3   So der Name des entsprechenden Instituts an der City University London.

4   Vgl. dazu UNCTAD (2008) und UNESCO (2013). Bei beiden Berichten gehören Andy Pratt und David Throsby zu den Hauptautoren. Dazu schreibt Pratt: „At UNESCO when we did the latest report they only retained the name ‚creative economy' for the ‚brand value' and recognition. The consensus was to call it the cultural economy ... The final iteration would be to return to talking of the cultural sector." (Private Mitteilung, 2014)

5   Siehe die Webseite der IHK Berlin: http://www.ihk-berlin.de/branchen/Kreativwirtschaft/Branchen_der_Kultur-_und_Kreativwirtschaft/. Zugegriffen: 13.02.15.

politisch sicherzustellen. Kulturversorgung, die gemeinschaftsbildenden Werten folgt, ist also staatliche Aufgabe. Die andere begreift, eher von der Kulturanthropologie kommend, auch ästhetische Kulturen als imaginäre Gemeinschaften, die in selbstgemachten und in gekauften Erlebnisspielen ständig crneuert und so fortgesetzt werden.

Solche ästhetischen Erlebnisse können aus der Perspektive der Mitspieler und Zuschauer beobachtet und geschildert werden. In der deutschsprachigen soziologischen Literatur hat allerdings nur das Werk von Gerhard Schulze Spuren hinterlassen (Schulze 1992).[6] Schulze nennt für die Zunahme alltagsästhetischer Erlebnisse ähnliche Gründe wie die eingangs genannten. Allerdings ist sein Vorschlag auf Unverständnis gestoßen. Ohne Schulzes Darstellung gemeinsamer, spielerischer Interaktionen überhaupt zu rezipieren, wurden ,Erlebnisse' als streng individuelle, zweckfreie Beschäftigungen interpretiert. Aus einer ebenfalls neomarxistischen, an Adorno orientierten Ideologie heraus wurden Erlebnisse, als neueste List kapitalistischer Ausbeuter verstanden, die so die Käufer von anderen, kulturell höherstehenden Tätigkeiten weglocken.

In der englischsprachigen Literatur wurden *experience, experience goods* und *experience economy* meist in sehr angewandten, betriebswirtschaftswissenschaftlichen Diskursen verwendet.[7] Erfinderrecht können Joseph Pine und James Gilmore beanspruchen, die 1999 die *experience economy*, als Nachfolgephase zur *service economy*, ausriefen (Pine und Gilmore 1999). In diesem Teil der Wirtschaft werden Produkte angeboten, die von den Käufern als Erlebnisse erfahren werden. Die Autoren unterscheiden vier Segmente der *experiential offerings: educational, escapist, esthetic* and *entertainment*.[8] Die Erfahrungen, um die es den Autoren geht, reichen also über ästhetische Erlebnisse hinaus, auch wenn die drei anderen Erfahrungsfelder mit einer ästhetischen Dimension vereinbar sind. Neuere Beiträge beziehen sich durchwegs auf Pine und Gilmore. Auf seine Weise selbst unternehmerisch ist der Beitrag von Albert Boswijk und seinen Mitautoren, suggestiv betitelt *The Experience Economy. A New Perspective*. Das 2007 im Selbstverlag des Amsterdamer *European Centre for the Experience Economy* veröffentlichte

---

6   Rössel (2009) würdigt Schulzes Leistung, sieht aber die Hypothese der Erlebnismilieus kritisch.

7   Vgl. dazu Lonsway (2009), Holbrook und Hirschman (1982) und Lury (1996). In der volkswirtschaftswissenschaftlichen Literatur ist auch der Begriff *experience good* eingeführt worden. Die Definition meint aber Güter wie Waschmaschinen, wo eine erstmalige ,Erfahrung' Sicherheit über die Leistungsfähigkeit des Produkts verschafft. Siehe Hutter (2011a).

8   Neuere Interpretationen des Klassikers finden sich in Sundbo und Sørensen (2013a) oder in Michelsen (2014).

Buch beschäftigt sich mit einem weiten Spektrum von Arenen, in denen *meaningful experiences* angeboten werden. Sie reichen von *retail tourism* über *the hospitality industry* bis zu *wellness and health care*. Die Autoren stellen den *co-creating process*, der den Nutzer des Erlebnisses als Teilnehmer und Mitgestalter einbezieht, ins Zentrum ihrer Überlegungen, die zu erfolgreichen *business models* in diesem rasch expandierenden Wirtschaftssektor führen sollen.

In Skandinavien entstand im vergangenen Jahrzehnt ein breiterer Diskurs rund um die Kreativindustrien, bei dem Wirtschaftswissenschaftler von den Erfahrungen der Nutzer oder Konsumenten ausgehen. Die kommerzielle Verwertung bleibt im Vordergrund, aber die interdisziplinären Anforderungen des Sektors werden berücksichtigt.[9] Unter Volkswirtschaftswissenschaftlern fällt die Überschneidung mit den *creative industries* auf. Trine Bille und Mark Lorenzen (2008) setzen Erfahrungsindustrien in Bezug zur *artistic creativity*. So gehören etwa Musik oder Theater zu den *creative experience areas*, Restaurants, Sport- und Pornoprodukte zu den *experience areas*, Design und Werbung zu den *creative areas*. Das Ergebnis ist also ein ähnlich konzentrisches Modell wie das von David Throsby,[10] bei dem die Künste der Hochkultur im Zentrum liegen, während Medienprodukte und Produkte mit sensorisch direkteren Reizen peripher positioniert oder gar ausgegrenzt werden. Im Ergebnis überwiegt zumindest bei diesen Autoren die Skepsis gegenüber einer Erweiterung des wirtschaftswissenschaftlichen Vokabulars um die Kategorie des Erlebnisses, wenn es darum geht, die Entwicklung der Kreativwirtschaft zu verstehen (Bille 2012).

Eine Rezeption der Erlebnisdimension durch die Wirtschaftswissenschaften ist also bestenfalls erkennbar im Dialog mit Unternehmern, die sich in sehr praktischer und pragmatischer Weise um Aufenthalte ihrer Kunden kümmern müssen. Bei allgemeineren, gesamtwirtschaftlichen Analysen bleibt nach wie vor das kreative Vermögen der Produzenten, symbolische Medien so zu formen, dass daraus ästhetische Erlebnisse entstehen, im Zentrum der Beobachtung.

---

9   Besonders breit angelegt ist das Handbuch von Sundbo und Sørensen (2013b). Siehe auch Power (2009).

10   Siehe Abbildung 1.1

3   Eine Soziologie der ästhetischen Erlebnisse

Erlebnisse, insbesondere gemeinsame Erlebnisse, werden in allen ausdifferenzierten Wertsphären[11] verwendet. Religiöse Zeremonien sind solche Erlebnisse, bei denen die Emotionen der Teilnehmer von einem vagen Gefühl der Feierlichkeit bis zu körperlicher Trance reichen. Im Christentum ist der Glaube an die Auferstehung Jesu als ein für historisch gehaltenes, aber eigentlich unmögliches Ereignis fundamental. Dieses Ereignis wird von den Gläubigen zwar nicht unmittelbar erfahren, aber die Feier dieses Wunders schafft gleichwohl das gemeinsame Erlebnis. In der Sphäre des Rechts ist das kollektive Erlebnis des Prozesses der Urteilsfindung auch noch in kahlen Funktionsräumen erlebbar. In der Sphäre politischer Macht werden andere kollektive Erlebnisse eingesetzt. Indirekt sind die Verweise auf wichtige militärische Siege oder Niederlagen, direkt sind Parlamentsdebatten, Wahlen, Paraden und Gedenkfeiern, die allesamt medial in die Lebensräume derjenigen, über die Macht ausgeübt wird, übertragen werden. Für die Erlebniswirtschaft von besonderem Interesse sind allerdings die Ereignisse, die in der ästhetisch codierten Sphäre der „Kultur" geschaffen werden.

In dieser Sphäre geht es um die Darstellung von Welt, genauer von besonderen Teilen der Welt, einschließlich der Selbstdarstellung der Teilnehmer. Dies geschieht in einem Ereignis, das von den Teilnehmern jeweils als Erlebnis wahrgenommen, aufgenommen und erinnert (oder vergessen) wird. Die Darstellungen gehen weit über die Möglichkeiten und Belange der Elitenkünste hinaus. Sie operieren mit symbolischen Mitteln, die sinnlich erfahrbar sind und unterschiedliche Formen des Genießens auslösen.[12] Der Genuss stellt sich allerdings nur dann ein, wenn das Erlebnis mehr ist als die Wiederholung eines gleichen, früheren Erlebnisses. Die Darstellung und damit die Rezeption der Darstellung müssen sich also laufend ändern. Dazu kann es genügen, dass sich die Disposition und das Umfeld eines Nutzers geändert haben. Aber längerfristig werden neue Symbolkonfigurationen, sei es als Roman, als Film, als Videospiel, als Sportspiel, als Reiseroute oder als Kochrezept, erwartet.

Diese Symbolkonfigurationen sind Bestandteile von sich ständig fortsetzenden und erneuernden Spielen, an denen Menschen als Mitspieler oder als Zuschauer teilnehmen können. Es sind diese in der Kultursphäre ständig hervorsprudelnden

---

11   Zum Begriff der ‚Wertsphäre' oder ‚Wertordnung' bei Max Weber siehe Schimank (2013, S. 39).

12   Schulze unterscheidet zwischen den Formen der Kontemplation, der Gemütlichkeit und der Spannung. Er ordnet ihnen jeweils bestimmte soziale Milieus zu (Schulze 1992, S. 108), nivelliert derlei Zuordnungen aber später wieder (2013).

Erlebnisse, die über „Erlebnismärkte" ihre Zuschauer, oft auch ihre Mitspieler, erreichen.[13]

Den Begriff ‚Erlebnismarkt' hat Gerhard Schulze 1992 geprägt, als er ihm ein Kapitel in *Die Erlebnisgesellschaft* widmete. Schulzes Analyse, illustriert von und gestützt durch seine deskriptiv-statistischen Studien im Raum Nürnberg, wies schon auf die gleichen Besonderheiten hin, die auch heute noch erforschenswert sind. Schulze nennt die Episoden, in denen Erlebnisse stattfinden, „alltagsästhetisch". Dafür müssen sie alltäglich sein, von Erlebnisabsicht motiviert und unter Alternativen ausgewählt.[14] Alltagsästhetik ist so „ein Spiel von Zeichen und Bedeutung" (Schulze 1992, S. 96). Früher mag das Spiel etwas Außergewöhnliches gewesen sein, heute genügt die Erlebnisabsicht und die Alltäglichkeit (Schulze 1992, S. 100). Aber die Alltäglichkeit impliziert nicht Einfachheit. Das Gesamterlebnis ist eine Konfiguration von Zeichen und Bedeutungen, bei denen auch der Erlebnismarkt den Teilnehmern allenfalls Hilfsmittel bereitstellen, Enttäuschungen aber nicht vermeiden kann. Solche ästhetischen Zeichen tauchen ständig auf und können von Vermittlern und Teilnehmern für ihre Erlebnismuster und -absichten verwendet werden. Seitdem das Abspielen von vorher aufgenommenen Signalen möglich geworden ist, können die Aufnahmen beliebig oft kopiert und wieder abgespielt werden.

Wenn nun, wie hier skizziert, die jeweils neuen, ständig angebotenen und ausgewählten Erlebnisse konsequent aus der Sicht der Teilnehmer beobachtet werden, dann führt das auch zu Folgerungen für das Innovationsverständnis in diesem Sektor. Die Teilnehmer bewegen sich in dem Strom ständiger Neuheiten. Sie bestehen geradezu aus ihren körperlichen Erfahrungen und ihren mentalen Erinnerungen,[15] und sie erfahren sich in den Erlebnissen als neu und veränderbar. Sie engagieren sich, um mit den Begriffen Laurent Thévenots zu sprechen, im Modus der Erkundung, ohne dabei aber das Feld des Vertrauten allzu weit zu verlassen (Thévenot 2014). Sie suchen nach vertrauten Überraschungen (vgl. Hutter 2011b). Diese Form der Neuheit als ständiger Fluss von Variationen, aus denen manche wiederholt und schließlich stabilisiert werden, entspricht dem evolutionären Algorithmus von Veränderung. Sie unterscheidet sich aber von einem Veränderungsverständnis, das

---

13 Zur Verwendung der Spielemetapher als Heuristik für autonome Wertungsprozesse siehe Kap.1 in Hutter (2015).

14 „Oft bestehen alltagsästhetische Episoden in der Aneignung von Zeichen, die das Subjekt in einer als ‚schön' bezeichneten Weise dekodiert." (Schulze 1992, S. 712).

15 Schulze spricht von ‚Subjekten', die von den ‚Systemen Körper und Bewußtsein' konstituiert werden (Schulze 1992, S. 734). Er verweist damit auf die Verarbeitungsprozesse, die innerhalb der Teilnehmerinnen und Teilnehmer stattfinden.

in Innovationsschritten gedacht wird (vgl. hierzu auch die Beiträge von Reckwitz und Windeler in diesem Band). Innovationen werden dort definiert als Veränderungen, die auf ein zuvor bekanntes Ziel ausgerichtet sind und deshalb auch an ihrem Erfolg beim Erreichen des Ziels gemessen werden können. Erlebnisneuheiten hingegen tragen ihren Wert in sich. In den neuen, überraschenden, bewegenden, langweiligen (alltags-) ästhetischen Erlebnissen selbst liegt der Wert. Die Abfolge der so gewonnenen Wertschöpfung findet freilich im Kontext der sozialen und materiellen Verhältnisse ihr Ziel. Das erklärt, warum auch in den Märkten der Erlebniswirtschaft ständig Innovationsschübe auftreten: die technologische Infrastruktur, mit der die symbolischen Inhalte konfiguriert, verteilt und in sinnlich erfahrbarer Weise vorgeführt werden, folgt durchaus einer Logik der geplanten Verbesserung technischer Artefakte.

Von der Wertschöpfung ist hier in zweifacher Bedeutung die Rede. Im ästhetischen Erlebnis selbst liegt ein sinnlich-symbolischer Wert, für den in der Kommunikation zwischen Teilnehmern Operationalisierungen von ‚Qualität' gefunden werden. Das Erzeugen dieser Qualität wird gern einem individuellen ‚Schöpfer' zugeschrieben, auch wenn den Beteiligten ihr jeweiliger Beitrag durchaus bewusst ist. Von ‚Wertschöpfung' ist aber auch die Rede, wenn Erlebniskonstrukte ihre Teilnehmer über einen Markt erreichen. Dann werden Operationalisierungen von kommerziellem Wert, zu zahlen in Geldgrößen, vereinbart. Ich werde in diesem Abschnitt dem ästhetischen, im nächsten dann dem kommerziellen Wert nachgehen.

Die Vielfalt der Absichten, mit denen Menschen Erlebnisse für sich selbst und für Andere suchen, lädt zu unterschiedlichen Kriterien der Kategorisierung ein. Schulze unterscheidet nach den bereits erwähnten milieuspezifischen Schemata, und findet innerhalb der Milieus spezifische „Varianten der Erlebnisorientierung" (Schulze 1992, S. 165). Diese Varianten sind nach Sinndimensionen unterscheidbar: sie treten sachlich, zeitlich und sozial auf. Des Weiteren ist eine jede dieser Sinndimensionen intern durch eine weitere Unterscheidung strukturiert. Daraus ergeben sich sechs Kategorien, denen konkrete Erlebnisangebote beispielhaft zugeordnet werden können.

Innerhalb der *sachlichen Dimension* wird nach *außen* und *innen* unterschieden. Fiktive Geschichten, mit ihren Spannungsbögen und vertrauten Auflösungen stellen die Welt draußen dar. Gebaute Räume und ihre Einrichtungen lassen die Teilnehmer Innensituationen erleben. Innerhalb der *zeitlichen Dimension* wird nach Vergangenheit und Zukunft unterschieden. Bewahrte und zugänglich gemachte historische Monumente wecken Erinnerungen, während die sorgfältig hergestellten und platzierten Botschaften der Werbung als Versprechen von zukünftigen Erlebnissen aufgefasst werden. Innerhalb der *sozialen Dimension* wird nach *Ego* und

Alter unterschieden. Das Subjekt setzt sich ab durch Statusgüter, von der Automarke über die Designerhandtasche bis zur Tätowierung. Alle Erlebnisorientierungen wirken zusammen, und wechseln sich ab in den Größen der Neuheiten. Defizite in der einen oder anderen Richtung werden gespürt und ausgeglichen, außerdem befriedigen viele Erlebnisvarianten mehrere Sinndimensionen. Gemeinsam erzeugen sie die Erlebnisbegierde und -sehnsucht, den Erlebnissog, für den dann auch bezahlt wird.

20 Jahre nach Schulze hat Andreas Reckwitz eine Theorie der Erlebnisgesellschaft vorgelegt, die zwar Schulze erwähnt, aber ansonsten kaum auf ihn Bezug nimmt (Reckwitz 2012). Reckwitz stellt die ästhetische Dimension der Erlebnisse ins Zentrum, und er verbindet sie mit der Dynamik des Neuen.[16] Ähnlich wie bei Schulze reicht die ästhetische Dimension über die Elitenkünste hinaus. Historisch relevant ist gerade die Loslösung von der traditionellen Sphäre der autonomen Sphäre der Kunst. Bestimmend ist das „Spezifikum der Selbstbezüglichkeit", das als affektiver, also körperlicher und mentaler, Reiz erlebt wird. Um das Begehren nach diesen ästhetischen Reizen zu befriedigen, ist ein „besonderes soziales Aufmerksamkeitsregime" institutionalisiert worden, „das einen immer wieder eine Aufmerksamkeit für neue Reize entwickeln lässt" (S. 40). Reckwitz nennt fünf „Ästhetisierungsagenten", die die Entwicklung zum „ästhetischen Kapitalismus" – seiner Version der Erlebnisgesellschaft – begünstigt haben: der Expansionismus der Kunst, die Medienrevolutionen, die Kapitalisierung, die Objektexpansion und die Subjektzentrierung.[17] Im Kontext dieser Entwicklungen wird der Industriekapitalismus zum ästhetischen Kapitalismus transformiert. Die dominante Orientierung am Neuen, die Schulze bemerkt und die Reckwitz zur tragenden Kraft gemacht hat, macht die Erlebnisgesellschaft zur Innovationsgesellschaft – in der freilich der Übergang zwischen Moden, Neuheiten und Innovationen fließend geworden ist.

4 Merkmale der Erlebniswirtschaft

Im Rahmen des derartig ausgestalteten Verständnisses von Erlebnisgesellschaft stellt sich nun die Frage nach der Form der Wirtschaft, die den veränderten Anforderungen entspricht. Ästhetische Erlebnisse, auf die sich der Sog des Begehrens richtet, werden also vorbereitet, und dann in einer Form angeboten, für die entweder die Mitspieler oder die Zuschauer und -hörer bereit sind, einen Teil ihres

---

16 Vgl. dazu auch Reckwitz, in diesem Band.
17 Siehe zu diesem Argument insbesondere Reckwitz 2012, Kap.1.

Geldvermögens herzugeben.[18] Wenn das Erlebnis beginnt, wenn das Pokalspiel angepfiffen oder die DVD in das Abspielgerät geschoben ist, dann ist die Phase der Kommodifizierung vorbei (vgl. dazu Kopytoff 1986).

Die Ähnlichkeit der Erlebnisorientierungen erlaubt zwar die Kostenvorteile der Massenfertigung, aber sie kann nicht darüber hinweg täuschen, dass die Erlebnisse Kollektivgüter sind. Sie werden gemeinsam erzeugt und genossen, aber wenn sie einmal in irgendwie aufgenommener und bearbeiteter symbolischer Form vorhanden sind, dann ist diese Form unendlich oft kopierbar. Daraus ergeben sich Problemlagen, die in der ökonomischen Theorie der öffentlichen Güter wohlbekannt sind: Güter, die im Wesentlichen aus Information bestehen, werden zögerlich bereitgestellt, weil die potentiellen Teilnehmer darauf hoffen, dass Andere die Kosten für die gemeinsame Erfahrung aufbringen, weil die Wirkung neuer Zeichen und Symbole schwer vorhersehbar ist, und weil die Verwertung erfolgreicher Erlebnisprodukte von einer rechtlichen Institution des materiellen Eigentums abhängt, die auf Immaterialgüter nicht passt (vgl. dazu Hutter 2000, 2006).

Das Geschehen der Kreativwirtschaft, in der alle Kultur- und Kreativindustrien versammelt sind, gerät jetzt also wieder in den Blick, aber dieser Blick geht nun über den des Erfinders und Anbieters eines Erlebnisguts hinaus. Im Blick sind die erinnerten und erhofften Erlebnisse der Mitspieler und Zuschauer von sinnlich-symbolisch angelegten Spielen, in deren Spielzügen irgend ein Etwas dargestellt und auf diese Weise erkennbar, erlebbar und memorabel gemacht wird. Wie passen dann die gängigen Teilsektoren der Kreativwirtschaft auf die Erlebnisorientierungen der Teilnehmerinnen und Teilnehmer? Und wie unterscheiden sich die Rollen derjenigen, die an diesen Spielen Geld verdienen, und derjenigen, die dafür bezahlen?

Verwendet man die gängige Einteilung von Pratt und Throsby (UNCTAD 2008), dann zerfällt die *creative economy* in vier Abteilungen. In der ersten spielen sich die Märkte für Traditionskultur ab. Dazu gehören die Varianten des Kunstgewerbes, die mit traditionellen Materialien und Mustern arbeiten, und die Bereitstellung der *National Heritage*. Die Leistungen dafür kommen meist aus öffentlichen Budgets, aber dennoch ist so ein Markt entstanden, auf dem gearbeitet und investiert wird. Zur Traditionskultur gehört auch das Gastronomiegewerbe. Gemeinsam

---

18   Auf die grundlegende Rolle des Begehrens hat schon Gabriel Tarde hingewiesen: „Zwei Dinge setzt der ökonomische Fortschritt voraus: einerseits eine wachsende Zahl unterschiedlicher Begehren; denn ohne Differenz in den Begehren gibt es keinen möglichen Austausch, und daher wird bei jedem neu auftauchenden unterschiedlichen Begehren der Tausch neu entfacht. Andererseits muß es eine wachsende Zahl ähnlicher Exemplare jedes Begehrens geben; denn ohne diese Ähnlichkeit wäre keine Industrie möglich, ..." (zitiert in Latour und Lépinay 2010, S. 52).

eingenommenes Essen ist notwendigerweise ein sinnlich-symbolisches Erlebnis. Der Erlebnischarakter kann mit entsprechendem Aufwand stark gesteigert werden, und rangiert dann auch preislich in der Größenordnung von Opernpremierenkarten und Maßanzügen. Teilnehmer an Märkten der Traditionskultur suchen Erlebnisse der Erinnerung und der Zugehörigkeit. Zur zweiten Abteilung gehören die Genres, in denen originale Kunstwerke geschaffen und ihnen Aufmerksamkeit gegeben wird. Die Teilnehmer lesen erfundene und erkundete Geschichten, sie hören sich Konzerte an, sie sehen besuchen Theaterstücke und Skulpturenausstellungen, und sie gehen in Parks und in einmaligen Gebäuden umher. Dabei erleben sie Statuspositionierung, sie erleben Aspekte von Welten, in denen sie sich sonst nicht aufhalten, und sie können sich selbst im Verhältnis zu den erlebten Kunstwerken darstellen. In der dritten Abteilung finden sich alle Produkte, die Medien der Aufzeichnung, Übertragung und Wiedergabe verwenden, von Zeitungen über Radio, Film und Fernsehen bis zu audiovisuellen Inhalten, die in digitaler Form aufbereitet sind. Die Produkte sind hier immer Kopien irgendwelcher Werke, die ihrerseits in die Abteilung der Originalkultur gehören. Hier wird mit Techniken der industriellen oder der digitalen Reproduktion gearbeitet, und so entsteht der im monetären Volumen weitaus größte Teil der Erlebnisprodukte. Die Orientierung richtet sich auf Geschichten, in denen Spannung und Überraschung erlebt werden können, und auf größere Spielanlagen, die ihren Zuschauern Anlass zu Identifikation und Teilhabe bieten und so Gefühle der Zugehörigkeit zulassen. In der vierten Abteilung schließlich werden vier verschiedene, sehr grundlegende Dienstleistungen zur Umweltgestaltung versammelt: die Leistungen von Objektgestaltern (Design), von Raumgestaltern (Architektur), von Kleidungsgestaltern (Mode) und von den Gestaltern der Werbebotschaften (Werbung).[19] Die Orientierung der letztgenannten Branche am Versprechen ist offenkundig. Bei den anderen Branchen stehen erlebbare Räume und erlebbare Statusunterschiede im Vordergrund.

Nach den bisherigen Überlegungen sollte noch eine fünfte Abteilung zur Erlebniswirtschaft gerechnet werden. In deren Branchen finden Spiele statt, denen nur auf den ersten Blick die ästhetische Dimension fehlt. Dazu gehören Sportspiele, Glücksspiele und Erlebnisreisen. Sportspiele haben eine ungewöhnlich starke Fähigkeit, Gefühle der Spannung und der Zugehörigkeit entstehen zu lassen, selbst wenn das eigentliche Spielgeschehen nur über winzige Bildschirme oder eine Reporterstimme übertragen wird. Glücksspiele sind eigentlich Spiele gegen

---

19 Eigentlich müsste man den Materialaufwand der gesamten verarbeitenden Industrie, vom Baugewerbe bis zur Automobilbranche, mit zur Kreativwirtschaft rechnen. Schließlich macht erst das Schaffen von Erlebnishaftigkeit den Produktionsaufwand attraktiv.

die Natur, die aber dennoch sozial so organisiert und angeboten werden, dass die
versprochenen Gewinnchancen immer wieder Begierden auslösen. Jede Reise, die
nicht allein zweckhafter Routine dient, ist eine Kette von Erlebnissen, die sorgfältig arrangiert und mit zahlreichen Zusatzleistungen angereichert wird. So die
Reise gelingt, bietet sie ein Spektrum an Erlebniswerten, von der Exklusivität zur
Zugehörigkeit, von erzählbaren Geschichten zum Aufenthalt in Hotels und in ungewöhnlichen Räumen, wie Stränden oder Kathedralen, und von der Erinnerung
an vergangene Zivilisationen bis zur Hoffnung, den wolkenverhangenen Berggip-
fel doch noch zu sehen.

Die Rollen der Mitspieler und der Teilnehmer in den verschiedenen Erlebnis-
märkten sind vielfältiger als das die schlichte Unterscheidung zwischen Anbietern
und Nachfragern vermuten lässt. In wechselnden Konstellationen von Spielern mit
unterschiedlichen Fertigkeiten und Erfahrungen werden situativ ästhetische Probleme gelöst. Nehmen wir, als repräsentatives Beispiel, einen Dokumentarfilm, der
es für einige Wochen in die ‚Arthouse‘-Kinos der größeren Städte schafft: ein Auf-
nahmeteam, geführt von einem Regisseur, findet und filmt die Rohbilder und -töne;
vom Team der *post-production* wird daraus ein kopierfähiger Film mit Standard-
dauer, etwa 100 Minuten Laufzeit, geschnitten. An der Finanzierung beteiligt sind
öffentliche Förderinstitutionen, private Investoren und Unternehmen der Medien-
Hardware, die bei der Produktion zum Einsatz gekommen ist und so unter Hobby-
Filmern Reputation gewinnt. Der Film wird dann für variable Zeit in das von verschiedenen Unternehmen betriebene Netzwerk der *screens*, also der Vorführräume,
eingespeist. Gleichzeitig versuchen Werbeagenturen und Informationsmedien, Aufmerksamkeit für den Film zu wecken. Die Zuschauer zahlen für ihren Zugang zum
Filmerlebnis erst über ihre Tickets, später über bezahlte DVDs und Abonnements zu
Streaming-Plattformen, wobei die private Verfügbarkeit der Abspielgeräte vorausgesetzt wird. Die Zuschauer unterhalten sich miteinander, einige kontaktieren auch
das Produktionsteam, oder reisen in das Land, in dem die Bilder aufgenommen wurden. Vielleicht wird der Film auch im öffentlich-rechtlichen Fernsehverbund oder
auf einem *Free TV*-Kanal gezeigt, sodass die Zahlungen im ersten Fall über einge-
zogene Zwangsgebühren, im zweiten Fall über werbetreibende Unternehmen erfolgen, die den Filminhalt als Aufmerksamkeitshintergrund für ihre Produkte nutzen.

Ko-Produktion und Ko-Kreation erreichen also einen bemerkenswerten Grad
an Komplexität, der dann auch für die unvermeidliche Variation sorgt. Die wiederum ist symptomatisch für die Branchen, oder genauer gesagt die Arten von
Erlebnisspielen, die über die Vielfalt der fünf Abteilungen hinweg in Gang gesetzt
und ständig mit neuen Varianten an Spielzügen versorgt werden. So sind im ästhetischen Kapitalismus, hier interpretiert als der Wirtschaftsform der Erlebnis-/
Innovationsgesellschaft, bei der ständig neue Produkte zur Anregung ästhetischer

Erlebnisse eine starke und immer noch wachsende Rolle spielen, demnach Formen entwickelt worden, die die nötige symbolische Komplexität leisten können. Das sind die Formen der gegenwärtigen, global verteilten Erlebnisgütermärkte.

5   Der Umgang mit Neuem in der Innovationsgesellschaft

Die weitere Entwicklung und Selbstveränderung der Erlebnisgesellschaft hängt davon ab, inwieweit es gelingt, die kommerziellen Spiele, über die Zuschauergemeinschaften mit neuen Erlebnismöglichkeiten versorgt werden, auf die Besonderheiten der kulturellen Spiele einzustellen.

Dieses Gelingen bezieht sich auf die Kulturpolitik, als eigenständigem Feld der kollektiven Gestaltung (vgl. dazu Flew 2012). Es bezieht sich auch auf neue Formen der Zusammenarbeit und der Vertragsbindung unter den Erlebnisproduzenten und Erlebniskonsumenten.[20] Zentrale Bedeutung in der rechtlichen Sphäre hat die Anpassung grundlegender juristischer Figuren, insbesondere der Rechtsfigur des Sacheigentums (vgl. Handke 2010).

In diesen gegenüber den eigentlichen Erlebnissen peripheren, sie gleichwohl steuernden Handlungsfeldern können Ziele formuliert werden, die dann tatsächlich durch intentionale Innovationsversuche angenähert werden. Die Akteure bewegen sich, ebenso wie bei der Entwicklung der Hardware-Technologie, noch im vertrauten, schrittweisen Innovationsparadigma. Innerhalb der einzelnen Spielverläufe, in denen ständig neue Spielzüge zu neuen ästhetischen Erlebnissen für die Mitspieler und ihr Publikum werden, ist Neuheit dann aber nicht mehr Mittel zum Zweck, sondern Selbstzweck. Spiel und Spieler entstehen im Spielbetrieb, sie gewinnen ihre Identität und den Wandel ihrer Identität in der Abfolge von Spielrunden, die für das jeweilige Traditions-, Kunst-, Medien-, Kreativleistungs-, Sport-, Glücksspiel- oder Reiseerlebnis typisch sind. Variationen des Neuen führen, mit evolutionärer Zwangsläufigkeit, zu neuen Spielpraktiken, die sich wiederum in veränderten Spielgemeinschaften etablieren, und so die Wertschöpfung in der transformierten Gesellschaft fortsetzen.

Es gibt also gute Gründe, bei der gesellschafts- und der wirtschaftswissenschaftlichen Beobachtung der Innovationsgesellschaft neben dem Ziel, die Welt besser zu machen, auch das soziale Treiben rund um die selbstbezogene Sehnsucht nach Erlebnissen in den Blick zu nehmen.

---

20   Die Grundlagen dafür hat Caves (2000) mit seiner Abhandlung zu unvollständigen Verträgen in den Kreativindustrien geliefert.

Literatur

Bille, T. (2012). The Scandinavian approach to the experience economy – does it make sense? *International Journal of Cultural Policy 18* (1), 93-110.

Bille, T., & Lorenzen, M. (2008). *Den danske oplevelsesøkonomi: afgrænsning, økonomisk betydning og vækstmuligheder.* Frederiksberg: Imagine: Samfundslitteratur.

Boswijk, A., Thijssen, T., & Peelen, E. (2007). *The Experience Economy – A New Perspective.* Amsterdam: European Centre for the Experience Economy.

Caves, R. E. (2000). *Creative Industries. Contracts between Art and Commerce.* Cambridge: Harvard University Press.

Cunningham, S. (2001). From cultural to creative industries: theory, industry and policy implications. *Culturelink Special Issue 102*, 9-32.

Flew, T. (2012). *The Creative Industries. Culture and Policy.* Thousand Oaks: Sage.

Florida, R. (2002). *The rise of the creative class. And how it's transforming work, leisure, community and everyday life.* New York: Basic Books.

Garnham, N. (1987). Concepts of culture public policy and the cultural industries. *Cultural studies 1* (1), 23-27.

Handke, C. W. (2010). *The creative destruction of copyright: innovation in the record industry and digital copying.* Erasmus Universiteit, Rotterdam. Abrufbar unter http://dx.doi.org/10.2139/ssrn.1630343 oder http://ssrn.com/abstract=1630343.

Hesmondhalgh, D. (2005). Media and cultural policy as public policy and cultural policy. *The international journal of cultural policy 11* (1), 95-109.

Holbrook, M. B., & Hirschman, E. C. (1982). The Experiential Aspects of Consumption: Consumer Fantasies, Feelings, and Fun. *The Journal of Consumer Research 9* (2), 132-140.

Howkins, J. (2001). *The creative economy.* New York: Penguin Press.

Hutter, M. (2000). Besonderheiten der digitalen Wirtschaft – Herausforderungen an die Theorie. *WISU – das Wirtschaftsstudium 12*, 1659-1665.

Hutter, M. (2006). *Neue Medienökonomik.* München: Fink.

Hutter, M. (2011a). Experience Goods. In R. Towse (Hrsg.), *Handbook of Cultural Economics* (2te Aufl., S. 211-215). Cheltenham: Edward Elgar.

Hutter, M. (2011b). Infinite Surprises: On the Stabilization of Value in the Creative Industries. In J. Beckert, & P. Aspers (Hrsg.), *The Worth of Goods. Valuation and Pricing in the Economy* (S. 201-222). London: Oxford University Press.

Hutter, M. (2015). *Ernste Spiele. Geschichten vom Aufstieg des ästhetischen Kapitalismus.* Paderborn: Fink.

Kopytoff, I. (1986). The cultural biography of things: commoditization as a process. In A. Appadurai (Hrsg.), *The social life of things. Commodities in cultural perspective* (S. 64-91). Cambridge: Cambridge University Press.

Landry, C. (2000). *The Creative City: A toolkit for urban innovators.* Near Stroud: Comedia.

Latour, B., & Lépinay, V. (2010). *Die Ökonomie als Wissenschaft der leidenschaftlichen Interessen.* Berlin: Suhrkamp.

Lonsway, B. (2009). *Making Leisure work. Architecture and the Experience Economy.* London: Routledge.

Lury, C. (1996). *Consumer Culture.* Cambridge: Polity.

Michelsen, A. (2014). The Visual Experience Economy: What Kind of Economics? On the Topologies of Aesthetic Capitalism. In P. Murphy, & E. de la Fuente (Hrsg.), *Aesthetic Capitalism* (S. 63-88). Leiden: Brill.

Miège, B. (1989). *The Capitalization of Cultural Production*. New York: International General.

O'Connor, J. (2000). The Definition of the Cultural Industries. *The European Journal of Arts Education 2* (3), 15-27.

O'Connor, J., & Oakley, K. (Hrsg.). (2015). *The Routledge Companion to the Cultural Industries*. London: Routledge.

Peck, J. (2011). Creative Moments: Working Culture, through Municipal Socialism and Neoliberal Urbanism. In E. McCann, & K. Ward (Hrsg.), *Mobile Urbanism. Cities and Policymaking in the global age* (S. 41-70). Minneapolis: University of Minnesota Press.

Pine, B. J. I., & Gilmore, J. H. (1999). *The Experience Economy. Work is theatre and every business a stage*. Boston: Harvard Business School Press.

Power, D. (2009). Culture, creativity and experience in Nordic and Scandinavian cultural policy. *International Journal of Cultural Policy 15* (4), 445-460.

Pratt, A. (2005). Cultural Industries and Public Policy: An Oxymoron? *International Journal of Cultural Policy 11* (1), 31-44.

Reckwitz, A. (2012). *Die Erfindung der Kreativität. Zum Prozess gesellschaftlicher Ästhetisierung*. Frankfurt: Suhrkamp.

Rössel, J. (2009). Die Erlebnisgesellschaft zwischen Zeitdiagnose und Sozialstrukturanalyse. *Österreichische Zeitschrift für Soziologie 28* (3), 82-101.

Schimank, U. (2013). *Gesellschaft*. Bielefeld: transcript.

Schulze, G. (1992). *Die Erlebnisgesellschaft. Kultursoziologie der Gegenwart*. Frankfurt: Campus.

Schulze, G. (2013). *The Experience Market*. In J. Sundbo, & F. Sørensen (Hrsg.), *Handbook on the Experience Economy* (S. 98-121). Cheltenham: Edward Elgar.

Söndermann, M., Backes, C., Arndt, O., & Brünink, D. (2009). *Kultur- und Kreativwirtschaft*. Berlin: Bundesministerium für Wirtschaft und Technologie.

Sundbo, J., & Sørensen, F. (2013a). Introduction to the Experience Economy. In J. Sundbo & F. Sørensen (Hrsg.), *Handbook on the Experience Economy* (S. 1-20). Cheltenham: Edward Elgar.

Sundbo, J., & Sørensen, F. (Hrsg.). (2013b). *Handbook on the Experience Economy*. Cheltenham: Edward Elgar.

Thévenot, L. (2014). Community-engaged art in practice. In T. Zemilas (Hrsg.), *Artistic practices* (S. 132-150). London: Routledge.

UNCTAD. (2008). *Creative Economy Report 2008*. New York: United Nations Conference on Trade and Development.

UNESCO. (2013). *Creative Economy Report* 2013, Special Edition. Widening Local Development Pathways. New York, Paris.

Internetquellen

http://www.ihk-berlin.de/branchen/Kreativwirtschaft/Branchen_der_Kultur-_und_Kreativwirtschaft/. Zugegriffen: 13.02.2015.

Strategisches Marketing in der Innovationsgesellschaft

Ein Bezugsrahmen

Franz Liebl

1   Einführung

Auf den ersten Blick scheint in Marketing-Theorie und -Praxis das Konzept bzw. die Teildisziplin „Strategisches Marketing" gut etabliert zu sein. Doch bei näherem Hinsehen muss man etwas anderes feststellen. Zwar wurde der Begriff im deutschen Sprachraum schon vor rund 25 Jahren geprägt bzw. aus dem angloamerikanischen Sprachraum übernommen (Aaker 1984) und durch einen viel beachteten Konferenzband gleichen Titels von Raffée und Wiedmann (1985) prominent; ein eigenständiger Zuschnitt im Sinne einer Programmatik mit Bezug auf eine marktorientierte Strategische Unternehmensführung lässt sich jedoch auch heute nicht klar erkennen.

Dies hat vor allem damit zu tun, dass sich die drei disziplinären Felder, die für ein genuines Strategisches Marketing die wesentlichen Beiträge bereitstellen können, als Parallelwelten mit minimalen inhaltlichen – und kulturellen – Anschlüssen entwickeln: Strategisches Management, Marketing und Konsumentenforschung. Überspitzt gesagt handelt es sich bei Strategischem Marketing um ein unkartiertes Terrain, aufgespannt zwischen den drei genannten Disziplinen (Abbildung 1).

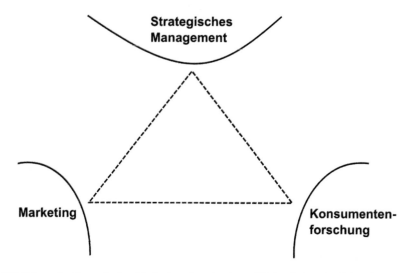

Abbildung 1   Strategisches Marketing als unkartiertes Feld zwischen den Disziplinen.
Quelle: eigene Darstellung.

Warum dies so ist, darüber können nur umfangreiche wissenschaftssoziologische
Studien Auskunft geben; dass es so ist, dokumentieren die wissenschaftlichen
Diskurse auf internationaler Ebene und insbesondere im anglo-amerikanischen
Raum. Im Folgenden sollen die unterentwickelten Anschluss-Stellen der verschiedenen Bereiche benannt (Kapitel 2) und ein theoretischer Bezugsrahmen für ein
genuines Strategisches Marketing entwickelt werden, der die möglichen wechselseitigen Verweisungszusammenhänge offenlegt und nutzbar macht (Kapitel 3).

   Dass dabei die Bedingungen fortgeschrittener gesellschaftlicher Individualisierung, welche sich insbesondere in Form einer Innovationsgesellschaft äußern,
besonders große Herausforderungen an Strategisches Marketing stellen, ist nicht
unbedingt von Nachteil, wie sich zeigen wird. Denn sie weisen gleichzeitig den
Weg für eine tragfähige Stoßrichtung: Der Bezugsrahmen hebt vor allem ab auf
die Innovationstätigkeit in der Gesellschaft im Allgemeinen und bei den Kunden
bzw. Konsumenten im Speziellen und fragt nach relevanten Quellen, um solche
Innovationstätigkeit geeignet an das unternehmerisch ausgerichtete strategische
Handeln rückbinden zu können.

2 Disziplinäre Parallelwelten

In diesem Kapitel wird zunächst dargelegt, worauf sich die Diskurse in den verschiedenen Disziplinen fokussieren und damit die Etablierung wechselseitiger Verweisungszusammenhänge erschweren. Hierzu bedarf es einer fallweisen Rekonstruktion einzelner Denkschulen in den jeweiligen Disziplinen; dies geschieht hier jedoch nur insoweit, wie es für die vorliegende Frage erforderlich ist.

2.1 Strategisches Management: Strategie ohne Kunden

Beginnen wir mit den Diskursen des Strategischen Management. Diese sind primär auf Organisationsforschung fokussiert, so dass der Kundenperspektive de facto kaum Relevanz zukommt. Einige zentrale Beiträge operieren zwar durchaus – und zwar ganz explizit – mit der Betrachtung von Kunden (insbesondere Abell 1980 sowie Porter 1980, 1985, 1996). Gleichwohl unterscheidet sich die inhaltliche Ausgestaltung der betreffenden Ansätze insofern von Zugängen der Konsumentenforschung, als die Notwendigkeit einer empathischen Vorgehensweise – insbesondere einer Analyse der Lebens- und Vorstellungswelten von Kunden – nicht problematisiert wird. Gerade in den Ausführungen von Porter scheint die Prämisse durch, dass durch eine Betrachtung von außen bereits die Dispositionen und Werthaltungen der Kunden erkennbar werden bzw. konventionelle, standardisierte Formen der Marktforschung hinreichen, um einen „Customer Value" (Band 1991; Stahl und Bounds 1991; Gale 1994) zu ermitteln. Als Wendepunkt lässt sich vor diesem Hintergrund erst die Feststellung Prahalads (2000), dass das Strategische Management lange Zeit die Kunden aus dem Blickfeld verloren hatte, aber just an der Schnittstelle zwischen Kunden und Unternehmen der Wert für beide geschaffen werde, verstehen. Es ist in der Folge vereinzelt die Rolle von empathischen Formen der Konsumentenforschung für das Strategische Management in inhaltlicher und prozessualer Hinsicht gestärkt worden, und methodische Konzepte zur Unterstützung der Strategie-Entwicklung resultierten (zum Beispiel Liebl und Rughase 2002; Osterwalder und Pigneur 2010).

2.2 Konsumentenforschung: Strategie als *persona non grata*

Dass disziplinäre Grenzen nicht nur durch die Verschiedenheit der Sprachspiele markiert werden, sondern nicht minder durch spezifische Attitüden, zeigt das Verhältnis der Konsumentenforschung zu den Zweigen der Betriebswirtschaftslehre,

insbesondere Strategisches Management und Marketing. Angesichts ihrer disziplinären Provenienzen (zum Beispiel Soziologie, Ethnologie, Cultural Studies) spielt
für Konsumentenforscher die unternehmerische Umsetzung bzw. Verwertung
ihrer Forschungsergebnisse kaum eine Rolle, ja widerspricht erklärtermaßen den
Zielsetzungen des eigenen Fachgebiets; zudem würde es eine Exploitation nicht
nur der eigenen Arbeit, sondern vor allem auch der Probanden bedeuten. Daher
stößt es unter Konsumentenforschern auf geringe Akzeptanz, den strategischen
Implikationen aus der Erkundung von Lebenswelten nachzugehen, insbesondere
Fragen des Typs: was bedeuten die Erkenntnisse über die Dispositionen von Konsumenten für die Entwicklung neuer Produkte, die Gestaltung von Kommunika-
tionskampagnen oder den Einsatz innovativer Technologien?

2.3   Marketing: Strategie als Nullstelle

Über die Jahrzehnte hinweg hat es, nicht zuletzt im Marketingdiskurs selbst, immer wieder kritische Fragen gegeben, wieso der Beitrag des Marketing zum Feld
der Strategie als quasi inexistent wahrgenommen wird (Day 1992; Varadarajan
1992). Dies gilt nicht nur in theoretischer Hinsicht, sondern auch in der Unterneh-
menspraxis; so wird aktuell im deutschen Sprachraum festgestellt, „wie schwach
das Marketing in den obersten Führungsgremien vertreten" sei und strategisch
„wenig zu melden" habe (Scharrer 2011, S. 1). Tatsächlich hat das Marketing zu
keiner Zeit einen tragfähigen Begriff von Strategie entwickelt und interessiert sich
auch nicht erkennbar für Fragen der (Unternehmens-)Führung. Stattdessen stehen
folgende Aspekte im Zentrum der Disziplin:

- Marketing begreift sich stattdessen bis heute als definiertes Instrumenten-Set
  zum Management jeglicher Austauschbeziehungen (Bagozzi 1975).
- Marketing in seinem ursprünglichen Selbstverständnis, als Widerpart der bis
  dahin vorherrschenden Production & Sales-Orientierung, stellte von Anbeginn
  den Kunden in den Mittelpunkt des Denkens und nahm ihn als Ausgangspunkt
  betriebswirtschaftlicher Planungsentscheidungen: „Customer Centricity" als
  Ausdruck einer Kundenorientierung, wie sie bei Keith (1960) und in dem berühmten Artikel „Marketing Myopia" von Levitt (1960) ausformuliert wurde.
  Damit verstand sich Marketing auch als mehr als nur als eine Advertising-
  Funktion, wollte idealerweise und erklärtermaßen nicht (nur) die Stimme des
  Unternehmens nach draußen zu den Kunden tragen, sondern vor allem die Be-
  dürfnisse der Kunden ins Unternehmen (Strong und Harris 2004).

- Zudem forcierte Kotler eine Verbreit(er)ung der Marketingperspektive, indem er herausarbeitete, dass Marketing eine organisationale (Management-)Funktion darstelle, die auch in Non-business-Organisationen vorkommt, ähnlich wie etwa Finanz- oder Personal-Management (Kotler und Levy 1969). Angewandt auf (soziale) Bewegungen und ihre Organisationen führte dies zu einem „Sozio-Marketing", das in Themen bzw. Issues ein Analogon zu Produkten sowie in Teilöffentlichkeiten ein Analogon zu Kundengruppen herstellte und für den Prozess der Vermarktung denselben „Instrumentenkasten" vorsah: die klassischen 4P's als Gestaltungsvariablen des Marketing-Mix. Dies hat in der Folge zu einer Vielzahl von Marketing-Subdisziplinen – dem sogenannten „Bindestrich-Marketing" – geführt; die Logik dahinter ist eine eindeutig identifizierbare disziplinäre Legitimations- und Expansionsstrategie, welche Hunt (1976) als das zentrale Anliegen von Marketing bezeichnete: „marketing marketing to non-marketers".

Dieser Expansionslogik folgt auch das in den 1980er-Jahren aufkommende „Strategische Marketing", das sich als eine Art „Strategic Turn" im Marketingdenken verstand. Streng genommen handelte es sich dabei aber lediglich um eine (Um-) Etikettierung des damals in Theorie und Praxis als extrem attraktiv, weil neuartig empfundenen Diskurses um Strategische Planung und Strategisches Management. Mit anderen Worten, Strategisches Marketing trug damals nichts Eigenständiges zu Konzepten der Strategischen Planung bei, sondern die Marketingdisziplin entlehnte lediglich die dort entwickelten Analyse- und Planungsinstrumente für den eigenen Instrumentenkasten: Portfolio-Analyse, SWOT-Analyse, Lebenszyklus-Analyse, Gap-Analyse oder Erfahrungskurve (siehe die Beiträge in Raffée und Wiedmann 1985). Gleichzeitig wurde eine Denkfigur übernommen, welche der bisherigen Orientierung des Marketing erkennbar zuwiderlief: Konkurrenzorientierung als eine Art Gegenmodell zur Kundenorientierung. In der Konkurrenzbetrachtung bestand nämlich einer der großen konzeptionellen Fortschritte der Frühphase strategischen Denkens: zu erkennen, dass es (auch) eine Konkurrenz gibt und die Ergebnisse eigener Entscheidungen – das heißt der eigenen Wettbewerbsstrategie – immer als Ergebnis einer Relationierung zu Entscheidungen bzw. Strategien der Konkurrenten zu begreifen sind. Dies erklärt nicht zuletzt die zentrale Rolle der Größe Marktanteil in dieser Epoche. Für das Marketing resultierte aus diesem wahrgenommenen Grundwiderspruch ein unangenehmer Zwiespalt, der jahrelange, letztlich ergebnislose Diskussionen darüber produzierte, welchem Orientierungs-Paradigma man folgen solle. Es muss offen bleiben, ob damit zusammenhängt, dass der Begriff „Strategisches Marketing" schließlich wieder aus dem Sprachgebrauch verdrängt wurde zugunsten einer sogenannten „Marktorientierten Unternehmensführung" (zum Beispiel Meffert 1988), die in der Folge immer weniger Kenntnis von den Diskursen um das Strategische Management nahm und stattdessen die Orientierung an ihrer instrumentellen Sichtweise und dem eigenen Instrumentenkasten verstetigte (zum Beispiel Varadarajan 1992; Day 1992). Wenn in Übersichtsartikeln zum State-of-the-Art des Strategischen Marketing (Varadarajan 2010) festgestellt wird, dass Strategisches Marketing und Marketingstrategie auch heute noch als austauschbar gelten bzw. als vorrangiges Interesse des Strategischen Marketing die Konzeption und Umsetzung einer Marketingstrategie anzusehen sei, drückt dies ebenjenes funktionalistisch-instrumentelle (Miss-)Verständnis von Strategie aus. Denn als Betrachtungsebene hinter einer Marketingstrategie steht in einer solchen Logik nicht die Top-Ebene der Geschäftsstrategie bzw. Geschäftsführung, sondern die nachrangige Ebene der Funktionalstrategie bzw. Funktionsbereiche (siehe hierzu Hanssmann 1995). Insofern handelt es sich beim gängigen Begriff von Strategischem Marketing um einen „Strategic Turn", der keiner war. Statt einer Orientierung an den Problemlagen des Top-Managements ist in der Marketingdiskussion sehr viel stärker das Bedürfnis zum Tragen gekommen, die Domäne der Disziplin in allgemeinstmöglicher Form zu formulieren und die eigenen Claims entsprechend weit abzustecken. In dem daraus entstehenden „Relationship Marketing" sieht Brown (1998, S. 42f.) nicht nur einen Pleonasmus, sondern auch einen bloßen Neuaufguss der althergebrachten „Customer Centricity".

Eine weitere Grundcharakteristik besteht darin, dass das in der Disziplin dominierende Forschungsparadigma eine primär naturwissenschaftliche Prägung aufweist: Marketing verstanden als „Science" mit quantitativer Ausrichtung, standardisierten Forschungsmethoden und großzahligen Stichprobenumfängen. Disziplinintern geriet dieses Mainstream-Paradigma jedoch in den 1990er-Jahren zunehmend unter Beschuss durch eine Strömung, die sich als „Postmodern Marketing" (Brown 1995) verstand und postmoderne Denkfiguren wie „Pluralität", „Vieldeutigkeit", „Multiperspektivität" und „Fragmentierung" als Kampfbegriffe einführte. Insofern Postmoderne sich als Zeitalter des Abschiednehmens begriff, galt es in der Marketing-Postmoderne vor allem monistische Konzepte mit Eindeutigkeitsfiktion – insbesondere *„den* Markenkern", *„den* USP", *„die* Zielgruppe"* – zu verabschieden; ebenso den naturwissenschaftlichen Ansatz einer Erforschung von universellen „laws of the marketplace". Die Vertreter dieser Strömung favorisierten postmoderne Forschungsstrategien, die sie in die Konsumentenforschung transferierten: interpretative und nichtstandardisierte statt positivistischer und standardisierter Erhebungsmethoden, verbunden mit kleinen Stichproben bei gleichzeitig großzahliger Menge an Beobachtungspunkten je Proband – quasi eine „thick description" von Konsumentenkultur im Sinne von Geertz (1987).

Fasst man die Diskussion aus einer strategischen Perspektive zusammen, so besteht das zweifellose Verdienst des Postmodernen Marketing darin, Individualisierung ganz richtig als die zentrale Herausforderung erkannt und thematisiert zu haben (siehe insbesondere Gabriel und Lang 1995; Gabriel und Lang 2009) sowie der qualitativen Konsumentenforschung einen angemessenen Stellenwert verliehen zu haben. Gerade diesbezüglich lässt sich ein bemerkenswertes Defizit des Strategischen Marketing alter Schule feststellen: es mangelt an einer Adressierung fortgeschrittener gesellschaftlicher Individualisierung. Darüber hinaus besteht eine weitere richtige Schlussfolgerung postmoderner Positionen darin, Kritik an den unkontrollierten Diversifizierungserscheinungen des Marketing zu üben (Brown 1998).

Auch wenn die Irritationen durch die Dekonstruktion des Marketing-Mainstreams notwendig und fruchtbar waren, so blieb das Projekt des Postmodern Marketing bis heute Stückwerk. Zwar wurden zutreffende Fragen gestellt, aber nicht alle strategisch notwendigen, und darüber hinaus blieben die Zumutungen nur marketing-immanent. So entbehrt es nicht einer gewissen Ironie, dass sich die Undiszipliniertheiten des Postmodern Marketing recht geschmeidig an disziplinäre Grenzziehungen anpassten. Und als unabgeschlossen erweist sich das Projekt schon allein wegen seiner Beschränkung auf – zweifellos gelungene und geistreiche – Ironisierungen und Dekonstruktionen. Nimmt man jedoch den Anspruch einer „Marktorientierten Unternehmensführung" unter Bedingungen fortgeschrittener gesellschaftlicher Individualisierung und ubiquitärer Innovationsorientierung zum Maßstab, bedarf es jenseits der Dekonstruktion einer Rekonstruktion in methodischer und prozessualer Hinsicht, um die damit verbundenen Gestaltungsaufgaben bewältigen zu können. Mit anderen Worten stellt sich die Notwendigkeit der Konzeptualisierung eines „Post-postmodern Marketing", das dann ein genuines Strategisches Marketing sein könnte. Insofern unterscheidet sich ein solcher strategieorientierter Zugang in seinen Schlussfolgerungen von den Einlassungen Browns (2001), der in einer postironischen Volte eine Retro-Bewegung des Marketing hin zur alten Production & Sales-Orientierung postuliert.

3 Bezugsrahmen eines innovationsorientierten Strategischen Marketing

Damit ist das Forschungs- und Entwicklungsprogramm eines innovationsorientierten Strategischen Marketing umrissen: die Kartierung und „Begehbarmachung" des eingangs bezeichneten Terrains. Wie dies unter den aktuellen Bedingungen fortgeschrittener gesellschaftlicher Individualisierung samt ihrem individualisier-

ten Kundenverhalten – und damit unter Bedingungen einer Innovationsgesellschaft
– geschehen kann, soll im Folgenden anhand eines Bezugsrahmens dargelegt werden. Zu diesem Zweck wird eine unternehmerische Perspektive („Entrepreneurial
View") zugrunde gelegt.

3.1 Grundpfeiler

Die Innovationsorientierung ist der Betriebswirtschaftslehre durch Schumpeters
(1912) Konzept des Unternehmertums seit langem inhärent. Gleichwohl spielte das
Thema Entrepreneurship im Kontext des Strategischen Management lange Zeit
nur eine Nebenrolle und wurde selten ausführlich thematisiert (zum Beispiel Ansoff et al. 1976). Erst in jüngerer Zeit greift eine Perspektive im Strategischen Management Platz, die als sogenannter „Entrepreneurial View" Unternehmertum und
strategische Innovation im Zentrum der Überlegungen sieht. Ausgangspunkt eines
innovationsorientierten Strategischen Marketing sind demgemäß Zielvorstellun-
gen, die sich in zwei Dimensionen gliedern:

- Die *wettbewerbsstrategische* Dimension hat zum Ziel, Unterscheidungskraft
  im Wettbewerb herzustellen. Der die aktuelle Diskussion widerspiegelnde
  „Entrepreneurial View" (siehe insbesondere SMS 2000; Liebl 2003; Smith und
  Cao 2007) geht nicht mehr von Strategie-Entwicklung zu Zwecken der Adaption bzw. der Optimierung innerhalb eines gegebenen Sets von Restriktionen
  aus, sondern stellt die strategische Innovation – genauer: die Innovation des Geschäftsmodells – ins Zentrum der Betrachtung (zum Beispiel Eden und Ackermann 2007; Doz 2007). Dies bedeutet im Kern die Kreation von neuen Märkten und neuen Geschäftsmodellen sowie die Einführung neuer Spielregeln in
  Märkte. An dieser Stelle liefern die Überlegungen von Spinosa et al. (1997),
  welche Entrepreneurship selbst als Form von sozio-kultureller Innovation verstehen, eine wichtige Ergänzung und Präzisierung. Denn nicht jede Form von
  Geschäftstätigkeit zählt für die Autoren als Entrepreneurship. Sie heben hervor,
  dass am Beginn von solchen Innovationen etwas steht, was sich als Anomalie
  in der Lebenswelt (der Konsumenten) verstehen lässt, die ein Unternehmer erkennt, aber nicht wie andere verdrängt, sondern ein neuartiges Angebot schafft,
  das den zukünftigen Kunden bzw. Konsumenten neue „Welten" erschließt. Der
  hier gebrauchte Begriff „Welten" wird von Spinosa et al. (1997) im Sinne Hei-
  deggers (1979) gebraucht, der darunter den wechselseitigen Verweisungszu-
  sammenhang aus Objekt (bzw. Angebot), den jeweiligen Nutzungsformen und
  den Identitäten der Nutzer verstand. Indem also eine Innovation neue „Wel-

ten" erschließt, übt sie potentiell beträchtlichen Einfluss auf die Identitäten der Nutzer aus. Spinosa, Flores und Dreyfus kommen daher zu dem Schluss, dass Unternehmer vermittels ihrer Innovationen und der damit verbundenen Kultivierung „Geschichte machen" – und zwar nicht nur in ökonomischer, sondern auch in sozialer und kultureller Hinsicht.

• Bei der *unternehmenspolitischen* Dimension geht es darum, den eigenen (wettbewerbs-)strategischen Handlungsspielraum zu sichern, um auch für die Zukunft strategisch handlungsfähig zu bleiben. Dieser Spielraum, das heißt der unternehmenspolitische Rahmen, ist bestimmt durch Ansprüche von Akteuren im Umfeld (zum Beispiel Staat, Gesellschaft, Medien, NGOs) und hat zu tun mit der Legitimität bzw. Akzeptanz der Geschäftstätigkeit eines Unternehmens bei diesen Stakeholdern.

Anders als herkömmliches Marketing, dessen Selbstverständnis instrumentell geprägt ist, zeichnet sich ein Strategisches Marketing unter Bedingungen einer Innovationsgesellschaft also durch Ziel- bzw. Problemorientierung aus. Es geht um die Identifikation von möglicherweise strategisch relevanten Issues, mit denen eine Organisation zu tun hat („Agenda-Building"), sowie um die Entwicklung und Realisation von strategischen Handlungsoptionen („Strategie-Entwicklung") in Form geeigneter Innovationsanstrengungen. In Abbildung 2 ist der strategische Bezugsrahmen im Überblick dargestellt und benennt auf der rechten Seite die generellen Zielsetzungen sowie im rechten unteren Quadranten die Prozesse, vermittels derer diese Ziele erreicht werden sollen.

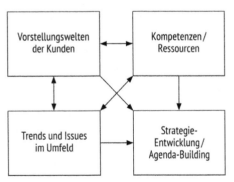

Legende: <—> = wechselseitige Verprobung; —> = Inspirationsquelle für

Abbildung 2   Strategischer Bezugsrahmen.
Quelle: Liebl und Düllo 2015, S. 73.

Warum ist hier von einem Bezugsrahmen die Rede? Mit Minsky (1975) verstehen
wir einen Bezugsrahmen als gedankliches Analysegerüst, hinter dem eine spezifische „Sicht der Welt" steht. Diese setzt die Randbedingungen für die verwendeten
kognitiven Elemente und Operatoren, wie zum Beispiel grundlegende Annahmen
über die Realität, Kategorien zur Klassifizierung von Phänomenen oder das analytische Instrumentarium (Shrivastava und Mitroff 1983). Porter (1991) hält die
Formulierung und Verwendung von Bezugsrahmen („frameworks") als eine Art
Proto-Theorie dort für besonders geeignet, wo eine umfassende Theorie im Sinne
von empirisch geprüften, generalisierenden Hypothesen noch nicht existiert bzw.
die Anwendung – das heißt die Formulierung und Validierung – von allgemeinen
(quantitativen) Modellen angesichts der Spezifität der unternehmensindividuellen
Kontexte und der meist vagen Datenlage nicht möglich ist. Im Bereich des Strategischen Management bzw. Strategischen Marketing muss in der Regel mit der-
artigen Rahmenbedingungen gerechnet werden. Eine solche Beschränkung muss
indes gar nicht als Nachteil gewertet werden, denn im Kontext von Prozessen der
Strategie-Entwicklung und des Agenda-Building besteht die wichtigste Funktion
von Bezugsrahmen vor allem darin, die Beteiligten in die Lage zu versetzen, neue
– und bessere – strategische Fragen zu stellen.

Deshalb hebt der strategische Bezugsrahmen aus Abbildung 2 darauf ab, welche Felder für unternehmerisch ausgerichtetes strategisches Handeln geeignete
Ausgangspunkte darstellen können. Aus Sicht des Entrepreneurial View basiert
die Formulierung von strategischen Optionen im Wesentlichen auf drei Wissens-
beständen bzw. Quellen:

- Erstens, die *(Vorstellungs- und Lebens-)Welten der Kunden* sind der Dreh- und
  Angelpunkt der Betrachtung von Wettbewerbsvorteilen. Porter (1985) hat darauf hingewiesen, dass Voraussetzung jeder Differenzierung am Markt ist, dass
  ein Kunde erstens überhaupt einen Unterschied wahrnimmt und diesen zweitens auch entsprechend wertschätzt. Dies fordert einen radikalen Perspektivwechsel, um diejenigen Teile der „Welt" eines Kunden zu rekonstruieren, die
  für das eigene Geschäft(smodell) Relevanz besitzen. Unter Bedingungen einer
  Innovationsgesellschaft erhält die Untersuchung und Rekonstruktion der Vor-
  stellungs- und Lebenswelten insofern eine besondere Akzentuierung, als die
  Betrachtung der Innovationstätigkeit von Kunden bzw. Konsumenten in den
  Vordergrund rückt: das Verstehen von Konsuminnovationen wird zur Grundlage der Entwicklung strategischer Optionen im Allgemeinen und Geschäfts-
  modell-Innovationen im Speziellen.
- Insofern der Entrepreneurial View auch die Perspektive des Resource-Based
  View umfasst, fokussiert das zweitens zu betrachtende Feld auf die *Kompe-*

tenzen und Ressourcen des Unternehmens. Strategische Innovation besteht in diesem Zusammenhang darin, die Kompetenzen und Ressourcen neu zu (re-) kombinieren bzw. neu zu nutzen und neu zu interpretieren.

- Drittens, *Trends und Issues im Unternehmensumfeld* sind Ausdruck von veränderten bzw. neuen Bedeutungszuschreibungen und Praxen, die ausgeübt werden von Gruppen im Unternehmensumfeld. Solche Gruppen werden damit de facto zu Stakeholdern der Organisation, da ihre Handlungen und Deutungen für die Organisation nicht ohne Folgen bleiben. Eyerman und Jamison (1991) nehmen bereits das Konzept einer Innovationsgesellschaft vorweg, wenn sie solchen Gruppierungen, die Wandelerscheinungen hervorbringen oder zumindest vermitteln, einen zentralen Stellenwert zuweisen. Neue Soziale Bewegungen und Jugendszenen sind besonders augenfällige Beispiele für Akteure soziokultureller Innovation. Sie lassen sich, da sie neue Wissensbestände kreieren, die nicht zuletzt in veränderten Wertsystemen kulminieren, auch als Cognitive Communities verstehen.

Die in Abbildung 2 dargestellten gerichteten Pfeile symbolisieren, dass jeder dieser drei Wissensbestände zur (Inspirations-)Quelle von strategischen Optionen bzw. Innovationen werden kann; jedoch ist im Strategieprozess aus Kohärenzgründen eine wechselseitige Verprobung mit den jeweils anderen Feldern indiziert, was von den verschiedenen Doppelpfeilen angezeigt wird. So können beispielsweise die Vorstellungs- und Lebenswelten der Kunden Andockstellen für die Entwicklung von neuen Angebotszuschnitten liefern; es liegt jedoch nahe, dass diese nur dann realisierbar sind, wenn die zukünftig verfügbaren Kompetenzen und Ressourcen dies auch erlauben. *Mutatis mutandis* gilt diese Abstimmung auch für Optionen aus den übrigen Wissensfeldern.

Zusammenfassend lässt sich formulieren, dass unter Bedingungen einer Innovationsgesellschaft das unternehmerische Ziel bzw. die unternehmerische Herausforderung darin besteht, die Innovationspotentiale auf Seiten der Kunden („Konsuminnovation") bzw. die Innovationspotentiale von Cognitive Communities in der Gesellschaft („Trends und Issues") geeignet durch die Innovation des eigenen Geschäftsmodells zu adressieren. Der weiche Begriff „adressieren" wird hier bewusst gewählt, weil er Kausalität in beiden Richtungen einschließt. Eine durchaus realistische Sichtweise, die sich auch in dem folgenden Bonmot von Drucker (1985, S. 173) widerspiegelt: „When a new venture does succeed, more often than not it is in a market other than the one it was originally intended to serve, with products and services not quite those with which it had set out, bought in large part by customers it did not even think of when it started, and used for a host of purposes besides the ones for which the products were first designed." Unternehmerisches

Handeln lässt sich daher nicht angemessen als Folge von Analyse, Planung und anschließender Umsetzung begreifen, sondern als experimenteller Prozess. Sarasvathy (2001, S. 245) nennt dieses opportunitäts-identifizierende und -kreierende Vorgehen effectuation und beschreibt die dahinterstehende Logik wie folgt: „The distinguishing characteristic between causation and effectuation is in the set of choices: choosing between means to create a particular effect, versus choosing between many possible effects using a particular set of means. Whereas causation models consist of many-to-one mappings, effectuation models involve one-to-many mappings." In analogem Sinne verwenden Chia und Holt (2009) zur Beschreibung des Kerns strategischen Handelns von Unternehmen unter den fluiden Bedingungen von Individualisierung und Innovationsgesellschaft die Metapher des „Wayfinding". Demgegenüber setzte das ursprüngliche Strategische Marketing Strategie und „Planung" quasi identisch.

3.2   Ein neuer Umgang mit dem Neuen

Während die Mechanik der Umdeutung und Umwidmung von Ressourcen im Hinblick auf die Innovation von Geschäftsmodellen gut verstanden ist und schon seit jeher zum Gegenstand vielgestaltiger Kreativtechniken (zum Beispiel „Widerspruchsorientierte Innovationsstrategie" – WOIS) wurde, besteht die Herausforderung nunmehr vor allem darin, die Innovationsaktivitäten außerhalb der Organisation zu identifizieren und zu verstehen. Mit anderen Worten geht es primär um die Bestimmung und Erschließung der Quellen des Neuen, die auf Konsuminnovationen der Kunden sowie auf Innovations-Aktivitäten von Cognitive Communities hindeuten und so als Stimulus für den Prozess der Strategie-Entwicklung dienen können.

Inwieweit eine Verstetigung bzw. Verbreitung und schließlich Aufwertung mit dem Neuen einhergehen wird, ist dagegen erst Gegenstand einer nachgelagerten Betrachtung, da es gerade Ausdruck unternehmerischen Handeln ist, für einen solchen Wandel auf breiterer Basis, das heißt für Normalisierung (Link 1999), zu sorgen. Spinosa et al. (1997) betonen daher, dass Unternehmertum gerade nicht darin bestehe, als Trittbrettfahrer gesellschaftlichen Wandels aufzutreten, sondern im Gegenteil als Akteur den betreffenden Wandel maßgeblich mit voranzutreiben. Strategisches Handeln im Allgemeinen und Strategisches Marketing im Speziellen rekurrieren damit auf eine Denkfigur des Strategischen, die einst schon bei Gälweiler (1974, 1983) formuliert worden war: das Potential. Strategie als Erschließung von Erfolgspotentialen, die identifiziert bzw. kreiert und sodann ausgeschöpft werden; demgegenüber war Strategisches Marketing, wie es ursprünglich verstanden worden war, primär konkurrenzorientiert und damit auf Bestehendes fixiert. Während das Neue also ein Potential darstellt, passiert in der Normalisierung dessen Ausschöpfung. Wie das unternehmerische Selbstverständnis einer solchen Potentialorientierung im Rahmen eines zeitgenössischen Strategischen Marketing aussehen kann, hat der frühere Chefdesigner von Renault, Patrick LeQuément, sinngemäß wie folgt formuliert (Büschemann 1999): seinen Aussagen zufolge ist es nicht möglich, zu innovativen Konzepten zu kommen, indem man Konsumenten fragt, was sie denn wollten. Vielmehr geht es seiner Auffassung nach darum, dem Kunden etwas zu geben, was er haben möchte, von dem er aber nie wusste, dass er es suchte und von dem er sagt, dass er es schon immer wollte, wenn er es schließlich bekommt.

Aber woher soll das Neue nun kommen? Zahlreiche kulturelle Praktiken lassen sich im Gefolge der Arbeiten von Barnett (1953), Koestler (1964) und Groys (1992) als Quelle von Neuheit benennen. Zu den wichtigsten unter ihnen zählen – die sich überlappenden – bricolage, détournement, post-production, recoding, (cultural) hacking, jamming, non-intentional design, fandalism, mash-up, transgression, deviation, hybridisation und cross-appropriation. Ihnen ist gemeinsam, dass ihnen (zunächst) etwas Illegitimes anhaftet, ein Regelbruch, eine Abweichung von der Norm, wie Mathews und Wacker (2003) feststellen; auch Charakterisierungen wie subversiv oder interventionistisch fallen mitunter, ohne dass dies jedoch analytisch hilfreich wäre (Liebl 2014). Mit anderen Worten interessiert sich ein zeitgenössisches Strategisches Marketing für das Bizarre von heute, das in der Lage ist, zum Mainstream der Zukunft zu werden. Aus dieser Perspektive betrachtet erscheint es zielführender, Innovation als sich normalisierende Bizarrerie zu begreifen statt über die herkömmlichen Denkfiguren Invention und Diffusion.

Statt einer Trendforschung in Form einer verkappten Diffusionsforschung bedarf ein Strategisches Marketing unter Bedingungen einer Innovationsgesellschaft daher eines Managementsystems, das man als „Wunderkammer des Abseitigen" bezeichnen könnte. Um dieses „Kabinett" zu bestücken, kommt vor allem der Bereich in Frage, den Diederichsen (1996, S. 162) „kulturelle Originalitätsproduktion" nennt. Darunter fallen Literatur, Kunst, Design oder Musik, wobei gerade die als „populär" bezeichneten Ableger und Spielarten wie etwa Popmusik, Comics oder Crossover-Genres wegen ihrer Avantgarde-Funktion – und gerade nicht wegen ihrer mutmaßlich großen Verbreitung – besonderes Augenmerk genießen. Dies ist insofern sinnfällig, als Groys (1992) zeigen kann, dass sich gerade ab Beginn des 20. Jahrhunderts die Kriterien, weswegen Kunstwerke ins kulturelle Archiv aufgenommen werden, stark verändern. Nicht mehr ist wie ehedem handwerkliche Meisterschaft oder Schönheit ausschlaggebend, sondern der Innovationsgrad eines

Werks. Damit wurde der Kunstbereich quasi zur professionalisierten Innovationszone. Mathews und Wacker (2003, S. 112) mögen zwar übermäßig optimistisch
sein, wenn sie formulieren: „[...] at its heart, all art is inherently deviant". Doch
werden in der Literatur folgende Eigenschaften bzw. Funktionen von kultureller
Originalitätsproduktion – gleich welchen Genres – genannt, die für ein zeitgenössisches Strategisches Marketing zentral sind:

- gesellschaftlicher „Seismograph", der höhere Sensitivität als normal aufweist;
- Formulierung von (Zukunfts-)Szenarien, Kreation von Prototypen sowie Artikulation von Sachverhalten, die mit wissenschaftlichen Sprachspielen (noch)
  nicht hinreichend fassbar sind;
- Provokationsmittel für Künstler als Akteure gesellschaftlicher Veränderung
  und Mobilisierung;
- Reservoir kultureller Themen inklusive der Herstellung von (neuartigen) Verknüpfungen zwischen diesen Themen.

Der Kurator Pontus Hultén (1995, S. 29) resümierte einst etwas überspitzend diese
besonderen Eigenschaften wie folgt: „Wissenschaft beschäftigt sich mit dem, was
es gibt; Kunst beschäftigt sich mit dem, was es noch nicht gibt."
      Ein derartiges Managementsystem erfordert indes andere Zugänge zu bzw.
Nutzungsformen von kultureller Originalitätsproduktion, als dies bislang der Fall
war, wenn die Rede auf „Kunst im Unternehmen" kam. Veranschaulichen lässt
sich dies anhand der Nutzung von Literatur bzw. Belletristik als alternativer Form
einer „Trendforschung" (in Fortführung von Hutter 1991). Hierbei handelt es sich
um den „einfachen Fall" einer textbasierten Kunstform. Dennoch stellt es auch
in diesem Fall keine kleine Herausforderung dar, denn es bedarf dazu der Entwicklung geeigneter Lesarten beziehungsweise Lesemethoden, wenn damit ein
innovationsorientiertes Strategisches Marketing unterstützt werden soll. Was Belletristik angeht, würde eine rein literaturwissenschaftliche Lesart bzw. Analyse
eines Textes, etwa eines Romans, strategisch vermutlich wenig ergiebig ausfallen.
Im Gegenzug würde eine platte Inhaltsanalyse, wie sie im Rahmen der üblichen
Medienmonitoring betrieben wird, der Gattung Roman nicht gerecht werden. Es
geht folglich darum, etwas Drittes zu entwickeln, das, literatur- und kulturwissen-
schaftlich informiert, mit einer strategischen Perspektive den Zugang zum Text
sucht. Bei Schwarz (2011) und Liebl und Schwarz (2012) sind die verschiedenen
Aspekte einer solchen Methode im Detail erläutert.
      In ähnlicher Weise gilt es strategisch relevante Kunst zu identifizieren und auf
ihre Implikationen hin zu untersuchen (Schwarz und Liebl 2013). Denn aus Sicht
eines Strategischen Marketing kann es nicht darum gehen, Mitarbeiter nur „irgend-

wie kreativer" zu machen, sondern es gilt stattdessen in künstlerischen Arbeiten Spuren strategischer Innovation festzumachen (das heißt Konsuminnovationen, Trends und Issues sowie Rekombinationen von Ressourcen). Es geht also nicht um das Wesen von Kunst an sich, sondern um strategisch relevante Kunstwerke bzw. um die strategischen Implikationen von Kunstwerken. Die Dissertation von Bauer (2006) spricht in diesem Zusammenhang auch von kulturellen Innovationsstrategien solcher Arbeiten insofern, als sie einen ökonomischen, kulturellen oder gesellschaftlichen Wandel herbeizuführen versuchen. Insbesondere der Untertitel der Arbeit, *What Strategic Management Can Learn from Contemporary Fine Art*, liefert eine brauchbar fokussierte Programmatik für das Konzept einer solchen „Strategic Art". Dieser Zugang erscheint deshalb so sinnfällig, weil es sich um eine Frage handelt, die die Management-Forschung und -Praxis seit jeher bewegt: Wo existieren Kontexte, von denen man lernen kann und aus denen sich etwas übernehmen lässt? Dieser Zugang stimmt in hohem Maße mit der Entrepreneurship-Theorie von Spinosa et al. (1997) überein, welche die Rolle des Unternehmers darin sieht, kulturelle Innovation zu bewerkstelligen, und zwar maßgeblich unter Verwendung von Techniken der Cross-Appropriation. In Kunstwerken nicht nur einen ästhetischen und einen ökonomischen, sondern eben auch einen strategischen Wert zu sehen, ist also durchaus im Sinne dieser Theorie des Unternehmertums, die einem zeitgenössischen, innovationsorientierten Strategischen Marketing zugrunde liegt.

Literatur

Aaker, D. A. (1984). *Strategic Market Management*. New York: John Wiley and Sons.

Abell, D. F. (1980). *Defining the Business. The Starting Point of Strategic Planning*. Englewood Cliffs, NJ: Prentice-Hall.

Ansoff, H. I., Declerck, R. P., & Hayes, R. L. (1976). From Strategic Planning to Strategic Management. In H. I. Ansoff, R. P. Declerck, & R. L. Hayes (Hrsg.), *From Strategic Planning to Strategic Management* (S. 39-78). New York: Wiley.

Bagozzi, R. P. (1975). Marketing as Exchange. *Journal of Marketing 39* (October), 32-39.

Band, W. A. (1991). *Creating Value for Customer – Designing and Implementing a Total Corporate Strategy*. New York: Wiley.

Barnett, H. G. (1953). *Innovation: The Basis of Cultural Change*. New York: McGraw-Hill.

Bauer, T. (2006). *Cultural Innovation: What Strategic Management Can Learn From Contemporary Fine Art*, Dissertation. Witten: Universität Witten/Herdecke.

Brown, S. (1995). *Postmodern Marketing*. London: Routledge.

Brown, S. (1998). Postmodernism: The End of Marketing. In D. Brownlie, M. Saren, R. Wensley, & R. Whittington (Hrsg.). *Rethinking Marketing: Towards Critical Marketing Accountings* (S. 27-57). London: Sage.

Brown, S. (2001). *Marketing – The Retro Revolution*. London: Sage.

Büschemann, K.-H. (1999). Dem Zeitgeist auf der Spur: Was der Kunde nicht will, aber immer wollte – Designer Patrick LeQuement verhilft Renault zu erfolgreichen Autos und einem modernen Image. *Süddeutsche Zeitung (294)*, 29.

Chia, R. C. H., & Holt, R. (2009). *Strategy without Design: The Silent Efficacy of Indirect Action*. Cambridge: University Press.

Day, G. S. (1992). Marketing's Contribution to the Strategy Dialogue. *Journal of the Academy of Marketing Science 20* (Fall), 323-329.

Diederichsen, D. (1996). *Politische Korrekturen*. Köln: Kiepenheuer & Witsch.

Doz, Y. (2007). *Strategic Agility and Corporate Renewal*. Paper Presented at the Academy of Management Conference, 3-8 August. Philadelphia, PA.

Drucker, P. (1985). *Innovation and Entrepreneurship: Practice and Principles*. New York: Harper & Row.

Eden, C., & Ackermann, F. (2007). *The Resource Based View: Theory and Practice*. Paper Presented at the Academy of Management Conference, 3-8 August. Philadelphia, PA.

Eyerman, R., & Jamison, A. (1991). *Social Movements – A Cognitive Approach*. Pennsylvania: Penn State University Press.

Gabriel, Y., & Lang. T. (1995). *The Unmanageable Consumer: Contemporary Consumption and Its Fragmentation*. London: Sage.

Gabriel, Y., & Lang, T. (2009). New Faces and New Masks of Today's Consumer. *Journal of Consumer Culture 3*, 312-341.

Gälweiler, A. (1974). *Unternehmensplanung – Grundlagen und Praxis*. Frankfurt a. M.: Campus.

Gälweiler, A. (1983). Erfahrungen mit der strategischen Planung. In H. Koch (Hrsg.), *Unternehmensstrategien und Strategische Planung – Erfahrungen und Folgerungen, Zeitschrift für betriebswirtschaftliche Forschung, Sonderheft 15* (S. 52-59). Wiesbaden: Gabler.

Gale, B. T. (1994). *Managing Customer Value*. New York: Simon & Schuster.

Geertz, C. (1987). *Dichte Beschreibung: Beiträge zum Verstehen kultureller Systeme.* Frankfurt a. M.: Suhrkamp.

Groys, B. (1992). *Über das Neue – Versuch einer Kulturökonomie.* München: Hanser.

Hanssmann, F. (1995). *Quantitative Betriebswirtschaftslehre – Lehrbuch der modellgestützten Unternehmensplanung* (4. Auflage). München: Oldenbourg.

Heidegger, M. (1979). *Sein und Zeit* (15. Auflage). Tübingen: Max Niemeyer Verlag.

Hultén, P. (1995). Warum werden Museen so geliebt, Herr Hultén? Ein Interview von Gerd Presler. *Frankfurter Allgemeine Magazin 775,* 28-29.

Hunt, S. D. (1976). The Nature and Scope of Marketing. *Journal of Marketing 40* (July), 17-28.

Hutter, M. (1991). Literatur als Quelle wirtschaftlichen Wachstums. *Internationales Archiv für Sozialgeschichte der deutschen Literatur 16* (2), 1-50.

Keith, R. J. (1960). The Marketing Revolution. *Journal of Marketing 24* (January), 35-38.

Koestler, A. (1964). *The Act of Creation.* London: Penguin.

Kotler, P., & Levy, S. J. (1969). Broadening the Concept of Marketing. *Journal of Marketing 33* (January), 10-15.

Levitt, T. (1960). Marketing Myopia. *Harvard Business Review 38* (4), 45-56.

Liebl, F. (2003). What Is Strategic Knowledge Management Anyway? In J. S. Edwards (Hrsg.), *KMAC 2003 – The Knowledge Management Aston Conference 2003* (S. 314-325). Birmingham.

Liebl, F. (2014). Strategische Subversion: Wofür? – Wogegen? *Earnest & Algernon 8: „Geheimsache",* 106-109.

Liebl, F., & Düllo, T. (2015). *Strategie als Kultivierung: Grundlagen – Methoden – Prozesse.* Berlin: Logos Verlag.

Liebl, F., & Rughase, O. G. (2002). Storylistening. *gdi impuls 20* (3.02), 34-39.

Liebl, F., & Schwarz, J. O. (2012). „Art Facts": Zur Nutzung kultureller Originalitätsproduktion für die Strategische Frühaufklärung. In W. J. Koschnik (Hrsg.), *FOCUS-Jahrbuch 2012: Prognosen, Trend- und Zukunftsforschung* (S. 276-301). München: Focus Magazin Verlag.

Link, J. (1999). *Versuch über den Normalismus: Wie Normalität produziert wird* (2. aktualisierte und erweiterte Auflage). Opladen: Westdeutscher Verlag.

Mathews, R., & Wacker, W. (2003). *The Deviant's Advantage: How Fringe Ideas Create Mass Markets.* London: Random House.

Meffert, H. (1988). *Strategische Unternehmensführung und Marketing. Beiträge zur marktorientierten Unternehmenspolitik.* Wiesbaden: Gabler.

Minsky, M. (1975). A Framework for Representing Knowledge. In P. H. Winston (Hrsg.), *The Psychology of Computer Vision* (S. 211-277). New York: McGraw-Hill.

Osterwalder, C., & Pigneur, Y. (2010). *Business Model Generation: A Handbook for Visionaries, Game Changers, and Challengers.* New York: Wiley.

Porter, M. E. (1980). *Competitive Strategy – Techniques for Analyzing Industries and Competitors.* New York: Free Press.

Porter, M. E. (1985). *Competitive Advantage – Creating and Sustaining Superior Performance.* New York: Free Press.

Porter, M. E. (1991). Towards a Dynamic Theory of Strategy. *Strategic Management Journal 12* (Special Issue, Winter), 95-117.

Porter, M. E. (1996). What Is Strategy? *Harvard Business Review 74* (6), 61-78.

Prahalad, C. K. (2000). *What's New about the New Economy?* Plenarvortrag auf der Strategic Management Society Conference „Strategy in the Entrepreneurial Millennium", 15-18 October. Vancouver, B.C.

Raffée, H., & Wiedmann, K.-P. (Hrsg.). (1985). *Strategisches Marketing.* Stuttgart: Poeschel.

Sarasvathy, S. D. (2001). Causation and Effectuation: Toward a Theoretical Shift from Economic Inevitability to Entrepreneurial Contingency. *Academy of Management Review 26* (2), 243-263.

Scharrer, J. (2011). Marketing hat zu wenig zu melden. Studie von Heidrick & Struggles / Berater fordern stärkere strategische Rolle der Marketingchefs. *Horizont 12* (1), 1.

Schumpeter, J. A. (1912): *Theorie der wirtschaftlichen Entwicklung.* Leipzig: Duncker & Humblot.

Schwarz, J. O. (2011). *Quellcode der Zukunft: Literatur in der Strategischen Frühaufklärung.* Berlin: Logos.

Schwarz, J. O., & Liebl, F. (2013). Cultural Products and Their Implications for Business Models: Why Science Fiction Needs Socio-Cultural Fiction. *Futures 50* (June), 66-73.

Shrivastava, P., & Mitroff, I. (1983). Frames of Reference Managers Use: A Study in Applied Sociology of Knowledge. In R. Lamb (Hrsg.), *Advances in Strategic Management, Vol. 1* (S. 161-182). Greenwich, CT: JAI Press.

Smith, K. G., & Cao, Q. (2007). An Entrepreneurial Perspective on the Firm – Environment Relationship. *Strategic Entrepreneurship Journal 1*, 329-344.

SMS Strategic Management Society. (2000). *20th Annual International Conference Call for Panel, Paper, and Poster Proposals „Strategy in the Entrepreneurial Millennium".* Vancouver, B.C.

Spinosa, C., Flores, F., & Dreyfus, H. L. (1997). *Disclosing New Worlds: Entrepreneurship, Democratic Action, and the Cultivation of Solidarity.* Cambridge: MIT Press.

Stahl, M. J., & Bounds, G. (1991). *Competing Globally Through Customer Value.* Westport: Quorum Books.

Strong, C. A., & Harris, L.C. (2004). The Drivers of Orientation: An Exploration of Relational, Human Resource and Procedural Tactics. *Journal of Strategic Marketing 12* (September), 183-204.

Varadarajan, R. (1992). Marketing's Contribution to Strategy: The View from a Different Looking Glass. *Journal of the Academy of Marketing Science 20* (Fall), 323-343.

Varadarajan, R. (2010). Strategic Marketing and Marketing Strategy: Domain, Definition, Fundamental Issues and Foundational Premises. *Journal of the Academy of Marketing Science 38* (2), 119-140.

Innovation mit Hilfe der Vielen

Crowdsourcing im Innovationsprozess

Arnold Picot und Stefan Hopf

1 Nutzung der Vielen: *Crowdsourcing*

Seit der US-Journalist Jeff Howe im Jahr 2006 den Begriff *Crowdsourcing* – eine Wortneuschöpfung aus „Crowd" und „Outsourcing" – als Form der Arbeitsteilung durch Auslagerung bestimmter Aufgaben an eine undefinierte Masse von Akteuren mittels einer offenen (meist webbasierten) Ausschreibung prägte (Howe 2006, 2008), lässt sich im Bereich der Wissenschaft ein rapide wachsendes Interesse an dieser neuen Organisationsform erkennen. Das zugrunde liegende Organisationsprinzip ist jedoch nicht gänzlich neu. So existieren zahlreiche historische Beispiele, die ein ähnliches Vorgehen beschreiben: von der Errichtung der Santa Maria del Fiore Kathedrale in Florenz, deren Bau in Zeiten der frühen Renaissance eine architektonische Herausforderung darstellte, die erst nach 50 Jahren in einem öffentlich ausgeschriebenen Wettbewerb im Jahr 1418 durch einen Goldschmied und Uhrenmacher gelöst wurde (Boudreau und Lakhani 2011), über die Lösung einer mit 20.000 Pfund Sterling dotierten Ausschreibung der britischen Regierung im Jahr 1714 zur Bestimmung des exakten Längengrades durch den Tischler John Harrison (Spencer 2012), bis hin zum Aufruf des Philologen James Murray im Jahr 1879 zur Dokumentation der gesamten englischen Sprache durch seine Leserschaft in dem bis heute als Standardwörterbuch verwendeten Oxford English Dictionary (Lanxon 2011).

Der fundamentale Unterschied zwischen *Crowdsourcing* und den skizzierten historischen Beispielen kollektiver Problemlösung ist jedoch insbesondere in der Digitalisierung und der damit zunehmenden Dematerialisierung von Produkten und Dienstleistungen (vgl. u.a. Negroponte 1995; Picot et al. 2008) und der umfassenden Diffusion von Informations- und Kommunikationstechnologien (IuK) in Wirtschaft und Gesellschaft zu sehen, welche – gestützt auf Kollaborationsplattformen – die Vernetzung und den Ideenaustausch unter geeigneten Akteuren ganz erheblich vereinfachen. Durch den weiterhin steigenden immateriellen Anteil der Wertschöpfungsprozesse beschleunigen und erweitern sich Einsatzmöglichkeiten, Reichweite, Qualität und Geschwindigkeit von elektronisch unterstützten Kollaborationsprozessen, aus denen neuartige Unterstützungsmöglichkeiten und erleichterte Zugangsmöglichkeiten zur Einbindung von Akteuren resultieren (Brabham 2013). Heutzutage wird *Crowdsourcing* zur Lösung unterschiedlichster Problemstellungen verwendet – von der Durchführung einfacher, vorstrukturierter Aufgaben, wie zum Beispiel der Entfernung doppelter Einträge in den Gelben Seiten, bis hin zur innovativen Lösung hochkomplexer Problemstellungen, wie beispielsweise der Optimierung des Landeanflugs einer Sonde in der Atmosphäre des Planeten Mars.

Abbildung 1 veranschaulicht das allgemein wachsende Interesse im Wissenschaftsbereich ausgehend von der ursprünglichen Definition von *Crowdsourcing* durch Jeff Howe in seinem Artikel „The Rise of Crowdsourcing" im Jahr 2006 und der Veröffentlichung eines umfangreichen Buchs zu diesem Thema im Jahr 2008. Allgemein lässt sich feststellen, dass Forschungsaktivtäten im Bereich *Crowdsourcing* insbesondere ab 2010 rapide zugenommen haben.

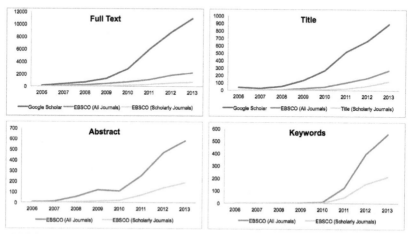

Abbildung 1   Anzahl der Suchergebnisse für den Begriff Crowdsourcing in EBSCO und Google Scholar pro Jahr (Quelle: Eigene Darstellung).

Die oben erwähnten zunehmend heterogenen Einsatzmöglichkeiten von *Crowdsourcing* haben zu zwei grundlegenden Diskussionssträngen über eine geeignete umfassende Begriffsdefinition und Klassifizierung der Einsatzmöglichkeiten von *Crowdsourcing* geführt.

Eine integrative Definition von *Crowdsourcing* wurde von Estellés-Arolas und González-Ladrón-de-Guevara (2012) in einer umfangreichen Literaturanalyse von insgesamt 209 Publikationen und 40 originären Definitionen wie folgt vorgeschlagen:

> „Crowdsourcing is a type of participative online activity in which an individual, an institution, a non-profit organization, or company proposes to a group of individuals of varying knowledge, heterogeneity, and number, via a flexible open call, the voluntary undertaking of a task. The undertaking of the task, of variable complexity and modularity, and in which the crowd should participate bringing their work, money, knowledge and/or experience, always entails mutual benefit. The user will receive the satisfaction of a given type of need, be it economic, social recognition, self-esteem, or the development of individual skills, while the crowdsourcer will obtain and utilize to their advantage what the user has brought to the venture, whose form will depend on the type of activity undertaken" (Estellés-Arolas und González-Ladrón-de-Guevara 2012, S. 197).

Die Autoren unterscheiden demnach drei für *Crowdsourcing* charakteristische Dimensionen mit jeweils unterschiedlichen Fragestellungen (Estellés-Arolas und González-Ladrón-de-Guevara, 2012): (1) Bearbeiter einer Problemstellung (Aus welchen Personen setzt sich die Masse der Bearbeiter zusammen? Was hat sie zu tun? Welche Gegenleistung erhält sie?), (2) Initiator einer Problemstellung (Wer ist der Aufgabensteller? Was erhält er als Ergebnis?) und (3) Prozess (Welcher Struktur folgt der Prozess? Welche Art der Ausschreibung wird verwendet? Welches Medium wird verwendet?).

Im Unterschied zu dem umfassenden, integrativen Begriffsverständnis existieren in der Praxis unterschiedliche Grundformen von *Crowdsourcing*, die nach Einsatzbereichen differenziert werden können. Eine mögliche Unterscheidung von Einsatzbereichen bietet die Verortung von Grundformen des *Crowdsourcings* in den Wertschöpfungsaktivitäten von Unternehmen (siehe Abbildung 2).

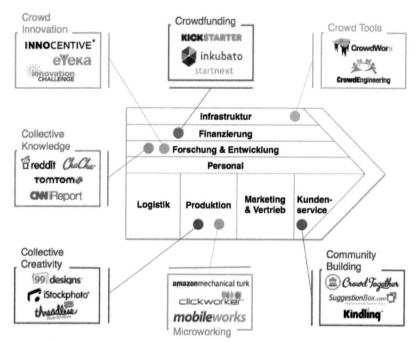

Abbildung 2   *Crowdsourcing*-Grundformen und Einsatzmöglichkeiten im Unternehmen
mit beispielhaften Dienstanbietern (Quelle: Picot und Hopf 2013).

Diese Abgrenzung und Systematisierung von *Crowdsourcing*-Grundformen
ist weder als trennscharf, noch als umfassend zu verstehen, da die dynamische
Entwicklung in diesem Bereich fortlaufend neue Organisationsformen und Einsatzmöglichkeiten liefert und sich *Crowdsourcing*-Grundformen mit verwandten
Begriffen und Phänomenen (zum Beispiel *collaborative innovation, collective intelligence, user innovation* etc.; vgl. u.a. Franke und Piller 2004; von Hippel 2005;
Malone et al. 2009) zum Teil erheblich überlappen. Anhand der Darstellung in
Abbildung 2 lassen sich jedoch folgende *Crowdsourcing*-Grundformen mit Blick
auf ihre Einsatzmöglichkeiten veranschaulichen (Picot und Hopf 2013):

- *Crowd Innovation*: Einbindung externer Ressourcen zur Generierung, Ent-
  wicklung und Umsetzung neuer Ideen.
- *Crowdfunding*: Finanzierung von Projekten und Geschäftsideen durch eine
  Vielzahl von Personen über zumeist stille Beteiligungen.

- *Crowd Tools*: Anwendungen, Plattformen und Werkzeuge, die eine Kollaboration, Kommunikation und Verteilung von Aufgaben zwischen unterschiedlichen Akteuren ermöglichen.
- *Community Building*: Aktive Einbindung von Individuen in themenspezifische Communities.
- *Microworking*: Verteilung von Aufgaben in kleinstmöglichen Einheiten an virtuell verfügbare menschliche Arbeitskräfte.
- *Collective Creativity*: Zugang zu einer Masse kreativer Individuen mit dem Ziel, originäre Inhalte jeglicher Art erstellen zu lassen.
- *Collective Knowledge*: Extrahierung von Informationen und Wissen zur überwiegend kommerziellen Nutzung.

Im folgenden Artikel wird insbesondere der Bereich *Crowd Innovation* betrachtet und der Frage nachgegangen, wie Innovationen mit Hilfe von *Crowdsourcing* entstehen beziehungsweise unterstützt werden können. Dabei werden, soweit für die Fragestellung relevant, auch *Crowdsourcing*-Aspekte aus benachbarten Einsatzfeldern mitberücksichtigt.

Kapitel 2 klärt zunächst die Beziehung zwischen *Crowd Innovation* und *Open Innovation;* die ökonomische Bedeutung des in diesem Zusammenhang zu beobachtenden Paradigmenwechsels weg von herstellerzentrierter hin zu kundenbezogener und kollaborativer Innovation wird erörtert. Anschließend werden Ausprägungsformen von *Crowd Innovation* betrachtet und in den Innovationsprozess eingeordnet. In Kapitel 3 werden schließlich ausgewählte Fragestellungen und Forschungsbedarfe skizziert, ehe der Artikel in Kapitel 4 mit einem Fazit schließt.

2 Innovation mit Hilfe von *Crowdsourcing*

Durch *Crowdsourcing* können unternehmensexterne (und ggf. auch interne) Akteure in den Innovationsprozess einbezogen werden. Damit ist *Crowdsourcing* als eine Teilmenge von *Open Innovation* zu verstehen (2.1). Der daraus resultierende Paradigmenwechsel wird anschließend erörtert (2.2), ehe Ausprägungsformen von *Crowd Innovation* betrachtet, in den Innovationsprozess eingeordnet und durch ausgewählte Beispiele illustriert werden (2.3).

2.1   *Crowd Innovation* als Teilmenge von *Open Innovation*

Es existieren unterschiedliche Ansichten, welchem Paradigma (zum Beispiel *Open Innovation*, *Open Source*, etc.) *Crowdsourcing*-Aktivitäten zuzuordnen sind (vgl. u.a. Erickson 2013). Die Mehrheit verortet *Crowdsourcing* insbesondere im Bereich *Open Innovation* (Chesbrough 2003), da beide Konzepte „die Vergabe einer innovationsbezogenen Aufgabe in Form eines offenen Aufrufs an ein Netzwerk von Kunden, Nutzern und anderen Interessierten" beschreiben (Picot und Hopf 2013, S. 28; vgl. auch Piller und Reichwald 2009). Weil grundsätzlich sehr heterogene Einsatzmöglichkeiten von *Crowdsourcing* existieren, ist eine differenzierte Betrachtung erforderlich. Beispielsweise sind *Crowdsourcing*-Aktivitäten im Bereich *Microworking* selten durch einen Innovationscharakter gekennzeichnet und sind somit eher dem Bereich von Produktion und *Outsourcing* zuzuordnen. Dementsprechend beschränken wir unsere folgende Betrachtung insbesondere auf den Bereich der *Crowd Innovation*, die sich als Schnittmenge zwischen *Open Innovation* und *Crowdsourcing* darstellen lässt (siehe Abbildung 3). Gleichermaßen ist freilich nicht jede Form der *Open Innovation* zugleich auch im Bereich der *Crowd Innovation* einzuordnen. Die Einbeziehung eines *Lead Users* in den Innovationsprozess (vgl. von Hippel 1986) ist beispielsweise eine nicht *Crowdsourcing*-basierte Form der *Open Innovation*. *Crowd Innovation* ergibt sich erst dann, wenn – der Eingangsdefinition folgend – sich die Frage nach neuen Ideen und Lösungen an eine größere und prinzipiell unabgegrenzte, also offene Menge von Adressaten richtet. In diesem Sinne ist *Crowd Innovation* also noch offener als manche Form der *Open Innovation*.

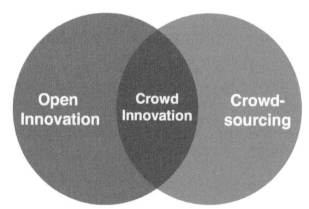

Abbildung 3   *Crowd Innovation* als Teilmenge von *Open Innovation* und *Crowdsourcing* (Quelle: Picot und Hopf 2013).

In Abgrenzung zu dem in der Vergangenheit dominanten herstellerzentrierten *Closed Innovation*-Modell sind *Open Innovation*-Aktivitäten im Wesentlichen dadurch charakterisiert, dass sie nicht im Innern des Unternehmens, sondern hauptsächlich unternehmensextern, also in einem *Open Innovation*-Modell stattfinden (siehe auch Abbildung 4).

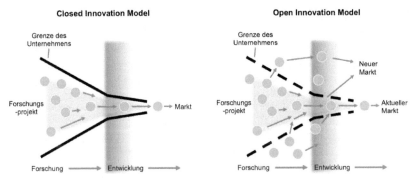

Abbildung 4 *Closed-* und *Open Innovation Model* im Vergleich (Quelle: Eigene Darstellung in Anlehnung an Chesbrough 2003).

Der Innovationsprozess von Unternehmen wird dadurch gezielt geöffnet, um externe (wie auch interne) Ideen durch unternehmensinterne (wie auch unternehmensexterne) Entwicklungsprozesse zur Marktreife und Kommerzialisierung zu führen (vgl. Chesbrough 2003). Zusätzlich zu einem steigendem Wettbewerbsdruck, einer zunehmenden Globalisierung des Arbeitsmarktes und einer größeren wirtschaftlichen Unsicherheit (Huff et al. 2013) wird diese Entwicklung insbesondere durch den technischen Fortschritt angetrieben (Baldwin und von Hippel 2011), der unter anderem erst den wirtschaftlich sinnvollen Einsatz von *Crowd Innovation* ermöglicht.

2.2 Ökonomische Betrachtung des Paradigmenwechsels von Hersteller- zu Kunden- und kollaborativer Innovation

Crowd Innovation als neuartige Form der Kunden- und kollaborativen Innovation basierend auf *Crowdsourcing*, wird vielfältig von Unternehmen im Innovationsprozess eingesetzt. Eine ökonomische Begründung dafür liefert die dynamische Betrachtung eines von Baldwin und von Hippel (2011) entwickelten Modells (siehe Abbildung 5 und Abbildung 6).

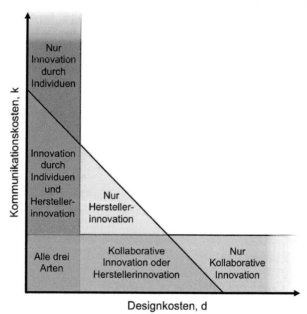

Designkosten, d

Abbildung 5 Wirtschaftlichkeit der jeweiligen Innovationsmodi in Abhängigkeit von Kommunikations- und Designkosten (Quelle: Eigene Darstellung in Anlehnung an Baldwin und von Hippel 2011).

Dieses Modell beschreibt mögliche Innovationsmodi in Abhängigkeit von zwei Dimensionen: *Kommunikationskosten* (verbundenen mit dem Austausch von Informationen im Innovationsprozess) und *Designkosten* (verbunden mit der Spezifikation von Anforderungen und der Abgrenzung, Bearbeitung und Integration von Arbeitspaketen zur Realisierung eines Designs). Dem Modell nach werden *Innovationen durch Individuen* vor allem bei geringen *Designkosten* realisiert. Dies erfolgt unabhängig von der Höhe der *Kommunikationskosten*, da bei der *Innovation durch ein Individuum* keine Interaktion zwischen Akteuren notwendig ist. *Kollaborative Innovationen* werden dagegen insbesondere für geringe Kommunikationskosten realisiert, da diese Form der Problemlösung eine intensive und multilaterale Kommunikation erfordert. Die *Designkosten* sind in diesem Fall weitgehend unbedeutend, da jedes Individuum nur einen Bruchteil der *Designkosten* zu tragen hat. *Herstellerinnovation* ist insbesondere bei Innovationsprojekten geeignet, für die sowohl *Kommunikations-* als auch *Designkosten* anfallen, die im Gegensatz zu *Innovationen durch Individuen* und *Kollaborativen Innovationen* nur durch die Koordinationsprozesse eines Unternehmens ökonomisch sinnvoll getragen werden können.

Eine dynamische Betrachtung exogener Veränderungen und deren modelltheoretischen Implikationen ermöglicht es, den Paradigmenwechsel von Hersteller- zu Kunden- und kollaborativer Innovation schematisch zu skizzieren. Als dessen wesentliche Auslöser werden insbesondere die erheblichen Leistungssteigerungen (u.a. beschrieben durch Moore's Law, Kryder's Law und Nielsen's Law[1]) und der rapide Kostenverfall im Bereich der Informations- und Kommunikationstechnik gesehen (vgl. u.a. Baldwin und von Hippel 2011; Afuah und Tucci 2012; Villarroel 2013). Dadurch können *Kommunikations-* und *Designkosten* erheblich verringert und damit das Spektrum für *Innovationen durch Individuen* und *Kollaborative Innovationen* wesentlich vergrößert werden. Das kann vermehrt zu einem sogenannten „producer squeeze problem" (Villarroel 2013, S. 184) führen – *Herstellerinnovationen* bleiben damit nur noch für ein geringes Innovationsspektrum ökonomisch überlegen (siehe Abbildung 6).

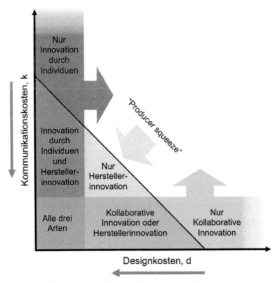

Abbildung 6   Dynamische Verschiebung der Wirtschaftlichkeit der jeweiligen Innovationsmodi durch Verringerung von Kommunikations- und Designkosten durch technischen Fortschritt (Quelle: Eigene Darstellung in Anlehnung Villarroel 2013; Baldwin und von Hippel 2011).

---

1   Moore's Law beschreibt die Verdopplung der Transistoren pro integriertem Schaltkreis ca. alle achtzehn Monate und damit die Steigerung der Rechenleistung; Kryder's Law beschreibt eine Verdopplung der Speicherkapazität pro Quadratzoll ca. alle zwölf Monate; Nielsen's Law beschreibt eine jährliche Steigerung der Internetbandbreite um 50 %.

Zur Lösung dieses Problems versuchen Firmen verstärkt *Innovationen durch Individuen* und *Kollaborative Innovationen* in ihren Innovationsprozess einzubinden. *Crowdsourcing* und dessen spezifische Ausprägungsformen bieten eine Möglichkeit, diese ökonomisch zunehmend begünstigten Innovationsformen in den unternehmensinternen Innovationsprozess einzubinden. Als „solution to distant search" (Afuah und Tucci 2012, S. 355) können mit Hilfe von *Crowdsourcing* vor allem dadurch Problemstellungen wirtschaftlicher gelöst werden, dass eine große Anzahl an potenziellen Problembearbeitern weltweit kostengünstig erreicht werden kann, die unter anderem durch Selbstselektion bereits über das nötige Wissen zur Problemlösung verfügen oder das Problem gar bereits gelöst haben (Afuah und Tucci 2012).

2.3 Ausprägungsformen und exemplarische Einsatzmöglichkeiten von *Crowdsourcing* im Innovationsprozess

Crowdsourcing kann in den unterschiedlichen Phasen des Innovationsprozesses vielseitig eingesetzt werden. Zur Vereinfachung und exemplarischen Einordnung von *Crowdsourcing* sei im Folgenden ein lineares Phasenmodell des Innovationsprozesses mit den fünf Phasen Ideengenerierung, Konzeptentwicklung, Prototyp, Produkt-/Markttest und Markteinführung (vgl. u.a. Kupsch et al. 1991; Cooper und Kleinschmidt 1991; Reichwald und Piller 2009) unterstellt. Innovationsbezogene *Crowdsourcing*-Aktivitäten lassen sich in drei zentrale Ausprägungsformen einteilen (vgl. Boudreau und Lakhani 2013; Picot und Hopf 2013):

- *Crowd Contests*: Ausschreibung eines spezifischen Problems und (monetäre) Prämierung des besten Lösungsansatzes. Diese Ausprägungsform eignet sich allgemein zur Generierung möglichst heterogener Ideen und Ansätze zur Lösung eines komplexen und neuartigen Problems (zum Beispiel *Kaggle*, *TopCoder* und *InnoCentive*).
- *Crowd Collaborative Communities*: Sammlung und Aggregation unterschiedlicher Beiträge zu einem kohärenten Endergebnis. Dafür ist zu Beginn die Spezifizierung des Endergebnisses erforderlich. Die Zusammenarbeit erfolgt oftmals mit Hilfe einer Plattform sowie auf Basis nicht-monetärer, intrinsischer Motivation (zum Beispiel *Linux*, *testCloud* und *OpenIDEO*).
- *Crowd Complementors*: Ergänzung eines vorhandenen Produkts oder einer Dienstleistung durch komplementäre Innovationen. Dies geschieht meist auf Basis einer dafür angelegten Plattform oder eines existierenden Standards ohne explizite Problemstellungen zu spezifizieren (zum Beispiel *Apple App Store*, *Mozilla Add-ons* und *Ford OpenXC*).

Diese Ausprägungsformen unterliegen durchaus einer Evolution, da *Crowdsourcing* als IT-gestützte Prozessinnovation durch technologische, wie auch wirtschaftliche, soziale und politische Einflussnahme einen eigenen Veränderungsprozess erfährt, der eine kontinuierliche Anpassung und Erweiterung der skizzierten Ausprägungsformen nach sich zieht. Die aufgeführten Ausprägungsformen von *Crowd Innovation* können grundsätzlich über den gesamten Innovationsprozess hinweg, oftmals auch in sequenzieller Form oder in hybriden Kombinationen, eingesetzt werden. Zusätzlich zu *Crowd Innovation* können auch weitere, eingangs bereits erwähnte Grundformen des *Crowdsourcings* (zum Beispiel *Crowdfunding* zur Finanzierung einer Innovation oder *Microworking* zur Umsetzung genauestens spezifizierter Aufgaben etwa im Bereich des Produkttests) im Rahmen des Innovationsprozesses zum Einsatz kommen (siehe Abbildung 7). Im Folgenden werden exemplarische Einsatzmöglichkeiten von *Crowd Innovation* im Innovationsprozess erläutert, die entsprechend der Zielsetzung des Artikels zu „Innovation" und damit gemäß der Übersetzung der lateinischen Wortherkunft „innovatio" zu „Erneuerung" vorhandener Denkinhalte, Verhaltensweisen oder Dingen führen (Schachtner 2001).

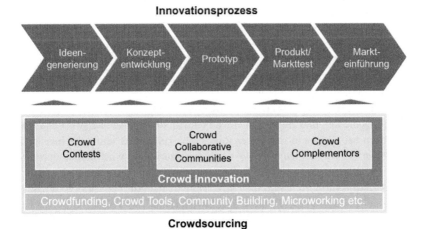

Abbildung 7 *Crowdsourcing* im Innovationsprozess (Quelle: Eigene Darstellung in Anlehnung an Reichwald und Piller 2009).

„Den Ausgangspunkt einer Innovation bildet die Phase der *Ideengenerierung"* (Reichwald und Piller 2009, S. 124). Weil Unternehmen dafür zunächst möglichst viele Ideen suchen, ist der Einsatz von *Crowd Innovation* in dieser Phase besonders geeignet, da durch *Crowdsourcing* im Sinne einer Internet-gestützten „broadcast search" eine größtmögliche Anzahl an Individuen zu erreichen ist (Afuah und Tucci 2012). Dell's *IdeaStorm* kann als ein hybrides *Crowdsourcing*-basiertes Beispiel der Ausprägungsformen *Crowd Complementors* und *Crowd Collaborative Communities* gesehen werden, mit dem Ziel „to give a direct voice to our customers and an avenue to have online ‚brainstorm' sessions to allow you the customer to share ideas and collaborate with one another and Dell." (ideastorm. com, aufgerufen 6. Oktober 2014). Demnach liegt das primäre Ziel der Plattform in der Generierung neuer Produkt- und Serviceideen durch die Zusammenarbeit von Kunden und Dell Mitarbeitern (zum Beispiel durch Abstimmungs- und Kommentarfunktion). Im Zeitraum zwischen Februar 2007 und Juni 2009 wurden auf dieser Plattform insgesamt 8801 Ideen durch 4285 Individuen generiert, von denen 348 Ideen (ca. 4%) umgesetzt wurden (Bayus 2013). Ob die Plattform für Dell damit ein wirtschaftlicher Erfolg ist, bleibt weitgehend unbeantwortet. In Anbetracht der Tatsache, dass sich Dell für eine erfolgreich umgesetzte Idee zu keiner monetären Gegenleistung verpflichtet und sich lediglich vorbehält, das intellektuelle Eigentum einer Idee für 1000 US-Dollar zu erwerben (was bislang noch nicht nachweislich geschehen ist), lässt jedoch auf eine allgemeine Wirtschaftlichkeit der Plattform schließen (Bayus 2013). Problematisch scheint dagegen eher das langfristige Engagement von Nutzern zu sein, da sie durchschnittlich jeweils nur eine (selten erfolgreiche) Idee vorschlagen und die Vielzahl der umgesetzten Ideen von verhältnismäßig wenigen Serienerfindern (Nutzer, die im untersuchten Zeitraum mehr als eine erfolgreiche Idee vorgeschlagen haben) stammt, deren Innovationsfähigkeit ebenfalls mit der Zeit abnimmt (Bayus 2013). Eine weitere Studie zur allgemeinen Beurteilung der Qualität von Ideen bescheinigt unterdessen den durch einen *Crowd Contest* erzeugten Ideen im Vergleich zu Ideen von professionellen Ingenieuren und Designern einen deutlich höheren Neuheitswert und Kundennutzen bei allgemein geringerer Realisierbarkeit (Poetz und Schreiner 2012). Das Potenzial von *Crowdsourcing* zur Ideengenerierung wird bereits durch die reine Anzahl der adressierbaren Individuen gemäß der Feststellung „the wisdom of the crowd is proportional to their size" (Economist 2012) ersichtlich. Wichtiger erscheint deswegen vielmehr die Frage, inwiefern auf Basis dieser Ideen ein konkreter Mehrwert (ökonomisch und anderweitig) generiert werden kann (vgl. u.a. Afuah und Tucci 2012, 2013; Bloodgood 2013).

Die Phase der *Konzeptentwicklung* beinhaltet zentrale Forschungs- und Entwicklungstätigkeiten, die unter anderem eine Visualisierung der Idee, eine Abschätzung der technischen Realisierbarkeit und eine allgemeine Konzeptbewertung umfassen (Reichwald und Piller 2009). Ein bekanntes Beispiel für den Einsatz von *Crowd Innovation* in dieser Phase bietet *InnoCentive*, eine Plattform für „innovation solutions from the world's smartest people, who compete to provide ideas and solutions to important business, social, policy, scientific, and technical challenges" (innocentive.com, aufgerufen 6. Oktober 2014). Als *Crowd Contest* organisiert bietet *InnoCentive* die Möglichkeit, abgegrenzte Problemstellungen (durchaus im Sinne eines groben Pflichtenheftes) als „broadcast" (vgl. Afuah und Tucci 2012) auszuschreiben und den besten Problemlösungsansatz monetär zu prämieren. Zur Bearbeitung einer ausgeschriebenen Problemstellung müssen Individuen dafür zunächst eine ausschreibungsspezifische Vereinbarung akzeptieren, die unter anderem den Bewertungsprozess, die Bewertungskriterien, die Regelung des intellektuellen Eigentums und eine Prämie festlegt. Ausschreibungen auf dieser Plattform reichen dabei von relativ einfachen und klar abgegrenzten Problemen bis hin zu hochkomplexen und abstrakten Problemen aus unterschiedlichsten Anwendungsbereichen. So sucht beispielsweise die National Aeronautics and Space Administration (NASA) aktuell nach Lösungen, um ungenutzte „balance mass", die im Landeanflug einer Marssonde aktuell noch als „dead weight" abgestoßen wird, mit einer der Wissenschaft zuträglichen Funktion (beispielsweise Sensorik zur Untersuchung der Atmosphäre) auszustatten (siehe auch Challenge ID: 9933607). Seit Beginn der Ausschreibung am 20. September 2014 beteiligen sich bereits 1.554 Individuen an einer Lösung dieser mit 20.000 US-Dollar prämierten Problemstellung. Nach Ablauf der Bearbeitungszeit am 21. November 2014 wird anschließend der beste Vorschlag durch die NASA prämiert. Ein wesentlicher Vorteil des Einsatzes von *Crowdsourcing* zur *Konzeptentwicklung* wird von Afuah und Tucci (2012) als „solution to a distant search" (ebenda; S. 355) zusammengefasst. Damit kann eine „distant search" (ebenda), d.h. eine Suche nach einer Problemlösung außerhalb des eigenen und unmittelbaren Kompetenzspektrums, die für ein Individuum oder eine Organisation mit erheblichen Kosten (u.a. durch Aneignung von notwendigem Wissen, durch Evaluierung verschiedener Lösungsansätze und Lösungsanbieter sowie letztendlich auch durch „Trial and Error") verbunden sein kann, zu einer „local search" (ebenda) transformiert werden, indem die Problemlösung selbstselektierten Individuen mit der nötigen Expertise und ggf. bereits mit der vorhandenen Problemlösung übertragen wird. Der Problemlösungsprozess kann dadurch erheblich effizienter und effektiver abgewickelt werden (Afuah und Tucci 2012). Ein Beispiel dafür bietet die Lösung eines auf *Kaggle* (kaggle.com) – ebenfalls eine *Crowd Contest*-Plattform – ausgeschrieben Problems des deutschen Chemie- und Pharmakonzerns Merck, in der ein fachfremder Experte eine bereits vorhandene Software aus dem Bereich des maschinellen Lernens zur erfolgreichen Identifikation wirksamer Substanzen für neue Medikamente anpassen konnte (Markoff 2013). Durch diese Form der *Crowdsourcing*-basierten „distant search" (Afuah und Tucci, S. 355) konnte somit eine aufwendige Verfahrensneuentwicklung vermieden werden.

In der Phase der *Prototyp-Erstellung* wird das Innovationskonzept in ein voll funktionsfähiges Versuchsmodell überführt (Reichwald und Piller 2009). Bezugnehmend auf das in Kapitel 2.2 skizzierte Modell (vgl. Baldwin und von Hippel 2011) führen unter anderem technische Entwicklungen in den Bereichen Computer-aided Design (CAD), 3D-Druck oder Rapid-Prototyping Software zu erheblich niedrigeren Designkosten. Eine *Prototyp-Erstellung* kann damit zunehmend auch kostengünstig an die *Crowd* ausgelagert werden. Ein Beispiel aus dem Softwarebereich bietet *TopCoder*, „the world's largest Crowdsourcing Development, Design, and Data Science Plattform" mit knapp 700.000 Nutzern (topcoder.com, aufgerufen 6. Oktober 2014). Insbesondere im Entwicklungsbereich werden auf dieser *Crowd Contest*-Plattform zahlreiche Ausschreibungen zur Erstellung von Software-Prototypen veröffentlicht. Auch hier wird eine Problemstellung spezifiziert und in einem Wettbewerb von Nutzern bearbeitet. In einem Peer-Review-Verfahren eines *TopCoder*-internen Review Boards wird anschließend der beste Prototyp ausgewählt und prämiert. Weitere Beispiele zur *Prototyp-Erstellung* können insbesondere im Bereich der *Open Source*-Entwicklung von Software durch *Crowd Collaborative Communities* (zum Beispiel *Linux* oder *Apache HTTP Server Project*; vgl. u.a. Brügge et al. 2004; Picot und Fiedler 2008) gefunden werden. Ein wesentlicher Vorteil dieser *Protoyp-Erstellung* durch die *Crowd* liegt in der Modularisierung oder auch in der als *Hyperspecialization* (Malone et al. 2011) bezeichneten Zerlegung eines Kundenproblems in viele kleine Arbeitspakete durch *TopCoder*. Dadurch wird einerseits eine Parallelisierung in der Bearbeitung ermöglicht, andererseits. Andererseits können sich Nutzer auf bestimmte Problemstellungen spezialisieren und diese mit der Zeit deutlich effizienter bearbeiten. Insgesamt erhöht dies nicht nur die Qualität der Beiträge, sondern kann auch zu erheblichen Kosten-, Geschwindigkeits- und Flexibilitätsvorteilen führen (vgl. Lakhani et al. 2010; Malone et al. 2011).

In der Phase des *Produkt- und Markttests* wird der Prototyp „in das Produktionssystem überführt und in der Regel zunächst in kleinen Stückzahlen für einen Testmarkt produziert" (Reichwald und Piller 2009, S. 126). *Crowd Innovation* wird in dieser Phase insbesondere für das Testen von Software-basierten Prototypen eingesetzt. Die Beschränkung auf kleine Stückzahlen ist in diesem Fall kaum noch gegeben, da digitale Güter nahezu ohne Kosten vervielfacht und verteilt werden können. Für digitale Produkte und Dienstleistungen ergeben sich somit in Verbindung mit der nahezu unbegrenzten Verfügbarkeit an Testpersonen durch *Crowdsourcing* bislang kaum vorhandene Möglichkeiten. Das deutsche Unternehmen *testCloud* bietet als *Crowd Collaborative Community* beispielsweise „maßgeschneiderte, skalierbare und kosteneffiziente crowdsourced Softwaretesting-Lösungen für Unternehmen. Die Dienstleistung umfasst explorative, funktionelle und

Usability Tests für jegliche Art von Software: Webseiten, mobilen Applikationen und Unternehmenssoftware" durch über 8000 Tester in 40 Sprachen (testcloud.de, aufgerufen 6. Oktober 2014). In einer zunehmend globalen Wirtschaft und Gesellschaft lassen sich dadurch nicht nur weltweit Testpersonen akquirieren, sondern Produkte und Dienstleistungen können auch gezielt in bestimmten Märkten oder Kulturen getestet und entsprechend den lokalen Bedürfnissen angepasst werden. Ein weiterer Vorteil einer gegebenenfalls über den gesamten Innovationsprozess begleitenden *Crowdsourcing*-Lösung kann auch darin liegen, dass ein *Produkt- und Markttest* im klassischen Sinne gar nicht mehr erforderlich ist, wenn die Innovationsidee bereits vom Markt (im Sinne der *Crowd*) stammt (Reichwald und Piller 2009). Ein Beispiel dafür ist das Unternehmen *Quirky*, das Ideen von Erfindern aufnimmt, diese im Entwicklungs- und Herstellungsprozess unterstützt und gegen eine Umsatzbeteiligung die daraus entstandenen Produkte auf der eigenen Webseite vertreibt (quirky.com, aufgerufen: 6. Oktober 2014). Da der Innovationsprozess und damit auch die Selektion attraktiver Ideen bereits von Anfang an durch den Markt begleitet wird,[2] kann die Phase des *Produkt- und Markttest* somit gegebenenfalls übersprungen werden.

Die Phase der *Markteinführung* beinhaltet unter anderem „die Preissetzung, die Auswahl und Kombination geeigneter Distributionskanäle, das Marken- und Kommunikationsmanagement oder die Schulung von Verkaufspersonal" (Reichwald und Piller 2009). Ein Beispiel für den Einsatz von *Crowd Innovation* in dieser Phase ist der deutsche T-Shirt-Händler *Spreadshirt*, der es in einer *Crowd Collaborative Community* ermöglicht, Kleidungsstücke zu gestalten, zu kaufen oder an andere weiterzuverkaufen (spreadshirt.com, aufgerufen 6. Oktober 2014). Dafür werden zunächst kreative Designs von Nutzern gesucht und auf unterschiedliche Formate (zum Beispiel T-Shirts, Handyhüllen oder Taschen) angepasst. Der Nutzer kann das Endprodukt anschließend auf der *Spreadshirt*-Plattform vertreiben. Bei der *Markteinführung* übernehmen die Nutzer schließlich eine zentrale Rolle, „indem sie Freunde als Käufer werben, als Modelle für den Online-Katalog mitwirken und durch positive Mundpropaganda die Marke bekannt machen" (Reichwald und Piller 2009). Eine weitere Einsatzmöglichkeit von *Crowdsourcing* im Markteinführungsprozess ist durch *Predictive Markets* (vgl. u.a. Spann und Skiera 2009) oder sogenannte Prognosemärkte gegeben, im Rahmen derer sich durch Spekulation der Markteilnehmer Rückschlüsse auf die Eintrittswahrscheinlichkeit bestimmter Ereignisse ziehen lassen (Wolfers und Zi-

---

2 Im Web 2.0-Kontext wird dies unter anderem als „Perpetual beta" bezeichnet und beschreibt eine frühzeitige und oftmals langfristig fortwährende Begleitung einer Softwareentwicklung durch den Markt (vgl. u.a. O'Reilly 2009).

tewitz 2004). So konnte beispielsweise Hewlett-Packard durch Prognosemärkte genauere Vorhersagen zum Absatz von Druckern treffen als durch unternehmensinterne Vorhersageverfahren (Plott und Chen 2002). Bei Siemens wurde richtigerweise festgestellt, dass eine Softwarelösung nicht rechtzeitig fertiggestellt werden kann, obwohl traditionelle Planungsmethoden dies suggerierten (Ortner 1998). Letztlich lassen sich Prognosemärkte in nahezu allen Anwendungsbereichen einsetzen: von der Vorhersage von wirtschaftlichen Kenngrößen, über den Ausgang politischer Wahlen, bis hin zur Vorhersage von Grippeausbrüchen. Ein deutscher Anbieter einer Prognosemarkt-Software „für den betrieblichen Einsatz von Prognosebörsen" ist *Crowdworx* (crowdworx.com, Zugegriffen: 6. Oktober 2014), die eine höhere Vorhersagegenauigkeit, schnellere Ergebnisse und kostengünstigere Durchführung im Vergleich zur traditionellen Marktforschung und Expertenumfragen verspricht. Dies wird vor allem durch drei Aspekte gestützt: erstens können durch *Schwarmintelligenz* bzw. die *Weisheit der Vielen* (im englischsprachigen Raum auch als „collective intelligence" oder „wisdom of the crowds" bezeichnet; vgl. unter anderem Malone et al. 2010) unter den richtigen Umständen Gruppen bemerkenswert intelligent „und oft klüger als die Gescheitesten in ihrer Mitte" sein (Surowiecki 2009, S. 10 nach Galton 1907). Zweitens kann Wettbewerb unter anderem durch Prognosemärkte zu einer effektiven Aggregation asymmetrisch verteilter Informationen und damit zu Informationseffizienz führen (Hayek 1945). Drittens ist es heutzutage möglich, durch das Internet und die allgemeine Diffusion von Informations- und Kommunikationstechnik in der Wirtschaft und Gesellschaft eine breite Masse möglichst effizient zu erreichen und einzubinden (Hubbard 2010).

Die aufgeführten Beispiele verdeutlichen nur einige der vielfältigen Einsatzmöglichkeiten von *Crowdsourcing* im Innovationsprozess. Der anhaltende technische Fortschritt dürfte dazu führen, dass diese Vielfalt weiter zunimmt, indem sich neuartige technische Unterstützungspotenziale herausbilden oder sich auch neue Bevölkerungsgruppen weltweit einbinden lassen (vgl. unter anderem Narula et al. 2011). Mit dieser dynamischen Entwicklung einhergehend ergeben sich auch neue Fragestellungen und ein erheblicher Forschungsbedarf, der im folgenden Kapitel nur kursorisch skizziert werden kann.

3   Ausgewählte Fragestellungen und Forschungsbedarf

Crowdsourcing hat als organisatorische Prozessinnovation Querschnittscharakter. Sie wird nicht nur in unterschiedlichsten Bereichen angewendet, sondern sollte auch in der Forschung, namentlich der Innovationsforschung, aus verschiedenen

Perspektiven untersucht werden. Dadurch ergibt sich ein breites Forschungsfeld, auf welchem innerhalb des Innovationskontextes und auch darüber hinaus aus unterschiedlichen fachlichen Blickwinkeln, wie zum Beispiel den Wirtschafts-, Geistes-, Rechts- oder Ingenieurwissenschaften, konkreter Forschungsbedarf zu dem wachsenden Phänomen des *Crowdsourcings* identifiziert und bearbeitet werden sollte. Im Folgenden werden einige konkrete Fragestellungen und der Forschungsbedarf in diesen zentralen Forschungsfeldern aufgezeigt: Organisationsprozess und Ausprägungsformen (Kapitel 3.1), Problem- und Aufgabenstellungen (Kapitel 3.2), Wertgenerierung und intellektuelles Eigentum (Kapitel 3.3) und Beschäftigung (Kapitel 3.4).

3.1 Organisationsprozess und Ausprägungsformen

Die Betrachtung von *Crowdsourcing* als Prozessinnovation eröffnet vielfältige Fragestellungen zur Gestaltung und Optimierung des Organisationsprozesses oder auch zu unterschiedlichen Ausprägungsformen, die sich durch die Verstetigung von Prozessen herausbilden können (wie zuvor beschrieben zum Beispiel *Crowd Contests*, *Crowd Collaborative Communities* und *Crowd Complementors* im Innovationsbereich). In einer Literaturanalyse unterscheiden Kittur et al. (2013) organisatorische Fragestellungen anhand von drei Dimensionen: Prozess, Computerunterstützung und Individuen.

Aus Prozesssicht ergeben sich nach Kittur et al. (2013) unter anderem folgende Fragestellungen und Forschungsbedarf:

- *Ablauforganisation:* Komplexe Aufgabenstellungen im Bereich *Crowdsourcing* erfordern oftmals eine Parallelisierung der Bearbeitung. Insbesondere bei kollaborativen *Crowdsourcing*-Ansätzen ergeben sich dadurch komplexe Abhängigkeiten zwischen den einzelnen Aufgaben, die anspruchsvolle Integrationsverfahren erfordern können. Ein zentraler Forschungsbedarf wird deswegen vor allem in der Analyse von Veränderungen in der Ablauforganisation und deren Auswirkungen auf die Qualität der *Crowdsourcing*-Ergebnisse gesehen, aber auch in den in den Steuerungserfordernissen zwischen internen und einer offenen Menge externer Akteure.
- *Aufgabenzuteilung:* Aufgaben können unter anderem von einem Aufgabensteller verteilt oder durch Selbstselektion ausgewählt werden. Im Optimalfall erhalten Nutzer Aufgaben, die ihrer fachlichen Expertise entsprechen und geeignete Anreize bieten. Dementsprechend und in Anbetracht immer besser werdender Zuteilungsalgorithmen (vgl. zum Beispiel auch Matchingverfahren

auf Dating- oder Job-Plattformen) gilt es zu untersuchen, welche Form der Aufgabenzuteilung in Abhängigkeit der Problemstellung optimal ist.

- *Hierarchie:* In Anlehnung an traditionell hierarchisch strukturierten Unternehmen gilt es zu untersuchen, inwiefern eine hierarchische Organisationsstruktur der Nutzer, verbunden mit entsprechenden Weisungskompetenzen für die Selbstorganisation und Aufgabenspezifikation sowie -zuteilung, im *Crowdsourcing*-Prozess vorteilhaft sein kann.

- *Echtzeit (Zusammen-)Arbeit:* Ein wesentlicher Vorteil von *Crowdsourcing* wird in dem schnellen Zugriff auf eine große Anzahl flexibel verfügbarer Arbeitskräften gesehen. Dementsprechend gilt es zu untersuchen, ob und wie eine *Crowd* möglichst in Echtzeit zusammenkommen und organisiert werden kann.

- *Synchrone Zusammenarbeit:* Für viele Aufgabenstellungen ist eine schnelle Bearbeitung erfolgskritisch. Durch *Crowdsourcing* kann auf eine Vielzahl an Nutzern weltweit zurückgegriffen werden, deren Zusammenarbeit eine schnelle Bearbeitung gewährleistet. Diese Form der Zusammenarbeit erfordert jedoch unter anderem ein genaues Verständnis darüber, wie sich unterschiedliche kulturelle oder sozioökonomische Hintergründe auf die virtuelle Zusammenarbeit auswirken können und welche Maßnahmen gegebenenfalls zu ergreifen sind, um eine effektive und effiziente synchrone Zusammenarbeit zu ermöglichen.

- *Qualitätssicherung:* Die Qualitätssicherung verteilter und hochgranularer Arbeitsergebnisse wird als zentrale Herausforderung für bestimmte Formen des *Crowdsourcing* gesehen. Dies kann entweder vorab durch eine möglichst genaue Spezifizierung von Aufgaben erreicht werden oder auch durch eine Post-hoc Ergebnisanalyse erfolgen. Obwohl komplexe Algorithmen dem Menschen inzwischen einen Teil der Qualitätssicherung abnehmen können, gilt es weiterhin zum Beispiel zu erforschen, wie geeignete Peer-Review oder anderweitige Qualitätssicherungskonzepte möglichst optimal umgesetzt werden können. Soweit es sich um wenig spezifizierte Aufgaben handelt, ist bei der Qualitätssicherung zu fragen, auf welchem Wege ein möglichst zutreffendes Urteil etwa für die Vergabe eines Preises zu finden ist.

Weitere Fragestellungen und ein wachsender Forschungsbedarf ergeben sich durch eine erforderliche Computerunterstützung im *Crowdsourcing*-Prozess. Insbesondere Fortschritte im Bereich der künstlichen Intelligenz (KI) ermöglichen neuartige Unterstützungspotenziale und können auf Plattformbasis den *Crowdsourcing*-Prozess erheblich verbessern:

- *Nutzerunterstützung der KI: Crowdsourcing* kann eingesetzt werden, um Algorithmen zu verbessern. So können Nutzer beispielsweise für autonomes Fahren notwendige KI in der Erkennung von Objekten (zum Beispiel von Personen auf Bildausschnitten) trainieren. Fragestellungen und Forschungsbedarf in diesem Bereich betreffen insbesondere das inhaltliche Unterstützungspotenzial von Nutzern in der KI-Entwicklung und eine geeignete Integration der *Crowd* in die KI-Entwicklung.
- *Nutzerunterstützung durch KI:* Das Unterstützungspotenzial von KI im *Crowdsourcing*-Prozess wird immer vielfältiger. Vor allem die Fragestellung, wann KI den Menschen in einer inhaltlichen und organisatorischen Unterstützung des *Crowdsourcing*-Prozesses ablösen kann, erscheint interessant. Dazu gehören Aspekte wie zum Beispiel wann ein Prozess wie fortgesetzt werden sollte oder wann eine KI menschliche Unterstützung benötigt.
- *Crowdsourcing*-Plattformen: Eine Plattform bildet die Basis für ein Zusammenfinden von Aufgabenerstellern und Bearbeitern. Die geeignete Gestaltung einer *Crowdsourcing*-Plattform ist daher von zentraler Bedeutung für den *Crowdsourcing*-Prozess. Einige Beispiele von Plattform-Anbietern wurden bereits in Kapitel 1 als *Crowd Tools* aufgezeigt. Die vor allem durch den technischen Fortschritt getriebene Dynamik der Plattformentwicklung und der auf ihr benutzten Algorithmen erfordert eine kontinuierlich begleitende Erforschung.

Für den *Crowdsourcing*-Prozess wichtig sind letztendlich auch Individuen, die u.a. als Auftraggeber oder Bearbeiter auftreten können. Insbesondere zur Schaffung geeigneter Bedingungen für Bearbeiter ergeben sich vielfältige Fragestellungen und Forschungsbedarf:

- *Job Design:* Viele über *Crowdsourcing* ausgeschriebene Aufgaben sind hochgranular und auf Dauer in der Bearbeitung oftmals monoton. Obwohl eine hohe Granularität und genaue Spezifizierung von Aufgaben aus Effizienzgründen durchaus sinnvoll sein kann, stellt sich die Frage, wie die Motivation und Zufriedenheit der Bearbeiter auf Dauer aufrecht erhalten werden kann. Fragestellungen und Forschungsbedarf ergeben sich insbesondere durch die Herausforderung, *Crowdsourcing*-Prozesse gegebenenfalls auf unterschiedlichen Granularitätsstufen und in einen größeren Kontext einzubetten und deren effiziente Bearbeitung dennoch zu gewährleisten. Hier gleichen sich die Fragenstellungen weitgehend mit jenen, die in der Taylorismus-Debatte behandelt wurden (vgl. u.a. Picot 1990).
- *Reputations- und Empfehlungsmechanismen:* Bestimmte Mechanismen (zum Beispiel Arbeitszeugnisse, Zertifikate etc.) bilden für Arbeitnehmer und Arbeit-

geber wichtige Signale, die den Rekrutierungsprozess erheblich vereinfachen. Im *Crowdsourcing* werden zunehmend ähnliche Mechanismen angewendet, die jedoch grundsätzlich in einen Trade-off zwischen einer transaktionskostengünstigen Auslagerung von Aufgaben an eine anonyme Masse und dem Mehrwert der selektiven Rekrutierung geeigneter Arbeitskräfte münden. Diesen Trade-off gilt es unter anderem zu untersuchen und geeignete Reputations- und Empfehlungsmechanismen zu entwickeln.

*   *Motivation und Entlohnung:* Die Motivation von Bearbeitern im *Crowdsourcing*-Prozess kann sehr unterschiedlich sein. Dementsprechend heterogen muss auch deren Entlohnung gestaltet werden. Auf Basis von Erkenntnissen aus der Psychologie-, Soziologie- und Managementforschung sollten unterschiedliche Motive von Bearbeitern identifiziert und entsprechend durch heterogene (gegebenenfalls nicht ausschließlich monetäre) Entlohnungsmechanismen bedient werden. Die Forschungen zur *Open Source*-Bewegung (vgl. u.a. Lakhani und von Hippel 2003; Brügge et al. 2004) haben hier bereits erste wichtige Erkenntnisse gebracht.

Durch Häufungen in der Kombination von bestimmten Formen des *Crowdsourcing*-Prozesses, der Computerunterstützung und von individuellen Rahmenbedingungen ergeben sich auf den Organisationprozess bezogene Abgrenzungen von *Crowdsourcing*-Ausprägungsformen (zum Beispiel *integrative sourcing without remuneration, selective sourcing with crowd assessment* etc., vgl. unter anderem Geiger et al. 2011). Deren Identifikation ermöglicht eine weitere Strukturierung und Integration von Forschungsbemühungen zur Analyse des Organisationsprozesses von *Crowdsourcing*.

3.2   Problem- und Aufgabenstellungen

Zur effizienten Gestaltung von *Crowdsourcing*-Aktivitäten ist ein umfassendes Verständnis realisierbarer Problem- und Aufgabenstellungen und deren Anforderungen an die Ausgestaltung von *Crowdsourcing*-Organisationsprozessen erforderlich. Trotz der allgemein zunehmenden Forschungsbemühungen im Bereich *Crowdsourcing* existieren kaum Klassifizierungsansätze realisierbarer Problem- und Aufgabenstellungen. Erste Ansätze bieten unter anderem Brabham (2013) und Gadiraju et al. (2014), die jeweils Klassifizierungsansätze auf unterschiedlichem Abstraktionsniveau vorschlagen. Insbesondere der empirische Ansatz von Gadiraju et al. (2014), ermöglicht auf Basis einer Analyse von 1000 Nutzern der *Crowdsourcing*-Plattform *CrowdFlower (crowdflower.com)* eine zu Beginn gegebenenfalls hinreichend granulare Klassifizierung möglicher Problem- und Aufgabenstellungen, die durch *Crowdsourcing* bearbeitet werden können:

- *Informationen finden:* Bei dieser Problem- und Aufgabenart wird der Prozess der Suche und Analyse von Informationen, wie zum Beispiel den günstigsten Flug an einem bestimmten Datum zu finden, an die *Crowd* delegiert.
- *Verifikation und Validierung:* Fragestellungen in diesem Bereich betreffen entweder die Verifikation von Aspekten in Abhängigkeit gegebener Parameter oder zielen auf die Bestätigung bestimmter Inhalte ab. Dies könnte beispielsweise eine Überprüfung mit dem Ziel sein, zu verifizieren, ob bestimmte Twitter-Nutzer echte Personen oder computerbasierte Bots sind.
- *Interpretation und Analyse:* Diese Art der Aufgabenstellung bedient sich vor allem der „Weisheit der Vielen", indem die Interpretation und Analyse von Bearbeitern zu einem möglichst repräsentativen Ergebnis zusammengefasst werden. Dies umfasst zum Beispiel die Kategorisierung von Rezensionen in positive und negative Rezensionen.
- *Inhalte erzeugen:* In diesem Bereich werden Bearbeiter aufgefordert, neue Inhalte wie zum Beispiel eine Übersetzung, zu generieren.
- *Umfragen:* Durch *Crowdsourcing*-basierte Umfragen können zielgruppenspezifische Informationen, zum Beispiel von Studenten einer bestimmten Altersklasse, gewonnen werden.
- *Inhalte abrufen:* Dieser Bereich beinhaltet den reinen Abruf bestimmter Informationen, beispielsweise eines Videos.

Weitere Untersuchungen zur Klassifizierung möglicher Problem- und Aufgabenstellungen im Bereich *Crowdsourcing* sollten eine Konsolidierung und Integration bisheriger Ergebnisse anstreben und diese insbesondere unter Einbezug von Effizienzmerkmalen in Beziehung zu möglichst optimalen Organisationsprozessen setzen. Vor allem die kontextbezogene Betrachtung relevanter Problem- und Aufgabenstellungen von *Crowdsourcing* erfordert gegebenenfalls eine detailliertere Betrachtung möglicher Klassifizierungen. Im Innovationskontext sollte beispielsweise der Bereich „Inhalte erzeugen" (vgl. Gadiraju et al. 2014) hinsichtlich der höchst unterschiedlichen Arten der zu erzeugenden Inhalte weiter untergliedert werden (zum Beispiel Entwicklung von Lösungskonzepten zu vorstrukturierten Problemen, Generierung von neuartigen Ideen, Konzeption von Komplementärinnovationen etc.) und deren Anforderungen zur Ausgestaltung von *Crowdsourcing*-Organisationsprozessen untersucht werden.

3.3   Wertgenerierung und intellektuelles Eigentum

Das Potenzial zur Wertgenerierung von *Crowdsourcing* wird durch dessen ver-
stärkten Einsatz in Wirtschaft und Gesellschaft deutlich. Dennoch fehlen weitgehend systematische Untersuchungen zur Objektivierung des durch *Crowdsourcing*
generierten Wertes (vgl. unter anderem Afuah und Tucci 2012, 2013; Bloodgood
2013), der als „fundamental factor that firms should consider first and foremost
when engaging in the decision of how to problem solve" (Bloodgood 2013, S. 456)
gilt. Der durch *Crowdsourcing* generierte Wert kann unterdessen auf unterschiedlichen Ebenen und durch kontextabhängige Konzepte von Wert untersucht werden.
Auf Mikro-Ebene könnte beispielsweise der monetäre Wert einer einzelnen Aufgabe (wie z. B. die Übersetzung einer Textpassage) durch die *Crowd* im Vergleich
zu einem professionellen Dienstleister ermittelt werden. Auf Makro-Ebene könnte
dagegen beispielsweise der strategische Wert einer durch *Crowdsourcing* generierten Erfindung hinsichtlich ihrer Bedeutung zur Generierung eines Wettbewerbs-
vorteils beurteilt werden. Erste inhaltliche wie methodische Anknüpfungspunkte
bieten unter anderem die Studien von Poetz und Schreier (2012) zum qualitativen
Vergleich von Produktideen auf Basis von *Crowdsourcing* und professionellen Designern oder auch die durch Absorptionsfähigkeit von Unternehmen beschränkte
Fähigkeit, von einer Vielzahl an Ideen zu profitieren (vgl. Blohm et al. 2013).

Mit der Wertgenerierung eng verbunden ist die Frage nach einer geeigneten
Regelung von intellektuellem Eigentum im Rahmen des *Crowdsourcing*-Prozes-
ses. Aus traditionellen Innovationsverfahren bekannte Schutzmaßnahmen, die
üblicherweise eine strenge Geheimhaltung, die Abschottung gegenüber Wettbe-
werbern und Kunden sowie eine Anhäufung von großen IP-Portfolios beinhalten,
können in einem durch den Einbezug möglichst vieler Akteure geprägten Innovationsprozess nur schwer umgesetzt werden (vgl. u.a. Brügge et al. 2004; Lakhani und Panetta 2007). Dementsprechend existieren unterschiedliche Ansätze,
intellektuelles Eigentum im *Crowdsourcing*-Prozess zu regulieren, deren optimale
Umsetzung es jeweils noch zu untersuchen gilt. So verpflichten sich beispielsweise T-Shirt-Designer der Plattform *Threadless* (threadless.com) im Gegenzug zu
einer monetären Vergütung zur Abtretung jeglicher Copyright-Rechte an *Threadless*. Die Ideenwettbewerbsplattform *InnoCentive* (innocentive.com) gestattet zum
Schutz intellektuellen Eigentums, dass sowohl die ausschreibende Partei, als auch
die Bearbeiter anonym bleiben können, damit zum Beispiel keine firmenspezi-
fischen Rückbezüge auf interne Forschungs- und Entwicklungsvorhaben getroffen
werden können. Aufgrund der rechtlichen Komplexität der Übertragung von kollaborativ erzeugtem intellektuellen Eigentum ist es Bearbeitern auf *InnoCentive* zudem nicht möglich, gemeinsam an einer Problemlösung zu arbeiten. Dadurch wird

die Innovationsfähigkeit der Vielen erheblich eingeschränkt. Forschungsbestrebungen in diesem Bereich sollten – in Übereinstimmung mit dem Grundgedanken von *Open Innovation* – demnach versuchen, Rahmenbedingungen zu schaffen, die Offenheit, Transparenz, geeignete Anreize und insbesondere eine intensive Zusammenarbeit bei gleichzeitigem Schutz von intellektuellem Eigentum zu fördern (vgl. Lakhani und Panetta 2007).

4   Fazit

Crowdsourcing kann im Innovationsprozess vielfältig eingesetzt werden. Insbesondere durch den technischen Fortschritt unterliegen die Einsatz- und Ausgestaltungsmöglichkeiten einem dynamischen Veränderungsprozess, der vielfältige Fragestellungen und Forschungsbedarf aufwirft. Dem von Chesbrough (2003) geprägten *Open-Innovation*-Prinzip folgend kommt es damit zunehmend zu einem Paradigmenwechsel von herstellerzentrieter zu kundenbezogener und kollaborativer Innovation, die in Anbetracht fallender Kommunikations- und Designkosten zunehmend kostengünstiger werden. Durch den Einsatz von *Crowdsourcing* ergeben sich jedoch nicht nur Einsparungs-, sondern auch erhebliche Innovationspotenziale. Mit deren Erschließung verbunden ist die Erforschung verschiedener Fragestellungen, die im Innovationskontext unter anderem den Organisationsprozess, die Arten der Problem- und Aufgabenstellungen sowie die Wertgenerierung und die Anreize beziehungsweise den Schutz des intellektuellen Eigentums umfassen.

Literatur

Afuah, A., & Tucci, C. L. (2012). Crowdsourcing as a solution to distant search. *Academy of Management Review 37* (3), 355-375.

Afuah, A., & Tucci, C. L. (2013). Value capture and crowdsourcing. *Academy of Management Review 38* (3), 457-460.

Baldwin, C., & von Hippel, E. (2011). Modeling a Paradigm Shift: From Producer Innovation to User and Open Collaborative Innovation. *Organization Science 22* (6), 1399-1417.

Bayus, B. L. (2013). Crowdsourcing new product ideas over time: An analysis of the Dell IdeaStorm community. *Management Science 59* (1), 226-244.

Blohm, Ivo (2013). Open Innovation Communities – Absorptive Capacity und kollektive Ideenbewertung. Wiesbaden: Gabler.

Bloodgood, J. (2013). Crowdsourcing: Useful for problem solving, but what about value capture? *Academy of Management Review 38* (3), 455-457.

Boudreau, K. J., Lacetera, N., & Lakhani, K. R. (2011). Incentives and problem uncertainty in innovation contests: An empirical analysis. *Management Science 57* (5), 843-863.

Boudreau, K. J., & Lakhani, K. L. (2013). Using the Crowd as an Innovation Partner. *Havard Business Review 4*, 60-69.

Brügge, B., Harhoff, D., Picot, A., Creighton, O., Fiedler, M., & Henkel, J. (2004). *Open-Source-Software: eine ökonomische und technische Analyse*. Berlin; Heidelberg: Springer.

Chesbrough, H. (2003). The era of open innovation. *Sloan Management Review 44* (4), 35-41.

Cooper, R. G., & Kleinschmidt, E. J. (1991). New product processes at leading industrial firms. *Industrial Marketing Management 20* (2), 137-147.

Economist (2012). Don't bet on it. http://www.economist.com/news/finance-and-economics/ 21567382-intrade-retreats-american-regulators-dont-bet-it. Zugegriffen: 06.10.2014.

Franke, N., & Piller, F. (2004). Value creation by toolkits for user innovation and design: The case of the watch market. *Journal of product innovation management 21* (6), 401-415.

Gadiraju, U., Kawase, R., & Dietze, S. (2014). A taxonomy of microtasks on the web. In *Proceedings of the 25th ACM conference on Hypertext and social media*, Santiago, Chile, 1.-4.09.2014.

Galton, F. (1907). Vox populi. *Nature 75*, 450-451.

Geiger, D., Seedorf, S., Schulze, T., Nickerson, R. C., & Schader, M. (2011). Managing the crowd: towards a taxonomy of crowdsourcing processes. In *Proceedings of the 17th Americas Conference on Information Systems (AMCIS)*, Detroit, Michigan, 4.-7.8.2011.

Hayek, F. A. (1945). The use of knowledge in society. *The American Economic Review 35*, 519-530.

von Hippel, E. (1986). Lead users: a source of novel product concepts. *Management Science 32* (7), 791-805.

von Hippel, E. (2005). Democratizing innovation: The evolving phenomenon of user innovation. *Journal für Betriebswirtschaft 55* (1), 63-78.

Howe, J. (2006). The Rise of Crowdsourcing. *Wired Magazine 6*, 1-4.

Howe, J. (2008). *Crowdsourcing: Why the Power of the Crowd Is Driving the Future of Business*. New York: Three Rivers Press.

Hubbard, D. W. (2014). *How to measure anything: Finding the value of intangibles in business*. Hoboken: John Wiley & Sons.

Kittur, A., Nickerson, J. V., Bernstein, M., Gerber, E., Shaw, A., Zimmerman, J., Lease, M., & Horton, J. (2013). The future of crowd work. In *Proceedings of the 2013 conference on Computer supported cooperative work*, San Antonio, Texas, 23.02.2013. New York: ACM.

Kupsch, P. U., Marr, R., & Picot, A. (1991). Innovationswirtschaft. In E. Heinen (Hrsg.), *Industriebetriebslehre* (S. 1069-1156). Wiesbaden: Gabler.

Lakhani, K. R., Garvin, D. A., & Lonstein, E. (2010). TopCoder (A): Developing software through crowdsourcing. *Harvard Business School General Management Unit Case*, Nr. 610-032.

Lakhani, K. R., & Panetta, J. A. (2007). The Principles of Distributed Innovation. *Innovations 2* (3), 97-112.

Lakhani, K. R., & von Hippel, E. (2003). How open source software works: "free" user-to-user assistance. *Research Policy 32* (6), 923-943.

Lanxon, N. (2011). How the Oxford English Dictionary started out like Wikipedia. Wired 13.1.2011. http://www.wired.co.uk/news/archive/2011-01/13/the-oxford-english-wiktionary. Zugegriffen: 06.10.2014.

Malone T. W., Laubacher, R. J., & Dellarocas, C. (2009). *Harnessing crowds: mapping the genome of collective intelligence*. Cambridge: MIT Sloan School of Management.

Malone, T. W., Laubacher, R. J., & Johns, T. (2011). The age of hyperspecialization. *Harvard Business Review 89* (7-8), 56-65.

Markoff, J. (2013). Scientists See Promise in Deep-Learning Process. New York Times 24.11.2012. http://www.nytimes.com/2012/11/24/science/scientists-see-advances-in-deep-learning-a-part-of-artificial-intelligence.html?pagewanted=all&_r=0. Zugegriffen: 06.10.2014.

Narula, P., Gutheim, P., Rolnitzky, D., Kulkarni, A., & Hartmann, B. (2011). MobileWorks: A Mobile Crowdsourcing Platform for Workers at the Bottom of the Pyramid. In *Proceedings of the 3rd Human Computation Workshop*, San Francisco, California, 8.08.2011.

Negroponte, N. (1995). *Being Digital*. New York: Alfred A. Knopf.

O'Reilly, T. (2009). *What is web 2.0*. Köln: O'Reilly.

Ortner G. (1998). *Forecasting Markets: An Industrial Application: Part II*. (Working Paper.) Wien: Technische Universität.

Picot, A. (1990). Division of Labour and Responsibilities. In E. Grochla, E. Gaugler, & H. E. Büschgen (Hrsg.), *Handbook of German Business Management* (S. 745-752). Berlin; Heidelberg: Springer.

Picot, A., & Fiedler, M. (2008). Open Source Software und proprietäre Software. Funktions- und Nachahmungsschutz oder Offenheit?. In O. Depenheuer & K. N. Pfeifer (Hrsg.), *Geistiges Eigentum: Schutzrecht oder Ausbeutungstitel* (S. 165-185). Berlin; Heidelberg: Springer.

Picot, A., & Hopf, S. (2013). Grundformen des Crowdsourcing und ihre Bedeutung im Innovationsprozess. *IM+io – Fachzeitschrift für Innovation, Organisation und Management 3*, 24-32. Berlin; Heidelberg: Springer.

Picot, A., Reichwald, R., & Wigand, R. (2008). *Information, Organization and Management*. Berlin; Heidelberg: Springer.

Piller, F., & Reichwald, R. (2009). Interaktive Wertschöpfung und Open Innovation. In A. Picot & S. Döblin (Hrsg.), *Innovationsführerschaft durch Open Innovation* (S. 187-201). Berlin; Heidelberg: Springer.

Plott, C. R., & Chen, K. Y. (2002). Information aggregation mechanisms: Concept, design and implementation for a sales forecasting problem. (Social Science Working Paper 1131). Pasadena: California Institute of Technology.

Spann, M., & Skiera, B. (2009). Sports forecasting: a comparison of the forecast accuracy of prediction markets, betting odds and tipsters. *Journal of Forecasting 28* (1), 55-72.

Spencer, R. W. (2012). Open innovation in the eighteenth century: The longitude problem. *Research-Technology Management 55* (4), 39-43.

Surowiecki, J. (2009). *Die Weisheit der Vielen: Warum Gruppen klüger sind als Einzelne.* Gütersloh: C. Bertelsmann Verlag.

Villarroel, J. A. (2013). Strategic Crowdsourcing. In A. S. Huff, K. M. Möslein, & R. Reichwald (Hrsg.), *Leading Open Innovation* (S. 171-200). Cambridge: The MIT Press.

Wolfers, J., & Zitzewitz, E. (2004). Prediction markets. *Journal of Economic Perspectives 18* (2), 107-126.

Internetquellen

http://www.economist.com/news/finance-and-economics/21567382-intrade-retreats-american-regulators-dont-bet-it. Zugegriffen: 06.10.2014.

http://www.wired.co.uk/news/archive/2011-01/13/the-oxford-english-wiktionary. Zugegriffen: 06.10.2014.

http://www.nytimes.com/2012/11/24/science/scientists-see-advances-in-deep-learning-a-part-of-artificial-intelligence.html?pagewanted=all&_r=0. Zugegriffen: 06.10.2014.

Das Berliner Innovationspanel

Entstehungsgeschichte, erste Ergebnisse und Ausblick

Knut Blind

1 Einleitung

Innovationen zählen für die wirtschaftliche Entwicklung in den letzten Jahrhunderten, aber vor allem in den letzten Jahrzehnten zu den entscheidenden Treibern für das wirtschaftliche Wachstum und damit auch zur Sicherung der Beschäftigung. Inzwischen ist die Bedeutung von Innovationen zum einen in Volkswirtschaften mit einer stagnierenden Bevölkerung noch stärker gestiegen, weil durch Prozessinnovationen auf der Angebotsseite Produktivitätssteigerung möglich werden und durch Produktinnovationen auf der Nachfrageseite Wachstumsimpulse ausgelöst werden können. Inzwischen werden Innovationen auch zur Lösung von Umweltproblemen herangezogen, während sich gleichzeitig ganz neue Märkte für Umwelttechnologien entwickeln. Von Umweltinnovationen profitieren vor allem Aufhol- und Entwicklungsländer.

Die Entstehung einer Innovation erfordert ein komplexes Zusammenspiel verschiedener Akteure und Institutionen in technischen und sozialen Prozessen. Entsprechend sind neben produzierenden und Dienstleistungsunternehmen auch wissenschaftliche Einrichtungen und Universitäten, die Anwender der neuen Technologie oder des neuen Produktes sowie Entscheidungsträger der politischen Ebene am Innovationsprozess beteiligt. Auf diese Weise wirkt sich das regionale Umfeld mit seinen rechtlichen Rahmenbedingungen, dem Angebot an Arbeitskräften und Forschungseinrichtungen sowie seiner spezifischen Wirtschaftsstruktur und den vorhandenen Unternehmensnetzwerken, aber auch seiner Bevölkerungsstruktur auf die Generierung von Innovationen aus.

Folglich haben die für Innovationspolitik verantwortlichen Institutionen an-
gefangen, Informationen zu diesen regionalen Rahmenbedingungen zu sammeln.
So hat die EU-Kommission schon seit Beginn des Jahrtausends im Rahmen des
European Innovation Scoreboards Daten zum Innovationsgeschehen erhoben,
um die Fortschritte der Mitgliedsstaaten hin zur Erreichung des 3-Prozent-Zieles
nachzuverfolgen. Eine solche Berichterstattung für die Ebene der europäischen
Regionen wurde erst später im Rahmen des *Regional Innovation Scoreboards* gestartet. Hierbei muss angemerkt werden, dass immer noch viele Indikatoren zu den
Forschungs-, Entwicklungs- und Innovationsaktivitäten in den Regionen im Vergleich zu den Mitgliedstaaten nicht oder nur unvollständig zur Verfügung stehen.

Ziel dieser Initiativen vor allem auf der Europäischen Ebene war zum einen
die Beobachtung der Innovationsleistung in den Mitgliedstaaten und inzwischen
auch in den Regionen, um eine genauere Positionierung im nationalen und regionalen Innovations- und damit auch Standardortwettbewerb zu ermöglichen. Zum
anderen können aus diesem Benchmarking Informationen zur Notwendigkeit der
Anpassung innovationspolitischer Maßnahmen abgeleitet werden bzw. bereits ge-
startete Initiativen evaluiert werden.

Dieser Beitrag beschreibt in einem ersten Kapitel ausgehend von einer Machbarkeitsstudie die Entstehungsgeschichte des Berliner Innovationspanels, das
weltweit die erste Längsschnitterhebung der Innovationsaktivitäten einer Stadt
darstellt. In einem zweiten Kapitel wird eine Auswahl der aktuell vorliegenden
Ergebnisse vorgestellt. Schließlich werden abschließend die ersten daraus abgelei-
teten innovationspolitischen Maßnahmen vorgestellt.

2   Machbarkeitsstudie

Vor dem oben geschilderten Hintergrund wurde das Fachgebiet Innovationsökonomie an der Technischen Universität Berlin von der Technologiestiftung Berlin
zur Durchführung einer Machbarkeitsstudie bezüglich der Entwicklung eines Berliner Innovationspanels beauftragt. In einem ersten Schritt wurde ein vergleichendes Monitoring Berlins mit anderen Metropolregionen auf der Basis sekundärstatistischer Auswertungen durchgeführt.[1] In einem zweiten Schritt wurden die
Möglichkeiten eines umfassenden Innovationsmonitorings und eines detaillierten
Kompetenzfeldmonitorings eruiert (vgl. Blind et al. 2011).

---

[1]   Siehe detaillierte Ergebnisse in Blind und Wachsen (2014).

2.1 Berlins Innovationspotenzial und -leistung im Vergleich der Metropolregionen

Mit Hilfe eines umfangreichen Indikatorenkatalogs, der auf Basis verfügbarer Sekundärdaten entwickelt wurde, wurden Innovationspotenzial und -leistung der Metropolregionen Deutschlands aufgezeigt. Unter dem Begriff der Metropolregion (u.a. BBSR 2009) wird eine stark mit den umliegenden auch ländlicheren Gegenden verdichtete Großstadtregion verstanden, die sich gegenüber anderen Gebieten durch ihre Größe, ihre herausragende Funktion im nationalen Kontext und ihre enge Integration in das globale Städtesystem auszeichnet. Sie charakterisiert sich durch ihre wirtschaftliche Stärke, eine leistungsfähige Infrastruktur, das Vorhandensein politischer und wirtschaftlicher Entscheidungsebenen sowie ein großes Arbeitskräfte- und auch Nachfragepotenzial.

Zur Messung von Innovationspotenzial und -leistung der Metropolregionen wurden Indikatoren, unterschieden nach Input- und Outputseite des Innovationssystems, herangezogen. Sie erlauben somit Aussagen sowohl zum Aufwand, der betrieben wurde, um Innovationen zu generieren, als auch zum Erfolg dieser Bemühungen. Im Einzelnen handelt es sich um Indikatoren im Bereich Forschung und Entwicklung (FuE), der Beschäftigung in innovationsstarken Branchen, die über die Anzahl hochqualifizierter Beschäftigter und der Hochschulabsolventen nach bestimmten Fächergruppen, die Anzahl der Unternehmensgründungen in ausgewählten, innovativen Branchen und die Anzahl der Patentanmeldungen ermittelt werden.

Die Ergebnisse aller Vergleichsregionen fallen recht unterschiedlich aus (siehe Abbildung 1). München erreicht insgesamt sowohl bei Input als auch bei Output die besten Ergebnisse. Die Region erreicht bei 10 der insgesamt 26 Indikatoren die höchste Ausprägung und bei keinem den geringsten Wert. Andere Metropolregionen haben dagegen ihre Stärken nur in einzelnen Bereichen. Stuttgart mit einem starken Wirtschaftssektor weist das höchste Ergebnis bei der Summe der Forschungsausgaben sowie beim Forscherpersonal auf. Das Sachsendreieck ist dagegen vor allem bei der öffentlichen Forschung gut aufgestellt mit den höchsten Ausprägungen bei FuE-Ausgaben an Forschungsinstituten und Universitäten. Rhein-Main und Rhein-Neckar zeichnen sich durch einen besonders hochqualifizierten wissensintensiven Dienstleistungssektor und hohe Absolventenzahlen aus. Berlin-Brandenburgs Stärken liegen mit FuE-Personal an öffentlichen Forschungseinrichtungen und den in Europa führenden Technologiepatenten ebenfalls in den Wissenschaften. Die insgesamt schwächste Schwerpunktbildung der Vergleichsregionen bei zugleich nur geringer Ausprägung der Indikatoren findet sich in Bremen-Oldenburg.

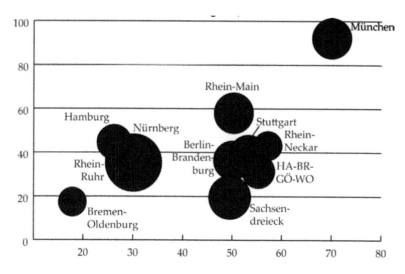

Abbildung 1 Innovationspotenzial und -leistung der Metropolregionen. Das Volumen entspricht der Größe der einzelnen Regionen gemessen an der Anzahl der SV-Beschäftigten (Quelle: Blind und Wachsen 2014, S. 138).

2.2 Ergebnisse der Machbarkeitsstudie

Im Rahmen einer Machbarkeitsstudie wurden die Möglichkeiten einer Bewertung der Kompetenzfelder Berlins erarbeitet. Zunächst ging es um die Identifikation der Analysemöglichkeiten sekundärstatistischer Daten mit einer Zusammenstellung von Kennziffern für das innovationspolitische Portfoliomanagement Berlins. In einem zweiten Schritt wurden mögliche Umsetzungsformen einer Primärerhebung der Innovationsperformance der Kompetenzfelder sowie Berlins insgesamt identifiziert und bewertet. Zielsetzung war es dabei, einen umfassenden Analyserahmen zu schaffen, der die Fortschritte oder auch Rückschritte der Berliner Innovationsstrategie in Form eines kontinuierlichen Monitorings sichtbar machen konnte.

Die vergleichende Betrachtung der Metropolregionen hatte aufgezeigt, dass schon ein breites Spektrum an Informationen durch die Aufarbeitung bereits vorliegender Daten zum Innovationspotenzial und zur Innovationsleistung vorliegt. Die Nutzung der Daten aus bestehenden Innovationserhebungen und der amtlichen Statistik bietet folgende Vorteile. So lassen sich die Ergebnisse interregional und intertemporal vergleichen, da sie für Deutschland mit identischen Erhebungsinstrumenten und unter nachvollziehbarer Stichprobenziehung in regelmäßigen

Abständen erhoben werden. Zudem bieten internationale Harmonisierungen das Potenzial, die Kennzahlen und ihre Entwicklungen in einen europäischen Kontext einzuordnen. Da die erforderlichen Informationen extern erhoben werden, lassen sich mittels eines handhabbaren Aufwandes steuerungsrelevante Informationen über das Innovationsgeschehen der Hauptstadtregion Berlin-Brandenburg respektive Berlins generieren. Stärken und Schwächen werden in Relation zu anderen Regionen auf einem Blick sichtbar.

Den Vorzügen des obigen Vorgehens stehen zwei Nachteile gegenüber. Zum einen können derzeit nicht alle innovationsrelevanten Strukturen und Prozesse durch Innovationsindikatoren abgebildet werden. Für die Beschreibung der Diffusion von Innovationen liegen beispielsweise kaum geeignete Indikatoren vor. Zum anderen ergibt sich aus der Verwendung vorliegender Erhebungen ein doppeltes Abgrenzungsproblem. Nicht alle Informationen lassen sich in der erforderlichen regionalen Gliederungstiefe aus den vorhandenen Statistiken gewinnen. Auch erweist sich die regionale Zuordnung einzelner Kenngrößen als problematisch. Zur Schwierigkeit der regionalen Abgrenzung kommt diejenige nach der Branchenzugehörigkeit hinzu. Bei einem für bundesweite Erhebungen üblichen Stichprobenumfang stehen für die einzelnen Regionen nur sehr geringe Fallzahlen an Unternehmen zur Verfügung. Solche Erhebungen erlauben daher eine nur sehr grobe Aufschlüsselung nach unterschiedlichen Wirtschaftszweigen, wobei besonders innovative Branchen oftmals quer zur in der Regel für die Branchenzugehörigkeit verwendeten Klassifikation der Wirtschaftszweige liegen.

Die Machbarkeitsstudie hat trotz einer Fülle vorhandener Studien und Untersuchungen entscheidende Lücken im Berliner Innovationsmonitoring offenbart. Sowohl auf der Makroebene des gesamten Innovationssystems als auch im Detailgrad kleinräumiger Branchenabgrenzungen fehlen zentrale Untersuchungen, die als Grundlage für die Strukturierung der vorhandenen Arbeiten dienen können. In diesem Zusammenhang wurden die Möglichkeiten untersucht, diese Lücken sowohl auf der Ebene der Kompetenzfelder als auch auf der Ebene des gesamten Innovationssystems zu schließen. Aus der Untersuchung ergaben sich für beide Ebenen Empfehlungen mit unterschiedlichen Zeithorizonten, die nachfolgend kurz vorgestellt werden.

2.2.1 Kompetenzfeldmonitoring:

• Ein einheitliches Kompetenzfeldmonitoring, das umfassende Vergleiche zwischen Regionen, Branchensegmenten sowie in der Zeit ermöglicht und zugleich mit vertretbarem Aufwand umsetzbar ist, ist nur auf der Basis einer Abgrenzung von Wirtschaftszweigen möglich. Dabei können zur Sicherstellung der

Vergleichbarkeit nur solche Klassen von Wirtschaftszweigen Berücksichtigung finden, die vollständig einem Kompetenzfeld zuzuordnen sind und zugleich die meist technologisch geprägten Schlüsselbereiche der Felder widerspiegeln.

* Zur Sicherstellung einer möglichst angemessenen Abbildung der Kompetenzfelder werden die Abgrenzungen der Wirtschaftszweige laufend überprüft und gegebenenfalls angepasst. Für eine solche Dynamisierung wird interne und externe Expertise herangezogen.

* Das Kompetenzfeldmonitoring fügt sich in ein vergleichbar aufgebautes Clustermonitoring ein, durch das die Bedeutung der dynamischen Kerne der Kompetenzfelder für die Gesamtcluster deutlich wird. In methodischer Hinsicht wird dadurch zugleich der Schwierigkeit begegnet, die Größe der Kompetenzfelder nicht abbilden zu können. Eine entsprechende Abgrenzung fällt für die Cluster aufgrund ihrer Größe ungleich leichter.

* Zentrale Indikatoren für das Monitoring können Beschäftigungswachstum und Unternehmensfluktuation sein. Diese Daten werden aus dem Unternehmensregister und aus der Beschäftigtenstatistik der Bundesagentur für Arbeit gewonnen. Die Bewertung erfolgt anhand von Dynamiken und Vergleichen.

* Weitere Informationen, wie etwa die Umsatzentwicklung und die Bruttowertschöpfung, die detaillierte Berechnungen erfordern, werden einmal jährlich für die Kompetenzfelder respektive für die durch diese Daten realisierbaren Abbildungen der Kompetenzfelder durchgeführt.

* Branchensegmente, die sich auch nicht näherungsweise durch dieses Vorgehen abbilden lassen, werden durch bundesweite Branchenreports und partielle Einzelerhebungen einbezogen.

2.2.2 Entwicklung eines Berliner Innovationspanels – kurzfristige Empfehlungen

* Der Aufbau einer Panelbefragung der Berliner Wirtschaft erfordert eine langfristige Perspektive. Kurzfristig verspricht die Aufstockung des Mannheimer Innovationspanels für Berlin den größten Nutzen bei gleichzeitig handhabbarem Aufwand.

* Mit der Initiierung eines Wissenschaftspanels wird eine Berliner Forschungseinrichtung beauftragt, die einerseits fest in der Berliner Wissenschaftsszene etabliert ist, andererseits ein eigenes wissenschaftliches Interesse an den Ergebnissen der Erhebung mitbringt.

* Die Ergebnisse des Unternehmenspanels werden auf die Wissenschaftserhebung sowie auf das Kompetenzfeldmonitoring bezogen, um Synergien für die Bewertung des Innovationsgeschehens sicher zu stellen.

2.2.3 Entwicklung eines Berliner Innovationspanels – langfristige Empfehlungen

• Langfristig wird die Erhebung eigenständig durch ein externes Institut entsprechend den Anforderungen des Berliner Innovationsmonitorings durchgeführt. Dies sichert die notwendige Flexibilität für die Anpassung an konkrete Informationsbedarfe.

• Der besondere Mehrwert der Erhebungen ergibt sich aus der gleichzeitigen Abbildung von Wissenschaft und Wirtschaft. Fragen des Wissens- und Technologietransfers können dadurch in hohem Detailgrad analysiert werden.

• Die Ausgestaltung der Erhebungsinstrumente richtet sich dabei auch nach dem jeweiligen konkreten Steuerungsbedarf für die Berliner Wirtschafts-, Wissenschafts-, Technologie- und Innovationspolitik.

3 Entstehungsgeschichte und Methode[2]

Ausgehend von den kurzfristig angelegten Empfehlungen zum Aufbau eines Berliner Innovationspanels wurde die Innovationserhebung Berlin 2012 vom Zentrum für Europäische Wirtschaftsforschung (ZEW) im Auftrag und in Kooperation mit dem Fachgebiet Innovationsökonomie der TU Berlin durchgeführt. Die Technologiestiftung Berlin war nicht eingebunden.

Die Erhebung wies dieselben methodischen Grundlagen wie die Deutsche Innovationserhebung auf, die seit über 20 Jahren vom ZEW jährlich im Auftrag des Bundesministeriums für Forschung und Bildung (BMBF) durchgeführt wird. Für die Innovationserhebung Berlin 2012 wurden alle Unternehmen mit Sitz in Berlin, die fünf oder mehr Beschäftigte haben und in der Industrie oder den wissensintensiven Dienstleistungen tätig sind, von Ende Februar bis Mitte August 2012 befragt. Die Bruttostichprobe für Berlin umfasste fast 5000 Unternehmen, davon stammten knapp eintausend aus der Haupterhebung der Deutschen Innovationserhebung und über 4000 aus der Ausweitung der Stichprobe für die Innovationserhebung Berlin 2012. Knapp 1000 Unternehmen der Bruttostichprobe (18 %) wurden als neutrale Ausfälle gewertet, weil diese zum Befragungszeitpunkt entweder nicht mehr wirtschaftlich aktiv waren, nicht zur Zielgrundgesamtheit zählten oder trotz der zahlreichen postalischen und telefonischen Versuche, Kontakt aufzunehmen. nicht erreicht werden konnten. Für über 800 Unternehmen konnten verwertbare Fragebogenangaben erfasst werden. Dies entspricht einer Rücklaufquote, be-

---

2   Siehe dazu Rammer und Horn (2013), S. 10-11.

zogen auf die um neutrale Ausfälle korrigierte Stichprobe, von 20 %. Von den
nicht teilnehmenden Unternehmen wurden fast 1.000 Unternehmen im Rahmen
einer telefonischen Nichtteilnehmerbefragung zu einigen wenigen Indikatoren
der Innovationstätigkeit befragt, um eine mögliche Verzerrung der teilnehmenden
Unternehmen im Hinblick auf ihre Innovationstätigkeit kontrollieren zu können.
Insgesamt flossen Informationen zu über 1.700 Unternehmen bzw. 42 % der Stichprobe in die Auswertungen ein. Die Nichtteilnehmerbefragung wurde Anfang
September 2012 abgeschlossen.

Die Befragungsergebnisse wurden auf die Grundgesamtheit der Unternehmen
in Berlin mit fünf oder mehr Beschäftigten in den Zielbranchen der Erhebung
hochgerechnet. Die Hochrechnung erfolgte differenziert für 15 Branchengruppen
und sechs Beschäftigtengrößenklassen. Angaben zur Zahl der Unternehmen, zur
Zahl der Beschäftigten und zur Höhe des Umsatzes in der Grundgesamtheit wurden einer Sonderauswertung des Unternehmensregisters durch das Statistische
Landesamt Berlin entnommen. Da sich der Datenstand im Unternehmensregister
auf das Jahr 2010 bezog, mussten die Angaben für 2011 fortgeschrieben werden.
Außerdem wurden verschiedene Anpassungen an den methodischen Rahmenbedingungen der Deutschen Innovationserhebung vorgenommen, wie die Herausrechnung von öffentlichen Forschungseinrichtungen aus der Branche Forschung
und Entwicklung, Anpassung der Umsatzzahlen in den Finanzdienstleistungen
an Bruttozins- und -provisionserträge, Berücksichtigung einzelner rechtlich nicht
selbstständiger Großbetriebe am Standort Berlin, Herausrechnung von Aktivitäten außerhalb des Standorts Berlin von Großunternehmen mit Sitz in Berlin, die
dort aber nur einen kleineren Teil ihrer Unternehmensaktivitäten in Deutschland
haben, Ergänzung der Beschäftigtenzahlen um Selbstständige. Insgesamt umfasst
die Grundgesamtheit der Innovationserhebung Berlin rund 5.250 Unternehmen
mit etwa 263.000 Beschäftigten und einem Umsatz von 94 Mrd. €.

4   Ergebnisse der ersten Befragung 2012[3]

Die Berliner Wirtschaft erweist sich im deutschlandweiten Vergleich als deutlich
innovationsorientierter, was im Widerspruch zur wirtschaftlichen Schwäche in der
Vergangenheit, aber im Einklang mit dem seit Jahren laufenden Aufholprozess ist.
Der Anteil der Unternehmen, die neue Produkte oder neue Verfahren eingeführt
haben („Innovatorenquote"), lag im Jahr 2011 mit 60 % um 10 Prozentpunkte über
dem Vergleichswert für Deutschland insgesamt. Allerdings gilt dies nicht für alle

---

3   Siehe dazu Rammer und Horn (2013), S. 8-10.

Unternehmen. Denn die großen Unternehmen in Berlin schneiden bei den meisten Innovationskennzahlen schlechter ab. Demgegenüber sind die kleineren und mittleren Unternehmen (KMU) in Berlin besonders innovationsfreudig. Dies gilt sowohl für die Industrie als auch die Dienstleistungsbranchen. Die höchsten Innovatorenquoten in Berlin berichten die Elektroindustrie mit 84 %, die Software/Datenverarbeitung mit 82 % und die Forschungs- und Entwicklungsdienstleistungen mit 91 %. Im Vergleich zu Deutschland zeigen folgende Branchen in Berlin eine deutlich überdurchschnittliche Innovationsbereitschaft: Ver- und Entsorgung, Ingenieur- und Architekturbüros, Konsumgüterherstellung, Holz-/Papier-/Druckgewerbe, Finanzdienstleistungen, Elektroindustrie/Messtechnik/Optik, Nahrungsmittel/Getränke/Tabak und Unternehmensberatung. Erheblich niedrigere Innovatorenquoten als im deutschlandweiten Mittel zeigen sich nur in der Metall- und Steinwarenindustrie sowie – überraschenderweise – in den Kreativdienstleistungen. Die insgesamt höhere Innovationsneigung der Berliner Unternehmen gilt sowohl für Produkt- als auch für Prozessinnovationen.

Die Berliner Wirtschaft gab in absoluten Zahlen im Jahr 2011 rund 2,79 Mrd. € für Produkt- und Prozessinnovationen aus. Gemessen am Umsatz sind dies 3,0 % und damit 10 % weniger als für die deutsche Wirtschaft insgesamt (3,3 %). Diese niedrigere Innovationsintensität im Jahr 2011 lag primär an geringeren Ausgaben für Investitionen im Rahmen von Innovationsprojekten. Diese machten 0,63 Mrd. € bzw. 0,7 % des Umsatzes aus. Für die deutsche Wirtschaft insgesamt betrug diese Quote 0,9 %. Für die Forschungs- und Entwicklungsausgaben (FuE-Ausgaben) ergibt sich dagegen eine sehr ähnliche Intensität. Die FuE-Ausgaben der Berliner Unternehmen von 1,67 Mrd. € im Jahr 2011 entsprechen 1,8 % des Umsatzes. Die FuE-Intensität ist damit gleich hoch wie in Deutschland insgesamt. Eine überdurchschnittliche Innovations- und FuE-Intensität zeigt sich für die Berliner KMU, während die Großunternehmen aus Berlin im Vergleich zu Großunternehmen in Deutschland insgesamt einen geringeren Anteil ihres Umsatzes in Innovationsprojekte reinvestieren. Dies gilt sowohl für die Industrie wie für die Dienstleistungen.

Der Markterfolg, den die Berliner Unternehmen mit Produktinnovationen erzielen konnten, lag unter dem Vergleichswert für die deutsche Wirtschaft insgesamt. Im Jahr 2011 trugen neue Produkte 14,0 % zum Umsatz der Berliner Wirtschaft bei im Vergleich zu 17,4 % für Deutschland insgesamt. Der niedrigere Produktinnovationserfolg Berlins ist fast ausschließlich auf die Großunternehmen in der Industrie zurückzuführen und zu einem guten Teil strukturbedingt. Denn während der gesamtdeutsche Wert stark von der Automobilindustrie und ihrem hohen Umsatzanteil neuer Produkte geprägt ist, hat diese Branche in Berlin nur eine sehr geringe Bedeutung. Den höchsten Umsatzanteil mit neuen Produkten innerhalb der Berliner Wirtschaft weist der Maschinen- und Fahrzeugbau (40 %) auf, gefolgt von der Elektroindustrie (37 %) und den Unternehmensberatungen (25 %). Im Vergleich zu Deutschland insgesamt haben die Unternehmensberatungen sowie die Architektur- und Ingenieurbüros einen sehr hohen Neuproduktanteil, während die Branchen Software/Datenverarbeitung, Nahrung/Getränke/Tabak und Metall/ Glas/Steinwaren besonders stark hinter dem gesamtdeutschen Vergleichswert zurückbleiben. Niedrigere Innovationserfolge zeigen sich auch bei zwei Teilkategorien des Neuproduktumsatzes, nämlich bei Marktneuheiten (Umsatzanteil für Berlin: 2,2 %, Deutschland: 3,8 %) und bei Sortimentsneuheiten (Berlin: 2,8 %, Deutschland: 3,2 %). Auf der Prozessseite sind die Unterschiede dagegen geringer. Prozessinnovationen trugen 2011 zu Kostensenkungen in der Berliner Wirtschaft von 3,7 % (Deutschland: 4,0 %) und zu einem Umsatzanstieg aufgrund von Qualitätsverbesserungen von 2,6 % (Deutschland: 2,9 %) bei.

Eigene, kontinuierliche FuE-Aktivitäten spielen für die Berliner Unternehmen im Vergleich zur deutschen Wirtschaft insgesamt eine größere Rolle. 2011 zählten in Berlin 29 % zu den kontinuierlich forschenden Unternehmen. Dies sind um 9 Prozentpunkte mehr als im deutschlandweiten Mittel. Dieses Ergebnis liegt primär an der höheren FuE-Neigung von KMU in der Industrie. Auch der Anteil der gelegentlich forschenden Unternehmen übersteigt mit 14 % den gesamtdeutschen Vergleichswert (12 %).

15 % der Berliner Unternehmen haben im Zeitraum 2009-2011 FuE-Aufträge an Dritte vergeben. Für die deutsche Wirtschaft insgesamt liegt der Vergleichswert bei 13 %. Die größere Offenheit der Innovationsprozesse zeigt sich noch deutlicher an der Beteiligung der Berliner Unternehmen an Innovationspartnerschaften mit anderen Unternehmen und Einrichtungen. In Berlin waren 37 % der Unternehmen an solchen Partnerschaften beteiligt, gegenüber 30 % in Deutschland insgesamt. Der höhere Anteil Berlins liegt primär an den Dienstleistungsunternehmen sowie an der stärkeren Nutzung von Wissenschaftseinrichtungen, die in Berlin zahlreich vorhanden sind, und Kunden als Partner. So arbeiten 19 % der Berliner Unternehmen zwischen 2009 und 2011 mit der Wissenschaft bei Innovationen zusammen, gegenüber 11 % in Deutschland insgesamt.

Ein Vergleich der Ergebnisse für Berlin mit fünf anderen Metropolstadtregionen in Deutschland (Hamburg, München, Köln-Düsseldorf, Frankfurt, Stuttgart) zeigt, dass die höhere Innovationsbereitschaft der Berliner Unternehmen ein Großstadtphänomen ist. Denn auch in den Vergleichsstädten ist der Anteil der innovativen Unternehmen deutlich höher und übersteigt mit 63 % sogar den Berliner Wert (60 %). Die Unternehmen in den Vergleichsstädten weisen außerdem eine erheblich höhere Innovationsintensität (Innovationsausgaben von 5,7 % des Umsatzes) und merklich höhere Werte bei allen Erfolgsindikatoren (unter anderem

18,6 % Umsatzanteil mit neuen Produkten) auf. Weitere Analysen zeigen jedoch, dass die höhere Innovationsperformance in den anderen Metropolstädten primär strukturbedingt ist, das heißt die Branchenzusammensetzung und die Unternehmensstrukturen sind dort deutlich innovationsorientierter. Kontrolliert man für die Strukturunterschiede, so weisen die Berliner Unternehmen eine signifikant höhere Bereitschaft auf, Produktinnovationen einzuführen und erzielen damit auch merklich höhere Innovationserfolge. Aber auch die Prozessinnovationsneigung ist strukturbereinigt höher und besonders stark auf Kostensenkungen ausgerichtet.

5   Die Ergebnisse im Drei-Jahres-Vergleich

Aufbauend auf den Ergebnissen der ersten Befragung wurden in den Folgejahren 2013 und 2014 analog weitere Erhebungen durchgeführt, so dass inzwischen ein Drei-Jahres-Vergleich möglich ist, aus dem unter Umständen schon erste Strukturveränderungen abzulesen sind.

Während der Anteil an Unternehmen, die im vergangenen Dreijahreszeitraum Produkt- oder Prozessinnovationen eingeführt haben, im Vergleich zu den früheren Erhebungen 2012 und 2013 deutschlandweit leicht abnahm, liegt die Quote in Berlin mit 50 % weiterhin über dem Bundesdurchschnitt von 45 % und gleichauf mit anderen deutschen Großstädten (siehe Abbildung 2).

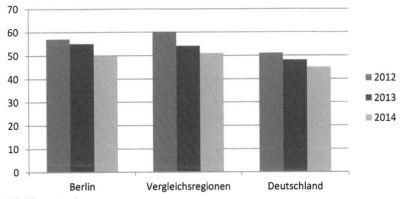

Abbildung 2   Innovatorenquoten

Quelle: Innovationserhebung Berlin 2012, 2013 und 2014, Zentrum für Europäische Wirtschaftsforschung (ZEW), eigene Darstellung.

Betrachtet man den Trend der Erhebungswellen differenziert nach der Größen-
klasse der Unternehmen, zeigen sich sehr unterschiedliche Verläufe. Während der
Anteil der Innovatoren bei kleineren und mittelständischen Unternehmen ähnlich
wie im Bundestrend konstant bzw. rückläufig ist (siehe Abbildung 4), nahm der
Anteil bei Unternehmen mit mehr als 1.000 Mitarbeitern im Vergleich zur ersten
Erhebung um 13 Prozentpunkte zu (siehe Abbildung 3). Gründe dafür sind das
dynamische Wachstum kleinerer innovativer Unternehmen, so dass diese dadurch
die Innovationsintensität in den Größenklassen mit mehr als 250 Unternehmen erhöht haben. Ferner haben etablierte Großunternehmen in Berlin ihre Innovationsaktivitäten verstärkt, wie zum Beispiel die Daimler AG.

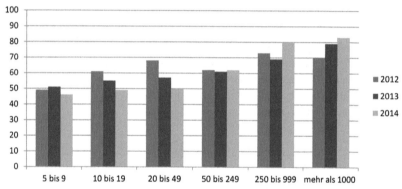

Abbildung 3 Innovatoren nach Größe: Berlin. Quelle: Innovationserhebung Berlin 2012,
2013 und 2014, Zentrum für Europäische Wirtschaftsforschung (ZEW),
eigene Darstellung.

Innovatoren nach Größe: Deutschland

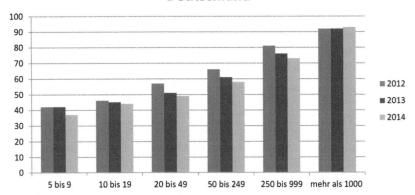

Abbildung 4 Innovatoren nach Größe: Deutschland. Quelle: Innovationserhebung Berlin 2012, 2013 und 2014, Zentrum für Europäische Wirtschaftsforschung (ZEW), eigene Darstellung.

Vor allem Berliner Firmen aus den Bereichen Software/Datenverarbeitung sowie Forschung und Entwicklung zeichnen sich weiterhin durch einen hohen Anteil an Innovatoren aus (siehe Abbildung 5).

Innovatoren nach Sektor: Berlin

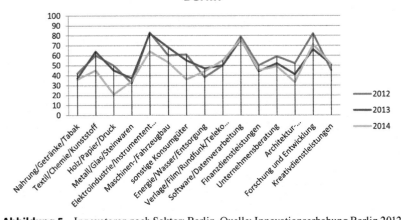

Abbildung 5 Innovatoren nach Sektor: Berlin. Quelle: Innovationserhebung Berlin 2012, 2013 und 2014, Zentrum für Europäische Wirtschaftsforschung (ZEW), eigene Darstellung.

6 Ausgewählte Ergebnisse der Erhebung 2014 und innovationspolitische Folgerungen

In der Erhebung 2014[4] stand die Finanzierung von Innovationen im Mittelpunkt der Befragung. Aus den Antworten wurde deutlich, dass rund 20 % der Berliner Unternehmen aufgrund fehlender Finanzierung zwischen 2011 und 2013 Innovationsaktivitäten nicht umgesetzt haben (siehe Abbildung 6). Die deutschen Unternehmen insgesamt hatten dagegen weniger mit fehlender Finanzierung zu kämpfen. So stellt für lediglich 15 % der Unternehmen des deutschen Dienstleistungsgewerbes die fehlende Finanzierung ein Innovationshemmnis dar, während in Berlin 22 % davon betroffen waren. Insbesondere für zwei innovative und wichtige Dienstleistungsbereiche der Berliner Wirtschaft, d. h. Forschung und Entwicklung und die Softwarebranche, stellt die fehlende Finanzierung ein deutliches Innovationshemmnis dar; 44 % bzw. 28 % der Unternehmen dieser Branchen gaben an, aufgrund fehlender Mittel Innovationsaktivitäten nicht umgesetzt zu haben. Aber auch der Bereich Elektroindustrie/ Instrumententechnik/ Optik war aufgrund fehlender finanzieller Mittel in der Umsetzung seiner Innovationsaktivitäten deutlich eingeschränkt. Die Schwierigkeiten bei der Finanzierung von Innovationsaktivitäten sind bei den Unternehmen in Berlin weit stärker ausgeprägt als in Deutschland, wobei aus den Daten nicht geschlossen werden kann, ob hierfür eine bessere Finanzierungssituation im restlichen Bundesgebiet oder geringere Innovationsambitionen ausschlaggebend sind. Wären den Unternehmen aber zusätzliche Finanzmittel zur Verfügung gestanden, so hätten 35 % der Unternehmen in Berlin, aber lediglich 28 % im gesamten Bundesgebiet zusätzliche Innovationsaktivitäten durchgeführt. Insbesondere die Unternehmen aus den Bereichen Forschung und Entwicklung (60 %), Software/Datenverarbeitung (51 %) und Elektroindustrie (46 %) wären daran interessiert gewesen, zusätzliche Innovationsaktivitäten zu realisieren. Diese Ergebnisse deuten darauf hin, dass eine ausreichende Finanzausstattung dazu führen würde, dass jetzt schon innovative Unternehmen ihre Innovationsaktivitäten noch über die geplanten Aktivitäten hinaus ausdehnen und bislang nicht innovationsaktive Unternehmen hierdurch erstmals aktiv werden würden, wobei der einfachere Zugang zu Fremdkapital weniger attraktiv für die Unternehmen ist als Eigenkapital.

---

4   Vgl. den Gesamtbericht der Technologiestiftung Berlin (2015).

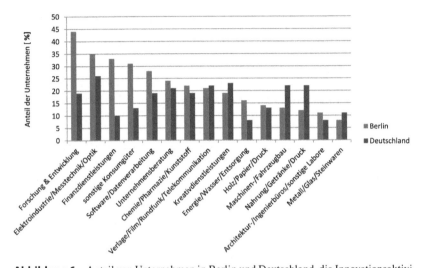

Abbildung 6   Anteil von Unternehmen in Berlin und Deutschland, die Innovationsaktivitäten aufgrund fehlender finanzieller Mittel in 2013 nicht umgesetzt haben. Quelle: Innovationserhebung Berlin 2014, ZEW.

7   Das Berliner Innovationspanel im Kontext des Politikzyklus im Bereich Innovationsfinanzierung

Auf diese Erfahrung aus dem Berliner Innovationspanel lassen sich die ersten Phasen des Modells des Politikzyklus (Lasswell 1951) anwenden. Auf Basis der Innovationserhebung wurde das Problem identifiziert, dass die Berliner Unternehmen stärkeren Restriktionen bei der Finanzierung von Innovationen unterliegen als die Unternehmen im restlichen Bundesgebiet. Im Gegensatz zum klassischen Politikzyklus wurde dieses Problem nicht durch die Politik selbst oder Interessenverbände adressiert, sondern war ein Nebenprodukt einer wissenschaftlich motivierten Studie. Nach der Identifikation und der gleichzeitigen empirischen Validierung wurde das Problem vom Senat für Wirtschaft, Technologie und Forschung auf die politische Tagesordnung gesetzt. Denn diese Finanzierungsrestriktionen nahm die Berliner Senatsverwaltung zum Anlass, ein Landesprogramm zur Innovationsfinanzierung im Volumen von 35 Millionen Euro aufzusetzen, was jedoch schon vor der Publikation der Ergebnisse der Innovationserhebung im März 2015 als allgemeines Investitionsprogramm angekündigt wurde.

Die nächste Phase des Politikzyklus, die Politikdurchführung bzw. -formulie-
rung, stand bei der Erstellung dieses Beitrages im Mai 2015 noch aus. Der Prozess der Entscheidungsfindung zwischen den relevanten Akteuren im Berliner
Senat ist also noch nicht abgeschlossen. Folglich war die Implementation in Form
der Verabschiedung eines Gesetzes bzw. der Publikation einer entsprechenden
Förderrichtlinie also noch offen. Schließlich gilt es die Implementierung dieser
Förderung der Innovationsfinanzierung zu evaluieren, d.h. festzustellen, ob die
Maßnahme effektiv und effizient umgesetzt wurde. Hierzu kann dann wieder auf
die Ergebnisse zukünftiger Innovationserhebungen zurückgegriffen werden. Der
Politikzyklus schließt sich mit der Terminierung der Maßnahme, wenn sich die
Schwierigkeiten bei der Finanzierung von Innovationen für die Berliner Wirtschaft aufgelöst haben. Da aber eine solche Entwicklung eher unwahrscheinlich
ist, wird bei der Evaluation eher ein Anpassungsbedarf festgestellt werden und
damit das Thema erneut auf die politische Agenda gesetzt. Dann wird es zu einer
Weiterführung oder Anpassung, das heißt zu einer Re-Definition der ursprünglich
verabschiedeten Förderrichtlinie, einer Novellierung der bestehenden oder Schaffung neuer Regelungen kommen.

8   Ausblick

Ausgehend von einer Machbarkeitsstudie und einer wissenschaftlich getriebenen
Innovationsstudie hat sich das Berliner Innovationspanel etabliert und ging im Jahr
2015 ins vierte Jahr. Gleichzeitig wurden die Ergebnisse der letzten Erhebungs-
welle für die Initiierung eines staatlichen Förderprogramms zur Innovationsfinanzierung genutzt. Damit ist sowohl der Grundstein für eine langfristige Erhebung
gelegt als auch die Nutzbarkeit der Erhebung für spezifische innovationspolitische
Fragestellungen gezeigt worden. Damit sind die Fixkosten für eine Langfrist-
betrachtung verausgabt worden und der konkrete Nutzen einer stadtspezifischen
Innovationserhebung gezeigt worden. Folglich ist die Kosten-Nutzen-Bilanz für
eine langfristige Weiterführung der Erhebung sehr günstig. Gleichzeitig ist das
Potenzial der Innovationserhebung durch eine weitere Verknüpfung der bereits er-
hobenen Daten mit externen Datenbeständen, wie z. B. Patentanmeldungen, bisher
bei Weitem noch nicht ausgeschöpft.

Zusätzlich zu den Berlin-spezifischen Überlegungen kann das Berliner Innovationspanel sowohl als Machbarkeitsstudie für andere Metropolregionen als auch
deren Ergebnisse als Referenzwerte für einen Metropolregionen- bzw. Städtever-
gleich verwendet werden. Erste Gespräche wurden geführt. Falls sich andere Städte dazu entschließen würden, analog zur Berlin eine eigene Innovationserhebung

durchzuführen, dann würde sich wiederum der Nutzen des Berliner Innovationspanels für Berlin erhöhen, da in Relation zur aktuellen Situation bessere städtespezifische Vergleiche möglich sind.

Falls sich parallel mehrere stadtspezifische Innovationserhebungen realisieren lassen, könnten folglich auch die möglichen Implikationen für den jeweiligen Politikzyklus in einer vergleichenden Analyse untersucht werden.

Schließlich würde eine Verstetigung und Replizierung des Berliner Innovationspanels in anderen deutschen oder gar europäischen Städten der Forderung von Shapira et al. (2010) an die Innovationsforscher entsprechen, sich verstärkt als Impulsgeber für die erfolgreiche Verbesserung der Innovationspolitik zu positionieren.

Literatur

BBSR – Bundesamt für Bauwesen und Raumordnung (Hrsg.). (2009). *Positionierung europäischer Metropolregionen in Deutschland*, Bonn.

Blind, K., Wachsen, E., & Weber, M. (2011). *Innovative Metropolregion: Entwicklung eines Berliner Innovationspanels*, Berlin: Universitätsverlag der TU Berlin.

Blind, K., & Wachsen E. (2014). Innovation – Metropolregionen im Vergleich. In H. Pechlaner & C. Reuter (Hrsg.), *Pionier-Regionen der Zukunft: Innovation, Qualität und Kooperation* (S. 212-140.).Wiesbaden: Springer Gabler.

Lasswell, H. (1951). The Policy Orientation. In D. Lerner & H. Lasswell (Hrsg.), *The Policy Sciences*, Stanford CA: University Press.

Rammer, C., & Horn, N. (2013). *Innovationsbericht Berlin 2013 – Innovationsverhalten der Unternehmen im Land Berlin im Vergleich zu anderen Metropolstädten in Deutschland*, ZEW Dokumentation Nr. 13-02, Mannheim.

Shapira, P., Smits, R. E., & St. Kuhlmann (2010). An Outlook on Innovation Policy, Theory and Practice. In R. E. Smits, St. Kuhlmann, & P. Shapira (Hrsg.), *The Theory and Practice of Innovation Policy* (S. 449-466). Cheltenham: Edward Elgar.

Technologiestiftung Berlin (2015). *Innovationserhebung Berlin 2014: Innovationsverhalten der Berliner Wirtschaft*, Berlin.

Innovation: In Ketten tanzen

Günther Ortmann

„Das Wesentliche an jeder Erfindung thut der Zufall, aber
den meisten Menschen begegnet dieser Zufall nicht."
Friedrich Nietzsche 1988a, S. 242

1. Die Wendung „In Ketten tanzen" ist geborgt von Friedrich Nietzsche. In *Menschliches, Allzumenschliches II* (1988b, S. 612) heißt es:

> *In Ketten tanzen.* – Bei jedem griechischen Künstler, Dichter und Schriftsteller ist
> zu fragen: welches ist der *neue Zwang*, den er sich auferlegt und den er seinen Zeit-
> genossen reizvoll macht (sodass er Nachahmer findet)? Denn was man „Erfindung"
> (im Metrischen zum Beispiel) nennt, ist immer eine solche selbstgelegte Fessel. „In
> Ketten tanzen", es sich schwer machen und dann die Täuschung der Leichtigkeit
> darüber breiten, – das ist das Kunststück, welches sie uns zeigen wollen. Schon bei
> Homer ist eine Fülle von vererbten Formeln und epischen Erzählungsgesetzen wahr-
> zunehmen, *innerhalb* deren er tanzen musste: und er selber schuf neue Conventionen
> für die Kommenden hinzu. Diess war die Erziehungs-Schule der griechischen Dich-
> ter: zuerst also einen vielfältigen Zwang sich auferlegen lassen, durch die früheren
> Dichter; sodann einen neuen Zwang hinzuerfinden, ihn sich auferlegen und ihn an-
> muthig besiegen: sodass Zwang und Sieg bemerkt und bewundert werden. (Hervorh.
> i. Orig. gesperrt)

2. Innovation und Wandel hängen vom Alten als „Widerlager" ab (Waldenfels
1985, S. 109), auf dem sie aufruhen, von dem sie ausgehen und sich absetzen. Es
gibt nicht so etwas wie eine *reine* Produktion im Sinne einer *creatio ex nihilo*. Zumal Tradition ist ein solches Widerlager. Waldenfels (1990, S. 96): „Das Paradox
der Innovation liegt darin, daß sie etwas voraussetzt, das sie erneuert." Wandel
und Innovation können wir nur „in den Ketten des Alten" hervorbringen. Die Ketten mögen materielle sein, verkörpert oder eingebaut in Produkten, technischen
Artefakten, materiellem Werkzeug und dergleichen, oder immaterielle: Regeln,

Konventionen, Routinen, Denk- und Handlungsweisen, Nietzsches vererbte Formeln und epische Erzählungsgesetze. In Ketten? Das gilt auch für Erfindungen und die Hervorbringungen von Phantasie und Kreativität. Kreativität, hat einmal der Physiker Richard Feynman gesagt, ist „imagination in a straitjacket" (zitiert nach Guntern 2010, S. 54).

3. „Zuerst einen vielfältigen Zwang *sich* auferlegen" (Nietzsche), das ist der Fall der Selbstbindung, den der norwegische Soziologe und Philosoph Jon Elster (deutsch 1987, S. 33-65) unter der Überschrift „Odysseus und die Sirenen" besonders intensiv studiert hat. Odysseus, der sich im Angesicht der Sirenen *selbst* an den Mast binden lässt; der *intendiert*, Beschränkungen unterworfen zu sein: das ist es, woran Elster da interessiert ist. Warum sollte sich jemand wünschen, die eigene Wahlfreiheit einzuschränken? Elsters Antwort, grob gesprochen: Sie möchten sich gegen eigene Leidenschaften schützen. Da geht es auch, kurz gesagt, um die Weisheit „Manchmal ist weniger mehr". Man denke an die Kunst und die Literatur. Statt länglicher Erläuterungen gebe ich ein Beispiel für Selbstbeschränkungen. In der poetischen Dichtkunst gibt es das Subgenre der Anagramm-Gedichte. Hier ist eines. Ich habe es – seine letzten vier Verszeilen – dem jüngsten Werk eines der angesehensten deutschen Lyriker, Jan Wagner, entnommen. Sein Titel ist auch der des Gedichtbands:

Die Eulenhasser in den Hallenhäusern

Da harren sie, dienen als Sühnehüllen,
An der Haussäulenzeile lehnend, senil
Harnnässe leidend. Urahnleise heulen
Die Eulenhasser in den Hallenhäusern.

Man sieht wohl die strenge Regel – die Selbstbindung, die Kette –, der hier der Dichter sich unterwirft: „In jeder Zeile ausschließlich dieselben Buchstaben in derselben Anzahl benutzen!" *Apropos* Eulen, hier ist eine andere, noch stärker restringierte Art von Anagramm-Gedicht, eines, dessen Titel ein Anagramm des Namens des Autors ist. Der Autor ist William Carlos Williams, und das Gedicht heißt:

I Will Alarm Islamic Owls

Auf das Gedicht gehe ich nicht näher ein. Man sieht den Punkt: Kreativität ist Imagination in einer Zwangsjacke, und der Zwang mag selbst auferlegt, die Jacke selbstgemacht sein. (Elsters zweites Buch zu diesem Gegenstand heißt übrigens *Ulysses Unbound* und ein Kapitel, „Creativity and Constraints in the Art", handelt von Lyrik, Romanen, Tanzen, Komposition und Jazz.)

4. „Erfindung" heißt für Nietzsche, neue Beschränkungen, neue Konventionen zu finden, die uns erlauben, auf neue Weise zu tanzen. Man denke an den Tango, der ja *einst* eine neue Art zu tanzen bedeutete: neue Regeln, neue Konventionen, neue Schritte, neue Posen, aber, versteht sich, erfunden auf der Basis alter Arten. Die Neuheit des Tango kam schön heraus, als Sacha Guitry ihn in Argentinien zum ersten Mal sah und bemerkte: „Es ist hinreißend, aber warum tun die Leute es im Stehen?"

5. In Ökonomie und Technikgeneseforschung pflegen wir Produkt- und Prozessinnovationen zu unterscheiden, und ‚Prozessinnovation' heißt: neue Regeln und Routinen, Weisen und Verfahren des Handelns. In Nietzsches Worten: neuer Zwang, neue Ketten. Zu bedenken ist aber: Regeln sind, um eine Figur von Samuel Weber aus *Institution and Interpretation* (2001, zum Beispiel S. 252) zu benutzen: „enabling limits". Sie beschränken *und* ermöglichen. Mehr noch: Sie ermöglichen *durch* Beschränkung. Ich komme darauf zurück.

6. „Tanzen" gewinnt dann eine doppelte Bedeutung. Es kann sich auf die Option beziehen, sich innerhalb vorgeschriebener Tanzregeln und -schritte zu bewegen, oder aber auf die Möglichkeit und Notwendigkeit, diese Regeln auf neue Weise anzuwenden oder sie sogar zu brechen. (In *application* steckt die Silbe *pli*, „Falte", und in Anwenden" ein „Wenden", so wie Tänzer sich drehen.)

Jede Applikation, jede Anwendung impliziert, weniger salopp gesagt, eine *différance* im Sinne Jacques Derridas (Ortmann 2003). Routinen enthalten notwendig ein Moment der Improvisation (Feldman und Pentland 2003), weil sie ja immer in je neuen, einzigartigen Situationen an- (und um-) gewendet werden müssen (und ihre Identität gerade durch situative Differenzierung wahren). Auch die Routine ist ein Widerlager der Innovation.

7. Die schlechte Nachricht für jedwedes Innovations*management* ist nun allerdings: Die Suche nach etwas Neuem ist dem Menon-Paradox unterworfen – dem Platonischen Suchparadox. Weil es zur Zeit der Suche ja unbekannt ist, weiß man nicht und kann man nicht wissen, wo und wie man zu suchen hat.[1] In meiner Platon-Ausgabe, der Meiner-Ausgabe, hat der Herausgeber, Otto Apelt, dieses Problem das Produkt eine „Afterlogik" genannt. Selten oder nie hat es in der Philosophie eine derart gravierende Fehleinschätzung gegeben. Ökonomen muss man nur

---

1   Menon fragt sogar, durchaus gewitzt: Selbst wenn du, was du suchst, „zufällig träfest, woran willst du denn erkennen, daß es das ist, was du ja nicht kanntest?" (Platon 1998, S. 38). Es folgt Sokrates' bekannte Definition des Suchparadoxes: „Der Satz nämlich, daß es dem Menschen nicht möglich ist, zu forschen, weder nach dem was er weiß noch nach dem was er nicht weiß? Denn weder nach dem, was er weiß, wird er forschen, denn er weiß es ja, … noch nach dem, was er nicht weiß; denn er weiß ja gar nicht, wonach er forschen soll." (Ebd.)

an zwei Probleme erinnern, die in Zeiten der Informationsökonomik aus gutem Grund sehr, sehr ernstgenommen werden – und nur Variationen des Platonischen Suchparadox darstellen: Es ist unmöglich, die Suchkosten zu optimieren, weil man die Grenznutzen einer zusätzlichen Einheit Suche nicht kennt und nicht kennen kann, bevor man fündig geworden ist. Und: Der Handel mit Informationen ist zumindest schwierig, wie wir von Kenneth Arrow (1971, S. 152) gelernt haben, weil der Käufer der Information ihren Nutzen nicht beurteilen kann, bevor er sie erhalten hat, sie aber danach nicht mehr zu bezahlen geneigt sein mag, weil er sie nun ja schon hat. Das ist das berühmte Arrowsche Informationsparadox.

Aus solchen Gründen bedeutet das Menon-Paradox einen heftigen Schock für jedes Innovationsmanagement. Das wirft ein Licht auf die ausufernde Literatur und Forschung zu Innovation, Reorganisation, Organisationsentwicklung, Kreativität und Wandel und zu ihren Erfolgsfaktoren und -geheimnissen – und auf die ernüchternden Ergebnisse dieser Literatur. Um es deutlich zu sagen: Jedes Innovations*management* bewegt sich im Umkreis dieser Paradoxie und ist daher bedroht von Vergeblichkeit.

8. Die Kehrseite dieser Medaille ist: Invention und Innovation sind in erheblichem, notorisch unterschätztem Maße abhängig von glücklichem Zufall. Das weiß eigentlich jeder, aber die Neigung, es herunterzuspielen, ist nicht nur in der Praxis stark, sondern auch in der zuständigen wissenschaftlichen Forschung (die ja zu Zufall wenig zu sagen hat). Eine Ausnahme ist Robert Merton (1968), der ein „serendipity pattern" *in* der wissenschaftlichen Forschung betont und für unverzichtbar erklärt hat. „Serendipity" ist „the faculty of making happy and unexpected discoveries by accident" (Oxford English Dictionary). Etwas zu finden, wonach man gar nicht gesucht hatte. "Serendipity" heißt, wie Julius H. Comroe einmal bemerkt haben soll, "to look for a needle in a haystack and get out with the farmer's daughter."

Es ist die Gabe, in sein Glück zu stolpern. Aus solchen Gründen heißt ein Beitrag über strategisches Management großer Unternehmen „Stumbling Giants" (Ortmann und Salzman 2002). (Es ist aufschlussreich, sich klarzumachen, dass jedwedes Gehen als verhindertes Fallen oder minimiertes Stolpern aufgefasst werden kann.) Auch strategisches Management, sogar das großer Unternehmen, ist darauf angewiesen, in sein Glück zu stolpern (und kann *dann* allerdings die Mittel, die ihm das beschert, zum weiteren Ausbau der so errungenen Position, zur Intensivierung der Innovationsanstrengungen, zum Aufkauf innovativer Ideen und Unternehmen etc. verwenden).

9. Heute öfter als früher heißt es: „New ideas are two a penny." Nicht die Kreativität der Erfinder, nicht Imagination, nicht „Phantasie an die Macht" sei das Gebot der Stunde, sondern man müsse fragen, so hießt es in der Einladung zu einem

Workshop des WZB 2012 („The logics of change in economy and arts") einmal: „How do new ideas, innovative methods or products ... *win approval* ...? When does the establishment *embrace* the new and when does it *draw up its defence lines* ...? And in which form do new ideas *reach users, consumers and audience?"* (Hervorh. G.O.) Das scheinen vielversprechende Fragen, umso mehr, als sie das Menon-Paradox zu vermeiden scheinen.

Frank Piller hat das etwas abschätzige „New ideas are two a penny" in eine innovative Maxime umgemünzt: „from creation and invention towards absorption and diffusion." Die Idee ist: Nutzen wir doch als Unternehmen das schier unendlich erscheinende Innovationspotenzial „der Leute" – der Nutzer, zumal der „lead user", und Kunden –, von denen man sagen könne: „People just innovate." „Interaktive Wertschöpfung" und „co-creation" nennt sich das (s. für Näheres Reichwald und Piller 2009). Es ist stark beeinflusst von Ideen einer „open innovation" und des „sharing". Von Kinderwagen bis Bankdienstleistungen, von Autos bis zu LEGO-Produkten, überall gilt: Abweichendes Ko-Kreations-Verhalten ist eine reich sprudelnde Quelle der Innovation, die nur abgeschöpft sein will.

Wenn die Erfindung schon vollbracht ist; wenn die Imagination ihr Werk getan hat; wenn gar die Kunden die neuen Ideen bereits entwickelt haben; wenn, mit anderen Worten, das Suchen *und Finden* schon getan ist: dann spätestens haben wir doch das platonische Suchparadox hinter uns gelassen?

In einem gewissen Sinne aber sind auch die in der eben zitierten Einladung aufgeworfenen Fragen kontaminiert von dieser Paradoxie. Selbst nach der Ideenproduktion nämlich gibt es ein Selektionsproblem zu lösen. Es müssen die interessanten, relevanten, vielversprechenden *und* realisierbaren neuen Ideen herausgefiltert werden, und auch das konfrontiert uns mit dem Paradox, weil wir auch darüber im Vorhinein nicht sehr viel wissen und wissen können (wenn auch deutlich mehr als in der Phase bloßer Invention[2]). Daher bleibe ich im Folgenden bei den Problemen der Invention, Innovation und Implementation insoweit, als sie vom Menon-Paradox betroffen sind.

10. Man muss es wohl kaum herausstreichen: Das wichtigste Wort im Zusammenhang mit unserem Nichtwissen lautet hier: „im Vorhinein". Bekanntlich erscheinen erst im Nachhinein die Gründe für Innovationen wie Computer oder Smartphones – oder auch Verbrennungsmotoren in Automobilen – als selbstverständlich, natürlich, logisch und zwingend. Es gibt da so etwas wie einen Rück-

---

2   Man sieht an dieser Stelle, dass Paradoxie eine graduelle Angelegenheit ist (Sainsbury 1993). Das gilt auch für die platonische Paradoxie des Suchens, einfach weil Suchende manchmal nichts, manchmal immerhin etwas und manchmal sogar viel über das Suchfeld wissen.

schaufehler („hindsight bias"; Fischhoff 1975) der Technikgläubigkeit, und es gibt im Nachhinein viel rationalisierende Legendenbildung.

11. Wenn wir im Vorhinein nicht wissen können, was wir im Vorhinein gern wüssten, dann müssen wir uns mit der temporalen Dimension der Suchparadoxie auseinandersetzen. Wie wir sehen werden, spielt da eine *konstitutive Nachträglichkeit* eine große Rolle.

12. Das ist so, weil etwas Neues ein als Neues Identifiziertes sein muss, und darüber hinaus etwas, an dem zumindest einige Akteure festhalten. Daran festzuhalten aber impliziert Wiederholung, und das ist der Grund, warum Autoren wie Dupuy und Varela (in *Understanding Origins*, 1992), Derrida (1972, insbesondere S. 310ff.; erhellend dazu Gondek 1998, S. 204f.) oder Waldenfels sagen können: Am Anfang ist die Wiederholung. Wie Waldenfels (1990, S. 98) es ausgedrückt hat: „Ein pures Original, unter dem sich nicht von Anfang an ein Kometenschweif von Reproduktionen abzeichnet, wäre wie ein Blitz, der schon erloschen ist, noch ehe wir seiner gewahr werden." Reproduktion mag sodann auch heißen: Modifikation und beharrliche Elaboration, selbstverständlich enorm wichtig im Innovationsprozess.

13. Die Probleme der Nachträglichkeit und der Wiederholung sind schon von Platon gesehen und gerade mit Blick auf das Suchparadox in eine Lösung eingebracht worden. „Denn das Suchen und Lernen", so Platon (1998, S. 39) „ist ein Wiedererkennen", ein Wiedererkennen, das aus vergangenem Leben herrührt, das Wiedererkennen einer platonischen Idee. Deshalb auch können wir suchen und finden und das Neue als (relevantes) Neues identifizieren. Es muss kaum gesagt werden, dass die meisten diese Lösung heute zurückweisen würden.

14. Michael Polanyi indes hat Platons Lösung nicht frontal abgewiesen, sondern mit einiger Sympathie erwogen – und sie so modifiziert: Wenn wir nach etwas Neuem suchen, beziehen wir uns auf „eine Ahnung eines Zusammenhanges", auf die „Andeutung eines Verborgenen" *im impliziten Wissen* (Polanyi 1995, S. 28f.) – dabei ist der Ort der Wiederholung ein *Tasten*, das aus iterativen Versuchen besteht, das Unbestimmte zu bestimmen. (Man muss heutzutage nur lesen, was Hans-Jörg Rheinberger, 2006, S. 27, 35 und 287, über die *notwendige* Unbestimmtheit epistemischer Dinge zu Anfang des Forschungsprozesses schreibt, auch des naturwissenschaftlichen Forschungsprozesses, um die Einschlägigkeit und Aktualität dieser Bestimmungen Polanyis angemessen zu würdigen.)

15. Zufall und „serendipity", hieß es eben, sind notwendige Bedingungen der Möglichkeit von Invention und Innovation. Zufall, wie der Name sagt, ist etwas, das uns zufällt – und uns dann, im günstigen Fall, Gelegenheiten beschert. Gelegenheiten aber müssen als Gelegenheiten wahrgenommen werden – „Wahrnehmen" in der doppelten Bedeutung von „Bemerken, Sehen" und „Nutzen". Nietz-

sche (1988, S. 465): „Nicht dass man etwas Neues zuerst sieht, sondern dass man das Alte, Altbekannte, von Jedermann Gesehene und Uebersehene *wie neu* sieht, zeichnet die eigentlich originalen Köpfe aus. Der erste Entdecker ist gemeinhin jener ganz gewöhnliche und geistlose Phantast – der Zufall." (Hervorh. im Original gesperrt)

16. Es ist wegen der unverzichtbaren Rolle von einerseits Zufall, andererseits implizitem Wissen/Können, dass bei Weitem die meisten Ratschläge, Gestaltungsempfehlungen und Rezepte, wie man Neues kreieren kann/soll, sich darin erschöpfen, Raum – Spielraum – für Kreativität zu geben: günstige und vielversprechende Bedingungen für die Entwicklung neuer Ideen zu schaffen, für ein Tasten, für Improvisation, für Fehler, für das Einschlagen falscher, unsicherer, riskanter Wege und dergleichen. „Humus" ist eine verbreitete Metapher, und eine geeignete Organisationskultur ein etwas genauerer Begriff dafür. Das könnte die Ketten lockern, in denen die Leute tanzen sollen, es heißt aber nicht viel mehr als „dem Zufall eine Chance geben".

17. Wie also bringen wir etwas Neues hervor? *Erstens*, durch Zufall und die Gabe, in unser Glück zu stolpern – „serendipity". Selbst *Einfälle* sind zu einem guten Teil Zufälle – sie fallen uns zu wie die Gelegenheiten, die uns beschert werden. *Zweitens* durch Wahrnehmungs- und Handlungsfähigkeiten, die man unter dem Namen „Responsivität" zusammenfassen kann. Man bedenke, dass solche Fähigkeiten, besonders implizites Wissen, uns ihrerseits weitgehend zufallen – uns ohne eigenes Zutun beschert werden. Mehr noch: Wahrzunehmen und entsprechend zu handeln, impliziert eine nachträgliche Interpretation, und das heißt, eine Konstitution, Kreation und vielleicht Änderung der Bedeutung der (im doppelten Sinn) wahrgenommenen Gelegenheit.

18. Eine neue Idee in die Tat umzusetzen, heißt *drittens*, Maßnahmen zu ergreifen „to get things done"; die Idee (auch gegen Widerstand) durchzusetzen, Akzeptanz zu suchen und zu gewinnen. Da sind wir bei den vom WZB in seiner Einladung gestellten Fragen. Im Lichte der Metapher Nietzsches bedeutet dies ja, *Anderen* neue Beschränkungen aufzuerlegen, „so dass Zwang und Sieg bemerkt und bewundert werden". Marketing und Werbung haben ihren Anteil daran, so vielen wie möglich neue Gewohnheiten und neue Beschränkungen aufzuerlegen. Das alles ist harte Arbeit.

19. *Viertens* müssen hinreichend Viele – Nutzer, Konsumenten, das Publikum, das Establishment – das Neue als interessant, relevant, vielversprechend und hoffentlich sogar bewunderungswert anerkennen, und zwar in ihrer Wahrnehmung und ihrer Praxis; in Wiederholung und Nachahmung.

20. *Fünftens* wird es (weitere) Änderungen der ursprünglichen Idee im Zuge der weiteren Ausarbeitung, Implementation und Anwendung geben (müssen), weil

dabei neue Probleme auftauchen und neue Erfahrungen gemacht werden. Tatsächlich wird und muss es, wie wir von der soziologischen Technikgeneseforschung (siehe zum Beispiel Kowol und Krohn 1995; Rammert 2007) wissen, einen *rekursiven* Prozess von der Invention zur Implementation *und zurück* geben. Das wird in den meisten Fällen weitere Elaboration und Modifikation bedeuten, und da verlassen wir wieder das Reich des Zufalls in Richtung auf harte Arbeit (obwohl ein bisschen Glück auch hier überall hilft). Rekursivität, die Idee rekursiver Schleifen, die von den Ideen zu Versuchen ihrer Realisierung und zurück führen, scheint mir eines der fruchtbarsten Konzepte gerade im Umgang mit der Zeitdimension des Suchparadoxes und mit dem erläuterten Phänomen konstitutiver Nachträglichkeit zu sein. (Ich spreche von Rekursionen und rekursiven Schleifen, wenn der Output einer Operation/Transformation als neuer Input in die gleiche Operation/Transformation wieder eingeht, hier: der Output des Implementationsversuchs als neuer Input in die Invention und so fort.)

Als rekursiv gebaut mag sich dann auch das Verhältnis von Problemdefinition und Problemlösung erweisen. Erste Lösungen führen zu Modifikationen der Problemdefinition, das führt zu neuen Lösungen, und so fort. Die schließlich gefundene Lösung erst vollendet so das Verständnis und die genaue Bestimmung des Problems – Nachträglichkeit der Problemkonstitution. Man denke da auch an Gregory Batesons (1985, S. 18) Diktum, „daß ein Forscher erst dann weiß, was er untersucht, wenn er es erforscht hat".

21. Innerhalb dieses Prozesses der Hervorbringung des Neuen und besonders auch der Konstitution von Akzeptanz und Legitimität kann es Punkte, Phasen oder Stufen geben, bei denen erneut der Zufall eine Rolle spielt – manchmal eine wichtige oder gar ausschlaggebende Rolle. Man denke an die „small events" des Theorems der Pfadabhängigkeit, an den „tipping point" (Gladwell 2002), an Bifurkationspunkte oder an kritische Schwellen. Daher lautet meine Antwort auf die Frage, wie neue Ideen Akzeptanz, Zustimmung, Anerkennung, Durchsetzbarkeit, Wirksamkeit und Verbreitung erlangen: hauptsächlich durch eine Abfolge von Zufall, selbstverstärkenden Effekten, Pfadabhängigkeiten und eventuell Lock-ins. Hartes Arbeiten und kluges Entscheiden, *needless to say*, sind auch wichtig. Sie machen jedoch *nicht* die *differentia specifica* der Innovation aus.

22. Geld, Macht und Pfadabhängigkeiten sorgen in wichtigen Fällen für den Prozessverlauf und dessen Richtung. Nietzsches Ketten bestehen dann zum größten Teil aus ökonomischen, politischen und systemischen Bedingungen und Beschränkungen.

23. „Tradition als Widerlager" hat nicht nur eine negative Bedeutung (etwa im Sinne von Widerstand gegen Neues, Beschränkung des Neuen oder Widerwillen gegen das Alte). Im Gegenteil führt auch sie neben der Bedeutung einer

Restriktion die einer Ermöglichung mit. Ein Widerlager hält und stützt, man kann *sich* darauf stützen, sich davon abstoßen, es als Ausgangspunkt und „Basislager" benutzen, um in eine neue Richtung aufzubrechen. Ein sprechendes Beispiel für diesen Zusammenhang hat Martin Heidegger (1993) mit seiner Zeuganalyse geliefert. Zeug ist für Heidegger alles, was zuhanden ist, alle Um-zu-Dinge: Werkzeug, Schreibzeug, Fahrzeug. Heidegger (1993, S. 63ff.) betrachtet Fehler, Störungen, Widerständigkeiten und Aufsässigkeit der Dinge, die zuhanden sind, als wichtige Quelle der Welterschließung (Echterhölter und Därmann 2013, S. 17ff.). Für ihn, das ist eine wichtige Pointe, ist es *in der Praxis*, nicht in der Kontemplation, dass *wir uns*, dass *sich uns* Kontexte und Welten eröffnen, und es sind die Anomalien, Brüche, Risse und Irritationen *in praxi*, die es uns ermöglichen, über das hinauszugehen, was wir als selbstverständlich gegeben hinnehmen – in eine neue Richtung. Was wir insoweit brauchen, ist eine Phänomenologie der Irritation (dazu einige Überlegungen bei Ortmann 2008, S. 79-86).

24. Ich erlaube mir eine Zusammenfassung in der Form von Stichworten. Konzepte, die uns helfen, die Entstehung und Entwicklung von Neuem zu verstehen, sind:

das Menon-Paradox,
Zufall, Einfall, "small events",
Gelegenheiten,
„serendipity",
Responsivität,
„enabling limits" (zum Beispiel Nietzsches Ketten, Elsters Selbstbindung),
Tradition als Widerlager,
différance im Sinne Derridas,
„improvisational routines" (Feldman/Pentland),
implizites Wissen (besser: Können) à la Michael Polanyi,
Tasten,
Nachträglichkeit,
Wiederholung,
Elaboration,
Rekursivität,
Pfadabhängigkeit und selbstverstärkende Prozesse,
Irritation und, versteht sich,
Tanzen im Sinne einer spielerischen, nicht auf äußere Zwecke gerichteten, kreativen Bewegung.

25. So gesehen ist es das Alte, die Tradition, das, was wir als fraglos gegeben an- und hinnehmen, was Nietzsches Ketten ausmacht. Aber, noch einmal, diese Ketten restringieren und ermöglichen. Und womöglich noch wichtiger, Innovation heißt nicht nur, neue Möglichkeiten zu eröffnen und zu etablieren, sondern auch: neue Ketten zu schmieden. Das aber lernen wir gewöhnlich erst im Nachhinein. Dann ist es manchmal zu spät.

Literatur

Arrow, K. J. (1971). *Essays in the Theory of Risk-Bearing.* Amsterdam: North-Holland Publishing Co.

Bateson, G. (1985). *Ökologie des Geistes. Anthropologische, psychologische, biologische und epistemologische Perspektiven.* Frankfurt a. M.: Suhrkamp.

Derrida, J. (1972). *Die Schrift und die Differenz.* Frankfurt a. M.: Suhrkamp.

Dupuy, J. P., & Varela, F. J. (Hrsg.). (1992). *Understanding Origins. Contemporary Views on the Origin of Life, Mind and Society.* Dordrecht: Kluwer Academic Publishers.

Echterhölter, A., & Därmann, I. (2013). Gebrauchsweisen des Raums. Eine Einführung. In A. Echterhöter & I. Därmann (Hrsg.), *Konfigurationen. Gebrauchsweisen des Raumes* (S. 7-30). Berlin: Diaphanes.

Elster, J. (1987). *Subversion der Rationalität.* Frankfurt a. M., New York: Campus.

Elster, J. (2000). *Ulysses Unbound. Studies in Rationality, Precommitment, and Contraints.* Cambridge: Cambridge University Press.

Feldman, M. S., & Pentland, B. T. (2003). Reconceptualizing Organizational Routines as a Source of Flexibility and Change. *Administrative Science Quarterly 48,* 94-118.

Fischhoff, B. (1975). Hindsight ≠ foresight: The effect of outcome knowledge on judgment under uncertainty. *Journal of Experimental Psychology: Human Perception and Performance 1* (3), 288-299.

Gladwell, M. (2002). *Tipping-Point: wie kleine Dinge Großes bewirken können.* (4. Aufl.). München: Goldmann.

Gondek, H.-D. (1998). „La séance continue". Jacques Derrida und die Psychoanalyse. In J. Derrida (Hrsg.), *Vergessen wir nicht – die Psychoanalyse!* (S. 179-232). Frankfurt a. M.: Suhrkamp.

Guntern, G. (2010). *The Spirit of Creativity. Basic Mechanisms of Creative Achievements.* Lanham, Plymouth: University Press of America.

Heidegger, M. (1993). *Sein und Zeit* (17. Aufl.). Tübingen: Niemeyer.

Kowol, U., & Krohn, W. (1995). Innovationsnetzwerke. Ein Modell der Technikgenese. In J. Halfmann, G. Beckmann, & W. Rammert (Hrsg.), *Technik und Gesellschaft, Jahrbuch 8: Theoriebausteine der Techniksoziologie* (S. 77-104). Frankfurt a. M., New York: Campus.

Merton, R. K. (1968). *Social Theory and Social Structure* (Enlarged edition). New York: Free Press.

Nietzsche, F. (1988a). Morgenröthe. In V. G. Colli & M. Montinari (Hrsg.), *Friedrich Nietzsche. Sämtliche Werke. Kritische Studienausgabe in 15 Bänden* (Band 3). München: Deutscher Taschenbuch Verlag.

Nietzsche, F. (1988b). Menschliches, Allzumenschliches I und II. In V. G. Colli & M. Montinari (Hrsg.), *Friedrich Nietzsche. Sämtliche Werke. Kritische Studienausgabe in 15 Bänden* (Band 2). München: Deutscher Taschenbuch Verlag.

Ortmann, G. (2003). *Regel und Ausnahme. Paradoxien sozialer Ordnung.* Frankfurt a. M.: Suhrkamp.

Ortmann, G. (2008). Regeln der Klugheit? In: A. Scherzberg (Hrsg.), *Klugheit: Begriffe – Konzepte – Anwendungen* (S. 45-92). Tübingen: Mohr Siebeck.

Ortmann, G., & Salzman, H. (2002). Stumbling Giants: The Emptiness, Fullness, and Recursiveness of Strategic Management. *Soziale Systeme 8* (2), 205-230.

Platon (1998). *Sämtliche Dialoge, Bd. II: Menon – Kratylos – Phaidon – Phaidros*. Hrsg. v. O. Apelt. Hamburg: Meiner.

Polanyi, M. (1985). *Implizites Wissen*. Frankfurt a. M.: Suhrkamp.

Rammert, W. (2007). *Technik – Handeln – Wissen. Zu einer pragmatistischen Technik- und Sozialtheorie*. Wiesbaden: VS Verlag.

Reichwald, R., & Piller, F. (2009). *Interaktive Wertschöpfung. Open Innovation, Individualisierung und neue Formen der Arbeitsgestaltung* (2. Auflage). Wiesbaden: Gabler.

Rheinberger, H.-J. (2006). *Experimentalsysteme und epistemische Dinge. Eine Geschichte der Proteinsynthese im Reagenzglas*. Frankfurt a. M.: Suhrkamp.

Sainsbury, R. M. (1993). *Paradoxien*. Stuttgart: Reclam.

Waldenfels, B. (1985). *In den Netzen der Lebenswelt*. Frankfurt a. M.: Suhrkamp.

Waldenfels, B. (1990). *Der Stachel des Fremden*. Frankfurt a. M.: Suhrkamp.

Weber, S. (2001). *Institution and Interpretation* (Expanded edition). Stanford: Stanford University Press.

Teil III
Zwischen Politik, Planung und sozialer Bewegung

Flash Mobs als Innovation

Über eine neue Sozialform
technisch vermittelter Versammlung

Paul Gebelein, Martina Löw und Thomas Paul[1]

> "The issues that divide or unite people in society are settled not only in the institutions and practices of politics proper, but also, and less obviously, in tangible arrangements of steel and concrete, wires and semiconductors, nuts and bolts." *Winner 1980, S. 29*

1   Einleitung

Menschen versammeln sich. Dieses Phänomen ist so alt wie die Menschheit. Die Arten und Weisen, wie solche Versammlungen zu Stande kommen, organisiert werden und ablaufen sind historisch abhängig und ebenso wie Gesellschaft oder – weniger voraussetzungsreich – soziale Koexistenz ständiger Transformation unterworfen. Soziale Normen, juristische Regelungen, politische Zusammenhänge, aber auch die gegebene Anordnung von Menschen auf einem Territorium, also zum Beispiel die Anordnung der Wohn- und Arbeitsplätze, oder Mobilitätspraktiken spielen bei der Art und Weise, wie Menschen zusammenkommen, sich begegnen und sich gegebenenfalls zu einer Gruppe im öffentlichen, halböffentlichen oder privaten Raum versammeln, eine Rolle. Drei Phasen sind bei einer Versammlung relevant: Vorlauf, Versammlung und Nachhall. Die erste Phase ist die Phase der

1   Diese Arbeit wurde aus Mitteln der Deutschen Forschungsgemeinschaft (DFG) innerhalb des Sonderforschungsbereichs SFB 1053 „MAKI – Multi-Mechanismen-Adaption für das künftige Internet" finanziert. Der folgende Aufsatz dokumentiert Ergebnisse aus dem Teilprojekt C04 „Nutzerzentrische Sicht". Die Autor/-innen danken Peter Noller, der die Ethnographie beim Leipziger Flash Mob angeleitet hat und das Design des Forschungsprojektes wesentlich mitentwickelt hat. Sie danken zudem Katherin Wagenknecht und Matthias Schulz für die engagierte Mitarbeit und Matthias Krügl für die Erstellung der Grafiken. Wolfgang Effelsberg und Thorsten Strufe gilt Dank für die gemeinsame Projektarbeit sowie die Diskussion der Inhalte und des Vorgehens.

Vorbereitung und Mobilisierung. Dann findet die Versammlung selbst als tatsächliches Treffen der Teilnehmer/-innen an einem Ort statt. Die dritte Phase ist der Nachhall; hier geht es um die Rezeption und Deutung der Versammlung.

Seit einigen Jahren nun sind wir mit einer Sozialform konfrontiert, die sich selbst als Innovation (Rammert 2010) begreift: dem Flash Mob. Bei einem Flash Mob handelt es sich um die absichtsvolle und systematische Herstellung einer neuen Versammlungsform. In dem folgenden Beitrag fragen wir danach, wie das „doing innovation" (Hutter et al. 2011) in dieser Sozialform erfolgt. Dabei konzentrieren wir uns bei der Analyse auf die erste und zweite Phase: Mobilisierung und Durchführung vor Ort. Wir werden zeigen, dass die kulturelle Innovation Flash Mob nur durch gleichzeitige Innovationen im Raum- und Technikeinsatz möglich wird. Mehr noch: Erst die systematische Koppelung neuer Raumarrangements und innovativer Kommunikationstechnologie bringt den Flash Mob als Sozialform zum Erfolg.

2   Die Entstehung des Flash Mobs

Sogenannte Flash Mobs sind eine neue zeitgenössische Form der Versammlung, die nicht zufällig im Jahr 2003 entsteht. Es ist ein Zeitpunkt, an dem eine Textnachrichten von mobilen Telefonen zu verschicken ermöglichende Technik und Mailinglisten so stark im kreativen Milieu New Yorks verbreitet sind, dass die Suche nach dem „nächsten großen Ding" (vgl. Heaney 2005) einen neuen Fokus findet. In den Selbstdarstellungen der Szene (zum Beispiel auf Wikipedia oder in dem „Flashmob Manifesto"[2]) dominiert von Beginn an, seit dem ersten von Bill Wasik initiierten Flash Mob am 3. Juni 2003 in New York, das Überraschungsmoment die Praktik (zur Relevanz von Überraschungsmomenten für Innovationen siehe Hutter 2011). Personen, die Bescheid wissen, treffen an einem bestimmten Ort auf Personen, die völlig unwissend sind, und deuten auf Basis des gemeinsamen Wissens koordiniert die Situation radikal um. Daraus entsteht eine situative Spannung entlang der Grenze des Zugangs zu Wissen, die die Anwesenden in Publikum und Teilnehmer/-innen bzw. Wissende und Unwissende einteilt und Quelle von Spaß, Aufmerksamkeit, Irritation oder auch Bedrohung sein kann.

Bill Wasik beschreibt die Idee dazu in einem Interview mit Francis Heaney rückblickend wie folgt: „The original idea was to create an email that would get

---

2   Vgl.   http://web.archive.org/web/20071012195306/http://aglomerarispontane.weblog.
ro/2004-12-05/20168/Manifestul-Aglomerarilor-Spontane---A-Flashmob-Manifesto.
html. Zugegriffen: 25. Juli 2014.

forwarded around in some funny way, or that would get people to come to a show that would turn out to be something different or surprising. [...] the idea was that the people themselves would become the show, and that just by responding to this random email, they would, in a sense, create something." (Heaney 2005) Der erste Flash Mob fand laut Wasik vor einem Laden namens „Claire's Accessories" in der Nähe des „Astor Place" in Manhatten statt. Zumindest war dies der Plan. Wasik berichtet, dass kurz vor der vereinbarten Zeit an diesem Ort Polizei erschien, die verhinderte, dass sich Menschen vor dem Laden aufhalten konnten. „[T]hey're not letting anybody stand in front of the store. They made it look as if a terrorist had threatened to wage jihad against Claire's Accessories." (Heaney 2005)

Dieser erste Flash Mob scheiterte also daran, dass Autoritäten frühzeitig davon erfuhren. Auf welchem Weg ist nicht bekannt. Für den zweiten Versuch änderte Wasik das Prozedere der Vorbereitung etwas ab, so dass potentielle Teilnehmer/-innen erst kurz vorher den tatsächlichen Ort des Flash Mobs erfuhren. „So for Mob #2, I hit on the notion of meeting in pre-mob locations, and then people would come through at the last minute and hand out flyers with the mob location. That worked fine for the second mob, which was at Macy's." (Heaney 2005)

Von Beginn an zeigt sich, dass mit der Praktik alternative Raumkonstitutionen verfolgt werden und diese mit bereits etablierten in Konflikt geraten können. Im Juni 2003, nicht einmal zwei Jahre nach dem 11. September 2001, führte dies in einer aufgeheizten Atmosphäre geprägt durch Befürchtungen bezüglich weiterer Terroranschläge zu einem Polizeieinsatz. Durch die Anpassung der Organisation während des Vorlaufs wurde dies beim zweiten Flash Mob unterlaufen. Bei diesem Vorgehen waren die Verantwortlichen (Personen, die Flyer verteilten) allerdings klar identifizierbar.

> „I didn't want it to seem like there was a leader. The project grew when people took it on as their own and forwarded the emails; that was what made the idea work. So it was sad having to resort to the pre-mob-location, because then there had to be people who were clearly in on the planning, walking around with the flyers." (Heaney 2005)

Diese Situation änderte sich mit der Nutzung von *text messaging* und OSNs (*online social networks*). Durch diese Technik konnten die Initiatoren wieder in den Hintergrund treten, weil technische Kanäle die Verteilung relevanter Informationen ermöglichten. Es war nun nicht mehr nötig an einem Ort face-to-face Flyer zu verteilen.

Die Idee eine Versammlung auf diese Weise zu initiieren begann relativ schnell zu zirkulieren. Flash Mobs wurden auf allen hinreichend technisierten Teilen der Erde abgehalten. Im Zuge dessen differenzierte sich die Praktik aus. Während der

Flash Mob ursprünglich im Sinne der Zweckfreiheit organisiert wurde und die neue Form des Versammelns rein der Irritation alltäglichen Handelns und dem eigenen Vergnügen diente, begannen mehr und mehr Flash Mobs ihre Aktivitäten mit Zielen zu versehen, die häufig politischer Natur waren oder es wurde ihnen als Vertreter einer neuen politischen Aktionsform auch ein politisches Anliegen zugeschrieben. So zum Beispiel durch den Begriff und das damit verbundene Konzept des „Smart Mobs" (Rheingold 2003). So stehen spaßorientierte, familienfreundliche Vertreter dieser Form der Versammlung neben zeitgenössischen Protestformen, wie sie zum Beispiel unter dem Stichwort der ägyptischen „Twitterrevolution" diskutiert werden (vgl. Gerbaudo 2012), oder auch gewalttätigen Aktionen, die in den USA in den letzten Jahren einige öffentliche Aufmerksamkeit bekommen haben.[3]

Wir konzentrieren im Folgenden unsere Analyse auf einen spaßorientierten Flash Mob, der sich in Leipzig in den Jahren 2012, 2013 und 2014 ereignete. Das empirische Material sind teilnehmende Beobachtungen in den Jahren 2013 und 2014, Gespräche mit Teilnehmern und Teilnehmerinnen vor Ort sowie Fotografien und Filme vom Geschehen. Zudem wurden die Daten der *eventpages*, die zur Organisation bzw. Mobilisierung des „Seifenblasenflashmobs" verwendet werden, ausgelesen.[4] Dies geschieht mit Hilfe eines in den Browser Firefox als Add-On integrierten Programms bestehend aus einem „Crawler" (Cho und Garcia-Molina 1999; Heydon und Najork 1999; Boldi et al. 2004) und einem „Parser" (Charniak 2000). Der „Crawler" liest die *eventpage* als Ganzes aus. Dabei wird die Bedie-

---

3   So schreibt Ian Urbina am 24.03.2010 in der New York Times: „But these so-called flash mobs have taken a more aggressive and raucous turn here as hundreds of teenagers have been converging downtown for a ritual that is part bullying, part running of the bulls: sprinting down the block, the teenagers sometimes pause to brawl with one another, assault pedestrians or vandalize property." (Urbina, I. (2010). Mobs Are Born as Word Grows by Text Message. New York Times. http://www.nytimes. com/2010/03/25/us/25mobs.html. Zugegriffen: 10.11. 2014) Scott Paulson geht am 02.08.2012 auf CBSPhilly in die gleiche Richtung: „By the summer of 2011, flash mobs were making big city and national headlines for their criminal aspects – and the same has continued in the summer of 2012. Via social networking, crowds of youth coordinate to show up to a location and very often do something extremely harmful and illegal. No longer is participating in a flash mob simply a teenage or young adult pastime for the bored, but a mission with criminal intent." (Paulson, S. (2012) Opinion: Media Covers Up Violence Of Flashmops. CBSPhilly. http://philadelphia.cbslocal. com/2012/08/02/media-covers-up-violence-of-flash-mobs/. Zugegriffen: 10.11.2014). Für eine Untersuchung der Perspektive von Jugendlichen auf Flash Mobs in Kansas City siehe Houston et al. (2013).

4   Es wurde nur Daten erhoben und verarbeitet, die für Nutzer/-innen von Facebook öffentlich zugänglich waren.

nung des Webbrowsers durch einen menschlichen Nutzer nachgeahmt. Dies ist notwendig, da Facebook das automatisierte Auslesen von Daten versucht zu unterbinden.[5] Anschließend werden die Daten an den „Parser" übergeben. Der „Parser" analysiert die Struktur der *eventpage* und speichert Beiträge, Kommentare zu den Beiträgen, *likes*, geteilte Medieninhalte und Zusagen/Absagen als Reaktion auf die Einladung zum Event in einer Datenbank. Zu jeder Information sind Zeitpunkt der Veröffentlichung und Autor/-in bekannt. Die Herausforderung dabei liegt darin zwischen relevanten und irrelevanten Daten (Gestaltungselementen, Standardinformationen, wie zum Beispiel das Impressum, oder Werbung) zu unterscheiden.

Liegen die Daten in strukturierter Form vor, ist es möglich deskriptive und probabilistische Auswertungsmethoden anzuwenden und die Ergebnisse zu visualisieren. In unserer Forschung haben wir in diesem Schritt soziologische und informationswissenschaftliche Expertise kombiniert, um einer soziologischen Fragestellung auch mit Werkzeugen der Informatik nachzugehen.

3   Mobilisierung und Onlineaktivität

Am 15. Juni 2013 ist auf dem Leipziger Augustusplatz folgende Szene zu beobachten: Gegen 15 Uhr ist der Augustusplatz in Leipzig erstaunlich belebt. Viel mehr Menschen als normalerweise üblich befinden sich auf diesem zentralen Platz der Stadt. In den letzten Minuten noch sind sehr viele Menschen auf den Platz gekommen, jedoch haben zur gleichen Zeit kaum welche ihn verlassen. Es scheint, als wäre der Platz selbst das Ziel. Rundherum sind keine Plakate oder Hinweisschilder zu erkennen, die auf eine unmittelbar bevorstehende Veranstaltung hindeuten würden. Kurz vor der vollen Stunde beginnen die ersten Personen damit, Seifenblasen durch die Luft fliegen zu lassen. Eine äußerst ungewöhnliche Tätigkeit, wenn sie von mehr als einer Person oder Kleingruppe gleichzeitig ausgeführt wird. Zur vollen Stunde ertönt wie gewohnt die Glocke am Kroch-Hochhaus. Nun greift das Seifenblasenmachen um sich und die Luft über der Menschenmenge auf dem Platz ist erfüllt von silbrig schimmernden Seifenblasen. Was an diesem Tag im Juni in Leipzig geschehen ist trägt den Namen „Seifenblasenflashmob".

Damit eine Versammlung von Menschen an einem Ort zu Stande kommen kann, muss diese im Vorlauf in irgendeiner Form organisiert werden. In anderen Worten: Es muss erfolgreich mobilisiert werden. In der Regel geschieht dies durch

---

5   Dies ergibt sich aus dem auf der Nutzung von Daten basierenden Geschäftsmodell von Facebook. Wirtschaftlichen Konkurrenten, wie zum Beispiel Google+, LinkedIn, ello etc., soll der Zugang zu den Daten verwehrt werden.

einzelne Personen oder eine Gruppe. Die Aufgabe besteht darin Personen, die potentiell bereit wären, an einer Versammlung teilzunehmen, mit Wissen über und Gründen für die Teilnahme zu versorgen. Traditionell geschah dies durch die Weitergabe von Informationen in (sich überschneidenden) Freundeskreisen, Szenen und durch Organisationen. Daneben spielten allgemein zugängliche Medien wie Zeitungen, Radio, Fernsehen eine entscheidende Rolle. Die Mobilisierung beim Flash Mob nun basiert im Wesentlichen auf der Nutzung der Online-Plattform Facebook. Facebook schließt an die Kommunikation in Freundeskreisen an, ermöglicht aber darüber hinaus eine 1:n-Kommunikation (einer zu vielen) und eine eingeschränkte[6] n:n-Kommunikation (viele zu vielen).[7]

Grundsätzlich ist die Angabe eines Ortes und einer Zeit auf einer öffentlichen Facebook-*eventpage* ausreichend, um eine Versammlung zu initiieren. Die Information kann entlang von Freundesnetzwerken zirkulieren, und wenn sie genug Interessierte erreicht, die bereit sind, sich zur angegebenen Zeit am angegebenen Ort einzufinden, ist die Mobilisierung erfolgreich. Die entscheidende Frage ist hier, wann eine solche Information erfolgreich zirkuliert und wann nicht. Es ist anzunehmen, dass dies von sozialer Akzeptanz, Interessen der Beteiligten und der Struktur des sozialen Netzwerkes abhängt. Der Umfang der Zirkulation und ob letztendlich ein Flash Mob stattfinden wird oder nicht, ist alleine auf Basis von Daten schwer abzuschätzen.[8]

Es gibt im Zusammenhang mit dem Internet als Kommunikationsmedium vielfältige Beispiele, bei denen Aktionen, von denen niemand dachte, dass sie Aufmerksamkeit bekommen würden, extrem erfolgreich wurden und andere, von denen man anderes erwartet hätte, niemals die Schwelle einer Form von öffentlicher Aufmerksamkeit überschreiten konnten. Ist es gelungen ausreichend Aufmerksamkeit zu generieren, ist der entscheidende Moment der Übergang von on-

---

6   Eingeschränkt ist diese Kommunikation, weil Facebook die Verteilung von Informationen stark kanalisiert. Dies ergibt sich aus dem Geschäftsmodell von Facebook. In der Regel wird dies unter dem Stichwort „personalisierte Werbung" diskutiert, jedoch ergeben sich aus der Tatsache, dass es im Grunde um die personalisierte Kanalisierung von Informationen geht, weitaus weitreichendere Fragestellungen bezüglich der zielgerichteten Beeinflussung von Meinungen und Handlungen (siehe Ochs und Löw 2012). Dass eine solche Beeinflussung möglich ist, zeigen Kramer et al. 2014.

7   Wie sich Informationen in OSN wie Facebook oder Twitter tatsächlich verbreiten ist Gegenstand aktueller Forschung. Beispielhaft dazu vgl. Bakshy et al. 2012 und Romero et al. 2011.

8   Stand der Forschung ist hier die ex post Erkennung von großen Events. Chierichetti et al. 2014 erkennen zum Beispiel die Fußballweltmeisterschaft 2010 in Südafrika, die Academy Awards 2011 und den Super Bowl 2011 in einem Twitter Datenstrom.

line zu offline Aktivität. Dies ist ein kritischer Punkt, an dem die Möglichkeit des Scheiterns präsent ist. Ein prominentes Beispiel sind die über Facebook artikulierten Proteste gegen den Rücktritt von Karl-Theodor zu Guttenberg als Verteidigungsminister im März 2011.[9] Trotz tausender Unterstützer online kam es nie zu einer nennenswerten Protestaktion im städtischen Raum.

Die „Seifenblasenflashmobs" 2013 und 2014 in Leipzig wurden über solche *eventpages* auf Facebook, auf denen Ort, Zeitpunkt und gewünschte Verhaltensweise (Seifenblasenmachen beginnend mit dem Glockenschlag am Kroch-Hochhaus) von den Initiatoren bekannt gegeben wurde, angestoßen. *Abbildung 1* zeigt einen Screenshot der Facebook *eventpage*.

Abbildung 1   Screenshot der „Seifenblasenflashmob" 2013 FB-Site (Quelle: facebook. com).

---

9   Vgl. die Facebook-Gruppe „Wir wollen Guttenberg zurück" (https://de-de.facebook. com/zuGuttenBACK. Zugegriffen: 10. November 2014).

Der Ankündigungstext auf der *eventpage* geht weiter wie folgt:

„Ausrüstung:
Alles erlaubt, was Seifenblasen macht: Seifenblasen-Pistole, Seifenblasen-Pustefix,
Seifenblasen-Gewehr usw.
Datum: Samstag, den 15.06.2013

Ablauf:
Bis 15:00 Uhr: Sammeln- Auf dem Augustusplatz, vor der Oper, in den Straßen
rundum.

Punkt 15:00 Uhr: Alle machen Seifenblasen
Punkt 15:05 Uhr: Alle verteilen sich wieder

Der Schlag der Glocke des Krochhochhauses gibt den Startschuss.
Wichtig: Der Flashmob findet nur bei schönem Wetter statt. Das heißt, kein Regen
und kein starker Wind. Dann geht es los!

Sei dabei.
Lass uns in verdutzte und erfreute Gesichter sehen.
Und sag es Deinen Freunden.... wir müssen die 6.000 von 2012 toppen!!! :)“

Hier werden also nicht nur Ort und Zeitpunkt kommuniziert, sondern neben dem
gewünschten Ablauf auch die Bedingungen für das Stattfinden (Wetter). Zur Erläuterung der Notwendigkeit einer die Alltagsroutinen durchbrechenden Form des
Zusammenkommens wird eine Rahmenstory angeboten: „Wir sind für fünf Minuten wieder ein Kind". Als Folge wird antizipiert, dass man „verdutzte und erfreute
Gesichter sehen" kann.

   Eine solche *eventpage* ermöglicht es Personen, die einen Account bei Facebook
haben, zu einem Event einzuladen und so auf das Ereignis aufmerksam zu machen.
Eingeladene Personen können ihrerseits wiederum Personen aus ihrem Facebook-
Freundeskreis zu diesem Event einladen. Auf diese Weise kommt es zu einer Rekrutierung nach dem Schneeballprinzip durch verschiedene Freundeskreise hindurch. Jede/r kann auf der *webpage* des Events Beiträge posten und kommentieren.
Abbildung 2 zeigt einen Ausschnitt der *wall* des „Seifenblasenflashmobs" 2013.
Dem Besitzer der *eventpage* ist es möglich, Nachrichten an alle Teilnehmer/-in-
nen des Events zu schicken. Zudem gibt es einen Zähler, der anzeigt, wie viele
Personen eingeladen wurden, wie viele ihre Teilnahme zugesagt haben und wie
viele angeben, noch unsicher zu sein und „vielleicht" ausgewählt haben. Wenn

eine Person ihre Teilnahme anzeigt, wird dies wiederum in den Newsfeed ihrer Freunde eingespeist, was zu einer gesteigerten Aufmerksamkeit für das Event in diesem Freundeskreis führt. So entsteht im besten Fall eine sich selbstverstärkende Feedbackschleife.

Abbildung 2   Ausschnitt der *wall* des „Seifenblasenflashmob" 2013 (Quelle: facebook. com).

Da der „Seifenblasenflashmob" 2013 nicht der erste dieser Art in Leipzig war, sondern es bereits einen erfolgreichen Vorläufer im Jahr davor und auch einen nicht minder erfolgreichen Nachfolger im Juni 2014 gab, wäre also anzunehmen gewesen, dass bei der Mobilisierung (nostalgische) Erinnerungen eine Rolle spielen. Die gleichen Menschen lassen sich immer wieder motivieren. Tatsächlich zeigt der Vergleich anhand des Namens und der *Unique Identification Number* (UIN) der einzelnen Teilnehmer/-innen, die ihre Mitwirkung in Facebook angezeigt haben, dass wenig Überschneidungen bei den Teilnehmenden der beiden Flash Mobs existieren.

Das Venn-Diagramm in *Abbildung 3* quantifiziert die Überschneidung der Personenmengen, die auf der Facebook *eventpage* ihre Teilnahme bei dem „Seifenblasenflashmob" 2013 und 2014 angezeigt haben. Nur 724 der Teilnehmer/-innen aus dem Vorjahr geben 2014 an, wieder zum Flash Mob zu kommen. Es wäre möglich, dass Teilnehmer aus dem Vorjahr es nicht für nötig halten abermals auf Facebook ihre Teilnahme zu signalisieren. Allerdings sprechen die offiziellen Angaben zur Teilnehmerzahl und die aus der teilnehmenden Beobachtung der Ereignisse gewonnenen Eindrücke dafür, dass die Summe der Online-Teilnehmer/-innen aus beiden Jahren 8132 (2013 + 2014 + Überschneidung) die tatsächliche Teilnehmerzahl in 2014 (zwischen 3000 und 4000) deutlich zu hoch einschätzt. Die Zahl der Teilnehmenden auf Facebook und auf dem Augustusplatz sind tatsächlich ungefähr gleich groß. Das deutet darauf hin, dass Teilnehmer/-innen nicht in großer Zahl auf Facebook verzichten. Ein Ergebnis von Gesprächen während der teilnehmenden Beobachtung und aus der Auswertung der Online-Kommunikation ist, dass Neugier und Spaß für die Kinder die Hauptbeweggründe für die Teilnahme waren. Ersterer ist nach einer einmaligen Teilnahme befriedigt, während letzterer zur Wiederholung einlädt.

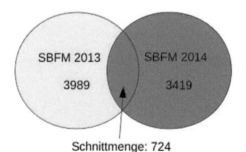

Abbildung 3 Überschneidung der Zusagen bei Facebook SBFM'13 und SBFM'14 (Quelle: Eigene Darstellung).

Die positive Bewertung der Veranstaltung, die durch die Ankündigung des eigenen Kommens erfolgt, und die damit verbundene kleine Aufmerksamkeit ist ein wichtiger Aspekt, der die Zirkulation der Ankündigung der Veranstaltung ermöglicht. Klickt man „nehme teil" so entsteht ein doppelter Vorteil: Die Person, die klickt, stellt sich als aktiv dar und verbindet die eigene Person mit dem Image der Veranstaltung. Zudem wird die Person zum Werbeträger für die Veranstaltung und unterstützt so die Initiatoren. Initiatoren solcher Ereignisse bezeichnet Paolo Gerbaudo (2012) als *choreographer*. Solche Personen treten nicht offensiv als Organisatoren oder Anführer/-innen in Erscheinung, sondern leisten weitgehend im Verborgenen die Arbeit des *scene-setting* bzw. des Bestimmens des Rahmens. Die Rolle des *choreographers* ist in hohem Maße unsicher. Nur wenn die Initiative auf ausreichend Resonanz stößt kommt es zu einer hinreichend großen Dynamik in der Vorbereitungsphase, so dass die kritische Masse erreicht wird und es tatsächlich offline zu dem Ereignis kommt.

Die Facebook *eventpage* beinhaltet neben den Informationen über Ort/Zeitpunkt, Hinweisen zum Ablauf des Ereignisses und der Möglichkeit seine Teilnahme zu signalisieren auch Kommentare („*posts*") zum Event und Kommentare zu Kommentaren („*comments*"). Jedes Signalisieren der Teilnahme wird dabei automatisch von Facebook als *post* auf der *eventpage* angezeigt. Trägt man alle Events (*posts+comments*) auf der *wall* der *eventpage* auf einem Zeitstrahl auf, ergibt sich ein Aktivitätsverlauf wie in *Abbildung 4* zu sehen ist.

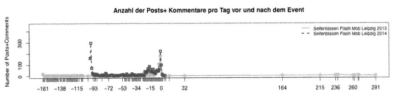

Abbildung 4   Zeitlicher Verlauf SBFM'13 und SBFM'14 (0: Tag des Flashmobs) (Quelle: Eigene Darstellung).

Der Plot zeigt für den „Seifenblasenflashmob" 2013 (SBFM'13) und „Seifenblasenflashmob" 2014 (SBFM'14) die Aktivität auf der *eventpage* ab dem Tag, an dem die *eventpage* erzeugt wurde, bis 291 (SBFM'13) bzw. 9 (SBFM'14) Tage nach dem Ereignis. Es stellt sich heraus, dass es direkt zu Beginn eine verstärkte Aktivität gibt, was durch die Einrichtung der *eventpage* und die damit verbundenen Aktivitäten und initialen Publicitybemühungen zu erklären ist. Dieser Effekt fällt 2014 wesentlich stärker aus als im Jahr zuvor. In den zwei Wochen vor dem Ereignis steigt die Aktivität an, erreicht ihren Höhepunkt am Tag des Events und flacht danach stark ab. Mehr als 260 Tage nach dem Ereignis gibt es abermals einen leichten Aktivitätsanstieg. Dies erklärt sich aus der Tatsache, dass zu diesem Zeitpunkt der „Seifenblasenflashmob" 2014 angekündigt wird und die *eventpage* des Vorgängers in diesem Zuge, unter anderem getrieben von der Frage wie es das letzte Jahr war, ebenfalls noch einmal Aufmerksamkeit bekommt. Entscheidend ist, dass praktisch die gesamte Aktivität, bestehend aus Zusagen zum Event, *posts* und *comments* auf die Zeit ziemlich kurz vor dem Ereignis konzentriert ist.

Der Tag, an dem die höchste Aktivität zu beobachten ist, ist der Tag des Ereignisses selbst. Der Ablauf des Flash Mobs ist exakt choreographiert. *Abbildung 5a* visualisiert den Onlineaktivitätsverlauf von 48 Stunden vor bis 48 Stunden nach dem Beginn des Flash Mobs (15 Uhr). Es zeigt sich, dass die Aktivität in den Stunden vor Beginn des Flash Mobs gleichbleibend hoch ist. Von -16 (23 Uhr) bis -9 (6 Uhr) Stunden ist bedingt durch die Tageszeit wenig Aktivität zu sehen. Am vorangegangen Tag zeigt sich bei beiden Flash Mobs ein zum Abend hin ansteigendes Aktivitätsmuster. Davor (ab -32) ist abermals die Ruhe der Nacht zu sehen. Zoomt man in die Darstellung hinein (*Abbildung 5b*) wird deutlich, dass die Aktivität auf der Facebook *eventpage* mit Beginn des Flash Mobs sowohl 2013 als auch 2014 stark zurückgeht. Die Geschehen und die Aufmerksamkeit verlagern sich auf den Augustusplatz in Leipzig. So wichtig Facebook bei der Vorbereitung des Ereignisses ist, so unwichtig ist es für die eigentliche Durchführung des Ereignisses. Während des Flash Mobs, und für einige noch eine Weile länger, richtet sich die Aufmerksamkeit der Teilnehmer/-innen auf den Ort, der oft auch über das Medium der Fotografie und des Films beobachtet wird. Der „Seifenblasenflashmob" dauert zwar länger als die angekündigten fünf Minuten, jedoch hat sich der Platz nach 30 Minuten wieder nahezu komplett geleert. 2013 steigt die Onlineaktivität nach 75 Minuten wieder an, während 2014 dieser Wiederanstieg bereits in der zweiten Viertelstunde, also zwischen 15:15 Uhr und 15:30 Uhr, zu beobachten ist. Dies ist bemerkenswert und lässt sich mit einer stärkeren Verbreitung der Facebook-App für Smartphones plausibilisieren.

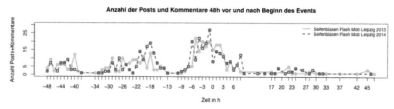

Abbildung 5a   Aktivitätsverlauf zwei Tage vor und nach dem Ereignis (0: Beginn des Flash Mobs) (Quelle: Eigene Darstellung).

Abbildung 5b Detaillierter Ausschnitt des Aktivitätsverlaufs am Tag des Ereignisses, viertelstündlich (-6 bis +6 Stunden, 0: Beginn des Flash Mobs) (Quelle: Eigene Darstellung).

Technik, so zeigt sich, hat hier eine ermöglichende Funktion zur Durchsetzung eines Flash Mobs. Sie schafft die Voraussetzung für Kommunikation und Mobilisierung. Durch die Einführung bzw. Ermöglichung von Emailverteilern, mobilen *text messages* und durch die Einführung von Facebook als *online social network* im Jahr 2004 wird es möglich, Informationen diskret an viele Kontakte zu verteilen. Nicht nur die Verbreitung von Wissen wird so einfach möglich, es besteht auch die Möglichkeit, dieses Wissen wiederum vor vielen zu verbergen. Durch diese Voraussetzungen kann eine neue Sozialform als Innovation gefeiert werden: Das flüchtige thematische Zusammenkommen zur Irritation anderer (und zur eigenen Unterhaltung). Paolo Gerbaudo schreibt der Technik der sozialen Medien (Twitter, Facebook etc.) eine zusammenführende Wirkung vor dem Hintergrund von Kommerzialisierung und Zersplitterung zu:

„In front of this situation of crisis of public space, social media have become emotional conduits for reconstructing a sense of togetherness among a spatially dispersed constituency, so as to facilitate its physical coming together in public space." (Gerbaudo 2012, S. 159)

Soziale Medien restrukturieren demnach soziale Beziehungen, Informationsflüsse und damit auch die Möglichkeit Versammlungen zu realisieren und hiermit einhergehend, Räume zu konstituieren. Sie kompensieren den Bedeutungsverlust der Kopräsenz, den Stefan Hirschauer bereits 1999 zugespitzt der Anonymität der Großstadt beschrieb: „Sozialräumliche Verdichtung (Urbanisierung) und geographische Mobilität haben die Kopräsenz als Kontaktchance bedeutungslos gemacht." (Hirschauer 1999, S. 240). Die Mediatisierung kommunikativen Handelns (Krotz 2001) bietet die Chance neuer Formen der Kontaktaufnahme.

Diese innovative Form des Versammelns ist jedoch nur möglich, weil zwei räumliche Aspekte erfüllt werden: Es wird ein Ort für das Versammeln benannt und an diesem Ort bilden die sich versammelnden Menschen einem gemeinsamen Raum. Sie sind nun am Ort und konstituieren in ihrer Versammlungsform und der damit verbundenen sozialen Praxis Raum. Der Aufenthaltsort ist nicht Facebook, sondern (in diesem Fall) ein Platz in Leipzig, der – präformiert durch das Geschehen auf Facebook – gedeutet wird und durch die Praktiken des Fotografierens und des Filmens fixiert und stabilisiert wird. Eine große Zahl der so entstandenen Fotos finden während des Nachhalls des Events ihren Weg zu Facebook, so dass sich der Kreis hier schließt.

4   Vor Ort

Der „Seifenblasenflashmob" in Leipzig findet auf dem nördlichen Teil der Augustusplatzes statt. In der Mitte dieses Platzes befindet sich ein großer, runder, flacher Brunnen mit einer Wasserfontäne in der Mitte und einer überdimensionalen gelben Ente. Es gibt vier türkise Glaszylinder, die Ein- und Ausgänge zu einem Parkhaus sind. Nach Süden und Westen wird der Platz durch eine Straße, nach Osten durch eine Mauer und nach Norden durch das Gebäude der Leipziger Oper mit einer Freitreppe begrenzt. *Abbildung 6* und *Abbildung 7* zeigen zeilenweise den zeitlichen Verlauf der „Seifenblasenflashmobs" 2013 und 2014.[10]

Der Großteil der Menschen erreicht den Platz aus der Fußgängerzone kommend an der südwestlichen Ecke (jeweils in der oberen rechten Ecke der Fotos) und verlässt ihn auch wieder in diese Richtung. Aus diesem Grund kommt es in dieser Ecke des Platzes zu der stärksten Verdichtung von Menschen.

---

10   Es handelt sich hier um *screenshots* eines Videos, dass vom Balkon der Oper aufgenommen wurde.

Abbildung 6 Verlauf des „Seifenblasenflashmob" 2013 vom Balkon der Oper aus gesehen (von links oben nach rechts unten) (©: Eigene Abbildung).

Abbildung 7 Verlauf des „Seifenblasenflashmob" 2014 vom Balkon der Oper aus gesehen (von links oben nach rechts unten) (©: Eigene Abbildung).

Beim Vergleich der beiden Bildkompositionen fällt auf, dass sich 2014 die Verteilung der Menschen auf dem Platz gegenüber 2013 etwas zur östlichen Seite (links in den Abbildungen) verschiebt. Dies erklärt sich dadurch, dass 2014 ein großer

Kaffeehersteller speziell an diesem Tag eine große Promotion-Aktion auf dem Augustusplatz platziert hatte, sodass in der südöstlichen Ecke des Platzes eine Hindernis für den Aufenthalt von Seifenblasen machenden Personen vorhanden war. Vor Ort gibt es keine Hinweise auf das Geschehen. Alle Teilnehmer/-innen haben ihr Wissen aus Online-Medien. Facebook übernimmt in diesem Fallbeispiel die Rolle, die als neu und innovativ erlebte Versammlungsform reflexiv und koordiniert zu ermöglichen. Der Augustusplatz bietet den Ort, um sich zu versammeln. Als neu ausgezeichnet wird die Versammlungsform durch das Überraschungsmoment, das durch die Herstellung einer Öffentlichkeit, die zunächst nur online existiert, ermöglicht wird. Keine Plakate, keine Wegweiser. Der Platz beginnt sich ca. 20 Minuten vor 15 Uhr zunächst langsam, dann schneller zu füllen. Plötzlich steigen die Seifenblasen auf. Gut 20 Minuten nach 15 Uhr werden es wieder weniger Menschen auf dem Platz. Im Moment des Seifenblasenmachens ändert sich die Situation vor Ort grundlegend. Die Blasen dominieren das räumliche Gefüge. Städter/-innen, die zuvor flanierten, pausierten oder einkauften, werden zu Beobachtern. Dabei gibt es keine Rufe, Gesänge, Kommandos oder Ähnliches, mithin nichts, was auf in der Situation ablaufende Koordinationsarbeit schließen ließe. Die *„choreographer"* oder *„soft leader"* (Gerbaudo 2012, S. 134ff.) treten nicht in Erscheinung und sind auch durch gezielte Suche nicht auffindbar.

Die als Innovation gewertete Form des Überraschungsversammelns schafft kein Gemeinschaftsgefühl. Weder in den Gesprächen vor Ort, noch in den Online-Kommentaren lassen sich Hinweise darauf finden. Die Zahl derjenigen, die im nächsten Jahr wieder kommt, ist gering. Vielmehr ist der „Seifenblasenflashmob" eine Bühne der Selbstdarstellung. Er ist auch, entgegen der anfangs proklamierten Zweckfreiheit, ein Versuch, eine Idee („[f]ür 5 Minuten wieder ein Kind", vgl. *Abbildung 1*) zu verbreiten und erlaubt den Teilnehmern und Teilnehmerinnen neue Erfahrungen zu machen. Andere Menschen zu irritieren, reicht zur Legitimation nicht mehr aus. Selbst bei einem unpolitischen Flash Mob wie dem Seifenblasenflashmob fungiert eine Rahmenerzählung als Legitimation: „Wie früher. Als wir noch klein waren. Als so etwas einfaches (sic!) wie eine bunt schillernde Seifenblase uns noch begeistern konnte. Wie werden wohl die Passanten auf tausende Seifenblasen reagieren, die über Leipzigs Augustusplatz wobbeln?" (vgl. *Abbildung 1*).

Hier artikuliert die Rahmenerzählung eine Sehnsucht nach dem Kindlichen, der einfachen Freude, die gepaart wird mit der Erwartung, bei dem Publikum eine Reaktion hervorzurufen. Erwartet werden, so heißt es an anderer Stelle, „verdutzte und erfreute Gesichter" (vgl. Ankündigungstext in Abschnitt 3). Ähnlich wie bei Facebook geht es darum, Spaß im Freundeskreis zu erfahren, aber der Flash Mob hat auch eine öffentliche Dimension, die über den Freundeskreis hinausgeht. Man will von anderen gesehen werden und – zumindest auf der legitimatorischen Ebene – andere erfreuen und verblüffen.

Ein Klick auf einer *eventpage* ist schnell gemacht und stellt keine starke Festlegung dar. Das *doing innovation*, die Beteiligung an einem Flash Mob vor Ort, geschieht, wenn genug Freunde und Freundinnen ebenfalls ankündigen hinzugehen. Nur vor Ort kann man seine Freunde treffen und gemeinsam Spaß haben. Um in vollen Zügen von dem Ereignis profitieren zu können, ist es notwendig anwesend gewesen zu sein. Nur dann ist man auf Fotos präsent, die während des Nachhalls des Ereignisses hochgeladen und getauscht werden. Nur dann ist es möglich, auf solchen Fotos markiert zu werden, was abermals die Sichtbarkeit der eigenen Teilnahme im Freundeskreis erhöht. Nur dann ist es denkbar, Kommentare zu schreiben, die sich durch Praxiswissen auszeichnen und sich so als Insider zu erkennen zu geben.

Vor Ort fallen auch einzelne Personen mit Stift und Block auf, die die Dichte der zusammenstehenden Personen und deren groben sozialen Hintergrund notieren. Sie entpuppen sich als Marktforscher/-innen, die solche Ereignisse untersuchen, um zielgruppenorientierte Promotionsplätze an interessierte Firmen zu verkaufen. Es ist plausibel anzunehmen, dass auf diese Weise die Stände des großen Kaffeeherstellers ihren Weg zu diesem Ereignis gefunden haben. Dieser wirbt, wie in *Abbildung 8* zu sehen, zielgruppenorientiert mit dem Slogan „Jede Tasse bringt uns näher". Er hat damit zielsicher einen Zusammenhang adressiert, der laut Paolo Gerbaudo eine zentrale Dimension von solchen online-organisierten Zusammenkünften ist: „[S]ocial media have become emotional conduits for reconstructing a sense of togetherness among a spatially dispersed constituency [...]." (Gerbaudo 2012, S. 159) Dieses Gemeinschaftsgefühl, das mit Facebook verbunden werden mag, aber nicht vor Ort entsteht, versucht der Kaffeehersteller zu adressieren: Was könnte hier besser anschließen, als die kulturell tief verankerte Praktik des gemeinsamen Kaffeetrinkens?

Abbildung 8   „Jede Tasse bringt uns näher" (©: Eigene Abbildung).

Eine derartige Praktik der Versammlung von Menschen, die keine verantwortlichen Anführer/-innen oder Organisatoren hat, definiert ihr Innen und Außen, also die Grenze des Raumes den sie konstituiert und in dem sie stattfindet, durch geteiltes Wissen, gemeinsame Praktiken und gemeinsam akzeptierte Vorstellungen, Regeln, Ziele und Affekte (vgl. Schatzki 2002; Shove et al. 2012). Das bedeutet, dass jede/r, der das nötige Wissen hat und ähnlich handelt, diese Grenze überschreiten und Teil des Raumes werden kann. Es gibt keinen Sanktionsbefugten oder jemanden, der befugt wäre, Werbung zu kanalisieren, und zudem auch keine ausschließenden Regeln, die eine Basis für Sanktionen irgendeiner Art bieten würden. Die einzige funktionierende, indirekte Sanktion ist das Zusammenbrechen des vor Ort gebildeten Raumes. Das nutzt zum Beispiel der Kaffeehersteller und platziert seine Stände strategisch günstig in einer Ecke des Augustusplatz für zielgruppenorientierte Werbung (siehe zu Markt und Netz auch Lamla 2008).

5 Flash Mobs als neue Sozialform technisch vermittelter Versammlung. Diskussion und Zusammenfassung

Flash Mobs sind eine neue, d.h. erst seit wenigen Jahren praktizierte, Sozialform. Er ist in einem doppelten Sinne innovativ, sowohl als eine besonders mediatisierte Veranstaltung als auch als eine Veranstaltung, die Überraschung (also das „Neue" und Unerwartete) als Teil des Events institutionalisiert. Ein Flash Mob ist eine gut geplante öffentliche Überraschung. Die spontan wirkende Versammlung dient mittels des Überraschungseffektes erstens dazu, andere zum Innehalten und Nachdenken anzuregen und zweitens, für einen selbst für Freude zu sorgen. Möglich wird die neue Sozialform durch den effektiven Einsatz neuer Kommunikationstechnik (zuerst Email, dann Textnachrichten, dann Facebook) zur Mobilisierung. Doch entgegen der Annahme, dass die Sozialform einseitig Resultat von Technikinnovation ist, wie es Schlagworte wie „Twitterrevolution" nahelegen, zeigt die empirische Analyse, dass Raum und Technik zugleich auf neue Weise zum Einsatz gebracht werden, um innovatives Handeln zu ermöglichen. Facebook hat als Technik eine ermöglichende Funktion, um Menschen effektiv zu mobilisieren, zu der Veranstaltung zu gehen. Es stellt eine technische Umgebung dar, die soziale Praxis formt, Menschen in bestimmten Bahnen kommunizieren lässt und in der Informationen nach algorithmischen Regeln verteilt werden.

Vor Ort jedoch spielt Facebook keine bedeutende Rolle mehr. Elektronische Netzwerke prägen die Raumbildung dennoch insofern mit als die spezifische Art der Rekrutierung das Aufstellen von Hinweisschildern vor Ort und die Platzierung von ordnendem Personal überflüssig machen. Die Praxis vor Ort und damit der konstituierte Raum bei einem Flash Mob sind systematisch mit dem online stattfindenden Vorlauf und Nachhall des Ereignisses verknüpft. Facebook bietet die Plattform, um die Veranstaltung reflexiv und koordiniert zu ermöglichen. Die Online-Bewertungen basieren auf einem ausdifferenzierten Regelwerk, das mit kürzesten Kommentaren und Ankündigungen doch erfolgreiche Werbung ermöglicht. Der Flash Mob selbst entsteht jedoch vor Ort durch neue Raumbildungen (vgl. Löw 2001, S. 158 ff.; Gebelein 2015). Flash Mobs greifen in die institutionalisierten Raumordnungen kurzfristig ein. Sie verschieben die Anordnungen auf dem Platz, machen Raum auf neue Art erfahrbar. Der überraschend gebildete Raum ist bewusst temporär und insofern auch fragil. Indem auf Anführerschaft verzichtet wird, soll der Raum als demokratischer gesetzt werden. Strukturierung wird auf die Online-Medien verlagert. Nicht ein länger anhaltendes Gemeinschaftsgefühl oder die Selbstversicherung als Gruppe steht im Vordergrund (im Unterschied zu Versammlungsformen wie Demonstrationen, Paraden und Kundgebungen), sondern Selbstdarstellung, Spaß und Anregung durch Irritation. Damit hat das Vor-Ort-Geschehen Ähnlichkeiten mit subkulturellen Sportpraktiken wie zum Beispiel Skateboarden oder Parkour. Es werden temporär eigene Räume konstituiert, Zwischenräume genutzt sowie nach ungewöhnlichen Pfaden und Bewegungsformen gesucht. Die Mobilisierung, das Management von Wissen und Unwissen sowie die Praxis des Fotografierens und Filmens vor Ort unterscheidet den Flash Mob von urbanen Jugendsportarten.

Vielmehr entspricht das Zusammenstehen in kleinen Grüppchen und das Wertschätzen der Seifenblasen des Nachbarn, ohne in eine direkte Interaktion einzutreten, dem *liken* und *sharen* im Freundeskreis bei Facebook.[11] Das stille und unaufgeregte An- und Abschwellen der Versammlung, bei dem jeder Teilnehmer und jede Teilnehmerin weiß, was passieren wird und daher darauf vorbereitet ist, ermöglicht das innovative Handeln, weil Unwissende nun überrascht werden können. Allerdings sind die Wissenden nicht nur Teilnehmer/-innen, sondern auch oftmals gleichzeitig ihr eigenes Publikum. Der Flash Mob wird veranstaltet, um beobachtet zu werden, während man andere überrascht. Zugleich beobachtet man – mit Hilfe von Kameras – die Mitteilnehmer/-innen. Ebenso wie bei Facebook können (oder müssen sogar) Personen beide Rollen gleichzeitig ausfüllen. Sie sind Akteure und Beobachter/-innen zugleich. Hier öffnet sich der Spielraum für kommerzielle Nutzung oder gar Vereinnahmung, da sich diese Form des Wissens professionell aneignen lässt.

---

11   Bezüglich der Frage inwiefern Technik jenseits von offensichtlicher Technik soziale Zusammenhänge prägt vgl. Kaminski und Gelhard 2014.

Literatur

Bakshy, E., Rosenn, I., Marlow, C., & Adamic, L. (2012). The role of social networks in information diffusion. *Proceedings of the 21st international conference on World Wide Web (WWW '12)*, S. 519-528.

Boldi, P.; Codenotti, B.; Santini, M., & Vigna, S. (2004). Ubicrawler: A scalable fully distributed web crawler. *Software: Practice and Experience 34* (8), S. 711-726.

Charniak, E. (2000). A maximum-entropy-inspired parser. *Proceedings of the 1st North American chapter of the Association for Computational Linguistics conference (NAACL '00)*, S. 132-139.

Chierichetti, F., Kleinberg, J., Kumar, R.; Mahdian, M., & Pandey, S. (2014). Event Detection via Communication Pattern Analysis. *Proceedings of the 8th International AAAI Conference of Weblogs and Social Media (ICWSM '14)*, S. 51-60.

Cho, J., & Garcia-Molina, H. (1999). The evolution of the web and implications for an incremental crawler. *Proceedings of the International Conference on Very Large Databases (VLDB '00)*, S. 200-209.

Gebelein, P. (2015). *Flächen – Bahnen – Knoten. Geocaching als Praktik der Raumerzeugung*. Bielefeld: transcript.

Gerbaudo, P. (2012). *Tweet and the Streets: Social Media and Contemporary Activism.* London: Pluto Press.

Heaney, F. (2005). The Short Life of Flash Mobs – Interview with Bill Wasik. Stay Free! Magazine. http://www.alternet.org/story/26807/the_short_life_of_flash_mobs. Zugegriffen: 14. Oktober 2014.

Heydon, A., & Najork, M. (1999). Mercator: A scalable, extensible web crawler. *World Wide Web 2*, 219-229.

Hirschauer, S. (1999). Die Praxis der Fremdheit und die Minimierung von Anwesenheit. Eine Fahrstuhlfahrt. *Soziale Welt 50*, 221-246.

Houston, J. B., Seo, H., Knight, L. A. T., Kennedy, E. J., Hawthorne, J., & Trask, S. L. (2013). Urban Youth's Perspectives on Flash Mobs. *Journal of Applied Communication Research 41* (3), 236-252.

Hutter, M., Knoblauch, H., Rammert, W., & Windeler, A. (2011). Innovationsgesellschaft heute. Die reflexive Herstellung des Neuen (Working Papers, TUTS-WP-4-2011). Berlin: Technische Universität.

Hutter, M. (2011). Infinite Surprises: On the Stabilization of Value in the Creative Industries. In J. Becker & P. Aspers (Hrsg.), *The Worth of Goods. Valuation and Pricing in the Economy* (S. 201-220). Oxford: University Press.

Kaminski, A., & Gelhard, A. (Hrsg.). (2014). *Zur Philosophie informeller Technisierung.* Darmstadt: WBG (Wissenschaftliche Buchgesellschaft).

Kramer, A. D., Guillory, J. E., & Hancock, J. T. (2014). Experimental evidence of massive-scale emotional contagion through social networks. *Proceedings of the National Academy of Sciences of the United States of America*, S. 8788-8790.

Krotz, Friedrich (2001). *Die Mediatisierung des kommunikativen Handelns. Der Wandel von Alltag und sozialen Beziehungen, Kultur und Gesellschaft durch die Medien*. Opladen: Westdeutscher Verlag.

Lamla, J. (2008). Markt-Vergemeinschaftung im Internet. Das Fallbeispiel einer Shopping- und Meinungsplattform. In R. Hitzler, A. Honer, & M. Pfadenhauer (Hrsg.), *Posttradi-*

tionale Gemeinschaften. Theoretische und ethnographische Erkundungen (S. 170-185). Wiesbaden: VS-Verlag.

Löw, M. (2001). *Raumsoziologie*. Frankfurt a. M.: Suhrkamp.

Ochs, C., & Löw, M. (2012). Un/Faire Informationspraktiken: Internet Privacy aus sozialwissenschaftlicher Perspektive. In J. Buchmann (Hrsg.), *Internet Privacy. Eine multidisziplinäre Bestandsaufnahme/A multidisciplinary analysis (acatech STUDIE)* (S. 15-62). Heidelberg: Springer Vieweg Verlag.

Rammert, W. (2010). Die Innovationen der Gesellschaft. In J. Howaldt & H. Jacobsen (Hrsg.), *Soziale Innovation. Auf dem Weg zu einem postindustriellen Innovationsparadigma* (S. 21-51). Wiesbaden: VS-Verlag.

Rheingold, H. (2003). *Smart Mobs. The Next Social Revolution*. Cambridge: Perseus.

Romero, D. M., Meeder, B., & Kleinberg, J. (2011). Differences in the mechanics of information diffusion across topics: idioms, political hashtags, and complex contagion on twitter. *Proceedings of the 20th international conference on World wide web (WWW '11)*, S. 695-704.

Schatzki, T. (2002). *The Site of the Social: A Philosophical Account of the Constitution of Social Life and Change*. The Pennsylvania State University Press.

Shove, E., Pantzar, M., & Watson, M. (2012). *The Dynamics of Social Practice*. London: SAGE.

Winner, L. (1980). Do Artifacts Have Politics? *Daedalus 109* (1), 121-136.

Internetquellen

https://de-de.facebook.com/zuGuttenBACK. Zugegriffen: 10.11.2014.

http://web.archive.org/web/20071012195306/http://aglomerarispontane.weblog.ro/2004-12-05/20168/Manifestul-Aglomerarilor-Spontane---A-Flashmob-Manifesto.html. Zugegriffen: 25.07.2014

http://www.nytimes.com/2010/03/25/us/25mobs.html. Zugegriffen: 10.11. 2014.

http://philadelphia.cbslocal.com/2012/08/02/media-covers-up-violence-of-flash-mobs/. Zugegriffen: 10.11.2014.

Wie kommt Neuartiges in die räumliche Planung?

Konzeptionierung von Innovationen in der Planung und Forschungsstrategien

Gabriela Christmann, Oliver Ibert, Johann Jessen und Uwe-Jens Walther

1 Einleitung

Die räumliche Planung hat seit ihren Anfängen in der zweiten Hälfte des 19. Jahrhunderts zur Aufgabe, Räume (in der Regel in Form von Verwaltungseinheiten) in ihren naturräumlichen, baulichen, infrastrukturellen, wirtschaftlichen und sozialen Dimensionen zu gestalten, zu ordnen und ihre räumliche Entwicklung zu steuern. In der Art und Weise, wie diese Aufgabe ausgefüllt wurde – wie welche *Ziele* definiert und mit welchen *Verfahren* diese angestrebt wurden –, hat es immer auch Neuorientierungen gegeben. Im Folgenden soll es um solche raumplanerischen Neuorientierungen gehen, die nicht nur bewährte Routinen optimieren, sondern mit vorangegangenen Routinen brechen und die als grundlegende Neuerungen wahrgenommen werden. Im Kern dieses Beitrag steht die Frage, ob und, wenn ja, wie derartige Veränderungen als Innovationen in der Planung begriffen werden sollten. Zunächst wird erörtert, inwiefern grundlegende und von Praktikern als radikal wahrgenommene Neuerungen der Planungspraxis sinnvoll als Innovationen betrachtet werden können (Kap. 2). Mit dem Transfer des Innovationsbegriffs aus ursprünglich vornehmlich wirtschaftlichen und technischen Zusammenhängen in die Sphäre institutionell gerahmter, politisch-administrativer Praktiken sind einige notwendige Modifikationen des Innovationsbegriffs erforderlich, die wir als Ausweitung in Richtung „gesellschaftlicher Innovation" (Rammert 2010, S. 24; auch Hutter et al. 2011) diskutieren (Kap. 3). Ferner gehen wir der Frage nach, wie Innovationen in der Planung empirisch erforscht werden können. In diesem Zusammenhang stellen wir das Forschungsdesign vor, das dem laufenden, von der

Deutschen Forschungsgemeinschaft finanzierten Forschungsprojekt „Innovationen in der Planung: Wie kommt Neuartiges in die räumliche Planung?" (kurz: InnoPlan) zugrunde liegt (Kap. 4).[1] Erste Ergebnisse des Projekts werden wir im 5. Kapitel präsentieren. Dort wird eine Teilfragestellung des Gesamtprojekts aufgegriffen und gezeigt, wie reflexiv bzw. wie intentional die von uns untersuchten Innovationen in der Planung vorangetrieben werden. Schlussbemerkungen werden den Beitrag abrunden (Kap. 6).

2 Bisherige Betrachtungen von Veränderungen in der Praxis räumlicher Planung. Über Probleme im Konzept des Wandels und Möglichkeiten des Innovationsbegriffs

Bis heute ist es eher unüblich, den sozialwissenschaftlichen Begriff der Innovation systematisch auf das Handlungsfeld der räumlichen Entwicklung von Städten und Regionen anzuwenden. Der Begriff der Innovation wird im internationalen Planungsdiskurs überwiegend als ein Thema der Ökonomie betrachtet. Planung hat damit nach vorherrschendem Verständnis nur insofern damit zu tun, als die ökonomischen Anforderungen an gesteigerte Innovativität in der Wirtschaft auch ein spezifisches planerisches Vorgehen (zum Beispiel bei der Ausweisung und Gestaltung von Gewerbeflächen für wissensintensive Unternehmen oder bei der Planung kreativer Stadtquartiere) nahe legen. Diese Argumentationslinie wird unter anderem unter dem Begriff „creative planning" verfolgt (Bayliss 2004; Kunzmann 2004). Dort, wo der Begriff auch für Neuerungen in der Planung selbst benutzt wird, zum Beispiel für das Wiedererstarken der „strategischen Planung" (Healey 1997; Albrechts 2004), geschieht dies eher locker; der Innovationsbegriff steht nicht im Zentrum des Interesses, systematische Auseinandersetzungen mit Innovationstheorien werden nicht geführt.

Analogien zur Frage von Innovationen in der Planung weist der Ansatz der „policy mobility" der Kritischen Geographie (McFarlane 2006; Peck und Theo-

---

1   Das Projekt wird am Leibniz-Institut für Regionalentwicklung und Strukturplanung (IRS) in Erkner und an der Universität Stuttgart durchgeführt. Es startete zum 1. Oktober 2013 und endet Ende 2015. Projektleiter sind Gabriela B. Christmann, Oliver Ibert, Johann Jessen und Uwe-Jens Walther. Gabriela Christmann und Uwe-Jens Walther sind gleichzeitig Mitglieder im DFG-Graduiertenkolleg „Innovationsgesellschaft heute: Die reflexive Herstellung des Neuen". InnoPlan wird von Franz Füg, Thomas Honeck, Oliver Koczy und Daniela Zupan bearbeitet, die gleichzeitig Dissertationsprojekte zum Gegenstand verfolgen.

dore 2010) auf. Dieser junge Forschungsstrang beschäftigt sich mit der Frage, wie sich neue Ansätze und Strategien von lokalen Politiken, die auch planerische Ansätze umfassen können (zum Beispiel das in den USA entwickelte Instrument der Business Improvement Districts oder die Leuchtturmstrategien, die auf den „Bilbao-Effekt" abzielen; vgl. McCann und Ward 2010) international ausbreiten und welche systematische Veränderungen sie im Zuge der Transfers von einem territorialen Kontext in den anderen erfahren. Obwohl bei den Protagonisten dieser Debatte nicht von „sozialer Innovation" die Rede ist (vermutlich würden sie ihn auch ablehnen), ist dieser Diskurs für die hier interessierende Frage nach Innovationen in der Planung insofern relevant, als darin die räumliche und soziale Verbreitung einer neuen Praxis, nach Schumpeter wesentliches Merkmal von Innovation, explizit thematisiert wird. Allerdings blendet dieser Diskurs die für uns zentrale Frage nach der Entstehung neuer Politiken und Planungspraktiken aus; die Ansätze, deren Ausbreitungskarrieren verfolgt werden, sind schon in der Welt, im Fokus steht deren Durchsetzung und lokale Adaption. Zudem herrscht im „*policy mobility*"-Diskurs weitgehend Einigkeit darin, dass die Verbreitung von lokalen Politiken vorderhand als kritisch zu kommentierender Machtakt im Kontext gesellschaftlicher Globalisierung zu sehen sei, mit deren Hilfe dominante politische und ökonomische Machtzentren ihre Einflusssphären erweitern und so immer mehr Länder und Menschen ihrer Logik unterordnen (Peck und Theodore 2010). Wir wollen demgegenüber die Möglichkeit der Reform und der Verbesserung politisch-planerischer Praxis nicht ausschließen, die in der Genese und Durchsetzung neuartiger Ansätze (oft gegen zuvor dominante Ansätze) angelegt und auch damit verbunden sein kann.

Auch wenn sich der planungstheoretische Diskurs der vergangenen zwei Jahrzehnte außerordentlich vielschichtig und unübersichtlich darstellt, so lassen sich über die Vielzahl der Publikationen hinweg doch einige wiederkehrende Aussagen zu inhaltlichen Veränderungen des räumlichen Planens identifizieren:

Handlungsorientierung: Planung erweitert ihr Repertoire von der klassischen Rahmensetzung hin zur Umsetzung von Planentwürfen. Dies wird evident in der Hinwendung zu einer Planung durch (Mega-)Projekte, in der Formierung von Public-Private-Partnerships und der Gründung von Entwicklungsagenturen.

Enthierarchisierung: Planung agiert immer seltener aus einer obrigkeitsstaatlichen Position heraus, in der sie private Subjekte der Raumentwicklung über Ge- und Verbote steuert. Neue Planungsformen zeichnen sich dadurch aus, dass Akteure der öffentlichen Planung sich auch auf die Rolle von Prozessinitiatoren, Moderatoren oder gar auf einfache Prozessbeteiligungen bescheiden und aus dieser Rolle heraus – auf Augenhöhe mit privaten Akteuren – versuchen zu überzeugen.

Informalisierung: Neuere Planungsformen setzen formale klassische Instrumente wie Gesetze, Satzungen oder Planfestlegungen weniger ein. An ihre Stelle treten privatrechtliche Verträge, informelle Absprachen, die oft nur per Handschlag getroffen werden.

Neue Handlungsräume: Innerhalb des Mehrebenensystems von Planung nehmen vor allem die Ebenen zwischen den administrativ fest institutionalisierten Skalen an Bedeutung zu. Nach oben hin wird der Einfluss international verfasster Programme auf der EU-Ebene immer wichtiger. Auf der regionalen Ebene konstituieren sich immer häufiger funktionale Handlungsräume, die sich zur Umsetzung von übergeordneten Programmen bilden.

Marketing, Identitätsmanagement: Neue Planungsstrategien umfassen immer häufiger Elemente des Identitätsmanagements, des Marketings und der Mobilisierung von Aufmerksamkeit und Ressourcen. Dies sind alles Aspekte, die in den neuen Strategien der Festivalisierung der Stadt- und Regionalplanung zusammentreffen.

Danach ist die Tätigkeit des Planens im Vergleich zum traditionellen Planungsverständnis inhaltlich und verfahrensmäßig deutlich erweitert worden. Interessant ist, dass diese Veränderungen in der Planungswissenschaft konzeptionell als „Wandel" gesehen werden, und zwar nicht – und das ist bemerkenswert – als Wandel *in der* Planung, sondern als Wandel *im Umfeld* der Planung. Beispielhaft sei dies an zwei einflussreichen jüngeren Arbeiten von Selle (2005) und Wiechmann (2008) gezeigt. Klaus Selle (2005) interessiert sich speziell für den Beitrag, den öffentliche Akteure zur Raumentwicklung leisten und sieht neben dem Planen außerdem Tätigkeiten, die sich als „Entwickeln" und „Steuern" bezeichnen lassen. Thorsten Wiechmann (2008) konzentriert sich demgegenüber auf Tätigkeiten der regionalen Strategieentwicklung und konstatiert, dass die planvolle Bearbeitung im traditionellen Sinne nur eine von mehreren möglichen Formen der Strategieentwicklung darstellt, die zudem insbesondere nicht jenen Situationen, die komplex, dynamisch und schwer zu kontrollieren sind, gerecht werden (Wiechmann 2010). In beiden Fällen bleibt außerhalb der Betrachtung, dass Planung auch *aus sich heraus* Veränderungen herbeiführen könnte. Vielmehr wird unterstellt, dass Planung in erster Linie auf äußere Veränderungen reagiert. Es geht den beiden Autoren nicht darum, den Agens in Veränderungsprozessen theoretisch-konzeptionell zu fassen – er ist in ihren Analysen nur implizit enthalten. Insofern halten sie trotz des beobachteten Wandels in den Praktiken an einem traditionellen Planungsbegriff fest (umfassende Informationen, eindeutige Ziele, rahmensetzende Handlungsvorbereitung, Trennung zwischen öffentlicher Handlungsvorbereitung und privater Umsetzung) und richten das Augenmerk auf das Zusammenwirken von klassischem planerischen Handeln und anderen Handlungsformen.

Demgegenüber zielen wir auf die Spielräume, die es erlauben, Veränderungen in der räumlichen Planung auch über Lernprozesse und im reflexiven Umgang mit existierenden Praktiken herbeizuführen. Deshalb legen wir einen generischen Begriff von Planung zugrunde, der so umfassend ist, dass neue Praktiken nicht mehr als Nicht-Planung erscheinen, sondern als neue Formen von Planung: Erstens verstehen wir Planung als eine Form sozialen Handelns mit einem erhöhten Anspruch auf Rationalität (Siebel 2006). Von Planung soll immer dann gesprochen werden, wenn Akteure auf die Zukunft bezogenes Handeln auf eine professionelle (nicht alltagsweltliche) Art und Weise in seinen Konsequenzen systematisch erfassen und bewusst reflektieren. Zweitens verstehen wir Planung als eine bestimmte Form des Treffens von Entscheidungen. Luhmann hat Planung definiert als „über Entscheidungen entscheiden" (1971, S. 67). Entscheidungsbasierte Modelle von Planung arbeiten mit zwei Ebenen der Entscheidung: „Operative Entscheidungen", die im konkreten Handeln getroffen werden, sowie „Entscheidungsprämissen", also die Gestaltung von Grundsätzen, unter denen operative Entscheidungen getroffen werden (Faludi 1985; Mayer 1999). Die Rationalität von Planung ergibt sich auch daraus, dass das Zusammenspiel zwischen Entscheidungsprämissen und operativen Entscheidungen bewusst ausgestaltet wird, also das Verhältnis von Vorbereitung und Spontaneität, von Festlegung auf Prinzipien und Freiheitsgraden im Agieren (Suchman 1987). Das Anwendungsgebiet, für das wir dieses generisch verstandene planerische Handeln thematisieren, ist die Gestaltung, Ordnung bzw. Entwicklung räumlicher Strukturen. In Bezug auf Akteure des Planens fokussieren wir auf alle Akteure, die sich im Anwendungsgebiet in planerische Entscheidungsprozesse einbringen. Dies sind zwar schwerpunktmäßig Mitglieder aus öffentlichen Verwaltungen und der Politik, zunehmend aber auch private Akteure aus Zivilgesellschaft und Wirtschaft. Dieses Verständnis von Planung ist einerseits so spezifisch, dass es das Feld von Aktivitäten eingrenzt, andererseits aber auch so offen, dass Veränderungen erfasst werden können, die aus dem planerischen Handeln selbst heraus erfolgen.

Vor diesem Hintergrund schlagen wir vor, das Konzept der Innovation zu nutzen, um das pro-aktive, intentionale bzw. reflexive Handeln der Akteure im Planungssystem stärker berücksichtigen zu können. Wir verstehen Neuerungen in der Planung also als emergente Effekte, die aus dem Zusammenspiel von sich ändernden Rahmenbedingungen und den Lernprozessen von Personen, Professionen, Organisationen und Politikfeldern entstehen. An geänderten Rahmenbedingungen lässt sich sicherlich erklären, warum sich etwas ändert, aber die Richtung der Änderung und die Konkretisierung von Veränderung in neue Praktiken kann allein aus dieser Perspektive nicht verstanden werden. Dazu müssen vielmehr auch die Intentionen, Lernprozesse und Gestaltungsspielräume der handelnden Praktiker in den Blick geraten.

Ein Schwenk hin zum Konzept der Innovation ist aus unserer Sicht im Übrigen nicht nur aus theoretisch-konzeptionellen Erwägungen sinnvoll, er könnte auch für die anwendungsorientierte Forschung von Bedeutung sein, weil mit einem Verständnis davon, wie Innovationsprozesse in der Planung ablaufen, Neuerungen gegebenenfalls besser organisiert und institutionell ausgestaltet werden könnten. Dafür müssen jedoch Prozesse innovativen Handelns in der räumlichen Planung erst einmal verstanden werden.

3 Überlegungen zum Innovationsbegriff im Kontext von räumlicher Planung

Soziale Innovationen wurden ab den späten 1930er Jahren zunächst fast ausschließlich im Zusammenhang mit Technik- und Wirtschaftsinnovationen betrachtet – in dem Sinne, dass neue Technologien und Geschäftsmodelle nur dann erfolgreich sein können, wenn es gelingt, diese sinnvoll in soziale Praktiken zu integrieren. Als eigenständiger Forschungsgegenstand stehen sie erst seit Ende der 1990er Jahren auf der Agenda sozialwissenschaftlicher Auseinandersetzungen (vgl. Gillwald 2000). Seither trägt man dem Umstand Rechnung, dass innovative, das heißt mit früheren Routinen brechende, Handlungspraktiken grundsätzlich nicht nur in Technik und Wirtschaft, sondern auch in anderen Lebensbereichen möglich sind. So können sie etwa im Alltagsleben von Gesellschaftsmitgliedern (zum Beispiel Wohngemeinschaften) oder eben im Handeln von Stadtplanern auftreten. Nach Rammert (2010) sind soziale Innovationen ein Teil dessen, was unter dem übergreifenden Begriff der gesellschaftlichen Innovation neben technischen, wirtschaftlichen, wissenschaftlichen, künstlerischen Innovationen etc. beobachtet werden kann. Auch wenn er soziale Innovationen aus analytischen Gründen eigenständig behandelt und getrennt von anderen Innovationsarten (zum Beispiel wirtschaftlichen oder technischen) auflistet, steht außer Frage, dass soziale Innovationen gleichzeitig immer auch als integraler Bestandteil anderer Innovationen (wirtschaftlicher, technischer, künstlerischer, politischer Art etc.) gedacht werden müssen. Soziale Innovationen treten in der Regel als „Voraussetzungen, Begleitumstände oder Folgen" anderer Innovationen auf (vgl. Zapf 1989, S. 177; vgl. auch Ogburn 1937).

Erläuterungsbedürftig ist der Begriff des „Sozialen" im Begriff der sozialen Innovation. Es können zwei verschiedene Gebrauchsweisen unterschieden werden (vgl. Howaldt und Schwarz 2010, S. 10). In der internationalen Forschungsliteratur ist vor allem eine normative Begriffsverwendung verbreitet (vgl. Moulaert et al. 2013). Soziale Innovationen werden dort als neuartige Praktiken bzw. Lösungsansätze verstanden, die sich an gesellschaftlich hoch bewerteten und wünschenswerten Zielen ausrichten. Gemeint sind Ansätze, die neue, moralisch überlegene Lösungen für gesellschaftliche Problemlagen anbieten. Wir ziehen hingegen eine nicht-normative Begriffskonzeption vor. Soziale Innovationen begreifen wir ganz grundlegend – und dies entspricht der zweiten Gebrauchsweise – als neue Handlungspraktiken bzw. Lösungsansätze in der Organisation gesellschaftlicher Prozesse. Durchaus mit Zapf (1989, S. 177) verstehen wir sie als „neue Wege, Ziele zu erreichen, insbesondere neue Organisationsformen, neue Regulierungen, neue Lebensstile".

Kennzeichnend für (soziale) Innovationen ist gemäß Zapf (1989, S. 177) außerdem, dass sie „die Richtung des sozialen Wandels verändern, Probleme besser lösen als frühere Praktiken" und dass sie „deshalb wert sind, nachgeahmt und institutionalisiert zu werden." Die Aspekte der Neuheit, „besseren" Lösung, Nachahmung, Institutionalisierung und der Rückwirkung auf sozialen Wandel sollen im Folgenden aufgegriffen und nach unserem eigenen Verständnis konzeptualisiert werden. Darüber hinaus sollen weitere wichtige Kennzeichen bzw. Fragen innovativen Handelns wie die der Intentionalität oder Nicht-Intentionalität, der Linearität bzw. Nicht-Linearität, der Umsetzung neuer Ideen in die Praxis sowie der räumlichen Verbreitung neuer Handlungspraktiken geklärt werden.

Neuheit – eine soziale Konstruktion: Ein zentrales Kriterium für die Bestimmung von Innovationen ist die Neuheit. Bei Zapf heißt „neu", dass etwas anders als bisher gemacht wird. Es handelt sich um eine Abweichung von, einen Bruch mit Gewohntem. Nicht geklärt wird, wie neu eine Handlungsweise oder ein Lösungsansatz sein muss bzw. wie stark eine Praxis im Vergleich zu einer vorangegangenen Praxis verändert sein muss, um als soziale Innovation gelten zu können. Grundsätzlich ist diese Frage schwer zu beantworten, da Abweichungen stets eine gewisse Anschlussfähigkeit an etwas Bekanntes brauchen, wenn sie sozial akzeptiert werden sollen. Auch wenn eine gewisse Neuheit zentrales Merkmal einer sozialen Innovation ist, spielen daher neuartige Kombinationen von bereits bekannten Elementen (Schumpeter 1997), aber auch Wiederentdeckungen und Übertragungen in die neue Zeit oder Übertragungen auf neue Kontexte, darunter auch neue räumliche Kontexte, eine Rolle (Gillwald 2000, S. 10f.). Die Neuheit in einer Innovation verstehen wir daher als eine „relative Neuheit" (Gillwald 2000, S. 11), wenngleich dennoch ein wie auch immer gearteter „Bruch" mit bisher Gewohntem gegeben sein muss. Eine „absolute Neuheit" gibt es nur in historischer Perspektive, und zwar dann, wenn etwas zum ersten Mal in die Welt kommt.

Mit Braun-Thürmann (2005, S. 6) gehen wir außerdem davon aus, dass eine abweichende Praktik erst dadurch zu einer Neuheit wird, dass Dritte die Praxis „als neuartig wahrnehmen und als Verbesserung gegenüber dem Bestehenden erleben". Die Frage, ob etwas als neu gelten kann oder nicht, ist damit auch eine Frage der kollektiven Wahrnehmung in einer Gesellschaft. (Soziale) Innovationen fassen wir entsprechend als soziale Konstruktionen auf, und zwar in zweifacher Hinsicht: als Herstellung von etwas Andersartigem im Handeln von Subjekten und als die Wahrnehmung des Andersartigen als etwas „Neuartiges" bzw. „Innovatives" durch Dritte. Rammerts (2010, S. 45) Definition von Neuheit verbindet die beiden genannten Dimensionen: „Neuerungen sollen alle Variationen heißen, die sich zeitlich von vorherigen Varianten absetzen und so auch auf der semantischen Ebene als neu definiert werden, die sich sachlich als Modifikation eines oder mehrerer Elemente oder ihrer Kombination als andere und vorher unbekannte fremde Art entwickeln oder hergestellt werden, und die sozial als relevante Abweichung von der Normalität nach Konflikten zwischen interessierten Gruppierungen als Verbesserung akzeptiert und als neue Normalität in die institutionellen Regeln eingebaut werden oder sie gar transformieren."

„Bessere" Lösung – eine Konstruktion erster Ordnung: In Zapfs (1989, S. 177) Definition heißt es, dass soziale Innovationen „Probleme besser lösen als frühere Praktiken". Diese Formulierung ist insofern missverständlich, als sie nahe legt, dass die Bewertung („bessere Lösung") durch den Wissenschaftler erfolgt. Wir vermeiden derartige Bewertungen, berücksichtigen aber, dass das, was gesellschaftliche Akteure zumindest bei der Generierung von intendierten Innovationen antreibt, im Motiv der Beteiligten liegt, „bessere" bzw. „bedarfsgerechtere" Lösungen als die bisherigen zu entwickeln. Freilich ist dabei das, was von gesellschaftlichen Akteuren als „besser" im Vergleich zu einer vorherigen Praxis angesehen wird, immer von einem bestimmten sozialen Referenzsystem abhängig, in dessen Rahmen darüber entschieden wird, was als „Verbesserung" anzusehen ist. Wir verstehen die Wahrnehmung von Handelnden, „bessere" Ansätze zu kreieren, somit ebenfalls als eine soziale Konstruktion. In methodologischer Hinsicht fassen wir diese als eine Konstruktion erster Ordnung (im Sinne von Alfred Schütz) auf. Wissenschaftler haben die Aufgabe, Konstruktionen erster Ordnung und darin enthaltene Wertungen zu rekonstruieren, um daraus Konstruktionen zweiter Ordnung zu entwickeln, jedoch ohne die in den Konstruktionen erster Ordnung enthaltenen Wertungen selbst zu übernehmen.

Nicht-Intentionalität und Intentionalität: Wir gehen davon aus, dass innovative Praktiken bzw. Lösungsansätze auch in Handlungsweisen entstehen können, die in der Perspektive der Handelnden auf „bessere Lösungen", aber nicht auf eine „Innovation" abzielen. Gleichwohl kann dieses Handeln von Dritten als „innovativ" wahrgenommen und imitiert werden. Umgekehrt sind selbstverständlich Praktiken vorstellbar, die explizit auf die Generierung einer Innovation abzielen und aus denen tatsächlich auch Innovationen hervorgehen. Möglich ist allerdings auch, dass sich das, was als Innovation angestrebt und im Vorfeld semantisch als „innovativ" vermittelt wird, letztlich nicht als solche durchsetzen kann.

Nicht-Linearität und Linearität: Innovationsprozesse sind grundsätzlich als unwahrscheinliche Ereignisse zu betrachten. Das Scheitern, Erleiden von Rückschlägen oder das Umschwenken der Entwicklungsrichtung sind nicht bloß als Möglichkeiten, sondern geradezu als typische Strukturmerkmale von Innovationsprozessen zu interpretieren. Aufgrund dieser Erkenntnis sind lineare Modelle von Innovationen in den letzten Jahrzehnten fundamental als deterministisch und dem Gegenstand unangemessen kritisiert worden (Balconi et al. 2010). An Stelle von Phasenmodellen sind zunehmend zirkuläre Modelle getreten, die den iterativen (Kline und Rosenberg 1986), ergebnisoffenen und nicht-endenden Charakter („permanently beta', Neff und Stark 2003) von Innovationsprozessen herausarbeiten.

Aus unserer Sicht gibt es gleichwohl gute Gründe, Kernelemente des zirkulären Denkens über Innovation zu übernehmen. Zugleich halten wir es aber auch für sinnvoll, bestimmte Elemente linearen Denkens – wie es in existierenden Phasenmodellen (Braun-Thürmann 2005, S. 45f.) angelegt ist – zu bewahren (Balconi et al. 2010). Den Hauptgrund dafür sehen wir darin, dass es im Prozess der Genese von Innovationen immer wieder zu kritischen Momenten kommt, in denen Fakten geschaffen werden, hinter die der Prozess nicht mehr beliebig zurück fallen kann. Wenn etwa ein erfolgreiches Modellprojekt den grundsätzlichen Nutzen einer sozialen Innovation demonstriert hat, müssen alle darauf folgenden Initiativen darauf Bezug nehmen. Dann ist es nicht mehr ohne weitere Begründung möglich, so zu agieren, als gäbe es das geschaffene Faktum nicht (Ibert et al. 2014; Ibert und Müller 2015). Die Linearität von ansonsten unregelhaft und zirkulär verlaufenden Prozessen ergibt sich daraus, dass es immer wieder kritische Schwellen gibt, deren Überschreiten die anschließende Dynamik und Entwicklungsrichtung grundlegend beeinflusst. Anzustreben wäre demnach ein Phasenmodell, das solche Schwellen idealtypisch identifiziert und auf diese Weise aufnimmt, dass Phasenabläufe nicht immer geradlinig, sondern spiralen- oder wellenförmig bis zur Etablierung einer Innovation voranschreiten können. In einem solchen Phasenmodell ließe sich die Spannung auflösen, die in der Frage nach der Linearität bzw. Nicht-Linearität steckt.

Umsetzung in die Praxis, Nachahmung und räumliche Verbreitung: Eine *conditio sine qua non* schlechthin für eine Innovation ist indes, dass neuartige Ideen nicht nur Ideen bleiben dürfen, sondern – ganz gleich, in welchen Phasenabläufen dies geschieht – in die Praxis umgesetzt werden müssen, um als Innovation gelten zu dürfen. Darüber besteht in der Innovationsliteratur ein hoher Konsens. Soweit sie sich auf wirtschaftliche und technische Innovationen bezieht, wird darin neben der sogenannten „Invention" der „Markteintritt" als ein entscheidendes Moment angesehen. In der Literatur zu sozialen Innovationen wird analog dazu die „Einführung in die Praxis" genannt (Gillwald 2000, S. 32; Neuloh 1977, S. 22). Sie kann etwa dadurch erfolgen, dass eine neuartige Handlungspraxis durch andere Akteure imitiert wird und diese sich auf diese Weise auch räumlich verbreitet, sich also „vom Ort emanzipiert"; andernfalls handelt es sich lediglich um ein neues, aber nur lokales Projekt, nicht um eine Innovation.

Institutionalisierung – das Paradox der Innovation: Zapf (1989, S. 177) weist zu Recht in seiner Definition darauf hin, dass sich neuartige Praktiken institutionalisieren müssen, um als soziale Innovationen gelten zu dürfen. Auch andere Autoren gehen davon aus, dass sich Innovationen von eher temporär angelegten Modeerscheinungen abgrenzen und eine Dauerhaftigkeit aufweisen müssen (Gillwald 2000, S. 41). Eine Paradoxie liegt indes darin, dass innovative Praktiken mit zunehmender Institutionalisierung zu einer etablierten Ordnung werden und damit den Nimbus des Innovativen verlieren (Häussling 2007, S. 370; Howaldt und Schwarz 2010, S. 66f.). Anders ausgedrückt – wenn man den Prozess der Innovation durch Raum und Zeit rekonstruiert, dann geschieht dies anhand eines Gegenstands, der sich langsam „entfaltet" (Knorr Cetina 2001). Während dieser Entfaltung ist ein und derselbe Gegenstand zu unterschiedlichen Zeitpunkten mit sich selber nicht-identisch (Knorr Cetina 2001).

Wandel: Während sich sozialer Wandel grundsätzlich nicht-intendiert in einer Verkettung von sozialen Prozessen vollzieht, können Innovationen intentional angelegt sein und hochgradig strategisch und koordiniert generiert werden (vgl. Howaldt und Schwarz 2010, S. 54f.). Zwar können Innovationen auch nicht-intendiert entstehen (siehe oben). Zu betonen ist aber, dass seit der Zeit, in der moderne Gesellschaften als Wissensgesellschaften beschrieben werden, reflexiv vorangetriebene Innovationsprozesse eine große Rolle spielen (vgl. Hutter et al. 2011). Das bedeutet nicht, dass Wandel scharf von Innovationen abgegrenzt werden kann. Die beiden Modi der gesellschaftlichen Veränderung müssen vielmehr in einem Wechselwirkungsverhältnis gesehen werden. Ein bestimmter gesellschaftlicher Strukturwandel wie zum Beispiel der demografische Wandel kann Auslöser für Innovationen sein. Gleichzeitig können Innovationen ihrerseits – und dies ist ein Bestandteil der Definition Zapfs (1989, S. 177) – zu einem sozialen Wandel beitragen.

Innovation und Konflikt: Da in Innovationsprozessen Lösungen angestrebt werden, die von den gegebenen und etablierten Lösungen abweichen, ist ihre Wirkung auf die gegebenen Strukturen (Akteurskonstellationen, Machtverhältnisse etc.) ambivalent. Schumpeter hat diese Ambivalenz mit dem Begriff der „schöpferischen Zerstörung" (1911) auf den Punkt gebracht. Er meint damit, dass mit dem Aufstieg neuartiger Produkte und Geschäftsmodelle immer auch der Niedergang der zuvor dominanten Strukturen einhergeht – die Postkutsche wurde überflüssig durch die Eisenbahn und das Segelschiff obsolet durch die Einführung von Dampfschiffen. Mit der Entfaltung von Innovation kommt es also immer zu einer Neuverteilung von Chancen und Risiken (Schwarz et al. 2010; Lindhult 2008). Diese ergeben sich zum Teil überraschend, zum Teil werden sie aber auch von Akteuren antizipiert. Daher ist in Innovationsprozessen immer auch mit institutionellen Friktionen und interessengeleiteten Widerständen zu rechnen (Ibert 2003). Dabei ist anzunehmen, dass neue Ideen in unterschiedlichen lokalen Kontexten unterschiedlich kontrovers verhandelt werden. Es ist daher wahrscheinlich, dass sie sich zum ersten Mal dort manifestieren werden, wo die Widerstände geschwächt sind und wo viele der handelnden Akteure glauben, von der absehbaren Neuverteilung der Chancen und Risiken überwiegend zu profitieren.

Konflikte sind demzufolge also nicht bloß unerfreuliche Randerscheinungen von Innovationsprozessen. Es ist vielmehr geradezu typisch, dass in Innovationsprozessen unterschiedliche Rationalitäten, Interpretationsmuster, sowie konkurrierende Ansätze und Interessen in Konflikt treten. Konflikte sind sogar als Teil der Produktivität von Innovationen zu sehen (vgl. Martens 2010, S. 374), da sie Routinen aufbrechen und Bruchstellen für Wandel eröffnen können. Darauf haben neben Neuloh (1977) Konflikttheoretiker hingewiesen, die an Coser, Simmel und Dahrendorf anschließen (vgl. zum Beispiel Dubiel 1999). Schließlich sind auch Problemlösungen als Ergebnisse von Innovationsprozessen alles andere als perfekt, das heißt mit Innovationen werden unausweichlich nicht nur neue Lösungen, sondern auch neue Probleme in die Welt gesetzt. Konflikthaftigkeit ist als eine Dimension zu betrachten, die sich durch den gesamten Innovationsprozess hindurch zieht, allerdings im Verlaufe des Prozesses ihren Charakter verändert.

4   Zur empirischen Erforschung von Innovationen in der räumlichen Planung am Beispiel von vier planerischen Handlungsfeldern

Der Prozess der Entstehung, Umsetzung und Ausbreitung von Innovationen in der räumlichen Planung wird im Projekt InnoPlan an vier ausgewählten Praxisbeispielen in den Handlungsfeldern Städtebau, Stadtumbau, Quartiersentwicklung und Regionalentwicklung nachvollzogen (vgl. Kap. 1). An alle vier Handlungsfelder richtet InnoPlan Fragen zum *Verlauf* (zeitliche Dimension), zu *Strukturmerkmalen* (organisatorische Dimension) und zur *Manifestation* (institutionelle Dimension) von Innovationsprozessen:

1. *Verlaufsformen* des Innovationsprozesses (zeitliche Dimension): Welche Phasen der Entstehung, Umsetzung und Verbreitung von innovativen Ansätzen lassen sich in der räumlichen Planung identifizieren? Wodurch sind die Phasen und die Übergänge zwischen den Phasen charakterisiert?
2. *Strukturmerkmale* des Innovationsprozesses (organisatorische Dimension): Welche Akteure, Arrangements und Instanzen wirken wie auf Erneuerungen in der Raumplanung ein? Welche Bedeutung haben sie für den Innovationsprozess in den verschiedenen Phasen? Wie entsteht kollektives Handeln um eine innovative Idee herum? Wie verbreitet sich die Praxis?
3. *Manifestationen* der durchgesetzten Innovation (institutionelle Dimension): In welchen formellen, rechtlichen oder symbolischen Manifestationen etabliert sich die neue Routine? Welche Rolle spielen Leitbilder bei der Bündelung von Einzelerfahrungen zu kollektiven Neuorientierungen?

Handlungsfelder

Diese drei Fragenkomplexe tragen wir – wie gesagt – an vier Handlungsfelder der räumlichen Planung heran, in denen sich in Deutschland in den vergangenen Jahren/ Jahrzehnten Neuorientierungen in Inhalt und Verfahren vollzogen haben und die hier nur kurz angerissen werden können. Bei der Auswahl war uns wichtig, dass sie eine große praktische Relevanz haben und wichtige Bezugspunkte im Planungsdiskurs sind. Außerdem sollten räumliche Planungsprozesse einbezogen werden, die vom Quartier bis zur Region reichen, um das (innovative) planerische Handeln in der Breite verschiedener räumlicher Skalen berücksichtigen zu können. Weiterhin haben wir darauf geachtet, dass die neuartigen planerischen Formen soweit gediehen sind, dass sie als erfolgreich umgesetzte und räumlich verbreitete Modelle – und damit als Innovationen im Sinne unserer Definition (vgl. Kap. 3) – gelten können. Dennoch repräsentiert unser Sample unterschiedliche Reifegrade der Innovation, sowohl eher etablierte („Neue Stadtteile") als auch jüngere Innovationen („Zwischennutzung").

Handlungsfeld Städtebau – „Konzeption neuer Stadtteile": Die Planung neuer Stadtteile gehört zu den klassischen Aufgaben der kommunalen Planung, die sich in den vergangenen 100 Jahren immer wieder zyklisch gestellt hat. Den vorletzten Zyklus bildeten die Großsiedlungen der 1960/70er Jahre, deren städtebauliche und wohntypologische Konzeption gemeinhin als gescheitert gilt. Die einigungsbedingte Wachstumsdynamik in den westdeutschen Großstädten Anfang der 1990er Jahre veranlasste viele Großstädte, wieder neue Stadtteile zu planen und zu bauen (Hafner et al. 1998; BBR 2007). Bei allen Unterschieden im Detail weisen die neuen Stadtteile der 1990er Jahre (im europäischen Ausland schon in den 1980er Jahren) eine Reihe gemeinsamer signifikanter Merkmale auf, die sie von

den Großsiedlungen vor 40 Jahren so deutlich unterscheiden, dass von einem Leit-
bildwechsel (von der funktionalistischen Moderne zur kompakten, durchmischten
Stadt) gesprochen wird. Im Kontext des Projekts begreifen wir diesen Wechsel als
ein Beispiel für Innovation. Er drückt sich aus in Änderungen der städtebaulichen
Morphologie (Block), der funktionalen Struktur, der Wohnbautypologie und der
Konzeption von Erschließung und öffentlichem Raum (Jessen 2004). Damit waren
häufig auch substanzielle Veränderungen bei den Planungs- und Umsetzungsver-
fahren verbunden.

*Handlungsfeld Stadtumbau – „Zwischennutzungen durch Raumpioniere als
Instrument der Planung":* Zwischennutzungen durch Raumpioniere wurden im
Handlungsfeld des Stadtumbaus zuerst dort zum Thema, wo man sich im Zuge
eines facettenreichen Strukturwandels mit brachgefallenen Flächen und Bauten
konfrontiert sah. Vielfach stießen Städte im Rahmen des Stadtumbaus mit der
klassischen Stadtplanung an Grenzen; zumindest konnten sie Stadtbrachen nicht
als Ressourcen für die städtebauliche Erneuerung nutzen. Ungeplante Raumnutzungen von „Raumpionieren" (vgl. Christmann und Büttner 2011) – Bürgern, die
sich brach gefallene Flächen und leerstehende Gebäude kreativ für neue (temporäre) Nutzungen aneignen – stellten hier eine Chance für neue Entwicklungsperspek-
tiven dar. Vor diesem Hintergrund wurden Zwischennutzungen im Rahmen des
Stadtumbaus schon bald gezielt eingesetzt und zu einem planerischen Instrument
entwickelt. Der Gegenstand Zwischennutzungen stellt insofern einen deutlichen
Bruch mit der bisherigen Planungspraxis dar, als Raumaneignungen von Bürgern,
die vorher als illegitim angesehen und unterbunden wurden, nun – inzwischen
baurechtlich abgesichert – strategisch genutzt werden. Sie haben in der kommunalen Praxis (vgl. zum Beispiel Senatsverwaltung für Stadtentwicklung Berlin 2007)
zunehmend an Bedeutung gewonnen und hohe fachwissenschaftliche Aufmerksamkeit (BMVBS und BBR 2008; Haydn und Temel 2006; Kauzick 2007).

Handlungsfeld Quartiersentwicklung – „Quartiersmanagement": Der Begriff
Quartiersmanagement (QM) steht für einen komplexen Neuansatz in der Stadterneuerung. Stellte das traditionelle Instrumentarium noch auf den baulich-techni-
schen Charakter der Stadterneuerung und ihrer Instrumente ab, deren Nebenfolgen
durch soziale Maßnahmen abzufedern seien (Prävention, Kompensation, Partizipation), machen die neuen Ansätze über das QM nun die soziale und organisatorische
Dimension selbst zum Gegenstand. Nicht nur die Gebiete, sondern auch der bis-
herige Umgang mit ihnen sollte erneuert werden („Erneuerung der Stadterneuerung"; „Institutionenpolitik", Walther und Güntner 2005; Güntner 2007). Innerhalb
von zwei Jahrzehnten hat sich dann in Deutschland das Quartiersmanagement von
den ersten Experimenten innerhalb von Länderprogrammen zu einer konsensfä-
higen und nahezu standardisierten Verfahrensform entwickelt. Die Relevanz des

Ansatzes zeigt sich in der großen Zahl umgesetzter und laufender Maßnahmen, in der rechtlichen Regulierung und in den aktuell anhaltenden Diskussionen über die Fortführung in anderen Formen und Trägerschaften. Ein eigener Paragraph „Soziale Stadt" im Baugesetzbuch sowie die evaluationsgestützten Diskussionen über Verstetigung, „Mainstreaming" und Kürzungen weisen auf die Relevanz in der Planung hin und reichen weit über die Fachdiskussion hinaus (zum Beispiel Deutsches Institut für Urbanistik 2003; Häußermann 2005; Walther 2002, 2004).

Handlungsfeld Regionalentwicklung – „Reflexive Regionalpolitik": Eine zentrale Innovation auf dem Gebiet der Regionalentwicklung lag in den letzten Jahrzehnten darin, die Anpassungsfähigkeit von Regionen zu fördern, statt Regionen an ein Entwicklungsmodell anpassen zu wollen (Grabher 1994). Damit verschob sich die Orientierung von der „aufholenden" Regionalentwicklung entlang eines bekannten Entwicklungspfades in Richtung einer Veränderung des Pfades durch einen reflexiven Aushandlungsprozess zwischen regionalen Gegebenheiten und zukünftigen Entwicklungsoptionen. Die Strategie der „innovationsorientierten Regionalpolitik" (Ewers und Wettmann 1987), die nicht nur auf die Wirtschaft gerichtet ist, sondern auch kulturelle und sozialintegrative Dimensionen aufnimmt, wurde weltweit zum ersten Mal im Rahmen der Internationalen Bauausstellung (IBA) Emscher Park (1989-1999) prototypisch formuliert und umgesetzt. Die IBA hat dabei einen vielschichtigen Ansatz der Regionalentwicklung (Häußermann und Siebel 1994a, 1994b) verfolgt, der mehrere klassische Planungsfelder wie Wohnen, Landschaftsgestaltung, Gewerbeentwicklung integrierte. Dabei hat sie eine Tradition in der Deutschen Bau- und Planungsgeschichte, die Internationalen Bauausstellungen, aufgegriffen und in ein regionalpolitisches Instrument umgewandelt, mit dessen Hilfe am Beispiel des altindustriellen Strukturwandels im nördlichen Ruhrgebiet vielschichtige regionale Lernprozesse initiiert wurden. Seither hat sich dieses Modell einer reflexiven Regionalpolitik deutlich vom Kontext seiner Entstehung abgelöst und weiter entwickelt (vgl. zum Beispiel Beierlorzer 2010).

Stufen im Forschungsprozess und methodisches Vorgehen

Diese vier Handlungsfelder werden in drei Stufen mit den gleichen Fragestellungen und einem annähernd gleich gearteten methodischen Vorgehen untersucht. Die konkreten methodischen Instrumente unterscheiden sich im Detail, weil sie an die jeweiligen Forschungsgegenstände in den spezifischen Handlungsfeldern angepasst werden müssen.

In *Stufe 1* wird der Prozess der Innovation im jeweiligen Handlungsfeld ex post in seinen wesentlichen Zügen rekonstruiert und in Phasen differenziert. Die jeweiligen Phasen werden hinsichtlich entscheidender Knotenpunkte und Strukturmerkmale (Orte, Projekte, Personen, Institutionen, Programme) charakterisiert.

Es wird geklärt, wann, wo und unter welchen Umständen die neuartigen Ideen, Konzepte, Handlungsweisen, Modellprojekte in die fachöffentliche Diskussion und in die breitere Öffentlichkeit gelangten (und sofern in den Dokumenten internationale Referenzen benannt werden, inwiefern sie importiert oder exportiert wurden/ werden), wann und wie sie rezipiert und modifiziert wurden (Fragenkomplex „Verlaufsformen"). Außerdem wird gefragt, welche Rolle welche Akteurskonstellationen und organisatorische Arrangements gespielt haben (Fragenkomplex „Strukturmerkmale") und wie sich die Neuerungen zu Normen, Leitbildern und verallgemeinerten Konzepten verdichtet haben (Fragenkomplex „institutionelle Manifestation").

Für die Erhebung und Analyse des Datenmaterials in Stufe 1 werden mehrere Methoden eingesetzt. Der Innovationsprozess wird über eine qualitativ wie quantitativ ausgerichtete wissenssoziologische Diskursanalyse (Keller 2008) von bundesweit vorliegenden Dokumenten in Verbindung mit qualitativen Experteninterviews rekonstruiert. In allen vier Handlungsfeldern werden Dokumentenarten aus den Diskursfeldern „Wissenschaft", „Politik", „Planungspraxis" und „öffentliche Medien" mit den bewährten Verfahren (vgl. Prior 2003; Wolff 2008) analysiert: Fachzeitschriften, Fachbücher, Rezensionen, Tagungsprogramme, Tagungsdokumentationen, Tagungsberichte, Wettbewerbsdokumentationen, Behördenmitteilungen, Broschüren sowie Presseartikel. Dabei ist es uns wichtig, die Dokumente in ihrer Chronologie zu betrachten. Sie dürfen nicht im Lichte des Wissens um den späteren Verlauf der Dinge umgedeutet werden. Nur so können Dynamiken, Brüche bzw. Rückschläge in den Innovationsprozessen herausgearbeitet werden. Darüber hinaus werden etwa 10 Experteninterviews pro Handlungsfeld mit ausgewählten Schlüsselpersonen geführt, die als Mitgestalter oder kritische Betrachter den Aushandlungs- und Durchsetzungsprozess der fraglichen Innovation bundesweit beobachtet oder ihn vorangetrieben haben, zum Beispiel reflektierende Fachvertreter von Bund und Land, Entscheidungsträger bei Verbänden, prominente Akteure der Planungspraxis, Vertreter der Stadt- und Regionalforschung sowie Journalisten. Für die Durchführung der Experteninterviews greifen wir ebenfalls auf bewährte Verfahren zurück (vgl. Kvale 2007; Bogner et al. 2009; Gläser und Laudel 2010).

In *Stufe 2* wird der Prozess der Innovation in den Handlungsfeldern jeweils anhand von Fallbeispielen an zwei bis drei konkreten Orten rekonstruiert, von denen bekannt ist, dass sie für die Entstehung, Durchsetzung bzw. Etablierung des gesamten Innovationsprozesses eine besondere Bedeutung hatten bzw. noch haben. Hier werden also für konkrete lokale Segmente detailliert Phasierungen, Akteurskonstellationen, entscheidende Impulse, organisatorische Arrangements, Einflussfaktoren und institutionelle Manifestationen untersucht.

Dabei kommt mit Dokumentenanalysen und Expertengesprächen das gleiche Methodenrepertoire zum Einsatz wie in Stufe 1. Hier liegt der Akzent jedoch stärker auf den Interviews. Als Experten werden verantwortliche Politiker und Fachplaner in den ausgewählten Kommunen bzw. Regionen befragt, Vertreter von beteiligten Organisationen (zum Beispiel von Träger- oder Wohnungsbaugesellschaften) und nicht zuletzt Repräsentanten von Bürgergruppen. Es hängt vom konkreten Gegenstand und Fallbeispiel ab, wer tatsächlich als ein Experte in dieser Sache gelten kann. Die geeigneten Personen werden über ein „Schneeballverfahren" ermittelt und ausgewählt. In den leitfadengestützten Gesprächen (zwischen sechs bis zehn Interviews pro Fallbeispiel) geht es um Fragen, wie die zentrale Idee für das neuartige Planungsprodukt bzw. -verfahren in die Welt kam, lokal weiterentwickelt, ausgehandelt und umgesetzt wurde. Die Analyse der Dokumente dient dazu, komplementär dazu Informationen zusammenzutragen, die den Interviewpartnern entfallen sein können. Dafür werden vor allem Pläne, Akten, Dokumentationen, Projektdarstellungen wie auch Fachpublikationen herangezogen. Umgekehrt können die Experteninterviews Informationen zum untersuchten Gegenstand liefern, die nicht, unvollständig oder gar verzerrt dokumentiert sind.

In *Stufe 3* des Forschungsprozesses werden die Ergebnisse – aus den bundesweit übergreifenden (Stufe 1) und den lokal- bzw. regionalbezogenen (Stufe 2) Analysen – innerhalb der einzelnen Handlungsfeldstudien zusammengeführt und zwischen den Handlungsfeldern vergleichend ausgewertet. Im Abgleich von Gemeinsamkeiten und Unterschieden werden theoretisch-konzeptionelle Schlussfolgerungen zum Ablauf von Innovationsprozessen in der räumlichen Planung gezogen.

5   Über die Intentionalität bei der Generierung planerischer Innovationen. Erste Ergebnisse aus den ausgewählten Handlungsfeldern

In diesem Kapitel sollen erste Ergebnisse aus der ersten Stufe des Forschungsprozesses vorgestellt werden: der Stufe, in der der Innovationsprozess für jedes der ausgewählten Handlungsfelder übergreifend (das heißt bundesweit) rekonstruiert wird. Dies soll am Beispiel der auf Strukturmerkmale von planerischen Innovationen zielenden Forschungsfrage geschehen (vgl. Kap. 4, Forschungsfrage 2). Dort soll es konkret um die Teilfrage gehen, welche Akteure beteiligt sind, inwieweit die von ihnen generierten planerischen Innovationen als intentionaler Prozess und wie die Reflexivität im Innovationsprozess beschrieben werden können.

Es zeigte sich, so viel kann vorweg genommen werden, dass die zentralen Akteure mit ihrem Handeln sehr intentional und durchaus reflexiv neue und vor allem „bessere" Lösungen bzw. Praktiken anstreben. Es wurde aber auch deutlich, dass ebenso nicht-intentionale Faktoren, im Sinne von den Prozess fördernden „Nebenereignissen", von Bedeutung sind. Im Folgenden soll dieser Befund am Beispiel der vier ausgewählten Handlungsfelder detaillierter dargestellt werden.

Im Handlungsfeld der Quartiersentwicklung (Quartiersmanagement) waren es zunächst Praktiker der Sanierungsplanung, aber auch Sozialarbeiter, die spätestens ab Mitte der 1970er Jahre *intendiert* nach veränderten Lösungsansätzen im Sinne von „besseren Lösungen" suchten, ohne jedoch gezielt „Innovationen" generieren zu wollen. Diese Akteure waren in ihrem jeweiligen disziplinären Handlungsbereich in hohem Maße geleitet von Defiziterfahrungen mit dem existierenden Instrumentarium der Planung, das zwar soziale Intentionen hatte, jedoch über keine Instrumente dafür verfügte, wie man mit sich räumlich verdichtenden und sich verschärfenden sozialen Problemlagen in Quartieren umgehen kann. Weitere Akteure waren Sozialwissenschaftler, die ihre Expertise im Rahmen von Gutachten, Publikationen und Politikberatung zur Verfügung stellten. Diese wissenschaftliche Expertise stellte für die Kritik am Bestehenden und für die Suche nach Alternativen einen Begründungsrahmen bereit, der von den anderen Akteuren genutzt wurde. Die ersten Schritte im Entstehungsprozess des Quartiersmanagements waren somit insofern intentional, als sie sich als gerichtete, disziplinäre und sozialwissenschaftlich vermittelte Lernprozesse beschreiben lassen. In den verschiedenen disziplinären Diskursarenen kann dabei nachvollzogen werden, wie sich die Disziplinen wechselseitig annäherten: Die Stadtsoziologie wandte sich Fragen der Planung zu („Stadtplanungssoziologie"); die Planung richtete sich auf soziale Prozesse aus (Sozialraumorientierung der Planung) und die Sozialarbeit wurde sich zunehmend der Räumlichkeit von sozialen Problemlagen bewusst (Raumbezug der Sozialarbeit, Gemeinwesenarbeit). Einzelne Akteure nahmen in dieser ersten Phase gezielt Einfluss auf die Politik und hatten zumindest in einigen Bundesländern Erfolg mit praktischen Umsetzungen. Soweit ist das Quartiersmanagement wie gesagt das Ergebnis von intentionalen Anstrengungen und von professionellem Lernen.

Gleichzeitig können aber auch *nicht-intentionale* Aspekte beobachtet werden, die als weitere Bedingungen erst hinzutreten mussten, um dem fachlich an Konturen gewinnenden integrierten Quartiersmanagement-Ansatz zum Durchbruch zu verhelfen. Nach den ersten Demonstrativvorhaben (IBA Berlin, 1984-1987) Ende der 1970er Jahre traten in den 1980er und frühen 1990er Jahren einschlägige Ereignisse und Diskurse ein, die eine äußerst günstige Konstellation ergaben, um das Quartiersmanagement durchzusetzen. Auch wenn einige Akteure, zum Beispiel in Nordrhein-Westfalen (im Jahr 1993), aufgrund eines politischen Einwirkens auf der

EU-Ebene in Brüssel ihren Anteil an der Etablierung des Quartiersmanagements zu Recht betonten, führten diese Aktivitäten nur sehr begrenzt direkt zu einem endgültigen Ergebnis: sie schufen aber indirekt weitere Voraussetzungen für das Fortschreiten des Prozesses. Weiterführend waren vor allem die intensiven Debatten um die Bewältigung des Strukturwandels in altindustriellen Regionen und um die steigende Finanznot der betroffenen Kommunen, die vor Augen führten, dass eine Fortsetzung der bisherigen Stadtentwicklungspolitik wenig zielführend ist. Aber auch die allmähliche Umdefinition und -organisation der Europäischen Strukturfonds (von der Regionalförderung hin zur städtischen und teilstädtischen Förderung) war ein entscheidender Faktor. Erst darüber konnten – neben der Propagierung eines Integrierten Ansatzes seitens der EU-Kommission – die Kriterien und entsprechenden zweckgebundenen Programmmittel für Modellvorhaben (URBAN) und für einen Erfahrungsaustausch (URBACT) bereitgestellt werden (vgl. Koczy 2015).

Die Kritik am Städtebau der funktionalistischen Moderne in Gestalt der Großwohnsiedlungen, die in den 1960er Jahren einsetzte, kam nicht aus der Disziplin der Planung selbst, sondern zunächst aus anderen Disziplinen (Journalismus, Sozialwissenschaften etc.) und von den Bewohnern. Wichtige Kritikpunkte waren die Monofunktionalität („Schlafstädte"), die unzureichende und zu späte Ausstattung mit privater und öffentlicher Infrastruktur, die mangelhafte Nutzbarkeit und Attraktivität der öffentlichen Räume und anderes mehr. Vor dem Hintergrund setzte dann sehr bald in der Planungspraxis auf unterschiedlichen Ebenen und in verschiedenen Bereichen (räumlich-morphologisch, funktionell etc.) eine aktive Suche nach besseren Lösungen ein. Da aber in den Folgejahren keine großen neuen Wohnquartiere gebaut werden mussten, wurden zunächst nur für Teilausschnitte neue Konzepte entwickelt, vor allem im Rahmen der Stadterneuerung oder der sogenannten „Nachbesserung" der Großsiedlungen. Gleichwohl kann dies als ein bewusstes Absetzen der Fachdisziplin von der bisherigen Routine begriffen werden. In diesem Zusammenhang wurde vor allem die Internationale Bauausstellung Berlin (1979-1987) als exponierter Rahmen aktiv dazu genutzt, Prototypen zu entwickeln, die das städtebauliche Repertoire des 19. Jahrhunderts (Baublock, Korridorstraße etc.) aufgriffen und es modifizierten. Innovationssemantiken spielten zwar keine Rolle, aber im Wechsel der Begrifflichkeiten von der *Siedlung* hin zum *Quartier* bildet sich dieser Bruch gleichwohl ab. Auch die Tatsache, dass – stark vermittelt über einen Generationswechsel – sich im Verlauf der Durchsetzung und Verbreitung der Innovation ein Akteurs-Netzwerk herausbildete, das sich aktiv gegen bestehende Widerstände und für die Verfestigung der Neuerung einsetzte, lässt sich als ein *intentional* getriebener Vorgang beschreiben.

Äußere Umstände und damit *nicht-intentionale* Faktoren waren es allerdings, die dem Konzept schließlich zum raschen Durchbruch verhalfen: Die zügige Verbreitung des neuen Leitbilds der kompakten und durchmischten Stadt wurde erst dann möglich, als die zu Beginn der 1990er Jahre in Folge der Wiedervereinigung einsetzende ‚neue Wohnungsnot' vor allem westdeutsche Großstädte veranlasste, wieder zahlreiche neue Stadtteile zu planen. Was in den Jahren zuvor nur an einzelnen Ausschnitten exemplifiziert wurde, konnte nun, meist auf der Grundlage von Ergebnissen städtebaulicher Wettbewerbe, beim Bau neuer Stadtteile zumindest in Teilen umgesetzt und zum neuen Standard werden: Baublöcke statt Zeilenbau, Integration von Arbeitsplätzen, kleinteilige Parzellierung, Mischprinzip in der Erschließung, deutliche Trennung von öffentlichen und privaten Freiräumen (vgl. Zupan 2015).

Im Handlungsfeld des Stadtumbaus (Zwischennutzungen) bildeten neuartige Raumaneignungspraktiken von Alternativen, Künstlern und Kreativen den Ausgangspunkt. Auch wenn es diesen Akteuren vor allem darum ging, ihre individuellen Lebensentwürfe zu verwirklichen, lebten sie vor, wie man räumliche Gelegenheitsstrukturen in Form von Brachen und leerstehenden Häusern (temporär) für verschiedenste kulturelle Projekte nutzen kann. Diese seit den 1970er Jahren sich herausentwickelnden Projekte wurden von den Nutzern zu jener Zeit zwar weder als „Zwischennutzungen", noch als „Innovationen" bezeichnet, spätestens ab den 1990er Jahren gab es aber vermehrt Reaktionen von Journalisten und Sozialwissenschaftlern, in deren Rahmen den sogenannten „Zwischennutzungsprojekten" Innovativität zugeschrieben wurde. So erhielten die temporären Nutzungen den Nimbus des Innovativen.

Erst im Rahmen der IBA Emscher Park (ab 1989) wurden Zwischennutzungen *gezielt* im Zusammenhang mit Raumentwicklungsprozessen eingesetzt. Die IBA-Akteure *hatten die Intention*, über kulturelle Zwischennutzungsprojekte für die zahlreichen Brachen – in den von De-Industrialisierungsprozessen stark betroffenen Regionen des Ruhrgebiets – Folgenutzungen und räumliche Revitalisierungen zu initiieren. Interessanterweise wurde dieser Versuch der IBA Emscher Park jedoch nie als Planungsinnovation diskutiert.

Zu einer systematischeren Einbindung von Zwischennutzungsverfahren in die räumliche Planung und zu einer Ausbreitung der neuartigen Planungspraxis kam es erst aufgrund von Entwicklungen, die eher als *nicht-intendierte* Faktoren im Rahmen des Innovationsprozesses betrachtet werden müssen: Zentral war die Entwicklung, die im Laufe der 1990er Jahre zunehmend als „Schrumpfung von Städten" wahrgenommen worden ist. Vor allem in Ostdeutschland riefen massive Leerstände und knappe Kassen nach kreativen planerischen Instrumenten im Stadtumbau. Junge – von Berliner Zwischennutzungsprojekten inspirierte – Planungswissenschaftler schlugen vor, Zwischennutzungen als Instrument für bestimmte Leerstände einzusetzen. Die Berliner Projekte wurden dabei als „innovativ" gerahmt. Jedoch erst

Ende der 1990er Jahre, als sich die Schrumpfungsproblematik noch verschärft hatte, begann die Stadt Leipzig damit, gezielt mit Zwischennutzungen zu experimentieren. Um das Instrument planerisch handhabbar zu machen, führte die Stadt im Jahr
1999 die sogenannte Gestattungsvereinbarung ein. Diese Vereinbarung schuf eine
vertragliche Grundlage für temporäre Raumnutzungen und wurde zu einem Vorbild
für andere Städte. Weitere nicht-intendierte Faktoren waren die URBAN-Program-
me der Europäischen Union (1994-1999), die zwar nicht eigens für Experimente
mit Zwischennutzungen entwickelt worden waren, die aber auch die Finanzierung
solcher Projekte ermöglichten. Ferner gehört die Novellierung des Baugesetzbuchs
im Jahr 2004 dazu, die mit sich brachte, dass in § 9 Abs. 2 ein Baurecht auf Zeit
eingeführt wurde. Ziel der Novellierung war es, Nutzungszyklen von Gewerbeim-
mobilien zu verkürzen. Es ging also nicht primär darum, Zwischennutzungsverfahren in Planungsprozessen zu unterstützen; faktisch wurde dies aber über dieses
Gesetz ebenfalls erleichtert. Nicht zuletzt ist der Diskurs um die „kreative Stadt"
ein bedeutender Faktor für die Ausbreitung der Planungsinnovation geworden. Im
Nachgang zu Richard Floridas Thesen über die Bedeutung von Kreativen für die
Stadtentwicklung wurden Zwischennutzungen verstärkt als Ausdruck von Kreativität gerahmt. Fortan interessierten sich nicht nur schrumpfende bzw. arme, sondern
auch wachsende bzw. prosperierende Städte für das planerische Instrument der Zwischennutzung. Diese Städte erhoffen sich mittlerweile, die Attraktivität des Standorts über kreative Experimente erhöhen zu können (vgl. Honeck 2015).

Im Handlungsfeld der Regionalentwicklung (Reflexive Regionalpolitik) gab
es insofern sehr gezielte, hochgradig *intentionale* Suchbewegungen, als dort vor
allem Professionen wie Regionalplaner und Wirtschaftsstrukturförderer in Richtung einer Stärkung kooperativer Formen zur Gestaltung auf regionaler Ebene
drängten. Die professionell motivierte Intention richtete sich gegen „Kirchturm-
politiken", von denen man nunmehr dachte, dass sie nur sehr kurzfristige, im Zyklus von Legislaturperioden angelegte Ansätze anstrebten und dass sie mit ihren
an den kommunalen Grenzen aufhörenden Problembearbeitungen nur begrenzt
etwas ausrichten könnten. Diese aus fachlicher Sicht unbefriedigenden Begren-
zungen versuchte man bereits in der zweiten Hälfte der 1980er Jahre vor allem in
Nordrhein-Westfalen gezielt mit neuen Instrumenten zu überwinden – etwa über
die Einführung von „Regionalkonferenzen" im Rahmen der Zukunftsinitiativen
Montanregion (ZIM) oder von Zukunftsinitiativen für die Regionen in Nordrhein-
Westfalen (ZIN). In Niedersachsen experimentierte man mit ersten regionalen
Entwicklungsagenturen, allerdings auch dort mit noch unbefriedigenden Ergebnissen. Diese Ansätze wurden als einseitig auf Wirtschaftsförderung ausgerichtet
und aufgrund ihrer Konsensorientierung und ohne passendes Finanzierungsmodell in ihrer Wirkung als wenig strukturverändernd kritisiert.

Neben den ersten intentionalen Suchbewegungen und Experimenten der beteiligten Akteure gab es allerdings auch in diesem Handlungsfeld Ereignisse und Prozesse, die als fördernde Rahmenbedingungen hinzukamen, *ohne dass sie intentional verfolgt* worden wären. So führte ein enormer Problemdruck aufgrund von De-Industrialisierungsprozessen in den späten 1980er Jahren im Ruhrgebiet zur Etablierung der IBA Emscher Park, die zugleich – wie sich später herausstellte – ein „window of opportunity" für die Umsetzung von Strategien einer reflexiver Regionalpolitik werden sollte. Die IBA Emscher Park hatte keinerlei Intention, Ansätze der Regionalpolitik voranzutreiben, es ging dem federführenden Städtebauministerium viel mehr darum, ein Entwicklungsprogramm für in öffentlichen Besitz befindliche Brachflächen zu implementieren. Dabei mussten jedoch zwei Kernprobleme adressiert werden, die auch in den ersten Ansätzen einer reflexiven Regionalpolitik in Nordrhein-Westfalen ein wichtiger Gegenstand waren, aber dort noch nicht gelöst werden konnten: erstens das Problem, die Kooperationsbereitschaft von kommunalen Gebietskörperschaften zu erwirken, wenn es um Maßnahmen geht, die die administrativen Grenzen überschreiten, und zweitens das Problem, Lösungen zu finden, die jenseits der eingefahrenen Muster liegen. Mit einem spezifischen Förderansatz, nämlich dem des offenen Projektaufrufs, der Projektauswahl und der prioritären Förderung ausgewählter Projekte durch bestehende Landesprogramme, und mit einer Strategie der Qualifizierung ausgewählter Projekte durch die Begleitung und Unterstützung der IBA Planungsgesellschaft wurden dort zentrale Schwachstellen der ersten Ansätze reflexiver Regionalpolitik quasi nebenbei exemplarisch gelöst. Auch die neuartige – im Rahmen der IBA nunmehr sehr konsequent betriebene – Praxis, das Akteursspektrum auf nicht-ökonomische Akteure auszuweiten, war beispielgebend und stand späteren Ansätzen reflexiver Regionalpolitik Pate. Obwohl die IBA Emscher Park, wie gesagt, nicht mit der Intention antrat, Probleme des neuen regionalpolitischen Ansatzes zu adressieren, wurde jedoch die IBA später diskursiv stark in Zusammenhang damit gebracht (vgl. Füg 2015).

Wie oben angedeutet wurde, zeigt sich in allen vier planerischen Handlungsfeldern, dass bei den jeweils beteiligten Akteuren sehr deutlich ein intentional gerichtetes Handeln in Richtung einer Verbesserung bisheriger Praktiken beobachtet werden kann. Diese Verbesserungsintention ist in allen Fällen durch einen öffentlich wahrgenommenen und diskursiv thematisierten Problemdruck motiviert worden und wurde teilweise durch sozialwissenschaftliche Diagnosen und Expertisen unterstützt, womit eine hohe Reflexivität konstatiert werden kann. Gleichzeitig fällt indes auf, dass es den beteiligten Planungsakteuren – wenn überhaupt, dann – nur sekundär darum ging, explizit eine „Innovation" zu generieren. Im Fall von Zwischennutzungen waren es in der Anfangsphase des Innovationsprozesses Journalisten, Sozial- und Planungswissenschaftler, die zunächst „von außen" den von ihnen beobachteten veränderten Handlungspraktiken (sei es von den Zwischennutzern oder sei es von den ersten Planungspraktikern) Innovativität zugeschrieben haben. Erst später haben auch involvierte Planungspraktiker den Einsatz des Zwischennutzungsinstrumentes in der räumlichen Planung selbst als „innovativ" bezeichnet – zumindest bei vereinzelten Projekten wie zum Beispiel dem der Tempelhofer Freiheit in Berlin; allerdings geschah dies erst, als das Instrument als solches in der Planungspraxis schon etabliert war. Gleichwohl gilt für alle ausgewählten planerischen Handlungsfelder, dass die Intention, gezielt eine Innovation zu generieren, in der Anfangsphase der planerischen Innovation in der Regel nicht im Vordergrund des Akteurshandelns stand, sondern vielmehr die, durch andere Praktiken eine „Verbesserung" eines als problematisch eingestuften Zustandes und/oder einer überholten Praktik herbeizuführen. Dies täuscht nicht darüber hinweg, dass in dem Bestreben, gezielt Verbesserungen herbeizuführen, Praktiken entstanden sind, die mit bisherigen Handlungsformen deutlich brachen und die daher als Innovationen bezeichnet werden können (vgl. die obige Beschreibung der neuartigen Praktiken in den vier Handlungsfeldern; vgl. Kap. 4). Was man also im Fall der untersuchten Planungsinnovationen zusammenfassend feststellen kann, ist eine hohe Reflexivität in Bezug auf die Veränderung bisheriger Praktiken, aber eine geringe bezüglich der Generierung einer Innovation.

Es fällt außerdem auf, dass die spezifischen Handlungen, die intendiert darauf angelegt waren, die jeweiligen Veränderungen bzw. Verbesserungen herbeizuführen, nur ein Aspekt im Innovationsprozess sind. Ein anderer Aspekt sind die vielfältigen nicht-intendierten Ereignisse und Prozesse, die den Kontext des spezifischen Innovationsprozesses bilden und diesen ganz wesentlich beeinflussen können. Die Untersuchungen in den ausgewählten Handlungsfeldern deuten darauf hin, dass die nicht-intendierten Faktoren für die Umsetzung und Ausbreitung der neuartigen Praktiken sogar mindestens ebenso wichtig sind wie die intendierten Maßnahmen selbst. Am Beispiel der IBA Emscher Park, die für die Handlungsfelder Stadtumbau (Zwischennutzungen) und Regionalentwicklung (reflexive Regionalpolitik) bedeutend war, zeigte sich kurioserweise, dass die hochgradig reflektierte IBA-Planungsgesellschaft, die darauf zielte, neuartige Verfahren zu entwickeln, um mit den Herausforderungen von Industriebrachen umzugehen, mit ihren ersten Experimenten zu Zwischennutzungen letztlich gar nicht den entscheidenden Impuls für die Etablierung und Verbreitung der Planungsinnovation Zwischennutzung gegeben hat. Die Tatsache, dass die IBA Emscher Park im Diskurs um Zwischennutzungen bestenfalls nebenbei erwähnt wird, zeugt davon. Interessanterweise war der Einfluss dieser IBA für die Etablierung einer anderen Innovation in der Planung, nämlich die der reflexiven Regionalpolitik, sehr viel größer, obwohl die dort entwickelten Maßnahmen gar nicht auf diesen Handlungsbereich angelegt worden waren. Der Diskurs zu neuen Praktiken in der Regionalentwicklung, in dem typischerweise die Bedeutung der IBA Emscher Park betont wird, belegt dies. Angesichts dieses Beispiels entsteht der Eindruck, dass die Dynamiken von Innovationsprozessen in der Planung nur schwer gesteuert werden können.

Der Eindruck verstärkt sich angesichts des empirischen Befundes, dass die Innovationsprozesse in den vier planerischen Handlungsfeldern Jahrzehnte in Anspruch nahmen und damit lange Zeitlinien aufweisen. Es fallen zudem komplexe Akteurskonstellationen auf, die im Rahmen des Innovationsverlaufs zu unterschiedlichen Zeitpunkten unterschiedlich zusammengesetzt sein und unterschiedliche Einflussmöglichkeiten haben konnten (vgl. Ibert et al. 2015).

# 6	Schlussbemerkungen

Dieser Beitrag hat versucht zu zeigen, warum und wie der Begriff der Innovation für Forschungen im Bereich der räumlichen Planung fruchtbar gemacht werden kann. Dazu wurden konzeptionelle Überlegungen und das methodische Design eines DFG-geförderten Projekts vorgestellt. Ziel dieses Forschungsprojekts InnoPlan ist es, den Prozess der Entstehung, Umsetzung und Ausbreitung von Innovationen in der räumlichen Planung an Praxisbeispielen nachzuvollziehen. Ausgewählt wurden dafür die Handlungsfelder Städtebau, Stadtumbau, Quartiersentwicklung und Regionalentwicklung. Dabei nutzen wir einen generischen Begriff von (räumlicher) Planung und beziehen uns auf das Konzept der sozialen Innovation. Das Projekt geht Fragen zum Verlauf (zeitliche Dimension), zu Strukturmerkmalen (organisatorische Dimension) und zur Manifestation (institutionelle Dimension) von Innovationsprozessen nach.

Das Projekt befindet sich noch in Bearbeitung, so dass noch keine abschließenden Ergebnisse vorgestellt werden können. Dennoch zeigt sich bereits in den ersten Phasen der Empirie die Fruchtbarkeit des hier vorgestellten Ansatzes: Neuerungen in der räumlichen Planung lassen sich innerhalb der Hierarchie von gesellschaftlichen und sozialen Innovationen verorten. Auch wenn die Rede von der Innovation in den vier untersuchten Handlungsfeldern in den Selbst- und oft sogar in den Fremdbeschreibungen der beteiligten Akteure selten handlungsleitend war, weisen die neuartigen Praktiken (trotz aller Variationen zwischen den Handlungsfeldern) Merkmale gesellschaftlicher Innovationen auf – zum Beispiel die Selbstzuschreibung einer konflikthaften Verbesserung defizitärer Planungsinstrumente oder -verfahren oder das Paradox der Institutionalisierung etc.. Kurz: Man muss daher wohl von gesellschaftlichen Innovationen ausgehen, die gleichsam „im Schatten" (Rammert 2010, S. 36) vollzogen werden.

Literatur

Albrechts, L. (2004). Strategic (spatial) planning re-examined. *Environment and Planning B: Planning and Design 31*, 743-758.

Balconi, M., Brusoni, S., & Orsenigo, L. (2010). In defence of the linear model: An essay. *Research Policy 39*, 1-13.

Bayliss, D. (2004). Creative planning in Ireland: the role of cultural-led development in Irish planning. *European Planning Studies 12*, 497-515.

BBR (Bundesamt für Bauwesen und Raumordnung) (2007). Neue Stadtquartiere. Bestand und städtebauliche Qualitäten. Vorgehen und Ergebnisse der laufenden Bestandserhebungen des BBR zu neuen Stadtquartieren. (BBR-Online-Publikation Nr. 01/2007). http://www.bbsr.bund.de/BBSR/DE/Veroeffentlichungen/BBSROnline/2007/DL_NeueStadtquartiere.pdf?__blob=publicationFile&v=2. Zugegriffen: 15.10.2014. Bonn: BBR.

Beierlorzer, H. (2010). The Regionale. A regional approach to stabilizing structurally weak urban peripheries applied to the southern fringe of the metropolitan area Rhine-Ruhr. *disP 181*, 80-88.

BMVBS & BBR (Hrsg.). (2008). Zwischennutzungen und Nischen im Städtebau als Beitrag für eine nachhaltige Stadtentwicklung. Bonn. *Werkstatt Praxis, Heft 57*.

Bogner, A., Littig, B., & Menz, W. (Hrsg.). (2009). *Experteninterviews. Theorien, Methoden, Anwendungsfelder*. Wiesbaden: VS Verlag.

Bormann, I. (2013). Zur wissenssoziologisch-diskursanalytischen Rekonstruktion von Innovationen als ‚Wissenspassagen'. In R. Keller & I. Truschkat (Hrsg.), *Methodologie und Praxis der Wissenssoziologischen Diskursanalyse* (S. 339-364). Wiesbaden: VS Verlag.

Braun-Thürmann, H. (2005). *Innovationen*. Bielefeld: transcript.

Christmann, G. B., & Büttner, K. (2011). Raumpioniere, Raumwissen, Kommunikation – zum Konzept kommunikativer Raumkonstruktion. *Berichte zur deutschen Länderkunde 85*, 361-378.

Deutsches Institut für Urbanistik (2003). *Strategien für die Soziale Stadt. Erfahrungen und Perspektiven – Umsetzung des Bund-Länder-Programms „Stadtteile mit besonderem Entwicklungsbedarf – die soziale Stadt"*. Berlin: DIFU.

Dubiel, H. (1999). Integration durch Konflikt? In J. Friedrichs & W. Jagodzinski (Hrsg.), *Soziale Integration. Sonderheft 39 der Kölner Zeitschrift für Soziologie und Sozialpsychologie* (S. 132-143). Opladen: Westdeutscher Verlag.

Ewers, H.-J., & Wettmann, R. W. (1978). Innovationsorientierte Regionalpolitik – Überlegungen zu einem regionalstrukturellen Politik- und Forschungsprogramm. *Informationen zur Raumentwicklung*, 467-483.

Faludi, A. (1985). A decision-centred view of environmental planning. *Landscape Planning 12*, 239-256.

Füg, F. (2015). Reflexive Regionalpolitik als soziale Innovation. Vom Blick in die Sackgasse zur kollektiven Neuerfindung. *Informationen zur Raumentwicklung 3*, 245-259.

Gillwald, K. (2000). Konzepte sozialer Innovation. (WZB Paper, Querschnittsgruppe Arbeit und Ökologie, P00-519). http://bibliothek.wzb.eu/pdf/2000/p00-519.pdf. Zugegriffen: 14.10.2014. Berlin: WZB.

Gläser, J., & Laudel, G. (2010). *Experteninterviews und qualitative Inhaltsanalyse als Instrumente rekonstruierender Untersuchungen*. Wiesbaden: VS Verlag.

Güntner, S. (2007). *Soziale Stadtpolitik. Institutionen, Netzwerke und Diskurse in der Politikgestaltung.* Bielefeld: transcript.

Hafner, T., Wohn, B., & Rebholz-Chaves, Karin (1998). *Wohnsiedlungen. Entwürfe. Typen, Erfahrungen aus Deutschland, Österreich und der Schweiz.* Basel: Birkhäuser.

Häußermann, H. (2005). Das Programm „Stadtteile mit besonderem Entwicklungsbedarf die soziale Stadt". Gesamtbewertung und Empfehlungen der Zwischenevaluation 2003/2004. *Informationen zur Raumentwicklung 2/3,* 75-86.

Häußermann, H., & Siebel, W. (1994a). Die Kulturalisierung der Regionalpolitik. *Geographische Rundschau 45,* 218-223.

Häußermann, H., & Siebel, W. (1994b). Wie organisiert man Innovationen in nicht innovativen Milieus? In R. Kreibich et al. (Hrsg.), *Bauplatz Zukunft. Dispute über die Entwicklung von Industrieregionen* (S. 52-62). Essen: Klartext Verlag.

Häussling, R. (2007). Sozialwissenschaftliche Innovationsforschung: Zum aktuellen Umgang der Gesellschaft mit dem Neuen. *Soziologische Revue 30,* 369-382.

Haydn, F., & Temel, R. (Hrsg.). (2006). *Temporäre Räume. Konzepte zur Stadtnutzung.* Basel: Birkhäuser.

Healey, P. (1997). The revival of strategic planning in Europe. In P. Healey, A. Khakee, A. Motte, & B. Needham (Hrsg.), *Making Strategic Plans: Innovation in Europe* (S. 3-19). London: Routledge.

Honeck, T. (2015). Zwischennutzung als soziale Innovation. Von alternativen Lebensentwürfen zu Verfahren der räumlichen Planung. *Informationen zur Raumentwicklung 3,* 219-231.

Howaldt, J., & Schwarz, M. (2010). *„Soziale Innovation" im Fokus. Skizze eines gesellschaftstheoretisch inspirierten Forschungskonzepts.* Bielefeld: transcript.

Hutter, M., Knoblauch, H., Rammert, W., & Windeler, A. (2011). Innovationsgesellschaft heute: Die reflexive Herstellung des Neuen. Technical University Technology Studies (Working Papers, TUTS-WP-4-2011). Berlin: Technische Universität Berlin.

Ibert, O. (2003). *Innovationsorientierte Planung. Verfahren und Strategien zur Organisation von Innovationen.* Opladen: Leske und Budrich.

Ibert, O., & Müller, F. C. (2014). Network dynamics in constellations of cultural differences. Relational distance in innovation processes in legal services and biotechnology. *Research Policy 44* (1), 181-194.

Ibert, O., Mayer, H.-N., & Siebel, W. (2002). Die Organisation von Innovationen: Neue Formen der Stadt- und Regionalplanung. Ein Vergleich von EXPO 2000 Hannover und Internationaler Bauausstellung Emscher Park. Abschlussbericht des DFG-Forschungsprojekts. Arbeitsgruppe Stadtforschung, Carl von Ossietzky Universität Oldenburg.

Ibert, O., Müller, F.C. & Stein, A. (2015): Produktive Differenzen. Eine dynamische Netzwerkanalyse von Innovationsprozessen. Bielefeld: transcript.

Ibert, O., Christmann, G., Jessen, J., & Walther, U.-J. (2015). Innovationen in der räumlichen Planung. *Informationen zur Raumentwicklung 3,* 171-182.

Jessen, J. (2004). Europäische Stadt als Bausteinkasten für die Städtebaupraxis – die neuen Stadtteile. In W. Siebel (Hrsg.), *Die europäische Stadt* (S. 92-104). Frankfurt a. M.: Suhrkamp.

Kauzick, M. (2007). Zwischennutzung als Initiator einer neuen Berliner Identität? Institut für Stadt- und Regionalplanung. *Graue Reihe, Heft 7,* Berlin. http://opus4.kobv.de/

opus4-tuberlin/files/1702/Graue_Reihe_Heft_7_Zwischennutzung.pdf.   Zugegriffen: 16.10.2014.

Keller, R. (2008). *Wissenssoziologische Diskursanalyse. Grundlegung eines Forschungsprogramms*. Wiesbaden: VS Verlag.

Kline, S. J., & Rosenberg, N. (1986). An overview of innovation. In R. Landau & N. Rosenberg (Hrsg.), *The Positive Sum Strategy: Harnessing Technology for Economic Growth* (S. 275-305). Washington D.C.: National Academy Press.

Knorr Cetina, K. (2001). Objectual practice. In T. R. Schatzki, K. Knorr Cetina, & E. von Savigny (Hrsg.), *The Practice Turn in Contemporary Theory* (S. 175-188). London: Routledge.

Koczy, O. (2015). Neue Akteure im Stadtteil – Entstehungslinien des Quartiersmanagements. *Informationen zur Raumentwicklung 3*, 273-285.

Kunzmann, K. (2004). Culture, creativity and spatial planning. *Town Planning Review 75*, 383-404.

Kvale, S. (2007). *Doing Interviews*. London: Sage.

Lindhult, E. (2008): Are Partnerships Innovative? In L. Svensson & B. Nilsson (Hrsg.), *Partnership – As a Strategy for Social Innovation and Sustainable Change* (S. 37-54). Stockholm: Satéruns Academic Press.

Luhmann, N. (1971). *Politische Planung. Aufsätze zur Soziologie von Politik und Verwaltung*. Opladen: Westdeutscher Verlag.

Martens, H. (2010). Beteiligung als soziale Innovation. In J. Howaldt & H. Jacobsen (Hrsg.), *Soziale Innovation. Auf dem Weg zu einem postindustriellen Innovationsparadigma* (S. 371-390). Wiesbaden: VS Verlag.

Mayer, S. (1999). *Relationale Raumplanung. Ein institutioneller Ansatz für flexible Regulierung*. Marburg: Metropolis-Verlag.

McCann, E., & Ward, K. (2010). Relationality/territoriality: Toward a conceptualization of cities in the world. *Geoforum 41*, 175-184.

McFarlane, C. (2006). Knowledge, learning and development: a post-rationalist approach. *Progress in Development Studies 6*, 287-305.

Moulaert, F., Jessop, B., Hulgard L., & Hamdouch, A. (2013). Social Innovation: A New Stage in Innovation Process Analysis? In F. Moulaert, D. MacCallum, A. Mehmood, & A. Hamdouch (Hrsg.), *The International Handbook on Social Innovation: Collective Action, Social Learning and Transdisciplinary Research* (S. 110-130). Cheltenham: Edward Elgar.

Neff, G., & Stark, D. (2003). Permanently Beta: Responsive Organization in the Internet Era. In P. E. N. Howard & St. Jones (Hrsg.), *The Internet and American Life* (S. 173-188), Thousand Oaks, CA: Sage.

Neuloh, O. (Hrsg.). (1977). *Soziale Innovation und sozialer Konflikt*. Göttingen: Vandenhoeck & Ruprecht.

Ogburn, W. F. (1937). „Foreword". In National Resources Committee (Hrsg.), *Technological Trends and National Policy, Including the Social Implications of New Inventions*. Washington: United States Government Printing Office.

Peck, J., & Nik, T. (2010). Recombinant workfare, across the Americas. *Geoforum 41*, 195-208.

Prior, L. (2003). *Using Documents in Social Research*. London: Sage.

Rammert, W. (2010). Die Innovationen der Gesellschaft. In J. Howaldt & H. Jacobsen (Hrsg.), *Soziale Innovation. Auf dem Weg zu einem postindustriellen Innovationsparadigma* (S. 21-51). Wiesbaden: VS Verlag.

Schumpeter, J. A. (1997 [1911]). *Theorie der wirtschaftlichen Entwicklung.* Berlin: Duncker & Humblot.

Selle, K. (2005). *Planen. Steuern. Entwickeln. Der Beitrag öffentlicher Akteure zur räumlichen Entwicklung von Stadt und Land.* Dortmund: Verlag Dorothea Rohn.

Senatsverwaltung für Stadtentwicklung Berlin (Hrsg.). (2007). *Urban Pioneers.* Berlin: Jovis.

Siebel, W. (2006). Wandel, Rationalität und Dilemmata der Planung. *Planung neu denken.* PND 4/2006. http://www.planung-neu-denken.de/content/view/40/41. Zugegriffen: 19.05.2011.

Siebel, W., Ibert, O., & Mayer, H.-N. (2001). Staatliche Organisation von Innovation. Die Planung des Unplanbaren unter widrigen Umständen durch einen unbegabten Akteur. *Leviathan 29,* 526-543.

Suchman, L. (1987). *Plans and Situated Action: The Problem of Human-Machine Interaction.* Cambridge: Cambridge University Press.

Walther, U.-J. (Hrsg.). (2002). *Soziale Stadt. Zwischenbilanzen ein Programm auf dem Weg zur sozialen Stadt?* Opladen: Leske und Budrich.

Walther, U.-J., & Mensch, K. (Hrsg.). (2004). *Armut und Ausgrenzung in der sozialen Stadt. Konzepte und Rezepte auf dem Prüfstand.* Darmstadt: Schader-Stiftung.

Walther, U.-J., & Güntner, S. (2005). Vom überforderten Fachprogramm zurück zur Stadtpolitik. In Die Soziale Stadt – ein Programm wird evaluiert. *Informationen zur Raumentwicklung 2/3,* 183-192.

Walther, U.-J. (2004). Innovation durch Ambivalenz? Das Programm „Stadtteile mit besonderem Entwicklungsbedarf - Die soziale Stadt". In S. Greiffenhagen & K. Neller (Hrsg.), *Praxis ohne Theorie? Wissenschaftliche Diskurse zum Bund-Länder-Programm Stadtteile mit besonderem Entwicklungsbedarf. Die soziale Stadt* (S. 111-124). Opladen: Leske und Budrich.

Wiechmann, T. (2008). *Planung und Adaption. Strategieentwicklung in Regionen, Organisationen und Netzwerken.* Dortmund: Verlag Dorothea Rohn.

Wiechmann, T. (2010). Warum Pläne nicht ausreichen – Zur Übertragbarkeit von Managementansätzen auf regionale Governanceprozesse. In G. Hutter & T. Wiechmann (Hrsg.), *Strategische Planung. Zur Rolle der Planung in der Strategieentwicklung für Städte und Regionen* (S. 17-41). Berlin: Altrock (Reihe Planungsrundschau 18).

Wolff, S. (2008). Dokumenten und Aktenanalyse. In U. Flick et al. (Hrsg.), *Qualitative Forschung* (S. 502-513). Reinbek b. Hamburg: Rowohlt.

Zapf, W. (1989). Über soziale Innovationen. *Soziale Welt 40,* 170-183.

Zupan, D. (2015). Von der Großwohnsiedlung der Spätmoderne zum kompakten nutzungsgemsichten Stadtquartier. Verlaufsformen eines städtebaulichen Erneuerungsprozesses. *Informationen zur Raumentwicklung 3,* 183-199.

Internetquellen

http://www.bbsr.bund.de/BBSR/DE/Veroeffentlichungen/BBSROnline/2007/DL_NeueStadtquartiere.pdf?__blob=publicationFile&v=2. Zugegriffen: 15. Oktober 2014.

https://www.innovation.tu-berlin.de/fileadmin/i62_ifsgktypo3/TUTS_DE_WP_4_2011.pdf. Zugegriffen: 15.10.2014.

http://www.planung-neu-denken.de/content/view/40/41. Zugegriffen: 19.5.2011.

http://bibliothek.wzb.eu/pdf/2000/p00-519.pdf. Zugegriffen: 14.10.2014.

http://opus4.kobv.de/opus4-tuberlin/files/1702/Graue_Reihe_Heft_7_Zwischennutzung.pdf. Zugegriffen: 16.10.2014.

Energiewende

Pfadbruch oder Manifestierung des Ausgangspfades?

Johann Köppel

1 Die Herausforderung

Es gibt wenige Felder im Gegenstandsbereich der Innovationsgesellschaft, die heute derartig vom Aufbruch und Wandel geprägt sind wie der Energiesektor. Unter der Semantik des Neuen – Energie‚wende' – haben wir es mit einem vielfältig begründeten Umbruch zu tun, unter anderem angesiedelt an der Schnittstelle von Innovations- und Umweltpolitik (Foxon und Pearson 2008). Längst wurde die Energiewende auch zumindest zu einer europäischen (Sühlsen und Hisschemöller 2014) und der ikonische Begriff selbst scheint in den internationalen Sprachgebrauch gelangt. Mehr als zwei Drittel der EU Mitgliedsstaaten haben ein nationales Einspeisegesetz erlassen nach dem Vorbild Deutschlands (Sühlsen und Hisschemöller 2014). Dabei wurden auch eher wettbewerbliche Fördermodelle auf das deutsche Einspeisemodell umgestellt, so etwa in Frankreich (Nadai 2007), ähnlich auch Großbritannien (Bruns et al. 2008, 2011). Treibende Kräfte sind vielfach in sozialen Konstrukten wie dem Klimawandel und einer krisenbedingten Wahrnehmung des fossilen und nuklearen Ausgangssystems zu finden. Durch die reflexive Betrachtung und Verhandlung der Transformation eines gesamten Energiesystems (Strunz 2014) ändern sich gleichzeitig die Wahrnehmungen dieses möglichen Pfadbruchs und seiner einzelnen technologischen Pfade, insbesondere der Wind- und Solarenergie sowie des Netzausbaus und der Planung von Speicherinfrastruktur.

Dazu gehören die jeweiligen Akteurskonstellationen sowie deren technologie- und ortsspezifische Werte, Normen und Vorstellungen („values" und „beliefs"; Aas et al. 2014; Bidwell 2013), die für oder gegen bestimmte Entwicklungslinien stehen und diese beeinflussen. Dabei haben Arbeiten zur Akzeptanzforschung der Transformation des Energiesystems gezeigt, zwischen der grundsätzlichen Unterstützung und der einzelfallbezogenen Akzeptanz von Innovationen und der Diffusion betreffender Projekte zu unterscheiden. Ausgeprägte Skalenphänomene (Devine-Wright 2013) kennzeichnen weiterhin eine Situation, die von hohen Zustimmungsraten in globalen und nationalen Maßstäben, sowie oft reflexiv widerständigen lokalen Perspektiven auf einen beschleunigten Umbruch geprägt sind. Die oft überraschenden Querbezüge entziehen sich dabei in erheblichem Maße des Vorhergesehenen.

Mit den Innovationsbiographien der Erneuerbaren Energien haben Bruns et al. (2008, 2011) die begonnene Transformation des deutschen Energiesystems letztlich als Erfolgsstory beschrieben. Zu den bestimmenden Faktoren zählte die Innovationskraft von Krisen wie zunächst der Tschernobyl- und später der Fukushima-Katastrophe.[1] In der Folge handelte es sich auch um gesellschaftliche bzw. politische Interventionen, insbesondere der Etablierung eines langfristig garantierten Stromeinspeisetarifs für erneuerbare Energien (Bruns et al. 2008, 2011). Insofern hätte die Biographie der erneuerbaren Energien auch als ein von erfolgreichen Akteurskonstellationen deliberativ herbeigeführter Pfadbruch beschrieben werden können; darauf wird im Folgeabschnitt eingegangen. Genau genommen handelt es sich um technische und politische Innovationen einerseits, sowie die Diffusion der Technologien andererseits, die ihrerseits durch Innovationen wie zum Beispiel unseres räumlichen Planungssystems sowie auch in der Rechtsprechung gestützt wurden. So urteilte das deutsche Bundesverwaltungsgericht wegweisend, dass der Windenergie in kommunalen Flächennutzungsplänen substanziell Raum zu schaffen ist, d.h. die Kommunen dürfen nicht unter dem Deckmantel der planerischen Steuerung von Windkraftanlagen diese in Wahrheit verhindern (vgl. BVerwG 4 CN 2.0 v. 24.01.2008). Auch gelang es offenbar, mit im Erneuerbare Energien Gesetz (EEG) verankerten Anreizsystemen die Lernkurven in der Technologieentwicklung weiter zu stimulieren (in der Zeitachse degressive Einspeisetarife; Bruns et al. 2011).

Inzwischen zeigt sich jedoch die immer weiter erhöhte Reflexivität der den Wandel bedingenden Innovationen als schwer steuerbare Herausforderung. Die Zustimmung zu einem Szenario mit sich immer dichter darstellender Energie-

---

1 Ebenso verzögern „hazards" (wie lokale Erdbeben) auch einzelne Innovationsverläufe der erneuerbaren Energien, was für die Geothermie zu verzeichnen war (Bruns et al. 2011). Bei der (konventionellen) Gasförderung nahe Groningen in den Niederlanden führten nennenswerte Erdbeben zur Frage, ob durch solche Ereignisse nicht auch mit ähnlichen Effekten bei der unkonventionellen Gasförderung (Fracking) gerechnet werden müsse (van der Voort und Vanclay 2014).

infrastruktur (mit den Feldern Erzeugung, Transport, Speicherung) kann fortan nicht generalisiert werden. Im Mittelpunkt dieses Beitrags stehen das zwischenzeitliche Auftreten sowie der reflexive Umgang mit Barrieren im Innovationfeld der Energiewende. Dazu zählt ein neuartiger Wettbewerb mit dem fossilen Ausgangs-Energiesystem. Noch ist unklar, ob es sich um Übergangsphänomene handelt oder ob etwa eine Propagierung der Kohlenstoffspeicherung oder der unkonventionellen (Schiefer-)Gasförderung dem fossilen System zur Renaissance verhilft. So sehen wir uns zunehmend komplexeren Perspektiven gegenüber, denen sich Bruns et al. (2011) mit dem methodischen Ansatz von Konstellationsanalysen (Schön et al. 2007) empirisch genähert hatten.

Dies geschah zunächst wenig theoriegeleitet; es galt, die Innovationsphänomene grundlegend zu analysieren und verstehen zu beginnen. In der Folgezeit finden sich nun auch vermehrt Arbeiten, die sich aus der Theorieperspektive von Pfadabhängigkeiten und Pfadbrüchen der Transformation derartiger Energiesysteme widmen. Dies gilt auch für die Windenergie, deren Innovations- und Diffusionsgeschehen wir bis heute am weitgehendsten untersucht haben (Bruns et al. 2008; Geißler und Köppel 2013, Gartman et al. 2014). Die Bedeutung der „Innovationsgesellschaft" für die Energiewende äußert sich dabei in vielfältigen Akteurskonstellationen und -praktiken, die sodann exemplarisch beleuchtet werden. Letztlich mündet der Beitrag in eine offene Fragestellung: gelingt ein erfolgreicher Pfadbruch mit dem Übergang zu einem kohlestoffarmen Energiesystem oder kommt es letztlich zu einer Re-Etablierung des Ausgangspfades, also einem „lock-in"[2] aufgrund des anhaltenden Wettbewerbs – auch durch Innovationen (CCS, Fracking) – der fossilen Energiewirtschaft?

2 Pfadbrüche und Pfadabhängigkeiten bei der Transformation von Energiesystemen

Pfadabhängigkeit kann zum einen negativ definiert werden als Prozesse, die sozusagen ihre Vergangenheit nicht abschütteln können und es dem Neuen schwer machen (nach den Arbeiten von W.B. Arthur, z.B. 1994 und P.A. David, zum Beispiel 1985; Meyer und Schubert 2007), zum anderen als Eigenschaft stochastischer

---

2   Foxon (2013, S. 123) zum Beispiel definiert „lock-in" als: "The situation in which past increasing returns for a system creates barriers to changes in that system." Del Rio und Unruh (2007, S. 1512) wählen eine Methapher: "In the case of energy technology, fossil fuel-based systems can be considered 'locked in' the house, while renewable energy is ‚locked out' of the house and excluded".

Prozesse, die unter den Bedingungen von Kontingenz und Selbstverstärkung zu einem „lock-in" (auch organisational, Sydow et al. 2009) unter der Abwesenheit von exogenen Schocks führen (Vergne und Durand 2010). So sah sich auch lange Zeit die deutsche Energieversorgung in der Hand einiger weniger Großunternehmen und ihrem Festhalten an der fossilen und nuklearen Stromerzeugung, erst in der Folge von Krisen (Ölkrise in den 70-er Jahren) und Katastrophen (Chernobyl 1986, Fukushima 2011) konnten neue energiepolitische Weichenstellungen von entschlossenen Akteurskonstellationen auf den Weg gebracht werden. Aus den vormaligen Nischenkonstellationen um die pionierhaften Entwicklungen erneuerbaren Energien in Deutschland konnte absichtsvoll ein Pfad etabliert werden, der die Entwicklung der erneuerbaren Energien in den Mittelpunkt stellte. Die fossile Akteurskonstellation stand zwar weiterhin im Raum, konnte sich aber in der öffentlichen Wahrnehmung und Wertschätzung über lange Zeit kaum Gehör schaffen (Bruns et al. 2008, 2011). Dass exogene Schocks nicht unmittelbar eine Transformation von Energiesystemen in Innovationsgesellschaften auslösen müssen, zeigen Wakiyama et al. (2014) für das post-Fukushima Japan.

Zwischenzeitlich finden sich zunehmen Arbeiten, die sich unter der Pfadperspektive mit energiepolitischen Prozessverläufen auseinandersetzen (zum Beispiel Garud et al. 2010). Karnøe und Garud (2012) beschreiben die Pfadentwicklung für die Windenergie in Dänemark. Sie bestätigen unter anderem die Rolle von begrenzten Gelegenheiten („windows of opportunity") wie es Bruns et al. (2008, 2011) für Deutschland beschrieben. So standen dänische Hersteller rechtzeitig bereit, um den „kalifornischen Goldrausch" wesentlich auszurüsten; gemeint ist die frühe Blüte der Windenergie in Kalifornien. Auch die Rolle von Artefakten und Umweltfaktoren im dänischen Innovationsverlauf wird aufgezeigt, etwa das Lernen aus fehlerhaften Rotorblättern bzw. die Rolle von Stürmen bei der Entwicklung von Rotorblattdesigns. Simmie (2012) stellt ebenfalls den Anschluss an die Konzepte zur Pfadabhängigkeit und -entwicklung her und beschreibt die Pfadkreation beim europäischen Windkraft-Pionier Dänemark. Ähnlich der Innovationsbiographien für Deutschland (Bruns et al. 2008, 2011) widmet Simmie den inkrementellen Innovationen früher Pioniere, der spezifischen Situation im ländlichen Dänemark ohne zentralisierte Energieversorgungsstrukturen, Firmengeschichten und der aufkommenden institutionellen und politischen Unterstützung sowie Barrieren der Pfadentwicklung Augenmerk.

Hellström et al. (2013) haben sich mit frühen Phasen der Etablierung von Großprojekten auseinandergesetzt, in diesem Fall finnischen Kernkraftwerken. Sie erkennen die Fähigkeit von Akteuren an, zu antizipieren und so Pfade zu etablieren und ein „lock-in" zu vermeiden. Der empirische Forschungsansatz umfasste ein exploratives „single-case" Design, beruhte auf einer Dokumentenanalyse, mehr

als 30 ersten Interviews mit Personen, die direkt mit der Einführung der Kernenergie in Finnland befasst waren, sowie Seminare mit interviewten Akteuren, um die
gefundenen Ergebnisse zu validieren und weiter zu entwickeln. Ein letztlich ähnliches Design liegt den Herangehensweisen zu Grunde, die wir für die Analyse und
Interpretation der ca. 30-jährigen Innovationsbiographie erneuerbarer Energien in
Deutschland gewählt hatten.

3   Innovationsbiographien Erneuerbarer Energien

Die Innovationsbiographien des in Deutschland betriebenen Ausbaus der erneuerbaren Energien haben wir in zwei Forschungsvorhaben (gefördert von der Volks-
wagenStiftung bzw. vom Bundesministerium für Umwelt, Naturschutz und Re-
aktorsicherheit) umfassend analysiert und zu interpretieren begonnen (Bruns et al.
2008, 2011). Dabei wirkten sich unter anderem die liberalisierten Energiemärkte
in Europa fördernd aus (Nesta et al. 2014); weiterhin sind einheimische Erzeu-
gungskapazitäten sowie hohe Ölpreise geeignet, das betreffende Innovationsgeschehen weltweit vorherzusagen (Bayer et al. 2013). Darmani et al. (2014) haben
eine Typologie der Treiber für erneuerbare Energietechnologien erstellt und in acht
europäischen Staaten empirisch plausibilisiert (für Wind-, Solar, Biomasse- und
Wellenenergie). Doch auch die Innovationsbiographien Erneuerbarer Energien
(Bruns et al. 2011) zeigten sich bereits beeinflusst von den Beharrungskräften der
Ausgangskonstellation (den „incumbents"; Fuchs 2014) der bis dahin dominanten
fossilen und nuklearen Konstellation. Lange Zeit sah es dann jedoch so aus, als
gelinge aus der früheren Nische um die erneuerbaren Energien quasi ein Durch-
marsch. Die Innovationsgesellschaft schien dieser ihrer Bezeichnung mit wehen-
den Fahnen gerecht zu werden.

Seit jedoch die Pragmatik des Handelns sich in einem zunehmend komplexeren
Innovationsfeld wiederfindet (einschließlich des Netz- und Speicherausbaus), erweist sich der Wandel als zunehmend schwer steuerbare Herausforderung. Getragen von sich stetig ergänzenden und wandelnden Begründungen („frames") unter
der Semantik des Neuen (von Klima- bis Arbeitsplatz-, Innovations- und Industrie-
politik, Bruns et al. 2011), wird die Entwicklung erneuerbarer Energien bis heute
als überwiegend positiv behaftete Innovation gesellschaftlich wahrgenommen; sie
soll zumindest einen Ausstieg aus der Kernenergie ermöglichen[3]. Doch kommt es

---

3   Die Abkehr von der Kernenergie an erster Stelle (sowie eine grundsätzliche Unterstüt-
    zung für die Windenergie) erwiesen sich z.B. auch in einer empirischen Erhebung zur
    Akzeptanz von Windkraftanlagen im Wald als der maßgeblich befürwortende Hinter-

auch hier zu nicht intendierten und hemmenden Begleitumständen wie Umwelt-
effekten (Köppel et al. 2014; Schuster et al. 2015) und Akzeptanzfragen (Groth
und Vogt 2014). Wie diese Innovationsbiographien verlaufen sind, haben wir für
Deutschland (Bruns et al. 2011) und in internationalen Vergleichen (vgl. Bechberger et al. 2008; Portman et al. 2009) aufzeigen können – doch endete der betreffende Betrachtungshorizont ca. 2009/2010.

Um solche Entwicklungen in einer Perspektive auf die Innovationsgesellschaft
weiter verstehen zu können, nutzen wir die Konstellationsanalyse (Schön et al.
2007; Bruns et al. 2011). Durch Analyse und Interpretation der Relationen zwischen technischen Elementen, natürlichen Elementen, Akteuren und sogenannten
Zeichensystemen (Steuerungselementen) werden Innovationsphänomena identifiziert und analysiert. Die heterogene Komplexität der untersuchten Systeme wird
dabei bewusst auf vier Kategorien reduziert (und ergänzend „kartiert", vgl. Abbildung 1, S. 295):

• Technische Elemente: Relevante Artefakte (blaue Visualisierung)
• Zeichensysteme/Symbole: Politik, Strategien, Gesetze, Kommunikationen und
  wirtschaftliche Parameter wie zum Beispiel Preise oder Steuern (rot)
• Natürliche Elemente: biotische und abiotische Komponenten der Umwelt (Bio-
  diversität, Boden, Wasser, Klima) (grün)
• Akteure: einzelne Personen oder Personengruppen, Institutionen (gelb).

Der Fokus dieser Konstellationsanalyse liegt in der Identifikation von treibenden
und hemmenden Einflussfaktoren von Innovationsprozessen (Bruns et al. 2011).
Unsere Erfahrungen zeigen so bislang, dass sich bei der Entwicklung der erneuerbaren Energien eine Verbindung der verschiedenen politischen Ebenen, eine Har-
monisierung der steuernden Instrumente und Governance-Prozesse, die Motivie-
rung relevanter Akteure, die Förderung von Vernetzungen und die Optimierung
von technischer Infrastruktur sowie von planerischen und wirtschaftlichen Innovationen als fördernd herausgebildet haben.

Die Konstellationsanalyse wurde nicht nur durch die Politikfeldanalyse beeinflusst, sondern auch durch die Actor-Network Theory, die soziale, technische und
natürliche Objekte bei der Charakterisierung von sozio-technischen Konstellationen berücksichtigen kann (Weyer 2008; Latour 2005). Auch Koalitionen (Sabatier und Jenkins-Smith 1993) sollen so identifiziert und relevante politische und
planerische Lösungsansätze adressiert werden. Die Visualisierung der Elemente

---

grund (Bachelorarbeit David Weiß am Fachgebiet Umweltprüfung und Umweltplanung TU Berlin, 2014).

und ihrer Beziehungen unterstützt das Verständnis und die iterative Diskussion der untersuchten Konstellationen. Methodische Anknüpfungspunkte sind auch im Sinne (explorativer) Fallstudienanalysen gegeben (Yin 2014).

Zwischenzeitlich haben sich die Diskurse um die Energiewende beachtlich weiterentwickelt. Heute sind es weniger die Erzeugungsbedingungen für „grünen" Strom allein (aus Wind- und Solarenergie etc.), als vielmehr die Erkenntnis, dass gleichzeitig der Netz- und Speicherausbau integriert betrachtet und vorangebracht werden müssen. In der Nordsee stehen zum Beispiel bereits Offshore-Windparks, die zunächst nicht in Betrieb gehen konnten aufgrund fehlenden Netzanschlusses. Im mittleren Atlantik vor der Küste der USA hingegen (und mit interessantem privatem Investment seitens Google) wurde der Offshore-Netzausbau frühzeitig planerisch vorbereitet, bevor auch nur ein erster Windpark genehmigt war (Lüdeke et al. 2012). Allerdings stocken hier bislang die Planungen und Investitionen in die Windparks auf dem Meer selbst.

4   Jüngere heterogene Konstellationen

Die überwiegende Zustimmung zu einem Szenario sich immer dichter darstellender Energieinfrastruktur erfährt fortwährend Differenzierungen (verschiedenartige Zustimmung zu einzelnen Zielen der Energiewende, Diskussionen um Standorte, Technologien, Risiken und Unsicherheiten, Immobilien-Wertverluste in der Nähe von Freileitungen etc.). Durch das mit dem EEG (Erneuerbare Energien Gesetz) stimulierte rasche Wachstum der Wind- und Solar-Stromerzeugung in Deutschland nahm die Komplexität der Steuerung stetig zu. Diese bedarf einer transparenten Synchronisation und Kommunikation, oft kommt es zu scharfen Polarisierungen und großen lokalen Widerständen (Bräuer 2012; Zimmer et al. 2012), die eine Veränderung der Handlungspraktiken erfordern. Innovationsimpulse seitens der Politik hin zu systematischerer Planung und Steuerung der Ausbauziele ließen gleichzeitig auf sich warten (Steinbach 2013). Beteiligungsprozesse werden bislang eher als Informations- und Konsultationsveranstaltungen gehandhabt („tokenism"), darüber hinaus mangelt es meist an echten Mitwirkungsoptionen etwa zur Trassen- und Technologiewahl beim Netzausbau (Koch et al. 2014). In letzter Konsequenz müssten faire Beteiligungsprozesse auch die Verlegung oder den Verzicht auf ein Projekt mit sich bringen können (Ciupuliga und Cuppen 2013).

Gleichzeitig werden differenzierte Erklärungsmuster zu dem sich so abzeichnenden NIMBY (Not In My Back Yard) Effekt beschrieben und weitergehende Forschungsdesigns diskutiert, etwa dass Befürchtungen als NIMBY betrachtet zu werden, die Antworten von Befragten verändern könnten (van der Horst 2007).

Es können sich lange anhaltende Ablehnungen einstellen (Groth und Vogt 2014), doch wird auch von gestiegener Unterstützung lokaler Akteure im Zeitverlauf berichtet, so im Falle von umstrittenen Offshore Windparks in den USA (Firestone et al. 2012), motiviert durch ein gewachsenes Bedürfnis nach einer Unabhängigkeit der Energieversorgung. Sovacool und Ratan (2012) haben neun wesentliche Akzeptanzfaktoren für Wind- (Dänemark, Indien) und Solarenergie (Deutschland, USA) in einer vergleichenden Fallstudienanalyse identifiziert[4]. Jolivet und Heiskanen (2010, S. 6753) berufen sich auf „framing"- und „overflows"-Muster im Sinne der Actor Network Theory und adressieren eine hohe erforderliche Reflexivität der handelnden Akteure: „... an actor who is continuously reframing and adapting his or her project to channel and stabilize the process of wind farm creation, and gradually make it a shared material reality that fits its environment". Ein lange diskutierter Windpark im Hunsrück zeigt teilweise solche Merkmale (Abbildung 1; Bauer 2015).

---

4   Die Kriterien umfassen: strong institutional capacity, political commitment, favorable legal and regulatory frameworks, competitive installation/production costs, mechanisms for information and feedback, access to financing, prolific community/individual ownership and use, participatory project siting und recognition of externalities or positive public image (Sovacool und Ratan 2012).

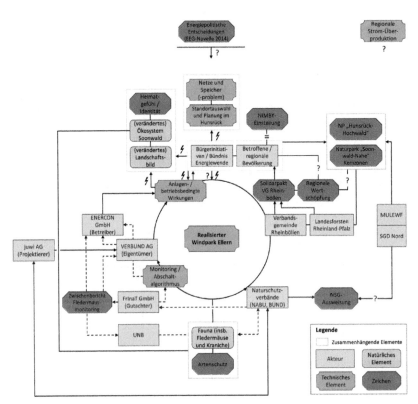

Abbildung 1 Konstellation zum realisierten und in Betrieb befindlichen Bürgerwind-
park Ellern im Hunsrück, Rheinland-Pfalz, im Zeitraum von 2013 bis 2014
(Bauer 2015).

Der Schwerpunkt der Darstellung liegt auf den lokalen und regionalen Konflikten.
Zentrumsnah stehen zum einen die anlagen- und betriebsbedingten Wirkungen
des Windparks, die einen maßgeblichen Einfluss auf die Umwelt und gesellschaftliche Akzeptanz haben. Zum anderen sind technische und methodische Aspekte
eines vom Vorhabenträger sowie einer Naturschutzorganisation und Behörden im
Jahr 2013 verhandelten Fledermaus-Monitorings und Abschaltalgorithmus in Zen-
trumsnähe angeordnet. Letztere bringen zwar keine Veränderung der gesellschaftlichen Wahrnehmung, wohl aber („grammatisch") institutionelle und artenschutz-
rechtliche Regelungen mit sich. Anhand der Akteursgruppen – im Uhrzeigersinn
zusammengefasst: Bürgerinitiativen und betroffene Bevölkerung, Gemeinden und
Behörden, naturschutzfachliche Institutionen und Unternehmen – lassen sich die

bestimmenden Faktoren der Konstellation entschlüsseln. Das Gros der Dynamiken und Konflikte zeigt sich im oberen Teil des Schaubildes. So führte der schon 2009 geschlossene Solidarpakt (interkommunaler finanzieller Ausgleich der Pachteinnahmen) der Verbandsgemeinde Rheinböllen zwar zu weitgehender lokaler Akzeptanz und positiver Resonanz. Jedoch sorgten übergeordnete Entscheidungen wie die seit Jahren kaum koordinierte Standortauswahl und Planung im Hunsrück reflexiv für Unmut. Über allem steht weiterhin die Frage, inwiefern es im Zuge der 2014 erfolgten Novellierung des EEG (Erneuerbare Energien Gesetz) zu einer veränderten Innovations- und Diffusionsdynamik für die Entwicklung der Solar- und Windenergie in Deutschland kommen wird.

Offensichtliche Defizite trugen weiter zu immer neuen und teilweise widersprüchlichen Konstellationen bei. Dazu zählen ein Versagen von Steuerungsmechanismen, so hat zum Beispiel das EU Emissionshandelssystem seine regulierende Wirkung als monetärer Anreiz bislang verfehlt, aber auch die garantierten und an Popularität verlierenden Einspeisevergütungen für erneuerbare Energien und die Befreiung von der EEG-Umlage (eben nicht nur) für stromintensive Industriezweige entwickelten sich zu prominenten Streitpunkten in Deutschland (Nordensvärd und Urban 2015). Zusätzlich besteht Verunsicherung über den tatsächlichen Bedarf an Netzen aber auch Speicherkapazitäten. Einige Studien (zum Beispiel Swofford und Slattery 2010) belegen, dass oft eine Korrelation zwischen Entfernung zu Projekten und der Akzeptanz der Anwohner auftritt. Dies muss jedoch nicht durchgängig der Fall sein, auch Personen in unmittelbarer Nähe von sorgfältig geplanten und lokal diskutierten Projekten im Zuge der Energiewende können Befürworter sein (Wüstenhagen et al. 2007), nicht zuletzt wenn die Einnahmen in den Kommunen „gerecht“ verteilt werden (Bauer 2015). Demgegenüber steht jedoch fortwährend eine breite generelle Zustimmung der Bevölkerung für die Energiewende (Forsa 2013) in Deutschland.

Während die Konstellationen des Energiewende-Aufbruchs also gesellschaftlich mehrheitlich positiv belegt waren, stellen jüngere Diskurse diese per-se Zustimmung teilweise in Frage. Es scheint fast so als würde nun „niemand“ die – technischen – Innovationen wie etwa neuartige Gleichstrom-Übertragungsleitungen wollen (bzw. zumindest nicht die Diffusion dieser Innovationen). Diese Technologie bedingt weniger Übertragungsverluste, während Auswirkungen auf die Gesundheit (wie der vieldiskutierten Frage erhöhter Kinderleukämie in der Nähe von Freileitungen) noch weit weniger durchdrungen sind als bei herkömmlichen Leitungen. Ähnliches ist bei den zu Beginn der Netzausbaudebatte stark favorisierten Erdkabeln festzustellen (Menges und Beyer 2013). Selbst die heute wiederbelebte Ingenieurskunst in Form von Pumpspeicherwerken (PSW) sieht sich erheblichen Widerständen ausgesetzt. Hier handelt es sich um eine altbekannte und längst weltweit angewandte Technik, die jedoch einen semantischen Wandel erfährt und neuartig zum Kontext der Energiewende beitragen sollte. Derzeit wird zum Beispiel selbst das größte in Europa geplante Pumpspeicherwerk Atdorf im Schwarzwald zwar bis zur Genehmigungsreife geplant, ob sich ein Bau und die Inbetriebnahme auch wirtschaftlich realisieren lassen, erscheint jedoch offen. Eine exemplarische Konstellation für ein solches Speicherprojekt hat Juliana M. Müller in ihrer Masterarbeit behandelt (Textbox).

Am Beispiel des Pumpspeicherwerks Blautal (Müller und Köppel 2014, Müller 2013) lässt sich aufzeigen, dass eine solche Infrastruktur als Beitrag zur Energiewende keine generelle Ablehnung in der Bevölkerung erfährt, der Planungsprozess jedoch zu Protesten, Verzögerungen und letztlich zu einer wirtschaftlich ungünstigeren Standortwahl führte. Nachdem das Grundstück für die favorisierte Oberbeckenvariante nicht erworben werden konnte, versuchten die Projektträger eine Variante zu realisieren, die zuvor als raumunverträglich bewertet wurde. Dies löste Unverständnis und Widerstand aus und führte zur Gründung einer Bürgerinitiative. In der Folge nahm der Projektträger von dieser Option Abstand und ein erneutes Raumordnungsverfahren musste eingeleitet werden; dies führte zu einer zuvor aus ökonomischen Gründen nicht in Betracht gezogenen Variante. Im Zentrum der Proteste standen umweltrelevante Aspekte, wie potentielle Auswirkungen auf den Wasserhaushalt sowie landschaftsästhetische Motive. Im Zuge der Gegenbewegung wurden darüber hinaus Zweifel an der Liquidität des Haupt-Projektträgers bekannt, was zu weiteren Ängsten in den Gemeinden führte wie etwa, dass diese selbst für den Rückbau im Falle einer Insolvenz des Projektträgers aufzukommen hätten. In den Debatten wurde daraufhin auch die Projektbegründung zur Unterstützung der Energiewende infrage gestellt, da nicht gewährleistet werden könne, dass ausschließlich „grüner" Strom gespeichert werde.

Auch die Macher der Energiewende haben die dabei oft raschen Rückkopplungsmechanismen nicht frühzeitig im Blick gehabt. Dieser Befund mag sich aufdrängen beim Blick auf die Debatten um die Pumpspeicherwerke, trotz großtechnisch und ökonomisch noch fehlender Speicher-Alternativen (Trümper et al. 2014; Steffen 2012). Ein Überangebot an erneuerbarer Energie kann zu Zeiten besonders hoher Einspeiseraten nicht vom Netz aufgenommen werden und wird so sehr günstig an Nachbarstaaten verkauft, kostenpflichtig in Pumpspeichern zum Beispiel in Österreich zwischengespeichert und/oder die Einspeisung wird temporär eingestellt. Hohe mittägliche solare Stromeinspeisung in Verbindung mit zunehmender Versorgung von Windenergie hat die Geschäftsmodelle für die Spitzenstrom-orientierten Pumpspeicherwerke bereits wieder ins Wanken gebracht. Die monetären Unterschiede („spread") zwischen Einkaufspreis in Zeiten des Energieüberschusses und denen in „off-peak" Phasen reichen nicht mehr aus, um einen profitablen Betrieb zu gewährleisten.

5   Kohlenstoffspeicherung und unkonventionelle Gasförderung: droht ein „re-lock-in"?

Der deliberativ herbeigeführte Pfadbruch der Energiewende wird also zunehmend von der Pragmatik des Handelns überlagert. Hinzu kam in der Folge der letzten Bundestagswahl eine teilweise veränderte politische (unklar ob auch gesellschaftliche) Perspektive auf die zuvor dominanten Konstellationen fossiler Energienutzung. Noch ist unklar, ob es sich lediglich um Übergangsphänomene des Wandels handelt oder ob etwa (weltweit) eine Propagierung der Kohlenstoffspeicherung (Carbon Capture and Storage, CCS) dem alten System zur Renaissance verhilft (Stephens und Jiusto 2010; Hansson und Bryngelsson 2009). Ähnliches gilt für die unkonventionelle (Schiefer-)Gasförderung (Fracking). Man kann heute durchaus von einer gewissen Kohlerenaissance sprechen, die neben politischer Einflussnahme (Sozialdemokratie, Gewerkschaften[5]) gleichzeitig durch das Versagen von Preismechanismen im Emissionshandel bedingt ist. Aufgrund erkennbarer Pfadabhängigkeiten haben wir es bei diesen Akteursnetzwerken („advocacy coalitions") zum Teil mit einer ausgeprägten Innovations-Abneigung zu tun (Bsp. Braunkohleverstromung in Brandenburg und Sachsen noch aus DDR-Zeiten); die überregionale Grammatik für eine erneuerbare Energiewende wird so zumindest regional immer wieder pragmatisch unterlaufen.

Carbon Capture and Storage (CCS) verspricht gleichzeitig der fossilen Kohlenutzung und betreffenden Konstellationen um die Oligopole großer Energieversorgungsunternehmen „grüne Flügel" zu verleihen. In diesem Fall würde eine ausbalancierte Strategie („transition management", Meadowcroft 2009) der Förderung erneuerbarer Energien einerseits sowie der Kohlenstoffsequestrierung im Zuge der einstweiligen Weiternutzung fossiler Energie womöglich scheitern, es käme zum sozio-technischen „lock-in" (Meadowcroft 2009). Weltweit ist es aber so, dass das Innovationsversprechen einer möglichen Erschließung des Untergrunds zur Kohlenstoffdioxidspeicherung (CCS) bisher noch keine großmaßstäbliche Anwendung („up-scaling") erfahren hat, es sind überwiegend Pilotprojekte unterwegs und einige große Kraftwerke mit Kohlestoffabscheidung in Planung und teilweise im Bau. Beim M.I.T. (Massachusetts Institute of Technolgy) wird eine CCS Database vorgehalten.[6] Markant bezeichnen Stephens und Jiusto (2010) CCS in dieser Phase als „…embryonic, hybrid entities (part idea, part hardware, part people)", unbewiesen ob großskaliert zu vertretbaren Kosten und Risiken einsetzbar.

---

5   Ein gleichzeitiger Ausstieg aus der Atomenergie und aus der Nutzung fossiler Energieträger sei nicht möglich.

6   http://sequestration.mit.edu/tools/projects/index.html

Eine gewisse Koalition scheint sich dabei mit der epistemischen Gemeinschaft des IPCC (Intergovernmental Panel on Climate Change[7]) ergeben zu haben, wo zur Reduzierung der Erderwärmung ebenfalls auf das Technologie-Versprechen von CCS gesetzt wird, als „Brückentechnologie" und doch Voraussetzung für die Kohlestromindustrie: „Wir haben Jahre bei CCS verloren und uns an der Illusion genährt, Erneuerbare würden die Kohle automatisch verdrängen" (so Ottmar Edenhofer vom IPCC, Hecking 2014). Im 5th IPCC Assessment Report von 2014 der Working Group III wird darauf vielfach eingegangen (IPCC 2014) – wohlwissend dass es sich noch auf absehbare Zeit um eine problematische „end-of-pipe" Strategie handelt (Stephens und Jiusto 2010; Unruh und Carrillo-Hermosilla 2006).

Gerade bei CCS wird trotz fehlender großtechnischer Anwendung eine stark bipolare Wahrnehmung von Industrie, Politik und involvierten Experten einerseits, sowie ebenso beharrlicher Skepsis der Öffentlichkeit berichtet (van Alphen et al. 2007). Auch die Betrachtungsperspektive und jeweiligen Rahmenbedingungen lassen CCS einerseits als dringliche Innovation zur Folgenmilderung des Klimawandels erscheinen (zum Beispiel in Norwegen mit seinen hohen Förderraten fossiler Energie, Alphen et al. 2009; Shackley et al. 2007), andererseits als risikoreiches, teures Innovationsversprechen (Oltra et al. 2010). CCS wird von Laien vielfach mit stigmatisierten Technologien verbunden, wie der chemischen Industrie, Kohleförderung, Nuklearenergie (Oltra et al. 2010). Eine Rolle mag dabei die teilweise schwere Abgrenzbarkeit zur alten dominanten Konstellation spielen. Hochspannungsleitungen etwa stehen auch für den Transport von Atom- oder Braunkohlestrom und Kohlenstoffsequestration weckt ähnliche Ängste wie die atomare Endlagerung. Misstraut wird als überoptimistisch geltenden, direkt involvierten Experten im Falle von CCS (Hansson und Bryngelsson 2009) und der Industrie; Nichtregierungsorganisationen wird von der Öffentlichkeit mehr Vertrauen entgegengebracht (Huijts et al. 2007). Desaströs im lokalen Widerstand endeten etwa die Erkundungen zur Kohlenstoffeinlagerung bei Beeskow in Brandenburg, betrieben von Vattenfall in der problematischen Doppelrolle, einerseits von der Einlagerung zu profitieren (zur Legitimierung der Braunkohlenutzung im Kraftwerk Schwarze Pumpe) und anderseits die wenig glaubwürdige Hauptquelle für verfügbare Informationen darzustellen (Dütschke 2011).

Eine weitere Linie betrifft die Eröffnung neuer Perspektiven („re-framing") auf fossile Energieträger in Form des Frackings in den USA vor allem (Wang et al. 2014), wo es semantisch gar um „natural gas" (Erdgas) geht. Unklar ist allein schon der tatsächliche Beitrag zur Kohlenstoffbilanz, weil der Fracking-Boom in

---

7 http://www.ipcc.ch/

den USA zwar weniger Kohlenutzung zur Folge hatte, gleichzeitig aber auch den Kohlepreis weltweit drückte und zu einem erheblichen „gas-to-coal switching" in Europa führte (Cotton et al. 2014). Dies setzt derzeit kaum mehr Anreize, um fossile durch erneuerbare Energieträger zu substituieren (Rabe und Borick 2013). Allerdings folgen auch in den USA keineswegs alle Bundesstaaten dem Fracking-Epicenter Pennsylvania (mit seinen erheblichen Marcellus Shale Schiefergasvorkommen), wo auch einhergehende Umwelteffekte eher heruntergespielt wurden (Rabe und Borick 2013; ähnlich Texas, differenzierter zum Beispiel Colorado; Davis 2012). Allerdings wird Fracking durchaus im Zusammenhang mit Umweltfragen gesellschaftlich wahrgenommen, als die indirekten Kosten (etwa Trinkwasserbeeinträchtigungen) aufgrund wenig zugänglicher Informationen hinsichtlich der im Einzelnen eingesetzten Chemikalien der Öffentlichkeit bislang oft vorenthalten bleiben (Davis und Fisk 2014). Auch institutionenanalytisch stellen sich neue Herausforderungen: während herkömmliche administrative Zuständigkeiten wie für die Gas- oder Ölförderung wegen der nicht-punkt(quellen)haften Effekte beim Fracking eigentlich versagen, bedarf es erst noch effektiver institutioneller Verantwortung um die externen (Umwelt-) Effekte gegebenenfalls. zu internalisieren (Holahan und Arnold 2013).

6   Nur ein Zwischenfazit

Während der übergeordnete Imperativ der Energiewende nach wie vor zu gelten scheint, ist das reflexiv zustande kommende Verständnis der Innovationen häufig und vielleicht zunehmend geprägt von Barrieren. Die Motivationen, warum der Netz- und Speicherausbau, aber auch technische Innovationen wie die Kohlenstoffabspaltung und -speicherung (CCS) nunmehr als unentschiedene Innovationsversprechen wahrgenommen werden, wurden überblicksweise aufgezeigt. Die damit einhergehenden, teils widersprüchlichen Konstellationen können selbst sonst als eher homogen wahrgenommene Akteure erfassen, wie es Yonk et al. (2013) für in ihren Auffassungen zu erneuerbaren Energien divergierende Umweltgruppen in den USA aufgezeigt haben. Gleichzeitig gilt der immer noch wesentlich umweltpolitisch getriebene Ausbau der erneuerbaren Energien als Beschäftigungsmotor und Treiber technologischen Wandels (Corsatea 2014[8]). Die Forschungsperspekti-

---

8   In ihrer europäischen Vergleichsstudie (Deutschland, Frankreich, Großbritannien, Dänemark) der technologischen Kapazitäten und Firmenaktivitäten fand Corsatea (2014) auch regionale Differenzierungen, wie das deutsche Engagement überwiegend in Wind- und Solartechnologien während in Frankreich die Bioenergie im Fokus stehe.

ven auf die Energiewende im Spiegel der Innovationsgesellschaft sind daher zahlreich. In Deutschland zeichnet sich inzwischen ein erneut politisch herbeigeführter Pfadbruch beim Ausbau erneuerbarer Energien ab, indem das bislang so dynamisch wirkende Fördermodell der Einspeisevergütungen ergänzt wird durch ein zuvor als unterlegen betrachtetes (Bruns et al. 2008, 2011) Ausschreibungsmodell mit dem 2014 novellierten EEG (Erneuerbare Energien Gesetz).

Und welche Vision wird sich um die Innovation der Kohlenstoffspeicherung als die zutreffendere herausstellen: „CCS as enhanced lock-in, or CCS as gateway to a green future" (Meadowcraft 2009, S. 331)? Die großmaßstäblich unerprobte und hinsichtlich der zu erwartenden Kosten und Risiken weitgehend unbekannte Kohlenstoffsequestrierung im Untergrund könnte gleichzeitig die erforderlichen Investitionen in den Ausbau erneuerbarer Energien beeinträchtigen und sich womöglich weniger als vielbeschworene Brückentechnologie denn als Wegbereiter für eine Re-Etablierung der fossilen Ausgangssituation erweisen (Unruh und Carrillo-Hermosilla 2006). Positiv gewendet besteht jedoch mit Simmie (2012) auch die grundsätzliche Möglichkeit des „Layering", d.h. das zunächst ergänzende Hinzukommen einer neuen Technologielinie (wie eingangs der Windenergietechnologie in Dänemark) zur bestehenden (fossilen und nuklearen) Konstellation – ohne dass es zwangsläufig zu einem „lock-in" beim einstweiligen Weiterbestehen der Ausgangskonstellation kommen muss [9].

So kann auch für Deutschland die Leitfrage, ob sich der deliberative Pfadbruch weg vom fossilen und nuklearen Energiesystem hin zu einem sehr hohen Anteil erneuerbarer Energien als erfolgreich erweist, noch auf absehbare Zeit kaum beantwortet werden. Immer wieder wird auch in der Pragmatik des Alltagshandels die hohe Gespaltenheit zwischen einem klaren Bekenntnis zur Energiewende einerseits sowie lokalspezifischen Widerständen sowie der Sorge um die Energiesicherheit andererseits erkenntlich. Zum Zeitpunkt der Fertigstellung dieses Kapitels hat das Bundeskabinett gerade einen vielbeachteten, aber in jede Richtung unentschlossenen Gesetzentwurf zum Fracking verabschiedet. Und das wirtschaftlich so erfolgreiche Bundesland Bayern vermag sich nicht zu einer konsistenten Energiestrategie durchringen (vgl. Nordensvärd und Urban 2015). Die Ziele der Bun

---

[9]   „It was started by the mindful deviation of knowledgeable actors in rural and publicly created niches. It was developed primarily through incremental innovations that added a new layer of electricity generation technology to the existing fossil fuel-based technologies. This layering process involved adding new rules in the form of legalizing grid connection of approved wind turbines; procedures in terms of government subsidies, tax relief and feed in tariffs; structures in the form of government regulations and technologies in the form of wind turbines and complementary technological systems to the existing electricity supply system in Denmark" (Simmie 2012, S. 768).

desregierung zur Reduzierung der deutschen Treibhausgasfrachten zu Lasten der größten Emittenten wie der Braunkohlenutzung zu erreichen, scheint sich noch keineswegs gegenüber Veto-Playern aus den betreffenden Ländern substantiell etablieren zu können.

Dies erscheint zum Beispiel bitter vor dem Hintergrund, dass Jacobsson und Lauber (2006) die sozialen Kosten der Kohleverstromung in vergleichbaren Größenordnungen ermittelten wie die eingesetzte Förderung erneuerbarer Energien in Deutschland. Foxon et al. (2005) formulierten als wesentliche Rahmenbedingungen für erfolgreiche Innovationssysteme für erneuerbare Energien, dass die relevanten Akteure in ihrer jeweiligen Rolle zusammen auf gemeinsame Ziele hinarbeiten und eine gemeinsame Vision von Regierung, Industrie und der Forschungslandschaft verfolgt wird. Je weniger dies ersichtlich wird, möchte man hinzufügen, desto weniger kann auch von einer homogenen Wahrnehmung des Transformationsprozesses in der Innovationsgesellschaft ausgegangen werden. Für den Moment sieht es vielmehr so aus, wie Meadowcraft (2009, S. 323) die Prozesse einer langfristigen Transformation von Energiesystemen charakterisiert hat: „...messy, conflictual, and highly disjointed...". Vieles spricht derzeit dafür, dass sich auf absehbare Zeit im Falle der Energiewende die Konzepte von Pfadabhängigkeit und Pfadbruch/-kreation noch empirisch die Waage halten.

Danksagung

Mein Dank gilt Juliane Bauer für das Fallbeispiel aus ihrer Bachelorarbeit (Fallbeispiel Windpark Ellern) und Juliana Mercedes Müller aus ihrer Masterarbeit (Pumpspeicherwerk Blautal). Arnold Windeler übernahm die Durchsicht des Manuskripts und verwies auf die Diskussion der empirischen Befunde vor dem Hintergrund von Pfadabhängigkeiten.

Literatur

Aas, O., Devine-Wright, P., Taneland, T., & Batel, S. (2014). Public believes about high-voltage powerlines in Norway, Sweden and the United Kingdom: A comparative survey. *Energy Research & Social Science 2*, 30-37.

Alphen, K. van, Voorst tot Voorst, Q. van, Hekkert, M. P., & Smits, R. E. H. M. (2007). Societal acceptance of carbon capture and storage technologies. *Energy Policy 35*, 4368-4380.

Alphen, K. van, Ruijven, J. van, Kasa, S., Hekkert, M., & Turkenburg, W. (2009). The performance of the Norwegian carbon dioxide, capture and storage innovation system. *Energy Policy 37*, 43-55.

Arthur, W. B. (1994). *Increasing Returns and Path Dependence in the Economy*. Ann Arbor: The University of Michigan Press.

Bauer, J. (2015). Windenergie im Wald – eine Konstellationsanalyse am Fallbeispiel des Windparks Ellern im Soonwald/ Hunsrück. Bachelorarbeit am Fachgebiet Umweltprüfung und Umweltplanung, TU Berlin.

Bayer, P., Dolan, L., & Urpelainen, J. (2013). Global patterns of renewable energy innovation, 1990-2009. *Energy for Sustainable Development 17*, 288-295.

Bechberger, M., Mez, L., & Sohre, A. (2008). *Windenergie im Ländervergleich: Steuerungsimpulse, Akteure und technische Entwicklungen in Deutschland, Dänemark, Spanien und Großbritannien*. Frankfurt a. M.: Lang.

Bidwell, D. (2013). The role of values in public beliefs and attitudes towards commercial wind energy. *Energy Policy 58*, 189-199.

Bräuer, M. (2012). Regional protests against new power lines: How citizen action groups make sense of mass media. *UVP-report 26* (5), 217-220.

Bruns, E., Köppel, J., Ohlhorst, D., & Schön, S. (2008). *Die Innovationsbiographie der Windenergie unter besonderer Berücksichtigung der Absichten und Wirkungen von Steuerungsimpulsen*. Berlin: LIT Verlag.

Bruns, E., Ohlhorst, D., Wenzel, B., & Köppel J. (2011). Renewable energies. In E. Bruns, J. Köppel, D. Ohlhorst & S. Schön (Hrsg.), *Germany's Electricity Market. A Biography of the Innovation Process*. Dordrecht, Heidelberg, London, New York: Springer.

Ciupuliga, A. R., & Cuppen, E. (2013). The role of dialogue in fostering acceptance of transmission lines: the case of a France-Spain interconnection project. *Energy Policy 60*, 224-233.

Corsatea, T. D. (2014). Technological capabilities for innovation activities across Europe: Evidence from wind, solar and bioenergy technologies. *Renewable and Sustainable Energy Reviews 37*, 469-479. doi: 10.1016/j.rser.2014.04.067.

Cotton, M., Rattle, I., & Alstine, J. V. (2014). Shale gas policy in the United Kingdom: An argumentative discourse analysis. *Energy Policy 73*, 427-438.

Darmani, A., Arvidsson, N., Hidalgo, A., & Albors, J. (2014). What drives the development of renewable energy technologies? Toward a typology for the systemic drivers. *Renewable and Sustainable Energy Reviews 38*, 834-847.

David, P. A. (1985). Clio and the economics of QWERTY. *American Economic Review 75* (2), 332-337.

Davis, C. (2012). The politics of "Fracking": Regulating Natural Gas Drilling Practices in Colorado and Texas. *Review of Policy Research 29* (2), 177-191. doi: 10.1111/j.1541-1338.2011.00547.x.

Davis, C., & Fisk, J. M. (2014). Energy Abundance or Environmental Worries? Analyzing Public Support for Fracking in the United States. *Review of Policy Research 31 (1)*, 1–16. doi: 10.1111/ropr.12048.

Devine-Wright, P. (2013). Think global, act local? The relvance of place attachments and place identities in a climate changed world. *Global Environmental Change 23*, 61-69.

Dütschke, E. (2011). What drives local public acceptance – comparing two cases from Germany. *Energy Procedia 4*, 6234-6240.

Firestone, J., Kempton, W., Lilley, M. B., & Samoteskul, K. (2012). Public acceptance of offshore wind power across regions and through time. *Journal of Environmental Planning and Management 55*, 1369-1386. doi:10.1080/09640568.2012.682782.

Forsa (2013). Verbraucherinteressen in der Energiewende. Ergebnisse einer repräsentativen Befragung. Berlin, zuletzt geprüft am 14.08.2014.

Foxon, T., & Pearson, P. (2008). Overcoming barriers to innovation and diffusion of cleaner technologies: Some features of a sustainable innovation policy regime. *Journal of Cleaner Production 16*, 148-161.

Foxon, T. J., Grossa, R., Chase, A., Howes, J., Arnall, A., & Anderson, D. (2005). UK innovation systems for new and renewable energy technologies: drivers, barriers and systems failures. *Energy Policy 33*, 2123–2137.

Foxon, T. J. (2013). Technological Lock-In. *Encyclopedia of Energy, Natural Resource and Environmental Economic*, 123-127. doi: 10.1016/B978-0-12-375067-9.00067-X.

Fuchs, G. (2014). The Governance of Innovations in the Energy Sector: Between Adaptation and Exploration. *Science & Technology Studies 27* (1), 34-53.

Garud, R., Kumaraswamy, A., & Karnøe, P. (2010). Path dependence or path creation? *Journal of Management Studies 47*, 760-774.

Gartman, V., Wichmann, K., Bulling, L. E., Huesca-Pérez, M. E., & Köppel, J. (2014). Wind of change or wind of challenges: Implementation factors regarding wind energy development, an international perspective. *AIMS Energy 2* (4), 485-504.

Geißler, G., Köppel, J. & Gunther, P. (2013). Wind energy and environmental assessments – A hard look at two forerunners' approaches: Germany and the United States. *Renewable Energy* (51), 71–78.

Groth, T. M., & Vogt, C. (2014). Residents' perceptions of wind turbines: An analysis of two townships in Michigan. *Energy Policy 65*, 251-260.

Hansson, A., & Bryngelsson, M. (2009). Expert opinions on carbon dioxide capture and storage – A framing of uncertainties and possibilities. *Energy Policy 37*, 2273-2282.

Hecking, Claus (2014). Weltweiter Energieboom: Comeback der Kohle. Im Westen gilt Kohle als Relikt der industriellen Frühzeit, doch der Rohstoff wird zum wichtigsten Energieträger der Welt. Kein Brennstoff ist so billig wie der Klimakiller Nummer eins. In: Spiegel Online Wissenschaft, 29.01.2014. Online unter http://www.spiegel.de/wissenschaft/natur/kohle-wird-wichtigster-energietraeger-der-welt-noch-vor-oel-a-946168. html, Zugegriffen: 26.08.2014.

Hellström, M., Ruuska, I., Wikström, K., & Jafs, D. (2013). Project governance and path creation in early stages of Finnish nuclear power projects. *International Journal of Project Management 31*, 712-723.

Holohan, R., & Arnold, G. (2013). An institutional theory of hydraulic fracturing policy. *Ecological Economics 94*, 127-134.

Horst, van der, D. (2007). NIMBY or not? Exploring the relevance of location and the policies of voiced opinions in renwable energy siting controversies. *Energy Policy 35*, 2705-2714.

Huijts, N. M. A., Midden, C. J. H., & Meijnders, A. L. (2007). Social acceptance of carbon dioxide storage. *Energy Policy 35*, 2780-2789.

IPCC (2014). *Climate Change 2014: Mitigation of Climate Change. Contribution of Working Group III to the Fifth Assessment Report of the Intergovernmental Panel on Climate Change* [O. Edenhofer, R. Pichs-Madruga, Y. Sokona, E. Farahani, S. Kadner, K. Seyboth, A. Adler, I. Baum, S. Brunner, P. Eickemeier, J. Savolainen, S. Schlömer, C. Von Stechow, T. Zwickel & J. C. Minx (Hrsg.)]. Cambridge: University Press.

Jacobsson, S., & Lauber, V. (2006). The politics and policy of energy system transformation—explaining the German diffusion of renewable energy technology. *Energy Policy 34*, 256-276.

Jolivet, E., & Heiskanen, E. (2010). Blowing against the wind – An explanatory application of actot network theory to the analysis of local controversies and participation processes in wind energy. *Energy Policy 38*, 6746-6754.

Karnøe, P., & Garud, R. (2012). Path Creation: Co-creation of Heterogeneous Resources in the Emergence of the Danish Wind Turbine Cluster. *European Planning Studies 20* (5), 733-752.

Koch, S., Odparlik, L. F., & Köppel, J. (2014). Wo steht die Partizipation beim Netzausbau? Eine Analyse der Beteiligungsverfahren zu ausgewählten Projekten aus dem Badarfsplan des Energieleitungsausbaus. *Naturschutz und Landschaftsplanung 46* (4), 116-123.

Köppel, J., Dahmen, M., Helfrich, J., Schuster, E., & Bulling, L. (2014). Cautious but Committed: Moving Toward Adaptive Planning and Operation Strategies for Renewable Energy's Wildlife Implications. *Environmental Management*, doi: 10.1007/s00267-014-0333-8.

Latour, B. (2005). *Reassembling the social. An introduction to actor-network-theory*. Oxford: Oxford University Press.

Lüdeke, J., Geißler, G., & Köppel, J. (2012). Der neue Offshore-Netzplan zur Regelung der Anbindung von Offshore Windparks. Analyse und Diskussion der Prüfung seiner Umweltauswirkungen. *UVP-report 26* (3+4), 183-190.

Meadowcraft, J. (2009). What about the politics? Sustainable development, transition management, and long term energy transitions. *Policy Sciences 42* (4), 323-340. doi: 10.1007/s11077-009-9097-z.

Menges, R., & Beyer, G. (2013). Energiewende und Übertragungsnetzausbau: Sind Erdkabel ein Instrument zur Steigerung der gesellschaftlichen Akzeptanz des Leitungsbaus? Eine empirische Untersuchung auf Basis der Kontingenten Bewertungsmethode. *Z. Energiewirtsch. 37* (4), S. 277-295. doi: 10.1007/s12398-013-0118-4.

Meyer, U., & Schubert, C. (2007). Integrating path dependency and path creation in a general understanding of path constitution. The role of agency and institutions in the stabilisation of technological innovations. *Science, Technology & Innovation Studies 2007* (3), 23-44.

Müller, J. M. (2013). *Managing the Energiewende – A Constallation Analysis of the Pumped Hydro Energy Power Plant Blautal*. Master Thesis. Technische Universität Berlin, Berlin. Fachgebiet für Umweltprüfung und Umweltplanung.

Müller, J. M., & Köppel, J. (2014). Managing the Energiewende – A Constellation Analysis of the Pumped Hydro Energy Power Plant Blautal. ISSRM (20st International Symposium on Society and Resource Management), Konferenzbeitrag, 13.06.2014, Hannover.

Nadai, A. (2007). „Planning", „siting", and the local acceptance of wind power: Some lessons from the French case. *Energy Policy 35*, 2715-2726.

Nesta, L., Vona, F., & Nicolli, F. (2014). Environmental policies, competition and innovation in renewable energy. *Journal of Environmental Economics and Management 67*, 396-411.

Nordensvärd J., & Urban, F. (2015). The stuttering energy transition in Germany: Wind energy policy and feed-in tariff lock-in. *Energy Policy 82*, 156-165.

Oltra, C., Sala, R., Solà, R., Di Masso, M., & Rowe, G. (2010). Lay perceptions of carbon capture and storage technology. *International Journal of Greenhouse Gas Control 4*, 698-706.

Portman, M. E., Duff, J. A., Köppel, J., Reisert, J., & Higgins, M. E. (2009). Offshore wind energy development in the exclusive economic zone: Legal and policy supports and impediments in Germany and the US, *Energy Policy, 37* (9), 3596-3607.

Rabe, B. G., & Borick, C. (2013). Conventional Politics for Unconventional Drilling? Lessons from Pennsylvania's Early Move into Fracking Policy Development. *Review of Policy Research 30* (3), 321–340. doi: 10.1111/ropr.12018.

Rio, P. del, & Unruh, G. (2007). Overcoming the lock-out of renewable energy technologies in Spain: The cases of wind and solar electricity. *Renewable and Sustainable Energy Reviews 11*, 1498-1513.

Sabatier, P. A., & Jenkins-Smith, H. C. (1993). *Policy change and learning. An advocacy coalition approach*. Boulder Colorado: Westview Press (Theoretical lenses on public policy).

Shackley, S., Waterman, H., Godfroij, P., Reiner, D., Anderson, J., Draxlbauer, K., & Flach, T. (2007). Stakeholder perceptions of CO2 capture and storage in Europe: Results from a survey. *Energy Policy 35*, 5091-5108.

Schön, S., Kruse, S., Meister, M., Nölting, B., & Ohlhorst, D. (2007). *Handbuch Konstellationsanalyse. Ein interdisziplinäres Brückenkonzept für die Nachhaltigkeits-, Technik- und Innovationsforschung*. München: oekom.

Schuster, E., Bulling, L., & Köppel, J. (2015). Consolidating the State of Knowledge: A Synoptical Review of Wind Energy's Wildlife Effects. *Environmental Management, 56* (2), 300-331. doi: 10.1007/s00267-015-0501-5.

Simmie, J. (2012). Path Dependence and New Technological Path Creation in the Danish Wind Power Industry. *European Planning Studies 20* (5), 753-752.

Sovacool, B. K., & Ratan, P. L. (2012). Conceptualizing the acceptance of wind and solar electricity. *Renewable and Sustainable Energy Reviews 16*, 5268-5279.

Steffen, B. (2012). Prospects for pumped-hydro storage in Germany. *Energy Policy 45*; 420–429. doi: 10.1016/j.enpol.2012.02.052.

Steinbach, A. (2013). Barriers and solutions for expansion of electricity grids—the German experience. *Energy Policy 63*, 224–229. doi: 10.1016/j.enpol.2013.08.073.

Stephens, J. C., & Jiusto, S. (2010). Assessing innovation in emerging energy technologies: Socio-technical dynamics of carbon capture and storage (CCS) and enhanced geothermal systems (EGS) in the USA. *Energy Policy 38* (4); 2020–2031. doi: 10.1016/j.enpol.2009.12.003.

Sühlsen, K., & Hisschemöller, M. (2014). Lobbying the 'Energiewende'. Assessing the effectiveness of strategies to promote the renewable energy business in Germany. *Energy Policy 69*. doi: 10.1016/j.enpol.2014.02.018.

Strunz, S. (2014). The German energy transition as a regime shift. *Ecological Economics 100*, 150-158. doi: 10.1016/j.ecolecon.2014.01.019.

Swofford, J., & Slattery, M. (2010). Public attitudes of wind energy in Texas: Local communities in close proximity to wind farms and their effect on decision-making. *Energy Policy 38*, 2508-2519.

Sydow, J., Schreyögg, G., & Koch, J. (2009). Organizational path dependence: opening the black box. *Academy of Management Review 34*, 689-709.

Trümper, S. C., Gerhard, S., Saatmann, S., & Weinmann, O. (2014). Qualitative Analysis of Strategies for the Integration of Renewable Energies in the Electricity Grid. *Energy Procedia 46*, 161-170. doi: 10.1016/j.egypro.2014.01.169.

Unruh, G. C., & Carrillo-Hermosilla, J. (2006). Globalizing carbon lock-in. *Energy Policy 34*, 1185-1197.

Vergne, J., & Durand, R. (2010). The missing link between the theory and empirics of path dependence: conceptual clarification, testability issue, and methodological implications. *Journal of Management Studies 47*, 736-759.

Voort, van der, N., & Vanclay, F. (2014). Social impacts of earthquakes caused by gas extraction in the Province of Groningen, The Netherlands. *Environmental Impact Assessment Review 50*, 1-15.

Wakiyama, T., Zusman, E., & Monogan III, J. E. (2014). Can alow-carbon-energy transition be sustained in post-Fukushima Japan? Assessing the varying impacts of exogenous shocks. *Energy Policy 73*, 654-666.

Wang, Q., Chen, Xi, Awadhesh, N. J., & Rogers, H. (2014). Natural gas from shale formation – The evolution, evidences and challenges of shale gas revolution in United States. *Renewable and Sustainable Energy Reviews 30*, 1-28.

Weiß, D. (2014). Windkraft im Wald - Befragung zu Einstellungen, Wahrnehmungen und Akzeptanz. Bachelorarbeit am Fachgebiet Umweltprüfung und Umweltplanung, TU Berlin.

Weyer, J. (2008). *Techniksoziologie: Genese, Gestaltung und Steuerung soziotechnischer Systeme. Grundlagentexte Soziologie*. Weinheim, München: Beltz Juventa.

Wüstenhagen, R., Wolsink, M., & Bürer, M. J. (2007). Social acceptance of renewable energy innovation: An introduction to the concept. *Energy Policy 35* (5), 2683-2691. doi: 10.1016/j.enpol.2006.12.001.

Yin, Robert K. (2014). *Case study research. Design and methods*. Thousand Oaks: Sage.

Yonk, M., Simmons, R. T., & Steed C. (2013). *Green vs. green. The political legal and administrative pitfalls facing green energy production*. New York: Routledge.

Zimmer, R., Kloke, S., & Gaedtke, M. (2012). Der Streit um die Uckermarkleitung – Eine Diskursanalyse. Studie im Rahmen des UfU-Schwerpunktes „Erneuerbare Energien im Konflikt". Ufu-Paper. Hg. v. Unabhängiges Institut für Umweltfragen. Online: http://opus.kobv.de/zlb/volltexte/2013/20508/pdf/Streit_um_die_Uckermarkleitung.pdf, Zugegriffen: 13.09.2014.

Internetquellen

http://sequestration.mit.edu/tools/projects/index.html. Zugegriffen: 13.09.2014.

http://www.ipcc.ch/. Zugegriffen: 13-09.2014.

http://www.spiegel.de/wissenschaft/natur/kohle-wird-wichtigster-energietraeger-der-welt-noch-vor-oel-a-946168.html. Zugegriffen: 26.08.2014.

http://opus.kobv.de/zlb/volltexte/2013/20508/pdf/Streit_um_die_Uckermarkleitung.pdf. Zugegriffen: 13.09.2014.

Governance-Innovationen

Epistemische und politische Reflexivitäten in der Herstellung von *Citizen Panels*

Jan-Peter Voß

1   Einleitung

Mit Reflexivität ist es so eine Sache. Sie findet kein Ende. Lässt man sich einmal darauf ein, nicht nur einfach darauf los zu tun, sich also Interaktionsprozessen und ihren Dynamiken hinzugeben und daraus entstehenden Strukturen anzupassen, sondern statt dessen dieses Tun selbst zum Gegenstand von Beobachtung, Kommunikation und neuem Tun zu machen, gibt es keine Entrinnen mehr. Dieses Beobachten, Kommunizieren und Tun erfolgt selbst wieder in eigenen Dynamiken und bringt Strukturen hervor, die es zu reflektieren gilt. Ein nicht endendender Regress ist eröffnet, eine Spirale der Reflexion, die sich ins Unendliche windet, wie der Reflektionstunnel zweier sich schräg einander gegenüberstehender Spiegel. Anders als bei Spiegeln bleibt sich aber der Tunnel nicht gleich. Denn Subjekte reflektieren eigensinnig und verändern sich im Prozess der reflexiven Interaktion (Joas 1980; Giddens 1986; Hacking 2002). In unbegrenzter Fortsetzung untergräbt Reflexion archimedische Punkte, fixe Standpunkte des Wahrnehmens, Wissens, Urteilens und Handelns. Jede Aufklärung steht prinzipiell selbst der erneuten Aufklärung anheim, mit der sie als spezifische Verklärung entlarvt wird.

Es kann als ein Merkmal westlich-moderner Gesellschaft gesehen werden, diesem Prozess, und den daraus entstehenden Auflösungen, Neukonfigurationen und Vervielfältigungen, erlegen zu sein (Giddens 1990, S. 38-43; Beck et al. 1994). So kann in der Tendenz von einer Verflüssigung von Realität gesprochen werden, auf der Ebene individueller Identität und Subjektstruktur ebenso wie auf der Ebene gesellschaftlicher Organisation und Praxis (Bauman 2000). Und selbst die Artikulation dieser Verflüssigungsdiagnose kann wieder mit Bezug auf ihre gesellschaftliche Einbettung und Wirkung thematisiert werden, und sie kann entsprechend reflexiv weiter entwickelt und verwendet werden (Selgas 2011). Eine letztendliche Bestimmung von Realität wird unmöglich. Allenfalls können, als Bestandteil der fortgesetzten Reflektion, partielle Ordnungsansätze gefertigt werden (Strathern 2005). In konsequenter Selbstanwendung können sich diese auch auf die Muster reflexiver Verwicklungen selbst beziehen. Einen solchen Versuch möchte ich im Folgenden unternehmen – allerdings gewiss nur, um im nächsten Schritt selbst wieder Gegenstand reflexiver Beobachtung und Einwirkung zu werden. Soviel zu den Verwicklungen. Jetzt wird es etwas einfacher.

Zunächst einige begriffliche Bestimmungen zur Reflexivität von Governance-Innovationen und zum konkreten Fall der *Citizen Panels*. Mit *Governance* beziehe ich mich auf Prozesse der Gestaltung kollektiver Ordnungen sowie die darin entstehenden Muster. *Governance-Innovationen* sind somit Prozesse, in denen neue Muster der Gestaltung kollektiver Ordnungen entworfen und umgesetzt werden.

Der konkrete Fall, den ich zur Diskussion der Reflexivität von Governance-Innovationen heranziehe, ist die Entwicklung und Verbreitung von *Citizen Panels*. Dabei handelt es sich um ein bestimmtes Modell der Öffentlichkeitsbeteiligung, das sich in den 1970er Jahren zunächst in verschiedenen Kontexten unter Bezeichnungen wie Citizen Jury, Planungszelle und Konsensuskonferenz entwickelt hat. Nach der translokalen Verbreitung dieser Verfahren und einem weltweiten Boom in den 1990er Jahren wird das Format ca. seit dem Jahr 2000 unter dem Dachbegriff „citizen panels" oder „mini-publics" in transnationalen Expertendiskursen und der praktischen Arbeit professioneller Dienstleister weiter entwickelt (Hörning 1999; Hendriks 2005; Brown 2006; Grönlund et al. 2014). Das Format beinhaltet die Deliberation von „public views" zu vorgegebenen Themen in professionell zusammengestellten und moderierten Kleingruppen von 10-25 Bürgerinnen. In weiterer Perspektive geht es bei dieser Innovation um die Ergänzung (und Relativierung) der liberal-repräsentativen nationalstaatlichen Demokratie durch neue mobile und flexible Formen der Legitimation von kollektiven Ordnungsentscheidungen, auch wenn diese durch nicht-staatliche Akteure getroffen werden.

Unter *Reflexivität* verstehe ich das Phänomen, dass soziales Handeln rekursiv zum Gegenstand der Beobachtung und der Analyse seiner Bestimmungsgründe und Folgen wird (vgl. für eine Zusammenstellung verschiedener Konzeptionen und eine ausführliche Diskussion Lynch 2000). Damit wird ein reflexives (Meta-) Handeln hervorgebracht, das sich auf diese Bestimmungsgründe selbst bezieht und es damit „denaturalisiert".[1] *In Bezug auf die Reflexivität von Innovation geht*

---

1   Auf gesellschaftlicher Ebene betrifft das die Beobachtung, Analyse und Gestaltung gesellschaftlicher Interaktionsmuster und resultierender Ordnungen wie sie zum Beispiel

es mir darum zu zeigen, dass Innovationsprozesse in vielfältiger und ineinander verschachtelter Weise reflexiv sind. Das führt zu einer differenzierten Bestimmung von Reflexivität im Zusammenhang mit der Diagnose der „Innovationsgesellschaft", die davon ausgeht, dass eine „neue *reflexive Qualität* der mit der Herstellung des Neuen befassten Handlungen, Orientierungen und Institutionen" festgestellt werden kann (Hutter et al. 2011, S. 3. Hervorhebung im Original).

Ich möchte zum einen zeigen, dass sich Reflexivität in *mehreren Graden*, das heißt auf verschachtelten Sinnebenen abspielt, die sich im Innovationsprozess ineinander schieben. Jede reflexive Beobachtung und Gestaltung kann selbst wieder der reflexiven Bezugnahme ausgesetzt sein. Die „neue reflexive Qualität" von Innovationen kann somit nicht standardmäßig als einstufiges Verhältnis eines primärem Innovationsgeschehens und seiner reflexiven Thematisierung und Gestaltung verstanden werden, auch nicht als explizite Kommunikation seiner Bedeutung, (Knoblauch 2013) oder im Hinblick auf seine instrumentelle Nutzung (Schubert 2014). Die Herausforderung besteht darin, Innovationsprozesse und ihre Dynamik mit Blick auf *fallspezifische Formen von Reflexivität* und *komplexe Reflexivitätsschleifen* zu untersuchen.

Kurz vorab meine These zum Fall der *Citizen Panels*: Während Governance-Innovationen immer schon gesellschaftliche (Neu-)Ordnungsprozesse in einem zweiten Grad von Reflexivität sind, eröffnet die Beobachtung und Gestaltung dieser Prozesse einen dritten Grad. Mit der Betrachtung von Aktivitäten zur konstruktiven Innovations-Folgenabschätzung für *Citizen Panels*, die später in diesem Beitrag beschrieben wird, nehmen wir einen Prozess im sechsten Reflexivitätsgrad in den Blick und mit der Kritik am hierfür eingesetzten Verfahren wird sogar ein siebter Grad eröffnet (siehe Abbildung 1).

Ein zweiter Punkt, den ich zur Bestimmung der „reflexiven Qualität" von Innovationsprozessen beitragen möchte, ist die Unterscheidung verschiedener *Rahmungen* von Reflexivität. So wie andere Beobachtungen, Analysen und Gestaltungen von Realität erfolgt auch die Reflexion von Innovationsprozessen nicht „von nirgendwo", sondern innerhalb bestimmter Perspektiven, bzw. in Bezug auf bestimmte Sinnhorizonte und eingebettet in soziale Interaktionszusammenhänge. Dadurch besitzen Reflexivitäten (im Plural) eine spezielle Selektivität. Das möchte

---

als Sozialwissenschaft oder Politik institutionalisiert sind. Auf persönlicher Ebene betrifft Reflexivität die Beobachtung, Analyse und Gestaltung des eigenen Handelns. Ein Beispiel: Eine Paarbeziehung kann insofern als reflexiv bezeichnet werden, als Interaktionsmuster selbst zum Gegenstand der Kommunikation werden, auf Bestimmungsgründe hin analysiert werden und so in ihrer Hervorbringung beeinflusst werden.

ich mit der Unterscheidung von Rahmungen deutlich machen. Ich konzentriere
mich hier auf politische und wissenschaftliche Rahmungen der Reflexivität.[2]
    Vorab auch hier die zentrale These: Aus der Wechselwirkung politischer und
wissenschaftlicher Reflexivität, und derart orientierter Engagements mit dem laufenden Innovationsprozess, resultiert eine spezifische Dynamik: politische Schließungen werden durch wissenschaftliche Kritik geöffnet und wissenschaftliche
Schließungen durch politische Kritik. In einer unabgeschlossenen Dialektik von
Politisierung und Verwissenschaftlichung entfaltet sich die Governance-Innovation in einer prinzipiell unendlichen Reflexivitätsspirale.
    Der Beitrag ist so aufgebaut, dass ich zunächst, bevor ich zur Falldarstellung
komme, weitere Ausführungen zum Konzept von Governance und Governance-Innovationen mache sowie zu verschiedenen Graden von Reflexivität und den Wech-
selbeziehungen von politischer und epistemischer Reflexivität. Daran schließt eine
knappe Rekonstruktion des historischen Innovationsprozesses von *Citizen Panels*
an. Die Entwicklung und Erprobung eines Verfahrens zur konstruktiven Innovations-Folgenabschätzung, die ich zusammen mit Kollegen im Rahmen eines Forschungsprojektes verfolgte, diskutiere ich als Reflexivität im sechsten Grad. Ich
schließe den Beitrag damit ab, dass ich Implikationen und Folgen eines differenzierten Verständnisses der reflexiven Qualität von Innovationen diskutiere.

2   Governance –
Reflexivität kollektiver Ordnungsprozesse

Mit dem Begriff Governance beziehe ich mich auf Muster des aktiven Gestaltens
kollektiver Ordnungen. Ich verwende den Begriff heuristisch, um eine Suche nach
verschiedenen Formen zu eröffnen, in denen kollektive Ordnungen gestaltet werden, also „Regieren" ausgeübt wird. Damit schließe ich mich einem gegenüber
„Government" (bzw. Regierung, Staat, nationalstaatlich institutionalisierter Politik) geöffneten Verständnis kollektiver Ordnungsgestaltung an.[3] Die konzeptionel-

---

2   Hier erfolgt keine spezielle Festlegung auf das Goffman'sche Rahmenkonzept (Goff-
     man 1974). Zur spezifischeren Analyse der Zusammenhänge, in denen Innovationen
     betrachten und gestaltet werden, ließen sich auch Konzepte wie soziale Welten und
     Diskursuniversen (Clarke und Star 2008), Felder (Bourdieu 1993), Wertsphären (We-
     ber 1920), Sinnprovinzen (Schütz 1945), Kommunikationssysteme (Luhmann 1975),
     Diskurse (Foucault 1991), Wertordnungen (Boltanski und Thévenot 2006) oder insti-
     tutionelle Logiken (Thornton et al. 2012) heranziehen.
3   So vielfältig „Governance" auch verwendet wird, als geteilter Bezugspunkt lässt sich
     die Abkehr von einer Vorstellung von „Government" feststellen, nach der Gesellschaft

le Weiterung von „Regieren" setze ich zudem über das in der Politikwissenschaft übliche Maß fort, indem ich auch wissenschaftlich-technische Ordnungsprozesse explizit als Modus kollektiver Ordnungsgestaltung, also als eine Dimension von Governance, mit einbeziehe (vgl. Irwin 2008; Callon und Latour 1981, Barry 2001, Nahuis und van Lente 2008).

Was kann es nun heißen, Innovationsprozesse im Bereich von Governance auf deren reflexive Qualität hin zu untersuchen? Der angedeutete Begriff von Governance beinhaltet schon *per definitionem* eine Reflexivität gesellschaftlicher Ordnungsprozesse, da er mit Bezug auf „aktive Gestaltung" die Beobachtung, Problematisierung und Einwirkung auf laufende Ordnungsprozesse bezeichnet. Governance ist also immer schon reflexive (Neu-)Ordnung von Gesellschaft. Das möchte ich mit der expliziten konzeptionellen Abgrenzung von Governance gegenüber rein emergenten Ordnungsprozessen unterstreichen: Auch wenn Prozesse wie zum Beispiel Sprachentwicklung, Institutionalisierung, Formierung von Lebensstilen, Diskursformation usw. kollektiv strukturierende Macht entfalten (Berger und Luckmann 1977; Bourdieu 1987; Foucault 2005), reserviere ich den Governance-Begriff für die reflexive Dimension dieser Prozesse, also erst für Aktivitäten, in denen sie als kollektive Ordnung thematisiert und gestaltet werden.

---

zentral durch kollektive Ordnungsleistungen des Nationalstaats regiert und konstituiert wird. Über das letzte halbe Jahrhundert wurde unter anderem mit dem Erstarken neo-korporatistischer Verhandlungsarrangements, dem Aufkommen neuer sozialer Bewegungen und zivilgesellschaftlicher Organisationen, sowie mit der Entwicklung der Vereinten Nationen und der Europäischen Gemeinschaft sowie der transnationalen Vernetzung von Experten ein Wandel kollektiver Ordnungsmuster festgestellt. Demnach hat sich das Regieren von Gesellschaft verteilt. Staatliche Ordnungsleistungen wurden konzeptionell „dezentriert". Dieser Wandel hat sowohl eine analytische wie eine politisch-programmatische Dimension. Analytisch verweist der Governance-Begriff auf eine *de facto* existierende Vielheit ineinander greifender Formen kollektiver Ordnungsgestaltung, die es jeweils empirisch zu untersuchen gilt. Dabei kommt jenseits der Betrachtung von rechtlicher Normierung und finanzieller Anreizregulierung ein erweitertes konzeptionelles Arsenal zum Einsatz (Colebatch 2009), auch in Bezug auf tiefer liegende kulturelle und materielle Dimensionen sozialer Ordnung (Shore und Wright 1997; Antoniades 2003; Djelic und Sahlin-Andersson 2006; Feldman 2011; Braun et al. 2010). Politisch-programmatisch wird der Governance-Begriff in Anschlag gebracht um Forderungen zum Rückzug des Staates und zur Verteilung von Regierungskompetenzen oder als funktionale Erfordernis auszuweisen, um gesteigerter Komplexität zu begegnen (Offe 2008). Damit wird aber auch das Entweichen von Regierungsmacht aus demokratischen Kontrollinstitutionen befördert (Papadopoulos 2004; Heinelt 2008). Dementsprechend wird strittig diskutiert, ob der begriffliche Wandel von Government zu Governance eine gegebene Realität abbilde oder die bezeichnete Realität erst hervorbringe (Bevir 2010; Peters 2011a, 2011b; Bevir und Krupicka 2011).

Wenden wir uns nun Innovationen zu, dann geht es um die Frage, wie Formen von Governance erneuert werden das heißt wie neue Aktivitätsmuster in der Beobachtung, Problematisierung und Gestaltung kollektiver Ordnungen entstehen. Damit wird ein weiterer Grad von Reflexivität eröffnet. Während Governance ohnehin schon einen aktiven gesellschaftlichen Selbstbezug beinhaltet, findet bei Governance-Innovationen nun eine aktive Auseinandersetzung mit den Formen statt, in denen sich dieser Selbstbezug vollzieht. Die Frage nach der Reflexivität dieses Innovationsgeschehens, also nach *reflexiven Governance-Innovationen*, geht dann noch einen Schritt weiter: Hier werden Aktivitäten in den Blick genommen, die wiederum den Prozess der Herstellung neuer Governanceformen thematisieren – und die damit den Prozess der Erneuerung von Mustern kollektiver Ordnungsgestaltung betreiben.[4]

Mit der Frage nach der reflexiven Qualität von Governance-Innovationen sind wir also bereits bei einem dritten Grad gesellschaftlicher Reflexivität: 1. Governance als gestaltende Bezugnahme auf kollektive Ordnung. 2. Governance-Innovationen als gestaltende Bezugnahme auf bestehende Governancemuster. 3. Reflexivität von Governance-Innovationen als gestaltende Bezugnahme auf den Herstellungsprozess neuer Governanceformen.

Es ist wichtig festzuhalten, dass diese Grade von Reflexivität analytisch separiert sind. Die ihnen zuzuordnenden Aktivitäten laufen praktisch ineinander In konkreten Situationen sind die Reflexivitätsgrade ko-präsent. Das kann sich beispielsweise in einem Prozess zur Einrichtung eines Verfahrens der Bürgerbeteiligung zum Thema „Naturnutzung" so zeigen, dass in der Interaktion auf kollektive Handlungsmuster der Biodiversität ebenso Bezug genommen wird (1. Grad), wie auf bestehende Gestaltungsansätze (2. Grad) und auf typische Schwierigkeiten, diese durch die Einrichtung partizipativer Gestaltungsformen zu erneuern (3. Grad) – und das nicht in getrennten Foren, Gremien oder Abschnitten der Tagesordnung, sondern in der laufenden Diskussion.

Ich komme nun zum Punkt zurück, dass sich nicht nur verschiedene Grade von Reflexivität analytisch unterscheiden lassen, sondern innerhalb ein und desselben Grad, auch verschiedene Rahmungen, je nachdem in welcher Orientierung und

---

4   Ich reserviere den Innovationsbegriff für die Untersuchung von Neuerungen, die als (nicht notwendigerweise intendiertes) Ergebnis (verteilten) Gestaltungshandelns hervorgebracht werden. Neuerungen, die als emergent oder zufällig verstanden werden, bezeichne ich nicht als Innovationen. Also ist auch Innovation schon *per definitionem* reflexiv, weil sie den handelnden Bezug auf bestehende Ordnungen voraussetzt. Das Sprechen von „reflexiver Innovation" wäre somit tautologisch, wenn nicht auf eine weitere Reflexivitätsebene verwiesen würde: die Beobachtung, Problematisierung und Gestaltung des Innovierens selbst.

mit welcher spezifischen Selektivität die Beobachtung, Problematisierung und Gestaltung gesellschaftlicher Ordnungsprozesse erfolgt.

3 Ko-Produktion von Ordnung – epistemische und politische Reflexivität

Zwar ist es weit verbreitet, für kollektives Ordnen und Regieren, also für das, was ich hier als Governance bezeichne, generell den Begriff „Politik" zu verwenden. Ich halte es aber analytisch für fruchtbarer, Politik für eine bestimmte Dimension von Governance zu reservieren, nämlich für *kollektive Ordnungsgestaltung nach einem speziellen Modus, der auf der Konstruktion kollektiver Subjekte und der Repräsentation ihrer Interessen beruht.* Ich beziehe mich hier auf konstruktionistische Ansätze, die politische Repräsentation als performativ verstehen und untersuchen, wie kollektive Subjekte und Interessen erst mit ihrer Repräsentation existent werden (Bourdieu 2009; Rosanvallon 2002; Soeffner und Tänzler 2002; Hitzler 2002; Latour 2003; Disch 2009, 2011). Politik umfasst in diesem Sinne laufende Auseinandersetzungen um Autorität durch die Repräsentation von Kollektiven (Saward 2006) sowie die Ableitung von normativen Geltungsansprüchen und verbindlichen Verpflichtungen für ihre Mitglieder aus dem „kollektiven Willen", „Gemeinwohl" oder „öffentlichen Interesse".

Das heißt, dass nicht jede Ordnung, nicht einmal jede Herrschaftsordnung, politisch ist. Auch nicht jede Form des Regierens ist politisch. So kann zum Beispiel Ordnung in Bezug auf Tradition gerechtfertigt, es kann mit Gewalt geherrscht oder im Namen von Natur und Sachzwang regiert werden. Auch nicht jede Problematisierung und jede Art von Widerstand gegen Ordnung, Herrschaft und Regieren möchte ich als Politik bezeichnen (im Gegensatz zum Beispiel zu Barry 2012; Li 2007). Erst wenn bestehende Ordnung, Herrschaft oder Regieren in Bezug auf die Berücksichtigung des Willens kollektiver Subjekte problematisiert werden, spreche ich von Politik. Politik wird so als spezielle Form des Regierens verstanden, bei der kollektive Ordnungen über das Generieren von *politischer Autorität* gestaltet werden.

Neben Politik kann Wissenschaft als eine weitere Dimension von Governance untersucht werden. Wissenschaft stellt einen anderen Modus kollektiven Ordnens dar. Regieren erfolgt hier nicht über die Repräsentation kollektiver Subjekte, sondern über die Repräsentation objektiver Realität. In der Repräsentation von Objekten und faktischen Bedingungen wird *epistemische* Autorität erzeugt. So trägt Wissenschaft zur Gestaltung kollektiver Ordnung bei, indem sie epistemische Geltung in Bezug auf Sachfragen beansprucht und durch die Entwicklung und Installation funktional legitimierter Technologie zur Etablierung kollektiv geteilter Realitäten beiträgt. Auch hier nehme ich auf konstruktionistische Ansätze Bezug, die wissenschaftliche Repräsentation als performativ untersuchen, das heißt als Prozess, in dem theoretisierbare Phänomene lokal konstruiert werden (zum Beispiel im Labor, in der Produktion von Daten in der Feldforschung, im Diskurs des Forschungskollektivs) und dann öffentlich als Entdeckung naturgegebener Ordnung kommuniziert werden (Hacking 1983; Shapin 1984; Knorr-Cetina 1995; Latour 1999; Callon et al. 2009). Damit wird epistemische Autorität für die „Anwendung" des so generierten Wissens geschaffen. Die Replikation und Ausweitung der reduzierten Anordnung und darin erzeugter Effekte wird im Verweis auf ihre Objektivität als Anpassung an gegebene Bedingungen der Natur verstanden, nicht als Herstellung oder gerichtete Transformation der Welt, über deren Wünschbarkeit subjektiv gestritten werden kann.

Dieser epistemische Ordnungsmechanismus kann als „Technikwissenschaft" bezeichnet werden (Bachelard 1984; Rheinberger 2007). Er operiert über die Etablierung kollektiver Fakten und Artefakte. Mit Bezug auf den Effekt „kollektiv verbindlicher Entscheidungen", die mit erfolgreicher Wissenschaft geschaffen werden, wurde diese Ordnungsarbeit in der Wissenschafts- und Technikforschung als „politics by other means" (Latour 1983) oder „ontological politics" (Mol 1998) bezeichnet.

Aus der Zusammenführung von Politik und Wissenschaft als zwei Dimensionen kollektiver Ordnung ergibt sich ein Konzept von Governance, bei dem das Zusammenwirken von Politik und Wissenschaft den Angelpunkt von Gestaltungsmacht bildet: die „Ko-Produktion" politischer und epistemischer Autorität (vgl. Latour 1993; Jasanoff 2004; Voß 2014; Pfister 2016). In beiden Dimensionen wird kollektiver Ordnung durch Repräsentation einer überindividuellen, transzendenten Einheit Geltung verschafft – das eine Mal normativ durch die Repräsentation eines kollektiven Subjektwillens, das andere Mal faktisch durch die Repräsentation einer objektiven Realität. In beiden Bereichen sind Praktiken der Repräsentation *performativ*, das heißt sie konstituieren ihren Gegenstand (Kollektivwille und objektive Realität) im Prozess des Repräsentierens.[5]

---

5   Diese spezielle Konzeption von Governance entstand im Zusammenhang mit empirischen Forschungen zur historischen Entstehung und Verbreitung neuer Governanceformen. In der Rekonstruktion der transnationalen Innovationsprozesse verschiedener Governanceformen wie Umweltmärkte (Emissionshandel, Biodiversitätszertifikate, Voß 2007b; Voß und Simons 2014; Simons und Voß 2014; Mann und Simons 2014), Bürgerbeteiligungsverfahren (Konsensuskonferenz, Citizen Jury, Planungszelle, Voß und Amelung im Erscheinen; Voß 2016a), wettbewerbliche Regulierung von Infrastruktursektoren (Voß 2007a; Voß und Bauknecht 2007), und experimentellen Nach-

Wenn wir nun zum Thema der Governance-Innovationen zurückkehren, können wir die Verflechtung von Neuerungsprozessen in der Politik mit Neuerungsprozessen in der Wissenschaft in den Blick nehmen (Voß 2016b). Politische und wissenschaftliche Arbeiten stützen sich also wechselseitig und tragen gemeinsam zur Realisierung neuer Governanceformen bei, zum Beispiel im Rahmen von Realexperimenten, die gleichzeitig politische Reform und wissenschaftliche Evidenzproduktion beinhalten (Voß 2014).

Gleichwohl können Governance-Innovationen in der politischen wie in der epistemischen Dimension „hängen bleiben" oder „einbrechen" (Voß 2016a). Wenn es in einer der beiden Dimensionen nicht gelingt, für neue Ordnungsmuster Geltung zu etablieren, dann werden sie in ihrer Entwicklung und Ausbreitung gebremst. Ferner bedeutet die Verschränkung normativer und funktionsbezogener Legitimität, dass politische und epistemische Autorität auch gegeneinander spielen können: Governance-Innovationen können durch politische oder wissenschaftliche Problematisierungen oder durch politische Problematisierungen „ausgehebelt" werden.

Die Reflexivität von Innovationsprozessen kann daraufhin untersucht werden, in welcher Rahmung die Beobachtung, Problematisierung und Gestaltung der Herstellung des Neuen erfolgt: Sie kann *politisch* gerahmt sein, wenn es darum geht, wie diverse kollektive Werte und Interessen berücksichtigt werden und wie sich Innovationen auf das „Gemeinwohl" auswirken. Oder sie kann *epistemisch* gerahmt sein, wenn es um sachliche Bedingungen und Funktionszusammenhänge geht oder um ungenutzte Effektivitäts- und Effizienzpotenziale. Am Fall der *Citizen Panels* kann gezeigt werden, wie politische und epistemische Reflexivität ineinander greifen und wie aus der wechselseitigen Problematisierung politischer und wissenschaftlicher Ordnungsansätze eine besondere Dynamik resultiert.[6]

---

haltigkeitsstrategien (transition management, Voß et al. 2009; Voß 2014) zeigt sich, wie der graduelle Aufbau epistemischer Autorität im Hinblick auf ihre Funktion direkt mit dem Aufbau politischer Autorität und Macht zu ihrer Umsetzung verschränkt ist (Voß 2016b).

6 Darüber hinaus lassen sich weitere Rahmungen finden, in denen sich Reflexivität entfaltet, z.B. ästhetisch oder spirituell. Hier beschränke ich mich auf das Zusammenspiel von Politik und Wissenschaft.

4   Reflexivitätsspirale in der Innovation von *Citizen Panels*

Bei *Citizen Panels* handelt es sich um eine neue Form, einen kollektiven Willen zu konstruieren und, daraus abgeleitet, politische Autorität für bestimmte Handlungsprogramme zu generieren – oder auch bestehende Repräsentationsansprüche zu bestreiten.[7] Damit handelt es sich um die Herstellung eines neuen Verfahrens zur Praktizierung von Politik oder, genauer noch, von Demokratie, da das Kollektiv, dem mit *Citizen Panels* eine Stimme gegeben werden soll, die generelle Öffentlichkeit ist. Mit der Durchführung des Verfahrens wird der Anspruch erhoben, das gemeine Interesse des Volkes bzw. die kollektive Vernunft der Lebenswelt zu repräsentieren.

Die Leistungsfähigkeit dieser neuen Form von Demokratie, zum Beispiel im Verhältnis zu etablierten Verfahren von Parteienwettbewerb, Parlamentarismus oder Volksabstimmungen, lässt sich ausgiebig diskutieren (Wakeford et al. 2007; Smith 2009; Geissel und Newton 2011; Grönlund et al. 2014). Hier soll es aber nicht um das „was" dieser Innovation gehen, sondern um das „wie": Wie haben sich *Citizen Panels* als neue Governanceform etabliert? In welcher Weise kann die Herstellung dieser neuen Governanceform als reflexiv bezeichnet werden? Dazu gebe ich einen kurzen Abriss des Innovationsprozesses (siehe auch Voß und Amelung im Erscheinen).[8] Die Darstellung zeigt, wie sich im Prozess der Innovation

---

7   Es lassen sich andere Governance-Innovationen finden, die sich nicht auf neue Formen der Konstruktion kollektiver Subjekte und ihres Willens richten, sondern auf die effektive Umsetzung bereits etablierter oder als gegeben angenommener politischer Ziele (zum Beispiel die Einrichtung unabhängiger Regulierungsagenturen oder Emissionsmärkte für den Klimaschutz).

8   Hier greife ich auf empirische Arbeiten im Rahmen der Innovation in Governance Research Group zurück, die als Nachwuchsforschungsgruppe im BMBF-Programm sozial-ökologische Forschung von 2009 bis 2014 gefördert wurde (Förderzeichen 01UU0906). Der transnationale Innovationsprozesses wurde anhand von formativen Ereignissen (zum Beispiel markante Anwendungsfälle, Veröffentlichungen, Etablierung von Instituten und Netzwerkorganisationen) historisch rekonstruiert. Verschiedene Materialien dienten dafür zur Basis: akademische Literatur, Methodenleitfäden und Handbücher, Projektberichte, persönliche Archive, Webseiten sowie Transkripte von dreißig Interviews und einer Gruppendiskussion mit 25 Akteuren des Innovationsprozesses. Ausgehend von einem Repertoire konzeptioneller Propositionen zu Mustern und Dynamiken des Innovationsprozesses erarbeiteten wir, in einem iterativen Prozess von Musterabgleich und Abduktion im Team, schrittweise eine Deutung des Prozessmusters der Innovation (Van de Ven et al. 1999, 2007, Kap.7; Yin 2003).

sieben verschiedene Grade von Reflexivität entfalten, die jeweils im Wechselspiel von politischer und epistemischer Problematisierung der Innovation entstehen.

Den Ausgangspunkt bildet die Problematisierung von Infrastruktur- und Technikentwicklung als öffentliche Angelegenheit (vgl. Dewey 2012). Die Planung von Infrastruktur und wissenschaftlich-technischer Entwicklung wurden seit Beginn der Industrialisierung politisch problematisiert und besonders im Zuge der Ausweitung wohlfahrtsstaatlicher Steuerung sukzessive zu einer staatlichen Gestaltungsaufgabe. Hier kann ein erster Grad der Reflexivität kollektiver Ordnungsprozesse gesehen werden: „Wilde", sich aus verteilten Interaktionen ergebende sozio-technische Ordnungsprozesse wurden zum Gegenstand politischer Beobachtung, Problematisierung und Gestaltung durch den Staat.

Ein weiterer Reflexivitätsgrad kann darin gesehen werden, dass die Prozesse der politischen Gestaltung in den Institutionen des Staates umgehend der wissenschaftlich-technischen Problematisierung unterworfen wurde. Zur Rationalisierung und Optimierung öffentlichen Handelns wurden Planungs- und Steuerungsprozesse aus der Arena parteipolitischer Auseinandersetzung herausgezogen und der sachbezogenen Bearbeitung durch Experten übergeben. Dort wurden wissenschaftliche Analyse- und Bewertungswerkzeuge herangezogen. Die Entwicklung des modernen Wohlfahrtsstaates verbindet sich bis in die 1960er Jahre mit der Konzeption und Umsetzung neuer „technokratischer" Formen des Regierens (Saretzki 1994). Dabei geht es darum, öffentliche Entscheidungen auf eine „sachliche Basis" zu stellen, um Gemeinwohlziele effektiv umzusetzen (zum Beispiel Lerner und Lasswell 1951; Dahl und Lindblom 1953).

In einer weiteren Reflexivitätsschleife wurde die wissenschaftlich-technische Legitimation staatlichen Handelns zum Gegenstand der Kritik. Gegen Ende der 1960er Jahre wurde die neutrale Objektivität von funktionaler Analyse und Expertise durch die neuen sozialen Bewegungen in Frage gestellt (Marcuse 1967; Habermas 1968). Diese Kritik stellte die implizit in Sach- und Funktionsanalysen enthaltenen Wertungen heraus und zeigte die Verquickung von technokratischer Policy-Analyse mit gesellschaftlichen Machtverhältnissen. Technokratische Governance wurde nun also wieder politisch problematisiert und es wurden Forderungen zur Demokratisierung von staatlicher Planung und Wissenschaftspolitik aufgestellt (Fischer 1990). Die Beteiligung an Entscheidungsprozessen wurde in öffentlichen Protestaktionen und im Widerstand gegen Infrastruktur- und Technikprojekte sowie mit der Artikulation alternativer Positionen direkt umgesetzt (Saretzki 2001).

Hier ist der Beginn der Entwicklung von *Citizen Panels* zu sehen: Die direkte Einmischung von Bürgerinnen und spontan entstehende eine gaben Anlass für die Entwicklung spezieller Verfahren, um eine konstruktive und geordnete Beteiligung von Bürgerinnen und Bürgern an der öffentlichen Meinungsbildung zu organisieren.

Diese Verfahren wurden sukzessive Gegenstand weiterer funktionaler Problematisierung. In den 1970er Jahren wurden Methoden für die Organisation von Bürgerpanelen unabhängig voneinander in unterschiedlichen regionalen Kontexten und in unterschiedlichen Problemkontexten entwickelt. Im Kontext der Nordrhein-Westfälischen Kommunalpolitik und Infrastrukturplanung formierte sich die „Planungszelle" (Dienel 1970, 1971, 1978; Vergne 2009), im Zusammenhang mit politischer Bildungsarbeit entstand in Minnesota die „Citizens Jury" (Crosby 1974, 1975, 1995; Crosby et al. 1986; Crosby und Nethercut 2005) und für die parlamentarische Technikfolgenabschätzung in Dänemark wurde die „Konsensuskonferenz" entwickelt (Joss und Durant 1995; Andersen und Jæger 1999).

In den 1990er Jahren breiteten sich diese Verfahren rasant aus und verließen ihre Entstehungskontexte (Stewart et al. 1994; Coote und Lenaghan 1997; Joss und Durant 1995). Sie kamen besonders zur professionellen Öffentlichkeitsbeteiligung im Zusammenhang mit umstrittenen Projekten wissenschaftlich-technischer Entwicklung (Gentechnik, Atomkraft, Hirnforschung, Nanotechnologie etc.) zum Einsatz. Als solches wurden sie in den folgenden Jahrzehnten in mehreren tausend Verfahren in verschiedenen Regionen und auf Ebenen von der Kommunalverwaltung bis zu den Vereinten Nationen eingesetzt (Amelung 2012).

Mit der Ausbreitung über lokale Kontexte hinaus und mit dem Zutritt neuer Akteure aus der kommerziellen Marktforschung und Öffentlichkeitsarbeit erodierte das in lokalen Netzwerken gewachsene Vertrauen in die Organisatoren der Verfahren (Parkinson 2004, 2006; Hendriks 2006; Hendriks und Carson 2008). Während die Verfahren in den frühen 1970er Jahren in direkter Einbettung in politische Kontexte, im losen Rückgriff philosophischer Überlegungen und mit Bezug auf spezielle politische Situationen entwickelt wurden und die Verfahren durch Vertrauen in ihre Organisatoren Legitimität besaßen, ging es im Laufe der 1990er Jahre zunehmend darum, die Methodik der Partizipation technikwissenschaftlich zu fundieren, optimierte Verfahren und Designstandards zu etablieren und die Durchführungspraxis entsprechend zu disziplinieren (Chilvers 2008; Bogner 2010; Laurent 2011b).

Gegen Ende der 1990er Jahre wurde die Praxis der organisierten Bürger- und Öffentlichkeitsbeteiligung zum Gegenstand systematisch vergleichender Forschung (Renn et al. 1995; Hörning 1999; Rowe und Frewer 2000; OECD 2001). Eine besondere Rolle spielte die Europäische Kommission, auch mit Forschungs- und Entwicklungsprojekten zur Etablierung von verlässlichen Verfahrensstandards. Die praktische Durchführung von *Citizen Panels* verband sich mit deliberativen Demokratietheorien (Sulkin und Simon 2001; Smith und Wales 2002). In Labor- und Feldexperimenten wurde Evidenz generiert, um nach innen die professionelle Disziplinierung zu erleichtern und nach außen die Legitimität der Verfahren und ihrer Ergebnisse zu sichern (Grönlund et al. 2014).

Für die weitere prozedurale Rationalisierung partizipativer Governance wurden Forschungszentren, Netzwerke und professionelle Vereinigungen aufgebaut. In den 2000er Jahren wurden Verfahren wie „Citizens Jury", „Planungszelle" und „Konsensuskonferenz" unter Dachbegriffen wie „citizen panels", „deliberative forums" oder „mini-publics" zusammengeführt, um eine übergreifende methodische Basis zu entwickeln (Hendriks 2005; Brown 2006; Goodin und Dryzek 2006), unter anderem auch für den Einsatz für transnationale Regierungsprozesse (Rask 2012). *Citizen Panels* etablierten sich im Diskurs und in der Praxis des Regierens als neues Instrument partizipativen Regierens (Elliott et al. 2005) bzw. als demokratische Innovation (Smith 2009; Geissel und Newton 2011). In Verbindung mit der Entwicklung und Anwendung von *Citizen Panels* formierte sich ein transnationalen Wissensnetzwerk im Schnittbereich eines akademischen Forschungsfeldes mit Fachzeitschriften, Webportalen, regelmäßigen Konferenzen usw. und einer Dienstleistungsindustrie mit eigenen Verbänden und fortlaufenden Bemühungen um Professionalisierung (Hendriks und Carson 2008; Saretzki 2008; Chilvers 2008, 2012; Voß und Amelung im Erscheinen). Im Wettbewerb mit etablierten sowie mit anderen innovativen Demokratieformen wurde daran gearbeitet, epistemische Autorität aufzubauen, um die größere Funktionalität zu behaupten.

Diese abermalige Verwissenschaftlichung von Governance wurde wieder Gegenstand der reflexiven Betrachtung aus politischer Perspektive (Voß 2016a). Die Problematisierung bezog sich nun nicht auf die Technokratie substantieller Politikentscheidungen, sondern auf die Technokratie partizipativer Verfahren und darauf, wie sie diverse politische Werte, Rationalitäten und situative Bedingungen ignorierte. Mit der Beobachtung des praktischen Herstellungs- und Umsetzungsprozesses von deliberativen Beteiligungsverfahren wurden die mangelnde Objektivität politischer Verfahrensfragen und die normativen Annahmen problematisiert, die speziellen Beteiligungsmethoden zugrunde liegen (Irwin 2001; Gomart und Hajer 2003; Lezaun und Soneryd 2007; Braun und Schultz 2010; Bogner 2010; Felt und Fochler 2010).

Zusätzlich zur diskursiven Thematisierung wurden Beteiligungsverfahren durch Protestaktionen begleitet (Laurent 2011a; Pallett und Chilvers 2013). Dabei wurde öffentlich herausgestellt, wie Beteiligungsverfahren dominante Diskurse und Machtstrukturen reproduzieren. Es wurden alternative emanzipatorische Beteiligungsansätze bzw. Formen des „offenen Designs", fluider, angepasster Partizipations-Technologie entworfen (Wakeford 2003; Wakeford und Singh 2008; Chilvers 2013). Die Art und Weise, in der der Innovationsprozess gesellschaftlich gedacht und getan wurde, also die reflexive Gestaltung von Innovation, wurde selbst zum Gegenstand (Law et al. 2011; Law 2011; Laurent 2011b).

In einer weiteren Wendung wurden auch diese Kontroversen um die Technologisierung der Öffentlichkeitsbeteiligung wieder wissenschaftlich aufgearbeitet. Der „wilden" Politisierung von Beteiligungsmethoden wurde mit Versuchen begegnet, die implizite Politik der Methoden explizit zu kommunizieren und in eine konstruktive Diskussion der Normativität und Folgen verschiedener Beteiligungsansätze zu überführen (Chilvers 2013; Pallett und Chilvers 2013). Das Schreiben und Lesen dieses Artikels, der die politische Dynamik des Innovationsprozesses zum Gegenstand wissenschaftlicher Beobachtung macht, ist hier zu verorten. Ebenso ist hier ein praktisches Experiment zur Anwendung von Ansätzen der „konstruktiven Folgenabschätzung" für die Entwicklung von *Citizen Panels* zu verorten, das ich in Zusammenarbeit mit Kolleginnen und Kollegen initiierte und im April 2013 durchführte (Voß 2016a; Mann et al. 2014). In diesem Experiment ging es darum, in der Interaktion mit 25 Akteuren, die in unterschiedlicher Weise praktisch an der Entwicklung von *Citizen Panels* beteiligt waren, Kontroversen zum Design zu explizieren und sie der öffentlichen Debatte zugänglich zu machen. Die politische Auseinandersetzung um das Design von Beteiligungsverfahren wurde also wieder in wissenschaftlich entwickelten Verfahren der konstruktiven Folgenabschätzung thematisiert und gestaltet.

Als ein vorerst letzter Schritt in der Reflexivierung der kollektiven Ordnungsbildung mag gelten, dass während des Prozesses einer der Teilnehmer das zum Einsatz gebrachte Verfahren wiederum mit politischer Kritik konfrontierte. Das nach funktionalen Erwägungen entwickelte Verfahren
der konstruktiven Folgenabschätzung wurde politisch problematisiert. Hier ging es um die spezifische Performativität der Methode der Folgenabschätzung für den Innovationsprozess. Das heißt, dass der reflexive Umgang mit der politischen Kontroverse um Beteiligungsmethoden konsequenterweise auch wieder der reflexiven Betrachtung ausgesetzt war. Der methodische Ansatz zur reflexiven Verhandlung der Innovation von *Citizen Panels* und ihrer politischen Implikationen wurde als neuer „matter of concern" artikuliert (vgl. Latour 2004), in Bezug auf den sich wiederum neue kollektive Interessen und politische Koalitionen konstruieren lassen – der Beginn einer weiteren Schleife politischer Innovation.

Zusammenfassend kann der Innovationsprozess als eine Reflexivitätsspirale beschrieben werden, die sich im dialektischen Wechselspiel von politischer und epistemischer Problematisierung in weitere Reflexivitätsgrade hineinschraubt. Dabei verbindet sich die Governance-Innovationen mit einer Reihe von Politikinnovationen: Neue „public issues" und entsprechende politische Interessenskollektive konstituieren sich zuerst in Bezug auf wilde Infrastruktur und Technikentwicklung, dann in Bezug auf technokratische staatliche Planung, schließlich in Bezug auf Methoden der Bürgerbeteiligung und ganz zuletzt auch in Bezug auf Verfahren der konstruktiven Folgenabschätzung für die Innovation der *Citizen Panels*.

Diese Politikinnovationen sind konstitutiv verschränkt mit einer Reihe wissenschaftlicher Innovationen: Neue Untersuchungsgegenstände und wissenschaftliche Forschungsfelder etablieren sich zuerst in Bezug auf die rationale Planung öffentlicher Infrastruktur und Technikentwicklung, dann in Bezug auf die Organisation von Partizipationsprozessen und schließlich in Bezug auf die soziale Dynamik von Partizipationsverfahren. Die Dynamik des Innovationsprozesses ergibt sich aus dem Ineinandergreifen dieser Innovationen. Das Ergebnis ist eine Kaskade der Politisierung und Verwissenschaftlichung (siehe Abbildung 1).

Politisierung 1:
Problematisierung von Infrastruktur-
und Technikentwicklung als öffentliche
Angelegenheit, verstaatlichte Planung

Verwissenschaftlichung 1:
Rationalisierung öffentlichen Handelns,
wissenschaftliche Politikanalyse und
technokratische Verwaltung

Politisierung 2:
Kritik an staatlicher
Planungstechnokratie, spontanes
Entstehen neuer Formen der
Bürgerbeteiligung

Verwissenschaftlichung 2:
Funktionale Problematisierung spontaner
Beteiligung und unprofessioneller
Verfahrensführung, wissenschaftliche
Konfiguration und Standardisierung von
Beteiligungsverfahren

Politisierung 3:
Kritik an transnationaler
Verfahrenstechnokratie, Protest gegen
organisierte Beteiligung, Entwicklung
alternativer Ansätze

Verwissenschaftlichung 3:
Wissenschaftliche Aufarbeitung
der Kontroversen, Durchführung
konstruktiver Folgenabschätzung für
Beteiligungsverfahren

Politisierung 4:
Kritik an Verfahren der
Folgenabschätzung in Bezug auf
normative Implikationen

Abbildung 1 Reflexivitätsspirale in der Innovation von *Citizen Panels*, eine Kaskade der Politisierung und Verwissenschaftlichung kollektiver Ordnungsprozesse

Die Darstellung des Prozesses macht deutlich, dass die Reflexivität des Innovationsprozesses jeweils eine Form und Richtung hat, die mit einer speziellen Rahmung gesellschaftlicher Selbstbeobachtung und -einwirkung verbunden ist. In einer gegebenen Situation sind verschiedene Reflexivitäten möglich, die jeweils auf spezifische Weise selektiv sind.[9] Die im historischen Prozess artikulierten Reflexivitäten müssen nicht vergessen werden, sondern können sich institutionalisieren, so dass sie sich als praktisch geübte und wirksame Bezüge auf den Innovationsprozess akkumulieren. Daraus folgt, dass Reflexivität von Innovationsprozessen ein multiples Phänomen ist, und dass mit Reflexivität, je nachdem welche Rahmung sich durchsetzt, verschiedene Dynamiken verbunden sein können.

Widerstreitende Reflexivitäten können Kontroversen hervorrufen, bei denen nicht nur alternative politische oder alternative wissenschaftliche Bewertungen der Innovation einander gegenüber stehen, sondern auch die grundsätzliche Frage umstritten ist, in welcher Rahmung das Innovationsgeschehen und die daraus entstehenden kollektiven Ordnungen überhaupt zu betrachten seien – in Bezug auf die politische Integration verschiedener Perspektiven und Werte oder in Bezug auf die wissenschaftliche Analyse bestimmter Funktionen?

In spezifischen Reflexivitäten werden jeweils bestimmte Aspekte des kollektiven Ordnungsprozesses in Frage gestellt und damit der Selbstverständlichkeit entzogen. Sie werden so disponibel, diskussions- und verhandlungsfähig. Je nachdem in welcher Orientierung Reflexivität geübt wird, ergeben sich für den Innovationsprozess bzw. für die Identitäten, Rollen und Positionen von beteiligten Akteuren und deren kollektive Ordnungsansätze verschiedene Beeinträchtigungen. Die Frage, welche reflexive Rahmung anzulegen sei, ist also eine, die sich unmittelbar mit dem Interesse beteiligter Akteure verbindet.

Es liegt nahe, dass die Artikulation und das wirksam machen von Reflexivität selbst zu einer reflexiven Angelegenheit wird, so dass Reflexivität selbst versucht wird strategisch zu beeinflussen, um die antizipierten Folgewirkungen für den Verlauf des Innovationsprozesses zu realisieren oder zu verhindern. Es mag einzelnen Akteuren nicht daran gelegen sein, die Herstellung von neuen Governanceformen

---

9   So ist die Innovationsdynamik von *Citizen Panels* in bestimmten historischen Konstellationen politisch unproblematisch und nicht gestaltungsbedürftig, aber in der wissenschaftlichen Betrachtung dysfunktional und optimierungswürdig. So zum Beispiel während der Phase der ersten Artikulation von Verfahren und ihrer methodischen Formalisierung. In anderen Konstellationen wiederum wird die laufende Entwicklung der Governanceform wissenschaftlich gestützt, aber erscheint politisch hoch problematisch und interventionsbedürftig, so zum Beispiel in der Hochphase transnationaler Standardisierung.

einer technisch-funktionalen Analyse zu unterziehen oder sie mit politischen Fragen zu konfrontieren, weil sie vermutete Rückwirkungen vermeiden wollen. Die Auseinandersetzung darum, welche spezielle Reflexivität im Innovationsprozess zum Tragen kommt, eröffnet eine Arena der Meta-Governance des Innovationsprozesses. Hier geht es für konkrete Innovationen, einzelne Innovationsbereiche oder das gesellschaftliche Innovationsgeschehen im Allgemeinen darum, welche Beobachtungs- und Bewertungsrahmen kollektiv anzulegen sind, um die Herstellung neuer kollektiver Ordnungen zu beobachten und zu gestalten.

Ich möchte behaupten, dass reale Innovationsprozesse in dieser Komplexität ablaufen. Die Formulierung der These der „Innovationsgesellschaft" (Hutter et al. 2011) und ihre praktische Verfolgung als Forschungsprogramm, also dieser Sammelband selbst, sind empirische Evidenz dafür. Sie markieren bereits die Reflexivität der Reflexivität.

5   Schluss

Was können wir aus der konzeptionellen Differenzierung von Reflexivitäten und der Illustration ihres Zusammenspiels im Fall der Innovation von *Citizen Panels* lernen? Ich gliedere meine Schlussfolgerungen in drei Teile: Zuerst allgemeine Befunde zur Reflexivität von Governance-Innovationen, dann speziell zur Unterscheidung von Graden und Rahmungen, und schließlich eine allgemeine Diskussion der Wirkungen fortgesetzter Reflexivität in der Herstellung kollektiver Ordnungen.

Mit Blick auf das Forschungsprogramm zur Erkundung der „Innovationsgesellschaft" lässt sich zunächst festhalten, dass die hier betrachtete Governance-Innovation reflexiv ist: Die Herstellung neuer Verfahren der Bürgerbeteiligung ist begleitet von Kommunikation über die Bedingungen dieses Prozesses sowie Strategien seiner Gestaltung. Zudem ist sie geprägt von Versuchen, den Prozess entsprechend zu gestalten. Nicht nur die Leistung von Beteiligungsmethoden wird kontrovers diskutiert, sondern auch der Prozess ihrer Herstellung.

Die Dynamik und der Verlauf des Innovationsprozesses von Bürgerpanelen lassen sich ohne Berücksichtigung dieser Reflexivität nicht angemessen beschreiben. Inwieweit die beobachtete Reflexivität dazu taugt, einen bestimmten Typ von Innovation zu qualifizieren oder gar eine Epoche gesellschaftlicher Entwicklung zu diagnostizieren, kann mit dem hier verfolgten Ansatz jedoch nicht festgestellt werden. Konzeptionelle Überlegungen lassen aber vermuten, dass Reflexivität im Sinne der Beobachtung, Problematisierung und Gestaltung von Prozessen kollektiver (Neu-)Ordnung mitnichten ein rezentes Phänomen ist. Jedoch in der Akkumulation weiterer Grade, und somit in der Intensität und Komplexität, lässt sich eine graduelle Zunahme der Reflexivität von Innovationsprozessen vermuten.[10] Zwei zentrale Befunde zur reflexiven Herstellung des Neuen möchte ich heraus- stellen. Zuerst gilt es festzuhalten, dass sich die Reflexivität von Innovation, wie hier am konkreten Fall dargelegt, in verschiedenen Graden entfaltet. Es scheint da- her geboten, das Forschungsprogramm und die Diagnose einer Innovationsgesell- schaft in Bezug auf die spezifische Qualität reflexiver Innovation zu spezifizieren. Verschiedene Problematisierungsformen und Gestaltungseinflüsse, die zum Tra- gen kommen, gilt es hinsichtlich des speziellen Forschungsinteresses analytisch zu unterscheiden, auch wenn sie praktisch ko-präsent sind und ineinander laufen, also nicht sequentiell auftreten oder separat markiert sind. So sind im Fall der *Citizen Panels* zum Beispiel Bemühungen um wissenschaftliche Methodenentwicklung und Standardisierung (4. Reflexivitätsgrad) direkt verwoben mit der politischen Problematisierung des Verfahrens, in dem die ihre Folgen thematisiert werden (7. Reflexivitätsgrad). Lässt sich eine Differenzierung von Reflexivitätsgraden auch in anderen Innovationsbereichen sinnvoll vornehmen?

Als zweiten Befund möchte ich die Multiplizität von Reflexivität, nicht nur in Graden, sondern auch in den Rahmungen herausstellen, die zur Betrachtung des Herstellungsprozesses kollektiver Ordnungen jeweils angelegt werden. Die Falldar- stellung zu *Citizen Panels* fokussierte das Wechselspiel politischer und epistemi- scher Reflexivität. Aus der wechselseitigen Problematisierung politischer und epis- temischer Beobachtungs-, Problematisierungs- und Gestaltungsansätze gewinnt die Innovationen eine besondere Dynamik. Einmal tritt die Berücksichtigung diverser

---

10   Jenseits dessen, was dieser Beitrag beabsichtigte, ließe sich die Reflexivität von
     Neuerungsprozessen im Bereich von Governance auch der semantische Bezug auf
     „Innovation" (Knoblauch 2013) und ihre Positionierung als Instrument der Gesell-
     schaftsgestaltung untersuchen (Schubert 2014). Hierzu lässt sich sagen, dass die Inno-
     vationssemantik ist im Bereich Politik und Governance bereits in den 1960er Jahren
     verbreitet war (in deutsch und englisch und mit einer bemerkenswerten Varianz kon-
     zeptioneller Zugänge, zum Beispiel Lowi 1963; Senghaas 1965; Thompson 1965; Kla-
     ges 1968; Walker 1969). Allerdings dominiert in der öffentlichen Diskussion weiterhin
     die Semantik der „Reform". Eine Hypothese für diskursorientierte Analysen wäre,
     dass die Semantik der „Innovation" erst in weiteren Reflexivitätsgraden zum Tragen
     kommt. „Reform" bezieht sich auf Erneuerungsprozesse, die in staatliche politische
     Systeme eingebettet sind. Demgegenüber wird mit „Innovation" vornehmlich die Ent-
     wicklung und Ausbreitung neuer Politik- und Governanceformen quer zu einzelnen
     Kontexten bezeichnet. Die transnationale und wissenschaftliche Dynamik bestimm-
     ter Modelle gewinnt dabei gegenüber dem offenen politischen Streit um die situative
     Durchsetzung von Ordnungen an Bedeutung. Im Fall der *Citizen Panels* kommt eine
     derart gerahmte Reflexivität im vierten Grad ab Mitte der 1990er Jahre zum Tragen
     (Verwissenschaftlichung 2, siehe Abbildung 1).

Weltzugänge, Werte und Interessen in den Vordergrund, das andere Mal die rationale Konsistenz und empirische Funktionalität kollektiver Ordnungsmuster. Für die Frage nach den spezifischen Ausprägungen und wechselseitigen Beziehungen von Innovationsprozessen in Bereichen wie Wirtschaft, Wissenschaft, Kunst und Politik ist es von Interesse, dass Governance-Innovationen als Hybrid-Innovationen zu verstehen sind. Mit ihrer Entwicklung verbinden sich, wie hier für Bürgerpanele gezeigt, verschiedene politische und wissenschaftliche Innovationen: Es wurden neue Themen politisiert und kollektive Interessen mobilisiert bzw. neue Forschungsgegenstände identifiziert und kollektives Wissen produziert. Mit jeder neuen politischen oder wissenschaftlichen Problematisierung von kollektiven Ordnungsprozessen ist eine Innovation innerhalb dieser Felder verbunden. Das über verschiedene Reflexivitätsgrade hergestellte Muster kollektiver Ordnungsgestaltung durch *Citizen Panels* ist eine Ko-Produktion politischer und wissenschaftlicher Arbeit. Die Governance-Innovation umfasst eine politische und eine epistemische Dimension (siehe zu anderen Fällen auch Voß 2014, Voß 2016b).[11]

Diese Multiplizität und reflexive Unabgeschlossenheit verleiht dem Innovationsprozess seine Dynamik. Im fortgesetzten, durch heterogene Rahmungen erfolgenden Engagement mit bestehenden Ordnungen schaukelt sich die Innovation auf. Ist die konstitutive Verflechtung von Neuerungen in Ko-Produktions- oder Ko-Evolutionsprozessen und eine daraus resultierende „hyperreflexive Dynamik" ein allgemeines Merkmal der Innovationsgesellschaft?

Ich möchte die Wirkungen fortgesetzter Reflexivität in der Herstellung neuer kollektiver Ordnungen abschließend noch etwas allgemeiner diskutieren, einerseits in Bezug auf ihr Potenzial zur Integration multipler gesellschaftlicher Rationalitäten, andererseits in Bezug auf praktische Herausforderungen im Umgang mit der Ironie sich kontinuierlich wechselseitig widerlegender Ordnungsansätze.

---

11   Ich stelle hier die Verschränkung von Innovationen in Politik und Wissenschaft in den Vordergrund. Mit Bezug auf den sich in Verbindung mit der Entwicklung von *Citizen Panels* etablierenden Dienstleistungsmarkt und die sich transnational organisierende Industrie professioneller Verfahrensgestalter und Moderatoren lassen sich auch im Bereich der Wirtschaft Innovationsprozesse ausmachen, die mit den hier aufgeführten Innovationen in Politik und Wissenschaft konstitutiv verflochten sind. Mit Blick auf Metaplan, Moderationskoffer, Software für Online-Deliberation etc. kommen spezifische materielle Artefakt-Innovationen in den Blick. Wenn wir uns weiterhin der Erscheinung widmen, dass in Verbindung mit partizipativen Deliberationsverfahren des Öfteren Künstler engagiert werden, um den Diskussionsprozess durch grafische oder darstellerische Beiträge zu begleiten, können wir auch ein neues ästhetisches Genre ausfindig machen, dessen Entwicklung mit der Innovation neuer Governanceformen sowie den darin enthaltenen politischen, wissenschaftlichen und wirtschaftlichen Innovationen verknüpft ist.

Das Potenzial der für den Fall der *Citizen Panels* beschriebenen unabgeschlossenen Reflexivität kann darin gesehen werden, dass sich hier eine praktische Form des Umgangs mit der dem modernen Gesellschaftsprozess als inhärent attestierten Problematik von Nebenfolgen zeigt. Im Innovationsprozess zeigt sich nicht die Entkopplung differenzierter Rationalitäten, sondern deren Verschränkung. In der dynamischen Analyse entstehender Ordnungsformen tritt nicht das Auseinanderdriften, sondern die reflexive Verflechtung institutionell differenzierter Praxisfelder in Erscheinung (Rammert 1997, 2010).

Politik und Wissenschaft bilden so einen Zusammenhang von „checks and balances", eine fundamentale Gewaltenteilung in der rationalisierenden Beobachtung, Problematisierung und Gestaltung kollektiver Ordnungen (vgl. Shapin und Schaffer 1985; Rip 1987; Latour 1993). In der wechselseitigen Konstitution von politischen Themen und wissenschaftlichen Forschungsgegenständen (sowie politischen Koalitionen und wissenschaftlichen Forschungsfeldern) sind differenzierte Rationalitäten dialektisch miteinander verschränkt. In der Reflexivitätsspirale kann eine praktische Form der Integration multipler Rationalitäten und Bewertungsansätze für kollektive Ordnungsprozesse gesehen werden.

Damit verbinden sich aber besondere praktische Herausforderungen. Mit der Anerkennung einer fortlaufenden wechselseitigen Reflexion von Ordnungsansätzen, die für sich jeweils nur partielle Rationalisierungen darstellen, sich aber im unendlichen Regress dialektischer Spiegelung tendenziell auflösen, gehen Gewissheiten verloren, die die archimedischen Punkte praktischer Ordnungskonstruktion ausmachen. Wenn verschiedene Rationalitäten nicht institutionell separiert oder (durch Lernen und Vergessen) sequentiell erfahren werden, sondern wenn sie, wie hier versucht, als dynamisches Wechselspiel synthetisiert und für die Innovationsanalyse zusammengeführt werden, dann besteht die Gefahr, dass die beschriebene Dynamik damit untergraben wird.

Wenn die Unabschließbarkeit der Reflexion zum bewussten Ausgangspunkt des Handelns wird, dann erfolgt die Gestaltung kollektiver Ordnung über dem offenen Abgrund des unendlichen Regresses der eigenen Widerlegung. Wenn in jeder Reflexion, wissenschaftlich oder politisch, gleichzeitig das Andere und Ausgeschlossene mit aufgenommen und somit die eigene Widerlegung antizipiert wird, verflüssigt sich Gewissheit (Reckwitz 2003; Brodocz 2003). Denken, Reden und Machen von Gesellschaft werden zum ironischen Unterfangen (Rorty 1989). Reflexive Gestaltung und Erneuerung verliert die orientierende Fortschrittsillusion. Rationale Handlung und Ordnungskonstruktion weicht dem Spiel. Damit aber verliert die Reflexivitätsspirale ihr Moment, die dialektische Gewaltenteilung fällt in sich zusammen.

Es können Mutmaßungen darüber angestellt werden, wie sich postmoderne Prozesse kollektiver (Un-)Ordnungsbildung vollziehen. Oder es muss eine neue Orientierung geübt werden, die Handlung als lokal und temporär begrenztes Engagement für Praktiken begreift, deren eigentlicher Wert nicht im unmittelbaren Ergebnis und dem eigenen, immanent bestimmten Erfolg liegt, sondern im Zusammenspiel mit anderen Praktiken und der so erfolgenden Relationierung und Balancierung diverser Partialitäten.

Die praktische Herausforderung reflexiver Innovation liegt darin, diese immanente Rationalität im Moment des Engagements dennoch wirksam werden zu lassen, das heißt auch im Wissen um ihre Partialität politische und wissenschaftlich Position zu beziehen und sich für partielle Ordnungen einzusetzen (Brodocz 2003; Rip 2006). Nur so können eine Diversität verschiedener Ordnungsansätze, daraus resultierende Spannungen und dialektische Dynamiken aufrechterhalten werden. Die reflexive Herstellung des Neuen erfordert die Performanz moderner Ordnungsarbeit vor dem Hintergrund der Einsicht in postmoderne Verflüssigungsdynamiken. Ohne das wäre nur ironisches Spiel und die Innovationsdynamik käme zum Erliegen.

Literatur

Amelung, N. (2012). The emergence of citizen panels as a de facto standard. *Quaderni, 79*, 13-28. doi: quaderni.revues.org/616.

Andersen, I.-E., & Jæger, B. (1999). Scenario workshops and consensus conferences: towards more democratic decision-making. *Science and public policy 26* (5), 331-340.

Antoniades, A. (2003). Epistemic communities, epistemes and the construction of (world) politics. *Global society 17* (1), 21-38.

Bachelard, G. (1984 [1934]). *The new scientific spirit*. Boston: Beacon Press.

Barry, A. (2001). *Political machines: governing a technological society*. London: Athlone Press.

Barry, A. (2012). Political situations: Knowledge controversies in transnational governance. *Critical Policy Studies 6* (3), 324-336.

Bauman, Z. (2000). *Liquid modernity*. Cambridge: Polity Press.

Beck, U., Giddens, A., & Lash, S. (1994). *Reflexive Modernization. Politics, Tradition and Aesthetics in the Modern Social Order*. Stanford: Stanford University Press.

Berger, P. L., & Luckmann, T. (1977 [1966]). *Die gesellschaftliche Konstruktion der Wirklichkeit. Eine Theorie der Wissenssoziologie*. Frankfurt a. M.: Fischer.

Bevir, M. (2010). *Democratic governance*. Princeton: Princeton University Press.

Bevir, M., & Krupicka, B. (2011). On two types of governance theory. A response to B. Guy Peters. *Critical Policy Studies 5* (4), 450-453.

Bogner, A. (2010). Partizipation als Laborexperiment. Paradoxien der Laiendeliberation in Technikfragen. *Zeitschrift für Soziologie 39* (2), 87-105.

Boltanski, L., & Thévenot, L. (2006). *On justification: Economies of worth*. Princeton: Princeton University Press.

Bourdieu, P. (1987). *Die feinen Unterschiede: Kritik der gesellschaftlichen Urteilskraft*. Frankfurt a. M.: Suhrkamp.

Bourdieu, P. (1993). *Soziologische Fragen*. Frankfurt a. M.: Suhrkamp.

Bourdieu, P. (2009 [1984]). Delegation und politischer Fetischismus. In H. Beister, E. Kessler, J. Ohnacker, R. Schmid & B. Schwibs (Hrsg.), *Politik: Schriften zur Politischen Ökonomie 2* (S. 23-41). Konstanz: UVK.

Braun, B., Whatmore, S. J., & Stengers, I. (2010). *Political matter: Technoscience, democracy, and public life*. Minneapolis: University of Minnesota Press.

Braun, K., & Schultz, S. (2010). "… a certain amount of engineering involved": Constructing the public in participatory governance arrangements. *Public Understanding of Science 19* (4), 403-419.

Brodocz, A. (2003). Das Ende der politischen Theorie? Über die Rechtfertigung der Demokratie und die Ironie ihrer Unmöglichkeit. In T. Bonacker, A. Brdocz & T. Noetzel (Hrsg.), *Die Ironie der Politik. Über die Konstruktion politischer Wirklichkeiten* (S. 52-64). Frankfurt a. M.: Campus.

Brown, M. (2006). Survey Article: Citizen Panels and the Concept of Representation. *Journal of Political Philosophy 14* (2), 203-225.

Callon, M., Lascoumes, P., & Barthe, Y. (2009). *Acting in an uncertain world: an essay on technical democracy*. Cambridge, MA: MIT Press.

Callon, M., & Latour, B. (1981). Unscrewing the big Leviathan: how actors macro-structure reality and how sociologists help them to do so. In K. Knorr-Cetina & A. V. Cicourel

(Hrsg.), *Advances in social theory and methodology* (S. 277-303). London: Routledge and Kegan Paul.

Chilvers, J. (2008). Environmental risk, uncertainty, and participation: mapping an emergent epistemic community. *Environment and Planning A 40* (12), 2990-3008.

Chilvers, J. (2012). Expertise, technologies and ecologies of participation (3S Working Paper, Vol. 2012-17). Norwich: Science, Society and Sustainability Research Group, University of East Anglia.

Chilvers, J. (2013). Reflexive engagement? Actors, learning, and reflexivity in public dialogue on science and technology. *Science Communication 35* (3), 283-310.

Clarke, A., & Star, S. L. (2008). The social worlds framework: A theory/methods package. In E. J. Hackett, O. Amsterdamska, M. Lynch, & J. Wajcman (Hrsg.), *The Handbook of Science & Technology Studies*. Cambridge: MIT Press.

Colebatch, H. K. (2009). Governance as a conceptual development in the analysis of policy. *Critical Policy Studies 3* (1), 58-67.

Coote, A., & Lenaghan, J. (1997). *Citizens' Jury. Theory into Practice*. London: Institute for Public Policy Research.

Crosby, N. (1974). *The educated random sample. A pilot study on a new way to get citizen input into the policy-making process*. Minnesota: The Center for New Democratic Processes.

Crosby, N. (1975). *In Search of the Competent Citizen*. Minneapolis: Jefferson Center.

Crosby, N. (1995). Citizens juries: One solution for difficult environmental questions. In O. Renn, T. Webler, & P. Wiedemann (Hrsg.), *Fairness and competence in citizen participation* (S. 157-174). Dordrecht: Springer.

Crosby, N., Kelly, J. M., & Schaefer, P. (1986). Citizens panels: A new approach to citizen participation. *Public Administration Review 46* (2), 170-178.

Crosby, N., & Nethercut, D. (2005). Citizens Juries: Creating a trustworthy voice of the people. In J. Gastil & P. Levine (Hrsg.), *The deliberative democracy handbook. Strategies for effective civic engagement in the 21st century* (S. 111-119). San Francisco: Jossey-Bass.

Dahl, R., & Lindblom, C. E. (1953). Politics, Economics and Welfare. New York: Harper and Row.

Dewey, J. (2012 [1954]). *The public and its problems: An essay in political inquiry*. University Park, PA: Penn State Press.

Dienel, P. (1970). Techniken bürgerschaftlicher Beteiligung an Planungsprozessen *Partizipation. Aspekte politischer Kultur. Geistige und strukturelle Bedingungen. Modelle und Partizipationsformen* (S. 144-156). Wiesbaden: Westdeutscher Verlag.

Dienel, P. (1978). *Die Planungszelle. Eine Alternative zur Establishment-Demokratie*. Opladen: Westdeutscher Verlag.

Dienel, P. C. (1971). Wie können die Bürger an Planungsprozessen beteiligt werden? Planwahl und Planungszelle als Beteiligungsverfahren. *Der Bürger im Staat 21* (3), 151-156.

Disch, L. (2009). *'Faitiche'-izing the People: What Representative Democracy Might Learn from Science Studies*. APSA 2009 Toronto Meeting Paper. http://ssrn.com/abstract=1449734. Zugegriffen: 28.10.2015.

Disch, L. (2011). Toward a mobilization conception of democratic representation. *American Political Science Review 105* (1), 100-114.

Djelic, M.-L., & Sahlin-Andersson, K. (2006). *Transnational Governance, Institutional Dynamics of Regulation*. Cambridge: University Press

Elliott, J., Heesterbeek, S., Lukensmeyer, C. J., & Slocum, N. (2005). *Participatory methods toolkit. A practitioner's manual*. Brussels: King Baudoin Foundation Flemish Institute for Science and Technology Assessment.

Feldman, G. (2011). Illuminating the apparatus: steps toward a nonlocal ethnography of global governance. In C. Shore, S. Wright, & D. Peró (Hrsg.), *Policy Worlds: Anthropology and the Analysis of Contemporary Power* (S. 32-49). New York: Berghahn.

Felt, U., & Fochler, M. (2010). Machineries for Making Publics: Inscribing and De-scribing Publics in Public Engagement. *Minerva 48* (3), 319-338.

Fischer, F. (1990). *Technocracy and the Politics of Expertise*. Newbury Park, CA: Sage.

Foucault, M. (1991). *Die Ordnung des Diskurses*. Frankfurt a. M.: Fischer.

Foucault, M. (2005). *Analytik der Macht*. Frankfurt a. M.: Suhrkamp.

Geissel, B., & Newton, K. (2011). *Evaluating Democratic Innovations: Curing the Democratic Malaise?* London: Routledge.

Giddens, A. (1986). *The Constitution of Society*. Berkeley, CA: University Press.

Giddens, A. (1990). *The consequences of modernity*. Cambridge, UK: Polity.

Goffman, E. (1974). *Frame analysis: An essay on the organization of experience*: Harvard University Press.

Gomart, E., & Hajer, M. A. (2003). Is that politics? For an inquiry into forms in contemporary politics. In B. Joerges & H. Nowotny (Hrsg.), *Social Studies of Science and Technology: Looking Back, Ahead* (S. 33-61). Dordrecht: Kluwer.

Goodin, R. E., & Dryzek, J. S. (2006). Deliberative impacts: the macro-political uptake of mini-publics. *Politics & society 34* (2), 219.

Grönlund, K., Bächtiger, A., & Setälä, M. (Hrsg.). (2014). *Deliberative Mini-Publics: Involving Citizens in the Democratic Process*. Colchester: ECPR Press.

Habermas, J. (1968). *Wissenschaft und Technik als Ideologie*. Frankfurt a. M.: Suhrkamp.

Hacking, I. (1983). *Representing and intervening: Introductory topics in the philosophy of natural science*. Cambridge: Cambridge University Press

Hacking, I. (2002). *Historical ontology*. Cambridge, MA: Harvard University Press.

Heinelt, H. (2008). *Demokratie jenseits des Staates: partizipatives Regieren und Governance* (Vol. 4). Baden-Baden: Nomos.

Hendriks, C. M. (2005). Participatory storylines and their influence on deliberative forums. *Policy Sciences 38* (1), 1-20.

Hendriks, C. M. (2006). When the forum meets interest politics: Strategic uses of public deliberation. *Politics & society 34* (4), 571.

Hendriks, C. M., & Carson, L. (2008). Can the market help the forum? Negotiating the commercialization of deliberative democracy. *Policy Sciences 41* (4), 293-313.

Hitzler, R. (2002). Inszenierung und Repräsentation. Bemerkungen zur Politikdarstellung in der Gegenwart. In H.-G. Soeffner & D. Tänzler (Hrsg.), *Figurative Politik. Zur Performanz der Macht in der modernen Gesellschaft* (S. 35-49). Wiesbaden: VS Verlag.

Hörning, G. (1999). Citizens' panels as a form of deliberative technology assessment. *Science and public policy 26* (5), 351-359.

Hutter, M., Knoblauch, H., Rammert, W., & Windeler, A. (2011). Innovationsgesellschaft heute. Die reflexive Herstellung des Neuen (TUTS-Working Papers, 4-2011). Berlin: Technische Universität Berlin.

Irwin, A. (2001). Constructing the scientific citizen: science and democracy in the biosciences. *Public Understanding of Science 10* (1), 1-18.

Irwin, A. (2008). STS perspectives on scientific governance. In E. J. Hackett, O. Amsterdamska, M. Lynch, & J. Wajcman (Hrsg.), *The Handbook of Science and Technology Studies. Third Edition* (S. 583-608). Cambridge: MIT Press.

Jasanoff, S. (Hrsg.). (2004). *States of knowledge: the co-production of science and social order.* London: Routledge.

Joas, H. (1980). *Praktische Intersubjektivität: Die Entwicklung des Werkes von George Herbert Mead.* Frankfurt a. M.: Suhrkamp.

Joss, S., & Durant, J. (1995). *Public participation in science: the role of consensus conferences in Europe.* Peterborough: Science Museum.

Klages, H. (1968). *Soziologie zwischen Wirklichkeit und Möglichkeit.* Wiesbaden: Springer.

Knoblauch, H. (2013). Communicative Action, Reflexivity, and Innovation Society (TUTS-WP 3-2014). Berlin: Technische Universität Berlin.

Knorr-Cetina, K. (1995). Laboratory studies: The cultural approach to the study of science. In S. Jasanoff & E. al. (Hrsg.), *Handbook of science and technology studies* (S. 140-166). Thousand Oaks: Sage Publications.

Latour, B. (1983). Give me a laboratory and I will raise the world. In K. Knorr-Cetina & M. Mulkay (Hrsg.), *Science observed. Perspectives on the social studies of science* (S. 142-169). London: Sage.

Latour, B. (1993). *We have never been modern.* Cambridge, MA: Harvard University Press.

Latour, B. (1999). *Pandora's hope. Essays on the Reality of Science Studies.* Cambridge, MA: Harvard University Press.

Latour, B. (2003). What if we talked politics a little? *Contemporary Political Theory 2* (2), 143-164.

Latour, B. (2004). Why has critique run out of steam? From matters of fact to matters of concern. *Critical inquiry 30* (2), 225-248.

Laurent, B. (2011a). *Democracies on trial. Assembling nanotechnology and its problems. PhD Thesis.* Paris: Mines Paris Tech, Centre de Sociologie de l'Innovation.

Laurent, B. (2011b). Technologies of democracy: Experiments and demonstrations. *Science and Engineering Ethics 17* (4), 649-666.

Law, J. (2012). Collateral realities. In F. D. Rubio & P. Baert (Hrsg.), *The Politics of Knowledge* (S. 156-178). London: Routledge.

Law, J., Ruppert, E., & Savage, M. (2011). The Double Social Life of Method (CRESC Working Paper Series). Milton Keynes: Centre for Research on Socio-Cultural Change, Open University.

Lerner, D., & Lasswell, H. D. (1951). *The policy sciences: Recent developments in scope and method.* Stanford: Stanford University Press.

Lezaun, J., & Soneryd, L. (2007). Consulting citizens: technologies of elicitation and the mobility of publics. *Public Understanding of Science 16* (3), 279-297.

Li, T. M. (2007). *The will to improve. Governmentality. Development and the Practice of Politics.* Chapel Hill: Duke University Press.

Lowi, T. (1963). Toward functionalism in political science: the case of innovation in party systems. *American Political Science Review 57* (03), 570-583.

Luhmann, N. (1975). Interaktion, Organisation, Gesellschaft. Anwendungen der Systemtheorie. In N. Luhmann (Hrsg.), *Soziologische Aufklärung 2. Aufsätze zur Theorie der Gesellschaft.* Opladen: Westdeutscher Verlag.

Lynch, M. (2000). Against reflexivity as an academic virtue and source of privileged knowledge. *Theory, Culture & Society 17* (3), 26-54.

Mann, C., & Simons, A. (2014). Local emergence and international developments of conservation trading systems: innovation dynamics and related problems. *Journal of Environmental Conservation, themed issue "Tradable Rights in Conservation"*. doi: http://dx.doi.org/10.1017/S0376892914000381

Mann, C., Voß, J.-P., Amelung, N., Simons, A., Runge, T., & Grabner, L. (2014). *Challenging futures of citizen panels. Critical issues for robust forms of public participation. A report based on interactive, anticipatory assessment of the dynamics of governance instruments, 26. April 2013*. Berlin: Technische Universität Berlin.

Marcuse, H. (1967). *Der eindimensionale Mensch. Studien zur Ideologie der fortgeschrittenen Industriegesellschaft*. Neuwied: Luchterhand.

Mol, A. (1998). Ontological politics. A word and some questions. *The Sociological Review 46* (S), 74-89.

Nahuis, R., & van Lente, H. (2008). Where are the politics? Perspectives on democracy and technology. Science, technology & human values 33 (5), 559.

OECD. (2001). *Citizens as partners. OECD handbook on information, consultation and public participation in policy-making*. Paris: OECD.

Offe, C. (2008). Governance – „Empty signifier" oder sozialwissenschaftliches Forschungsprogramm? In G. F. Schuppert & M. Zürn (Hrsg.), *Governance in einer sich wandelnden Welt* (S. 61-76). Wiesbaden: VS Verlag.

Pallett, H., & Chilvers, J. (2013). A decade of learning about publics, participation, and climate change: institutionalising reflexivity? *Environment and Planning A 45* (5), 1162-1183.

Papadopoulos, Y. (2004). Governance und Demokratie. In A. Benz & N. Dose (Hrsg.), *Governance – Regieren in komplexen Regelsystemen* (S. 215-237). Wiesbaden: Springer.

Parkinson, J. (2004). Why Deliberate? The Encounter Between Deliberation and New Public Managers. *Public Administration 82* (2), 377-395.

Parkinson, J. (2006). *Deliberating in the real world: problems of legitimacy in deliberative democracy*. Oxford: Oxford University Press.

Peters, B. G. (2011a). Governance as political theory. *Critical Policy Studies 5* (1), 63-72.

Peters, B. G. (2011b). Response to Mark Bevir and Benjamin Krupicka, Hubert Heinelt and Birgit Sauer. *Critical Policy Studies 5* (4), 467-470.

Pfister, T. (2016). Co-producing European Integration: research, policy, and welfare activation. In J.-P. Voß & R. Freeman (Hrsg.), *Knowing governance. The epistemic construction of political order* (S. 63-86). Basingstoke: Palgrave Macmillan.

Rammert, W. (1997). Innovation im Netz. Neue Zeiten für technische Innovationen: heterogen verteilt und interaktiv. *Soziale Welt 4* 396-415.

Rammert, W. (2010). Die Innovationen der Gesellschaft. In J. Howaldt & H. Jacobsen (Hrsg.), *Soziale Innovation* (S. 21-51). Wiesbaden: Springer.

Rask, M. (2012). Prospects of Deliberative Global Governance. *Journal of Environmental Science and Engineering 1* (1), 556-565.

Reckwitz, A. (2003). Die Krise der Repräsentation und das reflexive Kontingenzbewusstsein. Zu den Konsequenzen der post-empiristischen Wissenschaftstheorien für die Identität der Sozialwissenschaften. In T. Bonacker, A. Bordocz, & T. Noetzel (Hrsg.), *Die*

Ironie der Politik. Über die Konstruktion politischer Wirklichkeiten (S. 85-103), Frankfurt a. M.: Campus.

Renn, O., Webler, T., & Wiedemann, P. (1995). *Fairness and competence in citizen participation: Evaluating models for environmental discourse.* Dordrecht: Kluwer.

Rheinberger, H.-J. (2007). Historische Epistemologie. *Hamburg: Junius.*

Rip, A. (1987). Controversies as Informal Technology Assessment. *Knowledge: Creation, Diffusion, Utilization 8,* 349-371.

Rip, A. (2006). A Co-Evolutionary Approach to Reflexive Governance and Its Ironies. In J.-P. Voß, D. Bauknecht, & R. Kemp (Hrsg.), *Reflexive Governance for Sustainable Development* (S. 82-100). Cheltenham, UK: Edward Elgar.

Rorty, R. (1989). *Contingency, irony, and solidarity.* Cambridge: Cambridge University Press.

Rosanvallon, P. (2002). *Le peuple introuvable: histoire de la représentation démocratique en France.* Paris: Gallimard.

Rowe, G., & Frewer, L. J. (2000). Public participation methods: A framework for evaluation. *Science, technology & human values 25* (1), 3-29.

Saretzki, T. (1994). Technokratie, Technokratiekritik und das Verschwinden der Gesellschaft. Zur Diskussion um das andere politische Projekt der Moderne. In M. T. Greven (Hrsg.), *Politikwissenschaft als Kritische Theorie. Festschrift für Kurt Lenk* (S. 353-386). Baden-Baden: Nomos.

Saretzki, T. (2001). Entstehung, Verlauf und Wirkung von Technisierungskonflikten: Die Rolle von Bürgerinitiativen, sozialen Bewegungen und politischen Parteien. In G. Simonis, R. Martinsen, & T. Saretzki (Hrsg.), *PVS Politik und Technik. Analysen zum Verhältnis von Technologischem, politischem und staatlichen Wandel am Anfang des 21. Jahrhunderts. Sonderheft 31/2000* (S. 185-212). Wiesbaden: Westdeutscher Verlag.

Saretzki, T. (2008). Policy-Analyse, Demokratie und Deliberation: Theorieentwicklung und Forschungsperspektiven der „Policy Sciences of Democracy ". In F. Janning & K. Toens (Hrsg.), *Die Zukunft der Policy Forschung. Theorien, Methoden, Anwendungen* (S. 54). Wiesbaden: VS Verlag.

Saward, M. (2006). The representative claim. *Contemporary Political Theory 5* (3), 297-318.

Schubert, C. (2014). Social Innovations. Highly reflexive and multi-referential phenomena of today's innovation society? (TUTS-Working Papers, 2-2014). Berlin: Technische Universität Berlin.

Schütz, A. (1945). On multiple realities. *Philosophy and phenomenological research 5* (4), 533-576.

Selgas, F. J. G. (2011). Social fluidity: the politics of a theoretical model. In F. D. Rubio & P. Baert (Hrsg.), *The Politics of Knowledge* (S. 135-155). London: Routledge.

Senghaas, D. (1965). Politische Innovation. Versuch über den Panafrikanismus. *Zeitschrift für Politik 12,* 333-355.

Shapin, S. (1984). Pump and circumstance: Robert Boyle's literary technology. *Social Studies of Science 14* (4), 481-520.

Shapin, S., & Schaffer, S. (1985). *Leviathan and the Air-pump: Hobbes, Boyle, and the Experimental life.* New Jersey: Princeton University Press Princeton.

Shore, C., & Wright, S. (1997). Anthropology of Policy. Critical perspectives on governance and power. London: Routledge.

Simons, A., & Voß, J.-P. (2014). Politics by other means. The making of the emissions trading instrument as a 'pre-history' of carbon trading. In B. Stephan & R. Lane (Hrsg.), *The Politics of Carbon Markets* (S. 51-68). London: Earthscan/Routledge.

Smith, G. (2009). *Democratic innovations. Designing institutions for citizen participation.* Cambridge: Cambridge University Press.

Smith, G., & Wales, C. (2002). Citizens' Juries and Deliberative Democracy. *Political Studies 48* (1), 51-65.

Soeffner, H.-G., & Tänzler, D. (2002). Figurative Politik. Prolegomena zu einer Kultursoziologie politischen Handelns. In H.-G. Soeffner & D. Tänzler (Hrsg.), *Figurative Politik. Zur Performanz der Macht in der modernen Gesellschaft* (S. 17-33). Wiesbaden: VS Verlag.

Stewart, J., Kendall, E., & Coote, A. (1994). *Citizens' Juries.* London: Institute for Public Policy Research.

Strathern, M. (2005 [1991]). *Partial connections.* Lanham: Rowman & Littlefield Publishers.

Sulkin, T., & Simon, A. F. (2001). Habermas in the lab: A study of deliberation in an experimental setting. *Political Psychology 22* (4), 809-826.

Thompson, V. A. (1965). Bureaucracy and innovation. *Administrative science quarterly 5* (6), 1-20.

Thornton, P. H., Ocasio, W., & Lounsbury, M. (2012). *The institutional logics perspective: A new approach to culture, structure, and process.* Oxford: University Press.

Van de Ven, A. H. (2007). *Engaged Scholarship: A Guide for Organizational and Social Research: A Guide for Organizational and Social Research.* Oxford: University Press.

Van de Ven, A. H., Polley, D., Garud, R., & Venkataraman, S. (1999). *The Innovation Journey.* Oxford: University Press.

Vergne, A. (2009). *Die Diffusion der Planungszelle: Eine Langzeitperspektive.* Unpublished manuscript.

Voß, J.-P. (2007a). *Designs on governance. Development of policy instruments and dynamics in governance.* PhD thesis. Enschede: University of Twente.

Voß, J.-P. (2007b). Innovation processes in governance: the development of 'emissions trading' as a new policy instrument. *Science and public policy 34* (5), 329-343.

Voß, J.-P. (2014). Performative policy studies: realizing 'transition management'. *Innovation: The European Journal of Social Science Research 27* (4), 317-343.

Voß, J.-P. (2016a). Reflexively engaging with technologies of participation. Constructive assessment for public participation methods. In J. Chilvers & M. B. Kearnes (Hrsg.), *Remaking participation: science, environment and emergent publics* (S. 238-260). London: Routledge-Earthscan.

Voß, J.-P. (2016b). Realizing instruments: performativity in emissions trading and citizen panels. In J.-P. Voß & R. Freeman (Hrsg.), *Knowing governance. The epistemic construction of political order* (S. 127-154). Basingstoke: Palgrave Macmillan.

Voß, J.-P., & Amelung, N. (im Erscheinen). The innovation journey of ‚citizen panels‘: techno-scientization and reflexive engagement in developing methods of public participation. Social Studies of Science.

Voß, J.-P., & Bauknecht, D. (2007). Der Einfluss von Technik auf Governance-Innovationen: Regulierung zur gemeinsamen Netznutzung in Infrastruktursystemen. In U. Dolata

& R. Werle (Hrsg.), *Gesellschaft und die Macht der Technik. Sozioökonomischer und institutioneller Wandel durch Technisierung* (S. 109-131). Frankfurt, New York: Campus.

Voß, J.-P., & Simons, A. (2014). Instrument constituencies and the supply-side of policy innovation: the social life of emissions trading. *Environmental Politics 23* (5), 735-754.

Voß, J.-P., Smith, A., & Grin, J. (2009). Designing long-term policy: rethinking transition management. *Policy Sciences 42* (4), 275-302.

Wakeford, T. (2003). *Teach yourself citizen juries. A handbook.* Resource document. http://www.speaksoc.org/wp-content/uploads/2012/11/Citizens-Juries-Book.pdf. Zugegriffen: 21.09.2015.

Wakeford, T., & Singh, J. (2008). Towards empowered participation: stories and reflections. *Participatory Learning and Action 58* (June), 6-10.

Wakeford, T., Singh, J., Murtuja, B., Bryant, P., & Pimbert, M. (2007). The jury is out: How far can participatory projects go towards reclaiming democracy? In P. Reason & H. Bradbury (Hrsg.), *The SAGE Handbook of Action Research: Participative Inquiry and Practice* (S. 333-349). London: Sage.

Walker, J. (1969). The diffusion of Innovation Among the American States. *American Political Science Review 63*, 880-899.

Weber, M. (1920). *Gesammelte Aufsätze zur Religionssoziologie, Bd. I.* Tübingen: Mohr Siebeck.

Yin, R. K. (2003). *Case Study Research. Design and Methods.* Thousand Oaks: Sage Publications.

Internetquellen

http://ssrn.com/abstract=1449734. Zugegriffen: 28.10.2015.

http://www.speaksoc.org/wp-content/uploads/2012/11/Citizens-Juries-Book.pdf. Zugegriffen: 21.09.2015.

Teil IV
Zwischen Wissenschaft und Innovationspolitik

Epistemische Innovation

Zur Entstehung des Neuen in der Wissenschaft aus Sicht der *Science Studies*

Martina Merz

1   Einleitung[1]

Unter dem Begriff der Innovation subsumieren neuere sozialwissenschaftliche Arbeiten die gesamte Vielfalt gesellschaftlicher Innovationen (z. B. Hutter et al. 2015; Rammert 2010, 2014; der vorliegende Band). Als Kontrastfolie für ein derart erweitertes Verständnis von Innovation dient den Autoren der genannten Texte ein am wissenschaftlich-technischen Fortschritt und dessen ökonomischer Dimension orientiertes Innovationskonzept. Dabei werden insbesondere technische, aber auch wissenschaftliche Innovationen als hinlänglich bekannt vorausgesetzt und kaum explizit in den Blick genommen. Vor diesem Hintergrund wendet sich der vorliegende Text der Innovation in den Wissenschaften zu. Im Zentrum steht die Frage, welche Konzepte *epistemischer Innovation* in der sozial- und kulturwissenschaftlichen Wissenschaftsforschung überhaupt vorherrschen. Der Begriff der epistemischen Innovation soll die Fokussierung auf die wissenschaftliche Wissenserzeugung zum Ausdruck bringen. Entsprechend werden weder die sozialen Dynamiken der Entstehung und Etablierung neuer Forschungsfelder behandelt[2] noch die institutionellen Innovationen, die ihren Ursprung in der Wissenschaft ha-

---

1   Für anregende und weiterführende Diskussionen danke ich Werner Rammert, Barbara Grimpe und Thomas Völker.

2   Vgl. dazu z. B. die Kapitel in Merz und Sormani (2016a) sowie Merz und Sormani (2016b).

ben[3]. Der Schwerpunkt wird im Folgenden auf die konstruktivistische und praxisorientierte Wissenschaftsforschung unter Fokussierung einer Auswahl zentraler Konzepte und Debatten gelegt.

Zunächst ist festzuhalten, dass der Begriff der Innovation in der Wissenschaftsforschung nicht verbreitet ist, bzw. dass er sich dort, wo er auftritt, auf technische Innovationen (Artefakte, Prozesse und Systeme) bzw. die Wechselwirkung von Wissenschaft und Wirtschaft bezieht. Insofern wird es im vorliegenden Text weniger um eine semantische Analyse einer wie auch immer gearteten expliziten Innovationsdebatte in der Wissenschaftsforschung gehen als um die Frage, wie die Entstehung und die Durchsetzung des Neuen in der Wissenschaft (hinsichtlich ihrer Bedingungen, Modalitäten etc.) konzeptuell verhandelt werden.[4] Wenn hier von Wissenschaftsforschung statt umfassender von den *Science and Technology Studies* (STS) die Rede ist, so soll damit lediglich angedeutet sein, dass die technikorientierte Innovationsforschung außer Betracht bleibt.

Ausgehend von einer kurzen Reflexion der wegweisenden Arbeiten Thomas Kuhns zu wissenschaftlichen Revolutionen (2) werde ich im Folgenden zunächst einen selektiven Blick auf die (frühen) Laborstudien mit ihrer Mikroperspektive auf Wissenserzeugung werfen (3). Auf dieser Grundlage werden zwei prominente objektzentrierte Perspektiven auf epistemische Innovation vorgestellt (4). Eine damit verwandte Perspektive, so das Argument, ist auch für die Analyse der Computersimulation als neue Innovationspraxis ertragreich: dementsprechend wird Simulation zugleich in ihrem praktischen Vollzug und mit Blick auf die ihr zugrunde liegenden Computermodelle als produktive Entitäten untersucht (5). Der Text schließt mit einem Vergleich der vorgestellten Konzepte epistemischer Innovation, insbesondere hinsichtlich der mit ihnen assoziierten Vorstellungen der Durchsetzung wissenschaftlicher Neuerungen (6).

---

3   Beispielhaft seien technologische Plattformen, neue Praktiken computergestützter Zusammenarbeit sowie das Internet und seine Nutzungsformen genannt.

4   Zugrunde liegt ein Innovationskonzept, das nicht mit Neuerungen *per se* assoziiert ist, sondern die Durchsetzung, Stabilisierung und Institutionalisierung von Neuerungen impliziert (vgl. z. B. Rammert 2010; Passoth und Rammert, in diesem Band).

2   Essentielle Spannung zwischen Tradition und Innovation

Kuhns Konzept wissenschaftlicher Revolutionen und seine damit assoziierte Kritik an der Vorstellung, Wissenschaft entwickle sich ausschließlich durch Kumulation neuer Erkenntnisse, zählen zu den verbreitetsten und bekanntesten Positionen der neueren Wissenschaftsforschung (Kuhn 1976). Dennoch lohnt es sich, einen frischen Blick auf seine Beobachtungen zur Entstehung des Neuen in der Wissenschaft zu werfen. Dabei möchte ich von einer zunächst überraschenden Einschätzung Kuhns zur Bedeutung wissenschaftlicher Revolutionen ausgehen. Er schreibt:

> Neuheit um ihrer selbst willen ist in der Wissenschaft kein Desideratum, wie in so vielen anderen kreativen Bereichen. (Kuhn 1976, S. 181)

Diese Aussage ist im Zusammenhang mit der zentralen und ambivalenten Bedeutung zu interpretieren, die Kuhn der „normalen Wissenschaft" für die Entstehung des Neuen zumisst. Zum einen, so Kuhn, unterdrückt die normale Wissenschaft „oft fundamentale Neuerungen, weil diese notwendigerweise ihre Grundpositionen erschüttern" (Kuhn 1976, S. 20). Zum anderen aber „bietet gerade das Wesen der normalen Forschung die Gewähr dafür, daß das Neue nicht sehr lange unterdrückt wird" (Kuhn 1976, S. 20). Wie lässt sich dieser vermeintliche Widerspruch auflösen? Ausgangspunkt ist die Feststellung, dass eine „Anomalie" überhaupt erst als solche erkannt werden muss, bevor eine Krise in Erscheinung tritt, in deren Folge neue Theorien entstehen können. In Kuhns Worten stellt sich dieser Zusammenhang wie folgt dar:

> Eine Anomalie stellt sich nur vor dem durch das Paradigma gelieferten Hintergrund ein. Je exakter und umfassender dieses Paradigma ist, desto empfindlicher ist es als Indikator für Anomalien und damit für einen Anlaß zu einer Paradigmaveränderung. (Kuhn 1976, S. 77)

Die kumulative Verdichtung des Wissensbestandes im Modus der normalen Wissenschaft schafft folglich ein zunehmend gesichertes Referenzsystem sowie verlässliche Erwartungen, aufgrund derer sich eine Anomalie hervorheben kann. Von großer Bedeutung für diesen Prozess des In-Erscheinung-Tretens sind die innerhalb eines Paradigmas durch fortschreitendes Forschen herausgebildeten „Spezialapparate", z. B. eine dem Paradigma adäquate Terminologie, ein je spezifisches Zusammenwirken von Theorie und Daten sowie besondere Fertigkeiten. Die normale Wissenschaft befördert die Entstehung des Neuen folglich u. a. durch ihre Routinen und die in ihrem Zuge weiter entwickelten Praktiken und Instrumente. Dabei verortet Kuhn die Entstehung des Neuen in der Wissenschaft in dem spannungsgeladenen Wechselspiel zwischen einem „konvergenten" und einem „divergenten" Modus wissenschaftlichen Forschens (Kuhn 1977, S. 309). Für das Verständnis wissenschaftlicher Innovation von Bedeutung, in der Literatur bisher jedoch kaum beachtet, erscheint mir hier insbesondere Kuhns Vorstellung und Betonung der *normalen Wissenschaft* als eine „von zwei einander ergänzenden Seiten des wissenschaftlichen Fortschritts" (Kuhn 1977, S. 310).[5]

Während der Name Kuhns über die Wissenschaftsforschung hinaus vor allem mit der Vorstellung wissenschaftlicher Revolutionen und wechselseitig inkommensurabler Paradigmen assoziiert wird, stellte die neuere Wissenschaftsforschung, die Kuhn als einen ihrer Gründerväter feiert, diese beiden Konzepte nicht ins Zentrum ihrer Arbeit.[6] Stattdessen mobilisierten ihre Anhänger Kuhn in der Auseinandersetzung mit den dominanten Positionen einer rationalistischen Wissenschaftsphilosophie primär als jemanden, der seine Aufmerksamkeit auf die „Kulturen und Aktivitäten wissenschaftlicher Forschung" richtet statt auf „formalistische Darstellungen" (Sismondo 2012, S. 415, meine Übersetzung).[7]

3   Mikroperspektive auf epistemische Innovation

Mit den frühen „Laborstudien", deren Autoren sich positiv auf Kuhn beziehen, verändert sich der Blick auf Wissenschaft und zwar zunächst methodisch.[8] Im Gegensatz zu Kuhns historischem Vorgehen und der analytisch rekonstruierenden Methodik der Wissenschaftsphilosophie kommt ein ethnographischer und oftmals ethnomethodologischer Ansatz zum Tragen, der einhergeht mit dem Programm, Wissenschaft als praktischen Vollzug *in situ* zu untersuchen. In den frühen Arbeiten wurde diese Perspektive vor allem auf die Beobachtung naturwissenschaftlicher Praktiken in Laboratorien angewandt. Der derart neue Blick auf Wissenschaft

---

5   Kuhn spricht davon, dass „Revolutionen nur eine von zwei einander ergänzenden Seiten des wissenschaftlichen Fortschritts sind" (Kuhn 1977, S. 310). Ich habe die normale Wissenschaft als die im Zitat implizit erwähnte zweite Seite zum Subjekt des Satzes gemacht.

6   Vgl. dazu Edge et al. (1997), Pinch (1997) und Sismondo (2012).

7   Vgl. dazu kritisch Jasanoff (2012).

8   Auf andere Vorläufer der Laborstudien, insbesondere die Soziologie wissenschaftlichen Wissens, werde ich nicht weiter eingehen. Für einen Überblick über Laborstudien siehe z. B. Merz (2005).

ist mit einer spezifischen Konzeption der Entstehung neuer Erkenntnisse assoziiert, die (mindestens) drei zentrale Merkmale aufweist.

Erstens ist der Blick, den Laborstudien auf Wissenschaft werfen, ein *dynamischer*: Wissenschaft wird nicht mit ihren Fakten bzw. Endprodukten identifiziert, wie sie z. B. in Publikationen oder Lehrbüchern anzutreffen sind, sondern als eine Tätigkeit und im praktischen Vollzug untersucht. Im Zentrum der Analyse steht folglich ein Prozess: der Prozess der Herstellung (bzw. „Fabrikation" oder „Konstruktion") wissenschaftlicher Tatsachen.[9]

Zweitens ist dieser Prozess *mikroperspektivisch* aufgelöst. D. h. insbesondere, dass der wissenschaftliche Produktionsverlauf in Laborstudien „zerlegt" wird „durch Multiplikation" (Knorr Cetina 1995, S. 109), wodurch eine Vielzahl und Vielfalt inkrementeller Entscheidungen, Interaktionen und Interventionen zum Vorschein gebracht werden (vgl. auch Latour & Woolgar 1986). In den frühen Laborstudien diente eine solche Mikroperspektive weniger einer Charakterisierung der derart entstehenden Innovationen bzw. der Möglichkeiten ihrer Steigerung; das Interesse richtete sich vielmehr auf die soziale Konstitution des Prozesses sowie die seiner einzelnen Elemente. So identifiziert Knorr Cetina z. B. „kontextuelle Kontingenz" als ein „Prinzip des Wissenswandels" (Knorr Cetina 1984, S. 36) und verweist damit auf die Tatsache, dass die Kontextabhängigkeit jeglicher Entscheidung (i. S. ihrer Orts- und Zeitgebundenheit usw.) nicht im Widerspruch zu einer gelingenden wissenschaftlichen Innovation steht.[10] Insofern sei „Konstruktivität" in einem doppelten Sinn zu verstehen: zum einen, wie erwähnt, als ein Explizieren der sozialen Konstruktionsmechanismen, zum anderen als Hinweis darauf, dass dieser Prozess „auf »neue« Produkte hinzielt" (Knorr Cetina 1984, S. 36). An dieser Stelle sollte nicht übersehen werden, dass der zitierte Ausdruck eine interessante Spannung aufweist, die für konstruktivistische Ansätze typisch sein dürfte. Die Vorstellung, in einem zielgerichteten Konstruktionsprozess würde etwas Neues produziert, wird nämlich durch die distanzierende Hervorhebung (die Anführungszeichen) umgehend konterkariert. Das Neue wird damit als eine Zuschreibung, eine emische Konstruktion, gekennzeichnet, zu dem die Analystin sich bewusst und demonstrativ agnostisch verhält.[11]

---

9   Vgl. zur Metapher der Fabrikation Knorr Cetina (1984) und zum mehrdeutigen Konzept der „Konstruktion" u. a. Sismondo (1993), Hacking (1999) und Merz (2006).

10   Zu den unterschiedlichen Konzeptionen des Verhältnisses von Kontingenz und Innovation bei Knorr Cetina, Collins und Pickering, vgl. auch Pickering (1987) und Zammito (2004, S. 160f.).

11   Eine solche Distanzierung von Neuigkeitsbehauptungen wird man in der Innovationsliteratur vermutlich eher nicht antreffen.

Drittens ist die vorgestellte Mikroperspektive auf wissenschaftliche Innovation eng mit dem *wissenschaftlichen Labor* assoziiert, womit die Kontextualität wissenschaftlichen Tuns zunächst im Sinne seiner soziomateriellen und räumlich spezifischen Einbettung artikuliert wird. Doch die Konzeption des Labors geht über die Vorstellung hinaus, es handle sich um den Ort, aus dem Experimente die benötigten Ressourcen beziehen. Stattdessen wird das Labor zu einem theoretischen Konzept aufgewertet, das einen entscheidenden Beitrag zur Erklärung der Macht moderner Naturwissenschaft leistet. Im Zentrum steht dabei die Vorstellung, Laboratorien seien in verschiedener Hinsicht „auf bestimmte Erzeugungsvorgänge spezialisiert" (Knorr Cetina 1988, S. 334). So sind sie insbesondere „Erzeugungsapparate" für Untersuchungsobjekte: diese werden im Labor z. B. durch eine Transformation natürlicher (i. S. auch außerhalb des Labors auftretender) Objekte derart miniaturisiert, vergrößert, beschleunigt, verlangsamt o. ä., dass sie besser handhabbar werden, wodurch die Erzeugung neuer Erkenntnisse befördert oder überhaupt erst ermöglicht wird (Knorr Cetina 1988; auch Latour 1983). Dieser Ansatz geht über die zuvor skizzierte Mikroperspektive insofern hinaus, als damit die lokale Herstellung von Forschungsobjekten sowie deren Verhältnis zu Forschungssubjekten in den Fokus rückt. Mittels welcher *konkreten* Transformations- und Anpassungsprozesse Erkenntnisse aus dem Labor über diesen Kontext hinaus Wirksamkeit entfalten können, wird dabei typischerweise nicht eigens thematisiert.[12] Insofern handelt es sich zunächst um laborinterne Innovationen.

Zusammenfassend sei festgehalten, dass die Mikroperspektive auf Wissenserzeugung der Laborstudien sich, überspitzt ausgedrückt, für Innovation im emphatischen Sinne nur wenig interessiert. Sie ist vielmehr auf die Entfaltung der vielfältigen sozialen Prozesse und Praktiken der Wissenserzeugung gerichtet sowie auf die Konstitution und Beschaffenheit der Forschungsobjekte im Kontext des Labors.

---

4   Objektzentrierte Perspektiven auf epistemische Innovation

Im Folgenden werden nun zwei Ansätze vorgestellt, die aus einer objektzentrierten Perspektive ausdrücklich die Dynamik epistemischer Innovation thematisieren, indem sie nach spezifischen Konstitutionsbedingungen wissenschaftlicher Neuig-

---

12   Latour (1983) gibt auf diese Frage eine allgemeine Antwort: wissenschaftliche Fakten seien außerhalb des Labors nur gültig, wo die Bedingungen und die Praktiken des Labors zur Anwendung gelangen, d. h. wo „Gesellschaft" in ein Labor verwandelt wird (vgl. auch Merz 2006).

keitsproduktion fragen. Es handelt sich zum einen um Rheinbergers Konzept der Experimentalsysteme (4.1), zum anderen um Knorr Cetinas Konzept der epistemischen Objekte im Kontext einer objekt-zentrierten Sozialität (4.2).

4.1   Experimentalsysteme und ihre Innovationsdynamik

Wie die Autoren der frühen Laborstudien setzt auch Hans-Jörg Rheinberger bei einer kritischen Betrachtung der in der Wissenschaftsphilosophie lange Zeit vorherrschenden Konzeption von Experimenten an. Er kritisiert ein theoriedominiertes Verständnis von Wissenschaft, demzufolge das Experiment als ein „singulärer, wohl-definierter empirischer Vorgang" (Rheinberger 1997, S. 27, meine Übersetzung) begriffen wird. Ein Beispiel dafür ist Poppers Vorstellung, das Experiment diene dem Testen theoretischer Hypothesen. Als Alternative entwickelt Rheinberger in einer Studie zur Geschichte der Molekularbiologie das Konzept des *Experimentalsystems*, angeregt durch Arbeiten von Fleck und Bachelard ebenso wie durch die Vorstellungen und Metaphern, die er im Untersuchungsfeld der Biologie antrifft.

Ein Experimentalsystem, so Rheinberger für den Fall der Molekularbiologie, sei „eine Vorrichtung zur Bearbeitung noch unbeantworteter und zur Produktion noch ungestellter Fragen" (Rheinberger 1992, S. 69) und damit konstitutiv für Innovation in der Wissenschaft: es ist „Überraschungsgenerator" und Ort der Emergenz. Diese Eigenschaft eines Experimentalsystems beruht auf der dynamischen Verschränkung seiner beiden, voneinander funktional getrennten Komponenten: den epistemischen Dingen und den technologischen Objekten. *Epistemische Dinge* sind jene materiellen Forschungsobjekte, die „verkörpern, was man noch nicht weiß" (Rheinberger 1997, S. 28, meine Übersetzung). In ihrer Unbestimmtheit sind sie „Fragemaschinen". Im Gegensatz dazu sind die als *technologische Objekte* bezeichneten Experimentalbedingungen „Antwortmaschinen", die es erlauben, epistemische Dinge „anzufassen, mit (ihnen) umzugehen" und sie zu „begrenzen" (Rheinberger 1992, S. 70).

Das Konzept des Experimentalsystems enthält ein Modell der Dynamik epistemischer Innovation. Diese Dynamik wird durch das Wechselspiel seiner beiden Komponenten – epistemische Dinge und technologische Objekte – in Gang gesetzt. Erstens ist hierfür von Bedeutung, dass die im Rahmen eines Experimentalsystems sich materialisierenden Forschungsobjekte einer Instrumentalanordnung bedürfen, damit die stets neu aufgeworfenen Fragen eine Beantwortung erfahren. Zweitens wird die Innovationsdynamik durch eine Transformationsbewegung weiter angetrieben. Epistemische Dinge können sich in technologische Objekte ver-

Martina Merz

wandeln und damit Bestandteil jenes Instrumentariums werden, mit dessen Hilfe wiederum neue Forschungsfragen bearbeitbar werden. Eine analytische Trennung der beiden Funktionen ist folglich notwendig,

> weil wir sonst nicht in der Lage sind, das Spiel der Entstehung von Neuem auf dem epistemischen Feld zu bezeichnen. Die wissenschaftliche Aktivität ist nur und gerade darin wissenschaftlich, daß sie als »Generator von Überraschungen« auf dem »Weg ins Unbekannte« (Hoagland 1990: xvi-xvii) auftritt, daß sie also *Zukunft* produziert. (Rheinberger 1992, S. 71)

Eine solche Innovationsdynamik zeichnet Rheinberger (1997) exemplarisch anhand der Geschichte des Proteinbiosynthese-Systems nach. In einem nächsten Schritt (Rheinberger 2007) erweitert er das Konzept des Experimentalsystems zu jenem der *Experimentalkulturen*, die er als Ensembles miteinander assoziierter Experimentalsysteme versteht. In Anlehnung an das Kulturkonzept von Bachelard (1949) begreift er schließlich wissenschaftliche Kulturen als „Milieus, in denen Neues zum Vorschein gebracht werden kann, in denen sich unvorwegnehmbare Dinge ereignen" – d. h. als „Kontexte der Innovation" (Rheinberger 2007, S. 138).

4.2 Epistemische Objekte im Kontext einer objektzentrierten Sozialität

Während epistemische Innovation sich in Rheinbergers Vorstellung durch das Zusammenspiel und die Wechselwirkung epistemischer Dinge und technologischer Objekte *innerhalb* eines Experimentalsystems realisiert, betont Karin Knorr Cetina (1997, 2001) die spezielle Bedeutung und den besonderen Charakter heutiger Wissensobjekte oder „epistemischer Objekte", wie sie sie auch nennt. Dabei geht sie nicht, wie Rheinberger, von der Interaktion verschiedener Objekttypen aus, sondern erweitert das Konzept epistemischer Objekte selbst. Diese Objektkategorie erfährt eine Aufwertung gemäß der Begründung, dass gegenwärtige Technologien (z. B. im Bereich der Computerhardware und -software) keine reinen Antwortmaschinen i. S. unproblematisch funktionierender Instrumente sind, sondern ebenfalls der Kategorie epistemischer Objekte angehören. Ausgehend von Rheinbergers Konzeption epistemischer Dinge und mit starkem Bezug zu Heidegger charakterisiert die Autorin Wissensobjekte durch ihren „lack in completeness of being" (Knorr Cetina 2001, S. 181). Die Objekte sind kontinuierlich im Werden begriffen. Sie haben die „Kapazität, sich unbegrenzt zu entfalten" (Knorr Cetina 2001, S. 181, meine Übersetzung) und ihre Eigenschaften dabei zu ver-

ändern. Insofern befinden sie sich andauernd „im Prozess materialer Definition"
(Knorr Cetina 1998, S. 99). Es sind diese unhintergehbare Unvollständigkeit und
die „unfolding ontology" epistemischer Objekte, die die Dynamik epistemischer
Innovation speisen:

> Only incomplete objects pose further questions, and only in considering objects as
> incomplete do scientists move forward with their work. (Knorr Cetina 2001, S. 176)

Die Autorin kombiniert die Konzeption epistemischer Objekte mit der Theoreti-
sierung einer neuen sozialen Form: der Vorstellung einer „Sozialität mit Objekten"
(Knorr Cetina 1997, 1998). Ein komplexes Argument verkürzt dargestellt, geht es
für den Fall der Wissenschaft darum, dass die mangelnde Vollständigkeit der Objekte eine Entsprechung in den Objektbeziehungen der Forschenden findet:

> The idea of a structure of wanting implies a continually renewed interest in knowing
> that appears never to be fulfilled by final knowledge. (Knorr Cetina 2001, S. 186)

Insofern setzt epistemische Innovation eine „objekt-orientierte Sozialität" voraus,
die in einer „Hinwendung zu Objekten als Quellen des Selbst, relationaler Intimi-
tät, sowie geteilter Subjektivität und sozialer Integration" (Knorr Cetina 1998, S.
113) ihren Ausdruck findet.

5 Computersimulation als neue Praxis epistemischer Innovation

Eine mit den o. g. Ansätzen assoziierte objektzentrierte Perspektive ist, wie ich
zeigen möchte, auch für das Verständnis der Computersimulation als einer neu-
en epistemischen Praxis mit einer eigenen Innovationsdynamik ertragreich. Die
Computersimulation hat in den letzten Jahrzehnten in den verschiedensten Wis-
senschafts- und Technikfeldern eine herausragende Bedeutung erhalten. Exemplarisch seien die Klimaforschung, die Astronomie, die Teilchenphysik, die Ökologie, die molekulare Biologie sowie die industrielle Entwicklung und Fertigung
genannt. Vor dem Hintergrund ihrer weiten Verbreitung stellt sich die Frage nach
dem Innovationspotential der Computersimulation, d. h. nach ihrer Fähigkeit, neue
Fragen aufzuwerfen und bestehende zu beantworten.
    Die epistemische Bedeutung der Simulation, sowie des Modellierens allgemei-
ner, wird in der Wissenschaftsforschung unterschiedlich begründet und verortet (vgl. Knuuttila, Merz und Mattila 2006; Merz und Hinterwaldner 2012). Eine

zentrale Position in der Wissenschaftsphilosophie zum Beispiel führt die Wirksamkeit von Modellen auf ihre Fähigkeit zurück, einen Untersuchungsgegenstand mehr oder weniger genau zu „repräsentieren". *Praxisorientierte* Ansätze, die in den Modelldebatten der Wissenschaftsforschung soziologischer, historischer wie philosophischer Provenienz seit den 1990er Jahren gleichermaßen an Terrain gewonnen haben, lenken den Blick stattdessen stärker auf den Ort, die Rolle und den Gebrauch von (Computer-)Modellen in konkreten wissenschaftlichen Arbeitskontexten. Eine solche Fokussierung ist auch für die Diskussion des spezifischen Beitrags, den die Computersimulation zur epistemischen Innovation zu leisten vermag, fruchtbar und bildet daher den Ausgangspunkt für die folgenden Ausführungen.

Dabei stellt es sich für die Analyse als gewinnbringend heraus, auch hier eine objektzentrierte Perspektive einzunehmen. Simulation ist demzufolge zugleich in ihrem praktischen Vollzug und mit Blick auf die ihr zugrunde liegenden Objekte, die Computermodelle, zu betrachten. Unser Hauptargument ist nun, dass es sich bei Computermodellen um *produktive Entitäten* handelt, die explizites wie auch implizites Wissen hervorbringen (vgl. ausführlich Knuuttila und Merz 2009). D. h. Modelle werden nicht nur in einer abbildenden Rolle – als „models of" – wirksam, sondern ebenso in einer performativen, instrumentellen Rolle – als „models for" –, wie es Evelyn Fox Keller (2000) so prägnant auf den Punkt gebracht hat.

Die Produktivität von Computermodellen – und damit auch ihr Innovationspotential – steht in Verbindung mit ihrer Eigenschaft als autonome und materiell verkörperte Artefakte. Die *Autonomie* von Modellen wurde zuerst in Hinblick auf ihre relative Unabhängigkeit von sowohl Theorien als auch Daten thematisiert. Diese partielle Unabhängigkeit macht sie zu Vermittlern (*mediators*) zwischen diesen beiden Polen und ermöglicht, dass Modelle als Instrumente eingesetzt werden können, um diese beiden Bereiche zu untersuchen (Morgan und Morrison 1999). Entsprechend wird Computersimulation als eine eigenständige und qualitativ neuwertige Wissenspraxis angesehen, die ein Drittes zwischen (und in gewisser Weise auch: neben) Theorie und Experiment konstituiert. Als *angewandte Theorie* prozessiert sie abstrakte Entitäten und mathematische Verfahren. In *virtuellen Experimenten* erlaubt sie die Exploration natürlicher Phänomene und instrumenteller Anordnungen durch gezielte Variation von Parametern unter anschließender Beobachtung der derart ausgelösten Effekte. Modelle sind nicht nur autonom, sie sind auch auf je spezifische Weise *materiell verkörpert*, gegenständlich und widerständig (Merz 2002). Die der Simulation zugrunde liegenden Computermodelle sind in Form von Software verkörpert und benötigen eine Hardwareumgebung, um produktiv werden zu können.

Aufgrund der genannten Eigenschaften können Forschende mit Computermodellen auf verschiedene Weise interagieren. Modelle aktivieren Lerneffekte und generieren Wissen theoretischer, impliziter oder praktischer Natur in einer Vielzahl möglicher Interaktionssituationen, die sowohl auf die Entwicklung und Verbesserung der Modelle gerichtet sind wie auf Situationen ihrer Anwendung in instrumenteller oder explorativer Absicht. Diese Beobachtung verweist auf zwei weitere Charakteristiken insbesondere komplexer Simulationen bzw. Computermodelle, die ihr Innovationspotential zusätzlich steigern.

Gerade komplexe Computermodelle zeichnen sich durch stete Entfaltung und einen „*multiplexen*" Charakter aus (Merz 1999). Damit ist gemeint, dass dasselbe Simulationsmodell für unterschiedliche Akteure und in verschiedenen Gebrauchskontexten distinkte Funktionen erfüllen kann. In einem ersten Kontext wirft es als Forschungsobjekt neue Fragen auf; gleichzeitig generiert es in einem zweiten Kontext als Instrument Antworten und gelangt in einem dritten Kontext wiederum anders zur Anwendung. Dabei ist zu betonen, dass diese *zeitgleiche Multifunktionalität* sich stets weiter „entfaltender" Objekte auf Dauer Bestand haben kann, ohne dass es, wie von Rheinberger beschrieben, zu einer Transformation in ein (rein) technologisches Objekt kommt.

Schließlich vermag Computersimulation einen Beitrag zur epistemischen Innovation zu leisten durch ihr Potential, *alternative Zukünfte* zu erzeugen und zu präsentieren (im ursprünglichen Sinne: sie gegenwärtig zu machen), woraufhin es möglich wird, diese Zukunftsoptionen zu erkunden, zu bewerten und miteinander zu vergleichen. Ein erstes Beispiel bietet die Klimawandelforschung, deren Szenarienrechnungen einer zukünftigen Erderwärmung in der öffentlichen Diskussion in aller Munde sind. Ein zweites Beispiel sind die Beschleunigerexperimente der Elementarteilchenphysik, die ohne Computersimulation heute in mehrfacher Hinsicht nicht realisiert werden könnten. Die Simulation ist hier zugleich Zukunfts- und Überraschungsgenerator (vgl. ausführlich Merz 1999). In aller Kürze seien im Folgenden nur wenige Hinweise auf ihre Wirkmacht in diesem Forschungsfeld gegeben.

Als Zukunftsgenerator ermöglicht Computersimulation es *zum einen*, Wissen über die Funktionsweise (bisher) nicht realisierter materieller Strukturen (z. B. Beschleuniger, Detektoren und ihre Komponenten) zu generieren. Physiker erkunden verschiedene Designoptionen und optimieren diese in Hinblick auf oftmals widerstreitende wissenschaftliche, technische, politische oder ökonomische Prioritäten. In den vorbereitenden Phasen eines Experiments zeigt sich, dass Simulation eine große Bedeutung für die Vermittlung und Aushandlung zwischen ganz unterschiedlichen Praxisfeldern und Akteuren hat.[13]

---

13 Mit ihren 3000-köpfigen „Kollaborationen", die in einem einzigen Experiment zusammenarbeiten, bedarf es in der Elementarteilchenphysik auch permanent folgenreicher

Die Erzeugung von Zukunft verweist *zum anderen* auf die Forschungsziele, die auf besondere physikalische Prozesse und Phänomene gerichtet sind (z. B. die Suche nach Supersymmetrie). In Simulationsprogramme werden verschiedene *theoretische Szenarien* eingeschrieben, deren Folgen mittels Simulation erprobt und mit Blick auf die geplanten Experimente extrapoliert werden können. So lässt sich z. B. feststellen, ob bestimmte theoretische Annahmen im geplanten Experiment überhaupt geprüft werden können.

Simulation ist folglich ein Generator für (mögliche) zukünftige Apparaturen sowie für (denkbare) alternative Theorien und zugleich ein Generator für das mit den jeweiligen Szenarien assoziierte Wissen. Aus dem Zusammenspiel der beiden komplementären Pole – Experimentalanordnung vs. Theorierahmen – resultiert nun die besondere Wirkmacht der Simulation. Sie liegt darin begründet, dass Simulation zwischen den paradoxen Anforderungen an ein Experiment vermitteln kann, zugleich ergebnisoffen zu sein und die Apparatur gemäß zuvor fixierter wissenschaftlicher Annahmen abstimmen zu müssen. Als Zukunftsgenerator ist Computersimulation in der Teilchenphysik folglich ebenso als Denkwerkzeug wie als Werkzeug für materielle Intervention wirksam, als Generator neuer Fragen wie als Erzeuger zuverlässiger Antworten.

6   Schluss

Zum Schluss sollen die vorgestellten analytischen Perspektiven auf epistemische Innovation noch einmal miteinander in Beziehung gesetzt werden. In Anlehnung an ein Innovationskonzept, das neben der *Erzeugung* von Neuerungen ebenso deren *Durchsetzung, Stabilisierung und Institutionalisierung* impliziert (vgl. Rammert 2010; Passoth und Rammert, in diesem Band), soll dabei dem Spannungsverhältnis zwischen diesen beiden Polen besondere Aufmerksamkeit zukommen.

Nach Kuhn liegt epistemische Innovation in der spannungsvollen Wechselbeziehung zwischen einem „normalen" und einem abweichenden Forschungsmodus begründet. Das Auftreten von Anomalien ist ein erstes Indiz für mögliche Neuerungen. Um einer epistemischen Innovation zur Durchsetzung zu verhelfen, reichen Anomalien allerdings nicht aus. Es bedarf veritabler Krisen, die das herrschende Paradigma zu destabilisieren vermögen und die Aushandlung eines neuen Paradigmas auslösen können. Eine wissenschaftliche Revolution, das Ersetzen eines Paradigmas durch ein anderes, geht mit einer Rekonstruktion des gesamten

---

institutioneller Innovationen, z. B. in Hinblick auf Fragen der Autorschaft in Publikationen oder der Organisation eines kollaborationsinternen Peer Review-Systems.

Feldes einher, die seine zentralen Merkmale, seine Ziele, Methoden und theoretischen Verallgemeinerungen betrifft (Kuhn 1976).

Kuhns *Makroperspektive* auf epistemische Innovation bietet eine interessante Vergleichsfolie für den erneuten Blick auf Laborstudien mit ihrem Interesse an der Konstruktion wissenschaftlicher Fakten aus einer *Mikroperspektive*.[14] Zunächst fällt eine überraschende Analogie der beiden Perspektiven auf. Denn die in den Laborstudien beobachteten routinierten Abläufe, Prozeduren und Interaktionen scheinen weitgehend dem Bereich „normaler Wissenschaft" (Kuhn) zu entstammen. Außerordentliche Ereignisse wie Krisen waren zumindest für die frühen Laborstudien kaum von Interesse, ging es den Autoren ja gerade darum, die alltäglichen Prozesse der Wissenserzeugung zu rekonstruieren. Bei den derart fokussierten Innovationen handelt es sich, so könnte man sagen, um *epistemische Mikroinnovationen*. Deren Stabilisierung findet – im Gegensatz zur Makrokonzeption von Kuhn – nicht zeitlich nachgeordnet statt, sondern als ein zentraler Bestandteil des Erzeugungsprozesses.[15]

Objektzentrierte Perspektiven auf Wissenserzeugung, die zugleich praxisorientiert sind, bringen wiederum neue Aspekte der Dynamik epistemischer Innovation hervor, wobei die betrachteten Ansätze sich in ihren Fokussierungen unterscheiden.

Das von Rheinberger ins Auge gefasste Spielfeld epistemischer Innovation ist weder die Scientific Community (Kuhn) noch das Labor (Laborstudien), sondern das *Experimentalsystem*, das für diesen Ansatz auch das zentrale Konzept ist. Von Bedeutung für die Diskussion epistemischer Innovation ist hier zum einen, dass die Bedingungen für die Erzeugung neuer Fragen explizit mitbedacht werden. „Was wirklich neu ist, muss sich einstellen, und man muss Bedingungen dafür schaffen, dass es sich einstellen kann" (Rheinberger 2006, S. 3). Genau diese Bedingungen sind durch ein Experimentalsystem gegeben. Von Interesse ist zum anderen die Verortung der Stabilisierung von Neuerungen innerhalb eines Experimentalsystems. Konkret geht es um die Bewegung einer Transformation epistemischer Dinge in technologische Objekte; man könnte auch sagen, um die Sedimentierung epistemischer Innovation in Form technischer Apparatur und als Bestandteil einer Infrastruktur, die weiteren Innovationen den Weg bahnt.

---

14   Vgl. zur Differenz von Mikro- und Makroperspektiven auf Innovation z. B. Braun-Thürmann (2005).

15   Die Existenz weitergehender Prozesse der Stabilisierung und Institutionalisierung epistemischer Innovationen, z. B. mittels spezifischer Formen der Darstellung bei ihrer Verbreitung außerhalb des Entstehungskontexts, sei hier lediglich erwähnt (vgl. dazu Latour und Woolgar 1986; Lynch und Woolgar 1990).

Auch alternative objektzentrierte Ansätze wie jener von Knorr Cetina oder der von uns am Fall der Computersimulation entwickelte Ansatz (Merz 1999; Knuttila und Merz 2009) betonen, dass epistemische Innovationen eine *materielle (bzw. mediale) Dimension* haben und dass es sich bei ihnen zugleich um *technische* Innovationen handelt. Die Ansätze unterscheiden sich allerdings in ihrer Vorstellung der Durchsetzung wissenschaftlicher Neuerungen. Während Rheinberger von einer Stabilisierung durch Umwandlung ausgeht, betont Knorr Cetina die anhaltende Offenheit, Veränderbarkeit und Entfaltung epistemischer Objekte, wie ich sie analog für den Fall der Computersimulation behaupte. Diese Objektcharakteristiken haben zur Folge, dass auch der Herstellungsprozess von Neuerungen zeitlich ausgedehnt und zugleich auf verschiedene Akteure und Kontexte verteilt ist. Eine Durchsetzung und Stabilisierung von Neuerungen ist insofern auf konstitutive Weise jeweils nur partiell und vorläufig. Auf interessante Weise verschieben eine solche Konzeption wissenschaftlicher Objekte und die damit assoziierte objektzentrierte Perspektive auf epistemische Innovation die zeitlichen Referenzen. Man hat es in diesem Fall nämlich mit einer Innovationsdynamik zu tun, die vorrangig auf *Zukunft und Potentialität* ausgerichtet ist und weniger auf „die Relation zwischen Alt und Neu" (Rammert 2010, S. 29). Die Computersimulation bietet hierfür, wie ich versucht habe zu zeigen, ein instruktives Beispiel.

Literatur

Bachelard, G. (1949). *Le rationalisme appliqué*. Paris: P.U.F.

Braun-Thürmann, H. (2005). *Innovation*. Bielefeld: transcript.

Edge, D., Harré, R., Brown, A., Barnes, B., Mulkay, M., Fuller, S., Rudwick, M., Giere, R. N., & Bloor, D. (1997). Obituary: Thomas S. Kuhn (18 July 1922 – 17 June 1996). *Social Studies of Science 27*, 483-502.

Hacking, I. (1999). *The Social Construction of What?* Cambridge MA: Harvard University Press.

Hoagland, M. B. (1990). *Toward the Habit of Truth. A Life in Science*. New York, London: W. W. Norton & Company.

Hutter, M., Knoblauch, H., Rammert, W., & Windeler, A. (2015). Innovation Society Today: The Reflexive Creation of Novelty. *Historical Social Research 40* (3), 30-47.

Jasanoff, S. (2012). Genealogies of STS. *Social Studies of Science 42* (3), 435-441.

Keller, E. F. (2000). Models Of and Models For: Theory and Practice in Contemporary Biology. *Philosophy of Science 67*, 72-86.

Knorr Cetina, K. (1984). *Die Fabrikation von Erkenntnis*. Frankfurt a. M.: Suhrkamp.

Knorr Cetina, K. (1988). Laboratorien: Instrumente der Weltkonstruktion. In P. Hoyningen-Huene & G. Hirsch (Hrsg.), *Wozu Wissenschaftsphilosophie? Positionen und Fragen zur gegenwärtigen Wissenschaftsphilosophie* (S. 315-344). Berlin, New York: Walter de Gruyter.

Knorr Cetina, K. (1995). Laborstudien: Der kulturalistische Ansatz in der Wissenschaftsforschung. In R. Martinsen (Hrsg.), *Das Auge der Wissenschaft: Zur Emergenz von Realität* (S. 101-135). Baden-Baden: Nomos.

Knorr Cetina, K. (1997). Sociality with Objects: Social Relations in Postsocial Knowledge Societies. *Theory, Culture & Society 14* (4), 1-30.

Knorr Cetina, K. (1998). Sozialität mit Objekten: Soziale Beziehungen in post-traditionalen Wissensgesellschaften. In W. Rammert (Hrsg.): *Technik und Sozialtheorie* (S. 83-120). Frankfurt a. M.: Campus.

Knorr Cetina, K. (2001). Objectual practice. In T. Schatzki, K. Knorr Cetina, & E. von Savigny (Hrsg.), *The Practice Turn in Contemporary Theory* (S. 175-188). London, New York: Routledge.

Knuuttila, T., & Merz, M. (2009). Understanding by Modeling: An Objectual Approach. In H. W. de Regt, S. Leonelli, & K. Eigner (Hrsg.), *Scientific Understanding: Philosophical Perspectives* (S. 146-168). Pittsburgh: University of Pittsburgh Press.

Knuuttila, T., Merz, M., & Mattila, E. (2006). Editorial: Computer Models and Simulations in Scientific Practice. *Science Studies: An Interdisciplinary Journal for Science and Technology Studies 19* (1), 3-11.

Kuhn, T. S. (1976 [engl. 1970]). *Die Struktur wissenschaftlicher Revolutionen* (2. Auflage). Frankfurt a. M.: Suhrkamp.

Kuhn, T. S. (1977 [engl. 1959]). Die grundlegende Spannung: Tradition und Neuerung in der wissenschaftlichen Forschung. In T. S. Kuhn, *Die Entstehung des Neuen: Studien zur Struktur der Wissenschaftsgeschichte* (S. 308-326). Frankfurt a. M.: Suhrkamp.

Latour, B. (1983). Give me a laboratory and I will raise the world. In K. Knorr Cetina & M. Mulkay (Hrsg.), *Science Observed: Perspectives on the Social Study of Science* (S. 141-170). London: Sage.

Latour, B., & Woolgar, S. (1986 [1979]). *Laboratory Life: The Construction of Scientific Facts* (2. Ausgabe mit neuem Vorwort). Princeton: Princeton University Press.

Lynch, M., & Woolgar, S. (Hrsg.) (1990). *Representation in Scientific Practice*. Cambridge MA: MIT Press.

Merz, M. (1999). Multiplex and Unfolding: Computer Simulation in Particle Physics. *Science in Context 12* (2), 293-316.

Merz, M. (2002). Kontrolle – Widerstand – Ermächtigung: Wie Simulationssoftware Physiker konfiguriert. In W. Rammert & I. Schulz-Schaeffer (Hrsg.), *Können Maschinen handeln? Soziologische Beiträge zum Verhältnis von Mensch und Technik* (S. 267-290). Frankfurt a. M.: Campus.

Merz, M. (2005). Knowledge Construction. In S. Restivo (Hrsg.), *Science, Technology, and Society: An Encyclopedia* (S. 249-255). Oxford: Oxford University Press.

Merz, M. (2006). The topicality of the difference thesis: Revisiting constructivism and the laboratory. *Science, Technology & Innovation Studies*, Special Issue 1 (July), 11-24.

Merz, M., & Hinterwaldner, I. (2012). Neue Bilder, Modelle und Simulationen: Zwischen Repräsentativität und Produktivität. In S. Maasen, M. Kaiser, M. Reinhart, & B. Sutter (Hrsg.), *Handbuch Wissenschaftssoziologie* (S. 303-316). Wiesbaden: Springer VS.

Merz, M., & Sormani, P. (Hrsg.) (2016a). *The Local Configuration of New Research Fields: On Regional and National Diversity. Sociology of the Sciences Yearbook 29*. Cham et al.: Springer.

Merz, M., & Sormani, P. (2016b). Configuring new research fields: How policy, place, and organization are made to matter. In M. Merz & P. Sormani (Hrsg.), *The Local Configuration of New Research Fields: On Regional and National Diversity. Sociology of the Sciences Yearbook 29* (S. 1-22). Cham et al.: Springer.

Morgan, M. S., & Morrison, M. (Hrsg.) (1999). *Models as Mediators: Perspectives on Natural and Social Science*. Cambridge UK: Cambridge University Press.

Passoth J.-H., & Rammert, W. (in diesem Band). Fragmentale Differenzierung und die Praxis der Innovation: Wie immer mehr Innovationsfelder entstehen.

Pickering, A. (1987). Essay Review. Forms of Life: Science, Contingency and Harry Collins. *British Journal for the History of Science 20* (2), 213-221.

Pinch, T. J. (1997). Kuhn – The conservative and radical interpretations: Are some Mertonians 'Kuhnians' and some Kuhnians 'Mertonians'? *Social Studies of Science 27*, 465-482.

Rammert, W. (2010). Die Innovationen der Gesellschaft. In J. Howaldt & H. Jacobsen (Hrsg.), *Soziale Innovation: Auf dem Weg zu einem postindustriellen Innovationsparadigma* (S. 21-51). Wiesbaden: VS Verlag.

Rammert, W. (2014). Vielfalt der Innovation und gesellschaftlicher Zusammenhalt. In M. Löw (Hrsg.), *Vielfalt und Zusammenhalt: Verhandlungen des 36. Kongresses der Deutschen Gesellschaft für Soziologie in Bochum und Dortmund 2012* (S. 619-640). Frankfurt a. M.: Campus.

Rheinberger, H.-J. (1992). *Experiment. Differenz. Schrift: Zur Geschichte epistemischer Dinge*. Marburg an der Lahn: Basilisken-Presse.

Rheinberger, H.-J. (1997). *Toward a History of Epistemic Things: Synthesizing Proteins in the Test Tube*. Stanford: Stanford University Press.

Rheinberger, H.-J. (2006). Über die Kunst, das Unbekannte zu erforschen. Preisverleihung der cogito foundation, 25. Oktober 2006. Verfügbar unter: http://www.cogitofoundation. ch/pdf/2006/061025DieKunst_dasUnbekannte.pdf Zugegriffen: 15.12.2015.

Rheinberger, H.-J. (2007). Kulturen des Experiments. *Berichte zur Wissenschaftsgeschichte 30*, 135-144.

Sismondo, S. (1993). Some social constructions. *Social Studies of Science 23* (3), 515-553.

Sismondo, S. (2012). Fifty years of The Structure of Scientific Revolutions, twenty-five of Science in Action. *Social Studies of Science 42* (3), 415-419.

Zammito, J. H. (2004). *A Nice Derangement of Epistemes: Post-positivism in the Study of Science from Quine to Latour.* Chicago, London: University of Chicago Press.

Internetquellen

http://www.cogitofoundation.ch/pdf/2006/061025DieKunst_dasUnbekannte.pdf Zugegriffen: 15.12.2015.

Organisationale Innovation am Beispiel der Projektifizierung der Wissenschaft

Eine figurationssoziologische Perspektive auf Entstehung, Verbreitung und Wirkungen

Nina Baur, Cristina Besio und Maria Norkus

1 Figuration, Innovation und Wissenschaft

Eine zentrale Frage der Innovationsforschung lautet, wie bei Innovationsprozessen Makro-, Meso- und Mikroebene ineinandergreifen und aufeinander bezogen sind (Hutter et al. 2011). Wir fassen dieses dynamische Wechselverhältnis im Folgenden figurationssoziologisch (Elias 1978, 2006) und wollen die Fruchtbarkeit der Figurationssoziologie für die Innovationsforschung exemplarisch am Beispiel der Wissenschaft als einem Handlungsbereich illustrieren, der per (Selbst-)Definition auf die ständige Produktion von Neuem ausgerichtet ist und auch selbst in den vergangenen hundert Jahren von einigen Neuerungen betroffen war. Insbesondere fokussieren wir hierbei auf das Phänomen der Projektifizierung der Wissenschaft.

Unseres Erachtens ist die Figurationssoziologie besonders gut geeignet, um die Gleichzeitigkeit von Prozessen auf verschiedenen Handlungsebenen zu fassen, da figurationssoziologische Analysen typischerweise aus einem Dreischritt bestehen, der systematisch unterschiedliche Ebenen des Sozialen aufeinander bezieht (Baur und Ernst 2011): (1) der Rekonstruktion der Regeln, Struktur und Machtverhältnisse der Figuration. In unserem Fall die Organisation der deutschsprachigen Wissenschaft (Meso- oder Makroebene); (2) der Rekonstruktion der sozialen und räumlichen Platzierung von Menschen, in unserem Fall von Forschenden und des mit dieser Platzierung verbundenen Wissens- und Handlungspotenzials (Mikroebene) sowie (3) eine Analyse der Soziogenese der Figuration durch die bewussten und unbewussten Folgen des Handelns der individuellen Akteure in der Figuration (Verbindung von Mikro-, Meso und Makroebene in der Zeit).

Wendet man diesen Ansatz auf die Innovationsforschung an, so ergeben sich jedoch zwei spezifische theoretische und methodologische Probleme:

Die Figurationssoziologie ist, erstens, eine prozessorientierte Theorie, das heißt, sie geht davon aus, dass sich Gesellschaft stetig im *sozialen Wandel* befindet, weshalb nicht Neuerungen, sondern vielmehr jegliche Arten von Strukturen und Regelmäßigkeiten erklärt werden müssen. Spezifische Verlaufsformen und andere Charakteristika sozialer Prozesse zu untersuchen, gilt als eine wesentliche Aufgabe *empirischer* Forschung. Damit stellt sich aber die Frage, was „gewöhnliche" soziale Prozesse von Innovationen unterscheidet. Eine Mindestbedingung ist, dass ein Bruch in der Verlaufsform auftritt, was methodologisch bedeutet, dass die empirisch beobachtete Zeitspanne lang genug sein muss, dass sich ein „Vorher", der Bruch und ein „Nachher" identifizieren lassen (Baur 2005, S. 142-147). Allerdings ist nicht automatisch jeder Bruch eine Innovation. Vielmehr ist hierzu eine zweite Bedingung erforderlich: Ebenso wie Besio und Schmidt (2011) aus systemtheoretischer Perspektive und Knoblauch (2014) aus der Perspektive des kommunikativen Konstruktivismus argumentieren auch wir, dass ein Bruch in einem sozialen Prozess erst dann zur Innovation wird, wenn er von den Akteuren – auf der semantischen Ebene im Sinne von Hutter et al. (2011) – diskursiv als Innovation konstruiert wird. Dies bedeutet, dass, um den Einfluss der fortschreitenden Projektifizierung auf die Figuration „Wissenschaft" analysieren zu können, zusätzlich zu den oben genannten drei analytischen Ebenen eine vierte Ebene, (4) die Rekonstruktion des Diskurses, mit berücksichtigt werden sollte.

Zweitens differenziert Elias (1995) nicht systematisch zwischen Mikro-, Meso- und Makroebene, sondern unterscheidet heuristisch nur zwei *Handlungsebenen* (Meso/Makro = Figuration; Mikro = Individuum), wobei der Begriff der „Figuration" betont, dass interdependente Akteure in komplexe Beziehungsgeflechte eingebunden sind und sich daher die verschiedenen Handlungsebenen im Handeln immer gleichzeitig manifestieren. Für unseren empirischen Fall ist jedoch zumindest eine weitere Ebene von Relevanz: die Mesoebene. Auf der höchsten Handlungsebene lässt sich in der Wissenschaft das (nationale und globale) Wissenschaftssystem identifizieren (Makroebene). Dieses ist in wissenschaftliche Disziplinen und Organisationseinheiten – zum Beispiel Universitäten, außeruniversitäre Forschungseinrichtungen, neue Organisationsformen wie Sonderforschungsbereiche (SFBs) und Exzellenzcluster – untergliedert, die die Kontinuität der Forschungsarbeit langfristig sicherstellen. Diese wiederum untergliedern sich in einzelne Arbeitseinheiten (zum Beispiel Arbeitsgruppen, Forschungsprojekte), die die konkrete, alltägliche Forschungsarbeit praktisch organisieren (Mesoebene). Auf der Ebene des einzelnen Individuums ist eine persönliche Karriereplanung erforderlich, die sich in den Lebenslauf einbettet, der wiederum sozial strukturiert ist. Darüber hinaus können auf der untersten Handlungsebene ebenso konkrete Interaktionssituationen identifiziert werden, in denen Forschung vollbracht wird (Mikroebene).

Für die Analyse der Figuration „Wissenschaft" tritt ein weiteres Problem zutage: Elias befasste sich in seinen empirischen Analysen vornehmlich mit nationalstaatlich verfassten Gesamtgesellschaften, bei der alle von ihm analysierten Felder des Sozialen (Sozialstruktur, Politik, Wirtschaft) im Territorium zusammenfielen und sich wechselseitig stabilisierten – Spannungen zwischen den Feldern derselben Ebene lagen nicht in seinem analytischen Fokus. Im Fall der modernen Wissenschaft existieren aber für das Individuum (Wissenschaftler) immer mehrere Figurationen, auf die es gleichzeitig Bezug nehmen muss und die sich in ihren Logiken teilweisen widersprechen. So stellen etwa die einzelnen Fachdisziplinen in der Regel andere Anforderungen an die Wissenschaftler als die Universität – es können aber keine der beiden ignoriert werden, weil die Universität der konkrete, derzeitige Arbeitgeber ist, währen die Fachdisziplin langfristig karriererelevanter ist.

Um mit diesen verschiedenen Problemen theoretisch und methodologisch umgehen zu können und da für den vorliegenden Beitrag vor allem die Ebene der Organisation wichtig ist, ergänzen wir für die Beschreibung dieser Ebene die Figurationssoziologie um organisationssoziologische Ansätze aus der Systemtheorie, die auch Innovationsprozesse in Organisationen berücksichtigen (Besio 2009; Besio und Schmidt 2012).

Aus diesen Überlegungen zu den verschiedenen Analyseebenen ergibt sich ein drittes, methodologisches Problem: Die Prozesse auf den verschiedenen Ebenen entfalten sich mit unterschiedlicher *zeitlicher Extension* (Baur 2015). Während sich etwa der Wandel der Wissenschaft über Jahrhunderte vollzieht, beträgt die Zeitspanne des Wirkens eines einzelnen Wissenschaftlers in der Regel höchstens einige Jahrzehnte, das Alltagshandeln vollzieht sich wiederum in alltäglichen, sehr kurzen Interaktionssequenzen. Entsprechend der Empfehlungen von Baur und Ernst (2011) greifen wir daher auf einen Methoden-Mix zurück, da sich verschiedene Daten und Quellen unterschiedlich gut eignen, um bestimmte Zeitschichten zu erfassen.

Um zu illustrieren, wie wir auf Basis dieser Vorüberlegungen Innovationsprozesse in der Wissenschaft figurationssoziologisch untersuchen, greifen wir im Folgenden von den Neuerungen im Feld der Wissenschaft (wiederum exemplarisch) die Projektifizierung als eine Neuerung auf der strukturellen Ebene – „Grammatik" im Sinne von Hutter et al. (2011) – und der pragmatischen Ebene heraus und diskutieren ihre Soziogenese auch in Hinblick auf ihre diskursive Konstruktion als Innovation („Semantik"), um dann ihre Folgen für die Organisation wissenschaftlicher Forschung sowie das alltägliche Innovationshandeln von Forschenden zu diskutieren.

Methodologisch haben wir für die Rekonstruktion der Soziogenese der Figuration „Wissenschaft" vor und nach der Projektifizierung sowie der semantischen Konstruktion von „Projekten" als „Innovation" wissenschaftssoziologische und -historische Forschungsliteratur als Datenquelle verwendet und (re-)analysiert (zu den methodologischen Problemen dieses Vorgehens siehe ausführlich: Hergesell 2015).

Für die Analyse der Folgen der Projektifizierung beschränken wir uns aus Platzgründen auf zwei Ebenen: die Mesoebene der Organisation und die Ebene der individuellen Karriere. Diese Analysen basieren auf mehreren qualitativen Fallstudien (Baur und Lamnek 2005; Hering und Schmidt 2015) von Forschungsprojekten sowohl aus den Naturwissenschaften (Chemie, Physik), als auch aus den Sozialwissenschaften (Soziologie) in Deutschland und der Schweiz. Für jede Fallstudie triangulieren wir Leitfaden-Interviews mit Forschenden (Helfferich 2015), Ethnografien (Knoblauch 2015; Thierbach und Petschick 2015) und natürliche Daten (Baur 2011; Salheiser 2015), zum Beispiel Webseiten, Projektanträge, Projektberichte, Protokolle von Arbeitstreffen etc. Die Daten wurden bewusst ausgewählt (Akremi 2015) und mit Hilfe einer qualitativen Inhaltsanalyse ausgewertet (Kuckartz 2012; Kohlbacher 2005).

Konkret wurden in der Schweiz zwischen 2000 und 2004 zu zehn Forschungsprojekten an Universitäten und außeruniversitären Forschungseinrichtungen 14 qualitative Interviews geführt und natürliche Daten gesammelt (ausführlich: Besio 2009). Die meisten dieser Projekte waren drittmittelfinanziert und hatten eine Projektlaufzeit von zwei bis drei Jahren. In der Regel sind sie gar nicht oder nur schwach in dauerhafte organisationale Strukturen oder langfristige Forschungsprogramme eingebettet, so dass der größere Forschungskontext kaum eine Orientierung für die Forschungspraxis im Einzelprojekt bietet.

In Deutschland wurden zwischen 2007 und 2014 Ethnografien und mehr als 80 Interviews mit Naturwissenschaftlern (v.a. Chemikern und Physikern) durchgeführt. Einen besonderen Fokus stellten die neuen Formen der Forschungsorganisation – also Sonderforschungsbereiche (SFBs) und Exzellenzcluster – in Berlin und München dar (Petschick et al. 2013).

2 Die Figuration „Wissenschaft" vor der Projektifizierung: Grammatik und Pragmatik des klassischen deutschen Universitätssystems

Um die Auswirkung der Innovation „Projektifizierung" verstehen zu können, ist es erforderlich, kurz auf die Strukturen des klassischen deutschen Universitätssystems, die sich in der zweiten Hälfte des 19. Jh. herausbildeten, sowie deren Auswirkung auf individuelle Karrieren zu rekurrieren.

Eine zentrale Idee der deutschen Universitäten war, dass staatlich finanzierte Forschung eine *Unabhängigkeit der Forschung* von externen Zwecken sicherstellen sollte, so dass Forschende *Grundlagenforschung* ohne direkten Anwendungszweck betreiben konnten, die primär am (nach wissenschaftlichen Kriterien) „guten" und „innovativen" Ergebnis orientiert ist. Damit waren deutsche Universitäten von Anfang an als Orte der Forschung gedacht. Um dies sicherzustellen, boten die Universitätsinstitute den Forschenden eine grundlegende (staatlich finanzierte) Infrastruktur: So wurden seit dem 20. Jh. in der Physik die Instrumente durch die Universitäten gestellt, und in der Chemie ist ein Laborassistent üblich (Schimank 1976, S. 393).

Die Universitäten sind dabei Organisationen ohne hierarchische Einheitsstruktur, sondern setzen sich vielmehr aus Instituten und Seminaren zusammen, die wiederum in Lehrstühle mit dazugehörigen Laboren unterteilt sind und eine gewisse Autonomie genießen. Diese Institute sind so weit unabhängig, dass sie für konkrete Forschungszwecke direkt von der Staatsverwaltung finanziert werden können, ohne zuvor den Weg über die Fakultät gehen zu müssen (Nipperdey 1998, S. 571).

Ein weiteres wichtiges Merkmal deutscher Universitäten ist das Humboldt'sche Ideal der *Einheit von Forschung und Lehre*, das heißt, durch die Verpflichtung zur Lehre soll die personelle Reproduktion der Wissenschaft sichergestellt werden. Dies hat einerseits zur Folge, dass die Institute entlang von wissenschaftlichen Fachdisziplinen organisiert sind, die sich wiederum weiter über Lehrstühle ausdifferenzieren und spezialisieren. Die Leitenden der Lehrstühle hatten folglich sicherzustellen, (vor allem) in ihrem Spezialgebiet die Forschung voranzutreiben sowie die Lehre in diesem Bereich zu garantieren – und wurden entsprechend mit Laboren, Materialien, Personal und Finanzmitteln ausgestattet (Teichler und Bode 1990). Dies hat dazu geführt, dass die Forschung innerhalb einer *Spezialisierung* hochgradig effizient verlaufen konnte. Typischerweise wurden bei der Etablierung der Fachdisziplinen dieselben oder ähnliche interne Differenzierungen der Fächer wie innerhalb der Universitäten gewählt, so dass sich – über verschiedene Standorte hinweg – die Lehrstuhlinhaber in gesonderten Sektionen der Fachgesellschaften organisieren,

Spezialzeitschriften gründen und sich so über ihr Spezialgebiet austauschen konnten. Weiterhin konnten sie über die verschiedenen Standorte Personal austauschen, Wissensbestände etablieren und einen Wissenstransfer ermöglichen. Diese organisationale Struktur ist äußerst persistent, weil das spezifische Forschungsprogramm eben nicht nur an die Lehrstuhlleitung gebunden ist, sondern auch an ein bestimmtes Lehrprogramm, das eine spezifische organisationale Struktur nach sich zieht, die auch mit dem Ausscheiden der Lehrstuhlleitung nicht so leicht zu ersetzen ist. So müssten in den Natur- und Ingenieurwissenschaften Labore im Wert von mehreren 100.000 € bis zu mehreren Mio. € abgebaut und ebenso teure neue Labore eingerichtet werden (während es – wenn die Denomination der Stelle gleich bleibt – üblich ist, dass Neuberufene das Labor ihrer Vorgänger übernehmen).

Für die Forschung bewirkte dies, dass zwar Forschung innerhalb einer etablierten Spezialrichtung hochgradig effizient ist, es aber schwer bis fast unmöglich ist, außerhalb der etablierten (sub-)disziplinären Grenzen zu forschen oder wirklich neue Forschungslinien zu gründen, die von den etablierten Pfaden zu sehr abweichen.

Für die Lehre bedeutete dies, dass die *universitäre Ausbildung* klar in Phasen unterteilt ist (Studium – Promotion – Habilitation – Berufung), die sowohl der Organisation als auch dem wissenschaftlichen Mittelbau einen klaren Orientierungsrahmen bietet. Das ist (vor der Projektifizierung) der einzige Rahmen, in dem sich wissenschaftliche Karrieren entwickeln. Für diejenigen, die in der Wissenschaft bleiben wollen, entsteht durch die Kombination aus Hausberufungsverbot und der Tradition des Personalaustauschs zwischen den Universitäten die Vorgabe, im Zuge der universitären Ausbildung den Standort zu wechseln. Hierbei gibt es implizite Vorgaben, wohin man gehen sollte: Vor dem 2. Weltkrieg war das angelsächsische Wissenschaftsnetzwerk weitgehend getrennt vom kontinentaleuropäischen und für letzteres nahezu bedeutungslos. Zentrum der Wissenschaft war seit dem 19. Jh. Berlin, weshalb im kontinentaleuropäischen Wissenschaftsnetzwerk Personalaustausch (und damit Karrierewege) fast immer über Berlin gingen (Taylor et al. 2008). Gleichzeitig hat dieses System der akademischen Wanderschaft aber zur Folge, dass es – anders als im angelsächsischen Wissenschaftssystem – hierarchieausgleichend zwischen den Standorten wirkt, das heißt, die *Karrierechancen* sind nahezu gleich, egal an welchem Standort die Karriere begonnen wurde (Münch und Baier 2013).

Nicht nur für die Organisation „Universität", auch für die einzelnen Wissenschaftler gibt es daher starke Anreize, Forschung innerhalb der bereits etablierten Forschungslinien weiterzuverfolgen. So verlaufen die Karrierewege entlang der etablierten (sub-)disziplinären Linien. In den Natur- und Ingenieurwissenschaften gewähren die Lehrstuhlleitungen zudem Zugang zu den teuren Laboren (ohne die

die eigene Forschung nicht möglich ist) und ermöglichen so gemeinsame Publikationen in wichtigen Zeitschriften (Petschick et al. 2013).

Die Stellen des Mittelbaus sind in der Regel befristet, denn erst mit der Berufung auf eine Professur verfügen Wissenschaftler über eine Lebenszeitanstellung. Dies hat Konsequenzen in Bezug auf die *Machtbalancen innerhalb der Figuration*. Betrachtet man die Ebene der Organisationseinheiten und Lehrstuhlleitungen, so sind diese wenig hierarchisch. Innerhalb der Arbeitseinheiten kann die Organisationsstruktur dagegen sehr stark hierarchisiert sein – die professorale Leitungsebene ist in allen Entscheidungsgremien ausschlaggebend. Außerdem sind Professoren gleichzeitig Vorgesetzte und fachliche Betreuer des wissenschaftlichen Mittelbaus. Lehrstuhlinhaber können in den Naturwissenschaften über die Zuweisung von Ressourcen entscheiden und damit, wer mit wem publizieren darf (Petschick 2014b) – sowie welche Inhalte gelehrt werden. Dadurch können einzelne Wissenschaftler gezielt gefördert werden, während bei unliebsamem oder widerspenstigem „Nachwuchs" die Förderung ausbleibt und damit Karriereoptionen stark eingeschränkt werden. Über wissenschaftlichen Netzwerke haben Lehrstuhlleitungen auch dann noch Einfluss, wenn der „Nachwuchs" längst an einem anderen Lehrstuhl an einer anderen Universität arbeitet. Wirklich unabhängig werden Wissenschaftler erst nach der Berufung.

Diese Figuration reproduzierte sich relativ stabil auf der Ebene der Pragmatik und Grammatik, aber wie alle Figurationen war sie nicht statisch, sondern einem stetigen Wandel ausgesetzt. Dieser wurde durch die im 19. Jh. beginnende Unterfinanzierung, die ein Dauerproblem bleiben sollte, beschleunigt. Während diese zunächst – wie oben dargestellt – erst einzelne Wissenschaftler (zum Beispiel als Privatdozenten und Exordinarien) betraf, wurde die *Unterfinanzierung des deutschen Hochschulsystems* sehr schnell strukturell: Weil die interne fortschreitende Spezialisierung den Bedarf an Laboren und Apparaten erhöhte, konnte sie sich schon bald nicht mehr über das Geld aus der Lehre finanzieren. Das Problem der Forschungsfinanzierung wird dadurch verschärft, dass sich in den letzten Jahrzehnten des 19. Jh. ein verstärktes Wachstum der Universitäten abzeichnet: In Deutschland wächst die Zahl der Professoren, aber auch der kaum oder nicht bezahlten Privatdozenten und Extraordinarien (Nipperdey 1998, S. 568-572).

Eine zweite Entwicklung, die die Figuration ins Schwanken bringen kann und die schon im 19. Jahrhundert einsetzte, war der veränderte Charakter der Forschung: Für bestimmte Forschungsfragen brauchte man größere Forschungseinheiten als den traditionellen Lehrstuhl. Weiterhin konnten bestimmte Fragen nur bearbeitet werden, wenn Forschende quer zu den Spezialisierungen und Disziplinen interdisziplinär zusammenarbeiteten. Damit stellte sich die Frage, wie man solche *interdisziplinären Fragestellungen* und „*Big Science"* finanziert und koordiniert.

3   Die Semantik der Innovation „Projekt"

Zur Lösung dieser Probleme – Unterfinanzierung und Koordination heterogener Forscherteams – bot sich eine Form der Koordination und Finanzierung von Forschung an, die ursprünglich aus der Industrie stammte: das Projekt. Das Projekt kann man als eine Form der Organisation der Forschung auffassen, deren Spezifikum ist, dass Forschungsvorhaben als sachlich und zeitlich begrenzte Unterfangen realisiert werden (Besio 2009, S. 27-33). Im Rahmen eines Forschungsprojektes werden die erwünschten Ziele und die Mittel, um diese Ziele zu erreichen, nicht im Laufe der Forschung, sondern im Voraus definiert. Jedes Projekt ist somit durch eine begrenzte und kurzfristige Planung gekennzeichnet, die Ziele, Ressourcen, Aufgaben, Zeiten und gegebenenfalls Personen bündelt. Im Gegensatz zu lang andauernden Strukturen (wie etwa Universitäten, Abteilungen, Lehrstühle oder Fachgebiete) sind Projekte nicht dazu bestimmt, kontinuierlich bestimmte Tätigkeiten auszuführen. Sie sind vielmehr darauf angelegt, innerhalb einer dafür vorgesehenen Zeitspanne eine einmalige Aufgabe durchzuführen (Levene 1996, S. 4164). Gewiss sind die Formen von Drittmittelprojekten in der Wissenschaft heute vielfältig: Man kann kleine Projektteams aber auch großangelegte Verbundprojekte, interdisziplinäre, aber auch rein disziplinäre Projekte, Projekte in der Grundlagenforschung und Projekte mit starkem Anwendungsbezug unterscheiden. Diese Unterscheidungen können im Einzelfall wichtig sein, aber wir wollen uns in diesem Beitrag auf die grundlegenden Eigenschaften des Projektes als Struktur beschränken, die allen diesen Formen gemeinsam ist.

Spätestens seit den 1920ern und 1930ern greift diese Art zu forschen verstärkt auch im Wissenschaftsbereich in Deutschland, aber auch in den USA durch. Gestützt wird dies durch die amerikanische Philanthropie sowie deutsche Stiftungen, die von deutschen Industriellen zur Unterstützung des Wissensfortschrittes angeregt wurden. Semantisch wurde das Projekt dabei in zweierlei Hinsicht als „neu" definiert beziehungsweise ihm wurden zwei innovative Momente zugeschrieben: Es sei – so die Legitimation – eine besonders effiziente und produktive Form (1) der Forschungskoordination und (2) der Forschungsfinanzierung, wobei diese beiden Funktionen diskursiv aufeinander bezogen werden:

1. Bezüglich der *Koordination der Forschung* wird das Projekt zu Beginn seiner Einführung als eine Form aufgefasst, die es ermöglichen kann, Teamarbeit erfolgreich zu managen. In der Zeit, in der Wissenschaft nicht mehr als das Werk eines Einzelnen denkbar ist, sondern als Tätigkeit einer (größeren und gegebenenfalls interdisziplinären) Gruppe notwendig erscheint, wird das Projekt relevant. Der Übergang von der Figur des Wissenschaftlers als Amateur

oder einsam in seiner Lehrstube arbeitenden Akademiker zum Modell des Forschungsteams motiviert die Einführung von Projekten (Krauch 1970, S. 100-105) als organisationale Innovationen. Die Idee ist, dass „Projekte" zu einem guten Management der Forschung beitragen und dadurch ihre Effizienz garantieren können. Das ist besonders relevant, weil Forschungsprozesse keine Routinetätigkeiten sind, die leicht im Voraus zu planen und zu steuern sind. Vielmehr sind Forschungsprozesse offen und durch einen hohen Grad an Ungewissheit charakterisiert. Das bedeutet, dass mit dem Projekt ein Organisationsinstrument entwickelt werden soll, das die besondere Eigenschaft hat, kreative und innovative Tätigkeiten zu managen.

2. Weiterhin ermöglicht das Projekt die gezielte *Finanzierung* von Forschungsvorhaben. Bereits die ersten Stiftungen, die zu einem System der Forschungsfinanzierung auf der Basis von Projekten übergehen, gehen davon aus, dass im Vergleich zur institutionellen Finanzierung wissenschaftlicher Organisationen und einzelner Personen etwa durch Fellowships, Projekte die Produktivität der Forschung steigern werden (Forman 1974, S. 52-53). Das kann gelingen – so die diskursive Konstruktion –, weil durch den Mechanismus der Bewilligung von Projekten qualitativ hochwertige Projekte direkt unterstützt werden können. Darüber hinaus können Wünsche und Anforderungen der Geldgeber bei der Vergabe von Forschungsmittel berücksichtigt werden. So definieren amerikanische Stiftungen von Anfang an Themenbereiche, die sie unterstützen wollen. Das Kriterium des Beitrages der Forschung zur gesellschaftlichen Wohlfahrt rückt so stärker in den Vordergrund (Geiger 1986, S. 149-160), was implizit die angewandte gegenüber der Grundlagenforschung bevorzugt.

Infolge dieser Konstellation aus vorliegenden Problemen (Unterfinanzierung und Koordination von Forschergruppen) und der diskursiven Konstruktion des Projekts als angemessene Lösung entstand seit den 1920ern das Projekt als „neue" und wurde spätestens Mitte der 1980er zu einer „regulären" Organisations- und Finanzierungsform von Wissenschaft. In den folgenden beiden Abschnitten rekonstruieren wir die Soziogenese der Projektifizierung (beziehungsweise der Grammatik und die Pragmatik der Innovation), wobei wir die Veränderungen der Forschungskoordination und -finanzierung getrennt diskutieren. Für jeden dieser beiden ineinandergreifenden Teilprozesse der Projektifizierung stellen wir in den nächsten beiden Teilabschnitten[1] den Prozessverlauf in drei Phasen dar (Variation, Selektion und Re-stabilisierung) und folgen damit Besio und Schmidt (2012), die – der Systemtheorie Luhmanns folgend – Innovation als spezifische soziale Evolution begreifen.

---

1   Die nächsten beiden Abschnitte sind stark an Besio (2009, S. 67-92) angelehnt.

Dabei muss neben der deutschen auch die US-amerikanische Entwicklung mitberücksichtigt werden, da sich nach dem 2. Weltkrieg die Machtverhältnisse im
globalen Wissenschaftssystem verändern und nicht mehr Deutschland, sondern die
USA das Machtzentrum der globalen Wissenschaft und damit auch wesentlicher
Impulsgeber für Innovationen des Wissenschaftssystems selbst sind.

4.   Soziogenese der Innovation „Projekt": Grammatik und Pragmatik im Wandel

4.1   Projekte als neue Form der Forschungskoordination

Variation: Auf der Suche nach einer „Methode des Erfindens"

In der Phase der Variation wird etwas (zum Beispiel eine Technik oder ein Instrument) als abweichend von gewöhnlichen Praktiken beobachtet. Es ist die Phase,
die die Innovationsforschung als *Entdeckung und Erfindung* bezeichnet.

Die Soziogenese des Projekts als neue Form der Forschungskoordination beginnt mit den ersten Industrielaboren des ausgehenden 19. Jh. Diese sind die Orte,
in denen die Idee einer projektförmigen Koordination von Forschungstätigkeiten
zuerst auftaucht. Zentrale Voraussetzung ist, dass die Industrie (insbesondere die
Chemie- und die Elektroindustrie) erkennt, dass wissenschaftliche Erkenntnis ein
zentraler Faktor im Wettbewerb zwischen Unternehmen ist. So ist etwa, in Verbindung mit einer stetigen Nachfrage des Marktes nach neuen Farben, die Far-
benindustrie in Deutschland einer der ersten Industriezweige, in denen sich diese
Überzeugung ausbreitet (Beer 1975, S. 106).

Ausschlaggebend für die Erfindung des Projektes ist aber, dass die industriellen
Labore, die ursprünglich um einzelne begabte Persönlichkeiten herum entstanden
waren, beginnen, Forscherteams zu beschäftigen (Hack und Hack 1985, S. 123-
142). Im Gegensatz zum alleinstehenden Individuum wird von der organisierten
Forschergruppe erwartet, dass sie Wissen nicht auf Basis kreativer, einzigartiger
und daher wenig steuerbarer Einfälle produziert. Vielmehr ist man überzeugt,
Wissen und notwendige technische Entdeckungen durch bestimmtes Organisieren
erzeugen zu können, und man glaubt, damit eine so genannte „Methode des Er-
findens" (Kreibich 1986, S. 335) zu beherrschen und in Folge auf die Genialität
einzelner Personen verzichten zu können.

Als erste Maßnahme zur Verbesserung der Koordination der Forschungsarbeit
werden die Arbeitsplätze der beteiligten Personen räumlich zu einer „Forschungsabteilung" zusammengelegt. Dies ermögliche eine bessere Führung und Überwachung der Forschungstätigkeiten (Carlson 1997, S. 211). Darüber hinaus entwi-

ckeln Unternehmen Beurteilungssysteme. So fangen etwa die Labormanager bei Bell in den ersten Jahrzehnten des 20. Jh. an, jedem Mitarbeitenden eine Aufgabe zuzuteilen und in einem Notizbuch des Labors zu vermerken, in dem auch aufgezeichnet wird, welche Arbeiten am Ende tatsächlich zum Abschluss gebracht wurden (Noble 1977, S. 120).

Diese Entwicklungen bildeten die Ausgangslage für die Einführung des Projekts. Zu einer ersten genuinen Projektifizierung kommt man aber erst in dem Moment, in dem Forschungsvorhaben eine feste Zielsetzung gegeben wird. Dies ist sehr wichtig für Industrieunternehmen, die sich darauf verlassen müssen, die Forschung auf die Lösung jener Probleme ausrichten zu können, die sich aus der Entwicklung vielversprechender Technologien ergeben. Ein frühes Beispiel davon ist das Projekt „Nylon" in den Laboren von DuPont in den 1930er Jahren. Die dort benutzte Organisationstechnik verfügt über folgende Charakteristiken: ein Plan, Fristen, die Festlegung von Meilensteinen und ein Monitoring (Hounshell 1992, S. 243-245). Diese Methode ermöglicht es, Ziele für einen bestimmten Zeitraum festzulegen und sich auf sie zu konzentrieren, ohne sich von anderen möglichen Forschungspfaden ablenken zu lassen. Es wird nur *eine* Anwendung, *ein* Material, *eine* begrenzte Reihe von Produkten ausgewählt und man bleibt dabei für einen bestimmten Zeitraum gebunden. Im Ergebnis verlagert diese Struktur Machtverhältnisse: Jetzt sind es die Manager und nicht die einzelnen Erfinder, die den Forschungsprozess zu kontrollieren glauben.

Man beachte: Diese ersten Versuche, die übliche Art und Weise, Forschung zu koordinieren, zu ändern, zeigen, dass das Projekt nicht stillschweigend als unabsichtliche Nebenfolge des Handelns (Elias 1978) entstand, sondern absichtlich als neue Managementmethode eingeführt wurde, um bestimmte Ziele zu erreichen. Diese ersten Versuche setzten dann einen Prozess in Gang, der zu einer grundlegenden Veränderung von Forschungstätigkeiten führt.

Selektion: Koordination in der *Big Science*

Eine Variation wird selektiert, wenn sie als Struktur in Praktiken *angewendet* wird; wenn sie *benutzt, bestätigt* und *kondensiert* wird. So wird etwa das neue Organisationsinstrument „Projekt" nach ersten positiven Erfahrungen in der Wirtschaft vor allem in der *Big Science* eingesetzt: Wenn (universitäre und außeruniversitäre) Forschung große Mengen von Daten braucht und verarbeitet; wenn sie hierzu Phasen nicht-orientierter Forschung, Phasen anwendungsorientierter Forschung und Phasen der Entwicklung einbezieht; und wenn sie zudem interdisziplinär arbeiten muss, dann werden fortan Projekte erwünscht.

Da das Projekt verspricht, Probleme der Koordination unter den beschriebenen Umständen zu lösen, findet eine *positive Selektion* statt, die zur Anwendung dieses Organisationsinstruments als Koordinationsstruktur in der Wissenschaft führt. Das heißt, es sind Werte, Interessen, Bedürfnisse des aufzunehmenden Kontextes (hier der *Big Science*) ausschlaggebend, um die Nutzung der Management-Innovation „Projekt" zu bewirken.

Nach ersten Erfahrungen mit organisierter, wissenschaftlicher Forschung in den Laboren großer amerikanischer Firmen der Elektro- und Chemieindustrie (Noble 1977, S. 121) wird das Projekt schnell ab den 1950er Jahren auf die militärisch und staatlich finanzierte Forschung übertragen und wird vor allem in der Luft- und Raumfahrttechnik sowie in der Kernforschung zur dominanten Form der Forschungsorganisation. Als Prototyp für den organisatorischen Erfolg durch Projektarbeit im Team gilt das *Manhattan Engineering District Project* (Kreibig 1986, S. 336), das auch ein eindrückliches Beispiel dafür ist, wie das Koordinationsproblem selbst in den Fällen erfolgreich gelöst werden kann, wenn das Personal in verschiedenen Abteilungen oder Bereichen derselben Organisation oder auch in verschiedenen Organisationen tätig ist.

Re-stabilisierung: Projektifizierung der Wissenschaft I

Auf den Spuren des Manhattan-Projects werden in den folgenden Jahren Projekte innerhalb der militärischen und der industriellen Forschung durchgeführt. In den 1960ern nutzen zahlreiche F&E-Abteilungen von Firmen Projekte zur Lösung von zeitbegrenzten und interdisziplinären Problemen mit einem hohen Komplexitäts- und Innovationsgrad (Riedl 1990, S. 2).

Projekte *diffundieren* so schnell, weil früh eine Formalisierung von Methoden des Projektmanagement beginnt. Schon in den 1940ern entwickelt sich ein professionelles Verständnis der Planung und Organisation von Wissenschaft und Technik, wie wir es heute kennen. Ende der 1950er wird das *PERT (Program Evacuation and Review Technique)* entwickelt. Diese von dem *U.S. Department of Defense* unterstützte Managementtechnik ist in den 1960ern so etabliert, dass sie als Synonym für Projektmanagement benutzt wird (Blomquist und Söderholm 2002, S. 27-28). Das PERT sowie die weiteren Techniken des Projektmanagements, die später entwickelt werden, werden vor allem durch Beratung in die Firmen transportiert. Diese Tätigkeiten werden durch die Entstehung von Berufsverbänden für Projektmanagementexperten gestärkt (Blomquist und Söderholm 2002, S. 28-34).

Ein weiterer Mechanismus der Diffusion ist die Kooperation zwischen Forschenden aus verschiedenen Bereichen. Das Organisationsinstrument „Projekt" verbreitet sich vor allem in der Forschung, die zwischen Industrie und großen staatlichen Forschungszentren angesiedelt ist. Beispiele sind das *Massachusetts Institute of Technology*, das Kooperationen in der Elektro-, Nachrichten-, Energie- und Verfahrenstechnik sowie auf militärischem Gebiet (insbesondere mit der Air

Force) unterhält sowie die *University of Pennsylvania* und das an der IT-Entwicklung beteiligte *Institute of Advanced Study of Princeton* oder die *Harvard University*, die mit IBM zusammenarbeitet (Kreibich 1986, S. 335-339). In die Universitäten gelangt das Projekt als Ergebnis genau dieser Art von Kooperation mit Firmen und nichtuniversitären staatlichen Institutionen, wobei dieser Prozess durch (unten dargestellte) neue Formen der Forschungsfinanzierung stabilisiert wird.

Gleichzeitig geht die Reflexion darüber weiter, wie Projektmanagement am besten organisiert und damit Projektabläufe optimiert werden können. In dieser Phase verändert sich das Projekt als Managementmethode kontinuierlich und wird an die verschiedenen Kontexte angepasst. Handbücher zu Projektmanagement differenzieren sich und die Methoden, die in den Firmen angewendet werden, unterscheiden sich, beispielsweise von denen der kleinen Teams in den Geisteswissenschaften. Man kann die Phase der Diffusion auch als Phase der *inkrementellen Innovation* auffassen, in der ein innovatives Erzeugnis an die gegebenen Umständen angepasst wird, so dass die neue Struktur nicht nur eingeführt, sondern innerhalb der etablierten Routinen und erprobten Abläufe auch nachhaltig etabliert werden kann.

Am Ende steht eine neue Grammatik der Organisation der Forschung: Durch das Projekt werden neue Regeln der wissenschaftlichen Koordination eingeführt. Projektförmige Forschung heißt nämlich auf der Basis eines Plan neues Wissen zu produzieren.

4.2 Projekte als neue Form der Forschungsfinanzierung

Variation: Finanzierung der Wissenschaft in Krisenzeiten

Der Prozess der Projektifizierung bestand zum einen darin, dass Projekte als neue Koordinationsform von Forschung eingeführt und vorangetrieben wurden. Zum anderen galt die Innovation „Projekt" als neuartige Form der Forschungsfinanzierung.

Zum ersten Mal ist diese Form der Forschungsfinanzierung in den USA bei den großen philanthropischen Stiftungen wie der *Rockefeller-Stiftung* und der *Carnegie-Stiftung* zu beobachten. Diese binden zumindest bis in die ersten Jahrzehnte des 20. Jh. keine konkreten Ziele an die Forschungsfinanzierung, denn sie sind überzeugt, dass der Zuwachs an Wissen automatisch zu Verbesserungen der gesellschaftlichen Verhältnisse führt. Auch in Deutschland entsteht in der zweiten Hälfte des 19. Jh. eine vergleichbare Situation: Hier werden Stiftungen gegründet, die Kapital aus privaten Mitteln von Industriellen sammeln (Stichweh 1988, S. 72-78). Es handelt sich dabei um Körperschaften aus verschiedenen industriellen Sektoren. Beispiele sind die *Carl-Zeiss-Stiftung* (1889), die *Göttinger Vereinigung zur Förderung der angewandten Physik* (1898), die *Jubiläumsstiftung der Deutschen Industrie zur Förderung der technischen Wissenschaften* (1899) oder auch, etwas später, die *Helmholtz-Gesellschaft zur Förderung der physikalisch-technischen Forschung* (1920) (Richter 1979, S. 27-39). Gemeinsam haben diese verschiedenen Stiftungen, dass es sich nicht um einzelne wohlhabende Privatleute handelt, die exakt definierte Forschungsvorhaben finanzieren wollen, die dem speziellen Bedarf ihrer Unternehmen entsprechen. Die Machtverhältnisse in diesen Stiftungen sind vielmehr so, dass niemand seine persönlichen Interessen direkt durchsetzen kann. Die daraus folgende Notwendigkeit, ein Ziel zu finden, das alle verbindet, eröffnet die Möglichkeit zur Finanzierung von Wissenschaft um ihrer selbst willen.

Der Wunsch nach einer Finanzierung der Wissenschaft als solcher, die die Figuration der Stiftungen der Forschungsförderung prägt, bedeutet aber nicht notwendigerweise eine projektorientierte Finanzierung. Die deutschen Stiftungen finanzieren in der zweiten Hälfte des 19. Jh. Forschung auf verschiedene Arten, die von der Unterstützung der lokalen Universität über die Finanzierung spezifischer Infrastrukturen und die Gründung neuer technischer Hochschulen bis zur Vergabe von Stipendien reichen (Richter 1979). Noch in den 1920ern fördern wichtige Stiftungen wie die *Rockefeller-Stiftung* die Wissenschaft vor allem, indem sie auf eine Stärkung der universitären Forschungsstrukturen zielen (Kohler 1978, S. 488-489).

Erst später ändern die Stiftungen ihren Kurs hin zur Finanzierung bestimmter Forschungsvorhaben. In Deutschland beginnt diese Art der Finanzierung in den 1920ern. Anfang der 1930er beginnt auch die amerikanische Philanthropie (insbesondere die *Rockefeller-Stiftung*) verstärkt eine projektorientierte Finanzierung einzuführen (Geiger 1986, S. 164-167).

Vieles deutet darauf hin, dass wirtschaftliche Krisensituationen in Expansionsphasen der Wissenschaft diesen Übergang beschleunigen. Diese Situation findet sich in Deutschland in den 1920ern, wo die Knappheit an verfügbaren Mitteln dazu zwingt, neue Wege zur effizienten Verteilung der Gelder zu suchen. Die deutschen Stiftungen haben weniger Kapital zur Verfügung für eine Wissenschaft, die immer teurer wird. Ihre Mittel reichen nicht, um Gebäude, Personal und infrastrukturelle Kosten zu übernehmen. Um diese Mittel dennoch bestmöglich zu verwenden und weiterhin Einfluss auf die Wissenschaft zu haben, setzen sie darauf, einzelne vielversprechende Forschungsprojekte zu unterstützen (Forman 1974, S. 52-53).

Dieser Zusammenhang zwischen Krise und gezielter Finanzierung wird auch deutlich in der Zielbestimmung einer 1920 neu gegründeten Organisationen zur Unterstützung der Wissenschaft, deren Kapital zu großen Teilen aus staatlichen Quellen stammt: die *Notgemeinschaft der Deutschen Wissenschaft* (Vorgängerorganisation der *Deutschen Forschungsgemeinschaft (DFG)*). Diese hatte das Ziel, die Wissenschaft während der wirtschaftlichen Krise zu fördern (Zierold 1968, S. 12; Nipperdey und Schmugge 1970, S. 14). Die *Notgemeinschaft* wurde unter anderem gegründet, um „das Zutrauen zu wecken, dass die einzelnen Beiträge nicht in dem Strudel einer allgemeinen Notlage mit sehr beschränkter Wirkung verschwinden, sondern Stützen werden, die sich zu einem festen Notgerüst aneinanderfügen" (Antrag Fritz Habers vom 29. März 1920 an den Rektor der Universität Berlin, zitiert nach Zierold 1968, S. 12).

Die Figuration Wissenschaft begann sich also durch Finanzierungsprobleme zunehmend zu verändern. Private Stiftungen und die *Notgemeinschaft* sollten Finanzierungslücken schließen und Forschung effizienter werden lassen. Damit vollzog sich auch ein Wandel von Struktur, Arbeitsweisen und Praktiken in der Wissenschaft.

Selektion: Das *Project Grant System*

Der Übergang zum System der projektorientierten Förderung kann als eine substanzielle Neuorientierung der Finanzierungsmethoden der Forschung betrachtet werden. Das System kann aber erst Anwendung finden, wenn ein Verfahren zur Auswahl der finanzierungswürdigen Projekte die Normen der neuen Figuration der Forschungsförderung vervollständigt.

Das Verfahren, das bis heute trotz aller Schwierigkeiten für geeignet gehalten wird, ist die Bewertung von Projekten durch die Begutachtung durch Kollegen aus der Wissenschaft (*Peer Review*). Dieses Verfahren hat seinen Ursprung und seine erste Phase ernsthafter Verbreitung in den 1920ern in Deutschland, vor allem über die Finanzierungen der *Notgemeinschaft* und der *Helmholtz-Gesellschaft* (Forman 1974, S. 51). Die *Notgemeinschaft* verteilte von Anfang an ihre Fördermittel auf Basis eines kollegialen Begutachtungssystems von Projektanträgen (Hohn und Schimank 1990, S. 45). Das System projektorientierter Finanzierung (*Project Grant System*) ist von Anfang an für Forschende sehr interessant, weil es ihre Macht verstärkt. Denn wenn spezialisierte Arbeiten finanziert werden sollen, zählt bei der Auswahl vor allem die Expertenmeinung (Price 1978, S. 78-79).

Die Wissenschaftsförderung einzelner Forschungsvorhaben hat den weiteren Vorteil, dass sie als fair erscheint. Das *Project Grant System* scheint Privilegien im Wissenschaftssystem abzubauen, weil Geldmittel anhand der Qualität einzelner Studien verteilt werden. Das ersetzt die Vergabe von Mitteln im Vertrauen auf die Institutsleitung, die sie dann nach eigenem Gutdünken weiterverteilte.

Der Wandel der Figuration Wissenschaft wurde in dieser Phase als durch den Einbezug der sich im Beziehungsgeflecht befindenden Akteure – via *Project Grant System* – aufgenommen und so weiter vorangetrieben.

Re-stabilisierung: Die Projektifizierung der Wissenschaft II

Die Forschungsfinanzierung über Projekte nimmt kontinuierlich zu (Besio 2009; Kreckel und Pasternack 2008) und wandelt sich von einer Form der Finanzierung in Zeiten der Krise zu einer normalen Form der Forschungsfinanzierung. Dies konnte nur gelingen, weil das Projekt zu weiteren zentralen Strukturen, Werten und Interessen in der Figuration Wissenschaft und um die Wissenschaft herum passt:

Das Projekt prozessualisiert die Wissenschaft in einer Weise, die Privilegien abschwächen sollte, da es auf wissenschaftlicher Qualität basiert. Aus diesem Grund wurde die projektorientierte Finanzierung im Zusammenhang mit der Autonomie der Wissenschaft gesehen. Gerade in Deutschland entstand nach 1968 das Bedürfnis nach einer langfristigen Demokratisierung der Universitäten und – damit verbunden – der Wunsch nach mehr Chancengleichheit, Fairness und einem Abbau von Hierarchien und professoralen Privilegien (Korte 1987).

Projekte verändern die Machtrelationen in der Wissenschaft: Im Vergleich zur institutionellen Finanzierung ermöglichen Projekte, die Forschung auf die gewünschten Problemfelder auszurichten. Um diesen Interessen zu entsprechen, verändert sich die Form „Projekt" im Sinne der inkrementellen Innovation. So entsteht etwa die Form des „Forschungsprogramms": Einige Institutionen (vor allem amerikanische Stiftungen) setzen von Anfang an Themenbereiche oder Forschungsgebiete fest, die sie unterstützen wollen (Geiger 1986, S. 149-160).

Das Projekt passt außerdem sehr gut zu den oben diskutierten klassischen Merkmalen des deutschen Universitätssystems mit seiner festen infrastrukturellen Basis. Als Finanzierungsmodell für einzelne Vorhaben macht das Projekt diese infrastrukturelle Basis zugleich erforderlich und für sich nützlich und verstärkt so seine institutionelle Einbettung in der Figuration. Die projektorientierte Finanzierung kann sich zudem darauf stützen, dass die Wissenschaft auch in den Universitäten immer weniger die Arbeit einzelner Gelehrter ist, sondern immer mehr in Gruppen erfolgt.

Auch die finanzielle Lage der einzelnen Forschenden führt zu einem günstigen Klima für die Verbreitung der Projektarbeit: Für sie ist die projektorientierte Finanzierung am Anfang eine zusätzliche Geldquelle, da es sich um Mittel außerhalb der institutionellen Finanzierung handelt. Dies gilt sowohl für die Finanzierung des einzelnen Gehalts (etwa der vielen Privatdozenten und Extraordinarien) als auch für speziellen Apparaten und Infrastrukturen, die für die eigene Forschung benötigt, aber von der Universität nicht im Rahmen der Grundausstattung bereitgestellt werden.

Dank des Zusammenspiels dieser Faktoren beschleunigt sich spätestens seit Mitte der 1980er die Projektifizierung. So werden in Deutschland zwischen 1980 und 2000 mit leichten Schwankungen „nur" ca. 15 % der Universitätshaushalte aus Drittmitteln finanziert (WR 2000; 2002, S. 59). Erst Mitte der 2000er beschleunigt sich die Projektifizierung stark – während 2006 noch 19 % der Universitätshaushalte drittmittelfinanziert waren, sind es 2012 bereits knapp 25 %. Dabei sind deutliche regionale Schwankungen zu verzeichnen, die 2012 von 17 % (Hessen) über Durchschnittswerte von 25 % (Bayern) bis hin zu 33 % (Berlin und Sachsen) reichen (DeStatis 2012). Das Projekt ist damit eine gängige Koordinations- und Finanzierungsform geworden und verändert damit auch die machtvollen Handlungsmöglichkeiten der sich in der Figuration befindenden Individuen.

5　Die Figuration „Wissenschaft" nach der Projektifizierung: Einige Folgen für Grammatik und Pragmatik

Betrachtet man die Soziogenese, lässt sich sagen, dass sich das „Projekt" durch die Verknüpfung zweier paralleler Prozesse – der Suche nach effizienten Formen der Koordination wissenschaftlicher Arbeit mehrerer Forschender sowie der Suche nach einer Form der Forschungsfinanzierung in Zeiten wirtschaftlicher Austerität – erfolgreich als Form wissenschaftlichen Arbeitens durchgesetzt hat, so dass Projekte (vor allem Drittmittelprojekte) längst den Alltag der Forschung prägen (Besio 2009; Torka 2009). Die Phase der Diffusion beziehungsweise der Re-Stabilisierung der Innovation „Projekt" war ein langsamer und schleichender Prozess, in dessen Verzug sich nicht nur der Charakter der Innovation „Projekt" selbst, sondern auch die Kontexte (mit-)verändert haben, in denen diese Innovation wirkt – einen Prozess, den wir als "Projektifizierung" bezeichnen.

Die Projektifizierung hat wiederum schwerwiegende Folgen auf allen Ebenen der Figuration „Wissenschaft" (vom gesamten Wissenschaftssystem über die organisationale Ebene und individuelle Wissenschaftskarrieren bis hin zu den alltäglichen Forschungspraktiken). Sie wirkt in vielfältiger Weise und verändert unter anderem auch die Entwicklungsmöglichkeiten wissenschaftlichen Wissens selbst. Wir beschränken uns im Folgenden auf die Folgen der Projektifizierung auf zwei Ebenen: die Organisationsform „Universität" und wissenschaftliche Karrieren, und greifen hier auf die von uns geführten Interviews mit Forschenden sowie unsere ethnografischen Beobachtungen zurück.

5.1   Auswirkungen auf die Organisation Universität (Mesoebene)

Auf der organisationalen Ebene zeigt unser Datenmaterial zunächst, dass das Projekt auch heute noch genau die Aufgaben erfüllt, für die es ursprünglich gedacht war: Projekte sind eine sinnvolle Form der Forschungskoordination, um spezifische Themen in einer definierten Zeitspanne zu bearbeiten, ohne dabei langfristige Forschungsfragen berücksichtigen zu müssen.

Projekte regeln Forschungsprozesse in einer besonderen Art und Weise. Ein zentraler Aspekt der Grammatik und Pragmatik dieser Innovation ist, dass Projekte als klar abgrenzbare Einheiten und als Entscheidungsprämissen funktionieren. Sie verringern dadurch Unsicherheit, weil Entscheidungen ausschließlich bezüglich der projektspezifischen Aufgabe getroffen werden müssen und können. Zeit- und energieraubende Entscheidungsverfahren, aber auch andere Themen und Forschungsaktivitäten können innerhalb von Projekten zugunsten des Projektziels vernachlässigt werden (Baecker 1999; Besio 2009: S. 206-207). So betont einer der von uns befragten Wissenschaftler, dass Projekte von anderen Aufgaben befreien können:

> „[…] der größte Vorteil der Arbeit an Projekten [ist] die Befreiung von den unzähligen Lehrverpflichtungen und von der Teilnahmepflicht an universitären Versammlungen" (S_I13)[2]

Dadurch wird der erfolgreiche Abschluss der projektdefinierten, konkreten Forschungsfragen erleichtert. Ein klar definiertes Forschungsdesign empfanden auch viele Forschenden förderlich für die Fokussierung der eigenen Forschungsarbeit:

> „Bei den Projekten, muss man in realistischen Bahnen denken […]. Das Projekt bietet einen Rahmen, in dem über mögliche Probleme reflektiert werden kann" (S_I3).

> „ein Zeitplan […] erlaubt auch, dass man noch ans Ende kommt und: neue Sachen zu machen" (S_I7).

Nach Abschluss des Projekts können sich die Forschenden dann neuen Forschungsfragen widmen. Aus Perspektive der Organisation bedeutet dies, dass Projektarbeit als Serie oder Netzwerk behandelt werden muss. Auf diese Weise sind wissen-

---

2   Die Interviews wurden mit einem Code versehen (S für Sozialwissenschaften) und nummeriert.

schaftliche Organisationen nicht langfristig an bestimmte Themen gebunden und können stattdessen verschiedene Forschungsfragen auf absehbare Zeit planen. Dies fördert Flexibilität hinsichtlich von Ressourcen und kann auch zu größerer Innovativität führen: Gerade weil die Organisation nicht an eine bestimmte Forschungslinie gebunden ist, können riskantere Themen bearbeitet werden (Besio 2009). Angesichts der begrenzten Zeitspanne von Projekten müssen Forschende auch in der Lage sein, flexibel neue Kooperationen aufzubauen. Diese Flexibilität eröffnet die Möglichkeit, neue Aufgaben in Kooperation mit den neuen Partnern zu erarbeiten (Schwab und Miner 2011). Das bedeutet, dass Projekte Orte der Forschung werden, was die traditionelle Figuration der deutschen Universitäten insofern verändert, als dass sich dadurch die Verbindung zwischen Forschung und Lehre lockert.

Allerdings bringt das Projekt auch unerwünschte Nebenfolgen (Elias 1978) des sozialen Handelns (in diesem Fall der Projektifizierung) mit sich. Eines der größten Probleme ist der *Zeitdruck*. Der eng gesetzte Zeitrahmen von Projekten macht es schwierig, unerwarteten Ergebnissen nachzugehen (Merton und Barber 2004), obwohl dies gerade bei wissenschaftlicher Forschung strukturell angelegt ist. Vielmehr wird Forschung Output-orientierter. Weniger wichtig ist das innovative, spannende und durchdachte Ergebnis, sondern mehr und mehr eine bestimmte Zahl von Publikationen, die die Ergebnisse des Projekts präsentieren. Die von uns befragten Forschenden beklagen immer wieder, dass es kaum möglich ist, Unerwartetes zu ergründen, was auch die Innovationsfähigkeit hemmen kann. So beklagt etwa einer der Befragten,

> „dass es sehr schwierig ist, [zum Beispiel] methodologische Schwierigkeiten während des Projekts zu reflektieren und zu verarbeiten. Das würde heißen, dass sich das Projekt im Laufe des Projekts verändern könnte, und das führt zu Komplikationen. [...] Nur bis zu einer gewissen Grenze darf ein Projekt selbstreflexiv sein, sonst verliert man den Boden unter den Füßen" (S_I11).

Diese Wirkungen lassen sich vor allem in den Sozialwissenschaften beobachten. Naturwissenschaftliche Institute verfügen über langandauernde wissenschaftliche Strukturen, Forschungslinien und maschinelle Infrastrukturen, die es ermöglichen, Projekte aneinander zu binden und die überraschenden Ergebnissen eines Projektes in ein neues Projekt im Rahmen desselben Forschungsprogrammes aufzunehmen (Hallonsten und Heinze 2013; Besio et al. 2016). In den Naturwissenschaften summieren sich nämlich diese langandauernden Strukturen zu den Projekten mit dem Ergebnis, dass die Pragmatik des Projektes anders aussieht.

Das größte Problem, das die Projektifizierung mit sich bringt, ist allerdings die *Sicherung von Kontinuität* und die *Reproduktion* sowohl auf der organisationalen, als auch – wie wir unten zeigen werden – individuellen Ebene. Dieses Problem hat sich in der Diskussion des Verfolgens *langfristiger Forschungslinien* infolge des Zeitdrucks und der kurzen Projektlaufzeiten schon angedeutet und verweist auf das wohlbekannte Problem organisationalen Lernens (z. B. Hobday 2000; Prencipe und Tell 2001; Schwab und Miner 2011; Sydow et al. 2004). So betonen die von uns befragten Forschenden ausdrücklich die Problematik der Sicherung von Wissen und Kompetenzen. Für die Organisation umfasst das *Wissen über das Projektmanagement* (über Planung, Organisation, Koordination von Partnern, Mittelgeberkommunikation) aber auch über *wissenschaftliches Wissen*, zum Beispiel über die Sicherung von Daten und Analysen. Darüber hinaus ist auch *implizites Wissen* wichtig, wie etwa dokumentiertes Wissen über Datenstichproben oder Interviewkontakte.

Verschärft wird das Problem organisationalen Lernens durch die oben angeführte *Entkoppelung von Forschung und Lehre.* Diese stellt zwar für den einzelnen Forschenden eine Entlastung dar und wird daher oft als Vorteil wahrgenommen, ist aber für die Organisation „Universität" als Ganzes gerade im deutschen Wissenschaftssystem ein Problem, insbesondere, da Lehre in wissenschaftlichen Karrieren für sich genommen nicht honoriert wird: Wissenschaftler, die nur forschen, nutzen nicht die Lehre, um ihren Ergebnissen Kontinuität zu geben. Obwohl von Seiten der Universitäten und der DFG gezielt versucht wird, diese Folgen zu mindern, handelt es sich dabei um Nebeneffekte der Projektförmigkeit, die schwer einzudämmen sind.

Auch in diesem Fall sind Forschungsinstitute der Naturwissenschaften in einer besseren Lage, denn ihre langandauernden Forschungslinien und Infrastrukturen überdauern einzelne Projekte und geben der Forschung Kontinuität. Insofern ist es nicht verwunderlich, dass unsere Daten zeigen, dass vor allem in den Sozialwissenschaften organisationales Lernen schwierig bleibt (Buchhofer 1979, S. 27). Ohne starke Strukturen verbleibt als einzige Lösung das Gedächtnis von Personen:

„Die Personen geben der Forschung Kontinuität." (S_I13)

Genau hier wird eine weitere Eigenheit der klassischen Figuration des deutschen Wissenschaftssystems problematisch: nur die Professoren haben Dauerstellen und alle anderen Forschenden befristete Arbeitsverträge mit potenziellen Lücken, das heißt, dass das System bewusst auf Fluktuation und nicht auf Kontinuität des Personals angelegt ist. Dieses strukturelle Problem wird durch die Projektifizierung sogar noch verschärft, weil nun die typischen Vertragslaufzeiten nicht mehr den typischen Bildungsphasen (4-6 Jahre) entsprechen: Während die Vertragslaufzeiten von wissenschaftlichen Mitarbeitern mit Lehraufgaben auf Haushaltsstellen klassisch (je nach Standort) 4-6 Jahre dauern, bestehen die meisten Projekte (und damit auch Stipendien und die Arbeitsverträge auf Drittmittelstellen) in der Regel nur 2-3 Jahre. Um die organisationale Kontinuität zu sichern, ist das wissenschaftliche Personal gezwungen, zusätzliche und sehr zeitaufwändige Managementaufgaben zu übernehmen, die in ihren Arbeitsverträgen gar nicht vorgesehen sind (und die sie wiederum von Forschung und Lehre abhalten). Hierzu gehören unter anderem das Projektmanagement und insbesondere das Beantragen von neuen Projekten. Die Folge ist, dass immer mehr Zeit in das Beantragen von Projekten investiert wird und insbesondere die Professoren immer mehr Projekte managen und immer weniger selbst forschen, was die organisationale Reproduktion weiter erschwert. Im Jahr 2009 investierten Hochschullehrende aus den Rechts-, Sozial- und Wirtschaftswissenschaften nur noch 20 % ihrer Arbeitszeit (statt der vorgesehenen 33 %) auf die Forschung selbst und 12 % auf die Beantragung von Projekten. Professoren aus den Naturwissenschaften konnten sogar nur noch 17 % ihrer Zeit auf die Forschung investieren, während 16 % der Zeit auf Projektanträgen entfiel (EFI 2012, S. 48).

Die Problematik des Umganges mit dem Unerwarteten und der Kontinuität der Forschung verdeutlicht, dass Projekte gut funktionieren, wenn sie mit weiteren Strukturen kombiniert werden. Diese Strukturen benötigen aber eine zusätzliche Finanzierung. Hierbei zeigt sich, dass das Projekt auf der organisationalen Ebene das Problem der *Unterfinanzierung* nicht lösen kann: Institute müssen entweder Ressourcen haben, um eine teure wissenschaftliche Infrastruktur zu bezahlen, oder sie müssen ständig zusätzliche externe Ressourcen auftun, um die neuen Erkenntnisse und Forschungsfragen weiterzuführen und eine gewissen Kontinuität zu erzeugen. Dies impliziert ein weiteres Problem: Durch (1) den Zwang, andauernd zusätzliche externe Mittel zur Sicherung der Forschung aufzutun, (2) weil diese Mittelgeber längst nicht mehr nur die DFG oder EU, sondern auch private Mittelgeber oder Ministerien sind, und (3) weil gerade Letztere durchaus Einfluss auf die Themen und Forschungsdesigns nehmen (was ja auch ein explizites Ziel des Projektes war), findet implizit eine *Verlagerung von der Grundlagen- zur anwendungsorientierten Forschung* statt. Weiterhin wird die klassische Figuration der deutschen Wissenschaft geändert, die eine relative Unabhängigkeit der Forschung ermöglichte. Zu befürchten ist, dass durch zunehmende Projektifizierung die *Forschung* mehr und mehr an den Interessen der Mittelgeber ausgerichtet wird.

5.2   Auswirkungen auf die Wissenschaftskarrieren (Mikroebene)

Neben den Folgen für die Universitäten hat die Projektifizierung auch Folgen für die der Figuration angehörenden Wissenschaftler. So empfinden Sozial- und Naturwissenschaftler gleichermaßen Projekte als Chancen und Risiko für die eigene Karriere, wobei ihre Wirkung in jeder Hinsicht ambivalent ist und sich zumindest die Lage des wissenschaftlichen Mittelbaus nicht strukturell verbessert:

Für die *Unterfinanzierung* von Hochschulen und die Beseitigung der *Prekarität* wissenschaftlicher Karrieren bieten Projekte nur bedingt eine Lösung, weil sie zwar während der Projektlaufzeit einen Finanzierungsmöglichkeit für die Forschenden geben, aber die Problematik der Übergänge zwischen den Stellen weiterhin nicht nur nicht gelöst ist, sondern sich wegen der typischerweise kurzen Projektlaufzeiten von 2-3 Jahren sogar noch verschärft. Um eine Bildungsphase (Promotion oder Habilitation) erfolgreich abzuschließen, braucht man folglich in der Regel mindestens zwei Projekte, die thematisch aufeinander aufbauen, um seine persönliche Forschungslinie fortzusetzen. Es ist aber kaum zu garantieren, dass das richtige Projekt zur richtigen Zeit verfügbar ist. Häufiger noch als früher sind Beschäftigungsunsicherheit und zeitweise Arbeitslosigkeit eine Folge, wodurch die bereits früher unsichere Arbeitssituation im Wissenschaftsbereich verschärft wird (Kreckel und Pasternack 2008). Damit wiederholt sich die *Reproduktionsproblematik* auf der organisationalen Ebene auch auf der individuellen Ebene.

Auch im Hinblick auf die Planbarkeit einer wissenschaftlichen Karriere und die *Entwicklung eines eigenen Forschungsprofils* wirkt die Projektifizierung ambivalent: Zu Beginn der wissenschaftlichen Ausbildung haben Projekte den Vorteil, dass junge Wissenschaftler (weil sie nicht lehren müssen) mehr Zeit und einen sozialen Raum für die Entwicklung des eigenen Forschungsprofils haben. Dies gilt allerdings nur für die Entwicklung eines Forschungsprofils in einem durch das Projekt gesetzte Themenfeld, während auf klassischen Haushaltsstellen zwar weniger Zeit für Austausch im Team ist, dafür aber – zumindest in den Sozialwissenschaften – fast vollkommene Freiheit in der Themenwahl besteht. Im späteren Verlauf der Karriere können Projekte helfen, das eigene Forschungsprofil zu schärfen, weil man sich während der Projektarbeit auf bestimmte Themen fokussieren muss. Außerdem können Projektergebnisse zumeist für eigene Publikationen genutzt werden. Das in dieser Zeit gewonnene Wissen fungiert als *Bildungskapital*, das in neuen Projekten oder anderen Beschäftigungsfeldern außerhalb der Wissenschaft genutzt werden kann (Arthur at al. 2001).

Dennoch sind die Forschenden in der Gestaltung ihres Forschungsprofils nicht völlig frei. Um eine Folgefinanzierung sicherzustellen, müssen sie ihr Forschungsprofil flexibel halten, um sich so den (sich teils sehr schnell wandelnden) *Interessen der Mittelgeber* anpassen zu können. Gerade dieses Wechseln zwischen unterschiedlichen Themen kann die Ausbildung des eigenen Wissenschaftsprofils behindern und den Eindruck eines fragmentierten Lebenslaufs vermitteln. Weiterhin ergeben sich potenzielle *Widersprüche zwischen den Anforderungen der Projekte und denen der Fachdisziplinen* (die zumindest für die Chance auf einen Ruf auf eine Professur nach wie vor ausschlaggebend sind): Oft sind die Forschungstrends der Mittelgeber nicht unbedingt konform mit den Anforderungen der spezifischen Disziplin oder der wissenschaftlichen Community, und bestimmte Kompetenzen kann man in Projekten schlechter erwerben (zum Beispiel Erfahrung in der Lehre und Lehrverwaltung).

Auf der anderen Seite machen Projekte wissenschaftliche Karrieren schlechter planbar, weil durch die Projektifizierung der *verbindliche Orientierungsrahmen verloren* gegangen ist, den das klassische Universitätssystem bot: Erstens gesellt sich zu dem klassischen Karrierepfad nun ein zweiter Karrierepfad – die „Projektkarriere". Zweitens werden die im Zuge der „Projektkarriere" zu erwerbenden Kompetenzen vielfältiger, weil sie nun auch Projektmanagement und die Fähigkeit, Drittmittel einzuwerben, einschließen. In dieser Weise kann die Projektbeschäftigung die Karriere innerhalb der Hochschule erschweren. Einer unserer Befragten formuliert das so:

> „Es gibt keine dauerhaften Stellen in der Wissenschaft. Diese Situation ist besonders kompliziert, weil akademische Karrieren mittlerweile durch die aktuellen Forschungsprogramme definiert werden. Die Publikationen eines Forschers können – thematisch gesehen – zu eng sein, oder sie sind einfach eine Sackgasse. Oder sie fokussieren etwas, das sich nicht mit den disziplinären Forschungstrends deckt [...]. Oder der Forscher wird älter und hat nicht mehr die Zeit, sich einem völlig neuen Thema zu widmen. Wissenschaftliche Trends können zugunsten politischer Trends verfehlt werden." (S_I9)

Auf den ersten Blick scheinen Projekte wenigstens dem Wunsch nach der Demokratisierung der Hochschulen, dem Abbau professoraler Privilegien sowie der *Enthierarchisierung der Hochschulen* zu genügen. So können Projekte den Forschenden mehr Autonomie in der eigenen Forschung gewähren, weil Projekte in gewisser Weise von den Forschungszielen der Vorgesetzten abschirmen. Insbesondere Personen aus den Sozialwissenschaften empfinden Projekte als Raum, in dem Forschungsvorhaben ohne fremde Eingriffe durchgeführt werden können. Das gilt jedoch nur für bestimmte Formen von Projekten wie etwa die von der DFG finanzierte „Eigene Stelle" oder die Nachwuchsgruppen. In vielen anderen Fällen bleibt die hierarchische Struktur an den Hochschulen erhalten (und auch dies wird in den

Interviews kaum reflektiert), und zwar weil fast jedes Projekt an eine dauerhafte Struktur (wie ein Fachgebiet) angedockt werden muss. Deshalb besteht nach wie vor der Zwang (insbesondere in der Promotionsphase), sich mit den Lehrstuhlinhabern gut zu stellen und ihm Anreize zu bieten, Zeit in die Antragstellung zu investieren und so die Folgebeschäftigung zu sichern.

6   Ausblick

Wir haben in diesem Beitrag am Beispiel der Projektifizierung figurationstheoretisch analysiert, in welchem dynamischen Wechselverhältnis die Innovation „Projekt" mit anderen Handlungsebenen steht. Für die Figuration „Wissenschaft" haben wir gezeigt, dass die Innovation „Projekt" spezifische Probleme löst: Projekte sind durchaus geeignet, „Big Science" und interdisziplinäre Forschung zu koordinieren, obwohl sie die Frage des Umganges mit dem Unerwartetem und die der Kontinuität nicht lösen können. Auch das Problem der Unterfinanzierung der deutschen Hochschulen können Projekte nicht beheben. Ihre Wirkung auf wissenschaftliche Karrieren ist ambivalent – sie haben für den wissenschaftlichen Mittelbau Vorteile, aber auch Nachteile. Darüber hinaus haben sie auf der organisationalen Ebene einige Folgen (Elias 1978): Sie bedrohen die Unabhängigkeit der Forschung, benachteiligen die Grundlagenforschung (die wesentlich verantwortlich ist für Innovationen) zugunsten anwendungsorientierter Forschung und gefährden vor allem die organisationale Reproduktion und die Sicherung der Kontinuität in Forschung und Lehre.

Daraus ergeben sich sowohl für die Figurationssoziologie, als auch für das Thema „Wissenschaft und Innovationen" eine Reihe offener Fragen für die künftige Forschung:

Für die Figurationssoziologie haben wir angedeutet, dass diese nur für Innovationsprozesse (zumindest im Anwendungsfeld „Wissenschaft") fruchtbar gemacht werden kann, wenn sie mit anderen theoretischen Ansätzen verbunden werden, wie hier etwa mit der Systemtheorie. Auf eine Diskussion von Schwierigkeiten und Lösungsmöglichkeiten dieser theoretischen Integration haben wir hier bewusst verzichtet, um der Empirie Raum zu geben – dennoch hat diese Diskussion noch zu erfolgen. Weiterhin zu nennen sind eine Reihe von methodologischen Problemen, die bislang nur unzureichend gelöst sind, darunter die Frage, wie man die Wechselwirkung von Prozessen auf unterschiedlichen Handlungsebenen und Zeitschichten sinnvoll analysiert.

Aus Platzgründen haben wir hier auf zwei Analyseebenen fokussiert: auf die der Organisation „Universität" und die der individuellen Karrieren. Auf beiden

Ebenen bedarf die Frage, wie Kontinuität und Reproduktion gesichert werden, genauerer Analysen. Auf der Ebene der Organisation wäre eine Analyse wünschenswert, wie sich diese mit anderen Kontexten verwebt, etwa mit verschiedenen Disziplinen oder mit anderen Organisationsformen, denn es ist ein Ergebnis unserer Analysen, dass sich gerade die (scheinbar) distinkten Organisationsformen „Universität", „außeruniversitäre Forschungseinrichtung" und „neue Organisationsformen" (SFBs, Exzellenzcluster) in der Praxis nicht trennen lassen, weil die Forschenden aus verschiedenen organisationalen Kontexten im Arbeitsalltag nicht nur eng miteinander zusammenarbeiten, sondern auch sehr oft über eine der Formen (zum Beispiel Projekt A im Exzellenzcluster) finanziert sind, aber in einer anderen Form (zum Beispiel Projekt B an der Universität) arbeiten – oder sogar parallel an beiden arbeiten. Zusätzlich wäre zu klären, wie Projektifizierung durch diese verschiedenen Kontexte gebrochen oder überformt wird und sich dann auf andere Handlungsebenen (zum Beispiel individuelle Karrieren) auswirkt.

Auf der Ebene der individuellen Karrieren wäre eine sozialstrukturelle Differenzierung wünschenswert: Wie wirkt sich Projektifizierung auf Personen unterschiedlichen Geschlechts (*Gender*), sozialer Herkunft (*Class*), Migrationshintergrund (*Ethnicity*), Alters (*Age*) und Gesundheitszustands (*Disability*) aus, und wann, wo und wie wirkt hier Intersektionalität (Baur und Wagner 2014)?

Da wir uns in der Analyse auf zwei Handlungsebenen beschränkt haben, wäre eine Analyse der synchronen und diachronen Wirkung der Projektifizierung über mehrere Handlungsebenen hinweg wünschenswert, das heißt, die Ebenen des (nationalen und globalen) Wissenschaftssystems, der einzelnen Arbeitseinheiten (zum Beispiel Arbeitsgruppen, Forschungsprojekte) und der Interaktionssituationen im Forschungsalltag müssten systematisch mit einbezogen werden.

Eine besondere Herausforderung stellt das Verhältnis von Wissenschaft, Innovation und Raum, da sich in unserer Empirie ebenfalls ergeben hat, dass (ohne, dass wir danach gesucht hätten) Raum für Innovationsprozesse in der Wissenschaft auf allen Handlungsebenen relevant ist. So war in unserem Forschungsdesign ursprünglich angelegt, dass wir für die Standorte Berlin und München verschiedene Organisationsformen (SFBs, Exzellenzcluster, Universitäten) systematisch miteinander vergleichen. Ein erstes Ergebnis war, dass sich die Art der Forschungsorganisation an einem Standort (unabhängig von der formalen Organisationsform) kaum unterscheidet, wohl aber (auch für dieselbe Organisationsform) an verschiedenen Standorten. Damit bestätigen sich Ergebnisse aus der Wirtschaftssoziologie, dass verschiedene Regionen nicht nur unterschiedliche Innovationspotenziale aufweisen, sondern dass Standorte ihre relative Position im internationalen Gefüge der „regionalen Innovativität" seit dem 16. Jh. über jede (wirtschaftliche) Krise hinweg erfolgreich reproduzieren. Ansätze wie die „International Business Studies" (IB) und die „Regional Innovation Systems" erklären dies durch eine historisch gewachsene lokalspezifische Kombinationen von Institutionen, Forschungseinrichtungen, Wirtschaftsstruktur und Infrastrukturen (Heidenreich und Mattes 2012; Heidenreich und Baur 2015), die maßgeblich die Leistungsfähigkeit einer Region beeinflussen. Die „Ökonomie der Konventionen" ergänzt, dass lokale Anbieter und Nachfrager gemeinsame Glaubenssätze darüber entwickeln, so dass (Innovations-)Praktiken und deren Rationalität lokalspezifisch variieren (Baur et al. 2014a). Weiterhin hat die Lebensstilforschung gezeigt, dass sich Menschen mit modernen Lebensstilen, die gerne Neues ausprobieren, sich bevorzugt in bestimmten Regionen und in Großstädten ansiedeln (Otte und Baur 2008). Diese Faktoren scheinen sich wiederum wechselseitig zu stabilisieren und die Grenzen von Regionen zu verfestigen. Wie aber Lebensstile, Wissenschafts- und Wirtschaftspraktiken lokal zusammenwirken und welche Gemeinsamkeiten und Unterschiede es zwischen lokalen Konventionen gibt, ist eine Frage für die künftige Forschung.

Literatur

Akremi, L. (2015). Stichprobenziehung in der qualitativen Sozialforschung. In N. Baur & J. Blasius (Hrsg.), *Handbuch Methoden der empirischen Sozialforschung* (S. 265-282). Wiesbaden: Springer Fachmedien.

Arthur, M. B., De Fillippi, R., & Candace, J. (2001). Project based learning as the interplay of career and company non-financial capital. *Management Learning 32* (1), 99-117.

Baecker, D. (1999a). Einfache Komplexität. In D. Baecker *Organisation als System.* Aufsätze (S. 169-197). Frankfurt a. M.: Suhrkamp.

Baier, C., & Münch, R. (2013). Institutioneller Wettbewerb und Karrierechancen von Nachwuchswissenschaftlern in der Chemie. *Kölner Zeitschrift für Soziologie (KZFSS) 65* (1), 129-155.

Balthasar, A. (1991). *Drittmittel für die Forschung im Hochschulbereich. Untersuchung am Beispiel der Universität Bern und der ETH Zürich.* Bern: Bundesamt für Statistik.

Baur, N. (2005). *Verlaufsmusteranalyse.* Wiesbaden: VS-Verlag.

Baur, N. (2011). Mixing Process-Generated Data in Market Sociology. *Quality & Quantity 45* (6), 1233-1251. doi:10.1007/s11135-009-9288-x.

Baur, N. (2013). Deutsche Wirtschaftsregionen. *SozBlog.* http://soziologie.de/blog/?p=1223. Zugegriffen: 25.03.2015.

Baur, N. (2015). Theoretische und methodologische Implikationen der Dauer sozialer Prozesse. In R. Schützeichel & S. Jordan (Hrsg.), *Prozesse – Formen, Dynamiken, Erklärungen.* Wiesbaden: VS-Verlag. (Im Erscheinen).

Baur, N., & Lamnek, S. (2005). Einzelfallanalyse. In L. Mikos & C. Wegener (Hrsg.), *Qualitative Medienforschung* (S. 241-252). Konstanz: UVK.

Baur, N., & Ernst, S. (2011). Towards a Process-Oriented Methodology. Modern Social Science Research Methods and Nobert Elias' Figurational Sociology. *The Sociological Review 59* (777), 117-139.

Baur, N., & Wagner, P. (2013). Die moderne Sozialstrukturanalyse und das Problem der Operationalisierung von Intersektionalität. *Erwägen Wissen Ethik (EWE) 24* (3), 357-359.

Baur, N., Löw, M., Hering, L., Raschke, A. L., & Stoll, F. (2014). Die Rationalität lokaler Wirtschaftspraktiken im Friseurwesen. In D. Bögenhold (Hrsg.), *Soziologie des Wirtschaftlichen* (S. 299-327). Wiesbaden: Springer.

Beer, J. J. (1975). Die Teerfarbenindustrie und die Anfänge des industriellen Forschungslaboratoriums. In K. Hausen & R. Rürup (Hrsg.), *Moderne Technikgeschichte* (S. 106-118). Köln: Kiepenheuer & Witsch.

Besio, C. (2009). *Forschungsprojekte.* Bielefeld: transcript.

Besio, C., Baur, N., & Norkus, M. (2016). Projekte. In N. Baur, C. Besio, M. Norkus & G. Petschick (Hrsg.), *Wissen – Organisation – Forschungspraxis. Der Makro-Meso-Mikro-Link in der Wissenschaft.* Weinheim und München. Beltz Juventa. Im Erscheinen

Besio, C., & Schmidt, R. J. (2012). *Innovation als spezifische Form sozialer Evolution* (Working Papers, TUTS-WP-3-2012). Berlin: Technische Universität Berlin.

Blomquist, T., & Söderholm, A. J. (2002). How Project Management Got Carried Away. In K. Sahlin-Andersson & A. Söderholm (Hrsg.), *Beyond Project Management* (S. 25-38). Kopenhagen: Liber.

Buchhofer, B. (1979). *Projekt und Interview.* Weinheim & Basel: Beltz Verlag.

Carlson, W. B. (1997). Innovation and the Modern Corporation. In J. Krige & D. Pestre (Hrsg.), *Science in the Twentieth Century* (S. 203-226). Amsterdam: Harwood Academic Publishers.

DeStatis (Statistisches Bundesamt) (2012). *Monetäre hochschulstatistische Kennzahlen. Fachserie 11 Reihe 4.3.2 – 2012.* Wiesbaden: Statistisches Bundesamt.

EFI (Expertenkommission Forschung und Innovation) (Hrsg.). (2012). *Zur Situation der Hochschulen an Deutschlands Hochschulen.* Gemeinsames Papier des ISI (Frauenhofer Instituts für System- und Innovationsforschung), JR (Joanneum Research), Stifterverband für die deutsche Wissenschaft/Wissenschaftsstatistik GmbH, WZB (Wissenschaftszentrum Berlin) und ZEW (Zentrum für Europäische Wirtschaftsforschung GmbH). Studien zum deutschen Innovationssystem 16-2012. Berlin und Wien: EFI. http://www.e-fi.de/fileadmin/Innovationsstudien_2012/StuDIS_16_ZEW_WZB_Joanneum_ISI.pdf. Zugegriffen: 25.03.2015.

Elias, N. (1978). *Was ist Soziologie?* München: Juventa.

Elias, N. (1995). Figuration. In B. Schäfers (Hrsg.), *Grundbegriffe der Soziologie* (4. Aufl.), (S. 75-78). Opladen: Leske + Budrich.

Elias, N. (2006). Soziologie in Gefahr. In N. Elias (Hrsg.), *Aufsätze und andere Schriften* (S. 232-242). Frankfurt a. M.: Suhrkamp.

Forman, P. (1974). The Financial Support and Political Alignment of Physicists in Weimar Germany. *Minerva 12* (1), 39-66.

Geiger, R. L. (1986). To Advance Knowledge. *Journal of Higher Education* 61 (1): 1-19.

Hack, L., & Hack, I. (1985). *Die Wirklichkeit, die Wissen schafft.* Frankfurt a. M.: Campus.

Hallonsten, O., & Heinze, T. (2013). From particle physics to photon science: Multi-dimensional and multi-level renewal at DESY and SLAC. *Science and Public Policy 40* (5), 591-603.

Heidenreich, M., & Nina B. (2015). Locations of Corporate Headquarters in Europe. In S. Lundan (Hrsg.), *Transnational Corporations and Transnational Governance* (S. 177-207). Basingstoke: Palgrave.

Heidenreich, M., & Mattes, J. (2012). Regional Embeddedness of Multinational Companies and their Limits. A Typology. In M. Heidenreich (Hrsg.), *Institutional Embeddedness of Multinational Companie* (S. 29-58). Cheltenham: Edward Elgar.

Helfferich, C. (2015). Leitfaden- und Experteninterviews. In N. Baur & J. Blasius (Hrsg.), *Handbuch Methoden der empirischen Sozialforschung* (S. 559-574). Wiesbaden: Springer Fachmedien.

Hergesell, J. (2015). *Soziogenetische Dispositive der Pflegefiguration – zur soziohistorischen Entwicklung der beruflichen Krankenpflege in Deutschland.* Masterarbeit. Berlin: Technische Universität Berlin.

Hering, L., & Schmidt, R. J. (2015). Einzelfallanalyse. In N. Baur & J. Blasius (Hrsg.), *Handbuch Methoden der empirischen Sozialforschung* (S. 529-542). Wiesbaden: Springer Fachmedien.

Hobday, M. (2000). The Project-Based Organization: An ideal form for managing complex products and systems? *Research Policy 29* (7-8), 871-893.

Hohn, H., & Schimank, U. (1990). *Konflikte und Gleichgewichte im Forschungssystem.* Frankfurt a. M.: Campus.

Hounshell, D. A. (1992). Du Pont and the Management of Large-Scale Research and Development. In P. Galison & B. Hevly (Hrsg.), *Big Science* (S. 236-264). Stanford: Stanford University Press.

Hutter, M., Knoblauch, H., Rammert, W., & Windeler, A. (2011). *Innovationsgesellschaft heute: Die reflexive Herstellung des Neuen* (Working Papers, TUTS-WP-4-2011). Berlin: Technische Universität Berlin.

Knoblauch, H. (2014). *Communicative Action, Reflexivity, and Innovation Society* (Working Papers, TUTS-WP-3-2014). Berlin: Technische Universität Berlin.

Knoblauch, H. (2015). Ethnographie. In N. Baur & J. Blasius (Hrsg.), *Handbuch Methoden der empirischen Sozialforschung* (S. 521-528). Wiesbaden: Springer Fachmedien.

Kohlbacher, F. (2005). The Use of Qualitative Content Analysis in Case Study Research. *Forum Qualitative Sozialforschung/ Forum Qualitative Social Research (FQS)* 7 (1), Art. 21. http://www.qualitative-research.net/index.php/fqs/article/view/75. Zugegriffen: 21.08.2014.

Kohler, R. E. (1978). A Policy for the Advancement of Science. *Minerva 16* (4), 480-515.

Korte, H. (1987). *Eine Gesellschaft im Aufbruch*. Frankfurt a. M.: Suhrkamp.

Krauch, H. (1970). *Die organisierte Forschung*. Berlin und Neuwied: Luchterhand.

Kreckel, R., & Pasternack, P. (2008). Prämissen des Ländervergleichs. In R. Kreckel (Hrsg.), *Zwischen Promotion und Professur* (S. 1-79). Leipzig: AVA.

Kreckel, R. (2011). Universitäre Karrierestruktur als deutscher Sonderweg. In K. Himpele, A. Keller, & A. Ortmann (Hrsg.), *Traumjob Wissenschaft? Karrierewege in Hochschule und Forschung* (S. 7-60). Bonn: Friedrich-Ebert-Stiftung 2010.

Kreibich, R. (1986). *Die Wissenschaftsgesellschaft*. Frankfurt a. M.: Suhrkamp.

Kuckartz, U. (2012). *Qualitative Inhaltsanalyse*. Weinheim und München: Juventa.

Levene, R. J. (1996). Project management. In M. Warner (Hrsg.), *International Encyclopedia of Business & Management, Bd. 4* (S. 4162-4181). London: Routledge.

Madauss, B. J. (1991 [1984]). *Handbuch Projektmanagement* (4. Aufl.). Stuttgart: Poeschel.

Merton, R. K., & Barber, E. (2004). *The travels and adventures of serendipity*. Princeton: Princton University Press.

Nipperdey, T. (1998). *Deutsche Geschichte, 1866-1918, Bd. 1: Arbeitswelt und Bürgergeist*. München: Beck Verlag.

Nipperdey, T., & Schmugge, L. (1970). *50 Jahre Forschungsförderung in Deutschland*. Bonn: Deutsche Forschungsgemeinschaft.

Noble, D. F. (1977). *America by Design*. New York: Knopf.

Otte, G., & Baur, N. (2008). Urbanism as a Way of Life? *Zeitschrift für Soziologie (ZfS) 37* (2), 93-116.

Petschick, G. (2014a). Geschlechterpraktiken in neuen Formen der Forschungsorganisation am Beispiel der Physik. In U. Busolt, S. Weber, C. Wiegel, & W. Kronsbein (Hrsg.), *Karriereverläufe in Forschung und Entwicklung* (S. 48-65). Berlin: Logos.

Petschick, G. (2014b). *Darf ich publizieren?* Vortrag auf der 9. Jahrestagung der Gesellschaft für Hochschulforschung „Tabus an Hochschulen". Dortmund (Deutschland), 25.-27.06.2014.

Petschick, G., Schmidt, R. J., & Norkus, M. (2013). Frauenförderung zwischen heterogenen Logiken. *Swiss Journal of Sociology 39* (2), 383-404.

Prencipe, A., & Tell, F. (2001). Inter-Project Learning: Processes and Outcomes of Knowledge Codification in Project-Based Firms. *Research Policy 30* (9), 1373-1394.

Price, D. K. (1978). Endless Frontier or Bureaucratic Morass? *Daedalus 107* (2), 75-92.

Richter, S. (1979). Wirtschaft und Forschung. *Technikgeschichte 46* (1), 20-44.

Riedl, J. E. (1990). *Projekt-Controlling in Forschung und Entwicklung*. Berlin: Springer.

Salheiser, A. (2015). Natürliche Daten: Dokumente. In N. Baur & J. Blasius (Hrsg.), *Handbuch Methoden der empirischen Sozialforschung* (S. 813-828). Wiesbaden: Springer Fachmedien.

Schimank, H. (1976). Physik und Chemie im 19. Jahrhundert. Ihre Abkunft, ihre Hilfsmittel und ihre Wandlungen. In W. Treue & K. Mauel (Hrsg.), *Naturwissenschaft, Technik und Wirtschaft im 19. Jahrhundert, Bd. 2* (S. 371-397). Göttingen: Vandenhoeck & Ruprecht.

Schwab, A., & Miner, A. S. (2011). Organizational learning implications of partnering flexibility in project-venture settings. In G. Cattani, S. Ferriani, L. Frederiksen, & F. Täube (Hrsg.), *Project-Based Organizing and Strategic Management (Advances in Strategic Management 28)* (S. 115–145). Bringley: Emerald Group Publishing Limited.

Stichweh, R. (1988). Differenzierung des Wissenschaftssystems. In R. Mayntz, B. Rosewitz, U. Schimank, & R. Stichweh (Hrsg.), *Differenzierung und Verselbständigung* (S. 45-115). New York: Campus.

Sydow, J., Lindkvist, L., & De Fillippi, R. (2004). Project-Based Organizations, Embeddedness and Repositories of Knowledge: Editorial. *Organization Studies 25* (9), 1475-1489.

Taylor, P. J., Hoyler, M., & Evans, D. M. (2008). A Geohistorical Study of 'The Rise of Modern Science': Mapping Scientific Practice Trough Urban Networks, 1500-1900. *Minerva 46* (4): 391-410.

Teichler, U., & Bode C. (1990). *Das Hochschulwesen in der Bundesrepublik Deutschland*. Weinheim: Deutsche Studien Verlag.

Thierbach, C., & Petschick, G. (2015). Beobachtung. In N. Baur & J. Blasius (Hrsg.), *Handbuch Methoden der empirischen Sozialforschung* (S. 855-866). Wiesbaden: Springer Fachmedien.

Torka, M. (2009). *Die Projektförmigkeit der Forschung*. Baden-Baden: Nomos.

WR (Wissenschaftsrat) (2000). *Drittmittel und Grundmittel der Hochschulen 1993 bis 1998*. http://www.wissenschaftsrat.de/download/archiv/4717-00.pdf. Zugegriffen: 26.03.2015.

WR (Wissenschaftsrat) (2002). *Eckdaten und Kennzahlen zur Lage der Hochschulen von 1980 bis 2000*. http://www.wissenschaftsrat.de/download/archiv/5125-02.pdf. Zugegriffen: 25.03.2015.

Zierold, K. (1968). *Forschungsförderung in drei Epochen*. Wiesbaden: Steiner.

Internetquellen

http://soziologie.de/blog/?p=1223. Zugegriffen: 25.03.2015.

http://www.e-fi.de/fileadmin/Innovationsstudien_2012/StuDIS_16_ZEW_WZB_Joanneum_ISI.pdf. Zugegriffen: 25.03.2015.

http://www.qualitative-research.net/index.php/fqs/article/view/75. Zugegriffen: 21.08.2014.

http://www.wissenschaftsrat.de/download/archiv/4717-00.pdf. Zugegriffen: 26.03.2015.

http://www.wissenschaftsrat.de/download/archiv/5125-02.pdf. Zugegriffen: 25.03.2015.

Soziale Innovationen

Kontrollverluste und Steuerungsversprechen sozialen Wandels

Cornelius Schubert

1 Einleitung

Ungebremster Wandel scheint fast schon schicksalhaft weite Teile heutiger Gesellschaften zu ergreifen. Die unaufhaltsam laufenden Motoren der Industrialisierung, Individualisierung oder Rationalisierung brechen bestehende gesellschaftliche Ordnungen auf und fügen sie in immer neuer Weise zusammen. Und je mehr sich gesellschaftliche Teilbereiche ausdifferenzieren, desto abhängiger werden sie voneinander und desto vielschichtiger und dynamischer gestalten sich die Wechselwirkungen, aus denen sich gesellschaftliche Ordnungen zusammensetzen. Vom Wandel, so lässt sich vermuten, gibt es kein Entrinnen.

Diese Beobachtung gehört zu den Grundeinsichten moderner Gesellschaftstheorien und als solche fordert sie nicht nur unterschiedliche gesellschaftliche Handlungsfelder, sondern auch das soziologische Nachdenken kontinuierlich heraus. Es stellt sich generell die Frage, wie moderne Gesellschaften die Spannung zwischen Differenzierung und Integration bewältigen (Durkheim 1988) und für konkrete Handlungszusammenhänge, etwa in der Politik, ergibt sich die Schwierigkeit, den kontinuierlichen Wandel in die bestehende Ordnung zu integrieren, das heißt Erneuerung und Beharrung so zu balancieren, dass Wandel möglich ist, ohne die etablierten Strukturen vollständig in Frage stellen zu müssen (Mead 1936, S. 360ff.). Für das soziologische Nachdenken stellt sich nicht zuletzt die Aufgabe, diesen Wandel als immanenten gesellschaftlichen Prozess zu analysieren und konzeptuell zu reflektieren.

Im vorliegenden Beitrag gehe ich davon aus, dass gesellschaftlicher Wandel heute selbst Gegenstand einer strukturellen Veränderung ist, die sich im Rahmen einer zunehmend reflexiven und multireferenziellen Innovationsgesellschaft untersuchen lässt (Hutter et al. 2011): Gerade politische Steuerungsinstitutionen, die gemeinhin für die Gestaltung gesellschaftlichen Wandels sorgen sollen, sehen sich mit einem zunehmenden Kontrollverlust klassischer top-down Interventionen konfrontiert und suchen verstärkt nach anderen Wegen, gesellschaftliche Steuerungsoptionen über bottom-up Ansätze neu zu realisieren. Als Beispiel hierfür bediene ich mich der in den letzten Jahren verstärkt erfolgten wissenschaftlichen, politischen und zivilgesellschaftlichen Thematisierung sogenannter *sozialer Innovationen*. Soziale Innovationen, so meine These, wurden im Zuge der Moderne zuerst zu einem dominanten Modus sozialen Wandels und entwickeln sich in der Folge zu einem reflexiven Steuerungsinstrument desselben (vgl. Beck und Kropp 2012). Speziell als politische Instrumente sollen sie eine an spätmoderne Verhältnisse angepasste Form gesellschaftlicher Veränderungen ermöglichen, die weniger als staatliche oder wirtschaftliche top-down Intervention, sondern als community-basierte bottom-up Invention verstanden werden (vgl. Grimm et al. 2013). Sie fügen so dem seit den 1970er Jahren aufkommenden theoretisch/fundamentalen Steuerungspessimismus komplexer Gesellschaften (etwa bei Luhmann) nicht nur eine aktuelle empirische Bestätigung, sondern zugleich auch ein konzeptuelles Lösungsversprechen hinzu. Wie ich zeigen will, verengt die in diesem Zusammenhang oftmals vorgenommene, *immaterielle und zivilgesellschaftsförderliche bottom-up Konzeption* sozialer Innovationen hierbei den Blick auf einen eingeschränkten Bereich sozialer Innovationen und impliziert darüber hinaus, ob gewollt oder nicht, eine instrumentalistisch-unternehmerische Perspektive auf sozialen Wandel.

Zur Klärung dieser These und der damit verbundenen Wandlungsprozesse werde ich in einem ersten Schritt ein allgemeines Verständnis sozialer Innovationen als Modus sozialen Wandels aus soziologischer Perspektive skizzieren und im Anschluss die Besonderheiten sozialer Innovationen als politischem Instrument gesellschaftlicher Transformation darstellen. Im Anschluss werde ich die zweifache begriffliche Engführung sozialer Innovationen auf immaterielle und zivilgesellschaftsförderliche bottom-up Prozesse kritisch hinterfragen und am empirischen Beispiel der in den letzten Jahren gestiegenen Beachtung sozialer Innovationen auf Ebene der Europäischen Union auf die Schwierigkeiten einer solchen Engführung hinweisen.

2   Der Wandel moderner Gesellschaften

Um soziale Innovationen in Bezug zu gesellschaftlichem Wandel setzen zu können, soll im Folgenden ein knapper Überblick über die Entwicklung des Konzepts gegeben werden. Obwohl die Rede von sozialen Innovationen erst in den letzten Jahrzehnten an Fahrt gewonnen hat, sind die dahinter liegenden Ideen und Bestimmungen deutlich älter. Nicht zuletzt hat auch der Begriff der Innovation selbst eine wechselvolle Geschichte hinter sich, die ihn sehr eng an die heutige Thematisierung sozialer Innovationen bindet.

Benoît Godin (2015) weist in diesem Zusammenhang auf den Bedeutungswandel des Innovationsbegriffs über die Jahrhunderte hin. Im späten 15. Jahrhundert kam der Innovationsbegriff als Schmähbezeichnung für religiöse oder politische Umstürzler auf, die die gegebene gesellschaftliche bzw. religiöse Ordnung in Frage stellten. Auch im 19. Jahrhundert hielt dieser Bedeutungshorizont, wobei zunehmend das Adjektiv „sozial" angefügt wurde, um insbesondere kommunistische Ideen und Ideale gesellschaftlicher Transformation zu brandmarken. Solch negative Konnotationen sozialer Innovationen stehen im krassen Gegensatz zu ihren heute gebräuchlichen und aktiv formulierten positiven Eigenschaften eines lokalen und nachhaltigen sozialen Wandels (vgl. Howaldt und Jacobsen 2010; Rückert-John 2013). Der Umschlag von einer negativen zu einer positiven Bedeutung sozialer Innovationen geschieht nach Godin über den Umweg techno-ökonomischer Innovationen zu Beginn des 20. Jahrhunderts. Zu diesem Zeitpunkt ändert sich das Verständnis von Innovationen weg von der Transformation sozialer Ordnung und hin zu einer wachstumsorientierten Betrachtung kapitalistischer Wertschöpfung – es findet gewissermaßen eine techno-ökonomische Verschiebung des bis dato auf sozialpolitische Prozesse gemünzten Innovationsbegriffs statt. Als zentraler Ideengeber und Wegebreiter dieser positiven Wendung des Innovationsbegriffs gilt Joseph Schumpeter, der mit dem Konzept der „schöpferischen Zerstörung" (1942) auf die immanenten Dynamiken der kapitalistischen Produktionsweise und die Bedeutung von Innovationen für das Wirtschaftswachstum aufmerksam machte. Bis heute bleibt der Kern eines solchen positiven techno-ökonomischen Innovationsbegriffs weitgehend erhalten und findet sich in einer Vielzahl wirtschaftlicher und politischer Initiativen, die Wirtschaftsstandorte wie Deutschland oder auch Europa in Zukunft global wettbewerbsfähig halten sollen (s. etwa den Bundesbericht Forschung und Innovation des BMBF 2014).

Im Zuge des 20. Jahrhunderts wurden zwar meist technische und ökonomische Impulse für den gesellschaftlichen Wandel verantwortlich gemacht (nicht zuletzt bezieht sich Schumpeter explizit auf Marx), jedoch reichen die Diagnosen über einen reinen techno-ökonomischen Imperativ hinaus. Neben der Dominanz ökonomischer Theorien der Innovation hat besonders William F. Ogburn ein soziologisches Innovationsverständnis herausgearbeitet, das sich nicht nur auf die Wirtschaft beschränkt, sondern auf weitgreifenderen gesellschaftlichen Wandel zielt (Ogburn 1922; s.a. Godin 2010). Ebenso wie Schumpeter geht Ogburn davon aus, dass es hauptsächlich technische und ökonomische Faktoren sind, die den Wandel moderner Gesellschaften antreiben. Diese fasst er unter dem Begriff der „material culture" zusammen und nennt Beispiele wie neue Produktionsmaschinen und Transporttechniken mittels Dampf, Elektrizität oder Benzin. Aber auch neue Wohnbauweisen und Konsumgüter gehören dazu (Ogburn 1922, S. 268ff.). Dagegen sei die „non-material culture", die hauptsächlich aus sozialen Werten, Normen, Sitten und Gebräuchen besteht, gezwungen, sich den immerwährenden Neuerungen der material culture anzupassen. Ogburn prägt hierfür den Begriff des „cultural lag" (Ogburn 1922, S. 200ff.), das heißt eines Hinterherhinkens und Aufholenmüssens der „non-material culture" hinter der „material culture". Zugleich weist er darauf hin, dass es sich dabei vor allem um eine spezifische Form des Wandels moderner Gesellschaften handelt und dass ein „lag" ebenso von der „non-material culture" ausgehen kann, der dann die „material culture" hinterherhinke (ein „material lag"[1] sozusagen), etwa bei einem Wandel religiöser oder politischer Ideen. Wichtiger ist in diesem Zusammenhang jedoch die Gesellschaftsdiagnose, auf der das Konzept des „cultural lag" basiert: „Cultural lag" tritt besonders dann auf, wenn eine Gesellschaft sich in zunehmend interdependente Teilbereiche ausdifferenziert. Differenzierung und wechselseitige Abhängigkeiten schaffen erstens die Bedingung dafür, dass sich Gesellschaftsteile relativ unabhängig voneinander wandeln können, zweitens werden die dadurch notwendigen Abstimmungsleistungen deutlich. Moderne Gesellschaften sind nach Ogburn kontinuierlich im Ungleichgewicht und müssen ständig dafür sorgen, die interdependenten Bereiche mehr oder weniger in Einklang zu bringen. Viele soziale Innovationen erscheinen aus dieser Perspektive gewissermaßen als *Reparaturinnovationen*, die die aus den Fugen geratene soziale Ordnung wieder harmonisieren sollen.

Mit Ogburn und Schumpeter lässt sich an dieser Stelle eine knappe Bestimmung des sozialen Wandels und von Innovationen in modernen Gesellschaften vornehmen:

---

1   Für Ogburn ist ein solcher „material lag" allerdings kein Gegenbegriff zum „cultural lag". Mit „cultural lag" bezeichnet Ogburn vielmehr allgemein die unterschiedlichen Wandlungsgeschwindigkeiten und Anpassungsproblematiken ausdifferenzierter Gesellschaften, egal aus welchem Teil der Gesellschaft der Wandel angestoßen wird.

- Erstens sind etablierte soziale Ordnungsmuster durch die Prozesse der Ausdifferenzierung unter *beständigem Wandlungsdruck*, Wandel gehört gewissermaßen zur Natur der Moderne.
- Zweitens müssen die *Anpassungsleistungen aktiv vorgenommen werden*. Bei Schumpeter geschieht dies durch die unternehmerische Kreativität, die Bestehendes durch Neues zu ersetzen sucht, bei Ogburn auch durch andere, insbesondere politische Aktivitäten, etwa die Einführung von Arbeitsschutzgesetzen, um der steigenden Anzahl von Arbeitsunfällen durch die Industrialisierung zu begegnen.

Sozialer Wandel ist folglich nicht mehr ungewollt oder unaufhaltsam, sondern wird zu einem zentralen Steuerungsproblem moderner Gesellschaften – je nachdem, wie skeptisch man gesellschaftlich/politischen Steuerungsmöglichkeit per se gegenüber steht (Mayntz und Scharpf 1995). Hält man Steuerung zumindest teilweise für realisierbar, wird gesellschaftlicher Wandel zu einem breit angelegten Unterfangen, das auch die vormals als relativ stabil angesehenen sozialen Institutionen erfasst. Everett C. Hughes spricht schon in den 1930er Jahren von der Notwendigkeit, Institutionen durch unternehmerisches Handeln (im weiteren Sinn verstanden als Koordinations- und Entscheidungshandeln im Angesicht von Ungewissheit) zusammenzuhalten. Dies werde zu einer „crucial feature of institutions in a society where the mores, whatever else they may do, do not foreordain that the individual shall stay put and remain within the framework of given corporate units throughout his life" (Hughes 1936, S. 183). Wie bei Schumpeter und Ogburn scheint hier eine zentrale Spannung bei der Analyse gesellschaftlicher Transformation auf, und zwar das Wechselverhältnis von Wandel und Stabilität.

Die Konzepte von schöpferischer Zerstörung, „cultural lag" oder institutionellem Unternehmerhandeln stellen hierfür bestimmte Vermittlungsformen dar. Neues wird aus dem Alten geschaffen und ersetzt dabei Teile des Alten. Und das Alte steht in der Moderne unter immerwährendem Druck, sich dem Neuen anzupassen. Dieser Grundkonflikt findet sich in dem bereits von George H. Mead hervorgehobenen *Problem der Gesellschaft*: „That is the problem of society, is it not? How can you present order and structure in society and yet bring about the changes that need to take place, are taking place? How can you bring those changes about in orderly fashion and yet preserve order?" (Mead 1936, S. 361).

Vor dem Hintergrund umfassender gesellschaftlicher Transformationen erscheinen Innovationen oder auf Innovation hin orientiertes Handeln, egal ob nun als techno-ökonomische oder soziale Innovation, als zunehmend dominant werdender *Modus gesellschaftlichen Wandels*. Obwohl der Begriff sozialer Innovationen bis Mitte des 20. Jahrhunderts selbst kaum bis gar keine Verwendung fand, so zeigt sich bei den angeführten Autoren eine spezifische Perspektive auf eine *kontinuierlich im Fluss befindliche gesellschaftliche Ordnung*. Besonders nahe an eine frühe Formulierung sozialer Innovationen kommt dabei Karl Popper, der unter den Begriffen von „piecemeal social experiments" bzw. „piecemeal social engineering" (1945, S. 138ff.) eine schrittweise Veränderung begrenzter Handlungskontexte versteht. Es sind demnach nicht mehr die großen Utopien, die die Gesellschaft verändern, sondern eine unüberschaubare Anzahl kleiner Neuerungen: „The introduction of a new kind of life-insurance, of a new kind of taxation, of a new penal reform, are all social experiments which have their repercussions through the whole of society without remodelling society as a whole." (Popper 1945, S. 143). Damit einhergehend wird sozialer Wandel in der Moderne weitgehend als positiv und gestaltbar erachtet – ganz im Gegensatz zu den oben genannten negativen Konnotationen sozialer Innovationen im 19. Jahrhundert und davor.

Doch auch schon bei Popper tritt eine deutliche Skepsis gegenüber groß angelegten politischen Interventionen zu Tage. Wandel kommt viel mehr aus allen Ecken und Enden der Gesellschaft, mit teilweise unvorhergesehenen und unintendierten Folgen. Soziale Innovationen haben, so gesehen, eher den Status eines ungewissen Experiments, als eines planbaren Instruments. Und moderne Gesellschaften sind in diesem Sinne zwangsläufig Innovationsgesellschaften, in denen innovative Aktivitäten nicht auf Teilbereiche wie Wirtschaft und Politik beschränkt bleiben (Hutter et al. 2011).

Unter der Bedingung einer zunehmend reflexiven Bezugnahme auf soziale Innovationen als konkretem Lösungsansatz – bzw. -versprechen für aktuelle gesellschaftliche Problemlagen, will ich im nächsten Abschnitt der steigenden Bedeutung von sozialen Innovationen als spezifischer Form politischer Steuerungsoptionen nachgehen, wenn also soziale Innovationen zu aktiv genutzten Instrumenten sozialer Transformationen werden und auch als solche bezeichnet und diskutiert werden.

3   Soziale Innovationen

Wie im vorherigen Abschnitt erläutert, handelt es sich beim empirischen Phänomen sozialer Innovationen kaum um neue Erscheinungen. Mindestens seit der Moderne sind sie fester Bestandteil gesellschaftlicher Gestaltungs- und Transformationsprozesse – auch wenn sie damals noch nicht als solche benannt wurden. So fasst Katrin Gillwald (2000) in ihrem Überblick zu Konzepten sozialer Innovation auch die Bismarcksche Sozialgesetzgebung darunter und Wolfgang Zapf stellt allgemein unter Bezug auf Robert K. Merton fest, dass „soziale Innovationen anerkannte Ziele durch die Anwendung neuer Mittel besser erreichen" (1989, S. 177). Gillwald und Zapf zählen eine beeindruckende Bandbreite sozialer Innovationen (sowohl top-down als auch bottom-up) in den Bereichen Zivilgesellschaft, Wirtschaft und Staat auf, darunter neue Lebensstile und soziale Bewegungen, neue Dienstleistungen oder Formen der Arbeitsorganisation wie auch politische Transformationen und Gebietsreformen. Auch die neuere Literatur zu sozialen Innovationen umspannt ein weites Feld von Nachhaltigkeit (Rückert-John 2013) über Dienstleistungen und Managementpraktiken (Howaldt und Jacobsen 2010) bis zu Protestbewegungen und Softwareentwicklung (Aderhold und John 2005). Es scheint aktuell kaum einen gesellschaftlichen Bereich zu geben, der nicht von sozialen Innovationen erfasst ist. Nicht nur im Innovationsland Deutschland, sondern auch international (Franz et al. 2012; Nicholls und Murdock 2012; Ruiz Viñals und Parra Rodríguez 2013).

Die wissenschaftliche Beschäftigung mit dem Thema zeugt davon, dass es sich nunmehr nicht um einen einfachen Modus gesellschaftlichen Wandels handelt, sondern dass sich eine breitere wissenschaftliche Reflexion sozialer Innovationsdynamiken etabliert hat, die zunehmend auch in der politischen Handlungssphäre Resonanz findet (Grimm et al. 2013). Das heißt, dass soziale Innovationen – zumindest ihrem Versprechen nach – in steigendem Maße als *Instrumente gesellschaftlicher Gestaltung* verstanden werden, die den im vorherigen Abschnitt beschriebenen Spannungen ausdifferenzierter und industrialisierter Gesellschaften entgegenwirken sollen. Zugleich treten soziale Innovationen nicht nur als gestalterische Instrumente politischen Handelns hervor. Darüber hinaus wird ihr Potential zur Steuerung sozialen Wandels kontinuierlich untersucht und bewertet, das heißt es wird systematisch Wissen über soziale Innovationen als Hebel gezielten sozialen Wandels erzeugt und verändert. Für den Übergang von sozialen Innovationen vom einfachen Modus hin zu reflexiven Instrumenten sozialen Wandels spricht insbesondere die wissenschaftlich/politische Diskussion sozialer Innovationen auf Ebene der EU, die im empirischen Teil des Beitrags näher beleuchtet wird.

Es geht mir in diesem Zusammenhang hier nicht um eine allgemeine Diskussion sozialer Innovationen – dazu sind die empirischen Gegenstände und theoretischen Ansätze zu heterogen. Mich interessiert die Frage, wie die verbreitete bottom-up Konzeption sozialer Innovationen mit einem diagnostizierten top-down Kontrollverlust nationaler und internationaler Politikfelder in Beziehung gesetzt wird und welche Auswirkungen dies für ein Verständnis sozialer Innovationen hat. Mit der Perspektivverschiebung sozialer Innovationen vom allgemeinen Modus zum reflexiven Instrument gesellschaftlichen Wandels gehen bestimmte Lesarten sozialer Innovationen einher, die, wie ich zeigen will, eine eingeschränkte Perspektive gesellschaftlicher Transformationsprozesse und sozialer Innovationen beinhalten. Zwei dieser Lesarten will ich hier kritisch hinterfragen und versuchen zu klären, welche Folgen dies für die Analyse sozialer Innovationen hat. Die erste Lesart positioniert soziale Innovationen als Gegenmodell zu technischen Innovationen (vgl. Howaldt und Schwarz 2010), die zweite positioniert sie in einer instrumentalistischen Deutung als politische opportune Sozialtechnologien auf Ebene der EU Politik bzw. als bottom-up Steuerungsversprechen gegenüber einem top-down Kontrollverlust (vgl. Young Foundation 2012).

3.1   Innovation: technisch oder sozial?

Ein wichtiger Bestandteil und gleichzeitig die erste problematische Engführungen der aktuellen Diskussion um soziale Innovationen ist die Abgrenzung zu technischen Innovationen. Soziale Innovationen, so heißt es, zielten nicht auf die Entwicklung neuer materialer Technologien, etwa auf neue Produktions-, Transport- oder Kommunikationsmittel, sondern auf neue soziale Organisationsformen bzw. auf die „intentionale, zielgerichtete *Neukonfiguration sozialer Praktiken*" (Howaldt und Schwarz 2010, S. 89). Die in dieser Weise von technischen Innovationen unterschiedenen soziale Innovationen profitieren nichtsdestotrotz vom positiven Bedeutungsüberhang technischer Innovationen, oder besser: von dem techno-ökonomischer Innovationen, wie er von Schumpeter herausgestellt wurde. Von sozialen Innovationen zu sprechen verweist dann darauf, dass auch außerhalb wirtschaftlicher Verwertungszusammenhänge kreatives Problemlösungspotential zu finden sei und dass es sich eher um Veränderungen sozialer Ordnung als technischer Artefakte handelt. Eine solche Engführung von sozialen Innovationen in Abgrenzung zu technischen Innovationen hat dabei vor allem das Ziel, die wissenschaftlich/politische Diskussion weg von den dominanten Deutungsmustern techno-ökonomischer Innovationen auf eine breitere sozialwissenschaftliche Grundlage zu stellen. Sie ist in dieser Form aber kaum dazu geeignet, eine analytische oder empirische Differenz zwischen sozialen und technischen Innovationen zu forcieren.

In der Tat sind soziale Innovationen in den allermeisten Fällen sozio-technische Neuerungen, ebenso wie auch technische Innovationen nicht ohne soziale Veränderungen auskommen (Bijker et al. 1987). Die Einheit sozio-technischer Dynamiken ist eine zentrale Größe bei der soziologischen Untersuchung sozialer Praktiken allgemein (Reckwitz 2003) und von sozialen und technischen Innovationen im Speziellen – wenn man diese begriffliche Trennung denn aufrechterhalten möchte. Folgt man der Verwendung des Begriffs sozialer Innovationen in der Soziologie seit den letzten 50 Jahren, so zeigt sich, dass er als Gegenbegriff zu einer Reihe von Konzepten dient, aber kaum als klare Abgrenzung von technischen Innovationen. Beispielsweise positioniert Wilbert Moore (1960) soziale Innovationen als Muster sozialen Wandels gegen die damals herrschenden strukturfunktionalistischen Kontinuitätsannahmen. Moore interessiert sich für die Dynamiken gesellschaftlichen Wandels, die er darin begründet sieht, dass soziale Probleme zunehmend wissenschaftlich-technisch gelöst werden, was wiederum Anpassungsprobleme (im Sinne von Ogburns „cultural lag") in anderen Gesellschaftsteilen nach sich zieht. Soziale Innovationen stehen nach Moore im Zentrum modernen gesellschaftlichen Wandels, der weder stillstehen kann noch will. Dieser Wandel wird in den überwiegenden Fällen durch technische Innovationen angestoßen, was zur Folge hat, dass soziale Innovationen mehr oder weniger als gesellschaftliche Anpassungsleistungen an technische Neuerungen zu verstehen sind und daher nicht unabhängig davon betrachtet werden können. Soziale Innovationen fungieren hier im Sinne Ogburns als Reparaturinnovationen zur Erhaltung bzw. Wiederherstellung gesellschaftlicher Ordnung in Prozessen sozio-technischen Wandels.

In ähnlicher Weise argumentiert auch James Taylor (1970), allerdings sieht er die Differenz zwischen sozialen und technischen Innovationen darin, dass technische Innovationen (er nennt als Beispiel eine neue Mausefalle) typischerweise schneller übernommen werden als soziale Neuerungen, wie etwa neue Schulformen oder Rehabilitationsprogramme für Verbrecher. Soziale Innovationen, so Taylor, durchbrechen die etablierten Formen sozialer Ordnung und bedrohen die bestehenden Sets aus Werten, Rollen und Fähigkeiten. Daher sind soziale Innovationen deutlich schwerer durchzusetzen als technische, die das soziale Gefüge kaum oder nur geringfügig erschüttern. Im Gegensatz zu Moore lässt sich das so lesen, dass die sozialen Innovationen nicht unbedingt den technischen hinterherhinken, sondern dass diejenigen technischen Innovationen weniger Chancen auf Durchsetzung haben, wenn sie gleichzeitig größere soziale Umwälzungen erfordern. Ob man nun eher Moore oder Taylor zustimmt, ist für die vorliegende Diskussion nicht erheblich. Wichtiger ist festzuhalten, dass beide die Wandlungsdynamiken moderner Gesellschaften vornehmlich sozio-technische Dynamiken denken und dass die soziologische Analyse genau an diesem Punkt ihre Aufklärungskraft entfalten kann.

In diesem Sinne geht auch Harvey Brooks (1982) davon aus, dass technische und soziale Innovationen Hand in Hand gehen. Er unterscheidet zwar zwischen sozialen, sozio-technischen und technischen Innovationen, schränkt aber im selben Satz ein, dass diese Unterscheidung nicht trennscharf sei (Brooks 1982, S. 9). Auch bei „rein" sozialen Innovationen, wie etwa in der Gesundheitsversorgung oder dem Supermarkt, finden sich immer ergänzende technische Artefakte, zum Beispiel zusammenschiebbare Einkaufswagen oder maschinenlesbare Bar-Codes auf Produkten. In diesen Beispielen folgt die technische Innovation der sozialen bzw. organisationalen Innovation. Bei sozio-technischen Innovationen, wie dem Automobilverkehr oder dem Fernsehen, müssen dagegen eine große Menge sozialer und technischer Innovationen, bis hin zu Gesetzesänderungen, gleichzeitig vorgenommen werden. Brooks' dritte Kategorie einer „reinen" technischen Innovation betrifft hauptsächlich Neuerungen in der Materialtechnik oder den Ablauf chemischer Prozesse. Brooks nennt diese Innovationen auch nur „fast" rein technisch, da auch dort immer soziale bzw. organisationale Veränderungen zu erwarten sind. Nicht zuletzt haben die technischen Innovationen ein großes Potential zu sozio-technischen Innovationen zu werden, wie die Beispiele des Transistors oder des Lasers belegen.

Vor diesem Hintergrund erscheint es kaum sinnvoll, eine fundamentale Trennung zwischen sozialen und technischen Innovationen zu postulieren. Eine fruchtbare Differenz wäre es dagegen, wenn die Wechselwirkungen zwischen den sozialen und technischen Aspekten von Innovationen gezielt als heuristisches Prisma für die Analyse gegenwärtiger Gesellschaftsdynamiken genutzt würden. Von sozialen Innovationen zu sprechen bedeutet dann, eine Verengung des Innovationsbegriffs auf Prozesse der Technologieentwicklung zu vermeiden, ohne dabei die technischen bzw. materialen Aspekten sozialer Innovationen zu vernachlässigen. Technische und soziale Innovationen lassen sich folglich nur analytisch differenzieren, um auf unterschiedliche Referenzen oder spezifische Transformationsoder Beharrungsmuster hinzuweisen. Versteht man Innovationen allgemeiner als Formen sozialer Praxis oder betrachtet empirische Innovationsverläufe so zeigt sich unweigerlich ihre sozio-technische bzw. materiell-semiotische Verfasstheit (Bijker und Law 1992).

Zusammenfassend kann gesagt werden, dass eine auf „rein" soziale Aspekte eingeschränkte Lesart sozialer Innovationen aus den oben genannten Gründen in drei Punkten zu kurz greift:

- Erstens wird damit im Gegenzug unterstellt, es gäbe „rein" technische Innovationen. Einer solchen Verkürzung wird in der sozialwissenschaftlichen Innovationsforschung eine klare Absage erteilt. Technische Innovationen sind immer auch sozial gemacht, von der Entwicklung bis zur Durchsetzung.
- Zweitens wird ein de-materialisiertes Modell des Sozialen in Anspruch genommen, dass technische und soziale Ordnungen klar voneinander zu trennen sucht. Man wird sich aber schwer tun, derartige soziale Innovationen in Reinform zu finden, ohne dass nicht auch technische und materiale Aspekte konstitutiv daran mitwirken.

- Drittens verdunkelt eine fundamentale Trennung von sozialen und technischen Innovationen die konstitutiven Wechselwirkungen zwischen technischen und sozialen Aspekten gesellschaftlichen Wandels. Eine nur analytische Trennung ermöglicht dagegen, verschiedene Facetten des Wandels moderner Gesellschaften genauer in den Blick zu nehmen. Dann lässt sich mit Ogburn oder Moore fragen, welche technischen Entwicklungen zu notwendigen Anpassungsleistungen bzw. Reparaturinnovationen im Sozialen führen und andersherum. Nach Taylor lassen sich die Beharrungstendenzen sozialer Gefüge gegenüber technischen Neuerungen untersuchen oder mit Brooks die sozio-technischen Verflechtungen moderner Infrastrukturen betrachten.

Die soziologische Beschäftigung mit dem Thema sozialer Innovationen weist aber neben diesen konkreten Fragen auch auf ein übergreifendes Muster sozialen Wandels hin. Alle Autoren sind sich einig, dass die etablierten Muster sozialer Ordnung in den zunehmend ausdifferenzierten modernen Gesellschaften in Bewegung geraten sind. Sie verorten soziale Innovationen genau an den Stellen, wo es zu Spannungen und Anpassungsproblemen zwischen unterschiedlichen gesellschaftlichen Bereichen kommt. Insofern haben soziale Innovationen nicht nur disruptive Merkmale, etwa im Sinne der Schumpeterschen kreativen Zerstörung, sondern gerade auch eine doppelte gesellschaftsstabilisierende Wirkung, wenn sie einerseits als Reaktionen auf wahrgenommene Probleme zu deren Beilegung dienen (Reparaturinnovationen) oder auch wenn sie andererseits, wie Zapf (1989, S. 177) es ausdrückte „anerkannte Ziele durch die Anwendung neuer Mittel besser erreichen" (Verbesserungsinnovationen).

Von allgemeinen Prozessen sozialen Wandels lassen sich soziale Innovationen in der Folge dadurch unterscheiden, dass ihr Neuigkeitswert von einer Gruppe interessierter Akteure aktiv reklamiert und umgesetzt werden muss, ohne dass damit eine Erfolgsgarantie verbunden wäre (vgl. Rogers 2003 für eine Fülle an empirischen Belegen). Soziale Innovationen können somit als gezieltes Koordinations- und Entscheidungshandeln unter Ungewissheit, wie etwa bei Hughes (1936), verstanden werden. Auch wird deutlich, dass soziale Innovationen vor allem als Mittel zum Zweck gedacht sind bzw. die Hervorbringung neuer Mittel bezeichnen. Diese aktive Auseinandersetzung mit sozialen Transformationen bleibt nicht nur den gesellschaftlichen Akteuren vorbehalten, sondern gerät als Muster sozialen Wandels seit den 1960er Jahren zunehmend ins Visier soziologischer Reflexion und erhält so analytischen Gehalt für die Diagnose aktueller gesellschaftlicher Dynamiken.

In den letzten Jahren findet neben der empirischen Umsetzung und der analytischen Betrachtung sozialer Innovationen nicht zuletzt eine normative Aufladung des Begriffs statt. Es handelt sich dabei um eine doppelt positive Lesart, die teilweise aus der Wissenschaft in die Politik hinüber schwappt, teilweise von interessierten Akteuren aus dem NGO-Bereich forciert wird. Nach der oben kritisierten fundamentalen Trennung von sozialen und technischen Innovationen geht mit der doppelt positiv-normativen Lesart eine zweite problematische Einschränkung soziale Innovationen einher, auf die ich im Folgenden eingehen möchte.

3.2   Innovation: top-down oder bottom-up?

Eine rein analytische Differenzierung von technischen und sozialen Innovationen benötigt zuerst einmal keine weiteren Unterscheidungsmerkmale. Innovationen müssen als eine Form des Neuen anerkannt werden und sich gegenüber Alternativen etablieren, unabhängig davon, ob sie nun eher technisch oder sozial realisiert werden (Braun-Thürmann 2005). Dabei ist weder etwas über die dominanten Akteure, noch über spezifische Richtungen des Innovationshandelns oder Modi der Durchsetzung gesagt. Aus analytischer Perspektive sind soziale wie technische Innovationen per se weder gut noch schlecht und können von lokalen Lösungen bis hin zu globalen Interventionen reichen.

Demgegenüber wird der Begriff sozialer Innovationen – insbesondere auf Ebene der EU Politik – in den letzten Jahren vermehrt als normatives Modell einer spezifischen Form sozialen Wandels eingeführt und diskutiert.[2] Die dort vorgenommene normative Fassung sozialer Innovationen schränkt wiederum ein analytisches Verständnis in mehrfacher Weise ein. Ich will diese Einschränkungen anhand der zentralen Kriterien dieses normativen Begriffs sozialer Innovationen erläutern:

• Das erste und wichtigste Merkmal ist, dass soziale Innovationen vornehmlich als *bottom-up* Prozesse verstanden werden, die von lokalen Akteuren initiiert und vorangetrieben werden und so einer politischen *top-down* Steuerungslogik gegenüber stehen. Die schematische Gegenüberstellung von top-down und bottom-up markiert an dieser Stelle vor allem den Neuigkeitswert sozialer Innovationen selbst als Gestaltungsinstrumente im politischen Diskurs. Auch in der soziologischen Diskussion wird das innovative Potential an der gesellschaftlichen Basis als wesentliche Größe gesellschaftlichen Wandels erkannt, wie beispielsweise bei William F. Whyte (1982), der soziale Innovationen als

---

2   Ich beziehe mich insbesondere auf die Definitionen und Rahmungen sozialer Innovationen, wie sie im Umfeld des Open Book of Social Innovation (Murray et al. 2010) vorgenommen werden.

Serie lokaler sozialer *Inventionen* gegenüber übergreifenden politischen *Interventionen* positioniert. Soziale Inventionen werden, so Whyte, innerhalb einer Gruppe entwickelt und angewandt, während Interventionen von außen auf die Gruppe einwirken. Soziale Innovationen keimen gewissermaßen am Fuße der Gesellschaft, schaffen es aber kaum, über ihre lokalen Nischen hinauszuwachsen – eine Sichtweise, die auch in der aktuellen Diskussion prominent herausgestellt wird (Mulgan et al. 2007, S. 37).

- Das zweite Merkmal ist, dass soziale Innovationen, gemäß Ogburn, als *Reaktionen auf gesellschaftliche Probleme* und damit als Reparaturinnovationen gesehen werden. Im Rahmen der EU-Politik bleiben diese zudem nicht auf lokale Probleme beschränkt. Sozialen Innovationen wird dort ein Potenzial zur Lösung großer gesellschaftlicher Herausforderungen wie Klimaneutralität, Gesundheitsversorgung oder Armutsbekämpfung zugeschrieben (Murray et al. 2010, S. 2).

- Soziale Innovationen füllen damit drittens eine Lücke, die sich durch das *Versagen von Markt und Politik* in diesen Bereichen geöffnet hat (Murray et al. 2010, S. 3). Weder Marktmechanismen noch politische Regulationen seien aktuell in der Lage, die komplizierten Problemlagen moderner Gesellschaften zufriedenstellend zu lösen. Dem top-down Kontrollverlust der bisherigen Steuerungsmodelle wird ein bottom-up Steuerungsversprechen sozialer Innovationen entgegen gestellt.

- Obwohl soziale Innovationen in diesen drei Punkten als vielversprechende Lösung dargeboten werden, so beseht viertens doch ein *Defizit in der Verbindung der kreativen, lokal organisierten aber auch oftmals finanzschwachen Akteure mit den mächtigen Institutionen der EU* (Murray et al. 2010, S. 4). Das Steuerungsversprechen kann demnach noch nicht eingelöst werden, da die Verbindung von top-down und bottom-up bezüglich der Selektion, Finanzierung und Skalierung der lokalen sozialen Innovationen unzureichend ist, d.h. ein gesellschaftliches Koordinierungsdefizit besteht.

- Dieses Defizit wird fünftens durch eine *unzureichende wissenschaftliche Kenntnis sozialer Innovationen* noch befördert. Während Innovationen und ihre Dynamiken in technischen Bereichen oder auch in der Medizin gut untersucht seien, mangele es an ähnlichem Wissen zu sozialen Innovationen (Mulgan et al. 2007, S. 5). An dieser Stelle wird erneut der reflexive Charakter sozialer Innovationen als Mittel politischer Steuerung ersichtlich. Ohne eine genaue Kenntnis der Dynamiken sozialer Innovationen sind sie als Gestaltungsinstrumente kaum einsetzbar, d.h. zum Koordinationsdefizit gesellt sich ein Wissensdefizit. Das notwendige Wissen muss demnach zuerst wissenschaftlich erzeugt und für die politische Umsetzung nutzbar gemacht werden.

Einer der wichtigsten Befürworter sozialer Innovationen im politischen Diskurs, Geoff Mulgan, definiert soziale Innovationen vor diesem Hintergrund wie folgt:

> „Social innovation refers to innovative activities and services that are motivated by the goal of meeting a social need and that are predominantly diffused through organizations whose primary purposes are social." (Mulgan 2006, S. 146).

Im Gegensatz zu techno-ökonomischen Innovationen sind soziale Innovationen aus dieser Sicht nicht an ökonomischem Gewinn, sondern an gesellschaftlichem Fortschritt orientiert. Das „Soziale" in sozialen Innovationen besteht hier nicht in einer Abgrenzung vom Technischen, sondern (a) in einer positiven Bewertung, (b) in der Erfüllung eines gesellschaftlichen Bedürfnisses und (c) in einer Positionierung des Sozialen gegenüber dem Ökonomischen. Soziale Innovationen lassen sich in diesem Sinne genauer als *zivilgesellschaftlich vorangetriebene* und *sozialfürsorgliche Innovationen* fassen.[3]

Diese erste normativ-positive Aufladung des *Sozialen* wird durch eine zweite normativ-positive Aufladung von *Innovationen* ergänzt. Diese leitet sich mehr oder weniger direkt von einem wachstumsorientierten Verständnis techno-ökonomischer Innovationen ab (Mulgan et al. 2007, S. 5). Dort werden technische und ökonomische Innovationen in Anlehnung an Schumpeter als Motor wirtschaftlichen Erfolgs im Wettbewerb zwischen Unternehmen und Ländern gedacht. In diesem Verständnis befördern Innovationen sowohl Wohlstand als auch Fortschritt und soziale Innovationen schließen fast nahtlos an diese positiv aufgeladene Semantik an.

In einer solch doppelt positiv-normativen Fassung geraten soziale Innovationen zunehmend in ein uneineindeutiges Abgrenzungsverhältnis zu techno-ökonomischen Innovationen. Einerseits besteht eine klar postulierte Differenz, dass soziale Innovationen nicht auf technische Artefakte und ökonomische Gewinnmaximierung hin orientiert sind, sondern am Gemeinwohl und der Lösung zivilgesellschaftlicher Herausforderungen. Andererseits liegen sie in dieser Fassung sehr nahe an Poppers „piecemeal social engineering" (Popper 1945, S. 138), das heißt den kleinschrittigen Verbesserungen, die an der Lösung konkreter Probleme und nicht an der revolutionären Umsetzung utopischer Ideale (des „utopian social engineering") orientiert sind. Damit wird sozialen Innovationen gleichsam eine optimistisch-instrumentalistische Lesart als soziale Technologien (wie auch schon bei Small 1898, S. 131) unterlegt, in der sie eine gezielte Verbesserung sozialer Verhältnisse entlang neuer sozialwissenschaftlicher Erkenntnis ermöglichen und

---

3   Ich danke Miira Hill für die Formulierung der sozialfürsorglichen Innovation in einem Kommentar zu diesem Beitrag.

die sehr nahe an einem wachstumsorientierten Verständnis techno-ökonomischer Innovationen liegt. Die konzeptionelle Nähe von sozialen Innovationen mit sozialen Technologien als instrumentalistisch gedachten Formen sozialen Wandels weist in diesem Fall eher auf eine Kontinuität als auf einen Bruch mit technischen Innovationen hin. Mag das Produkt sozialer Innovationen auch kein technisches Artefakt sein, so ähneln sich soziale und technische Innovationen dennoch in der ingenieurialen Perspektive eines mach- und planbaren Fortschritts – zumindest was ihre Versprechen angeht.

Trotz der postulierten Differenzen zu ökonomisch motivierten Innovationen scheinen in einer solchen Konzeption sozialer Innovationen deutliche Anleihen daran auf. Am stärksten finden sie sich in der prominenten Figur einer unternehmerischen Persönlichkeit, die als notwendig für die Erfindung und Durchsetzung sozialer Innovationen erachtet wird (etwa im Open Book of Social Innovation, Murray et al. 2010). Ein solch allgemeines Modell unternehmerischen Handelns ist nicht zwingend auf eine ökonomische Rationalität reduziert, sondern besteht, wie etwa bei Hughes (1936), im weiteren Sinn in gezieltem Koordinations- und Entscheidungshandeln unter Ungewissheit. Die Unternehmer sozialer Innovationen bilden gewissermaßen ein Komplement bzw. einen neuen Typus in Abgrenzung zu Unternehmern im wirtschaftlichen Sinne, die ebenso wagemutig und kreativ Neuerungen vorantreiben. Soziale Unternehmer unterscheiden sich von wirtschaftlichen Unternehmern aus dieser Sicht primär dadurch, dass letztere vornehmlich einer monetären Gewinnmaximierung folgen, während erstere das soziale Wohl im Auge haben – auch wenn dies durch neuen Formen wirtschaftlichen Handelns erreicht werden soll (Nicholls und Murdock 2012).

Allerdings lassen sich soziale Innovationen nicht einfach auf soziales Unternehmertum reduzieren, da sie, wie andere Innovationen auch, kaum von einzelnen Akteuren gesteuert und kontrolliert werden können (vgl. Phills Jr. et al. 2008). Das Gestaltungsversprechen sozialer Innovationen kann sich ebenso als Steuerungsfiktion herausstellen. Es reagiert zwar auf die Steuerungsskepsis bezüglich politischer top-down Interventionen, stellt aber gleichsam ein optimistisches bottom-up Alternativmodell zur Verfügung, das nach Überwindung der oben genannten Wissens- und Koordinationsdefizite einen politischen Zugriff auf die lokalen Kreativitätspotentiale in Aussicht stellt. Ob dieser Optimismus gerechtfertigt ist, lässt sich durchaus bezweifeln, da auch soziale Innovationen in modernen Gesellschaften als emergente soziale Phänomene nur bedingt politisch vorhersehbar oder gar kontrollierbar sind (Beck et al. 1994).

In der zweifachen Positionierung sozialer Innovationen in unternehmerisch-ingenieurialer Perspektive wird ihre Transformation vom allgemeinen Modus zum reflexiven Instrument sozialen Wandels im politischen Diskurs vollständig vollzogen. Als politisch gefasste Instrumente gesellschaftlicher Transformation werden soziale Innovationen gezielt als Problem/Lösungspaket für aktuelle und kommende gesellschaftliche Herausforderungen konturiert (etwa: Altern, chronische Krankheiten, Kriminalität und Klimawandel, Mulgan 2006, S. 147). Und sie werden reflexiv, weil sie keine Gestaltungsgarantie geben können und somit nicht ohne eine kontinuierliche wissenschaftliche Begleitung und Bewertung auskommen (Preskill und Beer 2012). Erstens können sie, wie anderes unternehmerisch-ingenieuriales Handeln auch, scheitern und zweitens können sie nicht vorhergesehene und unintendierte Folgen nach sich ziehen, die dann wiederum zum Thema anschließender Innovationsanstrengungen werden.

In dem Maße, wie soziale Innovationen zu einem reflexiven Instrument politischer Gestaltung werden, wandeln sie sich in Teilen vom schlichten Mittel zu einem mehr oder weniger eigenständigen Zweck. Besser gesagt, die verfolgten Zwecke sind nicht unabhängig von der Wahl der Mittel (Dewey 1939). Und als Mittel enthält der oben skizzierte, doppelt normativ-positive Begriff sozialer Innovationen ebenso die instrumentell-unternehmerischen Untertöne techno-ökonomischer Innovationen. Mit einer solchen Lesart sozialer Innovationen geht unter der Hand eine spezifische Deutung sozialen Wandels und gesellschaftlicher Steuerungsmöglichkeiten einher: So lässt sich die Fokussierung auf bottom-up Prozesse auch als Betonung eines staatlichen Rückzugs und der zunehmenden Bedeutung unternehmerischen Handelns verstehen. Gleichzeitig werden die durch soziale Innovationen adressierten Problemlagen von lokalen Bedürfnissen zu globalen Herausforderungen, zum Beispiel dem Klimawandel, hochskaliert. Das Versagen übergreifender politischer und marktwirtschaftlicher Ansätze bei der Lösung dieser Konflikte wird einem Versprechen der lokalen und kreativen Innovationskraft zivilgesellschaftlicher Akteure gegenübergestellt.

Die Diskussion sozialer Innovationen auf Ebene der EU Politik erscheint letztendlich als Versuch der Etablierung eines neuen politischen Problem/Lösungspakets durch interessierte Akteure – gewissermaßen die Unternehmer in Sachen sozialer Innovation wie die britische Young Foundation[4] (Young Foundation 2012) – und damit selbst als soziale Innovation im Feld der EU Politik. Diese soziale Innovation sozialer Innovationen in der EU Politik möchte ich im letzten Abschnitt

---

4   Die Young Foundation ist ein nach dem britischen Soziologen Michael Young benannter Think Tank in London, der sich auf die Beseitigung sozialer Ungleichheit durch soziale Innovationen konzentriert. Er ging 2005 aus der Fusion des von Michael Young gegründeten Institute for Community Studies und dem Mutual Aid Centre hervor (http://youngfoundation.org).

genauer in den Blick nehmen, um die Transformation sozialer Innovationen vom
Modus zum reflexiven Instrument sozialen Wandels klarer bestimmen zu können.

4   Reflexive soziale Innovationen in der EU: neue Steuerungsversprechen

Im Gegensatz zur langen Geschichte sozialer Innovationen ist ihre Etablierung
im internationalen politischen Diskurs vergleichsweise jung. So wurden beispielsweise in den USA und Australien 2009 das „White House Office of Social Innovation and Civic Participation" und das „Australian Centre for Social Innovation"
respektive gegründet. In diese Zeit fällt auch der vom Bureau of European Policy
Advisers herausgegebene Bericht zur Lage sozialer Innovationen in der EU (BEPA
2010).

Die politischen Initiativen, mit denen soziale Innovationen als Instrumente gesellschaftlichen Wandels etabliert werden sollen, können wiederum selbst als soziale Innovationen verstanden werden. Erstens sind sie vergleichsweise neu und
zweitens bieten sie alternative Lösungen für bestehende Probleme an. Sie sind Teil
eines zunehmend reflexiven, das heißt beobachtenden und gestaltenden, Umgangs
mit der Thematik sozialer Innovationen auf Ebene nationalstaatlicher und internationaler Politik, der von interessierten Akteuren aus dem zivilgesellschaftlichen
Bereich, wie der Young Foundation, vorangetrieben wird.

Aus Perspektive reflexiver Innovationen (Hutter et al. 2011) bedeutet dies, dass
die mannigfaltigen sozialen Innovationen, die bislang auch ohne politisches Zutun
als Modus sozialen Wandels kontinuierlich in breiten Gesellschaftsteilen erprobt
und umgesetzt wurden, nun gezielt einem wissenschaftlich-politischen Zugriff
verfügbar gemacht werden sollen, einschließlich einer systematischen Reflexion
der Quellen, Dynamiken und Folgen sozialer Innovationen. In diesem Sinne wird
einerseits eine Fülle lokaler sozialer Innovationen diagnostiziert und andererseits
ein Wissens- und Koordinierungsdefizit auf Seiten der Wissenschaft und Politik
postuliert (Mulgan et al. 2007). Im Gegensatz zu den bereits weitläufig untersuchten Innovationen in Technik und Wirtschaft lägen kaum vergleichbare Erkenntnisse für das Phänomen sozialer Innovationen vor. Damit geht einher, dass die Gesellschaft per se oder zumindest weite Teile gesellschaftlicher Ordnung als neue Orte
innovativen Handelns gedacht werden. Im Bericht „Empowering people, driving
change. Social innovation in the European Union" des Bureau of European Policy
Advisers wird dieses Problem/Lösungspaket wie folgt zusammengefasst:

„Firstly, solutions must be found, in a time of major budgetary constraints, to deliver better services making more effective use of available resources. Second, the traditional ways in which the market, the public and the civil sector have provided answers to social demands are no longer sufficient. In this context, social innovation represents an important option to be enhanced at different levels (local, regional, national, European) and sectors (public, private, civil) as its purpose is to innovate in a different way (through the active engagement of society itself) and to generate primarily social value." (BEPA 2010, S. 30)

Um das Steuerungsversprechen sozialer Innovationen für die EU Politik nutzbar machen zu können, muss demnach in erster Linie das bestehende Wissens- und Koordinierungsdefizit beseitigt werden, das heißt die Finanzierungs- und Skalierungslücken zwischen EU und lokaler Ebene müssen geschlossen und die sozialen Innovationsdynamiken besser verstanden werden. Hierzu gibt es eine Reihe an Berichten und Initiativen, die das Feld sozialer Innovationen in Europa kartieren und systematisch aufarbeiten sollen.

Seit 2012 wird beispielsweise im 7. EU Rahmenprogramm ein europaweiter Forschungsverbund zu sozialen Innovationen unter dem Titel „Theoretical, Empirical and Policy Foundations for Social Innovation in Europe" (TEPSIE[5]) gefördert. Dieser Verbund ist beauftragt, die wissenschaftlichen Vorarbeiten für die Entwicklung sozialer Innovationen bereitzustellen. Damit positionieren sich nicht zuletzt Akteure wie die Young Foundation an zentralen Stellen im zukünftigen Feld sozialer Innovationen in Europa. Nämlich dort, wo die diagnostizierte Wissens- und Koordinierungslücke zwischen den lokalen sozialen Innovationen und den Europäischen Förderprogrammen klafft. So initiierte die Young Foundation zusammen mit der gemeinnützigen NESTA[6] die Internetplattform „Social Innovation eXchange" (SIX[7]) und beide gaben das „Open Book on Social Innovation" (OBSI, Murray et al. 2010) heraus. Zusammen mit SIX verfasst die Young Foundation im Jahr 2010 die „Study on Social Innovation" (SSI[8]), die nahe am OBSI liegt und als Überblick für das Bureau of European Policy Advisors der Europäischen Kommission erstellt wurde. Des Weiteren engagiert sich die Young Foundation in der von der EU geförderten Initiative „Social Innovation Europe" (SIE[9]). Im Februar 2013 veröffentliche die Europäische Kommission unter Feder-

---

5   www.tepsie.eu

6   www.nesta.org.uk

7   www.socialinnovationexchange.org

8   http://youngfoundation.org/wp-content/uploads/2012/10/Study-on-Social-Innovation-for-the-Bureau-of-European-Policy-Advisors-March-2010.pdf

9   https://webgate.ec.europa.eu/socialinnovationeurope/

führung der Generaldirektion Regionalpolitik und Stadtentwicklung den „Guide to Social Innovation" (GSI[10]). Ebenso fördert die Generaldirektion Unternehmen und Industrie eine Reihe von Vorhaben zu sozialen Innovationen[11], darunter etwa die SIE Initiative und einen Wettbewerb unter dem Namen „European Social Innovation Competition". Im aktuellen EU-Rahmenprogramm für Forschung und Innovation, Horizon 2020, sind soziale Innovationen bezeichnenderweise Teil der sechsten Societal Challenge „Europe in a changing world – Inclusive, innovative and reflective societies" [12], die schon in ihrem Namen den reflexiven Umgang mit gesellschaftlichem Wandel trägt.

Der GSI der Europäischen Kommission verortet soziale Innovationen in den Kontext einer ganzen Reihe gesellschaftlicher Herausforderungen, von der gegenwärtigen Finanzkrise mit ihren schwerwiegenden Auswirkungen auf die Beschäftigung, über den demografischen Wandel, den globalen Wettbewerb und den Klimawandel bis hin zur Nachhaltigkeit der Gesundheits- und Sozialsysteme. Soziale Innovationen werden dort als vierstufiger Prozess gefasst, entlang dessen sich lokale sozialen Innovationen auf die EU heben lassen (GSI, S. 6):

1. Die Identifikation neuer, bislang nicht oder kaum befriedigter sozialer Bedürfnisse.
2. Die Entwicklung neuer Lösungen für diese Bedürfnisse.
3. Die Evaluation der Effektivität der neuen Lösungen.
4. Das Hochskalieren der effektiven sozialen Innovationen.

In diesem Modell spiegelt sich der zugrunde liegende planungs- bzw. ingenieurswissenschaftliche Zugriff auf soziale Innovationen. Aus Sicht der EU besteht, streng genommen, weniger ein Interesse an der Analyse sozialer Innovationen selbst, sondern vielmehr an der Art und Weise, wie aus ihrer Sicht effektive lokale Lösungen auf nationale oder internationale Ebenen skaliert werden können. Die Transformation sozialer Innovationen vom Modus zum reflexiven Mittel sozialen Wandels beinhaltet in dieser Weise eine Verschiebung der Perspektive hin zur breiteren zivilgesellschaftlichen, aber auch politischen und eventuell sogar wirtschaftlichen Verwertung lokaler sozialer Innovationen. Wie oben erwähnt, werden

---

10 http://s3platform.jrc.ec.europa.eu/documents/10157/47822/Guide%20to%20Social%20Innovation.pdf

11 http://ec.europa.eu/enterprise/policies/innovation/policy/social-innovation/index_en.htm

12 http://ec.europa.eu/programmes/horizon2020/en/h2020-section/europe-changing-world-inclusive-innovative-and-reflective-societies

als Hemmnisse für den breiten Einsatz sozialer Innovationen nicht nur dieses Koordinationsdefizit, sondern auch ein Wissensdefizit in Wissenschaft und Politik
angemahnt. Beide Hemmnisse, so mein Schluss, sind jedoch kaum zu überwinden, wenn eine doppelt positiv-normative Lesart sozialer Innovationen oder eine
Verengung auf „rein" soziale bottom-up Innovationen den analytischen Blick auf
positive wie auch negative sozio-technischen Prozesse gesellschaftlichen Wandels
auf unterschiedlichen Ebenen verstellt.

5   Fazit

Im letzten Abschnitt habe ich dafür plädiert, die wachsende politische Diskussion
und Förderung sozialer Innovationen auf Seiten der EU selbst als Innovationsprozess zu verstehen, der von interessierten Akteuren vorangetrieben wird. Mit
der gezielten Installierung sozialer Innovationen im europäischen Fördergefüge
kann auch von einem zunehmend reflexiven Umgang mit sozialen Innovationen
als Instrumenten gesellschaftlichen Wandels ausgegangen werden. Die durchaus
positiven Ziele, wie die Stärkung zivilgesellschaftlicher Akteure auf lokaler Basis
oder die Bekämpfung sozialer Ungleichheit, werden jedoch an einen stark instrumentellen Begriff sozialer Innovationen gebunden, in dessen Untertönen eine
deutliche Orientierung an unternehmerischem Handeln mitschwingt. Als Mittel
gesellschaftlichen Wandels sind soziale Innovationen in dieser Lesart keineswegs neutrale Mittel, sondern transportieren eine spezifische Vorstellung sozialer
Transformationsprozesse wie auch eine Diagnose sozialer Probleme.

Soziale Innovationen werden demnach in erster Linie als Reparaturinnovationen verstanden, die aus dem Gleichgewicht geratenen gesellschaftlichen Teilbereiche wieder in Einklang miteinander setzten sollen. Sie gelten ebenso als Antworten auf übergeordnete Transformationen, wie eine globale Wirtschaftskrise oder
die zunehmende Alterung vieler Industriestaaten. Diese Probleme gelten gemeinhin als zu komplex, als dass ein einfacher top-down Eingriff nationaler oder internationaler Politik erfolgversprechend wäre. Vielmehr liefert die dem Anschein
nach nicht enden wollende Kreativität zivilgesellschaftlicher Akteure ein schier
unerschöpfliches Reservoir an lokalen Lösungsansätzen, die es für die höhere politische Ebenen nutzbar zu machen gilt.

Betrachtet man diese lokalen Prozesse, so wird jedoch schnell deutlich, dass
sich eine normative Trennung sozialer Innovationen von techno-ökonomischen
Innovationen kaum durchhalten lässt und dass sie gegebenenfalls sogar eine problematische Verengung der Perspektive darstellt. Denn damit würden die konstitutiven sozio-materiellen Verschränkungen eines jeweiligen Innovationsgeschehens

ausgeblendet und die Strukturähnlichkeiten zwischen den sogenannten technischen und sozialen Innovationen verdeckt. Ebenso blieben die unternehmerischen Orientierungen im Innovationsbegriff unbeachtet wie auch soziale Innovationen in Unternehmen aus dem Raster fallen würden. Soziale Innovationen deutlich von technischen oder ökonomischen Innovationen zu unterscheiden macht dann zwar auf ein Wissens- und Koordinierungsdefizit aufmerksam, zur Analyse von sozialen Innovationen selbst eignet sich diese Unterscheidung jedoch kaum. Viel interessanter wäre es zu schauen, welchen Anteil technische und ökonomische Aspekte in den von der EU geförderten sozialen Innovationen haben oder auf welche technischen und ökonomischen Veränderungen sie als reflexives Mittel politischer Gestaltung reagieren.

Literatur

Aderhold, J., & John, R. (Hrsg.). (2005). *Innovation. Sozialwissenschaftliche Perspektiven.* Konstanz: UVK.

Beck, U., Giddens, A., & Lash, S. (1994). *Reflexive modernization. Politics, tradition and aesthetics in the modern social order.* Stanford: University Press.

Beck, G., & Kropp, C. (Hrsg.). (2012). *Gesellschaft innovativ. Wer sind die Akteure?* Wiesbaden: VS Verlag.

BEPA (2010). Empowering people, driving change Social Innovation in the European Union. Bureau of European Policy Advisers. Verfügbar unter: http://ec.europa.eu/bepa/pdf/publications_pdf/social_innovation.pdf. Zugegriffen: 12.12.2014

Bijker, W. E., Hughes, T. P., & Pinch, T. J. (Hrsg.). (1987). *The social construction of technological systems.* Cambridge: MIT Press.

Bijker, W. E., & Law, J. (Hrsg.). (1992). *Shaping technology / building society. Studies in sociotechnical change.* Cambridge: MIT Press.

BMBF (2014). Bundesbericht Forschung und Innovation. Berlin, Referat Grundsatzfragen der Innovationspolitik des Bundesministeriums für Bildung und Forschung. Verfügbar unter: http://www.bmbf.de. Zugegriffen: 12.12.2014.

Braun-Thürmann, H. (2005). *Innovation.* Bielefeld: Transcript.

Brooks, H. (1982). Social and technological innovation. In S. B. Lundstedt, Jr. Colglazier & E. William (Hrsg.), *Managing innovation. The social dimension of creativity, invention, and technology* (S. 1-30). New York: Pergamon Press.

Dewey, J. (1939). Theory of valuation. *International Encyclopedia of Unified Science 2* (4), 1-67.

Durkheim, Emile (1988 [1893]). *Über soziale Arbeitsteilung: Studie über die Organisation höherer Gesellschaften.* Frankfurt a. M.: Suhrkamp.

Franz, H.-W., Hochgerner, J., & Howaldt, J. (Hrsg.). (2012). *Challenge Social Innovation. Potentials for Business, Social Entrepreneurship, Welfare and Civil Society.* Heidelberg: Springer.

Gillwald, K. (2000). Konzepte sozialer Innovation. (Working Papers, WZB Paper, Querschnittsgruppe Arbeit und Ökologie, P00-519). Berlin: WZB.

Godin, B. (2010). Innovation without the word. William F. Ogburn's contribution to the study of technological innovation. *Minerva 48* (3), 277-307.

Godin, B. (2015). *Innovation Contested. The Idea of Innovation Over the Centuries.* London: Routledge.

Grimm, R., Fox, C., Baines, S., & Albertson, K. (2013). Social innovation, an answer to contemporary societal challenges? Locating the concept in theory and practice. *Innovation: The European Journal of Social Science Research 26* (4), 436-455.

Howaldt, J., & Jacobsen, H. (Hrsg.). (2010). *Soziale Innovation. Auf dem Weg zu einem postindustriellen Innovationsparadigma.* Wiesbaden: VS Verlag.

Howaldt, J., & Schwarz, M. (2010). Soziale Innovation – Konzepte, Forschungsfelder und -perspektiven. In J. Howaldt & H. Jacobsen (Hrsg.). *Soziale Innovation. Auf dem Weg zu einem postindustriellen Innovationsparadigma* (S. 87-108). Wiesbaden, Springer VS.

Hughes, E. C. (1936). The ecological aspect of institutions. In: *American Sociological Review 1* (2), 180-189.

Hutter, M., Knoblauch, H., Rammert, W., & Windeler, A. (2011). Innovationsgesellschaft heute. Die reflexive Herstellung des Neuen. (Working Papers, TUTS-WP-4-2011) Berlin: Technische Universität.

Mayntz, R., & Scharpf, F. W. (Hrsg.). (1995). *Gesellschaftliche Selbstregulierung und politische Steuerung*. Frankfurt a. M.: Campus.

Mead, G. H. (1936). *Movements of thought in the nineteenth century*. Chicago: University of Chicago Press.

Moore, W. E. (1960). A reconsideration of theories of social change. *American Sociological Review, 25* (6), 810-818.

Mulgan, G. (2006). The process of social innovation. *Innovations: Technology, Governance, Globalization, 1* (2), 145-162.

Mulgan, G., Tucker, S., Ali, R., & Sanders, B. (2007). Social Innovation. What it is, why it matters and how it can be accelerated. (Working Paper, Skoll Centre for Social Entrepreneurship) Oxford: Saïd Business School.

Murray, R., Caulier-Grice, J., & Mulgan, G. (2010). *The open book on social innovation*. The Young Foundation / NETSA.

Nicholls, A., & Murdock, A. (Hrsg.). (2012). *Social innovation. Blurring boundaries to reconfigure markets*. London: Palgrave Macmillan.

Ogburn, W. F. (1922). *Social change. With respect to culture and original nature*. New York: Viking Press.

Phills Jr., J. A., Deiglmeier, K., & Miller, D. T. (2008). Rediscovering social innovation. In *Stanford Social Innovation Review 6* (4), 34-43.

Popper, K. (1945). *The open society and its enemies. Volume I: Plato*. London: Routledge.

Preskill, H., & Beer, T. (2012). *Evaluating Social Innovation*. Center for Evaluation Innovation.

Reckwitz, A. (2003). Grundelemente einer Theorie sozialer Praktiken. *Zeitschrift für Soziologie 32*, 282-301.

Rogers, E. M. (2003 [1962]). *Diffusion of innovations* (5. Aufl.). New York: Free Press.

Rückert-John, J. (Hrsg.). (2013). *Soziale Innovation und Nachhaltigkeit. Perspektiven sozialen Wandels*. Wiesbaden: Springer VS.

Ruiz Viñals, C., & Parra Rodríguez, C. (Hrsg.). (2013). *Social Innovation. New Forms of Organisation in Knowledge-Based Societies*. Oxon: Routledge.

Schumpeter, J. (1942). *Capitalism, socialism and democracy*. New York: Harper & Row.

Small, A. W. (1898). Seminar Notes. The Methodology of the Social Problem. Division I. The Sources and Uses of Material. *American Journal of Sociology 4* (1), 113-144.

Taylor, J. B. (1970). Introducing social innovation. *The Journal of Applied Behavioral Science 6* (1), 69-77.

Whyte, W. F. (1982). Social inventions for solving human problems. In: *American Sociological Review 47* (1), 1-13.

Young Foundation (2012).Social Innovation Overview. A deliverable of the project "The theoretical, empirical and policy foundations for building social innovation in Europe" (TEPSIE), European Commission – 7th Framework Programme. Brussels: European Commission, DG Research.

Zapf, W. (1989). Über soziale Innovationen. *Soziale Welt 40* (1-2), 170-183.

Internetquellen

www.tepsie.eu. Zugegriffen: 12.12.2014.

www.nesta.org.uk. Zugegriffen: 12.12.2014.

www.socialinnovationexchange.org. Zugegriffen: 12.12.2014.

http://youngfoundation.org/wp-content/uploads/2012/10/Study-on-Social-Innovation-for-the-Bureau-of-European-Policy-Advisors-March-2010.pdf. Zugegriffen: 12.12.2014.

https://webgate.ec.europa.eu/socialinnovationeurope/. Zugegriffen: 12.12.2014.

http://s3platform.jrc.ec.europa.eu/documents/10157/47822/Guide%20to%20Social%20Innovation.pdf. Zugegriffen: 12.12.2014.

http://ec.europa.eu/enterprise/policies/innovation/policy/social-innovation/index_en.htm. Zugegriffen: 12.12.2014.

http://ec.europa.eu/programmes/horizon2020/en/h2020-section/europe-changing-world-inclusive-innovative-and-reflective-societies. Zugegriffen: 12.12.2014.

Pläne und die Zukunft[1]

Das Unvorhersagbare gestalten

Elena Esposito

1 Die alte Seite des Neuen

Das Neue ist ein extrem faszinierendes Thema, vor allem weil es ein Rätsel (oder sogar ein Unding) ist und bleibt. Wenn eine Neuheit wirklich neu ist – also radikal anders als das, was bekannt und vertraut ist – sollte sie unverständlich sein. Das Neue ist etwas, was noch nicht definiert worden ist, und der Forschungsprozess wird zu einer paradoxen „Anerkennung des Unbekannten" (Stark 2009, S. 4). Eine anerkannte und geschätzte Neuheit ist immer mindestens ein wenig alt – oder sie wird erst im Nachhinein erkannt. Das ist das Problem, das wir mit den sogenannten neuen Technologien haben: wir entdecken immer nachträglich, dass die wirklichen Innovationen anders als die erwarteten sind. Die „Killer-Applikation" war nicht Video-on-Demand (trotz der massiven Investitionen), sondern soziale Netzwerke (die niemand wirklich geplant hat) – nicht künstliche Intelligenz, sondern die Cloud.

Wie Hegel sagte, ist eine gewisse ontologische Zweideutigkeit inhärent in der Vorstellung des Neuen, das wie der Phönix aus der Asche wiedergeboren ist – immer anders aber immer dasselbe. Das Neue vernichtet das Alte und überwindet es, aber gleichzeitig bewahrt es es, sonst könnte es sich nicht als neu qualifizieren (Günther 1970). Oder, wie Luhmann (1995a, S. 323) sagte: „Etwas *ist*, obwohl, ja

---

1 Eine frühere Fassung dieses Beitrages erschien 2014 unter dem Titel „Plans and the Future: Designing the Unpredictable. In M Shamiyeh (Hrsg.), Driving Desired Futures. Turning Design Thinking into Real Innovation (S. 100-108). Basel: Birkhäuser".

weil es alles *nicht ist*, was bisher war". Es ist / es ist nicht – das Neue zeigt beide Aspekte zugleich.

Praktisch bedeutet das, dass man sich immer an die eine oder an die andere Seite, an das Neue oder an das Alte, wenden kann. Ob wir die eine oder die andere Seite wählen ist aber nicht zufällig: es hängt von der Gesellschaft ab, der wir angehören, von den Bindungen und Gelegenheiten, die sie anbietet. Und es hängt vom Beobachter ab, auf den wir uns beziehen. In Anlehnung an eine berühmte Definition von Heinz von Foerster: „Die Umwelt enthält keine Information. Die Umwelt ist, was sie ist"[2]. Um zu sehen, wie und warum etwas neu ist, hilft es nicht, die Welt zu betrachten, man muss den Beobachter betrachten. Es ist in Bezug auf den Beobachter, auf seine Kategorien und Erwartungen, dass ein Objekt als neu erscheint.

2 Stabilität durch Veränderung

Neuheit ist immer mehrdeutig und flexibel, und sogar ihre Bewertung als positiv oder negativ ändert sich mit der Zeit und mit den Beobachtern. Die heutige Tendenz ist eindeutig, das Alte ist dem Neuen vorzuziehen, und wir sollten erklären, warum. Das ist gar nicht selbstverständlich; es ist in der Tat eine der wichtigsten Merkwürdigkeiten der modernen (*neu*zeitlichen) Gesellschaft. Das bedeutet natürlich nicht, dass es heute nur Neuheiten gibt, sondern, dass erst unsere Gesellschaft die Aspekte der Neuheit eher als die Aspekte der Kontinuität (das Alte) auswählt und fördert.

In der Antike und in allen vormodernen Gesellschaften war das Neue gefürchtet und verachtet. Es schien gefährlich und anstrengend. Das Neue wurde in erster Linie als eine Unannehmlichkeit gesehen: es lässt das Gegebene und Vertraute als alt und überholt aussehen; es setzt einen Prozess der Transformation in Gang, das immer unsicher und riskant ist. Bevor das Neue erschien, war eigentlich das, was es vorher gab, einfach das, was es war – nach seinen Qualitäten geschätzt und akzeptiert. Wenn das Neue jedoch auftaucht, wird das Gegebene unmittelbar alt und muss als Tradition oder als Klassiker gerechtfertigt werden – ein mühsamer Prozess der Destabilisierung.

In traditionellen Gesellschaften wurde das Neue gefürchtet, weil es Instabilität und Unruhe mit sich brachte. Die Stabilität der Gesellschaft und der Welt beruhte auf den heiligen Texten, die nicht in Frage gestellt wurden und in sich vollständig waren (Meier 1980, S. 451; Graus 1987, S. 156ff.). Derjenige, der etwas Neues

---

2   Der Originaltext lautet: "The environment contains no information, the environment is as it is" (von Foerster 1972, S. 14).

einführen wollte, galt als rücksichtslos und notwendigerweise falsch, weil es im tradierten Wissen nichts hinzuzufügen und zu korrigieren gab – es sei, man wollte die göttlichen Richtlinien widerlegen. Der Innovator wurde sofort zum Ketzer (Spörl 1930, S. 299ff.). Noch Montaigne behauptete, dass die Veränderung in allen Dingen zu befürchten sei, außer in den Schlechten (1580-1588, I. XLIII) – mit der unvermeidlichen Folge, dass derjenige, der Neuheit sucht, etwas Böses entgegen dem Guten und dem Richtigen verfolgt. Die Neuheit war in erster Linie eine Belastung, die möglichst vermieden werden sollte. Wenn etwas Neues erschien (was unvermeidlich war – ein neues Werkzeug, eine neue Technik), versuchte man, es zu neutralisieren als lediglich eine scheinbare Neuheit, die in der Antike schon bekannt war aber vernachlässigt worden war, oder im Laufe der Zeit in Vergessenheit geraten war. Es schien neu nur weil wir das, was es vorher gab, vergessen oder nicht erkannt hatten.

Unsere Haltung ist ganz anders: Seit dem 16. Jahrhundert erfahren wir, was Luhmann (1997, S. 472) eine „semantische Hypertrophie der Variation" genannt hat. Zwischen dem Alten und dem Neuen (beide immer vorhanden), entscheiden wir uns dezidiert für das Neue. Das ist eine beispiellose Haltung: das Neue wird nicht nur toleriert, sondern wird begehrt und geschätzt – nicht nur mögen wir jetzt das Neue, nur das Neue wird gemocht. Das Merkmal der Neuheit wird fast zur Voraussetzung, um andere Aspekte zu schätzen: anscheinend kann nur das Neue gefallen[3]. Neuheit wird zum Wertkriterium und wird in allen Bereichen gesucht: in der Kunst, in den Medien, aber auch in der Wissenschaft und in der politischen Debatte.

Die Mode – eine rätselhafte Erscheinung, die genau zu dieser Zeit entstand – symbolisiert diesen neuen Trend: wir mögen die Mode (und die Mode drängt sich allen auf) nicht, weil sie schön und sinnvoll ist, sondern einfach, weil sie „in" ist, weil sie neu ist. Und dann wird sie sofort alt und durch eine andere Mode ersetzt, die wieder neu ist (Esposito 2004). Jeder weiß es, und doch folgen wir alle der Mode. Wie können wir diesen scheinbaren Wahnsinn erklären, diese unerklärliche Neigung, nach der *périssable* Seite der Dinge zu suchen, nur weil sie neu sind (Valery 1948)? Das Neue ist nicht von Dauer; es verschwindet als Neuheit in dem Augenblick, in dem es entsteht. Die Neue verbraucht sich selbst und erfordert die ständige Produktion von neuen Innovationen, um diejenigen zu ersetzen, die in der Suche nach dem Neuen benutzt worden sind. Je mehr man erneuert, desto mehr muss man erneuern: man braucht mehr und mehr extravagante Neuheiten, und braucht sie öfter und öfter.

---

3   „Il n'ya proprement que ce qui est nouveau qui plaise à nos yeux" (Grenaille 1642, S. 130).

Das ist eine sehr anspruchsvolle Haltung, die aber nun in allen Bereichen verbreitet ist. Neuheit (zum Beispiel als Kreativität) wird viel mehr geschätzt als Beständigkeit, und Reform wird als Form der Stabilisierung (Brunsson 1997) erforderlich. Organisationen sind stabiler, wenn sie immer wieder reformiert werden es ist eine Stärke, keine Schwäche. Ein Unternehmen ist stark, nicht wenn es gleich bleibt, sondern wenn es gelingt, sich zu ändern. Sich zu verändern, stabilisiert mehr, als unverändert zu bleiben. Diese Haltung hat sich als bessere Antwort auf die Komplexität und Vielfalt der heutigen Welt erwiesen.

3 Suche nach Unsicherheit?

Das Problem ist, dass das Neue sehr schwer zu behandeln ist, und ein paradoxes Fundament hat: Wenn Neuheit erforderlich ist und es immer erwartet wird, dass man sich ändert, ist diese Haltung nicht mehr neu und das Streben nach Neuheit vernichtet sich selbst. Wenn jeder nach Neuheit sucht, ist Neuheit nicht mehr überraschend, also nicht wirklich neu. Wenn die Gesellschaft Devianz (oder Streben nach Originalität) vorzieht, erfüllt derjenige, der abweicht, diese Erwartungen, also bestätigt er die Regel. Das Neue toleriert weder Regeln noch Rezepte. Von Devianz abzuweichen, ist nicht mehr abweichend; durch kontinuierliche Änderung tut man immer dasselbe. Es kann in der Mode gesehen werden: die Übertretung ist normal und Provokation ist banal die Suche nach Überraschung wendet sich den schon bekannten Formen zu (vintage: das Alte als Neue) oder der als Devianz dargestellten Konformität.

Man sollte aber die andere Seite dieses Prozesses mitberücksichtigen: die Auswirkungen der Innovation auf frühere Formen der Stabilität. Wir neigen dazu, die positive Seite der Produktion des Neuen zu sehen und die negative Seite außer Acht zu lassen: Zerstörung und Destabilisierung. Wir denken an Konstruktion und nicht an Zerstörung, zerstören aber trotzdem, oft unbewusst. Innovation hat nicht die Vernichtung der Tradition als Ziel, so wie Pädagogik darauf abzielt, die Erwachsenen nicht einzubinden um dem Kind nicht zu schaden (Lernen, nicht Verlernen) und Mode nach der Multiplikation der Formen sucht, nicht nach deren Alterung. Aber die andere Seite ist immer vorhanden und wird operativ reproduziert: wir zerstören und altern. Der Erneuerer hat mit einem System zu tun, das nicht mehr dasjenige ist, mit dem er anfing.

Das erklärt das Scheitern vieler Innovationsprojekte und allgemein die Unmöglichkeit, den Prozess rational zu steuern. Es erklärt auch die Schwierigkeit, über Innovation komplexer zu reflektieren, weil man sich dann mit dem Rätsel des Neuen und mit der dunklen Seite seiner Semantik auseinandersetzen sollte – ein schwieriger und scheinbar unbefriedigender Prozess. In letzter Zeit hat jedoch die Aufmerksamkeit dafür zugenommen. Das ist eine neue Tendenz in den Organisationswissenschaften, im Rahmen eines Umdenkens von Innovation. Lester und Priore (2004) und Stark (2009), zum Beispiel, werten Mehrdeutigkeit, Verwirrung und Unsicherheit auf: die Fähigkeit, Dissonanz und „verwirrende Situationen" (Stark 2009, S. 5) als Bestandteil des Innovationsprozesses zu produzieren. Um zu erneuern, schlagen diese Autoren vor, muss man zuerst zerstören und destabilisieren, „Dissonanz" und „Störung" schaffen (Stark 2009, S. 16-17), was dann zu einer erneuerten Form führt.

Praktisch gesehen ist das aber eher problematisch, vor allem für diejenigen, die Entscheidungen treffen müssen. Wenn einmal die bisherigen Formen zerstört worden sind, wird eine neue Form auf jeden Fall auftreten? Wie können wir diese mangelnde Kontrolle verwalten? Wie kann man nicht zufällig entscheiden? Der Vorschlag für die Manager ist, eine „Organisation der Vielfalt" zu verfolgen (Stark 2009, S. 26) und „Ambiguitätstoleranz" zu kultivieren (Lester und Priore 2004, S. 12), um Prozesse in Gang zu setzen, ohne zu wissen, was das Ergebnis sein wird[4]. Da man nicht alles kontrollieren kann, scheint es klüger, auf Kontrolle zu verzichten. Aber dann überlässt man praktisch der Zukunft die Aufgabe, die Strukturen wiederaufzubauen (oder möglicherweise auch, das System zu beseitigen).

4 Die Verwendung von Unvorhersehbarkeit

Der zentrale Punkt ist die Beziehung zur Zeit, oder vielmehr die Beziehung zur Zukunft. Was wir steuern wollen, ist nicht nur die Zukunft, sondern eine günstige, eine gewünschte Zukunft oder sogar mehrere gewünschte Zukünfte. Die Zukunft ist eigentlich der Ort des Neuen: das für uns interessante Neue ist, was die Zukunft mit sich bringt – das, worauf wir uns vorbereiten oder was wir möglicherweise lenken möchten. Die Zukunft, wenn sie wirklich künftig ist (wie das Neue, wenn es wirklich neu ist) kann weder kontrolliert noch vorhergesagt werden. Aber gerade die Unmöglichkeit, die Zukunft zu kennen, kann als Ressource benutzt werden – man kann die Zeit verwenden, um Möglichkeiten zu schaffen (eine alte Formulierung der Systemtheorie).

Wir brauchen aber eine andere Art und Weise zu planen. Normalerweise versuchen wir beim Planen vorherzusagen, was passieren wird. Die Alternative ist, Pläne zu machen, um Dinge passieren zu lassen, die wir nicht vorhersagen können

---

4   Karl Weicks inzwischen klassischer Vorschlag ging in eine ähnliche Richtung. Siehe zum Beispiel 1979.

– und bereit sein zu lernen. In gewissem Sinne sollten wir das Unvorhersehbare gestalten. Die Zukunft kann heute nicht bekannt sein, weil sie noch nicht vorhanden ist – aber die Art und Weise, wie sie sich verwirklichen wird, hängt auch davon ab, was wir heute tun, um uns darauf vorzubereiten. Die Pläne für die Zukunft wirken auf die Zukunft ein und verändern sie, und dabei falsifizieren sie sich selbst. Es hilft nicht, Informationen zu sammeln. Ein wirklich wirksamer Plan falsifiziert sich weil er die Zukunft, die er vorhersagen soll, beeinflusst. Ein Beispiel ist uns allen bekannt: kluge Abfahrtzeiten für die Ferien. Folgten wir alle diesen Rat, dann wären die empfohlenen Abfahrtszeiten sehr dumm, wir würden alle im Stau stehen, aber zu einer anderen Zeit als vorhergesagt[5].

Wir müssen also Pläne anders verstehen, nicht als Zukunftsvorhersagen, sondern als Eingriffe in die Zukunft. Wenn wir nichts oder etwas anderes tun, wird die Zukunft anders sein, und in diesem Sinne wird sie von uns produziert – aber dennoch ist sie immer unberechenbar. Dann müssen wir etwas tun und uns von den Ergebnissen überraschen lassen – wir werden in einer besseren Lage sein zu reagieren, weil diese Überraschungen von unserem eigenen Verhalten produziert worden sind. Ein Beispiel dieser Haltung kann im Handel mit Optionen auf den Finanzmärkten gefunden werden: im Umgang mit Derivaten wirkt man in der Gegenwart auf die künftige Entwicklung einer Anlage, also beeinflusst sie. Man hat aber immer noch die Freiheit, anders zu entscheiden, wenn die Zukunft Gegenwart wird: der Besitzer der Option kann beschließen, sie nicht wahrzunehmen. In dieser Form konstruieren wir die Zukunft, sind aber nicht daran gebunden; wir erhöhen unsere Fähigkeit zu reagieren, wenn die Zukunft sich anders als erwartet verwirklicht. Wir benutzen die Zukunft, ohne sie zu verbrauchen, wodurch die Anzahl und Offenheit der Möglichkeiten zunimmt – auch für das System, das damit umgehen muss.

5   Überraschungen erwarten

Die allgemeine Systemtheorie spricht schon seit einigen Jahrzehnten von *Ultrastabilität*, um den Zustand eines Systems zu beschreiben, das seine eigene Stabilität dadurch behält, dass es sich selbst ändert (Ashby 1960, S. 98-108). Was bedeutet das? Hat es mit Innovation zu tun?

Ein ultrastabiles System verwendet die Zeit, um Möglichkeiten zu schaffen – wohlwissend, dass sie von dem, was es tut, abhängt, wissend aber auch, dass es

---

5   Dieser Effekt kann auch als eine der Grundlagen der Krise der Finanzmärkte angesehen werden, die überbelastet werden vom Überschuss an Vorhersagen (Esposito 2011).

die Möglichkeiten nicht im Voraus kennen kann. Zum Beispiel: man macht Projekte für die Zukunft, ist sich aber bewusst, dass die Zukunft nicht vorhergesagt werden kann. Wir können die wirklich neuen Aspekte nicht vorhersagen, weil sie anders als alles sind, was wir uns heute vorstellen können, aber sie sind die interessantesten. Projekte wirken wie Sonden, um die Umwelt in Bewegung zu setzen und Neuheiten zu produzieren – in gewissem Sinne für die Herstellung der Zukunft, auch wenn wir wissen, dass wir sie nicht kennen können. Informationen ergeben sich nur, wenn wir etwas tun, um sie zu generieren. Die Welt reagiert auf das Verhalten des Systems, und dann wird das System (im Nachhinein) verstehen, was es getan hat und was günstig ist. Wir gestalten das Unvorhersehbare: wenn wir nichts tun oder anderes tun, wird die Zukunft anders sein – und in diesem Sinne wird sie von uns produziert. Dennoch ist sie immer überraschend. Die Zukunft, die uns interessiert, ist immer anders, als wir sie heute erwarten, weil sie noch nicht vorhanden ist und davon abhängt, was wir tun – vorausgesetzt, dass wir etwas tun.

Dies bedeutet wiederum eine paradoxe Haltung: Wir müssen Überraschungen erwarten. Nicht nur verbraucht das Neue sich selbst, es wird auch im Verlauf von Operationen selbst produziert. Wir müssen in der Lage sein, es zu erfassen und zu nutzen, und wir können es umso wahrscheinlicher tun, weil wir es selbst produziert haben. Das Neue kann eine Herausforderung und eine Chance sein, muss aber ständig gegenüber einer Zukunft erneuert werden, die immer offener und unberechenbarer wird.

6 Die unkontrollierbare Zukunft aufbauen

Beispiele dieser Haltung können in der turbulenten Welt des Internets gefunden werden (oder in Bereichen, die nicht zufällig „neue Medien" genannt werden) – ein Feld, wo Innovation die erste Motivation ist: man hat mit etwas zu tun, was anders als das bisher Vertraute ist. Mit oft unreflektierter Emphase drückt die Mythologie dieses Bereichs die Suche nach Veränderung als solche aus. Larry Page, einer der Google-Mitbegründer, deklariert beispielsweise als sein Programm: „Ich will wirklich die Welt verändern" (Levy 2012). Ist es aber genug, die Welt zu verändern, oder möchte man die Änderung lenken? Im Fall von Facebook, ist oft beobachtet worden, dass Mark Zuckerberg offenbar nicht wusste, was er in Bewegung gesetzt hat.

Der Unterschied zwischen verschiedenen Formen der Steuerung von Innovation befindet sich in den feinen Nuancen zwischen den Formeln zweier Schlüsselfiguren in der Web-Welt. Von Alan Kay stammt der viel zitierte Satz „Der beste Weg, die Zukunft vorherzusagen ist, sie zu erfinden"[6], und von Jimmy Wales, Gründer von Wikipedia, der Satz: „Der beste Weg, die Zukunft vorherzusagen ist, sie zu bauen"[7]. Im ersten Fall wird ein Projekt impliziert: die Zukunft wird anscheinend unabhängig von dem erfunden, was schon existiert und von seinen Einschränkungen, und man engagiert sich damit, sie entstehen zu lassen. Die zweite Formulierung erfordert nicht unbedingt ein Projekt: man tut etwas und überprüft die eigene Vorhersage im Nachhinein um herauszufinden, was man getan hat. Wikipedia hat eigentlich im Web nur eine Struktur eingeführt, keine Inhalte (der Inhalt ist später infolge der Struktur entstanden) und hat sich nicht darum gekümmert, die bestehenden Strukturen zu zerstören (die berühmten Auswirkungen auf die *Encyclopedia Britannica* und auf andere Nachschlagewerke waren bloß eine Folge). Das grundlegende Prinzip des Projekts war immer „open content", was explizit das Kopieren und Bearbeiten durch Andere (also unkontrollierte Innovation) erlaubt und darauf eine sekundäre Form der Kontrolle baut (dieselben Benutzer, die frei sind, den Inhalt zu verändern, sind diejenige, die ihn korrigieren).

Streng genommen wusste dann derjenige, der Wikipedia gestartet hat nicht, was es enthalten wird, noch wie es funktionieren wird. Er erzeugte eine Struktur, die in der Lage war, sich zu verändern und von der Evolution zu lernen. In der Tat hat sich das Projekt grundlegend verändert, mit der Einführung sekundärer Formen der Kategorisierung, derivativer Websites und neueren Organisationsweisen – auch und vor allem wegen der Auswirkungen auf etablierte Formen (Medien und andere Referenzinstrumente), die vor Durchführung des Projekts nicht bekannt sein konnten. Zuerst muss man bauen, dann kann man von den Überraschungen lernen – wie es Wales' Projekt offenbar tun konnte.

Das Rätsel des Neuen besteht und wird bestätigt: Das Neue ist unerkennbar und unvorhersehbar. Das impliziert aber keine Willkür. Das auf das Neue orientierte System weiß, was es tut, auch und besonders wenn es die Folgen nicht vorhersagen kann. Hätte es aber das nicht getan, was es tat, würden diese Folgen nicht existieren.

---

6   http://www.smalltalk.org/alankay.html, http://vpri.org.
7   Erklärung in Global INET, Geneva, April 2012. http://www.elon.edu/e-web/predictions/isoc_20th_2012/jimmy_wales_keynote.xhtml.

Literatur

Ashby, W. R. (1960). *Design for a brain*. New York: Wiley.

Brunsson, N. (1997). Reform as routine. In N. Brunsson & J. P. Olsen (Hrsg.), *The reforming organization* (S. 33-47). Bergen: Fagbokforlaget.

Esposito, E. (2004). *Die Verbindlichkeit des Vorübergehenden. Paradoxien der Mode*. Frankfurt a. M.: Suhrkamp.

Esposito, E. (2011). *The future of futures. The time of money in financing and society*. Cheltenham: Edward Elgar.

von Foerster, H. (1972). Notes on an epistemology for living things. *BCL Report 9* (3); ebenfalls in von Foerster, H. (1981). *Observing Systems*, 258-271. Seaside, CA: Intersystems Publications.

Graus, F. (1987). Epochenbewußtsein im Spätmittelalter und Probleme der Periodisierung. In R. Herzog & R. Koselleck (Hrsg.), *Epochenschwelle und Epochenbewußtsein* (S. 131-152). München: Fink.

de Grenaille, F. (1642). *La Mode, ou charactère de la Religion, de la Vie, de la Conversation, de la Solitude, des Compliments, des Habits et du Style du Temps*. Paris: Gasse.

Günther, G. (1970). Die historische Kategorie des Neuen. In W.R. Beyer (Hrsg.), *Hegel-Jahrbuch* (S. 34-61). Meisenheim am Glan: Anton Hain; ebenfalls in Günther, G. (1980). *Beiträge zur Grundlegung einer operationsfähigen Dialektik* (Band 3), 183-210. Hamburg: Meiner.

Lester, R. K., & Priore, M. J. (2004). *Innovation. The missing dimension*. Cambridge: Harvard University Press.

Levy, S. (2012). *Rivoluzione Google*. Milano: Hoepli.

Luhmann, N. (1995a). *Gesellschaftsstruktur und Semantik. Studien zur Wissenssoziologie der modernen Gesellschaft* (Band 4). Frankfurt a. M.: Suhrkamp.

Luhmann, N. (1995b). *Die Kunst der Gesellschaft*. Frankfurt a. M.: Suhrkamp.

Luhmann, N. (1997). *Die Gesellschaft der Gesellschaft*. Frankfurt a. M.: Suhrkamp.

McGoey, L. (2012). Strategic unknowns: towards a sociology of ignorance. *Economy & Society Special Issue, 41* (1): 1-16.

Meier, C. (1980). *Die Entstehung des Politischen bei den Griechen*. Frankfurt a. M.: Suhrkamp.

de Montaigne, M. (1986 [1580-1588]). *Essais* (Italian translation, Saggi). Milano: Mondadori.

Spörl, J. (1930). Das Alte und das Neue im Mittelalter. Studien zum Problem des mittelalterlichen Fortschrittsbewußtseins. *Historisches Jahrbuch 50*, 297-341 und 498-524.

Stark, D. (2009). *The sense of dissonance. Accounts of worth in economic life*. Princeton: Princeton University Press.

Valery, P. (1948). *Tel quel 1: Chose Tues – Moralités – Litérature – Cahier B 1910*. Paris: Gallimard.

Weick, K. E. (1979). *The social psychology of organizing*. New York: Random House.

Internetquellen

http://www.smalltalk.org/alankay.html. Zugegriffen: 03.11.2015.
http://vpri.org, Zugegriffen: 03.11.2015.
http://www.elon.edu/e-web/predictions/isoc_20th_2012/jimmy_wales_keynote.xhtml. Zu-
    gegriffen: 03.11.2015.

Autorenverzeichnis

Baur, Nina, Prof. Dr., Professur für Methoden der empirischen Sozialforschung am Institut für Soziologie an der Technischen Universität Berlin.

Besio, Cristina, Prof. Dr., Professur für Soziologie mit Schwerpunkt Organisationssoziologie am Institut für Gesellschaftswissenschaften an der Helmut-Schmidt-Universität Hamburg.

Blind, Knut, Prof. Dr. rer. pol., Professur für Innovationsökonomie am Institut für Technologie und Management an der Technischen Universität Berlin.

Christmann, Gabriela, apl. Prof. Dr., Abteilungsleiterin und stellvertretende Direktorin des Leibniz-Instituts für Raumbezogene Sozialforschung (IRS) Erkner, außerplanmäßige Professur für Raum-, Wissens- und Kommunikationssoziologie am Institut für Soziologie an der Technischen Universität Berlin.

Esposito, Elena, Prof. Dr., Associate Professor, Dipartimento di Comunicazione ed Economia, Università di Modena e Reggio Emilia.

Gebelein, Paul, Dr. phil., Multimedia Communications Lab an der Technischen Universität Darmstadt.

Hopf, Stefan, M. Sc., Wissenschaftlicher Mitarbeiter der Forschungsstelle für Information, Organisation und Management an der Ludwig-Maximilians-Universität München.

Hutter, Michael, Prof. (em.) Dr., bis 2014 Direktor der Abteilung „Kulturelle Quellen von Neuheit" am Wissenschaftszentrum Berlin für Sozialforschung (WZB), Forschungsprofessur am Institut für Soziologie der Technischen Universität Berlin.

Ibert, Oliver, Prof. Dr., Abteilungsleiter am Leibniz-Institut für Raumbezogene Sozialforschung (IRS) Erkner, Professur für Wirtschaftsgeographie am Institut für Geographische Wissenschaften an der Freien Universität Berlin.

Jessen, Johann, Prof. Dr., Professor für Grundlagen der Orts- und Regionalplanung am Städtebaulichen Institut der Fakultät Architektur und Stadtplanung an der Universität Stuttgart.

Knoblauch, Hubert, Prof. Dr., Professur für Allgemeine Soziologie am Institut für Soziologie an der Technischen Universität Berlin.

Köppel, Johann, Prof. Dr., Professur für Umweltprüfung und Umweltplanung am Institut für Landschaftsarchitektur und Umweltplanung an der Technischen Universität Berlin.

Liebl, Franz, Prof. Dr., Professur für Strategisches Marketing an der Universität der Künste Berlin.

Löw, Martina, Prof. Dr., Professur für Planungs- und Architektursoziologie am Institut für Soziologie der Technischen Universität Berlin.

Merz, Martina, Prof. Dr., Institutsvorständin des Instituts für Wissenschaftskommunikation und Hochschulforschung an der Alpen-Adria-Universität Klagenfurt, Standort Wien.

Norkus, Maria, Dipl., Wissenschaftliche Mitarbeiterin am Institut für Soziologie an der Technischen Universität Berlin.

Ortmann, Günther, Prof. (em.) Dr., bis 2010 Professur für Allgemeine Betriebswirtschaftslehre an der Helmut-Schmidt-Universität Hamburg, seit 2014 Forschungsprofessur für Führung an der Universität Witten/Herdecke.

Passoth, Jan-Hendrik, Dr. phil., Forschungsgruppenleiter am Munich Center for Technology and Society an der Technischen Universität München.

Paul, Thomas, Wissenschaftlicher Mitarbeiter im Fachbereich Informatik an der Technischen Universität Darmstadt.

Picot, Arnold, Prof. Dr. Dres. h.c., Leiter der Forschungsstelle für Information, Organisation und Management an der Ludwig-Maximilians-Universität München.

Rammert, Werner, Prof. (em.) Dr., Professur für Techniksoziologie am Institut für Soziologie an der Technischen Universität Berlin.

Reckwitz, Andreas, Prof. Dr., Professor für Vergleichende Kultursoziologie an der Europa-Universität Viadrina Frankfurt (Oder).

Schubert, Cornelius, Dr., Gastprofessur für Techniksoziologie am Institut für Soziologie an der Technischen Universität Berlin.

Voß, Jan-Peter, Juniorprof. Dr., Professur für Soziologie der Politik an der Technischen Universität Berlin.

Walther, Uwe-Jens, Prof. (em.) Dr., Professur für Stadt- und Regionalsoziologie am Institut für Soziologie an der Technischen Universität Berlin.

Windeler, Arnold, Prof. Dr., Professur für Organisationssoziologie am Institut für Soziologie an der Technischen Universität Berlin.